KB233788

초우량
기업의
조건

IN SEARCH OF EXCELLENCE
Copyright ⓒ 1982 by Tom peters, Robert Waterman

기업 경영을 지배하는 불변의 원칙 8가지

초우량 기업의 조건

톰 피터스 · 로버트 워터먼 공저 │ 이동현 옮김 │

더난출판

편집책임 최서윤

출간되자마자 톰 피터스를 경영 구루의 반열에 올려놓으며 전 세계적으로 초대형 베스트셀러가 된 이 책은, 지나친 합리주의에 의존한 수치적 경영의 맹신에 일침을 놓는다. 조직과 기업을 성장시키는 핵심은 결국 자유, 열정, 창의성, 사람 등 눈에 보이지 않는 것들임을 입증한 이 책은 경영의 근본을 고민하는 경영자와 리더들에게 그 어떤 최신 전략보다 값진 깨달음을 줄 것이다.

기업 경영을 지배하는 불변의 원칙 8가지

초우량 기업의 조건

초판 1쇄 발행 2005년 7월 15일
초판 14쇄 발행 2024년 1월 19일

지은이 톰 피터스 · 로버트 워터먼
옮긴이 이동현
펴낸이 신경렬

상무 강용구
기획편집부 최장욱 송규인
마케팅 박진경
디자인 박현경
경영지원 김정숙 김윤하

펴낸곳 (주)더난콘텐츠그룹
출판등록 2011년 6월 2일 제2011-000158호
주소 04043 서울시 마포구 양화로12길 16, 7층(서교동, 더난빌딩)
전화 (02)325-2525 | **팩스** (02)325-9007
이메일 book@thenanbiz.com | **홈페이지** www.thenanbiz.com

ISBN 89-8405-309-0 13320

excellence의 의미를 다시 생각하다

《초우량 기업의 조건*In Search of Excellence*》이 출판된 이래로 지난 20여 년 동안 우리는 기쁨에 쌓여 있었다. 많은 사람들이 이 책을 수용했다는 점에서 기뻤고, 우리의 주장이 옳았다는 점에서도 기뻤다. 우리는 이 책에 제시한 몇몇 기업들이 쇠락했다는 이유로 공격을 받기도 했다. 그러나 사실 우리는 '영원한 초우량 기업forever excellence'에 대해서 글을 쓴 것은 아니었다. 게다가 쇠락한 기업이 있다고 해도, 그들로부터 찾아낸 8가지 특징은 여전히 불변의 원칙이며 현재는 물론 미래에도 유효하다. 만일 이 책이 출간되었을 무렵, 여기 제시된 초우량 기업의 주식을 사고 이를 2002년까지 보유했다면, 당신은 무려 1,300퍼센트의 총 수익을 거둘 수 있었을 것이다. 이러한 수익률은 다우 지수의 800퍼센트, S&P 500 지수의 600퍼센트와 비교해서도 높은 수치다.▲1

우리는 '합리주의의 문제점', '동기부여의 중요성', '모순의 관리법'과 같은 몇 개의 이론적인 장을 책의 앞 부분에 배치시켰다. 처음 이 책을 출간할 때, 우리는 독자들에게 이 부분을 읽지 않고 넘어가도 된다고 말했다. 그러나 지금은 그렇게 생각하지 않는다. 그 내용들은 읽혀져야 하고,

---

▲1 5년이나 10년 또는 20년의 이상의 기간 동안, 상장 기업들의 비가중치 바스켓인 초우량 지수excellence index는 다우존스나 S&P 500 지수 양쪽 모두를 능가하였다. 댄 애크만Dan Ackman, 《초우량 기업의 탐색 그리고 발견*Excellence Sought and Found*》 포브스닷컴, 2002년 10월 10일자

그것들은 이 책이 처음 출판되었을 때와 마찬가지로 오늘날에도 여전히 유효하다. 그 내용을 간단히 정리하면 다음과 같다.

첫째, 사람과 조직은 우리의 생각처럼 그리 합리적이지 않다. 그러니 합리주의에만 의존하거나 숫자가 경영의 모든 것을 말해준다는 생각은 하지도 마라.

둘째, 사람을 기계 부품이나 생산 요소로만 취급해서는 절대로 그들을 동기부여시킬 수 없다. 사람은 놀라울 정도로 개성적이며 복잡한 존재다. 그러므로 그들에게 자율권을 주면서 스스로 움직이게 해야 한다.

셋째, 우리가 존재하는 세계는 혼란스럽고 애매모호한 것들로 가득 차 있다. 이를 테면 눈에 보이지 않는 문화 같은 것 말이다. 경영하기 어려운 것은 이처럼 소프트한 것들이다. 이에 주의를 기울이지 않는 경영자나 리더는 반드시 실패하게 될 것이다.

많은 연구자들이 우리와는 다른 결과를 도출할 수도 있겠지만, 그렇다 해도 우리가 제시한 초우량 기업의 여덟 가지 특성을 바꿀 생각은 없다. 이 특성은, 최고의 성과를 내는 기업 무엇은 무엇이 다른가를 너무도 명확히 드러내주고 있기 때문이다. 그렇다면 우리가 이 책에서 제시한 초우량 기업의 여덟 가지 특성에는 무엇이 있는지 미리 살펴보자.

실행을 중요시한다

이런 말이 있다. "벗어나고 싶다면 무엇인가를 시도하라." 과학의 경우, 실험하지 않으면 아무것도 배울 수 없는 것처럼 비즈니스에서도 시도, 실패, 그리고 재시도하는 과정 없이는 아무것도 배울 수 없다. 힘든 일이지만 때론 실패가 커다란 도움을 주기도 한다. 그리고 합리적인 분석만이 모든 것을 해결할 것이란 믿음으로 자신을 속이지 마라. 아무리 많은 분석도, 그 어떤 시장 조사도 진정한 혁신을 이끌어낼 수 없다.

고객에게 밀착한다

이것은 가장 이루기 힘들고, 어려운 일이다. 만일 유통업체나 엄청나게 비합리적인 이들을 고객으로 두었다면, 그들을 이해하는 데 최선을 다해야 한다. 놀라운 혁신 능력과 함께 조직 내 모든 이들이 고객과의 접촉을 유지하도록 하는 P&G의 기술은 그들이 오랫동안 성공을 거두어온 이유를 설명할 수 있을 것이다.

자율성과 기업가정신이 있다

조직이 크다고 해도 행동은 작게 하라. 조직은 어찌 되었든 사람들의 모임이고 그들은 규율에 얽매이기보다는 자존감을 갖고 스스로 움직이길 원한다. 존슨 앤드 존슨, 3M, 월마트 그리고 초기 HP는 비교적 독립적인 소단위로 나누고, 공통의 목표와 문화적인 규범으로 함께 묶음으로써 성공을 이룰 수 있었다.

사람을 통해 생산성을 향상한다

사람들을 제외하고 그 외에 무엇이 중요하겠는가? 모든 이들이 사람의 중요성에 대해서 말로만 떠들고 있다. 단지 소수만이 사람을 소모품이 아닌 자율성을 지닌 존재로 대해주고 있다. 우리가 본 가장 좋은 예는 델타 항공의 '가족 같은 느낌'이다. 1982년 델타의 종업원들은 스스로 연합해 자신의 임금에서 총 3천만 달러를 삭감했고, 회사는 이 금액으로 '델타 정신'이라고 명명된 첫번째 보잉 767기를 구입했다.

가치에 근거해서 실천한다

당신의 회사가 지향하는 바를 직원들이 이해하도록 만들고, 그들 스스로 자부심을 느끼도록 해야 한다. 그리고 나서 이러한 가치 시스템을 지향하는 능동적인 경영을 하는 것이다. 진정 성공적인 기업 경영을 원한다면 다음을 명심하라. 이윤이 사업의 전부라는 말은 숨 쉬는 것이 삶이라는 것과 같은 뜻이다. 최고의 기업들은 단지 돈 버는 것에만 관심을 기울이지 않는다. 그들은 그 외의 의미도 만들어나갈 줄 안다.

핵심 사업에 집중한다

워렌 버핏의 벅셔 헤더웨이와 잭 웰치의 GE와 같은 한두 가지의 주목할 만한 예외들을 제외하고는, 비즈니스의 다각화는 거의 효과가 없다. 많은 이들이 그토록 찬탄하던 '시너지'라는 단어도 의심해봐야 한다. 누군들 1＋1이 3이 되는 것을 원하지 않았는가? 그러나 우리는 내규모의 인수합병이 거의 시너지를 내지 않으며, 효과가 없음을 관찰했다. 그러니 핵심 사업에 집중하라. 그것이 시너지를 얻는 가장 좋은 방법이다.

단순한 조직과 작은 본사를 지향한다

조직이란 본질적으로 꽤나 복잡하지만, 그렇다고 일부러 복잡한 조직구조를 만들 필요는 없다. 사실상 조직구조는 간결하고 능률적인 게 좋다. 간결하고 능률적인 구조를 만들면 나머지는 사람들이 처리할 수 있을 것이다. 조직은 최소한으로 유지하고, 필요한 인력은 아웃소싱하거나 프로젝트 성격의 태스크포스를 운영해 한시적인 조직들을 활용하도록 하라.

엄격함과 온건함을 동시에 지닌다

잘 운영되는 조직들은 집권화와 분권화가 완벽하게 조화를 이루고 있다. 대부분의 초우량 기업들은 느슨한 면을 지니고 있어서, 사람들에게 그들이 가진 방법으로 일할 수 있는 자유를 준다. ▲2

우리는 최근 페덱스FedEx의 배송 인력들과 이야기를 했는데, 우리 관점에서 그들은 굉장히 엄격하게 통제되어 있는 것처럼 보였다. 그러나 그들은 자신의 일을 즐겼고, 그들이 가장 좋아하는 것은 '자기 자신의 방법대로 할 수 있는 자유'였다. 동시에 초우량 기업들은 소수의 아주 중요한 부분에서는 매우 중앙집권적이다. 그들의 문화를 형성하는 핵심 가치 또는 전략적 우선 순위에 배치된 사항들, 그리고 소수의 핵심적인 재무 지표 등이 그것이다.

《초우량 기업의 조건》을 집필한 이래로 우리 둘은 모두 많은 저술을

▲2 이것은 모든 상황에서 실현되고 있는 것처럼 보인다. 우리는 최근 페덱스FedEx의 배송 인력들과 이야기한 것을 기억하고 있다. 그들은 우리 관점에서 보면 일하며 사는 것이 굉장히 엄격하게 통제되어 있는 것처럼 보였다. 그러나 그들은 자신들의 일을 즐겼고, 그들이 가장 많이 좋아한다고 말한 것은 '자기 자신의 방법대로 할 수 있는 자유' 였다.

하였고, 서로 다른 용어로 우리가 관찰한 것을 표현하였다. 그러나 우리에게 이 책보다 더 값진 작업은 없었다. 물론 여기 제시한 여덟 가지는 단지 특성일 뿐 원리는 아니다. 그러나 이것들이 유효성을 지니는 한 우리는 이러한 특성들을 고수할 것이다.

톰 피터스, 로버트 워터먼

2003년 11월

초우량 기업은 무엇이 다른가

내가 이 책을 처음 접한 연도는 정확히 기억나지 않지만, 교수가 되기 훨씬 전이라는 점은 분명하다. 원제는 'In Search of Excellence'였고, 우리나라에는 오래전 《초우량 기업의 조건》이라는 이름으로 번역 출간됐었다. 그 책을 읽을 때는 학생 시절이었는데, 내용이 잘 읽히지 않았던 기억이 난다. 아마도 원서가 출간된 당시 미국 기업과 우리나라 기업 사이에 격차가 워낙 컸기 때문에, 저자들이 주장하는 내용의 의미와 시사점이 우리 것으로 체화되어 번역되지 못한 데서 비롯된 것인 듯싶다. 때문에 그 내용에 별로 감동받지 못했고, 이해도 못했으며 솔직히 다 읽지도 못했다.

　이 책을 두번째로 접한 것은 교수가 되고 난 직후인 1997년 봄이었다. 당시 '국제비교경영론'이라는 과목을 가르치고 있었는데, 미국, 유럽, 일본, 한국 등 주요 국가들의 경영 특성을 정리한 자료들을 찾고 있었다. 그러던 중 우연히 1960~1970년대 미국을 주름 잡은 소위 초우량 기업들을 대상으로, 그들의 특성을 분석한 이 책이 떠올랐다. 구체적인 내용이 생각나진 않았지만, 미국 기업의 특징을 이해하는 데는 도움이 될 것 같다는 판단 때문이었다.

　그러나 책을 제대로 읽고 난 후 커다란 실망감을 느끼고 말았다. 이 책이 미국에서만 7백만 부 이상 팔려나가고, 출판 시장에 경제경영서 분야를 형성하게 할 정도로 엄청난 반향을 불러일으켰다는 점은 잘 알고 있었지만, 내용은 그리 색다를 것이 없었다. 게다가 경영학자의 입장에서 보기에는 수긍하기 어려운 주장들도 많이 있었다.

저자들이 제시한 여덟 가지 초우량 기업들의 특징 중 "핵심 사업에 집중한다."라는 특징 외에 나머지 일곱 가지는 전혀 마음에 와 닿지 않았다. 저자들이 컨설턴트들이다보니, 이론 연구가 안 되었구나 하는 생각과 당시 시중에 흔하게 떠돌던 찬양 일색의 성공한 기업 이야기에 불과하다는 단정을 짓기에 이르렀다. 심지어 이듬해 같은 과목의 수업에서는 이 책을 수업 자료에서 빼버리기까지 했다.

그리고 다시 세월이 흘러 2003년이 되었다. 그동안 내게도 조그만 변화들이 생겼다. 풋내기 교수 시절을 보내면서 더 공부를 하게 되었고, 기업 경영자들도 만나게 되었다. 또한 이들을 통해 경영자의 고민이나 기업의 문제들을 듣게 되었다. 때로는 부족하지만 기업체에서 강의도 하고, 기업이 하는 프로젝트에 직·간접적으로 참여하는 기회도 갖게 되었다. 교수가 되고 7~8년의 세월이 흐르면서 기업 경영에 대한 생각이 조금씩 바뀌었던 것 같다. 그러다가 결정적으로 이 책을 세번째로 만나는 계기가 있었는데, 바로 출판사로부터 번역을 의뢰받았을 때였다.

앞에서도 언급했지만 이 책이 번역되어 출간된 지가 오래 되어서 현재 상황과 관점에서 다시 번역할 필요성은 느끼고 있었지만, 책의 내용에 대해서 만족하지 못했던 터라 처음에는 선뜻 작업할 마음이 생기기 않았다. 하지만 수업 시간에 사용한 적이 있는 책이라 번역 작업 자체가 힘들 것 같지는 않았고, 그래도 경영경제 분야의 고전이자 베스트셀러이니 하는 마음에 결국 작업을 맡게 되었다.

7년 만에 다시 읽은 이 책은 내게 대단한 충격으로 다가왔다. "아니 내가 과거에 이 책을 정말 읽기는 했었던가."라는 의구심이 들 정도로 문장 하나하나 사례 하나하나가 너무나 기가 막힌 내용들이었다. 내가 최근에 공부하고 경험하면서 느꼈던 여러 가지 단상들을 무려 20년 전에 두 저자는 느끼고 있었던 것이다. 게다가 더욱 놀란 것은 이 책에서 주장하는 내용들이 지금의 우리나라 기업 상황에도 어쩌면 이렇게 딱 맞을 수 있을까 하는 점이었다. 하루가 다르게 변한다는 기업 경영의 세계에서 출간된 지 20년이 넘은 책이 영향력을 미친다는 것, 시사점을 준다는 것은 정말로 대단한 일이다. 그리하여, 괜한 편견과 선입견으로 이 책을 경솔하게 판단했던 지난날의 오만과 자만이 부끄러워졌고, 다시 겸허한 자세로 저자들의 이야기에 귀를 기울이게 되었다.

《초우량 기업의 조건》을 번역하면서 느낀 가장 큰 충격은 기존의 경영학에서는 잘 다루지 않는, 그러나 기업 경영에서 가장 중요하다고 볼 수 있는 부분을 집중적으로 다루었다는 점이다(저자들은 이를 경영의 소프트한 측면이라고 주장한다).

저자들은 전통적으로 경영자들이 중시하는 전략, 조직구조, 시스템 외에 공유 가치, 스타일, 문화, 사람 등의 중요성을 강조하였다. 아니 더 나아가 경영의 본질은 하드hard한 것보다 소프트soft한 것이라는 주장이었다.

원래 나는 전략을 전공했고 그래서 평소 강의에서 전략의 중요성을 강조했다. 그러나 근래 들어 전략만이 전부가 아님을 깨닫게 되었고, 그러던 차에 이 책을 다시 접함으로써 확신을 갖게 되었다.

순전히 내 생각이지만, 꿈이라는 것을 통해 무의식의 중요성을 주장한 프로이트나 생산성에 집착했던 고전학파 경제학자들에게 분배의 중요성을 역설한 마르크스처럼, 이들의 연구는 그동안 전략, 구조, 시스템 등 하드한 것들이 경영의 전부라고 생각했던 내게 새로운 생각의 지평을 열어준 셈이었다.

우리는 그동안 너무 거창하고도 가식적으로 경영을 얘기하고 있었던 것은 아닌가? 정말 중요한 얘기는 꺼내지 않고, 변죽만 울린 것은 아닌가?

도대체 경영에서 종업원, 고객, 경영자를 빼고 무슨 얘기를 한단 말인가? 저자의 주장처럼 진정한 혁신은 사업계획서에 적힌 숫자나 미사여구로 표현된 전략에서 나오는 것이 아니라 사람에게서 나오는 것이 아니던가. 공장에서 일하는 직공들이, 고객들과 만나는 매장 점원들이, 현장을 둘러보고 그들의 애로점을 듣는 경영자의 결심에서 혁신은 일어나는 것이다.

바로 이러한 대목이 이 책을 통해 우리나라 기업의 경영자들에게도 꼭 한번 강조하고 싶은 내용이다. 우리의 기업들도 조직의 하드한 측면에서는 어느 정도 수준에 근접했다. 그러니 이제는 조직의 소프트한 측면에서 진정한 경쟁력이 창출된다는 점을 인식해야 한다.

우리는 흔히 다음과 같은 얘기들을 많이 들었던 것 같다. 기업이 성장하고 커지면 특정 개인에 의존해서는 안 된다. 시스템을 만들어야 한다. 개인보다는 시스템이 움직이는 기업을 만드는 것이 중요하다. 뭐 이런 얘기들 말이다. 그러나 초우량 기업들을 조사한 저자들은 정반대의 주장을 하고 있다. 3M, P&G, GE, IBM, 인텔 등의 초우량 기업들은 거대 기업임에도 불구하고 마치 작은 조직이 움직이는 것처럼 개인이 뭔가 조직에 기여하고 있다고 생각하고, 조직도 개인의 역할을 인정해주는, 기업가정신과 자율성이 넘치는 그런 조직을 지향하고 있는 것이다. 그렇다고 이들이 시스템이나 조직의 중요성을 부정하는 것은 아니다. 하지만 개인을 무시한 조직 우선, 시스템 우선으로 인해 기업이 관료화되었을 때의 피해를 누구보다도 잘 알기 때문에, 이들은 개인이 편하게 숨 쉴 수 있고 능력을 발휘할 수 있는 그런 기업을 만들었던 것이다.

또 하나 놀라운 것은 저자들이 주장하는 초우량 기업의 여덟 가지 특징들의 면면을 살펴보면 오늘날 최신이라는 이름으로 출간되는 책에서 강조하고 있는 내용들이 이미 이 책에서 언급되고 있다는 점이다. 독자들도 이 책을 읽어보면 실행에 집중하라, 고객을 중시하라, 기업가정신을 고취하라, 사람이 경쟁력이다, 핵심사업에 집중하라, 관료주의를 타파하라 등 어디선가 들어본 듯한 책 제목과 유사하다는 생각이 들 것이다. 그만큼 이 책은 기업 사례 분석을 통해 시사점을 뽑은 가장 전형적인 연구로서 그후 이들의 방법론을 원용한 유사한 책들이 출간되는 시발점이 되기도 했다.

20년 전 《초우량 기업의 조건》이 출간되었을 때의 상황을 정확히 알 수는 없지만, 추측건대 당시 우리나라 기업 경영자들에게는 이 책의 메시지가 별다른 영향을 주지 못했을 것이다. 그 이유는 여기에서는 경영의 하드한 측면, 즉 전략, 조직구조, 시스템 등의 측면에서 어느 정도 궤도에 올라간 기업들 혹은 그러한 기업의 경영자들이 느낄 수 있는 문제들을 다루고 있기 때문이다. 당장 전략, 구조, 시스템에 문제가 있는 기업들은 이러한 약점을 보완하는 데 급급하기 때문에 이 책에서 주장하는 내용들이 요원하다고 느낄 수도 있을 것이다. 경쟁도 없고, 정부 정책에 순응하면서 저임금 근로자들을 활용해서 어느 정도 품질 수준의 제품을 생산해서 수출하는 데 급급했던 시절의 경영자들에게는 여기에서 제시한 가치, 문화, 스타일, 사람 등의 주제어들은 사치스런 이야기로 느껴졌으리라.

20년 전 많은 미국 기업들이 하드한 측면의 경쟁력을 높이고도 초우량 기업이 되지 못했다. 그들은 그런 시행착오를 겪고서야 경영의 소프트한 측면을 중요시 여기게 되었다. 우리에게도 그러한 시기가 왔다. 경영의 하드웨어가 정비되었으니 이제는 경영의 소프트웨어가 승부처가 된 셈이다. 이제 한 고비를 넘기고 명실상부한 1등 기업이 되기 위해서는 여기서 주장하고 있는 내용들에 귀를 기울여야 한다. 왜 요즘 우리나라 일류 기업들이 인재를 중시하고, 기업 문화를 바꾸려 하고, 핵심 가치를 운운하는지 이 책에 그 해답이 있다.

1982년 이 책이 출간되고 미국 언론들은 이 책에 대해 매우 상반되는 평가를 내린 바 있다. 〈월스트리트 저널*Wall Street Journal*〉과 〈포춘*Fortune*〉은 찬사를 보냈지만 〈뉴욕타임스*New York Times*〉, 〈하버드 비즈니스 리뷰

Harvard Business Review〉 그리고 〈LA타임즈*LA Times*〉는 악평을 했다.

특히 이 책이 출판되고 2년 후, 〈비즈니스 위크*Business Week*〉는 "이럴 수가!"라는 커버스토리와 함께 《초우량 기업의 조건》에서 제시한 기업들이 결코 초우량 기업이 아니라는 기사를 게재하였다. 기사의 주된 내용은 책에서 예시한 초우량 기업들 중 약 4분의 1이 악전고투하고 있다는 논지였다. 그러나 이 책에 등장하는 몇몇 기업이 망했다고 해서 이 책의 연구에 대한 가치를 폄하해서는 안 될 것이다. 여기 등장한 기업들 중 몇몇은 쇠락했을지언정, 그들로부터 도출해낸 여덟 가지 성공의 원칙들은 변함없이 가치를 갖고 있기 때문이다. 그리고 그들 중 여전히 일류 기업으로 건재한 회사들이 더 많다는 사실도 짚고 넘어가야겠다.

저자들의 주장처럼 평범한 기업과 초우량 기업은 종이 한 장의 차이에 불과할지도 모른다. 어쩌면 저자들이 제시한 여덟 가지 기본적인 특성들을 빠짐없이 알고 있느냐는 그다지 중요하지 않을 수도 있다. 대다수 초우량 기업들은 다른 평범한 기업에 비해 아는 것을 행동으로 옮기는 실행에 있어 탁월한 능력을 보인다. 아는 것을 실천하는 바로 그 단순한 차이가 엄청난 성과 차이를 가져올 수 있는 것이다.

모쪼록 독자들도 이 책을 통해 각자 보석 같은 깨달음을 하나씩 얻었으면 좋겠다. 더 나아가서는 그 깨달음을 하나라도 실천했으면 좋겠다. 끝으로 이 책을 통해 내가 깨달은 내용을 한 가지만 소개하고자 한다. "초우량 기업은 평범한 기업이 하지 않는 일을 하는 것이 아니다. 평범한 기업도 하고 있는 일을 탁월하게 하고 있을 뿐이다!"

이 책의 원제가 왜 《In Search of Excellence》인지 다시 한번 생각해 볼 일이다.

이동현 (가톨릭대 경영학부 교수)

Contents

3 초우량 기업의 8가지 조건

In Search of Excellence

초우량 기업을 찾아서

I

1 승승장구하는 미국 기업들

벨기에의 초현실주의 화가 르네 마그리트Rene Magritte는 파이프를 그린 일련의 작품들에 '이것은 파이프가 아니다' 라는 제목을 붙였다. 어떤 사물을 그린 그림은 사물 그 자체가 아니다. 마찬가지로 조직도는 기업이 아니며, 새로운 기업 전략이 그대로 기업이 당면한 문제에 대한 해답이 되는 것도 아니다. 이는 누구나 다 알고 있는 사실이다. 그런데도 실제로 어떤 문제가 생기면 우리는 무의식적으로 새로운 전략을 찾거나 조직을 바꾸는 일에 매달린다. 그러나 조직을 바꾼다 해도 대부분은 조직도의 사각형 테두리를 고치는 데 그치고 만다. 그렇기 때문에 커다란 변화를 기대하기는 힘들다. 분명히 변화는 혼란을 초래할 것이고, 일정 기간 동안 그 혼란은 효과를 발휘할지도 모른다. 그러나 결국 낡은 문화가 되살아나게 된다. 오랜 습관은 쉽게 사라지지 않는 것이다.

거대한 조직을 근본적으로 생기가 넘치게 만들고, 상황에 민감하게 반응하도록 하기 위해서는 단순히 정책, 새로운 전략, 계획, 예산, 조직도 등으로는 표현할 수 없는 뭔가 더 많은 일을 해야 한다는 것은 누구나 알고 있는 사실이다. 하지만 이것을 실천하는 단계에 이르면 사람들은 마치 그러한 사실을 전혀 몰랐다는 듯이 행동하는 경우가 많다. 변화를 원할 때 우리는 전략에 손을 대거나 조직구조를 바꾼다. 그러나 이제는 이러한 과거의 방식 자체를 바꿔야 할 때가 왔다.

1977년 초의 일이었다. 우리는 경영 효과성management effectiveness에 대한 전반적 문제와 함께 전략 및 조직구조와 경영 효과성 간의 구체적인 관련성을 탐구하기 위해 맥킨지McKinsey&Company 내에 2개의 태스크포스를 결성했다. 하나는 전략에 관한 우리 생각을 정리하기 위한 것이었고, 또 하나는 조직의 효과성organizational effectiveness을 처음부터 다시 고찰하기 위한 것이었다. 이것은 말하자면 맥킨지 스타일의 응용 연구였다. 공동 저자인 우리 두 사람은 이 중에서 조직의 효과성을 연구하는 프로젝트팀의 리더를 맡았다.

당연히 첫번째 단계는 탁월한 경영 능력과 경험 그리고 지혜로 세상에 이름이 널리 알려진 경영자와 만나 조직의 설계 문제에 대해 토론하는 것이었다. 그들과의 만남을 통해 알게 된 사실은 그들도 역시 우리와 마찬가지로 일반적인 접근법에 대해 적지 않은 불만을 갖고 있다는 것이었다. 일반적인 조직구조상의 해결책, 특히 새로이 도입되고 있는 고도로 복잡한 매트릭스 조직에 대해서는 누구나 한계를 느끼고 있었다. 매트릭스 조직에 대한 아이디어 외에 이미 잘 알려져 있는 방법론에 대해서도 그 유용성에 의문을 품고 있었다. 그리고 어떤 방법도 연간 수백억 달러를 벌어들이는 거대 기업을 다시 생기 넘치게 만들고, 방향을 새로이 설정하는 데 별로 도움이 되지 않으리라 생각하고 있었다.

그런데 뜻하지 않은 곳에서 우리의 연구에 도움을 줄 수 있는 아이디어가 나왔다. 아주 오래전 얘기지만 1962년에[1] 경영학사 연구자인 알프레드 챈들러Alfred Chandler는 《전략과 조직구조 *Strategy and Structure*》라는 자신의 유명한 저서에서 "조직은 전략을 따른다."라는 아주 중요한 개념을 제시했다. 우리가 이 프로젝트에 착수한 1977년에는 알프레드 챈들러의 이러한 주장이 보편적인 진리로 받아들여졌다. 전략 계획을 수립하면 이에 적합한 조직구조가 흠잡을 데 없이 훌륭한 모습으로 저절로 나타난다는 것이 주장의 요지였다. 그때까지만 해도 알프레드 챈들러의 사고방식이 매우 중요했다는 것은 의심할 여지가 없는 사실이었다. 알프레드 챈들러가 제시한 아이디어의 핵심은 여러 사업 분야로 광범위한 다각화 전략을 추구한 기업에게는 분권화된 조직구조가 절대적으로 필요하다는 것이었다. 그러나 알프레드 챈들러가 이런 생각을 한 때는 마침 모든 기업이 다각화를 지향하던 시기였다. 이러한 알프레드 챈늘러의 표현을 현대적으로 재해석하면 "형태는 기능을 따른다."라고 볼 수 있다. 제2차 세계대전 후 대략 1970년까지 알프레드 챈들러의 조언은 기본적으로 다각화를 지향하고 있었던 경영자에게 경영 프랙티스의 변화를 촉진하고 활성화시키는 데 큰 도움이 되었다.

그러나 우리는 이 주제를 연구해나가는 동안 전략이 구조적인 해결책을 제시해주지 못할 것이라는 결론을 얻었다. 또한 전략이 갖고 있는 가장 치명적인 문제는 실행과 지속적인 적응, 즉 어떻게 계획을 실행하고 어떻게 조직의 유연성을 유지할 수 있는가 하는 것이었다. 다시 말해 조직의 문제를 다루기 위해서는 전략의 문제를 훨씬 넘어서는 조직의 여러 문제−구조와 조직 구성원 등−까지 거슬러 올라가지 않으면 안 되었다. 그러나 그렇게 되면 경영 효과성의 연구는 결국 벽에 부딪칠 우려가 있었다. 기존의 방식에 추가할 만한 구체적인 아이디어가 부족하다는 것은 의심할 수 없는 사실이었다. 1980년대에 접어들면서 이러한 사실은 더욱 분명해졌다. 그 당시에 불황 속에서 갈피를 못 잡았던 미국의 경영자들은 한결같이 태평양의 넓이보다도 더 큰 문화적 차이를 무시하고 일본식 경영방법을 채택하기 시작했다.

우리가 1977년에 두번째로 한 일은 경영자가 속한 현실 비즈니스 외의 다른 곳에서 단서를 찾는 일이었다. 우리는 미국과 유럽에 있는 10여 개의 경영대학원을 방문했다(공교롭게도 일본에는 경영대학원이 없었다). 여기서 경영학 이론에 몰두하고 있는 학자들도 역시 같은 문제로 고민하고 있음을 알게 되었다. 타이밍이 제대로 맞아떨어졌던 것이다. 여러 가지 이론들로 혼란스러운 상황이었음에도 불구하고 그러한 이론들이 하나의 새로운 합의를 향해 나아가고 있었다. 소수의 학자들은 조직구조에 대한 최신 유행임에는 틀림없지만 별로 새로울 것이 없는 매트릭스 조직을 연구하고 있었다. 그러나 여기에 이의를 제기하는 사람들도 있었는데, 그들은 주로 새로운 이론적 접근을 하고 있었다. 그리고 우리가 흔히 생각하는 것처럼 '합리적' 의사결정을 주요 내용으로 삼지 않았다. 그들은, 의사결정자는 정보를 습득하고 이해하는 데 한계가 있음을 전제로 과거에는 찾아볼 수 없었던 전혀 새로운 관점을 제시했다. 이들은 개별 구성원의 집합체인 조직이 합리주의자들이 고안한 복잡한 전략적 조직 설계 같은 것을 충실히 실행할 가능성은 거의 없을 것이라고 주장했다.

오늘날의 연구자들이 이러한 흐름의 시초라고 생각하는 것은 하버드 대학의 엘턴 메이오Elton Mayo와 체스터 바너드Chester Barnard가 1930년대 말에 행한 연구들이다. 이 두 사람은 조직을 관료적인 형태로 정의한 막스 베버Max Weber와 경영도 엄밀한 과학임을 암시한 바 있는 프레더릭 테일러Frederic Taylor의 사고방식에 여러 가지 방식으로 도전했다.

베버는 카리스마적인 리더십을 무시했고 관료주의를 강조했다. 그는 규칙 및 규율을 철저히 지키도록 하는 비인간적인 방식만이 조직의 장기적인 생존을 위한 유일한 길임을 주장했다. 한편 프레더릭 테일러는 효율성을 시간과 동작의 관점에서 파악하려고 한 최초의 인물이다. 프레더릭 테일러가 주장한 과학적 관리의 내용은 다음과 같다. 만일 작업을 전체의 흐름에 따라 분할한 다음 각각의 부분을 가장 이상적으로 다시 통합할 수만 있다면 그 작업 집단은 최고의 작업 성과top-performing를 거두게 된다.

엘턴 메이오는 처음에 합리주의 학파의 주장을 따랐으나 나중에는 사실상 그들의 사고방식에 도전하게 되었다. 그는 웨스턴 일렉트릭Western Electric의 호손Hawthorne 공장에서 더 나은 작업 환경이 종업원의 생산성에 직접적으로 긍정적인 영향을 미친다는 사실을 증명하고자 했다.[2] 실제로 생산 현장의 조명을 밝게 하자 그의 예상대로 생산성이 높아졌다. 여기에 만족한 그는 다른 요소가 미치는 영향을 측정하고자 이번에는 조명의 밝기를 떨어뜨려보았다. 그런데도 생산성은 여전히 높았다. 이러한 인간 행동에 관한 연구에서 우리가 얻을 수 있는 아주 중요한 교훈이자 이 책에서 자주 언급하게 될 주제는, 생산성에 있어 중요한 것은 근로 조건이 아니라 근로자에 대한 경영자의 관심이라는 점이다. (우리의 동료 중 한 사람은 우리가 선정한 대부분의 초우량 기업의 경우 경영을 '호손 효과를 끊임없이 지속시키는 것'으로 생각하는 것 같다고 말했다.) 이 같은 사고방식은 합리주의 학파의 견해와는 사뭇 다른 것이다.

체스터 바너드는 CEO의 관점에서 - 그는 예전에 뉴저지 벨New Jersey Bell의 사장으로 있기도 했다 - 리더가 해야 할 중요한 역할 중의 하나는 가치를 구체화하고 유도해내기 위해 조직 내부의 사회적인 힘을 이용하는 것이라고 단언했다. 그는 훌륭한 경영자를, 조직 내의 여러 가지 비공식적인 사회적 자산들을 잘 이용해 회사에 유효한 가치를 구체화하는 사람이라고 묘사했다. 그리고 그러한 경영자들과 단순히 형식적인 보상 시스템을 만들어 협의의 단기적인 효율 향상만을 노리는 경영자를 비교해 보이기도 했다.[3]

체스터 바너드의 이러한 개념은 허버트 사이먼Herbert Simon이 채택한 것을 제외한다면 - 허버트 사이먼은 후에 그의 노력을 인정받아 노벨상을 받았다 - 30년 동안 거의 주목을 받지 못했다. 그동안 경영의 초점은 당시 최대 이슈였던 전후 성장에 따른 조직구조의 개혁으로 옮겨가고 있었다.

그러나 후에 분권적 조직구조의 물결이 일단 가라앉자 이것이 반드시 만병통치약이 아니라는 사실을 알게 되었다. 또한 후계자로 등장한 매트릭스 조직이 복잡성으로 인해 난관에 부딪쳤을 때 체스터 바너드와 허버트 사이먼의 견해를 이은 새로운 물결이 생겨났다. 코넬대학의 칼 웨익Karl Weick과 스탠퍼드대학의 제임스 마치James March는 이 물결의 대표적인 이론가로서 합리주의적 행동 모델을 격렬하게 공격했다.

웨익은 조직이 학습을 통해 환경에 적응하기 위해서는 상당한 시간이 필요하다고 역설했다. 조직은 조직 내의 관행internal cues에 대해서 그것이 특히 실제로 의미를 완전히 상실한 뒤에도 강박관념에 사로잡힌 듯 계속 관심을 갖는다. 전략적인 차원에서 사업에 대한 중요한 가정 – 가령 통제 대 위험부담 –은 경영시스템의 아주 작은 일부로 시간이 흐름에 따라 점차 습관적인 일상처럼 되어버린다. 이에 대한 좋은 예가 있다. 우리는 졸업하고 사회에 나온 지 얼마 안 되어 은행 창구에서 입출금 훈련을 받았다는 한 친구로부터 재미있는 이야기를 들었다. 그가 하는 업무 중에는 80칸의 컴퓨터용 구멍이 뚫린 카드를 손으로 구분하는 것이 있었다. 이 방법을 가르쳐 준 중년 여성은 번개 같은 속도로 그 일을 해치웠다. 그 친구는 카드가 '사삭' 하는 소리를 내며 손을 벗어나 순식간에 차근차근 쌓이는 것을 보면서 자기도 그와 같이 하기 위해 엄지손가락이 마비될 정도로 최선을 다했다.

"얼마나 오래 이 일을 했습니까?" 그 친구가 그 여성에게 물었다.

"10년 정도 되었어요."

"그런데 이 일은 왜 하는 겁니까?" 그 친구가 다시 진지하게 물었다.

"사실은……." 그 순간 또 '사삭' 하는 소리를 내며 카드가 분류되었다.

"나도 잘 몰라요."

이처럼 웨익은 경직성의 원인을 우리 머릿속에 있는 조직에 대한 기계적인 이미지가 오랫동안 굳어진 결과로 가정하고 있다. 예컨대 그는 "기업 또는 경영 조직의 원형으로서 군대의 조직 형태를 계속 유지할 경우, 우리는 흔히 다른 종류의 조직 형태가 존재한다는 사실을 잊게 된다. 예를 들어, 미래를 예측하기보다는 상황에 따른 유연한 대응에 가치를 두고, 제약을 가하기보다는 새로운 기회의 활용을 적극적으로 권장하며, 과거의 행동을 고수하기보다는 새로운 행동을 모색하고, 조용함보다는 논쟁을 즐기며, 믿음보다는 의문과 모순에 과감히 맞서는 것을 장려하는 조직도 있을 수 있다는 점을 잊어버리는 것이다."라고 말한다.

제임스 마치는 칼 웨익보다 한걸음 더 나아가 조직을 쓰레기통에 비유하고 있다.[4] 그는 조직이 학습하고 의사결정하는 것을 문제, 해결책, 참여자, 선택, 기회 요인 등이 거의 무원칙하게 상호작용해 조직을 미래로 끌고 가는 일련의 과정으로 파악한다. 거대 조직에 대한 마치의 말은 트루먼Truman 대통령의 차기 대통령에 대한 냉소적인 예언을 회상하게 한다. 리처드 뉴스타트Richard Neustadt에 따르면 트루먼은 다음과 같이 말했다고 한다. "그는 여기 앉아 (테이블을 탕탕 두드리면서) '이걸 해라! 저걸 해라!' 하고 말할 게 분명해. 그러나 어느 것 하나 제대로 되지 않을 거야. 아이젠하워 대통령도 불쌍하긴 마찬가지지. 그가 오래 몸담았던 군대와는 모든 것이 다를 테니 화도 나겠지."[5]

최근에 이르러 칼 웨익과 제임스 마치 외에 이러한 새로운 견해를 지지하는 자료를 진지하게 수집한 캐나다 맥길대학의 학자 헨리 민츠버그Henry Mintzberg는 유능한 경영자가 어떻게 시간을 사용하는가 하는, 별로 연구되지 않은 주제를 면밀히 연구했다. 경영자들은 대부분의 전문가들이 권장하듯이 계획, 조직화, 동기부여, 통제 등과 같은 중요한 일들에 많은 시간을 투자하지 않는다. 반대로 시간을 분 단위로 쪼개어 사용하는데, 한 가지 일에 투자하는 시간은 평균 9분 정도라고 한다.[6] 영국 출신의 학자 앤드루 페티그루Andrew Pettigrew는 전략적 의사결정에서의 '정치 문제'를 주로 연구하면서 조직이 갖는 내적 특성에 큰 흥미를 갖게 되었다.[7] 때때로 기업은 이미 세상이 변했기 때문에 자기들도 변해야 한다는 것을 말해주는 절대적인 증거가 바로 눈앞에 있는데도 잘못된 방향으로 가곤 한다. 그리고 그런 상황에서 시장 또는 사업에 대한 잘못된 가정을 10년이 넘도록 버리려 하지 않는 경우도 있다고 한다(페티그루의 주장을 뒷받침하는 최근의 예는 항공, 화물운송, 은행, 저축과 융자, 정보통신 등 미국의 정부 규제에서 벗어난 각종 사업 분야에서 찾아볼 수 있다).

우리가 초기에 만난 사람들에는 IBM, 3M, P&G(Procter & Gamble), 델타 항공Delta Airlines 등 장기간에 걸쳐 최고의 성과를 올리고 있는 회사의 경영자들이 포함되어 있다. 우리는 이론적인 사고방식의 새로운 흐름에 대해 이것저것 생각하던 중에 이들로부터 특별한 느낌을 받게 되었다. 그것은 이들이 말하는 소위 눈에 보이지 않는 '무형적인 것' 혹은 잘 설명할 수 없는 어떤 종류의 힘이 사실은 프레더릭 테일러나 알프레드 챈들러가 말하는 것보다는 오히려 칼 웨익과 제임스 마치의 논의에 훨씬 더 가깝다는 사실이었다. 그들은 조직 문화, 가족 같은 느낌, 작은 것이 아름답다, 복잡성보다는 단순성, 고품질 제품에 대한 구전 효과 등에 대해 우리에게 이야기해줬다.

요컨대 우리는 조직을 구성하는 개개인의 인간이 가장 중요하다는 당연하면서도 외면되어 왔던 사실을 발견한 것이다. 결국 개별 조직 구성원의 정보처리 능력의 한계와 조직 구성원이 가진 몰입과 열정이라는 강점에 주목하는 조직이 초우량 기업의 기본 조건이었던 것이다.

처음 2년 동안 우리는 사업상의 문제 해결을 위한 전통적인 기법에 초점을 맞춰—당시 그것은 주로 전략 및 조직구조에 대한 접근에 집중되어 있었다—우리 나름대로 문제를 진단하고 이를 해결하기 위한 방

법론을 모색하고 있었다.

실제로 우리의 태스크포스 외에 다른 많은 사람들은 조직화의 구조적인 문제를 새로운 각도에서 보는 것으로 충분하다는 입장이었다. "분권화가 1950년대와 1960년대의 흐름 중 하나였고, 매트릭스 조직이 1970년대의 유행－뚜렷한 효과는 찾아볼 수 없었으나－이라 한다면 1980년대의 조직구조는 도대체 어떤 스타일일까?"라고 그들은 묻는다. 그러나 우리는 다른 각도에서 생각하기로 했다. 조직구조의 문제가 중요하다는 것은 두말할 여지가 없다. 하지만 이에 못지않게 우리가 염두에 둬야 할 것은 조직구조는 경영 효과성이라는 경영 전반에 걸친 문제를 놓고 보았을 때 극히 일부분에 지나지 않는다는 점이다. 예컨대 사람들은 '조직화organizing'라는 말을 흔히 사용하는데, 보다 중요한 것은 "도대체 무엇을 위한 조직화인가?"라는 질문이다. 우리가 연구 대상으로 삼았던 대기업의 경우 이 물음에 대한 대답은 거의 비슷했다. 즉 종래에 없었던 새로운 기업의 능력을 크게 향상시키기 위해서－다시 말해 보다 혁신적이고, 보다 고객지향적이고, 노사관계를 근본적으로 개선하고, 자사가 보유하지 못한 핵심 기술을 확보하기 위해서－라는 것이었다.

그 대표적인 사례가 바로 맥도날드McDonald's다. 이 회사는 미국 내에서 대단한 성공을 거둔 만큼 해외 시장에서도 큰 성공을 거두기 위해서 해외 사업부를 신설하는 것 이상의 일을 해야 한다. 다시 말해 맥도날드에 있어 해외 시장에서의 성공이란 다른 무엇보다도 독일의 일반 대중들에게 햄버거란 무엇인지를 가르치는 것이었다(원래 햄버거는 독일 함부르크 음식이 미국으로 전래되어 변형된 것으로, 맥도날드가 햄버거를 독일에 역수출할 때는 햄버거가 어떤 음식인지를 다시 알릴 필요가 있었다. － 옮긴이).

주로 정부의 무기 도입 프로그램에 입찰해 수주를 하던 기존의 사업 관행에서 조금이라도 탈피해야겠다고 생각한 보잉Boeing은 민간 시장에서 항공기를 판매할 수 있는 능력을 확보하지 않으면 안 되었다. 사실 보잉의 경쟁 기업 중 누구도 그 일에 성공하지 못한 것을 보면 그것이 얼마나 어려운 일인지를 알 수 있다. 민간용 항공기 제작 기술을 연마하고 민간 항공기 시장을 공략하는 것만큼이나 기존의 낡은 습관을 완전히 버리고 새로운 근육을 단련시키는 것도 어려운 일이다. 이 같은 일은 분명히 조직구조라는 문제를 벗어나는 새로운 과제다.

여기서 조직구조에 대한 새로운 사고방식 이상의 것이 필요해진다. 우리가 실시하고 있던 연구에 대한 좋은 단서는 코퍼스Koppers의 회장이자 CEO인 플레처 바이롬Fletcher Byrom의 말에서 찾을 수 있다. "어떤 지위에 서게 된 사람이 전임자와 똑같은 방식으로 일할 것임을 전제로 유연성 없는 조직도를 만드는 것은 어리석은 일이다. 왜냐하면 현실은 종이 위에 그려진 조직도처럼 움직이지 않기 때문이다. 그러므로 그 자리에 앉게 되는 새 사람의 뜻에 따라 조직을 다독거리고 변화시킬 필요가 있다."[8] 사람에 대한 배려 없이 좋은 조직구조를 생각할 수 없는 것처럼 그 반대 또한 있을 수 없는 일이다. 우리는 더욱더 연구에 매진했다. 그 결과 다음과 같은 사실을 발견할 수 있었다. 즉 조직화에 좀더 지적으로 접근하고자 한다면 서로 떨어질 수 없는 관계에 있는 최소한 일곱 가지의 변수를 동시에 생각해야 하는 것이다. 그 일곱 가지 구성요소는 바로 조직구조structure, 전략 strategy, 사람people, 경영 스타일management style, 시스템과 절차systems and procedures, 지도 원칙과 공유가치guiding concepts and shared value 그리고 현재 및 미래가 요구하는 강점 또는 기술strengths or skills 등으로 요약된다. 이 아

맥킨지의 7-S 분석틀

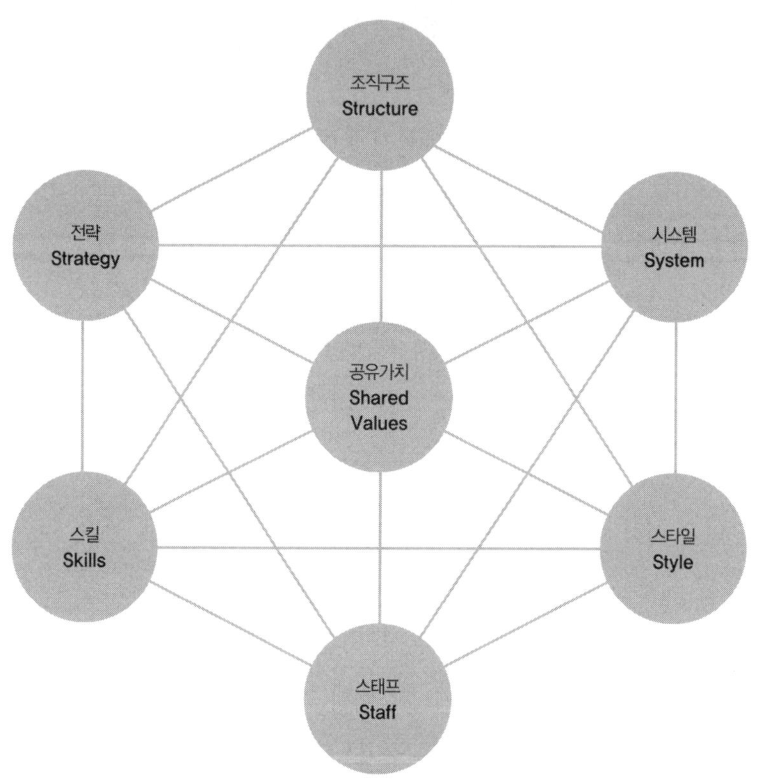

이디어를 후에 보다 명확히 정의하고 세심하게 정리한 것이 바로 '맥킨지의 7-S 분석틀'이다(상단의 그림 참조). 약간의 후속 작업을 통해 기존의 개념을 정리함으로써 7개의 구성요소 모두의 머리글자가 S로 시작되도록 하고, 또한 일곱 가지 요인이 상호 의존적이라는 점을 강조해 이를 시각화했다. 하버드 경영대학원의 앤서니 아토스Anthony Athos 교수가 위와 같은 방법을 권했다. 즉 그는 머리글자를 같게 해 기억하기 쉽게 하지 않으면, 자신들이 말하고자 하는 핵심을 다른 사람들이 금방 잊어버릴 수 있음을 강력히 주장했다.

처음에는 우리도 머리글자를 S로 통일하는 것에 반신반의했다. 그러나 맥킨지의 전 세계적인 네트워크를 통해 이 개념을 적용시켜본 결과로도 알 수 있듯이 역시 조직에서는 하드웨어-전략과 조직구조-뿐만 아니라 소프트웨어-경영 스타일, 시스템, 스태프, 공유가치-도 역시 중요하다는 사실을 확인할 수 있었다. 우리의 재치 있는 동료 중 한 사람은 이 일곱 가지 요소를 농담 삼아 일곱 가지 행복 원자라 부르기도 한다. 어쨌거나 7-S 분석틀은 조직화에 도움을 주는 것으로서 오늘날 전 세계에서 호의적으로 널리 받아들여지고 있는 것은 사실이다. ▲1

이러한 개념을 형성하는 데 도움을 줬던 리처드 파스칼Richard Pascale과 앤서니 아토스는 그들의 저서 《일본의 경영 기법The Art of Japanese Management》에서 이것을 사고의 근간으로 삼고 있다.9 노스캐롤라이나대학의 교수이자 '의사결정학'을 실제적인 과학으로 연구하고 있는 맥킨지의 동료 하비 와그너Harvey Wagner도 경영 정책을 가르치는 데 이 모델을 사용하고 있다. 그는 최근에 "사네 팀의 연구 덕분에 내 수업에서 신비함이 사라져버렸네. 수강생들도 '7-S 분석틀'을 사용하면 문제점을 파악할 수 있기 때문일세."라고 말한 적도 있다.

나중에 생각해보니 '7-S 분석틀'의 의의는 전 세계의 학자 및 경영자들에게 기업을 구성하는 요소 중에서 '소프트한 요소들의 중요성'을 상기

▲1 여러 가지 독립적인 변수를 출발점으로 생각하는 것은 우리가 발명한 것이라 할 수 없다. 예컨대 해럴드 레비트 Harold Leavitt에 의한 '레비트의 다이아몬드(과제·구조·사람·정보·관리·환경)'는 지금까지 수십 년에 걸쳐 경영자들에게 영향을 주어왔다.10 우리는 정말 타이밍을 잘 맞췄다. 언뜻 보기에 보통 불가능한 문제처럼 여겨져 골머리를 앓아왔고, 전략과 구조만을 변화시키는 방법에 불만을 느껴온 경영자들이 1980년에 이르러서야 겨우 새로운 견해를 받아들일 수 있는 상태가 되었기 때문이다. 이것은 또한 오랜 시간 동안 전 세계적으로 경영상의 문제를 해결하는 데 있어 명성을 떨쳐온 맥킨지의 이름에 힘입은 바도 컸다.

시킨 데 있었다. 결과적으로 우리는 이렇게까지 말할 수 있게 되었다. "조직에서 지금까지 비합리적이고 직관적이며 또한 비공식적이기 때문에 관리하기 어렵다고 간과해왔던 조직의 중요한 요소를 비로소 재평가하게 되었다. 업무가 잘 진행되고 있는지를 알아보기 위해 이러한 소프트한 S에 주의를 기울이는 것은 공식적인 조직구조나 전략에 주의를 기울이는 것 못지않게 중요한 일이다. 이것을 무시하는 것은 어리석은 일이다. 그리고 나아가 이러한 것들을 다루는 방법을 터득해야 한다. 여기 그 몇 가지 방법이 있다. 새로운 스킬을 개발하는 방법이 여기 실제로 존재한다."

그러나 아직도 무엇인가가 부족했다. 분명히 우리는 조직 분석을 위한 다양한 도구를 마련하는 데 성공했고, 단 하나의 S가 아니라 7개의 S에 주의를 기울임으로써 탁월한 성과를 거둔 경영자들이 존재한다는 것을 눈으로 직접 확인할 수 있었다. 또한 거대 조직을 실제로 변화시키기 위해서는 적어도 복잡하게 얽힌 일곱 가지 주요 요소가 동시에 상호작용해야 한다는 것을 깨달음으로써 거대 조직을 어떤 형태로든 근본적으로 변화시키는 것이 매우 어렵다는 사실을 전보다 훨씬 더 겸허한 마음으로 받아들이게 되었다. 그러나 이와 동시에 우리는 '소프트한 S'를 실행 가능하게 만들기 위한 구체적인 대안이 부족하다는 것을 깨달았다. 기업의 새로운 능력을 개발해내는 것은 단순히 어떤 점이 잘못되었는지 찾아내 그 반대로 하면 된다는 식의 간단한 일이 아니었다. 그것은 구조적으로 튼튼한 다리를 건설하기 위해 왜 다리가 붕괴하는지를 구조 공학적으로 이해하는 것만으로는 부족한 것과 마찬가지다. 우리는 조직의 병리현상이 어디서 비롯되는지를 파악하기 위한 뛰어난 진단 도구를 갖고 있다. 또한 조직구조 자체는 바람직하지 못하나 현실적으로 잘 기능하고 있기 때문에 건드려서는 안 될 부분을 찾아내는 요령도 터득했다. 그러나 우리에게는 조직 설계의 아이디어 및 행동 계획을 구체화시킬 수 있는 풍부한 '표현력'이 필요했다.

그 결과 우리가 내린 결론은 탁월한 경영 그 자체를 관찰해보자는 것이었다. 사실 이것은 연구를 시작한 지 얼마 되지 않았을 때 연구 과제 목록에 넣은 것이었는데, 실질적으로 연구에 착수하는 계기가 된 것은 로열 더치셸Royal Dutch/Shell 그룹의 경영진으로부터 의뢰받은 혁신을 주제로 열린 하루 동안의 세미나였다.

우리는 이야기하려는 바를 정확하게 전달함과 동시에 셸의 기대에 부응하기 위해 '혁신innovation'이란 말에 이중의 의미를 부여하기로 했다. 즉 창조적인 사람이 시장 가치가 있는 새로운 제품 또는 서비스를 개발하는 것이라는 의미에 거대 조직이 변화를 유도하고 실행하는 것이라는 새로운 뜻을 더한 것이다. 우리는 그 과정의 탐색을 통해 기업의 탁월함을 밝히는 것을 연구의 중심 주제로 삼았다. 우리 주장의 핵심은, 혁신적인 기업이란 신제품을 만들어 매출을 큰 폭으로 늘리는 능력뿐만 아니라 주위의 모든 환경적인 변화에 능동적으로 대응해나갈 수 있는 능력도 뛰어난 기업이라는 것이다.

앤드루 페티그루 교수가 말하는 기존 관행을 고수하는 타성에 젖은 조직inertial organization과 달리, 환경이 변하면 자신도 변하는 기업이 바로 혁신적인 기업이다. 고객의 요구 및 욕구가 변하고, 경쟁 기업의 기술적 역량이 발전하며, 일반 소비자의 기호가 달라지고, 세계 무역에서의 새로운 교역 질서가 대두되며, 정부의 규제가 변하고 있다. 기업은 이처럼 변화하는 환경에 따라 전략적 방향을 새롭게 정하고 개선·조정·변화·적응해나간다. 결국 기업은 기업문화를 포함해 기업 경영의 전체적 틀을 혁신해야 한다. 혁신의 개념을 이렇게 정리하면 탁월한 경영자 또는 경영진이 해야 할 일이 무엇인지를 정의할 수 있다. 우리는 이런 식의 혁신을 유도하고 실행할 수 있다고 생각되는 기업을 '초우량 기업excellent companies'이라 정의했다.

1979년 7월 4일 우리는 로열더치셸에서 준비한 내용을 발표했다. 이날은 초우량 기업에 관한 연구의 생일이라고 할 수 있다. 그러나 네덜란드에서의 세미나보다 우리를 더욱 흥분시킨 것은 셸에서의 토론회를 준비하기 위한 단계에서 우리가 직접 접촉했던 HP 및 3M과 같은 몇몇 기업의 반응이었다. 그들 역시 우리가 열정을 갖고 몰입했던 연구 주제에 커다란 관심을 보였고 우리의 연구를 열렬히 지원했던 것이다.

주로 이러한 인연이 계기가 되어 우리는 몇 달 후 본격적인 프로젝트 연구팀을 구성해 우리가 정의한 개념에 입각해 초우량 기업—언제나 혁신에 대한 열정이 식지 않는 대기업—의 조건을 본격적으로 연구하기 시작했다. 물론 맥킨지가 대부분의 연구 자금을 댔으나 이 프로젝트에 이미 관심을 보인 주요 고객 기업들로부터도 약간의 자금을 지원받았다. 이때부터 우리는 본격적으로 75개의 주요 회사를 선정해, 1979년부터 1980년 겨울까지 그중 약 절반에 해당하는 회사에 대한 철저한 인터뷰 조사를 실시했다. 나머지 기업에 대해서는 이미 공개된 자료에서—주로 지난 25년간의 신문·잡지 기사 및 유가증권 보고서—정보를 얻고, 그 뒤 이 가운데서 20여 개 회사를 철저하게 인터뷰했다. 탁월한 성과를 거둔 기업과 그렇지 못한 기업을 비교하기 위해 성과가 부진한 몇 개의 기업도 조사했으나 그다지 심도 있게 하지는 않았다. 25년에 걸친 경영 컨설팅 이력을 통해 우리는 성과가 나쁜 원인에 대해서는 이미 충분히 알고 있다고 믿었기 때문이다.

집중적인 조사 결과 기대 이상의 놀라운 사실을 발견했다. 먼저 초우량 기업은 무엇보다도 기본에 충실하다는 사실을 수집한 데이터를 통해 다시 한번 확인할 수 있었다. 그들은 기법이나 도구를 사고의 대용代用으로 삼지 않았으며 지능을 지혜보다 우선시하지 않았다. 분석이 실행을 방해하도록 하지 않았으며 오히려 불확실하고 복잡한 현실에서 사물을 최대한 단순화시키려 노력했다. 또한 그 노력을 중단하지 않았다. 최고의 품질 수준을 지향하고 고객에게 최선을 다했다. 종업원의 말에 진심으로 귀를 기울이고 그들을 존중했다. 제품 및 서비스 개발에 있어 뛰어난 능력을 가진 '챔피언'에게는 자유 재량권을 주었다. 민첩한 행동과 실험정신에 따르게 마련인 다소의 혼란에 크게 구애받지 않았다.

초우량 기업의 여덟 가지 특징

우리의 조사에 따르면 초우량 기업들은 평범한 기업들과는 다른 특징을 지니고 있었다. 그리고 그것을 탁월하게 실행한다는 점에서 평범한 기업들과 달랐다. 혁신적인 초우량 기업의 특징을 가장 잘 나타내는 여덟 가지 기본적인 특징은 다음과 같다.

실행을 중요시한다

물론 이들 기업들이 의사결정을 할 때는 분석적인 접근을 할지라도 다른 기업들처럼 분석 자체를 중요시한 나머지 행동이 마비되지는 않는다. 이들 기업의 대부분은 행동지침이 "해보라! 안 되면 고쳐라! 시도해보라!"인 것이다. 예컨대 디지털 이큅먼트(DEC : Digital Equipment Corporation, 텍사스 인스트루먼트Texas Instruments를 박차고 나온 케네스 올센Kenneth Olsen을 중심으로 한 일련의 기술자들에 의해 설립된 회사로 1998년 컴팩Compaq에 인수합병되었다.–옮긴이)의 한 간부는 이렇게 말하고 있다. "어떤 분야에 큰 문제가 발생하면 그 분야의 전문가 10명을 선발해 1주일 정도 합숙시킨다. 그러면 해답을 갖고 나와 훌륭하게 실행할 것이다." 더군다나 초우량 기업은 기본적으로 실험정신이 왕성하다. 그들은 신제품을 출시하고자 할 때 엔지니어 및 마케팅 담당자 250명을 15개월이나 외부와 격리하는 무모한 일 같은 것은 하지 않았다. 그들은 25명 이하의 소규모 팀을 구성해 현장에서 고객들과 직접 만나 아이디어를 찾게 했다. 이러한 과정을 통해 많은 비용을 들이지 않고도 몇 주일 만에 시제품을 만들어내고 한다. 이들은 거대 조직의 굼뜬 행동을 방지하고 민첩함을 계속 유지하기 위해 일련의 실용적인 기법을 선택한다.

고객과 친밀한 관계를 유지한다

초우량 기업은 고객에게서 배운다. 최고의 품질과 서비스에 대해 약속하고 매우 효과적으로 지속적인 믿음을 준다. 가장 평범한 상품–예컨대 프리토레이Frito-Ray의 감자칩, 메이택Maytag의 세탁기, 타파웨어Tupperware–들은 경쟁 기업과는 다른 가치를 제공함으로써 스스로를 차별화시킨다. IBM의 마케팅 담당 부사장인 프란시스 로저스Francis G. Rodgers는 "대부분의 기업에서 훌륭한 서비스를 받는 것이 오히려 예외적인 경우가 된 것은 매우 유감스러운 일이다."[11]라고 말한다. 그러나 초우량 기업에서는 이것이 예외가 아니다. 왜냐하면 기업의 조직 구성원 모두가 훌륭한 서비스를 제공하기 위해 노력하기 때문이다. 대다수의 혁신적인 기업은 제품에 대한 가장 좋은 아이디어를 고객에게서 얻고 있다. 이는 항상 고객에게 열심히 귀를 기울임으로써 가능한 일이다.

자율성과 기업가정신이 있다

혁신적인 기업은 사내에 다수의 리더와 창의성이 뛰어난 사원을 갖고 있는데 우리는 이들을 챔피언이라 부른다. 3M은 다음과 같이 묘사된 바 있다. "창의성에 대한 열정이 넘쳐흘러 그곳의 분위기는 대기업이라기보다 오히려 실험실이나 연구실과 비슷하다. 거기에는 정열이 넘치는 발명가와 자유로이 상상의 나래를 펼치는 대담한 기업가들이 모여 있다."[12]

초우량 기업은 조직 구성원 모두의 생각과 사고를 쇠사슬로 옭아매어 창의성을 억압하지 않는다. 실패의 자유를 적극적으로 장려하고 좋은 시도를 지원한다. 그들은 플레처 바이롬의 "적정한 수준의 잘못이라면 얼마든지 저질러라."[13]라는 제9계명에 충실한 것이다.

사람을 통해 생산성을 높인다

초우량 기업들은 말단에 있는 일반 사원을 품질 및 생산성 향상의 근원으로 여긴다. 그들은 고용자와 노동자를 구분해서 대하지 않으며 자본 투자가 효율성 향상의 근본이라 생각하지도 않는다. 토머스 왓슨 2세Thomas Watson, Jr.는 IBM에 대해 다음과 같이 말했다. "IBM의 철학은 주로 세 가지의 단순한 신념으로 이뤄져 있다. 내가 가장 중요하다고 생각하는 것부터 말하면 우선 '개인에 대한 존중'을 들 수 있다. 이는 매우 단순한 것 같으나 IBM에서는 그것을 실현하기 위해 가장 많은 시간을 투자하고 있다."[14]

TI의 회장 마크 셰퍼드Mark Shepherd는 이를 "모든 노동자를 단순한 노동력으로서가 아니라 아이디어의 원천으로 본다."[15]라는 말로 표현하고 있다. TI에서는 9천 명이 넘는 대규모 인원이 참여하는 사원 참여 프로그램(PIP : People Involvement Program)에서 각 팀(TI의 품질 분임조)들이 사력을 다해 생산성 향상을 위해 공헌하고 있다.

가치에 근거해서 실천한다

토머스 왓슨 2세는 "조직의[16] 기본적인 철학은 기술력, 자금력, 조직구조, 신제품의 도입, 타이밍보다 훨씬 더 크게 기업의 성과를 좌우한다."라고 말했다. 그뿐만 아니라 HP의 윌리엄 휴렛William Hewlett도 타의 추종을 불허할 만큼 생산 현장을 자주 방문하는 것으로 알려져 있다. 맥도날드의 레이 크록Ray Kroc은 매장을 정기적으로 방문해 자사가 금과옥조로 여기는 품질, 서비스, 청결 그리고 가치에 입각해 각 매장을 평가한다.

핵심 사업에 집중한다

존슨 앤드 존슨Johnson & Johnson의 회장 로버트 존슨Robert Johnson은 이것을

"자사가 잘 모르는 사업 분야의 기업은 절대로 매수하지 말라."[17]라는 말로 표현했다. 또한 P&G의 전 회장 에드워드 하니스Edward Harness도 "우리 회사는 기지에서 멀리 떨어진 곳에 있지 않다. 우리는 무분별하게 다각화하는 것을 제외한 모든 것을 지향한다."[18]라고 말했다. 물론 다소의 예외는 있으나 자사가 잘 알고 있는 사업 분야에 전력을 기울이는 기업이 더 훌륭한 성과를 올리는 경우가 많다.

단순한 조직과 작은 본사를 지향한다

우리가 주로 조사한 대기업 중에서 매트릭스 조직구조를 공식으로 채택한 곳은 하나도 없었고, 그것을 시도해보았던 일부 기업도 우리가 조사를 실시한 시점에서는 이미 포기한 후였다. 초우량 기업의 근간이 되는 조직구조와 시스템은 지극히 단순하다. 조직 계층에 군살이 없으며 본사의 관리 부문도 소수 정예에 의해 운영된다. 1백 명 미만의 관리자만으로 자산이 몇백 억 달러에 달하는 기업을 경영하는 사례도 많았다.

엄격함과 온화함을 동시에 지닌다

초우량 기업은 집권화와 분권화 두 가지 모두를 활용한다. 대부분의 기업이 현장에서부터 제품 개발팀에 이르기까지 자율성을 강조한다는 사실은 앞서 말한 바와 같다. 반면에 기업이 중시하는 핵심 가치에 대해서는 광신적이라 할 만큼 중앙 집권적 통제가 엄격하다. 3M의 경우 회사의 분위기가 제품 개발 챔피언들을 중심으로 거의 방만하다고 할 만큼 자유롭지만 "그들이 가장 소중하게 여기는 핵심 가치에 대한 강한 신념은 이단 종교에 세뇌된 신자도 당해내지 못할 것이다."[19]라고 어떤 분석가는 말한다. 어느 간부의 말을 빌리면 DEC 또한 '자기 상관이 누군지 모를 정도로' 조직은 느슨하지만 자사가 제공하는 제품의 신뢰성에 대한 믿음은 상상할 수 없을 만큼 강력하다.

사실 이상의 여덟 가지 기본 특징은 거의 새로운 것이라 할 수 없다. 그중의 일부는 '이제 와서 새삼스레 거론할 것이 못 되는' 듯한 느낌마저 드는 게 사실이다. 그러나 르네 맥퍼슨Rene McPherson의 말처럼 "누구나 사람이 가장 중요한 자산이다."라고 말하지만 그 말의 정신을 실제로 살리는 기업은 그리 많지 않다. 초우량 기업은 사람을 강조한다. 구체적인 결론이 나지 않는 회의를 수없이 반복하고 5백 페이지가 넘는 보고서를 작성해 품질과 서비스 기준에 대한 구호를 외치기보다 남들이 비현실적이라고 하든 말든 "무엇보다 먼저 실행하라."라는 태도를 취한다. 연봉 7만 5천 달러를 받는 소수 엘리트만이 생각하는 것이 아니라, 몇만 명이나 되는 종업원이 항시 자율성을 갖고 스스로 생각해야 한다고 주장하며 그것을 실천하는 것이다.

다른 기업과 초우량 기업을 구별시켜주는 가장 중요한 점은 강한 신념에서 나오는 열정의 강도다. 인터뷰를 하기 위해 처음으로 초우량 기업을 찾아갔을 때 우리는 그러한 분위기를 직접 피부로 느낄 수 있었다. 조직 구성원의 말 한마디 한마디에서 풍기는 뉘앙스가 달랐다. 언제나 관련 부서에서 일하는 모든 구성원의 참여를 기대하는 마음부터가 달랐다. 제품, 서비스 그리고 고객에 대한 애정이 분명 남달랐다. 그리고 HP나 3M에서 공장 시설을 견학하고, 현장 작업 그룹이 일하거나 쉬는 모습을 통해 그들이 지금까지 우리가 보아온 관료주의적 냄새를 풍기는 대다수의 조직과는 확연히 다름을 느꼈다. 우리는 아직 추운 2월에 3M이 봉사활동을 벌일 예정인 세인트폴 시에 모여 아주 분주해 보이지만 활기찬 분위기 아래 문제 해결을 위한 지혜를 짜내는 것을 보았다. 엔지니어, 영업사원, 생산직 사원 그리고 관리 사원—고객도 한 사람 끼여 있었다—모두가 회의실에 모여서 말이다. 연간 1억 달러의 매출을 올리는 HP의 경영진 사무실은 공장 한구석에 있는 작은 방으로 비서와 함께 사용하고 있었다. 톨레도Toledo에 있는 다나Dana의 본사에서는 신임 회장 제럴드 미첼Gerald Mitchell이 점심 식사 후 다정하게 동료의 어깨를 두드리는 것을 보았다. 이는 숨소리만 들리는 조용한 임원 회의실에 관리 부문 담당자가 한 옆으로 줄지어 앉고, 스크린 불빛만 보이는 어둑어둑한 가운데 끝도 없는 분석 자료를 스크린에 비추는 슬라이드 프로젝터 소리만 들리는 침울한 광경과는 퍽 대조적이었다.

우리가 조사한 모든 초우량 기업이 이상에서 말한 여덟 가지 기본적인 특성을 모두 똑같이 갖고 있는 것은 아니다. 그러나 어느 회사에서든—성과로 나타난 것은 아니지만—이 여덟 가지 특성이 경영진에 의해 매우 중요시되고 있는 것만은 사실이었다. 그런데 우리가 관찰한 바에 따르면 이 여덟 가지 기본적 특성은 현재 대부분의 기업에 결여되어 있다. 이 특징을 전혀 갖고 있지 않다는 뜻은 아니지만 대부분의 기업이 이런 특징들과는 거리가 있었으며, 이런 특징을 갖고 있는 기업이라 해도 그 중요성과 가치를 제대로 인식하고 있지는 못했다. 분명한 것은 대다수의 경영자들이 초우량 기업에서 볼 수 있는 '기본에 충실하라'는 메시지를 간과하고 있다는 사실이다. 특히 신속한 대응, 고객 서비스, 실질적인 혁신 등과 같은 과제는 모든 구성원이 헌신하지 않으면 도저히 달성할 수 없는 것인데도 그런 사실에 대해 제대로 알고 있지 못했다.

사실 초우량 기업이 갖고 있는 여덟 가지 특성은 어떤 면에서는 너무나 당연한 것이다. 실무 경험이 전혀 없는 학생에게 다음과 같은 결론을 제시해보라. "첫째도, 둘째도 그리고 셋째도 고객이다."라고 말하면 "그런 것은 누구나 다 아는 사실 아닙니까?"라는 싸늘한 반응이 돌아올 게 뻔하다. 반면에 미국의 비즈니스 현장에서 풍부한 경험을 쌓은 경영자에게 같은 말을 한다면 그는 본능적으로 강한 관심과 반응을 보인다. IBM의 로저스가 언급한 '좋은 서비스는 예외적'이라는 말이 담고 있는 메시지를 감안하면 그들이 우리에게 보인 반응은 지극히 당연한 것이다. 그리고 그들은 P&G나 IBM의 성공이 사원의 평균 지능지수가 다른 회사보다 20점 정도 높다는 사실에서 기인하는 것이 아니라, 기본에 충실하고 이를 착실하게 실천하는 데 있음을 알고 오히려 안심한다. 그러나 우리는 경영자들에게 그다지 안심해서는 안 된다고 말한다. 기본을 몸에 익히고 초우량 기업의 수준까지 기본을 철저히 내면화하는 것은 머릿속에서 '획기적인 전략'을 짜내는 것보다 훨씬 더 어렵기 때문이다.

미국 기업에게 큰 장애가 되고 있는 것은 본사의 관리 부문만이 아니다. 조직구조와 경영시스템 역시 기업 활동의 걸림돌로 작용하고 있다. 우리가 흔히 인용하는 사례 중 하나가 51페이지에 있는 그림이다. 이는 높은 수준의 기술적 능력을 요구하는 업종에서 모험적이라고 자인하는 사업을 벌인 신제품 개발 담당 매니저가 그린 그림이다.

그림에서 각각의 원은 조직 속의 개별 부문을 나타내고, ─예컨대 MSD(Management Sciences Division)는 경영과학 부문을 나타낸다─ 각각의 원을 잇

는 선은 신제품을 개발할 때 공식적인 의사소통 채널이 존재함(상임위원회
가 설치되어 있다는 것)을 나타낸다. 이 그림을 보면 공식적인 의사소통 채
널이 무려 223개나 됨을 알 수 있다. 이 회사가 경쟁 기업에 비해 신제품을
출시하는 데 걸리는 시간이 길 것임은 두말할 필요도 없다. 역설적이면서
비극적인 것은 이 223개의 의사소통 채널을 하나하나 살펴보면 더할 나위
없이 잘 짜여 있다는 사실이다. 고지식한 사람들이 합리적으로 그 나름대
로 충분히 의미 있는 네트워크를 만들기는 했다. 예를 들면, 지난번 신제품

신제품 개발 관련 부서의 의사소통 채널

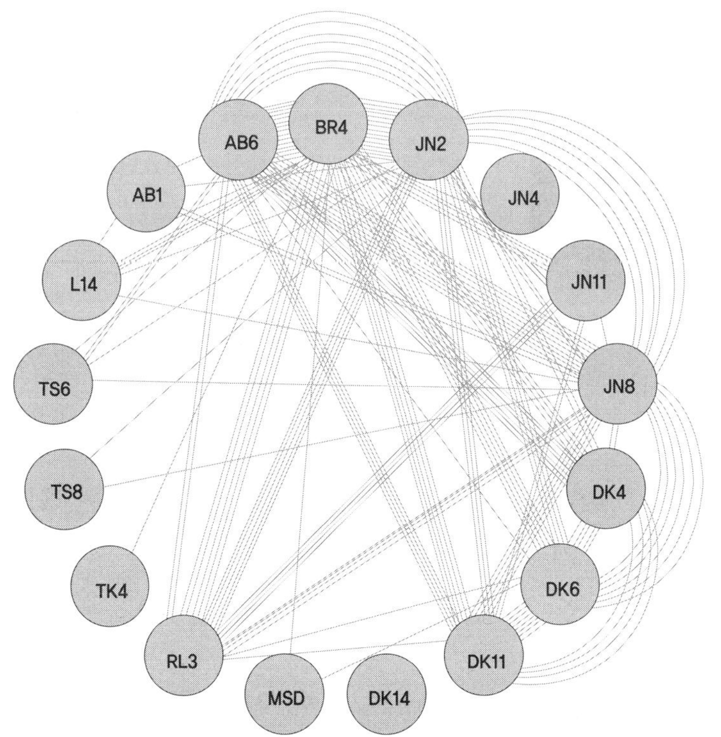

출시 때 마케팅 부문과 영업 부문 사이에 생긴 불협화음을 다시는 일으키지 않기 위해 위원회를 하나 더 신설하는 것 등이 그것이다. 문제는 이렇게 해서 필연적으로 만들어지는 조직이 실행에 대한 자유를 빼앗고 조직의 활력을 약화시킨다는 것이다. 거미줄이 파리를 옭아매듯이 말이다. 또 한 가지 슬픈 사실은 이 그림이 제시되었을 때 아무도 '터무니없다'라고 반성하지 않고, 한숨을 쉬며 뒤로 물러서거나 빈정거릴 뿐이었다는 것이다. 심지어는 "정말 더 훌륭한 것을 원한다면 우리 회사의 프로세스를 한번 그려보는 것이 어떻겠소?"라고 말하기까지 했다.

초우량 기업의 선정

우리는 62개 기업을 예로 제시했으나[2] 처음부터 이것이 미국의 전체 기업을 대표한다고 생각하지는 않았다. 그러나 선정한 기업들이 어느 정도의 대표성은 가진다고 생각한다. 또 우리가 처음부터 '초우량'이라거나 '혁신적'이라는 말을 구체적으로 어떤 의미에서 사용하는 것인지 정확히 밝히고자 한 것도 아니다. 이 시점에서 너무 엄밀해지려고 하면 연구의 본질이 흐려질 수도 있다는 우려 때문이었다. 화이트E. B. White의 말처럼 "그것은 개구리와 같아서 본질을 파악하기 위해 해부할 수는 있으나 결국 개구리처럼 도중에 죽어버리게 된다. 순수한 생물학적 흥미를 갖고 있지 않다면 개개의 내부를 들여다봤자 실망만 하게 될 뿐"이었

---

[2] 처음에는 75개 회사를 다룰 계획이었다. 이 가운데 13개 회사는 유럽의 기업이었다. 그러나 13개 회사만으로는 유럽 기업의 작은 단면조차 파악할 수 없다는 이유에서 제외하기로 했다.

다. 최초에 선발한 기업에게 우리가 바란 것은 경영자, 컨설턴트, 경제 저널리스트, 경영학자 등 이른바 전문 지식인들이 '우수'하고 '혁신적'이라고 공감하는 기업들의 리스트를 만드는 일이었다. 우리는 관심을 갖고 있는 각각의 산업에서 충분한 샘플을 얻을 수 있도록 기업을 몇 개의 범주로 유형화해보았다. 각각의 범주에 포함시킨 기업들의 예는 다음과 같다.

1. 첨단기술 산업 : DEC, HP, 인텔Intel, TI 등
2. 소비재 산업 : P&G, 체스브로 폰즈Chesebrough Pond's, 존슨 앤드 존슨 등
3. 일반 제조업 : 캐터필러Caterpillar, 다나, 3M 등
4. 서비스 산업 : 델타 항공, 메리어트Marriott 호텔, 맥도날드McDonald, 월트 디즈니Walt Disney 등
5. 프로젝트 엔지니어링 : 벡텔Bechtel, 플루어Fluor 등
6. 자원 관련 산업 : 애틀랜틱 리치필드Atlantic-Richfield, 다우 케미컬Dow Chemical, 엑슨Exxon 능

몇몇 업종이 누락되었는데 이에 대해서는 추후의 연구를 통해 보완하려고 한다. 대형 금융기관, 특히 은행이나 보험 회사에 대해서는 맥킨지가 세계적으로 가장 풍부한 경험을 갖고 있으나 당시 정부로부터 상당한 규제와 제한을 받고 있어서 고려 대상에서 제외했다. 또한 시간적인 제약 때문에 화학 및 제약 기업의 대부분을 제외시킬 수밖에 없었으며 중소기업에 대해서도 특별히 고려하지 않았다. 우리가 주로 관심을 갖고 있었던 것은—지금도 마찬가지로 관심을 갖고 있지만—대기업이 어떻게 혁신적인 변화

조사된 초우량 기업

체계적인 인터뷰를 실시하고 25년치의 문헌을 조사한 기업

첨단기술 산업	소비재 산업	일반 제조업	서비스 산업	프로젝트 엔지니어링	자원 관련 산업
알렌 브래들리Allen Bradley+ 암달Amdahl* DEC* 에머슨 전기Emerson Electric* 굴드Gould HP* IBM* NCR 보잉* 록웰Rockwell 슐럼버거 Schlumberger* TI* 유나이티드 테크놀로지 United Technology 웨스턴 전기Western Electric 웨스팅하우스 Westinghouse 제록스Xerox	블루벨Blue Bell 이스트먼 코닥 Eastman Kodak* 프리토레이(펩시콜라)+ 제너럴 푸드General Foods 존슨 앤드 존슨* P&G*	캐터필러 트랙터 Caterpillar Tractor* 다나* 잉거솔랜드 Ingersoll-Rand 맥더모트McDermott 미네소타 마이닝 앤드 매뉴팩처링 Minnesota Minning &Manufactruing*	델타 항공* 메리어트 호텔* 맥도날드*	벡텔+ 보잉* 플루어*	엑슨

> * 1961년부터 1980년까지 '초우량'의 모든 기준을 만족시킨 기업.
> \+ 개인 기업 또는 소규모 기업으로 자료는 공개되지 않았으나 '초우량'의 모든 기준을 만족시키는 것으로 판단되는 기업.

제한적인 인터뷰를 실시하고 25년치의 문헌을 조사한 기업

첨단기술 산업	소비재 산업	일반 제조업	서비스 산업	프로젝트 엔지니어링	자원 관련 산업
데이터 제너럴Data General* GE 휴즈 에어크래프트 Hughes Aircraft+ 인텔* 록히드Lockheed 내셔널 세미컨덕터 National Semiconuctor* 레이켐Raychem* TRW 왕 연구소Wang Labs*	아타리Atari+ 에이본Avon* 브리스톨 마이어 Bristol-Myers* 체스브로 폰즈* 리바이스Levi Strauss* 마스Mars+ 메이택* 머크Merck* 폴라로이드Polaroid 레브론Revlon* 타파웨어*	GM	아메리칸 항공 American Airlines 월트 디즈니* K마트Kmart* 월마트Wal-Mart*		아르코Arco 다우 케미컬* 듀폰Du Pont* 스탠더드 오일 Standard Oil(인디애나)/ 아모코Amoco*

를 유도하고 이를 지속적으로 유지시켜왔는가 하는 것이었기 때문이다. 그래서 연간 매출액 10억 달러 이하이거나 또는 창업한 지 20년이 되지 않은 기업은 고려 대상에서 제외했다.

기업을 선정하는 데 있어 또 한 가지 고려한 것은 비즈니스 현장에서 지명도가 높은 기업이라 할지라도 그 명성이 재무적 성과에 의해 뒷받침된 것이 아니라면 우량 기업이라고 볼 수 없다는 점이었다. 따라서 우리는 장기간에 걸친 탁월함의 판단 기준을 여섯 가지로 정하고 이것을 적용하기로 했다. 이 중에서 세 가지는 과거 20년에 걸친 성장, 장기적 자산 형성 실적 그리고 가치 또는 부의 창조이고, 나머지 세 가지는 수익률과 관련된 기준이다. 이들 여섯 가지 기준의 내용은 다음과 같다.

1. 1961년부터 1980년까지의 연평균 자산성장률(즉 연간 성장률의 기하평균)
2. 1961년부터 1980년까지의 연평균 자본금증가율(즉 연간 성장률의 기하평균)
3. 시장가격 대 장부가격의 비율 : '시장 대 장부' 가격의 상대적 비율은 경제학자가 기업에 있어서 '부의 창출 능력'을 측정할 때 사용하는 지표다.
   (시장가격 = 주가 상승치 × 발행이 끝난 보통주식 수 / 1980년 12월 31일까지 발행이 끝난 주식 총수의 장부가격)
4. 1961년부터 1980년까지의 평균 자본수익률
5. 1961년부터 1980년까지의 평균 자기자본수익률
6. 1961년부터 1980년까지의 평균 매출액수익률

앞에서 말한 6개 항목 중 최소한 4개 항목에서, 지난 20년간 그 기업이 속한 산업에서 상위 5위에 속하는 기업을 최고의 성과를 거둔 기업으로 삼았다. 실제로 이 기준을 만족시킨 36개 기업 중 17개 기업은 6개 항목에서 모두 상위권을 차지했고, 6개 기업은 5개의 항목을 충족시켰다. ▲[3] 이와 같이 최고의 성과를 거두는 것으로 인정받은 기업들은 기업의 성장성 및 재무제표의 건전성의 양대 기준을 만족시키면서 장기간에 걸쳐 탁월한 성과를 올리는 기업들인 것이다.

그리고 마지막으로 혁신성innovativeness을 선정 기준으로 정했다. 소수의 업계 전문가―보통은 특정 산업에 오랫동안 종사해 경험이 풍부한 인물―를 선발해, 지난 20년간 얼마만큼 시장을 선도해나갈 만한 제품 및 서비스를 출시해 시장의 변화 또는 변동에 신속하게 대응했는지, 즉 혁신성의 기준에서 그 기업을 평가해줄 것을 부탁했다.

이상과 같은 기준을 적용시켰더니 최초의 62개 기업 가운데 19개 기업이 탈락했다. 43개 기업 중 21개 기업에 대해선 면밀한 인터뷰를 실시했으나 ▲[4] 나머지 22개 기업에 대해서는 그렇게 하지 못했다. 또한 '결정 유보'라는 범주에 넣은 12개 기업에 대해서는 광범위한 조사를 진행했다. 이들은 모든 기준을 만족시키지 못하고 근소한 차이로 제외된 기업들이었다. 그리고 62개 기업 전체에 대해 본격적인 연구를 시작하기 전, 지난 25년간 일반에 공개된 모든 자료를 빠짐없이 면밀히 조사했다.

▲3 여기서 말한 '산업'이란 앞서 언급한 첨단기술 산업처럼 6개 사업 분야를 일컫는다. 각 산업별로 선정된 기업들은 모두 〈포춘〉 지가 선정한 세계 5백대 기업 리스트에 실린 기업이다.

▲4 이 43개 기업 가운데 위에서 말한 36개 기업 외에, 비상장 기업(예컨대 마스)이나 펩시콜라의 자회사(프리토레이 등)와 같이 우리가 설정한 기준을 분명히 충족시키는 기업일 것이나 데이터가 공표되지 않았기 때문에 확실한 증명이 불가능한 기업도 7개나 되었다.

끝으로 우리는 다른 방법으로 다시 한번 접근했다. 사실 우리는 개별 기업의 명확한 자료를 통해 결론을 뒷받침하기를 좋아하지만 흔히 "이 기업은 이런 방법을, 저 기업은 저런 방법을 사용하고 있다."라는 말을 하는 것도 사실이다. 여기서 말하는 '그들'이란 새삼스럽게 정량적인 선정 기준을 적용하지 않더라도 건전한 경영과, 앞서 말한 여덟 가지의 기본적 특징을 모두 충족시킨다고 생각되는 모범적인 기업들을 일컫는다. 즉 에머슨 전기, HP, IBM, 존슨 앤드 존슨, 다나, 델타 항공, 맥도날드, 벡텔, 플루어, 보잉, 캐터필러, DEC, P&G, 3M이 그들이다. 이들 대부분은 앞서 말한 정량적 기준 역시 만족시켰다. 겉으로 봐서는 이들 각각의 기업은 거의 공통점이 없는 것처럼 보인다. 생산하는 제품도 가지각색이어서 첨단기술 기업이 세 곳, 일반 소비재 기업이 한 곳, 일반 의약품 기업이 한 곳, 서비스 기업이 두 곳, 프로젝트 엔지니어링 기업이 두 곳, 일반 제조 기업 다섯 곳 이렇게 구성되어 있다. 그러나 어느 기업도 지주회사 또는 문어발식 대기업이 아니라는 공통점을 갖고 있다. 더군다나 이 기업들은 추진하는 사업이 모두 성공을 거두고 있는 것은 아니었지만, 실패하는 경우보다 성공하는 경우가 더 많았다.

방대한 인터뷰 및 문헌 조사를 마친 뒤 우리는 그 내용을 엄밀히 분석하고 신중하게 종합하는 작업을 마무리했다. 조사를 시작한 지 약 6개월 후, 이 책의 핵심 내용인 몇 가지 결론을 얻게 된 것도 바로 이때였다. 그러나 아직도 얼마간 성가신 문제가 남아 있었다. 심층 인터뷰는 대체로 7-S 분석틀을 중심으로 진행하고 결론을 내릴 때도 같은 일곱 가지 특성을 바탕으로 했으나 초우량 기업의 특성이 22개나 나오고 말았다. 연구 주제도 만만치 않은 상황에서 결론까지 이렇게 나오다보니 문제가 복잡해지게 되었다. 우리가 분석한 결과의 초안을 보자마자 맥킨지의 동료 컨설턴트가 이 점을 강력하게 지적했다. 우리는 분석 결과에서 핵심만을 추출해 이를 좀더 단순화시키기 위해 고민했다. 그 결과 말하고 싶은 핵심을 빠뜨리지 않고 여덟 가지 기본적 특성으로 범주화시킬 수 있었다.

조사 결과에 대해 이야기할 때 반드시 나오는 질문이 있다. 먼저 자신이 산발적으로 알고 있는 사실에 기초해 우리에게 반론을 제기하는 사람의 의견이다. 사실 털어서 먼지 안 나는 사람 없듯이 모든 대기업에도 결점은 있다. 우리가 이들을 초우량 기업으로 정의한다 해서 그 기업들에 결점이 없다고는 할 수 없다. 이들 기업에도 세상에 널리 알려진 잘못된 점이 얼마든지 있을 수 있는 것이다. 그리고 어떤 한 기업을 우량하다고 보는 사람이 있는가 하면 주식 시장에서는 끔찍한 결과를 가져온다고 하는 사람도 있다. 우리는 표변하는 주식 시장이나 변덕스러운 투자가에 대해서까지 책임질 생각은 없다. 실제로 이들 기업은 장기간에 걸쳐 훌륭한 성과를 거둬왔고 우리에겐 그것만으로 충분하다.

둘째, 우리가 혁신성을 가진 것으로 판단한 기업이 앞으로도 그렇겠느냐는 질문을 받는다. 사실 이 점은 우리도 알 수 없다. 예컨대 GM이나 캐터필러는 선정 당시에는 초우량 기업이었으나 그후 심각한 문제를 겪었다. 그러나 아마도 GM은 미국의 다른 경쟁 기업보다 훨씬 슬기롭게 이 문제를 해결할 것으로 믿는다.(물론 GM이 세계 자동차 산업에서 예전보다 지위가 내려간 것은 사실이지만 그럼에도 불구하고 여전히 미국 1위의 자동차 기업으로 군림하고 있다.—옮긴이) 그리고 이 기업이 오랜 시간에 걸쳐 쌓아 올린 눈부신 업적에는 역시 감탄하지 않을 수 없다. 이 경우뿐만 아니라 그 밖의 다른 많은 초우량 기업에 대해서도 같은 논리를 적용할 수 있을 것이다.

셋째, 예정에 없었던 기업이 새로이 선정되고 당초에 설정한 '초우량'의 정의에 맞지 않는 예를 추가한 이유가 무엇이냐는 질문이다. 물론 곧 알게 되겠지만 그 대답은 우리가 기업의 혁신성과 탁월함에 대해 연구를 거듭해오고 있으며, 1979년 이후에도 이에 대해 많은 성과를 거뒀기 때문이다. 예를 들면, 맥킨지에 있는 다른 그룹은 미국의 소비재 산업에만 초점을 맞춰 '탁월함'을 연구하고 있으며, 또 다른 그룹은 캐나다의 초우량 기업에 대한 연구를 최근에 마무리했다. 또한 맥킨지 안에는 신설 기업 또는 중견 기업에서의 탁월함이란 어떤 것인가를 열성적으로 조사하는 그룹도 있다. 그리고 가장 최초의 연구 그룹도 역시 연구를 계속하고 있으며, 이에 따라 초기의 연구 성과를 뒷받침하는 새로운 사례를 확보하고 있다.

이 연구의 파급 효과는 우리가 처음 예상했던 것 이상이었다. 1980년 6월 〈비즈니스 위크*Business Week*〉 지에 우리의 연구 결과를 발표한 후 우리는 2백 회에 걸친 강연회와 50회가 넘는 워크숍을 위해 많은 시간을 비행기에서 보냈다. 현재 우리는 당시 연구 대상이었던 기업과 그 기업 출신자들을 만나지 않는 날이 거의 없다. 최근에도 IBM의 창립자인 토머스 왓슨 4세와 함께 여러 해 동안 같이 일한 사람을 우연히 메모렉스에서 만났다. P&G의 브랜드 관리 프로그램 및 IBM의 영업 촉진 프로그램에서 알게 된 사람들의 리스트를 작성하면 실로 방대한 양이 될 것이다. 3M에서 인터뷰한 사람과는 아직도 접촉하고 있으며, 우리는 그와 함께 혁신성에 대해 며칠 동안 연이은 토론을 하기도 했다. 이렇게 우리의 연구를 통해 알게 된 현장에 있는 사람들과의 만남을 통해 우리에게 필요한 증거와 사례는 날마다 풍부해지고 있다.

예를 들어보자. 우리는 HP의 형식에 얽매이지 않는 조직 분위기를 높이 평가하고 있다. 그런데 어느 날 탠덤Tandem(1974년 짐 트레이빅Jim Treybig을 필두로 HP에서 근무했던 사람들이 모여 탠덤 컴퓨터Tandem Computers를 설립했다. 그러나 탠덤 컴퓨터는 그후 컴팩 컴퓨터에 의해 인수합병되었다. ―옮긴이) 이 거두고 있는 높은 성과를 분석하고 있는 맥킨지의 동료가 와서 "탠덤에선 매주 금요일마다 맥주 파티를 열고 있는데 이것은 HP의 맥주 파티보다 훨씬 더 큰 호응을 얻고 있다."라고 말해주었다. 이와 같이 도움이 될 만한 새로운 사실을 입수해 이를 구체적으로 확인 또는 검토하는 과정을 반복함으로써 우리는 분석 결과를 강력하게 뒷받침할 수 있게 되었다.

마지막으로 진화 및 변화에 대해서 어떻게 생각하느냐는 질문을 받기도 한다. 이들 초우량 기업은 어떻게 해서 그러한 지위에까지 도달한 것일까? 강력한 카리스마를 가진 경영자가 진두지휘하고 있었던 것은 아닐까? 우리도 처음에는 경영자의 역할을 과소평가했던 것이 사실이다. 기업의 운명이 지도자에게 달려 있다는 것은 대부분의 사람들이 암암리에 인정하고 있는 가정인데도 우리들은 이 점에 대해 심리적으로 저항하고 있었기 때문이다. 평범한 기업 또는 좋은 기업이 초우량 기업의 반열에 오르는 것은 다른 기업에서는 결코 찾아볼 수 없는 독특한 기본적인 특성을 갖고 있기 때문이라고 생각했다. 그리고 만일 이 공통적인 특성을 충분히 규명할 수 있다면, "존슨 앤드 존슨이 훌륭한 성과를 거두는 이유는 무엇인가?"와 같은 질문에 대해 "훌륭한 경영자가 있기 때문이오."라는 것 이상의 대답을 할 수 있을 것이라고 우리는 굳게 믿었던 것이다. 그러나 유감스럽게도 초우량 기업에는 예외 없이 한두 사람의 훌륭한 리더가 있었고, 결국 그들의 존재가 회사를 초우량 기업으로 만든 기본적인 원인 중의 하나라는 결론에 도달했다. 경영자의 역할을 과소평가했던 우리는 스스로 잘못된 믿음을 반증하게 된 것이다. 이러한 기업들의 대부분―가령 IBM, P&G, 에머슨 전기, 존슨 앤드 존슨, 다나―은 아주 특별한 한 개인을 중심으로 독특한 특성이 내재화되어 있다. 더군다나 그러한 특성은 기업 발전의 초기 단계에서 형성되어 차차 발현되는 경향이 있었다.

우리는 여기서 이 같은 초우량 기업이 위대한 리더의 가치관 및 행동을 직원들에게 심어주는 문화를 발전시켜왔다는 사실에 주목할 필요가 있다. 이들은 창업자가 사라진 후에도 핵심 가치가 보존될 수 있도록 모든 조직 구성원이 이를 공유하고 내면화시키기 위해 노력하고 있다. 또 한 가지는 체스터 바너드의 이론으로 거슬러 올라가 생각할 때 기업에 있어서 리더의 역할은 조직의 가치관을 관리해나가는 것이라는 점이다. 이 책은 기업의 리더는 조직 구성원에게 도대체 어떤 가치를 전달하고 공유해나갈 필요가 있는지를 밝혀줄 것이다. 즉 초우량 기업의 기본 청사진이 되는 핵심 가치들을 깊이 분석함으로써 위대한 기업에 존재해야 하는 리더십 부재의 딜레마를 해결하는 데 도움을 줄 수 있을 것이라고 생각한다.

초우량 기업에서 찾아낸
성공의 열쇠

초우량 기업에서 찾아낸

2

2 합리주의가 만병통치약은 아니다

경영에 있어서의 전문성은 흔히 냉철한 합리주의와 동의어로 간주된다. 국제전신 전화회사(ITT : International Telegraph Telephone)의 신임 회장 해럴드 제닌Harold Geneen이 말한 '명명백백한 사실'이 그 전형적인 예다. 냉철한 합리주의는 적의 전사자 수로 작전 성공의 정도를 평가한 베트남 전에서 흔히 볼 수 있었다. 뿐만 아니라 포드 자동차Ford Motor Company의 신동은 굉장했고, 미국의 전 국방장관 로버트 맥나마라Robert McNamara는 거드름을 피웠다(숫자로 상징되는 합리주의 신봉자인 로버트 맥나마라와 그의 수제자로 불리던 포드 자동차의 로이 애시를 비꼬는 말—옮긴이). 경영에 대한 수치 및 정량적 지표, 즉 합리주의적인 접근 방법은 경영대학원이 학생들에게 가르치는 내용의 주를 이루고 있다.

예비 경영자는 철저한 데이터 분석에 입각한 합리적인 의사결정을 바탕으로 어떠한 역경도 극복할 수 있다고 배운다. 소위 전문경영자는 스스로의 감정을 억제하고 객관적·분석적으로 의사결정을 해야 한다고 주장한다. 하지만 교과서대로 적절하고 합리적인 의사결정을 내렸음에도 불구하고 잘못된 길로 접어든 기업은 일일이 나열할 수 없을 정도로 많다.

합리주의의 한계

냉철한 합리주의적 접근법만으로는 초우량 기업의 탁월함을 설명할 수 없다. 이러한 접근법은 고객의 가치를 소중히 여겨야 한다는 말의 참된 의미를 가르쳐주지 않는다. 또한 기업을 이끄는 리더의 가장 중요한 사명이 평범한 인간의 잠재력을 최대한 끌어내어 패배를 모르는 인물로 만들어주는 것이라는 점도 가르쳐주지 않는다. 약간의 조언만 해주면 조직 구성원이 자기 일에 깊이 몰입할 수 있다는 데 대해서도 말해주지 않는다. 조직 구성원 스스로에 의한 품질관리가 감독자의 지시나 통제에 의존한 품질관리보다 훨씬 더 효과적인 이유에 대한 올바른 해답을 주지도 못한다. 조직 내부의 '제품 챔피언'을 봄의 새싹처럼 소중히 여겨야 한다는 중요한 가르침도 주지 않는다. 또한 P&G에서 볼 수 있듯이 사내에서 제품 간 경쟁을 의도적으로 유도하는 이유에 대해서도 가르쳐주지 않는다.

결국 합리주의적 접근법은 왜 품질관리에 지나치리만큼 많은 돈을 들이고 고객 서비스에 필요 이상으로 열을 올리는지에 대한 그 어떤 설명도 해주지 않는다. 뿐만 아니라 오랜 시간이 걸릴지라도 신제품을 개발하려는 노력이 필요한 경우가 있음에 대해서도 이해하지 못한다. 합리주의자들은 앤서니 아토스가 말하는 "뛰어난 경영자는 돈이 갖는 의미뿐만 아니라 사람이 갖는 의미도 잘 알고 있다."라는 말의 뜻을 결코 이해하지 못할 것이다. 지금까지의 예를 통해 알 수 있는 분명한 점은 합리주의적 사고방식만으로는 경영의 진수를 거의 파악할 수 없다는 사실이다.

우리 두 사람이 경영대학원에 재학하고 있을 무렵, 가장 인기 있는 전공은 재무관리였다. 우리를 포함한 대다수의 학생은 공대 출신이었으므로 계량적 사고방식에 치우쳐 있었다. 물론 옛날 이야기지만, 우리 대다수가 진정한 데이터로 의미있다고 여기는 것은 모두 숫자로 표현되는 것에 국한되어 있었다. 그러나 그후에도 상황은 거의 변하지 않았다. 그래도 우리가 경영대학원에 다녔던 1960년대에는 숫자에는 서툴러도 달변을 활용한 뛰어난 연설로 교수를 사로잡아 어엿하게 — 제법 좋은 성적으로 — 졸업하는 사람도 몇몇 있었다. 그러나 오늘날에는 학부에서 계량 분석을 중요시하는 학과를 거치지 않으면, 대학원에 입학하는 것조차 쉽지 않다. 오늘날의 경영대학원의 재학생들에게 숫자를 다루는 일은 너무도 중요해졌다. 학기말 시험 도중에 전자계산기의 전지가 다 소모될 것을 우려해 예비 전지나 예비 계산기를 준비해놓는 형편이니 말이다.

전에는 경쟁 상대를 초토화시키는 데만 사용했던 '전략'이라는 용어도 오늘날에는 수치로 문제를 해결한다거나 분석으로 돌파구를 찾는 것 등을 의미하는 말로 바뀌었다. 여기서는 시장점유율이나 학습곡선 등이 중시되고, 모든 고객과 시장 및 사업에 대한 정보는 2×2, 3×3 또는 4×6 행렬 — 수학에서 직접 차용한 용어 — 로 표시될 수 있으며 또한 컴퓨터를 이용해 그러한 모든 정보를 계산할 수 있게 되었다.

그러나 희망이 없는 것은 아니다. 경영대학원에서 경영 전략을 가르치는 수업에서도 전략을 실행했을 때 생기는 여러 가지 문제를 다시 검토하자는 움직임이 일어나고 있다. 아직도 계량적 경향이 압도적으로 강하지만, 생산 전략이란 과목이 새로운 교과 과정에 추가되기 시작했다. 그러나 생산 현장에서 책임자로 근무한 적이 있었던 동료의 얘기에 따르면 "모든 것은 데이터가 말해준다."라는 주의를 신봉하는 사람들이 아직까지도 미국 비즈니스계의 주류를 이루고 있다고 한다. 이전과 비교해볼 때 경영대학원에서 재무관리의 영향력은 아직도 건재하다. 그래서 대부분의 대학원 교과 과정에서 필수 과목으로 인식되고 있는 생산 및 마케팅에 필요한 우수한 교수와 재능 있는 학생은, 가뭄에 콩 나듯 극히 적은 형편이다.

그러나 오해가 없기를 바란다. 우리는 계량 분석 그 자체를 반대하는 것은 아니다. 일반 소비재 시장에서 두각을 나타내고 있는 P&G, 체스브로폰즈(이하 폰즈), 오레 아이다Ore-Ida와 같은 우수 기업들은 경쟁 기업이 부러워할 정도로 아주 명확하고 정확한 분석을 수행하는 것으로 유명하다. 사실 우리가 초우량 기업이라 부르는 기업도 모두 데이터를 모으고 분석해 그것으로 문제를 해결하는 데 아주 뛰어나다. 만일 객관적 사실-고객, 시장 그리고 경쟁 기업에 대해 데이터를 바탕으로 그려진 명확한 밑그림-에 입각해 의사결정을 하지 않는 기업이 있다면 그 기업은 반드시 조삼모사의 혼란 속에서 어디에 우선순위를 두어야 할지 모르고 있는 기업임에 틀림없을 것이다.

다만 우리가 얘기하고 싶은 것은 방향이 잘못된 분석, 지나치게 복잡해 실행 가능성이 전혀 없는 분석, 지나치게 엄밀해 응용 가능성이 전혀 없는 분석, 본질적으로 예측 불가능한 분석-예컨대 신제품을 사용하는 최종 고객이 정해지지 않은 애매한 단계에서 시장 규모를 정확히 예측하기 위해 노력하는 것을 예로 들 수 있다. 개인용 컴퓨터가 처음 시장에 나왔을 당시에는 대다수의 사람이 컴퓨터의 수요를 50대 내지 1백 대로 예상했다는 것을 상기하기 바란다 — 그리고 현장을 전혀 모르는 사무실 관리자가 현장에 대해 관리 중심적 사고방식으로 전개한 분석 등은 분명히 문제가 있다는 것이다.

TI의 패트릭 해거티Patrick Haggerty는 "계획을 실행할 사람이 계획을 짜야 한다."[1]라고 주장했다. 그의 유명한 전략적 계획 시스템을 감독하는 관리자는 불과 3명에 지나지 않는다. 더구나 그들 3명은 모두 현장 책임자 출신으로 잠정적으로 전략 계획 수립에 참여하며, 물론 그 작업이 끝나면 현장으로 돌아가게 된다.

우리는 또한 계획이 수립되는 동안에 행동이 정지되는 현상에 대해서도 이의를 제기한다. 이 '분석에 의한 마비'는 흔히 찾아볼 수 있는 일이다. 현장 책임자는 일이 계속 진행되도록 하고 싶지만 본사의 관리자로부터 "작업이 중단되는 한이 있더라도 계획을 수립해 제출하라."라는 재촉을 받는 경우가 너무나 많다. 본사의 관리사는 언세나 무엇이 잘못되고 있는지는 입증할 수 있으나 그 반대로 어쩌면 잘 될지도 모르는 가능성을 수량화시킬 수는 없기 때문이다. 그리고 그들은 부정적인 측면만을 비판적으로 지적하는 것이 자신들의 안위에 더 도움이 되기 때문에 그렇게 행동한다. 그러나 그러한 경향이 심해지면 심해질수록 조직 내부의 자율성과 역동성은 점점 없어진다.

무엇보다 우리가 가장 반대하는 것은 '합리적'이란 말이 남용되는 것이다. 합리적이란 것은 이치에 맞는, 즉 논리적이고 이성적인 것을 말하며 어떤 문제를 정확히 규정함으로써 자연적으로 귀착되는 결론을 말한다.

그러나 사업 분석에 있어서는 이 말이 극히 한정된 뜻으로 사용되고 있다. 예를 들면, 훌륭한 전략이 사라지지 않는 낡은 습관, 실행상의 어려움 그리고 순수한 인간의 일관성 결여를 허용하지 않는 것처럼 합리적이라는 말도 인간에게 본질적으로 내재되어 있는 기회주의적 속성을 외면하는 '올바른' 해답을 지칭하는 말이 되었다. 즉 경영에 있어 필수적인 인간적인 측면을 배제하는 데 '합리적'이라는 말이 사용되고 있는 것이다.

규모의 경제를 예로 들어 설명해보도록 하자. 만일 최대한의 효율성이 발휘되어 모든 제품이 적기에 완벽한 형태로 공급되고, 태업이 전혀 없으며 인간관계에도 아무런 문제가 없다면 당연히 큰 공장의 생산성이 작은 공장의 그것보다 훨씬 더 높을 것이다. 그러나 이 문제의 일부를 계량적으로 분석하고 있는 존 차일드John Child가 지적한 바에 따르면 노동조합을 조직하고, 이에 가입한 종업원이 10명 내지 25명인 소규모 공장에서 노동쟁의로 허비하는 노동 일수는 연간 1천 명당 15일이었다고 한다.[2] 이에 비해 1천 명 이상의 대규모 공장에서는 2천 일로 소규모 공장의 133배나 된다고 한다.

다른 예로 혁신에 대해 생각해보자. 어떤 연구자가 발표한 내용에 따르면, 그 팀이 거둔 연구의 성과는 팀의 인원 수에 반비례한다고 한다.[3] 팀의 인원이 7명을 넘으면 연구 효율이 떨어진다는 것이다. 우리도 수백 명의 연구원을 보유한 팀에 비해 자발적으로 구성된 10명의 멤버로 구성된 프로젝트팀이 '비밀 실험실' 작업을 통해 소기의 목적을 성공적으로 달성하는 예를 많이 보았다.

우리는 경험을 통해 증명된, 소규모 프로젝트팀이 훨씬 더 열정적으로 일한다거나 조직이 커질수록 그만큼 어려움도 가중된다는 등의 사실을 경영에 있어 하나의 기교 또는 기법으로 분류하려는 입장에 반대한다. 분명히 이런 요소는 계량화하기가 어려울 것이고, 또 한다 해도 별로 유용하지 않을 것이다. 그러나 이러한 사례는 흔히 찾아볼 수 있으므로 이를 이성적으로 받아들여 기업의 미래를 위해 경영에 반영시키는 것은 충분히 가능할 것이다. 엔지니어 출신으로 실용적 사고방식을 가진 모토롤라Motorola의 사장인 존 미첼John Mitchell은 공장 종업원 수를 1천 명 이상으로는 늘리고 싶지 않다고 말했다. 그가 이렇게 말한 이유는 한 지붕 아래 적정 수준 이상의 인원이 모이게 되면 작업이 원활하게 이뤄지지 못한다는 생각 때문이었을까? 아니면 본인의 경험에 기반을 둔 합리적 추론의 계몽적인 변형에 불과한 것일까? 우리는 후자의 견해를 지지하고자 한다.

그렇다면 어째서 "결점투성이인 불완전한 인간보다 완벽한 기계"의 관점을 취하는 좁은 의미의 합리주의가 그처럼 오랫동안 기업 현장에서 통용되었던 것일까?" 하고 사람들은 의아하게 생각할지 모른다. 특히 제2차 세계대전 후 전에는 찾아볼 수 없었던 높은 생산성을 올리고 있던 시기에, 생산성 향상과 합리주의가 마치 동의어처럼 여겨신 것은 왜일까? 상황이 지금처럼 복잡하지 않았다는 것도 이유가 된다. 즉 그 배후에는 제2차 세계대전 후의 수요 증대, 불황기를 거친 후였기에 근로자들이 기본적으로 일만 있으면 다행이라고 생각했다는 점, 국제 경쟁이 치열하지 않았다는 점, 자신들이 전 세계에 최고, 최신의 제품을 공급해주는 미국 근로자라는 긍지 등이 있었다.

그러나 이 밖에도 또 다른 큰 이유가 있다. 지난 25년간 유행했던 경영 기법은 분명 유용한 것이었다. 이미 말했듯이 우리 두 사람은 철저한 분석의 신봉자들이다. 우리의 리스트에 포함되어 있는 초우량 기업은 햄버거 빵을 생산할 때 제품에 대한 1리터의 사랑과 함께 분석이란 조미료를 한 스푼 가득 떠 넣는다. 이때 그 어느 것도 부족해서는 안 된다. 분석적인 방법이 유행하기 전에 이 조미료는 단순히 육감과 경험뿐이었다. 그러나 세상이 복잡해지면서 그것으로 충분하지 않게 되었다. 그래서 시장 세분화 분석, 적절한 자금 운영 시기, 건전한 현금흐름의 전망 등이 기업 생존을 위한 불가피한 절차처럼 되어버린 것이다. 문제는 이 같은 기법이 절대적으로 중시되어 조미료 1리터에 제품에 대한 사랑은 한 스푼이란 식으로 주객이 전도되는 결과를 가져온 것이다. 분석이란 도구는 크게 도움이 되고 그 힘도 대단한 것이지만, 그렇다고 그것만으로 제품을 생산하거나 판매할 수는 없는 것이다.

이유야 어떻든 지난날 미국은 압도적인 강대국이었고 조지 길더George Gilder가 《부와 빈곤Wealth and Poverty》에서 언급한 것처럼 '통속적 합리주의 신앙'[4]이 횡행했다. 이것은 부정할 수 없는 사실이다. 〈뉴욕타임스 매거진New York Times Magazine〉의 스티브 로Steve Lohr는 최근 특집호에서 불과 10년 전까지만 해도 전 세계가 미국의 생산 공장과 연구소 및 그 규모 그리고 더 나아가 미국의 경영 기법에 대해서도 두려움을 느꼈다고 말한 바 있다. "이 미국 침략자들이 승승장구하고 있는 원인은 프랑스인 편집자 장 자크 세르반 슈라이버Jean-Jacques Servan Schreiber의 말대로 자본, 과학 기술뿐만 아니라 조직 전체의 능력과 그 배후에 있는 경영자의 능력에 있었다."[5]

그러나 장 자크 세르반 슈라이버가 처음으로 《미국의 도전The American Challenge》을 간행한 후 13년 동안 어떤 일이 일어났는지 보라. 미국의 기업은 국제 경제와 국내 정치의 수렁에 빠지고 말았다. 특히 눈에 띄는 것이 세계석유수출국기구OPEC에 의한 석유 문제와 미국 내의 정부 규제 강화였다. 그러나 이런 문제는 다른 국가에서도 마찬가지로 대두되고 있다. 그런데도 불구하고 이중 일부 국가는 이러한 문제에 아주 훌륭하게 대처하고 있다. 독일과 일본의 많은 기업들은 어떤 상황이 닥치더라도 헤쳐나갈 수 있는 회사의 본보기로 자주 인용된다. 말할 나위도 없이 석유 자원이 없는 이 두 국가는 미국 이상으로 OPEC의 산유량 감산 조치에 의해 타격을 입었다. 또 양국 정부의 제도적 규제는 미국보다 더 강력했다. 독일의 경영자는 미국의 경영자보다 노동조합의 경영 참가 문제를 훨씬 더 심각하게 고민하고 있으며, 미국의 경영자들이 받는 금전적인 인센티브는 일본과 독일의 경우에 비해 상대적으로 높다. 이에 대해 경제학자 레스터 서로우 Lester Thurow는 다음과 같이 말하고 있다.

> 미국의 경쟁 상대는 소득 격차를 늘림으로써 노동 의욕을 자극하거나 저축액saving을 늘리거나 하지 않는다. 오히려 정반대의 일을 하고 있다. 가장 높은 소득을 올리고 있는 상위 10퍼센트와 하위 10퍼센트를 비교해보면 독일인은 열심히 일하기 때문에 임금 격차가 미국보다 36퍼센트 적고, 일본에서는 더욱 열심히 일하기 때문에 미국보다 50퍼센트나 그 격차가 줄어든다. 만일 이러한 소득의 불균형이 개인에게 동기를 부여할 수만 있다면 미국은 활력으로 충만하게 될 것이다. 선진국 가운데서 미국보다 임금의 상하 격차가 심한 나라는 프랑스밖에 없기 때문이다.[6]

《미국의 도전》에서 장 자크 세르반 슈라이버는 예전에―그래봐야 10년 전이지만―미국인은 기술 혁신보다 경영 능력을 더 높이 평가했다고 말한다. 그러나 흥미로운 것은 스티브 로가 장 자크 세르반 슈라이버를 인용하고 있는 것은 '미국의 경영을 전면 개편해야 한다'라는 제목으로 미국의 경영 기법을 정면으로 공격한 기사에서였다. 스티브 로는 다음과 같이 격렬한 공격을 전개하고 있다. "세상은 빨리 변한다. 오늘날 외국의 경영자가 미국의 경영자를 이야기할 때 그들은 두려워하기는커녕 오히려 조소하고 있다. 마치 미국 전역에 경영의 실패가 팽배해 있는 것처럼 말이다."[7]

1980년대 말의 수주일 동안 〈뉴스위크*Newsweek*〉, 〈타임*Time*〉, 〈애틀랜틱 먼슬리*The Atlantic Monthly*〉, 〈던스 리뷰*Dun's Review*〉 그리고 〈에스콰이어*Esquire*〉까지도 미국 기업의 비참한 상태를 초래한 것은 경영자들이라는 내용을 특집으로 다뤘다. OPEC의 탓도, 정부 규제의 탓도, 금전적 인센티브의 탓도 아니고, 투자에 인색한 탓도 아니라고 했다. 〈포춘〉은 일본 혼다 Honda 기술연구소의 한 부사장이 한 다음과 같은 말을 인용하고 있다.

나는 미국의 자동차 기업이 투자하고 있는 돈의 액수에 크게 신경쓰지 않는다.[8] 오해가 없기를 바라지만 미국은 물론 기술적으로 훨씬 진보된 아주 풍요한 나라다. 그러나 자본 투자만으로는 부족하다. 어느 나라나 마찬가지지만 제품의 품질과 종업원의 생산성은 경영에 의해 결정된다. 만일 디트로이트가 현재의 경영시스템을 바꾼다면 미국은 좀더 강한 경쟁 상대가 될 것이다. ▲5

▲5 최초로 미국식 경영을 비난하는 주요 언론의 표적이 된 것은 당시 여러 가지 문제점이 표면화되었던 자동차 산업이었다. 그러나 1981년 여름에는 이미 자동차 산업뿐만 아니라 다른 산업에서도 이러한 적신호가 나타났다. 첨단 산업 중에서도 비교적 경쟁우위에 설 것으로 기대했던 64K 램의 메모리 반도체 산업에서조차 일본이 70퍼센트에 달하는 시장점유율을 보였던 것이다. 대다수의 산업 전문가들은 말로 표현하지는 않았으나 그 원인이 투자 자본의 차이에 있는 것이 아니라, 품질에 있음을 부인하지 않았다.

혼다의 기사가 실린 지 불과 몇 주일 후 〈포춘〉은 연재 기사를 작성하듯이 바로 '미국식 경영을 능가하는 유럽'이라는 제목의 기사를 실었다.[9] 그 기사는 안정적인 조직을 만드는 것이 아니라 경영진을 함부로 해고하는 행동과 제품에 대한 무신경 등 미국 경영 방식의 근시안적 태도를 공격하고 있다.

미국의 경영 방식에 대한 불만은 크게 다음의 5개 항목으로 나눌 수 있다. 첫째, 경영대학원이 잘못된 교육을 하고 있다. 둘째, 전문경영자들이 정확한 시각을 갖고 있지 못하다. 셋째, 경영자가 자신의 회사가 하는 일을 잘 알지 못하고 있다. 넷째, 경영자가 조직 구성원 또는 고객에게 충분한 관심을 보이지 않고 있다. 다섯째, 최고 경영진과 관리 부문 담당자들이 분석의 상아탑에 틀어박혀 있다.

특히 경영대학원에 비난이 집중된 것은 그것이 다른 4개 항목의 결과에 대한 근본적인 원인으로 여겨지기 때문이며 또한 비난받기 쉬운 대상이기 때문일 것이다. 시카고대학 교수로서 경영학을 가르치고 있는 에드워드 랩Edward Wrapp은 그 점에 내해 다음과 같이 말하고 있다. "우리는 경영대학원이라는 괴물을 만들고 말았다. 경영대학원이 없는 독일계 및 일본계 다국적기업의 미국 침략을 유도한 가장 큰 책임은 미국의 경영대학원에 있다는 동료의 말에 나도 전적으로 동감한다."[10] 더 나아가 그는 경영대학원은 지나치게 계량적인 분석 방법을 강조한다고 비판했다. 이는 우리 팀이 조사를 하는 과정에서도 거듭해서 나왔던 이야기다. 스티브 로는 〈뉴욕타임스 매거진〉의 기사에서 역시 "경영학 석사MBA가, 현재 일어나고 있는 문제의 일부일 수도 있다는 견해가 지배적이다."[11]라고 결론짓고 있다.

과거에 증권 인수업자로 성공을 거두고 현재는 문필 활동을 하고 있는 마이클 토머스Michael Thomas는 다음과 같이 극단적인 말을 하고 있다. "그들 MBA들은 문자 그대로 인문학적 교양이 부족하다. …… 좀더 넓은 시야, 역사적 관점, 문학이나 예술적인 시각이 필요하다. …… 그렇다면 해답이 무엇이냐고? 나라면 경영대학원을 모두 폐교시킬 것이다!"[12] 유감스럽게도 MBA 학위를 갖고 있는 우리 자신조차 이 주장에 정면으로 반박할 수가 없다. 비즈니스 현장에 있는 사람들 역시 똑같은 지적을 하고 있다. 내셔널 세미컨덕터에 있는 한 사람으로부터 우리는 다음과 같은 말을 들었다. "하버드나 스탠퍼드에서 MBA 학위를 받은 사람이 필요한 기간은 고작해야 17개월 정도뿐입니다. 우리 회사가 속해 있는 반도체 산업 분야는 하루가 다르게 발전하고 있으나 이들 MBA는 불확실한 상황에 맞닥뜨리거나 일정한 체계가 잡혀 있지 않은 경우 현명하게 대처하지 못합니다."[13]

우리는 최근에 우리 주위의 사람이 개인적으로 경영대학원을 비판하는 소리를 들었다. 노동조합의 힘이 강하고 변화에 발 빠르게 대처하지 못해 생산성을 향상시키는 데 있어 상당한 어려움을 겪고 있었던 회사를 개선해 놀라운 성과를 올리도록 만든 다나Dana의 르네 맥퍼슨이 스탠퍼드 경영대학원 원장에 취임했을 때, 그 얼마 전에 부학장이 된 한 동료가 우리를 조용한 곳으로 데려가 이렇게 말했던 것이다. "꼭 해두고 싶은 말이 있네. 아까 처음으로 르네 맥퍼슨과 긴 시간 동안 이야기를 나누었네. 다나에서 경험한 여러 가지 일들을 이야기해주더군. 자네들은 전에 르네가 다나에서 했던 일들 중에 단 한 가지도 MBA 과정에서 언급조차 되지 않는다는 사실을 알고 있나?"

그러나 국가 경제를 움직이는 것은 경영대학원이 아니다. 바로 경영자다. 그들이 산업을 통해서 국가 경제를 움직인다. 모든 문제를 똑같이 중요시한다면 전망이 전혀 보이지 않을 것이며, 그것은 이른바 전문경영자들에게는 별로 도움이 되지 않을 것이다. 이 점에 대해서 에드워드 랩은 다음과 같이 주장한다.

경영대학원에서는 재능있는 예비 관리자를 넘칠 정도로 많이 배출하지만 그들이 가진 재능은 기업 내에서 그리 큰 의미를 갖지 못한다. 이렇게 배출된 예비 경영자들은 의욕적으로 문제를 연구하고 분석하며 문제의 핵심을 파악하려 한다. 그들은 항상 전문화, 표준화, 효율성, 생산성, 계량화 등을 중시하며 객관적인 목표 설정이 반드시 필요하다고 생각한다. …… 사실 이사회에서 프레젠테이션을 잘한다거나, 전략 계획 수립 능력이 뛰어나다는 이유만으로 쉽게 승진할 수 있는 회사도 있다. 그러나 문제는 이러한 포장이 그 사람에게 종합적인 경영 능력이 결여되어 있다는 사실을 가려버린다는 것이다. 이러한 사람들은 정작 본인이 앞장서야 할 경우에는 빠져나갈 명분을 찾는다. 그래서 수익을 올리고 문제를 처리해 조직을 성장시켜야 할 책임을 맡게 되면, 즉 실제로 경영을 맡게 되면 비참한 실패를 맛보는 것이다.[14]

그 밖에도 여러 명이 비슷한 뉘앙스의 말을 했다. 〈비즈니스 위크〉 지의 기자는 미국 산업의 재도약을 다룬 유명한 특집 기사에서 이 문제를 명쾌하게 해설하고 있다. "최고 경영진의 대부분은 자기 사업의 형태를 뼛속 깊이까지 알고 있지 못한 실정이다."[15] 또 하버드대학의 로버트 헤이즈 Robert Hayes와 윌리엄 애버나시William Abernathy 교수는 최근 〈하버드 비즈니스 리뷰Harvard Business Review〉에 기고한 '경제적 쇠퇴를 초래하는 미국의 경영자Managing Our Way to Economic Decline'라는 유명한 논문에서 저간의 사정을 해명해주는 열쇠를 제공했다.

"일반적인 경력은 더 이상 …… 미래의 최고경영자가 스스로 직접 나서서 자사의 고객, 기술 및 생산 현장을 확실히 파악할 수 없게 만든다. …… 1950년대 중반부터 재무 및 법률 분야에 주로 관심을 갖는 경영자의 비율은 늘어난 데 비해 생산 현장에서 경력을 쌓은 경영자의 비율은 격감하고 있다."[16]라고 로버트 헤이즈는 말한다. 그러면서 이렇게 덧붙였다. "최고경영자 중에는 어떤 제품을 한번 보기만 하고도 '좋은 제품이군. 수익 창출의 가능성이 어느 정도일지 정확히 알 수 없으나 어디 한번 생산해보도록 합시다.'라고 뚝심 있게 말하는 사람이 없다."[17] 또 미국의 경영을 40년 이상이나 연구해온 프레더릭 허즈버그Frederick Herzberg는 더욱 신랄한 말을 하고 있다. "경영자들은 제품을 사랑하지 않게 되었다. 사실상 그들은 제품을 변호하려고만 든다."[18]

이와 대조적으로 소형 자동차 시장을 석권한 일본의 경우를 살펴보자. 그리고 일본이 성공할 수 있었던 요인은 과연 무엇인지 알아보자. 〈포춘〉은 이는 단순히 연료비만의 문제가 아니라고 말한다.

일본의 자동차 제조업체가 성공을 거둘 수 있었던 이유는 결코 미국 소비자들이 원했던 연비가 낮은 자동차를 생산했다는 사실에 있는 것이 아니다. 일본의 자동차는 마무리가 잘 되어 있고 디자인에 무리가 없으며, 문의 여닫이가 튼튼한 데다 훌륭한 자재를 사용했고 색상 또한 아름답다. 이런 점에서 미국 차보다 우수하다. 그러나 가장 중요한 것은 소비자들에게 크게 신뢰받게 되었다는 점에 있다. 기술적인 면에서 보면 대부분의 일본 자동차가 그리 뛰어난 것은 아니다.[19]

〈포춘〉의 기사와 비슷한 재미있는 이야기가 있다. 혼다의 어느 직원은 회사에서 퇴근할 때 주차중인 혼다 차가 눈에 띄면 와이퍼의 고무로 된 부분이 비뚤어진 것을 그냥 보아 넘기지 않고 반드시 바로잡는다고 한다. 이 사원은 조금이라도 흐트러진 혼다 차가 지나다니는 것을 차마 보지 못하는 것이다.

그렇다면 어째서 이처럼 사소한 일이 경영에 있어서 그토록 중요한 것일까? 직원들에 대한 단순하지만 중요한 가치 기준에 의한 동기부여와 탁월한 성과는 밀접한 상관관계가 있기 때문이다. 로버트 피시그Robert Pirsig는 《선禪과 모터사이클 수리 기술Zen and the Art of Motorcycle Maintenance》이란 저서에서 다음과 같이 탄식하고 있다.

나는 오토바이를 정비하면서 내가 손보고 있던 디지털 컴퓨터의 사용 설명서에 대해 생각했다. 어쩌면 그다지도 소비자에 대한 배려가 부족한 것일까? …… 거기에는 오류와 애매한 표현 그리고 생략이 너무 많았고, 그 안에 담긴 정보도 제대로 정리되지 않아 최소한 6번은 읽어야 겨우 그 의미를 알 수 있다. 그런데 내가 이때 처음으로 깨달은 것은 이 컴퓨터 매뉴얼과 정비 공장에서 볼 수 있는 정비공의 방관적인 태도 사이에는 아주 많은 공통점이 있다는 것이었다. 이른바 정비 수리를 위한 작업 지침으로서의 매뉴얼 또는 작업 지침 자체가 그러한 방관적 자세를 대표하는 것이다. 한 사람 한 사람이 모두 "이 기계는 우주의 모든 것으로부터 시간적, 공간적으로 따로 떨어져 있습니다. 이것은 당신과 아무런 직접적인 관계도 없고, 당신도 이것과는 아무 관계가 없습니다. 다만 먼저 전원을 켜고 전압을 일정하게 유지하면서 에러가 생기는 원인을 체크하기만 하면 됩니다. 당신의 역할은 거기까지입니다."라는 듯한 말투인 것이다. 그렇다. 내 오토바이에 대한 정비공들의 자세는 정비 지침의 기계에 대한 자세나, 나 자신이 오토바이를 끌고 오면서 가졌던 기계에 대한 자세와도 아무런 차이가 없다. 우리는 모두 기계에 대해 방관자인 것이다. 그리고 이때 나는 비로소 오토바이 정비를 정말 진지하게 다룬 정비 교본이 전혀 없다는 중요한 사실을 깨달았다. 자기 일에 인간적인 주의를 기울이는 것이 죄악이라도 되는 양 생각하는 것일까? 그렇지 않다면 그것이 너무나 당연한 일이기 때문에 그냥 넘어가버리는 것일까?[20]

올바른 동기부여를 통해 미국의 종업원도 자신이 만드는 제품에 애착을 갖게 만들 수 있음을 생각하지 않는 경영자에게 비난의 화살이 집중되고 있다. 여기에 바로 미국 경영자의 모든 문제가 응축되어 있다고 말하는 사람도 있다. 윌리엄 애버나시 교수는 일본이 자동차 산업에서 성공한 이유를 발견했을 때의 놀라움을 이렇게 회상한다. "일본의 자동차 제조업체들은 비용 측면에서 상대적 우위에 있다고 생각되어 왔다. …… 그러나 놀랍게도 우위의 원천은 생산 공정의 자동화 때문이 아님을 발견했다. …… 그들은 극히 '인간적인' 자동차 생산 방식을 개발했던 것이다. …… 일본에는 가슴 두근거리며 자동차 생산에 임하고 있는 근로자가 있다. …… 미국에서는 생산성의 가장 기본이 되는 사고방식이 잘못되어 있는 것이다. 그것은 작은 과오가 축적된 결과로, 투자의 근본 방침을 바꾼다고 해서 시정될 수 있는 문제가 아니다."[21]

스티브 로도 같은 점을 논하고 있다. 그는 소니Sony 회장인 모리타 아키오Akio Morita의 "미국의 경영자는 근로자에게 너무 관심을 쏟지 않는다."[22]라는 말을 인용하면서 모리타 회장이 미국 내 소니 공장의 개혁에 얼마나 세심한 주의를 기울였는지를 말하고 있다. 스티브 로는 "샌디에이고San Diego와 도선Dothan의 소니 공장에서는 생산성이 착실히 향상되어 같은 제품을 생산하고 있는 일본 공장의 수준에까지 이르렀다."라고 말했다.

미국에서도 소니가 거둔 놀라운 성과는 큰 화젯거리였다. 그러나 이를 훨씬 능가하는 사례가 바로 마쓰시타Matsushita가 모토롤라의 TV 공장을 인수해서 재건한 일이다. 소수 정예의 일본인 간부는, 중서부 지역의 주민인 종업원을 그대로 두고도 불과 5년 만에 부채를 2천2백만 달러에서 350만 달러로 줄였다. 그들은 제품 1백 대당 140개였던 불량품을 6개로 줄였고, 판매 후 90일 내의 클레임 발생 비율을 70퍼센트에서 7퍼센트로 떨어뜨렸다. 또한 종업원의 이직률도 연간 30퍼센트에서 1퍼센트로 낮추는 등 놀라운 성과를 거뒀다.

미국에서 소니와 마쓰시타가 거둔 성공은 일본의 놀라운 생산성 향상을 그저 '동양의 신비'라고 떠들고 있을 수만은 없음을 깨닫게 했다. "생산성 향상의 문제는 일본의 신비가 아니라 바로 인간의 문제, 즉 경영의 바탕이 되는 것은 애사심, 효과적인 훈련을 통해 생겨날 수 있는 일에 대한 헌신적인 태도, 기업의 성공을 자신의 것으로 생각하는 마음가짐 그리고 아주 단순한 것이지만 종업원과 경영진의 신뢰 관계인 것이다."라고 어느 비평가는 말한다. 그러나 결정적인 것은 문화의 차이에서 비롯된다. 이것이 일본에서 사람을 통해 생산성을 높이는 원동력이 되는 것 같기도 하다. 어느 베테랑 일본인 경영자는 그에 대해 다음과 같이 설명해줬다. "일본은 다른 나라와 아주 다릅니다. 일본의 유일한 자원은 일본 국민의 근면성입니다."

정말 중요한 자원은 자본도 기계도 두뇌도 아닌 오직 사람이라는 사고방식이 모든 것의 열쇠인지도 모른다. 맥킨지의 일본 지사장 오마에 겐이치Kenichi Ohmae는 일본에서는 조직과 조직 내의 사람이 동의어라고 말했다. 그러므로 사람을 중시하는 그들의 태도에서 제품에 대한 애정과 위험과 혁신을 두려워하지 않는 직원들의 태도가 형성되는 것이다. 오마에는 그의 저서에서 다음과 같이 말한다.

> 일본 경영자들은 사원에게 현장에 있는 사람이 현장을 가장 잘 안다고 강조함으로써 전 사원의 창의성을 살리기 위해 애쓴다. 일본에 있어 훌륭한 성과를 거두고 있는 기업은 혁신과 창조적인 면에 있어서 개개의 사원 또는 소집단에 힘입은 바 크다. 개인의 창조성과 생산성을 최대한 활용한 결과 훌륭한 성과를 거두고 있는 것이다. …… 뛰어난 기업은 제안 제도나 품질관리 분임조를 포함해 조직 전체가 '기계적', '관료적'이지 않다. 뛰어난 기업은 '유기적'이며, '기업가정신'이 왕성하다.[23]

세계 제2의 의류 제조업체 블루벨의 회장 킴지 만Kimsey Mann은 이 책의 기초가 된 초우량 경영의 여덟 가지 특징에 대해 "모두 사람에 관한 것이 아닌가?" 하고 반문한다. 미국의 기업 풍토하에서는 한결같이 사람에 대한 관심이 어느새 희박해지고 말았던 것이다.

행동을 방해하는 분석

대다수의 미국 기업에서 자사 제품과 종업원에 대한 세심한 배려가 사라져가고 있는 원인은 어디에 있을까? 그것은 아마도 지극히 단순한 이유, 즉 경영자가 다른 것에 관심을 빼앗기고 있기 때문일 것이다. 다른 것이란 기업 내의 상아탑에서 행하는 분석에 대한 과신과 재정적인 속임수에 대한 믿음이다. 이는 얼른 보기에는 위험을 줄이는 일처럼 보이지만 실제로는 유감스럽게도 기업의 활동을 줄이는 일이다.

"분석에 의존하는 회사가 너무 많다."[24]라고 에드워드 랩은 말한다. "팔리는 제품을 만드는 데서부터 계획을 세우는 것이 좋다. 계획을 세운다는 것은 문제와 직접 맞닥뜨리는 것을 미루기 위한 좋은 구실이다. 그렇게 하면 지적으로 만족을 얻을 수 있고, 실행에 반드시 따르게 마련인 정신적인 고통도 피해갈 수 있다. …… 형식에 치우친 장기 계획을 수립하는 데 집착하다보면 반드시 분석 기법을 지나치게 중시하게 된다."

그래서 코퍼스의 플레처 바이롬은 다음과 같이 제안한다. "어떤 그룹의 직원들을 관리하고 훈련시키는 데 있어서, 계획 수립 작업은 매우 도움이 된다. 나는 되도록 많은 계획을 세우는 것이 좋다고 생각한다. 그러나 일단 계획이 세워지면 그것을 캐비닛에 넣어두고 거기에 구애받지 않아야 한다. 의사결정 과정에서 계획을 유일한 정보원으로 삼아서는 안 된다. 그것은 변화가 생겼을 때 '아, 이것이로군, 계획에 있던 것이!' 하고 확인할 때만 써야 한다."[25] 〈비즈니스 위크〉도 최근에 같은 취지의 기사를 게재했다. "미래지향적인 사고를 하는 것으로 유명한 존슨 앤드 존슨, TRW, 또는 3M의 최고 경영진 가운데 경영 계획 입안을 주 업무로 생각하는 사람이 없다는 사실은 주목할 만하다."[26]

광고 회사인 오길비 앤드 매더Ogilvy and Mather의 설립자 데이비드 오길비David Ogilvy는 "비즈니스맨의 대다수가 독창적인 생각을 하지 못하는 것은 이성의 속박에서 벗어나지 못하기 때문이다."[27]라고 단정하고 있다. 하버드대학의 저명한 마케팅 교수 시어도어 레비트Theodore Levitt는 최근에 "의사결정 등 경영 계획을 수립하는 입안자들은 복잡한 그림을 제시함으로써 계획의 유용성이 매우 높은 것처럼 보이게 할 수 있다. 머리를 끄덕이고 있는 현장 책임자들은 그 내용을 제대로 알지 못하기 때문에, 복잡성에 감명을 받고 있는 것에 불과하다."[28]라고 말했다.

또 다른 예로 처참한 실패를 거둔 스탠더드 브랜즈Standard Brands의 신제품 도입 전략을 소개하도록 하겠다. 〈비즈니스 위크〉의 특집에 따르면 스탠더드 브랜즈는 GE의 계획 수립 전문가를 대량으로 고용해 그들에게 계획 실행상의 권한을 전적으로 위임했으나 별다른 성과를 거두지 못했다고 한다. 계획 수립 전문가들을 해고한 뒤 회장은 "그들은 똑똑하기는 한데 계획을 실행해나갈 타입은 아니었다."[29]라고 말했다.

이러한 모든 사실은 데이터를 수집하고 분석하는 것을 평생의 업으로 삼고 있는 많은 사람들에게는 달갑지 않은 일일 것이다. 그러나 지금까지의 논의에 대해 오해를 하지 않았으면 한다. 기업이 경영 계획을 세우지 말아야 한다는 뜻은 결코 아니다. 계획은 반드시 세워야 한다. 문제는 계획을 세우는 것 자체가 궁극적 목적이 되어서는 안 된다는 뜻이다. 실제로 계획을 세우는 것이 궁극적인 목적이 되는 경우가 많으니까 말이다. 어떤 변화가 일어났을 때 그에 대비하기 위해 계획을 세워야 한다는 바이롬의 지적은 옳다. 그러나 문제는 계획의 수립이 갖는 역할보다 더 많은 것을 바라는 데 있는 것이다. 그리고 계획 자체가 엄연한 진실이 되고, 미리 세워둔 계획에 합치되지 않는 현실적인 데이터(예컨대 정기적인 시장조사를 실시하기 전에 나타나는 순수 고객의 반응 등)는 거리낌없이 버려진다. 현실에 탄력적으로 대응할 수 있도록 실질적인 행동을 취하는 것이 아니라, 탁상공론에만 열중하고 만다("이러한 수요 전망에 대한 본사의 의견을 들었는가?" 이것은 우리가 관찰했던 어떤 회사의 회의에서 몇 년 동안 들었던 질문이다. 시장을 예측하는 데 어째서 본사 관리 부문 담당자의 의견을 참조해야 하는 것일까?).

미국 기업의 성과는 최소한 일본에 비해서, 때로는 그 밖의 나라에 비해서도 악화되고 있다. 그리고 대개의 경우 생산성이나 품질의 절대 비교에서도 뒤떨어진다. 미국에서 생산된 제품은 더 이상 최고도 아니고 가장 신뢰할 수 있는 것도 아니다. 특히 상대적으로 국제적인 경쟁이 치열한 자동차, 반도체 산업에서는 가격 경쟁력에서도 뒤처지고 있다.

최근 이 문제의 원인으로 집중 공격당한 것은 정부의 지나친 규제였다. 그러나 누가 보아도 그것만으로는 충분한 설명이 되지 않는다. 그래서 본질적인 원인을 규명하려는 경영자, 경제 기자, 경제학자들은 1980년 여름부터 일제히 경영의 전당 가장 깊숙한 곳으로 시선을 돌려, 거기서 문제의 원인을 찾기 시작했다. 최근 들어 미국에서는 지나치게 분석에 의존하고, 합리주의가 과도하게 협의로 받아들여지고 있다는 점에 비판이 집중되고 있다. 미국의 경영 방식이 분석지상주의 및 합리주의에 치우쳐 있고,

문화의 차이를 고려하더라도 종업원 및 품질에 대한 생각이 일본의 그것과 다르다는 점이 바로 그 원인이었다.

그러나 이 주장은 두 가지 큰 장애에 부딪쳤다. 첫째는 경영자의 자기방어 본능에 따른 반발이다. 마침내 비즈니스맨 자신의 지성과 정신 구조에 공격의 화살이 돌려지게 된 셈이다. 지금까지 미국의 경영자는 오직 정부와 같은 제3자를 비난하고 저널리즘을 탓하면 되었으나, 이제는 화살이 자신들을 향하게 되었음을 알게 된 것이다. 둘째는 언어의 정의에 대한 문제다. 즉 우리가 말한 '협의의 합리주의'에 대한 비판이 보다 넓은 의미로 받아들여지게 되었다. 달리 말하면 합리주의 및 논리적 사고 자체에 대한 공격으로 간주된 것이다. 이는 비합리 내지 신비주의로의 도피를 암암리에 조장하는 결과를 낳기도 했다. 그 결과 포드의 이사회 모임을 가까운 곳에 있는 선禪 센터에서 열지 않으면 경영 상태가 나아지지 않는다고 말하는 사람까지 나왔다.

여기서 잠시 생각해보기로 하자. 합리주의적 모델의 붕괴란 정확히 말해서 무엇인가? 실제로 우리가 지칭했던 것은 《과학 구조의 혁명*The Structure of Scientific Revolutions*》이라는 획기적인 책에서 토머스 쿤Thomas Kuhn이 패러다임의 전환이라 부른 것이었다.[30] 쿤은 어떤 분야의 과학자이건 항상 그 분야에 대한 일련의 신념을 공유하고 있으며, 이때 그 신념이 모인 것이 지배적인 패러다임을 형성한다고 말한다. 그가 말하는 '정상과학normal science'은 공통된 일련의 신념 속에서 순조롭게 발전한다. 실험은 이 테두리에서 조금도 벗어나지 않으며 작은 진보가 되풀이된다.

오래된 것이지만 가장 알기 쉬운 예가 천동설에 의한 우주관이다. 지구를 중심으로 달과 태양, 행성, 항성이 각각 반경이 다른 공의 구면에 고정되어 있다고 보는 믿음은 16세기까지 계속되었다. 이 천동설이라는 프톨레마이오스의 패러다임Ptolemaic paradigm에 따라 천체의 움직임을 예측하는 복잡한 공식과 모델 이론이 아무 문제도 없이 열심히 만들어졌던 것이다. 그리고 모든 것의 중심에 지구가 아니라 태양을 가져오면 공식이 좀더 간단해진다는 것을 코페르니쿠스Copernicus와 케플러Kepler가 깨닫게 되었을 때 비로소 패러다임의 전환이 이뤄졌던 것이다.

패러다임의 전환이 시작되면 진보는 훨씬 더 빨라진다. 그러나 여기엔 언제나 긴장이 수반되고 이를 두려워하는 사람도 생기게 된다. 새로운 신념의 체계를 지지하는 새로운 발견이 속속 이뤄지고(예컨대 케플러나 갈릴레오Galileo의 실험 등) 커다란 과학 혁명이 일어난다. 과학의 영역에서 패러다임의 전환이 일어나고 혁명적인 발명이 그 뒤를 이어 나타난 예는 상당히 많다. 물리학에 있어서 상대성이론으로의 이행이나 지질학에 있어서 판구조론으로의 이행 등은 그 대표적인 예다. 중요한 것은 어느 경우에나 낡은 '합리성'은 보다 새롭고 유용한 '합리성'으로 대치되었다는 점이다.

우리는 비즈니스 분야에서도 이와 비슷한 것이 필요하다고 믿는다. 우리의 견해로는 낡은 이론은 프레더릭 테일러의 '과학적 관리법'에서 직접 파생된 것으로 적어도 오늘날의 경영을 논하는 데는 보편적 원리가 되지 못한다. 프레더릭 테일러가 만들어낸 패러다임에 따라 움직이는 경영자들이 갖고 있는 공통된 신념은 대체로 다음과 같은 것인 듯하다.

● 큰 것이 좋은 것이다. 언제나 규모의 경제를 향유할 수 있기 때문이다. 여러 가지가 흩어져 있으면 서슴없이 종합하라. 중복을 되풀이하는 수고와 낭비를 피하라. 또한 시스템이 커지면 그에 따라 개별

구성요소 간의 상호종속성이 심화되는데 이는 정해진 절차에 따라 정리되도록 해야 한다.

- 확실한 성공을 위해서는 생산비용을 낮추는 수밖에 없다. 고객이 누리는 진정한 행복을 생각한다면 결국 고려해야 할 것은 비용인 것이다. 성공한 기업은 예외 없이 다른 경쟁 기업보다 제품의 생산비용이 훨씬 저렴하다.

- 모든 것을 분석하라. 시장조사를 정확하게 하고 할인된 현금흐름을 분석해 적절한 예산을 세운다면 판단을 그르치는 일은 없다. 약간의 분석도 도움이 되므로 자주 분석할수록 좋다. 연구개발에 대한 투자처럼 항상 불확실성이 따르는 분야에도 할인된 현금흐름과 같은 것을 적용하라. 장기 계획의 기본 시스템으로 예산 제도를 채택하라. 수요의 예측을 게을리하지 마라. 그리고 이 예측에 따라 구체적인 수치를 사용해 성과 목표를 설정하라. 객관성을 확보하기 위해 숫자를 많이 사용한 두꺼운 계획서를 만들어라. 그리고 장기 계획의 대부분은 작성한 그날에 이미 착오가 발생한다는 헛소리 따위는 듣지도 마라. 발명이란 말의 의미로 보아, 발명의 과정상 계획이 불가능하다는 말도 무시해버려라.

- 조직에서 안정을 해치는 자, 즉 바보 같은 챔피언을 배제하라. 어쨌든 계획은 필수 불가결한 것이다. 돌파구를 찾기 위해서는 신제품 개발을 위한 구체적인 계획 하나만 있으면 된다. 필요하다면 개발 과정에 기술자를 5백 명이라도 투입하라. 왜냐하면 최종적으로 승인된 계획은 틀림없이 좋은 계획이기 때문이다.

- 경영자의 역할은 의사결정을 하는 것이다. 적절한 지시를 내리고

역경에 용감히 맞서라. 사업 포트폴리오를 균형 있게 구성하라. 매력적인 업종이 있으면 인수·합병해서라도 진출하라. 실천 또는 실행은 그 다음 문제다. 실행 단계에서 일이 원만히 진행되지 않으면 관리자들을 모두 말 잘 듣는 사람으로 바꾸면 된다.

- 모든 것이 관리되도록 하라. 경영자의 임무는 사물을 잘 관리하는 데 있다. 조직구조를 세밀하게 설계하고 업무 분담은 가능한 한 구체적으로 설정하라. 모든 우발적 사건에 대응할 수 있도록 복잡한 매트릭스 조직을 만들어라. 결단은 분명하게 내리고 종업원은 생산 시스템의 부속품 중 하나로 생각하라.

- 적절한 보상 제도를 수립하면 생산성은 저절로 올라간다. 정확하고 실수 없이 일을 하는 사람에게 금전으로 직접적인 보상을 해주면 생산성의 문제는 해결된다. 특히 훌륭한 성과를 거둔 사람에게는 여봐란듯이 인센티브를 주고, 일을 잘하지 못하는 30퍼센트 내지 40퍼센트의 쓸모없는 자는 해고하라.

- 품질관리에 대한 감독을 강화하라. 품질의 경우도 다른 것과 같이 명령을 따르게 하라. 그래도 안 되면 품질관리 인력을 3배로 증원하라. 일본 자동차 회사의 품질관리자 수가 같은 규모의 미국 제조 부문에 비해 3분의 1밖에 안 된다고 해도 구애받을 필요 없다. 품질관리 책임자는 사장에게 직접 보고하라. 최고 경영진이 이 일을 중요하게 생각하고 있음을 종업원들이 분명히 인지하도록 하라.

- 비즈니스는 어디까지나 비즈니스다. 재무제표를 읽을 수만 있다면 어떤 것이든 관리할 수 있다. 종업원이나 제품이나 서비스는 모두 수익을 올리기 위한 수단이고, 이용해야 할 자원에 지나지 않는다.

- 최고경영자 머리 회전 속도는 주식 시장보다 빨라야 한다. 투자자의 눈도장을 찍기 위해서라도 대차대조표와 손익계산서의 화장을 게을리하지 않는 것이 요령이다. 어떤 수단을 사용해서라도 분기마다 수익이 증가하고 있는 것처럼 보이게 만들어라.
- 성장이 중지되면 끝장이다. 자기 업종에 더 이상 희망을 걸 수 없다면 잘 알지 못하는 업종의 회사라도 매수하라. 이렇게 하면 최소한 성장만은 지속될 것이다.

이렇게 보면 오늘날의 미국 경제는 적어도 합리주의자들에 의해 좌우되고 있는 것이 틀림없어보인다. 그러나 이 같은 사고방식으로는 초우량 기업을 만들어내는 근본적 요인을 찾아낼 수 없다. 왜냐하면 다음에서 볼 수 있듯이 냉철한 합리주의는 필연적으로 다음과 같은 결함을 갖고 있기 때문이다.

첫째, 계량적·분석적 방법은 원래 보수적인 경향을 갖는다는 사실이다. 예컨대 정량화하기 쉬운 비용절감이 무엇보다 우선시되고, 불확실성이 따르는 매출액 증대는 등한시된다. 그 결과 제품의 가치나 품질로 고객을 사로잡는 경쟁에 나서지 못하고, 원가 절감 이외에는 길이 없다는 강박관념에 사로잡히게 된다. 혁신적 제품과 새로운 수익 모델을 창출하기보다는 오히려 기존 제품의 일부를 고쳐 출시하려고 한다. 종업원의 능력을 향상시키거나 동기를 부여하는 것은 귀찮다고 단념하고, 돈으로 해결되는 설비 투자를 통해 생산성을 향상시키려 한다. 경영에 수반되는 의사결정을 분석적으로 하려는 사고방식의 결정적인 한계는 분석하기 쉬운 대상부터 분석하고 거기에만 시간을 투자함으로써 다른 중요한 요인을 간과할 수 있다는 점이다.

하버드대학의 존 스타인브루너John Steinbruner는 최근의 이 같은 현상을 다음과 같이 꼬집고 있다. "현재의 과학 기술을 전제로 계량적 정확성을 추구하기 위해서는 분석의 대상을 한정하고 중요한 문제의 대부분을 대상에서 제외하는 것이 가장 손쉬운 방법이다. 이렇게 하면 해답은 얼마든지 끄집어낼 수 있다."[31]

그 결과 이윤방정식(이윤＝(수익-비용)×판매량-옮긴이)의 한 변수에 지나지 않는 비용에 온 신경이 집중되어버리는 것이다. 수치에 입각한 개선은 경직성을 유발할 수 있다. 더군다나 개선 작업조차도 기계적이어서 상상력이 별로 필요하지 않다. 예를 들면, 새 기계를 도입하면 19명의 작업자가 필요 없게 되며 서류 작업도 25퍼센트나 줄어들게 된다. 생산라인 2개를 폐쇄하고 나머지 라인의 생산 속도를 향상시킴으로써 그만큼 효율성을 제고할 수 있다."라는 식으로 모든 것이 계산된다.

계량적 분석이 수익 측면을 경시한다는 말은 또 하나의 폐해를 언급하고 있다. 즉 분석적 방법으로는 IBM이나 프리토레이의 영업사원이 발휘하는 최대한의 잠재능력, 다시 말해서 충만한 사기 같은 것은 평가할 수 없다. 실제로 어떤 사람이 최근에 발표한 내용처럼 흔히 프리토레이의 경영진단을 의뢰받은 대부분의 컨설턴트는 '99.5퍼센트라는 완벽에 가까운 서비스 수준'—차별화가 어려운 소비재 업계에선 분명히 불합리하기 이를 데 없는 방법이다—에서 벽에 부딪친다. 이렇게 해서 분석가들은 입을 모아 프리토레이가 서비스 수준을 어느 정도까지 낮춘다면 매출액의 감소 없이도 절약이 가능하다고 말한다는 것이다.

이들의 말에서 틀린 점은 전혀 없다. 프리토레이는 즉시 수익을 올릴 수 있을 것이다. 그러나 서비스의 품질 수준을 조금이라도 낮추라고 조언하는 것이 1만 명의 판매원—소매상은 말할 것도 없이—에게 얼마나 큰 심리적인 영향을 미칠 것인지, 또 그 결과 장기적으로 볼 때 시장점유율과 수익이 얼마나 저하될 것인지에 대해서 분석가들은 과연 해답을 갖고 있을까? 분석적으로 볼 경우 캐터필러의 신뢰성("세계 어디서든지 48시간 이내에 부품 관련 서비스를 실시합니다. 혹은 48시간 이내 적절한 서비스를 받지 못했을 경우 이로 인한 손실은 본사가 변상합니다.")이나 메이택의 '10년 품질 보증'은 난센스인 것이다. 또한 분석적으로 말한다면 IBM이나 3M이 의도적으로 행하고 있는 신제품 개발 프로세스의 교차 중복과 P&G가 실시하고 있는 제품끼리 의도적으로 경쟁시키는 방식은 낭비라 하지 않을 수 없다. 델타 항공의 가족주의, IBM의 개인 존중, 맥도날드 및 월트 디즈니의 완벽주의 등도 계량화가 거의 불가능하다.

둘째, 분석적 방법만을 추구하다보면 인간미가 없는 추상적인 사고방식을 갖게 된다. 미국은 베트남전쟁에서 사망한 전사자 계산에만 열중한 나머지 베트남 민족 고유의 특성을 이해하지 못했다. 때문에 결과적으로 미국 역사상 유례가 없는 자원의 낭비—인명, 도덕성 그리고 물질—를 초래했다. 그러나 맥나마라의 수치에 대한 과신은 시대 탓인지도 모른다. 포드에 재직할 당시의 부하직원이자 역시 명석한 두뇌의 소유자인 맥나마라의 수제자 로이 애시Roy Ash도 그와 같은 함정에 빠진 희생자였다.

〈포춘〉은 리튼Litton에서의 그의 불운에 대해 다음과 같이 논평하고 있다. "사업에 대한 철학이 매우 추상적이었던 애시는 명석한 두뇌를 최대한 이용해 가장 복잡한 회계 기법을 도입했다. 그는 자신의 타고난 총명함을 바탕으로 제왕과 같이 높은 곳에서 사물을 내려다보게 되었다. '새로운 도

시를 만들어야지! 디트로이트가 자동차를 생산하듯이 기술적으로 첨단을 걷는 배를 대량으로 생산하는 조선소를 건설해야지!' 하면서 말이다."[32] 그러나 불행하게도 애시의 실패는 리튼에서 끝나지 않았다. 그로부터 10년 후 AM 인터내셔널AM International에서 똑같은 실패를 반복했다는 사실이 〈포춘〉의 분석에 나와 있다.

합리주의는 무엇보다도 원래 완전했던 것에서 살아 있는 요소를 제거해버리고 만다. 〈하퍼스Harper's〉의 편집장 루이스 래펌Lewis Lapham은 안락의자 란의 '현명한 자의 선물Gifts of the Magi'이란 논평을 통해 수치만능주의의 결정적 결함에 대해 말하고 있다. "현명한 자는 숫자와 중량에 대해 – 배럴당 석유 가격 또는 통화 공급량 등에 대해 – 즉 물적 자원에 대해서 이야기하기를 좋아하고, 인적 자원에 대해서는 좀처럼 말하지 않는다. 이러한 경향이 계속되면 국가 전체가 개인보다 조직을 중요시하게 될 것이다."[33] 작가인 존 스타인벡John Steinbeck도 생명력이 결여된 합리주의에 대해 똑같은 점을 지적하고 있다.

삼치의 일종인 멕시칸 시에라의 등지느러미에는 각각 17개, 15개 그리고 9개의 가시가 있다. 그러나 낚싯줄을 당기는 손에 상처가 날 만큼 요동치고 요란하게 물을 튀기며 도망치려고 몸부림치는 그놈을 겨우 배에 끌어올리면 번쩍이는 빛깔과 하늘을 치는 꼬리가 하나로 엉겨 눈을 찌른다. 이때 2개의 생물, 즉 물고기와 낚시꾼이 있다는 사실 그 이상의 것이 갑자기 둘 사이에 존재하게 된다. 이 같은 2차적 실존의 발견과는 무관하게 시에라의 가시 수만이 중요하다면 실험실에 앉아 포르말린 용액에서 빛이 바래고 굳어버린 물고기를 꺼내 가시의 수를 헤아려 기록하기만 하면 될 것이다. …… 이렇게 해서 기록된 것에 대해선 아무도 이의를 제기하지 않을 것이다. 어디까지나 사실이기 때문이다. 그러나 이는 물고기에게나 스스로에게나 전혀 의미가 없는 사실인 것이다. …… 중요한 것은 자신이 하고 있는 일의 목적을 알아야만 한다는 점이다. 포르말린 용액에 담긴 물고기를 보고 있는 사람은 필사적으로 하나의 사실을 기록하고는 있으나 그것은 자신의 경험과 기억을 통해 우러나온 게 아니다. 그래서 그는 자기가 정말 본 것 그대로를 기록하지 않고, 많은 거짓을 새겨 넣고 있는 것이다. 그 물고기는 그런 빛깔이 아니다. 그런 감촉이 나는 것도 아니다. 그런 냄새를 풍기면서 그런 식으로 죽어 있지도 않다.[34]

셋째, 협의의 합리주의는 흔히 부정적인 것과 결부된다. 분석에 심취해 있는 경영진의 폐해에 대해 피터 드러커Peter Drucker는 다음과 같이 설명하고 있다. "오늘날 전문경영자는 자신의 역할이 어떤 아이디어에 대해 '예' 또는 '아니요'라고 말하는 데 있다고 생각한다. …… 자신의 역할이 의자에 앉아 결정을 내리는 데만 있다고 믿는 최고경영자는 새로운 아이디어에 대해 반드시 거부권을 행사한다. 왜냐하면 새로운 아이디어는 '비실용적'인 경우가 많기 때문이다."[35]

존 스타인브루너도 본사 관리 부문의 역할에 관해 비슷한 얘기를 하고 있다. "원래 '아니요'라고 주장하는 편이 '예'라고 주장하기보다 쉽다."[36] 존 스타인브루너는 MLF(나토NATO 연합군이 합동으로 참가하는 다자간 핵 보유력) 결정에 대한 분석에서 보수적인 학자와 현실적인 정치가 사이에서 오간 대화를 그 예로 들고 있다. 국무장관 딘 애치슨Dean Acheson이 하버드대학 출신인 대통령 고문 리처드 뉴스타트에게 "당신은 대통령에게 경고할 필요가 있다고 하지만 그렇지 않소. 대통령에게는 자신감을 심어줄 필요가 있는 것이오."[37]라고 말했다는 것이다. 존 스타인브루너는 계속해서 '경고 신봉자'와 '격려 신봉자'에 비유해서 분석을 해나가고 있는데 아무리 중립을 지키려고 노력해도 합리적 분석의 모델을 차용하는 한, 결론은 격려보다 경고 쪽으로 기울어지게 된다는 사실을 부정할 수 없다고 한다.

모빌Mobil의 회장 롤레이 워너Rawleigh Warner가 알래스카의 프루도 만 앞에 있는 유정의 입찰 경쟁에 참여하지 않기로 결정했을 당시의 상황을 술회하는 말 가운데서 역시 같은 취지의 이야기를 찾아볼 수 있다. "우리 회사의 재무 담당자가 시추 담당자의 발목을 잡은 것이죠. 시추 담당자는 석유나 천연가스에 대해서 아는 바가 전혀 없는 재무 담당자에게 뜻을 굽히고 만 겁니다."[38]

로버트 헤이즈와 윌리엄 애버나시 교수는 이 사례가 시사하는 바를 다음과 같이 표현하고 있다. "과거 20년 동안 미국의 경영자는 경험에 의한 직감보다 분석적인 객관성과 우수한 방법론에 더욱더 많이 의존하게 되었다. 직접적인 경험이 없는 사람이 분석적이고 계량적인 포트폴리오 이론에 치중하면 자원 배분에 더욱 인색해진다."[39] 한편 조지 길더는《부와 빈곤》에서 "선구자적인 생각 그리고 발명과 같은 창조적인 아이디어는 그에 대한 믿음에 찬 행동을 필요로 한다."[40]라고 하면서 이 가설을 실증하고자 노력했다. 예를 들어, 철도 부설에 있어서도 "현재는 물론이고 철도가 처음 만들어진 초기 시대에도 사람들은 철도가 경제성이 있을 것으로 보지 않았다."[41]라는 말이 그것이다.

넷째, 이른바 오늘날의 합리주의는 시행착오, 즉 실패에 대한 자유를 인정하지 않음으로써 실수를 범하는 일을 극도로 무서워한다. 보수주의에 치우치다보면 활동이 정체되고, '검토 위원회'가 몇 년 동안이나 업무를 계속하게 된다. 이렇게 해서 결국은 자기들이 피하려 노력했던 상황―마침내 이렇게도 저렇게도 못하게 되어 위험이 훨씬 더 큰 도박에 휩쓸리게 되는―에 직면하게 된다. 관료화된 제품 개발 부문이 분석에 열중하고 있는 동안 세월은 흘러, 결국 마지막에는 모든 층위의 고객 요구를 충족시키기 위해 역전 만루 홈런을 노리지 않을 수 없게 된다. 이에 비해 DEC, 3M, 왕 연구소(중국인 유학생 왕 안Wang An에 의해 설립된 왕 연구소는 기존의 타자기를 대체하는 워드프로세서 기능의 PC를 출시하고 탁월한 고객 서비스를 바탕으로 1980년대 세계 워드프로세서 시장을 점유했다. 그러나 1990년대 초반에 들어서면서 왕 연구소의 워드프로세서는 가격이나 성능 면에서 IBM PC를 따라가지 못해 시장에서 외면당하게 되었다.―옮긴이) 등 실험정신이 왕성한 기업에서는 불합리 또는 혼란에 구애받지 않고 매진해 같은 기간에 10여 종류 이상의 신제품을 개발한다.

가만히 앉아 아무것도 하지 않으면 발전도 없다. 시제품이 완성되고 나면 바로 한두 명의 소비자에게 테스트해보고 재빨리 실용적인 시장조사를 한 뒤, 현재의 생산라인을 쇄신해 5만 명 정도의 소비자를 대상으로 광고를 게재할 수 있도록 계속 전진해나가야 하는 것이다.

비록 실수를 통해 배우는 것이 있다 해도 대부분의 대기업은 작은 실수도 용납하지 않으려는 경향이 있다. 오늘날 합리주의적 경영관리의 원류가 되는 것이 바로 과학적 관리법이란 것을 생각해보면 실로 모순이라 하지 않을 수 없다. 실험이야말로 과학의 기본이다. 그리고 반복적 실험은 실수의 발생을 줄임으로써 해답에 접근하기 위한 것이다. 그렇기 때문에 실험이 성공적이라는 말은, 그만큼 실수를 많이 했다는 뜻이다. 그런데 지나칠 정도로 합리성을 강조하는 사람이 경영자만은 아닌 듯하다. 왜냐하면 과학자 역시 진보를 위한 혼란을 겪으려 하지 않기 때문이다. 저명한 과학사가인 로버트 머튼Robert Merton은 학술 논문의 일반적인 경향에 대해 다음과 같이 말하고 있다.

> 활자화된 과학의 업적과 실제의 연구 과정 사이에는 큰 차이가 있다. …… 그것은 교과서에 나오는 과학적인 방법과 과학자가 실제로 생각하고 느끼며 행하는 작업이 서로 다른 것과 같은 이치다. 교과서의 방법론에서는 이상적인 형태를 제시하지만 이와 같이 정리된 패턴은 실제로 과학자가 연구할 때 사용하는 언뜻 정리되지 않은 듯 보이고 그때그때 바뀌는 방법을 재현한 것은 아니다. 학술 논문은 완벽하게 빈틈없이 정리되어 있다. 그러나 이것을 읽고 연구 과정에서의 논리적 비약, 출발 당시의 잘못된 가설, 실패한 실험, 미해결 문제 등의 혼란을 엿보기란 사실상 불가능하다.[42]

면역학으로 노벨상을 받은 피터 메더워Peter Medawar는 "과학 논문을 읽어도 아무 도움이 되지 않는다. 그것은 연구의 추론 과정을 은폐하고 있을 뿐만 아니라 그 과정을 매우 왜곡해 기술하고 있기 때문이다."[43]라고 신랄하게 비판하고 있다.

다섯째, 반실험주의anti-experimentation는 필연적으로 지나치리만큼 복잡하고 유연성 없는 괴물을 만들어낸다. '홈런 같은 대박 상품'에 대한 기대가 가장 잘 나타나 있는 것은 방위 산업의 '슈퍼 무기' 발상일 것이다. 〈빌리지 보이스*Village Voice*〉에는 그와 관련해 다음과 같은 논평이 실려 있다.

> 국방성 무기 개발 프로그램의 분석 및 평가 담당자인 스피니Spinney의 발언이 국방성 내부에서 불러일으킨 갈등의 배경을 이해하는 데는 그 발언의 결론이라고 할 수 있는 부분을 그대로 인용하는 것이 가장 좋을 것이다. "기술적으로 아주 정밀하고도 복잡한 무기를 계속해서 개발한다는 전략을 추구한 결과, 신속한 전투 능력과 첨단기술이 서로 배타적이 되는 부작용을 낳고 말았다." 즉 미국이 첨단 무기 개발에 막대한 돈을 쓰면 쓸수록 미군의 전투 능력이 저하되고 있다는 것이다. …… 돈을 아끼지 않고 최첨단 기술을 개발하면 할수록 생산되는 비행기의 수는 적어진다. 또한 조종이 복잡하기 때문에 평소에는 사용할 수조차 없다. 전투에 배치할 비행기 수가 줄어들면 상호 통신 시스템은 더욱 정교해져야 한다. 그러나 전시에 그처럼 정교한 것이 파괴되지 않으리라고 기대할 수는 없다.[44]

지나친 조심과 분석으로 야기된 마비는 실험을 기피하는 결과를 가져온다. 공교롭게도 그것은 최종적인 '결정타'나 '슈퍼 무기'를 추구하는 태도로 이어진다. 그것은 다시 악순환을 통해 모든 것을 충족시키는 상품의 개발·생산·판매를 위한 복잡하고 정교한 조직과 운영 시스템을 필요로 하게 된다. 이러한 경향이 최고조에 도달한 결과 나오게 된 작품이 바로 기계적인 매트릭스 조직이었다. 흥미로운 것은 매트릭스 조직이 전성기를 맞이한 1970년대 중반이 되기 20년 전에, 경영학자 크리스 아지리스Chris Argyris

는 매트릭스 조직의 가장 큰 병폐를 이미 간파하고 있었다는 사실이다.

왜 이 새로운 조직구조에 문제가 있는 것일까? …… 매트릭스 조직 이론을 뒷받침하는 전제 조건은 "만일 목표와 그 목표를 달성하기 위한 길이 분명히 정해져 있을 경우 사람들은 그들이 고안해낼 수 있는 최고의 스케줄에 따라 목표를 달성할 수 있게끔 서로 협력할 것이다."라는 사고방식이다. 그러나 현실적으로는 이 이론을 적용시키기 어려웠다. …… 머지않아 데이터에 입각한 보고서를 작성하는 것이 마치 목적인 것처럼 여기는 현상이 생겨났다. 71퍼센트에 해당하는 중간관리자들이 실제로 제품 계획과 계획의 수정 작업 그리고 본래의 관리 업무 이외에 관련 서류를 작성하는 업무로 대부분의 시간을 허비했다. …… 또 하나 매트릭스 조직을 채택했을 경우에 나타나는 전형적인 패턴은, 중간관리자 계층에 무력감이 생겨 결국 문제를 해결할 수 있는 것은 한 단계 위에 있는 사람뿐이라는 소극적 태도를 갖게 된다는 점이다. "윗분들이 생각한 것이니, 그들에게 해결하라고 하자."라는 식이다. …… 자주 보고되고 있는 사실이지만 매트릭스 조직의 모든 구성원들이 결정을 내려야 하는 무수히 많은 중요한 일들이 발생하기 때문에 결국에는 각 그룹이 독자적으로 움직일 수 없는 교착 상태에 빠져버리게 된다.[45]

어떤 일을 복잡하게 만들려는 움직임에 따르기 마련인 여러 가지 부작용을 극복하기란 사실상 어려운 일이다. IBM의 시스템 360은 미국의 컴퓨터 역사에 길이 남을 만한 성공 사례지만 그 시스템의 개발에는 상당한 우여곡절이 있었다. 먼저 IBM의 회장이었던 토머스 왓슨 1세가 부사장인 프랭크 캐리Frank Cary에게 "이런 문제가 반복되지 않도록 정확한 제품 개발 시스템을 만들라."라고 명령했다. 프랭크 캐리는 이를 그대로 수행했으나 몇 년 후 자신이 회장이 되었을 때, 그가 최초로 한 일 중 하나는 앞서 자신이 열심히 마련한 개발 시스템을 폐기하는 일이었다. "왓슨 회장님의 말은 옳았다. 제품 개발 시스템이 있으면 360을 만들 때 혼란이 되풀이되는 일은 없을 것이다. 그러나 유감스럽게도 그러한 시스템이 존재하는 한 360과 같은 제품을 또다시 만드는 것은 절대 불가능할 것이다."

초우량 기업은 실험의 경영 버전이라 할 수 있는 유동성을 통해 복잡한 일들에 대처한다. 조직을 구성하는 인력의 변화는 다반사로 일어나는 일상적 일이다. "만일 문제가 발생하면 그곳에 자원을 투입해 해결하면 된다. 그것은 아주 간단한 일이다."라고 DEC의 한 임원은 말한다. 코퍼스의 플레처 바이롬도 이에 대해 공감을 표시하고 있다. "내가 보아온 경영 문제 중에서 가장 마음에 들지 않는 것이 필요 이상의 관료화다. 조직의 관료주의는 필연적으로 조직에 경직성을 가져오는데 이 경직성이야말로 급격히 변화하는 환경에서 반드시 피해야 하는 것이다."[46]

또한 HP의 공동 창업자 중 한 사람인 데이비드 패커드David Packard는 이렇게 말한다. "너무 융통성이 부족한 조직은 바람직하다고 할 수 없다. 조직이 변화하는 환경에 유연하게 대처하기 위해서는 조직도를 뛰어넘어 보다 다양한 의사소통 채널을 통해 자연스럽게 정보가 전달되어야 한다. 우리 회사에서는 그런 경우를 많이 찾아볼 수 있다. 나는 일단 조직이 완성되면 조직도 따위는 버리라고 말해주고 싶다."[47]

우리의 일본인 동료인 오마에 겐이치는 미국의 조직에서 빈번하게 발견되는 합리주의에 대해 말하던 끝에 다음과 같이 이야기했다. "대부분의 일본 기업은 미국식으로 말하면 공식적인 조직도를 갖고 있지 않다. 혼다의 조직이 어떻게 구성되어 있는지 그 누구도 알 수 없다. 다만 알 수 있는 것은 상황이 변화할 때마다 프로젝트팀을 조직해 매우 유연하게 대처한다는 사실뿐이다. 흔히 '혁신'이라는 것은 구조와 기능의 경계에서 일어나는 것이므로 여러 분야에 걸친 다양한 시각과 이를 조화시키는 공동의 작업이 필요하다. 그러므로 환경이 급격하게 변화하고 있는 오늘날에는 일부 기업에서 찾아볼 수 있는 조직의 유연성이 큰 재산이 되는 것이다."[48]

여섯째, 합리주의적 접근법은 형식에서 벗어난 자유를 좋아하지 않는다. 분석, 계획 수립, 명령·통제, 구체화, 점검 등은 합리주의적 모델에서 빈번하게 사용되는 용어다. 대화, 시험, 실행, 실패, 지속적인 검토, 방향 전환, 조정, 수정, 관찰 등은 직관에 입각한 경영 방식에서 사용되는 용어다. 우리는 초우량 기업에서 일하는 관련 인사들을 인터뷰하면서 이러한 말을 여러 번 들었다.

인텔에서는 서로 다른 분야에 있는 구성원들끼리 수시로 만나 문제 해결을 위한 토론을 할 수 있도록 소규모 회의실을 여러 개 마련해놓고 있다. 3M은 모든 종류의 사내 소모임 활동을 후원하고 있는데 이것은 특히 소모임 구성원 간의 의사소통을 원활하게 하기 위해서다. HP나 DEC에서는 사람들의 자유로운 이동을 통해 의사소통을 활발히 하기 위해 막대한 경비를 들이면서까지 회사 소유의 비행기나 자동차를 운행하고 있다. TI에서는 패트릭 해거티의 생산 현장 중심주의에 따라 '긴밀한 연결tight coupling' 체제하에서 신제품을 속속 만들어내고 있다.[49] 이러한 것들은 모두 딱딱한 분위기에서 토론하며 헛되이 시간을 낭비하는 것이 아니라, 자유롭게 대화하면서 문제를 해결하고 정리해나가는 좋은 예가 되고 있다.

그러나 유감스럽게도 대부분의 미국 경영자들은 명령과 관리에 의한 경영 방식에 보다 친근감을 느끼고 있다. 그들은 3M이나 DEC, HP, 블루밍데일Bloomingdale's 백화점, IBM 등에서 흔히 볼 수 있는 가장 핵심적인 경영 프로세스, 이른바 통제되지 않는 것처럼 보이는 상황을 받아들일 수 없다는 입장이다. HP에서처럼 '현장 중심의 경영'을 경영철학의 기둥으로 삼는 것은 정상적인 생각에서 나온 것이 아니라는 식이다. 그러나 일상적, 비공식적인 의사소통을 통한 자발적인 관리는 수치에 의한 관리보다 더 엄격하다는 것을 명심해야 한다. 왜냐하면 수치에 의한 관리라면 피할 수도 있고 속일 수도 있기 때문이다. 이는 초우량 기업에서는 당연한 사고방식이지만 그 외의 기업은 이를 좀처럼 받아들이지 못한다.

일곱째, 합리주의적 사고방식은 가치가 얼마나 중요한지를 잊게 만든다. 정확한 목표 설정이나 합리적 분석에서 신선하면서도 대담한 기업의 미래를 위한 방향이 제시된 예를 우리는 거의 보지 못했다. 뛰어난 회사는 분석에 있어서도 매우 뛰어난 것이 사실이다. 그러나 우리는 이러한 회사에서도 중요한 결정을 내려야 하는 상황에서 결정적 역할을 담당하는 것은 숫자의 미학이 아니라 역시 핵심 가치라고 생각한다.

초우량 기업은 저마다 직원들의 사기를 고양시키는 독특한 기업문화를 가꿔가고 있으며, 모든 직원들이 이러한 문화적 색채를 공유하고 있다. 이러한 조직 분위기에 동화된 구성원들이 핵심 가치를 바탕으로 개별적 활동을 수행해나가는 것이다. 이러한 기업에서는 아주 많은 종업원들이 엄청난 기여를 하고 있다. 기업의 확고부동한 목적의식이 제품에 대한 애정, 최상의 서비스 제공, 혁신적인 아이디어의 존중, 많은 종업원의 자발적인 기여 의지 등으로 이어지는 것이다.

이러한 방법은 예컨대 목표에 의한 관리(MBO : Management By Objective)를 중심으로 '분기별로 달성해야 할 30개 과제'라거나 '비용절감을 위한 25가지 방법', '현장 근로자가 명심해야 할 1백 가지 원칙' 등 관리 중심적인 표어를 통한 경영이나, 금년에는 비용, 내년에는 신기술 그리고 다음 해에는 또 다른 새로운 것 등 목표에 의한 관리를 상황에 따라 자유자재로 변화시키는 방법과는 본질적으로 다른 것이다.

끝으로 합리주의는 내부 경쟁을 거의 허용하지 않는다. 기업은 자기 자신과는 경쟁할 수 없다는 생각 때문이다. 그러나 우리는 초우량 기업에 대한 연구를 계속하는 동안 사내 경쟁 현상을 수없이 보았다. 그뿐만 아니라 상사의 명령보다도 동료와의 경쟁의식이 더 효과적인 업적을 만들어내는 사례도 많이 보았다. 내부 경쟁의 선구자는 시보레Chevrolet, 폰티악Pontiac, 올즈모빌Oldsmobile, 캐딜락Cadillac 등의 사업 부문을 갖고 있었던 60년 전의 GM이었다. 오늘날의 대표자는 3M, P&G, IBM, HP, 블루밍데일 백화점, 타파웨어 등이다. 이들 기업에서 볼 수 있는 현상은 각 부문 또는 부처 사이의 중복, 제품 라인 간의 경쟁, 신제품 개발 프로세스의 중첩, 사내 부문 및 부처 간 생산성 비교 및 향상을 장려하기 위한 부문 간 정보 교환의 허용 등이다. 이처럼 탁월한 성과를 만들어내는 초우량 기업의 내부에 다른 기업이 관심을 갖지 않는 이유는 무엇일까?

"분석할 수 있는 것 외에는 분석하지 않는다."라는 경향이 바로 그에 대한 핵심적 원인이라고 할 수 있다. 신제품 개발 과정을 중복시키거나 생산 공정을 유연하게 운영할 경우에 드는 비용을 산출하는 것은 가능한 일이다. 그러나 질투심 강한 챔피언들의 신제품 개발 활동에서 생겨난 무형의 가치와 생산 현장의 여러 팀들 간 내부 경쟁의 결과 얻을 수 있는 무수한 혁신적인 아이디어에 따른 생산성 향상을 정확하게 파악하는 것은 훨씬 더 어려운 일이다.

바람직한 경영 프로세스

합리주의를 협의의 개념으로 파악하는 데서 생기는 가장 큰 문제는 이론 자체가 잘못된 것이라는 점보다도 오히려 그를 신봉함으로써 경영의 사고 및 행동이 불균형해진다는 사실이다. 스탠퍼드대학의 해럴드 레비트 교수는 이 점을 아주 잘 설명해주고 있다. 그는 경영 프로세스를 다음 세 가지 요소 사이의 상호작용으로 파악한다.

세 가지 요소란 개척pathfinding, 의사결정decision making, 실행implementation을 말한다. 합리주의적 접근법은 이 가운데서 의사결정을 제외한 다른 요소에는 별다른 관심을 기울이지 않는다. 해럴드 레비트는 학생들에게 이 세 가지 행동의 차이를 가르칠 때 유명한 정치가를 각 유형의 예로 든다. 예컨대 개척자(Path-finder : 길이 없는 곳에 돌파구를 만드는 사람. 탐험가란 의미의 파이오니어pioneer보다 구도적인 색채가 더 강하다.—옮긴이)의 전형적인 예로는 존 에프 케네디John F. Kennedy를 들고, 결정자의 예로는 케네디 정권의 국방장관 로버트 맥나마라 또는 대통령 시절의 지미 카터Jimmy Carter 등을 든다. 또 실행을 중요시하는 사람으로는 누구나 린든 존슨Lyndon Johnson을 떠올린다("어쨌든 다같이 이유를 생각해봅시다."라거나 "저 바보를 국회에서 쫓아내 밖에서 텐트 안으로 오줌을 누게 하는 것보다 동료로 만들어 안에서 밖으로 누게 하는 것이 좋지 않을까." 등등 그가 한 유명한 말을 생각해보자).

해럴드 레비트는 또한 독자의 이해를 돕기 위해 여러 가지 직업을 세 가지 유형으로 분류하고 있다. 예컨대 결정자, 즉 결정을 내려야 하는 사람에는 시스템 분석가, 엔지니어, MBA, 통계 전문가, 전문경영자 등이 포함된다. 이들은 모두 합리주의적 사고방식에 치우쳐 있다는 점에서 공통점을 갖고 있다. 실행자의 예로는 다른 사람과 함께 일하는 것을 좋아하는 사람을 들 수 있다. 심리학자, 세일즈맨, 교사, 사회사업가 그리고 대부분의 일본 경영자들이 여기에 속한다. 한편 스스로 길을 개척해야 하는 개척자의 직업으로는 시인, 화가, 기업가, 리더 등을 들 수 있다.

물론 이 세 가지 요소는 서로 관련되어 있기 때문에 그중에서 하나만을 강조하고 나머지를 무시하는 것은 위험한 일이다. 조직의 모든 계층에는 개척자로 공헌하는 사람이 얼마든지 있기 때문이다. 그러나 이러한 사람들이 정작 실천 단계에 이르면 요령부득이어서 이른바 예술가가 되기도 한다.

한편 임기응변에는 능하지만 스스로 비전을 갖지 못한 세일즈맨 같은 실행파도 많다. 그리고 의사결정이라는 요소를 지나치게 숭시하는 사람늘이 빠지기 쉬운 함정에 대해서는 이미 이야기한 바 있다. 결론을 한마디로 요약하자면 기업 경영에 있어서는 의사결정에 못지않게 개척이나 실행도 중요하다는 것이다. 이와 같은 행동들은 본질적으로 서로 다른 과정을 요구하지만 그럴 마음만 있으면 서로 보완하고 강화할 수 있다.

개척은 본질적으로 심미적이며 직관적인 과정이자 디자인 과정이라 할 수 있다. 건축의 디자인이나 경영의 지침이 되는 가치관의 정립에 있어서 어떤 것을 설계해나갈 때 선택 가능한 대안은 무한히 많다. 그리고 이 무한한 대안 중에는 불필요한 아이디어도 많은데 이것을 구별하는 데는 합리주의적 사고방식이 유용하다. 그러나 아무리 취사선택해도 기준에 맞는 훌륭한 아이디어는 지나치게 많이 남게 마련이다. 이런 상황에 이르면 아무리 분석해보아도 결정적인 선택이 불가능하다. 최종적인 결정은 감각적인 것이고, 또 취향의 영역에 속하기 때문이다.

실행 역시 매우 개별적이고 특이한 성격을 갖고 있다. 해럴드 레비트도 지적했듯이 사람들은 자기 자식은 귀여워하지만 남의 자식에게는 별로 애정을 느끼지 못한다. 컨설턴트로서 우리는 가끔 대안 A가 최선이라는 것이 분석 결과 증명되었다고 말하지만 그것은 우리에게나 클라이언트에게 아무런 도움도 되지 않는다는 것을 느낀다. 이 단계에서 컨설턴트가 제시하는 대안 A란 것은 우리 자식이지 결코 클라이언트의 자식이 아니기 때문이다. 그러므로 아무리 훌륭하게 분석해도 마음에 없는 사람은 끌어들일 수 없다. 그들이 이 문제에 깊이 관여해 이해하고 납득하지 않으면 그리고 결국 자기 것으로 이해하지 않으면 안 되는 것이다.

앞에서도 말했듯이 우리가 개척과 실행 쪽으로 크게 기울어져야 한다고 말하는 것은 아니다. 합리주의가 중요한 것은 사실이다. 뛰어난 분석은 아이디어 창출을 자극해 개척에도 긍정적인 영향을 미치며 불필요한 대안을 가차없이 버리는 데 도움을 주기도 한다. 그러나 만일 미국이 예전의 경쟁력을 되찾으려 한다면, 또는 최소한 현재의 수준을 유지하려 한다면 지나친 합리주의는 지양해야 한다.

3 동기부여가 성공의 핵심이다

합리주의적 측면에서 생각할 때 인간을 조직함에 있어 가장 문제가 되는 것은 인간이 너무나 비합리적인 존재라는 사실이다. 프레더릭 테일러의 기계적 사고방식이나 오늘날의 조직도에 적합한 인간은 '성악설'에 근거한 인간이다. 물론 인간에 대한 우리의 가정은 이와는 정반대다. 사실 오늘날 궁극적 연구 과제는 바로 인간임을 알 수 있다. 초우량 기업이 어떻게 수만이나 수십만에 달하는 인간의 참여 의욕을 북돋아 혁신적인 아이디어를 짜내게 하는지를 이해하기 위해서는 그러한 기업이 인간의 속성이라 할 수 있는 다음과 같은 모순에 어떻게 대처하고 있는지를 먼저 생각해봐야 한다.

- 인간은 누구나 자기중심적이며, 조금이라도 칭찬하는 말을 들으면

의기양양해져 자신을 승리자로 여기는 것이 보통이다. 그러나 인간의 재능은 대개가 비슷하고, 또 누구나 자신이 생각하는 것만큼 우수한 것도 아니다. 또한 현실은 그다지 녹록지 않은 탓에 사람들의 생각대로 되지 않는다.

- 상상력과 시각적 이미지를 관장하는 인간의 우뇌는 합리적·연역적 사고를 관장하는 좌뇌에 결코 뒤지지 않을 만큼 중요하다. 또 직관은 정확한 데이터 못지않게 중요하다. "이것이 정답인 것 같다."라는 짐작이 "합계가 틀림없다." 또는 "입증할 수 있다."라는 것보다 중요한 경우가 많다.

- 정보처리 기계로서의 인간은 그 놀라운 능력에 버금가는 결함도 갖고 있다. 의식적으로 기억할 수 있는 정보의 양은 극히 제한되어 있기 때문에 한 번에 몇 가지 사실밖에 처리하지 못한다. 그러므로 조직이 복잡할수록 모든 것을 단순화시켜야만 하는 것이다. 반면에 무의식적인 능력은 측정할 수 없을 만큼 엄청나다. 따라서 마음만 먹으면 우리는 다양한 경험을 패턴화해 무궁무진하게 축적해둘 수 있다. 경험은 최상의 스승이다. 그런데 대부분의 비즈니스맨은 이것을 과소평가한다. 이 말이 어떤 의미인지는 나중에 설명하기로 하겠다.

- 환경이 인간에 영향을 주기도 한다. 인간은 외적인 상과 벌에 매우 민감하게 반응하는데 이는 인간에게 내적으로 동기를 부여하기도 한다.

- 인간은 언어화된 신념을 중요하게 여기고 있으나 말보다 행동이 더 명확하게 진실을 말해준다는 사실을 알고 있다. 결국 남을 끝까지

속인다는 것은 어떤 상황에서도 절대 불가능하다. 인간은 현명하기 때문에 극히 사소한 행동에서도 하나의 패턴을 발견하고, 그 행동이 그 사람의 말과 조금이라도 맞지 않으면 곧 그것을 찾아내어 그 사람의 말을 신뢰하지 않게 된다.

- 인간은 삶의 의미를 찾지 않고서는 살아갈 수 없다. 따라서 의미를 부여해주는 기관을 위해서는 커다란 자기희생도 마다하지 않는다. 동시에 인간은 자신의 운명을 결정하는 것이 자기 자신이라는 자각은 물론 남보다 뛰어난 능력을 갖고 싶다는 독립심도 아울러 갖고 있다.

그렇다면 많은 기업에서는 이러한 인간의 양면성을 어떻게 다루고 있을까? 대부분의 기업은 아주 높은 목표와 거기에 상응하는 직책을 부여함으로써 직원들의 잠재 능력을 최대한 발휘시킨다고 자랑한다. 이는 매우 합리적이기는 하지만, 결국 기업을 자멸의 길로 이끈다. 이와 반대로 TI 및 타파웨어에서는 각 부문별로 관리 목표를 자율적으로 설정하도록 하고 있는데 그것은 어째서일까? IBM에서는 거의 모든 세일즈맨이 달성할 수 있는 낮은 목표를 설정하는데 그것은 또 왜일까? 물론 TI에도 게으른 직원이 있을 것이다. IBM의 경우에도 세일즈맨을 고용해 아무리 훈련을 잘 시켜도 그처럼 큰 회사의 세일즈맨 전원이 슈퍼스타가 될 수는 없을 것이다. 그렇다면 어째서 그렇게 하는 것일까?

이에 대한 대답은 놀라울 만큼 간단하다. 그것은 인간은 누구나 자신을 최고라고 생각한다는 점이다. 다만 대부분의 관리자가 그것을 깨닫지 못하고 있을 뿐이다. 최근의 한 심리학 연구는 무작위로 추출한 성인 남자를 대상으로 '타인과의 협조성' 정도를 스스로 평가하게 했다.[1] 그 결과 모든 피실험자가 자신이 평균 이상이라고 답했다는 사실이 드러났다. 더구나 60퍼센트의 피실험자는 자신이 상위 10퍼센트에 속한다고 했고, 25퍼센트는 자신을 최상위권에 포함시켰다고 한다. 또 같은 조사에서 70퍼센트가 지도력에 있어서 자기가 상위 25퍼센트에 든다고 했으며, 불과 1퍼센트만이 평균 이하로 생각한다고 대답했다. 그리고 적어도 남성의 대다수에게 가장 어려운 분야라 여겨지는 운동 능력에서도 60퍼센트의 사람이 자신이 상위 25퍼센트 내에 든다고 평가했다. 평균 이하라고 한 사람은 겨우 6퍼센트에 지나지 않았다.

사람은 누구나 어떤 형태로든 자신을 최고로 생각하고 있다. 이것은 조직에 있어서 큰 의미를 갖는다. 그런데 우리가 관찰한 바에 따르면 대부분의 기업이 이런 사실을 잘 모르고 있었다. 게다가 그들은 자사의 종업원에 대해 성악설에 입각한 시각을 갖고 있는 것 같다. 종업원의 근본이 나쁘다고 비판하는 이들은 말로만 비난할 뿐 실제로 벌을 주는 경우는 드물지만, 그렇다 하더라도 어쨌든 심한 말은 사람을 위축되게 만든다. 기업들은 종업원을 대할 때 위험에 구애받지 말라고 하면서 실제로는 작은 실패도 용서하지 않는다. 그리고 혁신을 바라면서도 챔피언의 씨를 말린다. 합리주의의 간판을 내걸고는 마치 종업원의 자아실현에 대한 꿈을 없애버리기 위해 만든 것 같은 경영관리 제도를 도입한다. 물론 진심은 그게 아닐지 모르겠지만 현실적으로는 바로 이것이 그들이 하는 일이다.

우리가 연구를 진행하면서 크게 깨달은 것은 "인간은 자신을 승리자로 생각하고 싶어한다."라는 사실이었다. 초우량 기업에서는 대부분의 종업원이 아무런 거리낌 없이 스스로를 승리자로 보도록 만드는, 강력한 자기예언을 하게 만드는 시스템을 마련한다. 사람이 많이 모이면 으레 그러하듯이, 이러한 기업에서도 역시 인간의 능력이 일반적인 분포를 따른다고 보고 있었다. 그러나 다른 기업과 확실하게 차별되는 점은 이 같은 기업의 시스템에서는 실패의 비율보다 성공의 비율이 높다는 점이다. 종업원이 대체로 자신의 목표나 목표치를 달성하는 이유는—당사자가 스스로 설정하는 일도 많은데—그 목표와 목표치가 달성할 수 있도록 설정되어 있기 때문이다.

그러나 별로 우수하지 못한 기업은 이와 정반대였다. IBM에서는 목표 자체를 세일즈맨의 70퍼센트 내지 80퍼센트가 달성할 수 있도록 암암리에 설정하고 있다. 이에 비해 일부 제품에서 IBM과 경쟁하고 있는 어느 기업은, 세일즈맨의 40퍼센트만이 연간 목표를 달성할 수 있도록 설정하고 있다. 이렇게 되면 적어도 60퍼센트의 종업원은 스스로를 낙오자라 생각하게 된다. 그들은 이에 대한 반발 심리 때문에 상식에서 벗어난 일탈적인 행동을 서슴지 않게 된다. 실패자란 딱지가 붙은 당사자는 십중팔구 실패자에게 어울리는 행동을 하게 되어 있기 때문이다. 이에 대해 GM의 한 간부는 다음과 같이 말한다. "우리 회사에서는 종업원의 90퍼센트가 게으르고 거짓말을 하며 도둑질을 한다는 전제에 따라 관리 시스템을 설계하고 있다. 정말 어쩔 수 없는 5퍼센트의 양심불량자에 대처하기 위한 시스템을 만듦으로서 95퍼센트에 이르는 나머지 선량한 종업원의 사기를 저하시키고 있다."

초우량 기업의 시스템은 결코 많은 승리자를 배출하는 데만 그치지 않는다. 승리자가 나왔을 경우 그 사람을 인정해주고 요란스레 축하하는 분위기가 자연스럽게 형성되어 있다. 이 시스템에는 비금전적인 인센티브로 충분히 보상하는 제도가 포함되어 있는 것이다.

그 밖에도 사기를 진작시키는 방법에는 여러 가지가 있을 수 있다. 그 중에서도 가장 흥미로운 것은—심리학 연구 분야에서는 이를 '귀인이론 attribution theory'[2]이라 부른다—스탠퍼드대학의 리 로스Lee Ross가 가설로 제시한 기본적인 책임 소재의 귀착오류일 것이다. 귀인이론은 인간이 성공과 실패의 원인을 어떻게 찾고, 누구에게로 돌리는지를 해명하기 위한 것이다. 성공과 실패의 원인은 운이 좋았기 때문일 수도 있고 수완이 좋았기 때문일 수도 있으며, 실수를 했거나 시스템이나 조직에 발이 묶였기 때문일 수도 있다. 심리학자의 흥미를 끄는 책임 소재의 잘못이란, 우리가 흔히 성공은 자기 탓으로 돌리고 실패는 조직이나 제도 탓으로 돌리는 것을 말한다. 예를 들면, 일이 잘 되면 반드시 "내가 한 거야." "내게도 재능이 있어."라고 생각하고, 일이 잘못되었을 경우에는 "그 사람 때문이야." "제도 때문이야."라고 말하는 식이다. 이러한 인간의 심층적 심리에 내재되어 있는 바가 무엇을 의미하는지는 분명하다. 인간은 자기가 실패할 것 같으면 "시스템 때문이다."라고 한탄하며 돌아선다. 실패의 원인을 자신에게 두고 싶지 않은 것이다.

인간이 일에 몰두하는 것은 조직이나 제도가 자기를 성공으로 이끌고 있다고 생각할 때다. 그 누구도 실패를 목적으로 일하지는 않는다. 결국 인간은 능력이 있으면 일을 해결할 수 있다는 사실을 배운다. 그리고 가장 중요한 것은 다시 한번 해보겠다는 자세를 갖는 일이다.

"성공이 더 큰 성공을 부른다"라는 격언이 있다. 이러한 속담을 잘 음미해보면 그 나름대로 과학적 근거가 있음을 알 수 있다. 동기부여에 대한 연구에 따르면 동기부여 중 가장 중요한 것은 자신은 잘할 수 있다고 믿는 자신감이라고 한다. 절대적인 잣대를 들이밀어 정말 잘하고 있는지 살펴보는 것은 별로 중요한 문제가 아니라는 것이다. 정말 중요한 건 자신감이다.

어떤 실험에서 성인들에게 10개의 문제를 풀도록 했다.[3] 피실험자들이 받아 든 문제는 내용이 모두 같았다. 문제에 대한 답을 제출하도록 한 뒤 실험자들은 피실험자들에게 가짜 성적을 발표했다. 이때 피실험자의 절반에게는 10개 문제 중 7개 문제를 맞혔다고 칭찬하고, 나머지 사람에게는 10개 문제 중 7개 문제가 틀렸다며 언짢은 말을 했다. 그런 다음 전원에게 앞의 실험에서 사용한 것과 똑같은 문제 10개를 다시 풀게 했다. 그 결과 처음에 거짓 성적 발표에 따라 칭찬을 받은 그룹은 두번째 실험에서 성적이 올라가고, 그렇지 못한 그룹은 성적이 떨어졌다. 성적이 올라간 사람들은 칭찬받은 사실을 생각함으로써 끈질긴 지구력과 새로운 도전의식이 생겨 힘을 내게 되었던 것이다. 워렌 베니스Warren Bennis는 《무의식의 음모 : 왜 지도자는 지도할 수 없는가The Unconscious Conspiracy : Why Leaders Can't Lead》라는 책에서 "교사의 말에 따르면 선생님의 기대를 한 몸에 받는 학생은 그 사실만으로도 지능지수IQ가 평균 25나 올라간다."[4]라고 말하고 있는데 이 역시 옳은 말이다.

뇌 기능의 비밀을 밝힌 연구에 따르면 우뇌와 좌뇌의 기능은 아주 다르다고 한다. 좌뇌가 체계적으로 추리하고 언어를 관장하는 논리적이고 합리적인 부분을 담당하는 데 비해, 우뇌는 예술적인 부분을 담당해 사물을 보고 패턴을 기억하며 멜로디를 생각하는가 하면 시를 짓도록 만든다고 한다. 두 부분의 기능이 확실히 다르다는 것은, 어쩔 수 없이 두 부분의 연결을 끊는 수술을 받은 환자들을 통해 수없이 입증되어 왔다. 우뇌는 사물을 시각화하는 데는 아주 뛰어나지만 언어화할 수 없다는 것이 밝혀졌다. 한편 좌뇌는 인간의 얼굴과 같은 패턴은 잘 기억하지 못한다고 한다. "나는 얼굴은 잘 기억하지만 이름은 좀처럼 외지 못한다."라는 사람이 있는데 이것은 결함 때문이 아니라 우뇌가 더 발달했기 때문이다.

아서 케스틀러Arthur Koestler는 우리의 희망과는 상관없이 인간의 두뇌에서는 우뇌가 더 중요한 역할을 한다고 지적하고 있다.《기계 속의 영혼 Ghost in the Machine》이란 저서에서 그는 인간의 가장 저급한 감정인 호전적 심리나 파괴적인 욕망의 원인을 '미개발된 우뇌'에서 찾고 있다. 그리고 "인간의 행동은 비교적 미개하고 야만적인 시스템에 의해 지배되고 있다."[5]라고 말한다. 또 어니스트 베커Ernest Becker는 "정신분석에서는 동물성(인간의 기본적 특질)을 강조하는데 이것이야말로 인간성을 간파할 수 있게 해주는 훌륭한 수단이다."[6]라고 하면서 이러한 특질 때문에 인간은 "우월감을 추구하고 고립을 싫어하며, 무엇보다도 무력함을 두려워한다."라고 말한다.

우월성을 추구하기 위해서는 수단과 방법을 가리지 않는다는 등의 어두운 측면을 바탕으로 한 인간에 대한 이러한 추론은 조직에서도 예외일 수 없다. 경영학자로 유명한 헨리 민츠버그는 이 점을 확대해 다음과 같이 말하고 있다.

모든 연구에 있어 한 가지 사실이 분명해진다. 경영의 핵심 축이 되는 프로세스는 경영자뿐 아니라 연구자인 나에게도 극히 복잡하고 불가사의하다. 더군다나 이러한 프로세스는 가장 모호한 정보나 표현하기 어려운 정신적 프로세스에 크게 의존하고 있다. 그것은 질서정연하기보다 오히려 전체적·포괄적이고, 연상이나 개인적 관심에 크게 좌우된

다. 그리고 이성적이기보다 감각적이기 때문에 우뇌의 기능이 특히 강조된다.[7]

좌뇌 및 우뇌로 대표되는 뇌 기능 연구가 말해주는 것은, 간단히 말해 비즈니스란 좌뇌의 기준으로 보면 지극히 '불합리'하고 감정적인 인간들이 벌이는 일이라는 것이다. 인간은 이기는 편에 서길 원하고('우월감'을 추구하고), 자신이 속한 작은 집단이 번성하고 그곳에서 우정을 키웠을 때 생기가 돌며('고립'을 싫어하며), 최소한 자기 운명의 일부만이라도 자신이 좌우할 수 있기를 바라는('무력함'을 두려워하는) 존재인 것이다.

그렇다면 초우량 기업은 경영을 하는 데 있어서 모두 우뇌적인 발상을 충분히 이해하고 그것을 반영하고 있는가? 사실 반드시 그렇지만은 않다. 그러나 결과적으로 보면, 특히 경쟁 기업과 비교해볼 때 초우량 기업은 그렇게 하는 것처럼 보인다. 달리 말하면 인간의 감정적, 원시적인 측면을 허용하고 그를 제대로 이용하고 있는 것이다. 이러한 기업은 개개인이 자신감을 최대한 살릴 수 있도록 기회를 준다. 또 질이 높은 업무를 주고 다른 사람에 대한 친밀감을 추구할 수 있는 터전과 개개인을 물심양면으로 지원하고 성공을 자축할 수 있는 기회까지 만들어준다. 그리고 더욱더 긴밀히 연결되는 소규모 네트워크(구조적인 과 또는 부에서부터 임시적인 태스크포스까지)를 조직할 수 있도록 만든다. 일정한 범위 안에서 본인의 능력을 발휘할 수 있는 기회 — 예컨대 TI의 품질관리 서클(이 회사에는 이와 같은 품질관리 서클이 9천 개나 있다)의 일원으로서 — 를 주는 것이다.

또 초우량 기업은 무의식적이기는 하나 우뇌의 특질을 인정하고 있다는 점이 주목할 만한데 이는 직접적으로 좌뇌의 특질을 바탕으로 하는 경영 전략의 희생으로 연결된다. 그런 까닭에 분기별 30개의 목표관리 항목을 달성하라는 지시에 맞서 싸우게 되는 것이다. 서로 친밀한 관계에 있는 팀 또는 소규모 조직은 규모의 경제를 무시한다. 몇천이나 되는 품질관리 서클에 각각 표현의 자유를 허용하는 것은 '한 가지 최고의 방법'을 고집하는 구시대적인 체제와는 전혀 다르다.

인간의 우뇌에는 이제까지 경영이 추구해온 지혜가 포함되어 있지 않은 것이 일반적이지만 초우량 기업에서는 그것을 신장시키기 위해 노력한다. 직감과 창조적인 면이 바로 그것이다. 많은 사람들은 과학과 수학을 논리적 사고의 메카로 생각하고 있다. 그리고 분명히 논리적이고 합리적인 사고는 일취월장하는 과학의 발전에 이바지하는 중요한 역할을 하고 있다. 그러나 앞 장에서도 말했듯이, 과학의 패러다임에 변화를 가져오는 참된 원동력은 논리가 아니다.

DNA 이중 나선구조를 처음으로 규명한 공동 연구자의 한 사람인 제임스 왓슨James Watson이 연구를 끝낸 날 밤에 DNA의 이중 나선구조에 대해 한 말은 다음과 같았다. "훌륭하다. 이 얼마나 아름다운가!"[8] 과학에 있어서도 미의 개념은 중요한 것이다. 노벨상을 받은 머리 겔만Murray Gell-Mann은 "그것이 단순하고 명쾌하며 물리학의 모든 것에 합치되고 정말 그 사항을 바르게 설명하는 듯이 보인다면 거기에 맞지 않는 실험 데이터가 몇 개 있더라도 그것은 전혀 반증이 되지 않는다."[9]라고 말했다. 맥도날드의 전 회장 레이 크록이 햄버거의 모양에 대해서 시적 감상을 품었다 하더라도 결코 그가 미쳤다고 할 수는 없다. 다만 그는 비즈니스 논리의 출발점으로서 미학이 중요하다는 점을 알고 있었을 뿐이다.

우리가 추론을 할 때는 논리적인 것과 마찬가지로 또는 그 이상으로 직관력을 따르는 경우가 있다. 에이모스 트버스키Amos Tversky와 다니엘 카네만Daniel Kahneman이라는 두 실험심리학자가 있었다.[10] 그들은 '인지적 편견cognitive biases' 이라 불리는 실험심리학의 한 분야를 연구하고 있는 대표적인 학자들로 이 연구를 15년 전에 시작했다. 과학적 교육을 받은 교양 있는 피실험자를 대상으로 테스트를 계속한 결과, 인간에게는 직관에 의한 정당화 경향이 있음을 밝혀냈다.

예컨대 그들이 '대표성representativeness'이라 부르는 현상이 있는데, 이것이 우리의 추리 능력에 영향을 끼친다. 간단히 말해서 우리가 영향을 받는 것은 본질적으로 추상적인 데이터가 아니라 오히려 그 자체로서 완결된 의미가 있는 사소한 스토리라는 것이다. 이를 위해 행해진 전형적인 실험 방법은 피실험자에게 어떤 인물에 대한 짤막한 이야기를 해주고 그와 관련된 데이터를 준 뒤 그의 직업을 알아맞추게 하는 것이다. 예를 들면, "잭은 45세의 남자입니다. 기혼자로서 4명의 자식이 있습니다. 그는 대체적으로 보수적이고 세심하며 야심만만한 사람입니다. 정치나 사회 문제에는 관심이 없고, 여가의 대부분을 집의 유지 보수를 위한 크고 작은 목수일, 요트 항해, 수학 퀴즈 맞추기 등을 하면서 보냅니다."라는 스토리를 주고, 이어 "잭은 특정 집단에서 선발한 사람으로 그 집단의 구성원은 법률가가 80퍼센트, 엔지니어가 20퍼센트……."라는 내용의 데이터를 제시한다. 그러나 피실험자는 이미 자기가 품고 있는 직업에 대한 고정관념에 따라 직업을 추측하고 있다. 그러므로 이러한 사람들 중에는 법률가가 더 많다는 데이터를 제시해도 거의 참고하지 않는다. 이 실험에서 대부분의 피실험자들은 잭이 엔지니어일 것이라고 답했다.

그레고리 베이트슨Gregory Bateson도 대표성에 대해 다음과 같은 좋은 사례를 들었다.

이것은 사고란 무엇인지 궁금하게 생각한 한 사나이의 이야기다. 그러나 그것은 인간의 사고가 아니라 자기가 사용하고 있는 컴퓨터의 사고였다. 그가 컴퓨터에게 "너도 인간처럼 생각할 때가 오리라고 믿느냐?"라고 물었더니 컴퓨터는 곧 활동을 시작해 자신의 계산 방식을 분석하기 시작했다. 드디어 기계가 해답을 구했을 때 그가 달려가서 보니 거기에는 깨끗한 글씨로 이렇게 적혀 있었다. "그것은 한 가지 스토리를 생각나게 합니다." 즉 인간은 논리 정연하게 생각하기보다는 사례나 간단한 이야기, 인상 등을 합쳐서 사고한다. 관계가 있는 것들을 연결시키거나 결합시키는 데서 스토리가 생긴다. 이 기계의 말처럼 인간이 생각한다는 것은 바로 이런 것이다.[11]

인간의 사고 방법이나 심리에 대한 다음과 같은 사실도 눈여겨볼 필요가 있다.

● 우리는 선례先例나 과거에 대해서는 별다른 주의를 기울이지 않는다. 역사보다는 현재에 진행중인 사소한 일 또는 흥미진진한 가십에 의해 더 크게 영향을 받는다. 비록 그 데이터가 통계적으로 볼 때 타당성이 없다 해도 즉각적으로 머리에 떠오르는 정보를 기준으로 판단을 내린다(카네만과 트버스키는 이것을 '손쉬운 것을 이용한 발견법'이라 부르고 있다). 가령 우리가 1주일 동안에 세 사람의 친구를 우연히 도쿄의 호텔에서 만났다고 하자. 그런 경우 대개의 사람들은

그들이 자신의 교우 범위 안에 있는 친구이므로 같은 장소에 가는 것이 이상할 것이 없다."라고 생각하기보다 거기서 친구를 만난 게 오히려 신기한 일이라고 생각하기 쉽다.

- 우리는 어떤 두 가지 일이 우연하게 동시에 발생하면 이 두 가지 일만 갖고 거기서 어떤 인과관계를 찾기 위해 사고를 비약시킨다. 예를 들어, 피실험자에게 몇몇 인물의 초상화와 그들에 대한 객관적 데이터를 제시하고 나중에 기억을 확인시키는 실험을 한다고 하자. 이때 피실험자는 우선 인물의 외모로 성격을 판단하고 양자 간의 상관관계를 중시하는 경향이 있다. 예컨대 의심 많은 사람을 찾으라고 하면 다른 사람과 조금이라도 눈초리가 다른 사람을 지적하는 잘못을 저지르는 것이다.

- 우리는 통계적인 모집단의 크기는 별로 상관하지 않는 경향이 있다. 소규모 또는 대규모 표본집단만으로 결론을 내리고 그것을 확신한다. 예를 들면, 항아리에서 공을 2개 꺼냈더니 2개가 모두 빨간색이었다. 다음 사람이 30개를 꺼냈더니 빨간색이 18개이고 나머지 12개는 모두 흰색이었다고 하자. 이 경우 대부분의 사람들은 첫번째 예를 강력한 증거로 삼아 빨간색이 압도적으로 많을 것이라고 생각해버린다. 순수하게 통계학적으로 본다면 30개의 모집단에 따른 제2의 예가 더 정확한 데이터이고, 빨간색과 흰색의 비율은 18 대 12, 즉 3 대 2에 지나지 않는데도 말이다.

인간이 직감에 의해 추론을 할 수 있다는 사실은 몇천 가지의 실험 데이터가 증명해주고 있다. 인간은 지극히 단순한 원칙에 따라 추론하고 결정한다. 다시 말하면 이 복잡한 세계에서 자신의 배짱과 육감에 의존해 살아가고 있는 것이다. 우리는 무수한 정보의 홍수를 연상작용, 은유, 경험을 통한 발견 등과 같은 발견적 해결법을 통해 헤쳐나가는 방법을 익힐 필요가 있다. 물론 우리는 장점이 많으리라 생각하지만 여기에도 장단점은 있다.

우선 단점부터 말하자. 실험으로도 밝혀졌듯이 아무리 확률과 통계라는 방법을 사용해도 육감을 통계적으로 처리하는 것은 불가능하다. 즉 몇 사람의 육감을 모아 평균치를 낸다 해도 정답과는 거리가 멀 수밖에 없다. 우리는 통계학자에게 이를 위한 기술을 개선해달라고 부탁하고 싶은 마음이 간절하다. 그러면 장점은 무엇인가? 그것은 이 복잡한 세계에서 문제를 해결해나가기 위해서는 직감 또는 직관에 의존하는 것 이외에는 방법이 없지 않겠는가 하는 것이다. 이것이 바로 인간이 컴퓨터보다 앞서는 부분인데 이 점에 대해서는 나중에 살펴보도록 하겠다.

단순함이 중요한 이유

초우량 기업의 특성 중에서 가장 중요한 것 중의 하나는 그들이 그냥 두면 차츰 복잡해지는 자연스러운 움직임을 막기 위해 사물을 단순화시키는 것이 매우 중요한 일임을 잘 알고 있다는 사실이다. 여기에는 충분한 이유가 있는데 그 대답은 노벨상 수상자인 허버트 사이먼이 해줄 것이다. 허버트 사이먼은 최근 인공지능AI 연구에 몰두해 컴퓨터가 기계적으로 복잡한 계산만 수행하는 것이 아니라 인간처럼 '사고'할 수 있도록 하기 위한 연구에 매진했다.

허버트 사이먼과 그의 동료들이 발견한 사실 중에서 의미심장한 것 중의 하나는 인간은 새로운 데이터와 정보를 대량으로 처리하는 데 부적합하다는 것이다. 단기간에 확실히 기억해둘 수 있는 데이터의 양은 많아야 여섯 가지 내지 일곱 가지에 지나지 않는다고 한다.

여기에 경영상의 큰 딜레마가 있다. 왜냐하면 대기업의 세계는 그야말로 복잡하기 이를 데 없기 때문이다. 그것이 얼마나 복잡한지는 기업 안의 인간이 산술급수적으로 증가함에 따라 연락망이 기하급수적으로 늘어나는 것만 봐도 알 수 있다. 가령 어느 기업에 종업원이 10명 있을 경우, 그 10명이 서로 연락을 취하거나 또는 직접 1 대 1로 만나 대화하기 위해서는 45단계를 거쳐야 한다. 그러나 만일 1천 명이 있는 기업이라면 그것은 약 50만 단계가 되고, 또 종업원이 1만 명인 회사라면 5천만 단계가 된다. 규모라는 요소만을 놓고 보아도 복잡한 커뮤니케이션의 경로를 모두 다 아우르기 위해서는 그만큼 복잡한 경영시스템이 필요함을 알 수 있다.

최근에 우리는 많은 기업의 사업 제안서를 읽어보았다. 어느 것이나 분량이 50페이지를 넘었다. 그후 연간 매출액이 5억 달러인 어느 생활용품 제조기업의 고위 간부가 작성한 자기계발 프로그램을 읽어보았다. 각자의 프로그램에 포함되어 있는 달성 목표가 15개 항목 이하인 것은 드물었고, 30개가 넘는 목표를 설정한 사람도 적지 않았다. 별로 이상한 일이 아니라고 생각할지도 모른다. 그러나 최고경영자가 이러한 목표―관리직이 5백 명이라면 달성 목표의 수가 1만 5천 개에 달할 수도 있다―를 모두 다 염두에 둬야 한다는 점을 고려하면 생각이 바뀔 것이다. 그렇다면 이처럼 복잡성이 증가되어가는 상황에 최고경영자가 이성적으로 대처하려면 어떻게 해야 할까? 구성원이 처리하기를 바라는 수천 개의 목표가 설정된 후 어떤 일을 해야 할 것인가? 이러한 목표가 처리해야 하는 정보의 극히 일부분밖에 담고 있지 않다면, 과연 그들이 해야 할 일은 어떤 것일까? 바로 이런 문제를 해결하기 위해 기업에서는 정보를 단순화시키기 위한 관리자를 고용하고 있는 것이다.

어쩌면 관리자는 스스로를 위해 사물을 단순화시켜버릴지도 모른다. 하지만 관리자는 현장에 있는 사람들을 불행하게 만든다. 왜냐하면 그 숫자에 상관없이 관리자가 행동에 돌입한 그 순간부터 자료의 요구, 지시 및 방침의 전달, 규칙의 설정, 보고서 제출 명령 그리고 마지막에는 관리자들이 잘하고 있는지 등을 묻는 설문지까지 나돌게 될 것이기 때문이다. 기업이 성장하는 과정에서 반드시 부딪치게 되는 것이 바로 이 같은 정보의 범람이다. 이 단계에 이르면 단기적으로 중요한 핵심 정보 몇 가지만 기억할 수 있는 인간은 모든 것, 아니 극히 일부의 정보도 처리하지 못하고 큰 혼란에 빠져버리고 만다.

그러나 초우량 기업은 이 문제에도 대처할 수 있는 방법을 강구하고 있는 듯하다. 그 첫번째 방법으로는 의도적으로 본사 관리자의 수를 소수 정예로 유지하는 것이다. 이들은 관리자의 수를 현장 사람들의 업무를 크게 방해하지 않을 정도로만 유지하고 있다. 예컨대 에머슨 전기, 슐럼버거 및 다나는 연간 매출액이 30억 달러 내지 60억 달러인 기업인데, 본사의 관리 부문 직원의 수가 1백 명을 넘지 않는다. 반면에 포드 자동차의 경우 관리 계층이 17단계나 된다. 이에 비해 일본 도요타 자동차와 8억에 달하는 가톨릭 신자의 관리 계층은 5단계에 지나지 않는다.

이러한 문제에 초우량 기업이 대응하는 두번째 방법 중에서 눈에 띄는 점은 기업의 가치를 여기저기로 분산시키지 않고 몇몇 이슈에 집중시키고, 달성해야 할 목표도 소수로 줄인다는 점이다. 가치관을 요약함으로써 사내의 모든 사람들에게 무엇이 중요한가를 알릴 수 있고, 매일매일의 지시 사항도 줄일 수 있는 것이다.

다나의 최고경영자가 된 르네 맥퍼슨은 두께가 22.5인치나 되는 경영 방침 매뉴얼을 폐기했다. 그 대신 그가 '생산적 인간'이라 명명한 이상적인 인물상에 초점을 맞춘 단 1페이지의 경영철학을 발표했다. 그러자 그의 감사관들은 깜짝 놀라면서 "이렇게 되면 74개의 공장이 74가지의 각기 다른 방법으로 운영될 것입니다."라고 말했고 맥퍼슨은 이렇게 대답했다. "그렇소, 여러분 스스로 밥값을 할 때가 된 것인지도 모르겠소."

이러한 기업의 대부분은 태스크포스를 활발하게 이용해 서류 작업의 수를 줄여나가고 있다. 서류 작업을 최소화시키는 것을 목표로 하는 회사 중에서도 특히 P&G는, 1페이지 메모만을 유일한 사내 공용문서로 인정하는 것으로 유명하다. 그 밖의 다른 기업에서는 '준최적화'를 시도하고 있다. 즉 규모의 경제를 포기하고 상당 부분의 사내 중복, 복수 팀 그리고 실수를 허용한다. 그들은 규모를 고려해 절대 할 수 없다고 판단되는 모든 일들은 조정 없이 내버려둔다. 사실 이처럼 부피만 크고 아무짝에도 쓸모없는 서류 뭉치에 중요한 의미가 있을 까닭이 없다. 대기업에서조차 처음부터 그런 것을 바라지는 않을 것이다.

다음 장에서는 여러 가지 연구 결과를 소개할 예정이다. 거기에서도 초우량 기업이 일을 단순화시키기 위해 사용한 다양한 방법을 살펴보도록 하겠다. 그러나 어느 경우를 봐도 초우량 기업들이 복잡한 현실의 세계를 무시하고 있다는 인상을 지울 수는 없다. 예컨대 "두 가지 이상의 목표는 목표가 없는 것과 같다."라는 TI의 슬로건은 반드시 현실을 반영한 것이라고는 할 수 없을 것이다. 달성해야 할 목표가 30개인 것이 어찌 보면 훨씬 더 현실적이다. 그러나 이 회사의 슬로건은 인간의 본성을 참으로 잘 파악하고 있는 것 같다. 실제로 약간의 행운이 따르고 끈질긴 노력이 계속되어야 비로소 1년에 2개 이상의 목표를 달성할 수 있기 때문이다.

허버트 사이먼은 인공지능을 연구하면서 우리의 연구에 보탬이 될 또 한 가지 사실을 발견했다. 허버트 사이먼과 그의 동료들은 어떤 데이터를 장기간 기억하도록 하는 문제를 연구하기 위해 컴퓨터가 체스를 둘 수 있는지를 실험해봤다. 사실 이 연구는 인간의 합리적 사고와 직관의 관계를 해명할 수 있는 중요한 계기가 되었다.

우선 허버트 사이먼은 체스 게임을 합리성에 기초해 순전히 기계적으로 조작할 수 있다고 가정했다. 즉 현실적으로 가능한 모든 선택 대안을 프로그램화하면 되는 셈이다. 말을 움직일 수 있는 모든 경우의 수와 이에 대해 상대가 어떻게 응수할 것인지를 함께 프로그램화하면 되는 것이다. 이론적인 측면에서 보면 이와 같은 조작은 틀림없이 가능하다. 그러나 현실적으로는 불가능하다. 왜냐하면 말을 움직일 수 있는 방법은 10의 120제곱이나 되기 때문이다(1조라는 수도 10의 12제곱에 지나지 않는다). 오늘날의 컴퓨터로는 아무리 빨라도 10의 20제곱을 계산하는 데 1세기는 걸린다. 그러므로 컴퓨터가 순수한 논리적 사고로 체스를 두도록 프로그램화하는 것은 현실적으로 무리인 것이다.

이상의 사실을 깨달은 허버트 사이먼은 실제로 세계적인 체스 챔피언이 체스를 어떻게 두는지 연구했다. 이때 그는 마스터급(세계의 톱클래스) 기사에게 말이 20개쯤 남은, 현재 진행중인 판을 10초간 보도록 했다. 그런 다음 그로 하여금 조금 전에 본 체스판을 그대로 복기하도록 했다. 기사는 충분히 그 일을 해냈다. 이것은 인간이 단기간에 기억할 수 있는 것이 여섯 가지 내지 일곱 가지에 지나지 않는다는 이론과 모순된다. 다음에 A급(마스터보다 한 단계 아래) 기사에게 같은 일을 시켰더니 그다지 많은 것을 기억하지 못했다. 마스터급 기사가 단기적인 기억력이 더 뛰어나기 때문에 더 잘 기억해냈는지는 분명치 않다. 그런데 여기서 신기한 현상을 관찰할 수 있었다. 즉 시합과는 관계없이 같은 수의 말을 체스판에 아무렇게나 늘어놓았을 경우 A급은 물론 마스터급 기사도 전혀 기억하지 못했다는 것이다. 다시 말해서 기억을 촉진하는 데는 다른 요소가 존재한다는 사실이 분명해진 것이다.

그 다른 요소란 마스터급 기사가 체스에 관한 한 기억 능력이 고도로 발달했다는 것이다.[12] 허버트 사이먼은 그가 잠재의식 속에 체스판을 패턴화해 기억하고 있는 것이 틀림없다고 생각했는데, 허버트 사이먼은 이를 체스의 '어휘'라고 불렀다. A급 기사는 약 2천 가지의 패턴밖에 갖고 있지 못한 데 비해 마스터급 기사는 무려 5만 가지의 패턴을 갖고 있는 셈이다. 그렇다면 체스 기사는 한정된 지각을 바탕으로 의사결정 트리decision tree를 통해 패턴 간 연산이란 형태로 사고했던 것이다. 우선 주어진 패턴에서 출발해 "이 패턴을 전에 본 일이 있는가? 그때는 어떻게 진행되었는가? 바로 앞의 수는 무엇이었는가?" 등을 생각하는 것이다.

허버트 사이먼의 연구가 암시하는 바를 생각해보면 이것을 다른 분야에도 응용할 수 있다는 사실에 놀라지 않을 수 없다. 분야를 막론하고 전문가로 불릴 수 있는 사람은 다년간의 교육과 실제 경험을 통해 상당한 양의 패턴을 축적한 사람들인 것이다. 실력이 상당한 의사, 화가, 숙련된 기계공 등은 모두 풍부한 어휘를 지니고 있다. 현재 허버트 사이먼은 이 특수한 경험에 따른 언어 패턴을 (언젠가 본) '옛 친구'라 부르고 있다.

이 주장은 주목할 만한 가치가 있다. 이것이야말로 경영에 있어서 경험이 얼마나 중요한 것인지를 역설하고 있기 때문이다. 이것은 사업을 통한 경험, 현장 중심의 경영을 설명하고 이를 이해하는 데 많은 도움을 줄 수 있다. 종업원에게 깊은 관심을 갖는 것은 종업원뿐만 아니라 경영자에게도 도움이 된다. 경험이 풍부한 관리자는 직감이 뛰어나게 마련이다. 과거에 축적한 경험을 통해 현재 자신이 올바른 방향으로 가고 있는지 아닌지를 바로 그 자리에서 판단할 수 있는 것이다.

우리에게도 이 '패턴의 어휘'라는 사고방식은 기업의 우수성을 판단하는 길잡이가 되고 있다. 경영상 중요한 의사결정을 내려야 할 때 왜 직관이 필요한가 또는 고객이나 종업원이 하는 말에 왜 주의를 기울여야 하는가에 대한 이론적 근거가 되기 때문이다. 이는 또한 객관적 연구뿐만 아니라 실제적인 경험의 유용성도 강조한다.

보상의 역할

일부에서는 스키너(B. F. Skinner : 신행동주의의 기수이며, 미국 심리학계의 원로—옮긴이)를 좋게 평가하지 않는다. 그가 말하는 심리학적 테크닉은 결국 인간의 자발적인 의사를 무시하고 어떤 행동을 강요한다는 의미에서 인간 조작에 가깝기 때문이다. 그러나 실제로 그는 스스로 부적절한 표현을 즐겨 사용함으로써 다양한 분야로부터의 공격을 조장하는 것처럼 보인다. 예컨대 그는 널리 알려진 '자유와 존엄을 넘어서

Beyond Freedom and Dignity'라는 제목의 논문에서 대담하게도 '행동공학 technology of behavior'[13]이라 할 만한 것을 제창하고 있다. 결국 인간은 외부의 자극이 만들어낸 산물이며, 환경을 온전히 규정하기만 한다면 인간의 행동도 정확히 예측할 수 있다고 그는 주장한다. 경제적 존재인 인간이 갖고 있는 문제는 합리주의자가 마주친 문제와 전혀 다르지 않다. 경제인이 그 효용을 극대화시킬 수 없는 것처럼 인간의 행동을 예측 가능하게 만들 수 있을 만큼 환경을 온전히 규정하는 것은 불가능하기 때문이다. 그렇더라도 스키너가 도출한 매우 유용하고도 실용적인 몇 가지 결론마저 무시하는 것은—그의 주장이 너무 오만하고 또 거기서 어떤 이데올로기마저 느껴지긴 하지만—유감스러운 일이다.

자세히 검토해보면 스키너의 이론 가운데서 경청할 만한 것이 있다. 특히 긍정적 강화 또는 뛰어난 과업 수행에 대한 보상의 역할을 제대로 평가하고 있는 점에 대해서는 그의 의견을 인정해줘야 한다. 스키너는 특히 긍정적 강화(잘한 것에 대한 보상)와 부정적 강화(잘못한 것에 대한 처벌) 사이에는 큰 차이가 있음을 강조한다. 간단히 말하면 부정적 강화는 사람의 행동을 상상도 못할 만큼 바람직하지 못하게 변화시키는 일이 많으나, 긍정적 강화는 원래 의도했던 대로 그 사람의 행동을 변화시킨다는 것이다.

왜 이런 말을 되풀이하는가 하면 관리라는 개념의 근저에는 상사 대 부하라는 사고방식이 있는 것으로 보이기 때문이다. 즉 매니저는 '보스'이기 때문에 명령을 내리고 부하는 여기 따르기만 하면 된다고 생각하는 것이다. 이 사고방식의 근저에 있는 것은 복종하지 않으면 벌을 주겠다는 자세다. 이러한 사고방식을 갖고 있는 한, 인간이라면 누구나 갖고 있는 승리자가 되고 싶은 욕구에 주의를 집중할 수 없다. 그리고 스키너도 말했듯이 부정적 강화를 되풀이하는 것은 매우 형편없는 전술이며 그 효과도 미미하고, 혼란을 초래하기가 쉽다. 또한 벌을 준다고 해서 '서투른 일'이 시정되는 것도 아니다. 이에 대해 스키너는 다음과 같이 말한다. "벌을 받은 사람이 그것으로 인해 잘못된 행동을 시정하느냐 하면 그렇지 않다.[14] 어떻게 하면 벌을 받지 않을까 하는 요령을 배우는 게 고작이다."

이에 비해 긍정적 강화는 인간의 행동을 형성하고 인간에게 자기 자신의 모습을 가르쳐주며, 또 그 과정에서 인간성을 향상시킨다. 먼저 마이너스의 예를 들어보자. 가령 누군가가 고객을 소홀히 다뤘다는 이유로 질책을 받았다 치자. 그렇게 되면 우리는 고객에 대한 응대를 잘하려면 구체적으로 어떻게 해야 하는지 배우지 못할 뿐만 아니라 가능한 한 고객을 피하려는 태도를 학습하게 되는 것이다. 스키너의 말에 따르면 '고객에 대한 나쁜 응대'보다 '손님 그 자체'가 벌과 연결되어버리고 마는 것이다. 여기에 비해 익명의 고객으로부터 "존스 부인이 말한 하찮은 불평에 대한 당신의 태도는 귀사의 전통에 손색없는 훌륭한 것이었습니다."라는 칭찬을 들었을 경우에는 사정이 크게 달라진다. 그 종업원은 '그 사람 이외의 다른 존스'에게도 친절을 베풀겠다는 마음을 갖게 된다. 이것은 스키너뿐 아니라, 우리의 경험을 통해서도 실증되고 있다. 그(그녀)의 하나의 구체적이고 긍정적인 행동 패턴은 칭찬 및 보상과 직결되고, 동시에 자기를 높이겠다는 인간의 본질적 욕구를 충족시켜준다는 사실을 알게 되는 것이다.

하인즈Heinz의 자회사로서 감자 등 냉동식품을 생산해 좋은 실적을 올리고 있는 오레 아이다에서는 위험을 두려워하지 않고 활발하게 연구를 추진하고 있다. 그들은 보다 좋은 연구 성과를 올리기 위해 이 같은 지침에 따라 재미있는 기법을 사용하고 있다. 연구자는 자기가 하고 있는 연구가 실패할 것을 두려워하고 그것이 성공할 가능성이 없음을 알면서도 흥미로운 테마에 매달리려 한다. 그래서 이 회사에서는 진전이 없는 연구를 '완벽한 실패'라 부르면서 오히려 적극적으로 이를 축하하는 의식을 벌였다. 호수에 면한 연구소 안마당에 실물의 대포를 갖다 놓고 '완벽한 실패'가 생길 때마다 축포를 쏘고 다 같이 축배를 든 다음 그 사실을 잊어버린다.

이 회사의 생각은 다음과 같다. 모든 연구와 개발은 본질적으로 실패를 동반하는 것이다. 그러므로 성공을 원한다면 시행착오를 되풀이할 수밖에 없다. 경영진의 첫번째 역할은 되도록 많은 시행착오를 이끌어내는 것이다. 그것이 훌륭한 시도이고, 거기서 무언가 배울 것이 있다면 비록 최후에는 실패하더라도 그 시도는 계속해야 한다. 이 회사에서는 그 같은 전략의 일환으로 전혀 가망이 없는 연구는 즉시 중지할 수 있는 프로세스를 마련했다. 가망 없는 연구를 계속함으로써 예산을 낭비하고, 그 결과 사기를 저하시키는 일이 없도록 하기 위해서다. 그로 인해 오히려 연구 의욕이 높아지고 있다.

사실 긍정적 강화에는 선禪과 같은 불가사의한 특질도 있다. 비유적으로 말하면 긍정적 강화는, 하지 않으면 안 될 어떤 항목을 누군가의 리스트에 써넣는 효과가 있다. 비즈니스를 한다는 것은 다른 것과 마찬가지로 기본적으로 어디에 주의를 돌리느냐 하는 문제―자기의 시간을 어떻게 쓸 것인가―다. 그러므로 사업을 경영하는 데 있어 가장 중요한 일은 다른 사람이 자기한테 주의를 돌리도록 만드는 것이다. 예를 들면, 영업 현장의 최전방에서 고객과 만나는 시간을 늘리는 것 등이 여기에 해당한다. 그러기 위해서는 두 가지 방법밖에 없다. 첫째는 긍정적 강화로 어느 정도 시간을 벌면서 사람들의 주의를 바람직한 활동 방향으로 차차 돌리는 것이다. 또 하나는 "쇠뿔도 단김에 빼라."라는 식으로 바람직하지 못한 특질을 물고 늘어져 이를 한꺼번에 바꾸도록 하는 (예컨대 "사내에서 서류만 뒤적거리지 마라!"라고 큰소리로 주의를 주는 것 등) 것이다. 그러나 힘으로 밀어붙이는 이 방법은 단기적인 효과는 있을지 모르나 긴 안목에서 볼 때는 효과가 적다는 것이 스키너의 주장이다. 누군가의 리스트에서 억지로 어떤 항목을 삭제하게 되면 인간은 분명히 그늘에 숨어서 저항한다는 것이다. 즉 "좋습니다. 꼭 나가야 한다면 근처에 있는 다방에라도 가서 시간을 보내죠."라는 기대 이하의 결과를 가져올 뿐이다.

개인의 리스트에 어떤 항목을 올리는 방법은 저도 모르게 어떠한 행동 패턴을 몸에 배게 하는 것이다. 긍정적인 강화를 받은 행동은 차차 그 사람의 시간 및 주의의 많은 부분을 차지하게 된다. 당연히 한 사람이 갖는 시간에는 한계가 있으므로 보다 바람직하지 못한 무엇인가가 리스트에서 사라져간다. 그것은 개개인의 정리 과정에 따라 서서히 자취를 감춘다. 즉 없애고 싶은 항목이 사라지는 것이다. 그리하여 결국에는 긍정적 강화를 받은 항목을 써넣을 여유 공간이 생기게 된다. 이 두 가지 방법의 차이는 아주 크다. 만일 천천히 시간을 두고 (억지로 없애거나 하지 않고) 비교적 중요하지 않은 항목을 제거하는 방법을 택한다면 자신을 속여가면서까지 하고 싶지 않은 일을 할 필요는 없을 것이다. 왜냐하면 선禪에서 말하듯이 긍정적 방향으로의 동기부여는 흐름에 거스르지 않고 오히려 자연적으로 인간의 마음이 흐르는 대로 나아가게 하는 방법이기 때문이다.

우리가 살펴본 바에 따르면 긍정적 강화의 중요성을 인식하고 있는 경영자는 아주 드물다. 아니, 많은 경영자가 그 가치를 전혀 인정하고 있지 않다고 해도 과언이 아니다. 뿐만 아니라 긍정적 강화의 중요성을 인식하고 실천하는 것을 권위 없음의 상징으로 여기거나 남자답지 못한 것으로 치부하는 경영자도 많다. 이러한 생각을 갖고 있는 경영자는 모처럼 찾아온 기회를 잃고 스스로 손해를 보고 있는 것이다. 하지만 초우량 기업의 경우는 전혀 그렇지 않다. 초우량 기업은 긍정적 강화의 중요성을 충분히 이해하고 있을 뿐만 아니라 그것을 적절히 이용하는 방법도 잘 알고 있다.

스키너는 긍정적 강화를 연출할 때 첫째로 중요한 것은 정량화에 초점을 맞추기보다는 그 방법이 구체적인 것이 되도록 하는 것이라고 말한다.[15] 우선 그것은 구체적이고도 가능한 한 많은 정보를 포함한 내용이어야 하는 것이다. 즉 초우량 기업에서는 경영 수치에 따른 목표관리보다도 활동에 입각한 목표관리(예컨대 7월 18일까지 로크빌 공장을 정상 수준으로 만든다)를 많이 채택하고 있다.

둘째로, 긍정적 강화는 타이밍이 중요하다. 토머스 왓슨 1세는 사내를 돌아다니다가 훌륭한 행동을 한 종업원을 발견하게 되면 그 자리에서 수표를 떼어주겠다고 했다. 이 밖에도 그 자리에서 보너스를 주는 기업의 예는 우리가 조사하는 과정에서 많이 발견되었다. 폭스보로Foxboro는 창업한 지 얼마 안 되었을 무렵 기술 혁신에 기업의 사활이 달려 있었다.[16] 어느 날 늦은 밤 한 엔지니어가 시제품을 갖고 사장실로 뛰어 들어왔다. 사장은 그 시제품이 지금까지의 문제점을 잘 해결한 훌륭한 제품이 된 것을 보고 기뻐하면서 어떻게든 보답하려고 했다. 그는 책상 서랍을 열고 무엇인가를 꺼내 엔지니어한테 주며 "이것을 갖게." 하고 말했다. 그것은 바나나였다. 이때 보상으로 줄 수 있는 것은 그것이 전부였다. 그후부터 폭스보로에서는 뛰어난 연구 기술의 성과를 찬양하는 최고의 보상으로 '금으로 만든 작은 바나나' 배지를 달아주고 있다. 우습게 생각하는 사람이 있을지도 모르지만 우리가 들은 바에 따르면 HP에서는 세일즈맨이 새 기계를 팔 때마다 마케팅 부서에서 피스타치오 너트 몇 봉지를 익명으로 보낸다고 한다. 중요한 것은 무엇을 주느냐보다 적절한 타이밍에 바로 칭찬해주는 것이다.

셋째로, 피드백 시스템은 달성 가능하도록 마련되어야 한다. 금으로 만든 바나나 배지를 달아줄 정도로 큰 업적은 별로 많지 않을 것이므로 작은 성공을 보상해줄 수 있는 시스템도 있어야 한다. 초우량 기업에서는 작은 성공에도 보상을 해주는 경우가 많다.

넷째로, 피드백의 상당 부분은 최고 경영진의 사소한 관심—그러기에 의의가 있다—을 표명하는 형태를 취해야 한다. 무엇보다 최고 경영층의 시간은 한정되어 있고 귀중한 것이므로, 이런 타입의 강화는 가장 효과적이라 할 수 있다.

스키너는 마지막으로, 정기적·물질적 강화는 예상이 가능하기 때문에 그 효용이 점차로 감소한다고 주장한다. 즉 기대를 훨씬 뛰어 넘는 강화를 간헐적으로 행하는 편이 효과적이라는 것이다.

다시 한번 현장을 둘러보라. 큰 보상에는 정치적인 의미가 따르기 쉽기 때문에 작은 보상이 큰 보상보다 오히려 효과적인 경우가 많다. 또 자기가 보상을 받을 만하다고 여겼으나 받지 못한 사람은 사기가 저하되곤 한다. 인간은 누구나 자신을 성공한 사람으로 생각하고 싶어한다는 것을 상기하기 바란다. 또 인간은 누구나 칭찬받고 싶어한다는 사실도 잊지 말기 바란다. 가령 이곳에 한 무리의 신제품 개발팀이 있다고 하자. 그들 모두는 신제품을 만들게 된 것은 자기 힘이 있었기 때문이라고 생각할 것이다. 형식적인 작은 보상이라면 정치적 의미도 없을 것이며 따라서 무의미한 분쟁의 원인도 되지 않을 것이고, 순수한 축하의 의미는 더욱 커질 것이다.

스키너의 동기부여 강화이론을 더욱 발전시킨 사람은 여럿이지만 그 중에서도 특히 중요한 학자는 레온 페스팅어Leon Festinger다. 그의 '사회적 비교이론'은 오늘날 일반 대중에게 널리 인정받고 있다.[17] 페스팅어가 1951년에 제시한 가설은 인간은 절대적 기준에 의해서가 아니라 자신을 남과 비교함으로써 자기 업적을 평가하려는 경향이 매우 강하다는 것이었다. 이와 비슷한 추론은 이미 노먼 트리플리트Norman Triplett가 실시한 1897년의 연구에서도 찾아볼 수 있다. 그는 자전거 경주 실험을 통해 혼자서 하는 단독 경주보다 상대가 있는 경주일 경우에 훨씬 더 좋은 기록이 나온다는 점에 주목했다. 사회적 비교를 실제로 이용하고 있는 초우량 기업도 많다. 동료들끼리 정기적으로 비교 검토를 하고 있는 곳(TI, 인텔, 다나 등에서는 이것을 가장 중요한 경영 방식으로 삼고 있다), 영업 조직이나 작은 규모의 생산성 향상팀 등이 서로 성과를 비교하기 쉽게 정보를 널리 공개하고 있는 곳, 사내 경쟁을 의도적으로 일으키고 있는 곳(P&G의 브랜드 매니저 사이에서 볼 수 있듯이) 등이 그 예다. 이 모든 것은 종래의 경영 기법과는 전혀 다른 새로운 움직임이라 할 수 있다.

1955년, 아직 젊었던 르네 맥퍼슨은 자사 공장의 종업원에게 공장의 실적과 이익이 어느 정도인지, 다른 공장에 비해 업적이 어떤지를 가르쳐 줬다가 하마터면 목이 달아날 뻔했다. 그후 1972년에 다나의 회장이 된 그는 1929년 이후 조업을 계속하고 있는 톨레도 공장을 방문하고서 깜짝 놀랐다. 이 공장의 관리직에 있는 사람과 종업원은 지금까지 한 번도 자사 공장의 실적에 대한 정보를 제공받은 일이 없었던 것이다. 유감스럽게도 이것은 특별한 경우가 아니다. 우리는 아무것도 없는 진공 상태에서 사람들에게 동기를 부여하려 하고 있는 것이다.

이쯤에서 일단 문제를 정리하는 게 좋겠다. 그러나 우리가 긍정적 강화를 통한 동기부여를 초우량 기업이 되기 위한 시발점이라고 말하려는 것은 아님을 분명히 밝혀야겠다. 스키너의 연구는 중요한 것임에도 불구하고 경영이론으로서나 그 실천에 있어서 거의 활용되지 못하고 있다 해도 과언이 아니다. 우리는 인간이 놀라운 실적을 올리는 것은 결국 자각에 의한 동기부여, 인간이 본질적으로 갖고 있는 내적 동기부여에 의한 바가 크다고 확신하고 있다. 표면적으로는 이러한 자율에 의한 동기부여와 강화를 통한 동기부여가 서로 많은 점에서 상반되는 것처럼 보일 것이다.

그러나 사실 이 두 가지는 궁합이 잘 맞으며 상호보완적이다. 로체스터대학의 에드워드 디사이Edward Deci가 실시한 많은 실험은 인간을 어떤 일에 열중하게 하고 그것을 오래 지속시키기 위해서는 우선 내적 동기부여가 될 수 있는 조건을 만들어줘야 한다는 사실을 잘 보여주고 있다.[18] 간단히 말하면 인간이 어떤 일을 성심껏 하도록 만들기 위해서는 그것이 본질적으로 열심히 해볼 만한 가치가 있다고 그 사람이 생각하게끔 만들어야 한다는 것이다. 또한 에드워드 디사이는 일에 대한 보상을 지나치게 인위적으로 실시하면 일에 대한 몰입의 정도가 떨어진다는 것도 발견했다.

경영자들이 긍정적 강화를 활용하는 일에 별다른 열의를 보이지 않는 것은 결코 놀라운 일이 아니다. 그것을 너무 엄격히 적용하면 지나친 인간관리를 경고·야유하고 있는 헉슬리의 유토피아 소설 《멋진 신세계Brave New World》처럼 된다. 반면에 너무 온정적으로 적용하면 함부로 회유책을 남발하게 된다. 대부분의 회사에서는 내적 동기부여라는 사고방식이 제대로 활용되고 있지 못하다. 이와는 대조적으로 초우량 기업은 그 일에 내재하는 가치를 이끌어내고, 거기에서 종업원이 내적 동기부여를 받을 수 있도록 하고 있다. TI와 다나에서는 각 팀 및 각 부문이 목표를 스스로 설정할 수 있도록 하고 있다. 대부분의 초우량 기업은 모두 2~3개의 기본이 되는 가치관을 원동력으로 움직이고 있다. 종업원의 자율성을 존중하기 때문에 종업원이 이들 가치관에 따라 자발적으로 주도권을 잡도록 장려하고 있다. 게다가 종업원은 자유의지에 따라 스스로 길을 택할 수 있다. 그래서 종업원들은 자신의 일과 그에 따른 성과를 자기 것인 양 생각하게 되는 것이다.

생각하기 전에 행동하라

행동이 생각보다 앞서야 한다는 주장에 대해서는 아무도 이론을 제기하지 않을 것이다. 그러나 실제로 인간은 그러한 주장을 믿지 않는 것처럼 행동할 때가 있다. 정책을 수립하는 것이 곧 정책을 실행하는 것이라고 생각하는 게 대표적인 예다.

예를 들어보자. "품질이 가장 중요한 목표라고 몇 년 전부터 말하지 않았느냐?"라며 울상을 짓는 경영자가 있다. 그러나 이런 말보다 더 강력한 것은 바로 행동이다. 경영자가 일의 흐름이 중요하다는 것을 스스로 보여주기 위해 지게차를 직접 운전할 수는 없듯이 뭐든지 몸으로 직접 보여줄 수는 없다. 그런데도 경영자는 몸을 움직여 어떤 행동을 한다. 즉 어떤 곳에는 주의를 집중하지만 다른 데는 주의를 기울이지 않는다고 해석할 수도 있는 행동을 하는 것이다. 그 행동은 무엇을 우선시할 것인가를 나타내며, 또한 그것은 언어보다 훨씬 더 강한 표현이 된다. 위에 인용한 품질의 예에서는 그 사장 밑에 있는 한 부하가 이렇게 설명해줬다. "사장이 품질을 중요하게 생각하는 것은 분명한 사실입니다. '품질 따위는 아무래도 좋다.'라고 한 적은 한 번도 없으니까요. 요컨대 그에게는 무엇이나 다 중요합니다. 사장은 '품질이 중요'하다고는 1년에 두 번 말하고, '제품의 배송이 핵심'이라고는 하루에 두 번씩 말합니다."

또 다른 예를 들기로 하자. 어느 첨단기술 기업의 사장은 애널리스트들에게 신제품의 개발에 사운을 건다고 하면서 이미 거기에 착수했노라고 공표했다. 그러나 그의 일정표와 전화 기록을 보면 그는 자기 시간의 불과 3퍼센트만을 신제품 개발 문제에 할당하고 있었다. 그러면서도 사장은 우리한테 진지한 태도로 물었다. 가장 가까이 지내는 사람도 자기 말을 듣지 않으니 어찌 된 일이냐고.

흥미로운 사실은 이러한 애매한 영역이 심리학 분야에서 오랜 기간 동안 격렬한 논쟁의 대상이 되어오고 있다는 점이다. 여기에는 두 가지 설이 있다. 첫째는 "태도가(신념, 정책, 성명 등) 행위에 앞선다." 또는 "말한 뒤에 행동한다."라는 설이다. 또 하나는 그 반대로 행한 뒤에 말한다는 설이 우세한 듯싶다. 하버드대학의 심리학자 제롬 브루너Jerome Bruner가 "어떤 것을 느낀 뒤에 움직이기보다는 움직여보고 느끼는 경우가 더 많을 것이다."[19]라고 한 말은 이를 잘 입증해주고 있다. 그리고 1934년에 행해진 획기적인 한 실험이 이러한 논쟁을 더욱 달아오르게 만들었다. 이 실험은, 입 밖에 내어 분명히 표현한 신념과 실질적인 행위 사이에는 관련성이 거의 없음을 보여주고 있다.

백인 교수 라 피에르LaPiere는, 미국에서 중국인 배척 운동이 한창이었던 1934년 젊은 중국인 학생 부부를 데리고 미국 곳곳을 여행했다.[20] 그들은 66곳의 호텔과 모텔에 투숙했고, 184곳의 레스토랑에 들렀다. 여행하는 동안 숙박을 거절한 호텔은 단 한 군데뿐이었고 식사를 위해 들른 레스토랑에서는 거절당해본 적이 없었다. 여행을 마치고 얼마간 시간이 흐른 뒤 중국인 부부가 들렀던 곳에 설문지를 보내 "중국인을 손님으로 맞겠느냐?"라고 물었더니 응답자의 92퍼센트가 "아니요."라고 답했다. 라 피에르와 그의 뒤를 이은 많은 연구자들은 이러한 조사 결과를 바탕으로 실제 행동과 태도 사이에는 상당히 큰 차이가 존재함을 확인했다. 대부분의 호텔과 레스토랑 주인들이 관용적인 '행동'을 취했음에도 불구하고, 설문지의 응답을 통해서는 비관용적인 '태도'를 보였던 것이다.

마찬가지 사례로 이른바 '방문 조사'[21]에 있어서도 어떤 항목에 대해 진실한 응답을 받아내기 위해서는 대상자 및 연구자가 진정한 몰입을 통해 분위기를 고조시키는 것이 중요하다는 사실이 밝혀졌다. 예컨대 캘리포니아 주 팔로알토Palo Alto에서 행해진 어느 실험에서는 먼저 교통 안전에 관한 표어를 적은 아주 작은 게시물을 현관에 붙여줄 것을 각 가정에 부탁했다. 얼마 후 이것을 승낙한 가정에 대해서, 이번에는 안마당에 간판을 세우도록 해줄 것을 부탁했는데도 거의 다 승낙해줬다. 그러나 처음의 단계를 생략하고 느닷없이 간판을 세워달라고 했을 경우에는 1백여 가정 중에서 5개 가정만이 이를 허락했다고 한다.

이 사례가 시사하는 바는 분명하다. 그렇게 하려고 생각하는 방향으로 사람을 조금이라도 동기부여시키면 사람들은 자기가 하는 일에 확신을 갖게 되는 것이다. 또 사람들의 참여의식을 높이기 위해서는 누구나 알 수 있도록 올바른 행동에 대해 즉각적으로 칭찬하는 일을 하나의 관리 방식으로 삼는 것이 중요하다. 작은 성취에 대해서도 공식적으로 격려해주는 게 좋다. 수많은 실험과 시행착오를 통해 '행동하는 것'은 효과적이고도 빠른 학습을 가능하게 해주며, 적응력을 높여주고 강한 확신을 심어준다는 것을 알 수 있었다. 그리고 그로 인해 의욕과 책임감도 생겨난다. 초우량 기업이 종업원을 대상으로 끊임없이 동기부여를 하는 중요한 이유도 바로 여기에 있다.

초우량 기업은 자사만의 고유한 방식에 입각해 전략을 수립하고 실행하며 그 반대의 경우는 있을 수 없다. 전략 프로세스 연구의 일인자, 제임스 브라이언 퀸James Brian Quinn은 전략 수립시 리더가 해야 할 역할에 대해 다음과 같이 말하고 있다. "리더란 계량적 데이터를 늘어놓으면서 분석하는 것을 넘어 구성원의 이해를 깊게 하고, 그에 대한 인식을 도우며, 새로운 믿음을 갖게 하고, 새로운 견해를 공식적인 것이 되게 한다.[22]

또 전술적인 변환을 꾀하고, 부분적으로 해결책을 시행하며, 폭넓은 지지를 얻도록 노력하고, 반대 의견을 극복하며, 유연성을 이끌어내어 그것이 쉽게 창출될 수 있도록 하는 조직구조를 만든다. 그리고 상황에 따라 분위기를 예의 주시하고, 참을성 있게 기다릴 줄 알며, 의욕을 고취시킬 계기를 마련하고, 초점을 선명히 하며, 다른 사람과 의견 차이를 조율하고, '챔피언'에게 실질적인 권한을 주는 것과 같은 의욕 창출을 위한 방법들을 제도화해야 한다." 결국 리더는 교향악단에서 지휘자가 수행하는 바로 그 역할을 수행해야 하며 또한 생각을 바로 행동으로 옮길 수 있도록 용기를 북돋워주는 격려자가 되어야 하는 것이다.

리더란 구체적 행동을 유도하고 거기에 적절한 의미를 부여할 수 있는 능력을 지닌 사람이다. 또한 일반적으로 특정한 행동 이후에 새로운 전략적 방향으로 계속 몰입해나갈 수 있는 사람으로서, 한마디로 말해 구체적 행동에 특별한 의미를 부여할 줄 아는 사람이다.

일류 수학자인 로저 펜로즈Roger Penrose는 "세계란 인간의 오감이 만들어낸 환상에 지나지 않는다."[23]라고 말했다. 그러나 인간은 태어날 때 주어진 백지에 의미를 부여하기 위해 때로는 용맹스럽게, 때로는 필사적인 노력을 경주한다. 브루너 베텔하임Bruno Bettelheim이 《매혹의 효용On the Uses of Enchantment》에서 말하고 있듯이 "만일 우리가 아무런 의미 없이 인생을 보내기보다 참으로 뜻있는 인생을 보내기를 원한다면, 자기 인생에서의 의미를 발견해야 한다. 우리에게 가장 필요하지만 또 그만큼 손에 넣기 힘든 삶의 의미를 말이다."[24] 브루너 베텔하임은 설화, 전설 그리고 신화 등을 접하는 것이 인생의 중요한 의미를 찾는 데 아주 큰 역할을 할 수 있다는 점을 강조했다.

기업문화는 행동의 지표가 된다

초우량 기업을 조사하는 동안에 우리가 깨달은 것은 기업의 구성원들이 자사의 특징을 설명할 때 일회성 사건, 슬로건 또는 전설 등을 아주 빈번히 인용한다는 점이었다. 우리가 인터뷰한 보잉에서부터 맥도날드에 이르기까지 거의 모든 회사가 에피소드, 신화, 전설적 이야기들로 가득 차 있었다. 오늘날 IBM의 토머스 왓슨 2세를 언급하는 사람들의 대부분은 그를 만난 적도 없고 직접 그를 본 적도 없다. 최근에 우리는 아직 20대인 HP의 사원으로부터 '창업자 빌 휴렛Bill Hewlett과 데이비드 패커드에 대한 일화'를 한 시간 남짓 들었는데 나중에 그들이 빌이나 데이비드와 직접 대화를 나눈 것은 물론 만난 일조차 없다는 사실을 알고 무척 놀랐다. 오늘날 IBM의 토머스 왓슨이나 뱅크 오브 아메리카Bank of America의 지아니니A.P. Giannini 같은 사람들은 현실을 훨씬 뛰어넘는 신화적 존재로 자리매김했다. 사실 조직이라는 관점에서 볼 때 이와 같은 에피소드, 신화 그리고 전설은 매우 중요하다. 왜냐하면 그것은 조직의 공통된 가치관과 문화를 전달하는 매개체로서의 역할을 수행하기 때문이다.

초우량 기업에는 예외 없이 일관되게 흐르는 조직 분위기(기업문화)가 존재한다. 사실 이러한 문화적 특성이 강할수록, 또한 시장지향적일수록 기업에서는 정책 지침서, 조직도 그리고 세부적인 규정 또는 절차 따위가 필요 없게 된다. 이러한 기업에서는 조직의 제일 하단에 속해 있는 구성원조차도 특정한 상황에 어떻게 대처해야 하는지를 알고 있다. 행동의 지표가 될 만한 명확한 가치관을 공유하고 있기 때문이다. 우리의 동료 중 한 사람은 최근에 인수합병을 되풀이한 어느 대기업에서 일하고 있는데 그는 다음과 같이 말하고 있다. "귀찮은 일은 어느 결정이건 모두 처음 내리는 것뿐이라는 것일세. 신설 회사라서 아직 기업문화라 부를 만한 공통의 가치관이 존재하지 않기 때문에 꼭대기에 앉은 친구들이 하찮은 잡일에 쫓기고 있다네."

이에 비해 초우량 기업은 구전되는 신화가 상대적으로 풍부하기 때문에 분명한 공통의 가치관을 공유하고 있다. HP의 모든 종업원은 회사가 항상 혁신적인 사고 및 행동을 하기 바란다는 사실을 알고 있다. P&G에 대한 책 《내일을 바라보며Eyes on Tomorrow》에서 오스카 쉬스걸Oscar Schisgall은 다음과 같이 말하고 있다. "그들은 자사의 제품 가격에는 별다른 관심이 없다. …… 다만 화제가 되는 것은 기업 윤리와 종업원에 대한 공정한 처우뿐이다. 또한 리처드 듀프리Richard R. Deupree는 본인이 최고경영자의 지위에 있었을 때 '윌리엄 프록터William Procter와 제임스 갬블James Gamble은 처음부터 조직의 관심과 종업원은 떼려야 뗄 수 없는 관계임을 알고 있었다.'라고 말했다."[25]

그다지 성과가 뛰어나지 못한 기업도 기업문화를 갖고 있기는 하다. 그러나 도리어 그것이 조직에 부작용을 초래하는 경우가 많다. 그러한 문화는 고객지향적이기보다 기업 내부지향적인 경우도 있다. 제품을 최종적으로 구입해 소비하는 고객이 아니라 제품의 판매량에만 모든 관심을 기울이고 있는 것이다. 이에 비해 초우량 기업은 재무적 성과 지표만 내세우는 평범한 기업으로서는 도저히 이해하지 못할 것에 대한 중요성을 강조하며, 그러한 기업에서는 중요하지 않다고 믿는 것을 오히려 중요하게 생각하고 있기도 하다. 초우량 기업은 상대적으로 높은 보수를 받는 최고 경영진뿐만 아니라 모든 종업원이 의미 부여를 원하고 있음을 잘 이해하고 있다.

'탁월함transcendence' 이란 단어를 비즈니스 세계에서 사용한다면 너무 거창하게 들릴지 모르지만 캐터필러, 벡텔 그리고 존슨 앤드 존슨에서 찾아볼 수 있는 제품에 대한 깊은 애정은 탁월함이라는 말로 표현할 수밖에 없다. 인간은 언제나 존재 그 자체를 초월해 사물에서 어떤 의미를 발견하려고 한다. 이 점에 대해서는 어떤 분야의 사색가도 견해를 같이하고 있다. "삶의 존재 이유를 발견한 사람은 어떤 어려움도 극복할 수 있다."[26]라고 한 것은 니체Nietzsche였다. 존 가드너John Gardner는 《사기Morale》에서 "인간은 끊임없이 의미를 추구하고 있다."[27]라고 말하기도 했다.

기업 활동 중에서도 특히 위험 부담이 큰 것이 조직구조의 변화다. 사람들의 감정이 격앙되고 거의 모든 사람이 공포감을 갖는다. 어째서 그런가? 그에 대한 해답은 다음과 같다. 가치관, 에피소드, 신화, 전설과 같은 형태로 표현되는 기업의 분명한 분위기가 없을 경우 종업원은 자신이 조직도의 어디에 속하는지를 확인할 때에만 안심을 하기 때문이다. 보다 원대한 기업의 목적이 상실된 상황에서 본인의 지위가 위협을 받게 되면 조직 생활에 의미를 부여해야만 하는 가장 중요한 가치도 위협받게 된다.▲6

사실 의미 부여에 대한 인간의 욕구는 아주 강하다. 그래서 대부분의 사람들은 의미를 부여해주는 조직에 의해서는 상당한 정도의 자유를 빼앗겨도 좋다는 생각을 갖고 있다. 대부분의 초우량 기업은 아주 강력한 문화를 갖고 있다. 그것이 강력하기 때문에 사람들은 이를 받아들이거나 또는 거부해버리거나 양자택일을 해야만 한다. 말하자면 초우량 기업에서는 어중간한 입장이 있을 수 없다. 어느 유능한 마케팅 부서의 임원이 우리에게 이런 말을 했다. "P&G는 확실히 대단한 회사입니다. 동종 업계에서 최고의 기업이라고 생각합니다. 그러나 나는 거기에선 도저히 일할 수 없을 것 같습니다." 그녀 역시 약 1년 전에 우리에게 '우리가 초우량 기업에서 일

▲6 그 반대도 또한 진리라 할 수 있다. 이미 10년이나 된 일이지만 우리는 어느 일본 기업의 의뢰로 ― 조직과는 관계가 없는 다른 문제 ― 컨설팅을 하고 있었다. 때마침 그 회사에서는 대대적인 조직 개편이 행해지고 있었다. 그 급격한 변화, 그 재빠른 실행에 우리는 눈이 휘둥그레졌다. 1주일 사이에 수백 명이나 되는 상급 관리자가 전부 바뀌어 많은 사람이 도쿄에서 오사카로, 또는 그 반대로 움직였다. 그런데 조직 개편의 물결이 가라앉자, 예전과 같은 페이스로 일이 진행되기 시작했다. 이와 같이 일본 기업에서 급진적이라고 할 정도의 조직 개편이 가능한 것은 항상 보증되어 있다고 하는 평생고용 ― 지위의 보증이 아니라, 기업의 굳건한 문화와 공통된 가치관이 뒷받침된 안정감 ― 에 대한 믿음이 있었기 때문이 아닌가 하고 생각했다.

할 수 없는 이유'를 주제로 원고를 써줄 것을 부탁해온 〈월스트리트 저널 *Wall Street Journal*〉의 애덤 마이어슨Adam Myerson 기자와 같은 생각을 하고 있었던 모양이다. 실제로 대다수 구성원에게 의미를 부여해주려는 기업문화가 받아들여지기 어려운 경우도 많은 것이다.

우리가 수행한 조사를 보고, 뛰어난 성과를 창출하는 기업의 탄탄한 구조와 명확한 기업문화 자체에도 다소의 결점이 있는 것이 아닌가 하는 의문을 갖는 사람이 있었다. 우리도 이 점에 대해서는 공감한다. 우선 이런 기업은 기존의 관성(관행)이 지나치게 강력하기 때문에 환경에 큰 변화가 발생했을 경우 허점이 드러날 것을 걱정한다. 이는 당연한 지적이라 할 수 있으나 우리는 이렇게 생각한다. 초우량 기업에서 볼 수 있는 가치관은 언제나 고객지향적이다. 다시 말해, 외부지향적인 성격이 매우 강하다. 따라서 초우량 기업은 환경의 변화에 유난히 민감하고, 경쟁 회사보다 훨씬 더 뛰어난 적응력을 보여주는 것이다. 일반화에 대한 위험성을 무시할 수는 없지만 이러한 일관된 경향이 그들로 하여금 수십 년에 걸쳐 탁월함의 지위를 확보하게 만든 이유가 아닐까 생각한다.

우리가 강력한 문화에 대해 품는 걱정은 그러한 문화적 특성이 오히려 부작용을 낳을 수 있다는 점이다. 초우량 기업의 강력한 기업문화가 채워주는 욕구 중의 하나는 거의 모든 사람들이 필요로 하는 소속감에 대한 욕구다. 우리는 조직 구성원에게 의미를 부여하고, 이를 통해 소속감을 갖도록 하는 조직에는 완전히 몸을 맡겨도 좋다는 생각을 갖고 있다. 다만 한 가지 유감스러운 일은 대부분의 사람들이 소속감을 얻고 싶다는 희망이 너무 큰 나머지 너무나 쉽게 권위에 굴복해버린다는 것이다. 이 때문에 기업문화가 부지불식간에 개인의 인간성을 해칠지도 모른다는 두려움과 비판을 낳게 되는 것이다. 다른 한편으로는 강한 신념을 통해 의미를 부여하려는 입장에 선 사람들이 자칫하면 권위주의적 통제에 쉽게 기대버릴 수 있다는 문제가 있다. 예일대학의 스탠리 밀그램Stanley Milgram과 스탠퍼드대학의 필립 짐바도Philip Zimbardo에 의한 두 가지 가공할 실험은 인간성의 어두운 측면에 어떤 위험이 도사리고 있는지를 잘 보여준다.

첫째는 많은 사람들에게 널리 알려진, 스탠리 밀그램의 복종성의 성향을 보여주는 실험이다.[28] 스탠리 밀그램은 성인 피실험자를 거리에서 임의로 선발해 예일대학의 실험실로 데려가 인간을 실험 대상으로 하는 전기 충격 실험에 참가해달라고 부탁했다. 사실 이 실험은 가짜여서 실험대에 있는 것은 밀그램의 동료이고 전기 충격 장치는 겉보기만 그럴싸하게 만든 것으로 전혀 작동되지 않았다. 또 이때 충격을 가하는 편에 속하느냐 받는 편에 속하느냐는 무작위로 선택되는 것처럼 보이게 했다.

처음 밀그램은 피해자와 가해자를 서로 다른 방에 넣었다. 권위를 상징하는 흰옷을 입은 책임자로부터 지시를 받은 가해자들은 '약함'에서 '매우 위험'까지의 눈금이 있는 전기 충격 장치의 다이얼을 서서히 돌리기 시작했다. 이렇게 의도와는 전혀 다른 결과를 발생시킨 '실패한' 실험을 통해 밀그램이 받은 충격은 엄청난 것이었다. 즉 가해자 전원이 전기 충격을 최대치까지 주고 말았기 때문이다. 사전에 행한 조사에서는 90퍼센트의 가해자가 피해자에게 조금의 쇼크도 주지 않겠다고 대답했지만 현실적으로는 모두가 책임자의 명령에 따라 최대치의 전기 충격을 가하고 말았던 것이다.

밀그램의 실험은 다시 계속되었다. 그는 2개의 방 사이에 있는 유리창을 열어 '가해자'가 '피해자'의 고통을 볼 수 있게 하고 또 비명도 들을 수 있게 했다. 그런데도 80퍼센트가 다이얼을 '강함'에까지 돌리고 65퍼센트가 '매우 위험'에까지 돌렸다. 다음 실험에서는 피해자를 '평범한 40대 여사무원' 모습을 하게 하고 실험실도 대학에서 시내의 음침한 다락 방으로 옮겼다. 더구나 가해자가 피해자의 손을 직접 잡고 전극에 대게 했다. 이러한 방식은 피실험자들이 흰옷을 입은 사나이의 권위에 대한 맹목적 복종을 거부하기를 바라고 한 일이었다. 그러나 이 같은 방법을 취했는데도 대부분의 피실험자는 여전히 흰옷을 입은 책임자의 말에 그대로 복종했다.

스탠리 밀그램은 이러한 결과를 낳게 한 원인을 여러 가지로 가정해봤다. 그것은 유전인자에 의한 것으로 모든 인간에게서 나타나는 현상일까? 즉 계급과 권위가 종의 생존과 관련된 가치를 갖고 있기 때문에 거기에 맹종하게 되는 것일까? 아니면 인간에게는 원래부터 타인을 괴롭힘으로써 희열을 느끼는 변태적 성향이 있는 것일까? 그가 도출한 결론을 요약하면 "권위에 바탕을 두고 행하는 행동에 맹종하는 성향을 보여준다는 점에서 인간의 문화는 무력할 수밖에 없다."라는 것이었다.

한편 필립 짐바도의 실험은 다음과 같은 것이었다. 그는 캘리포니아주 팔로알토 시의 신문에 광고를 내 '구치소' 실험[29]에 참가할 대상자를 모집했다. 그리고 그는 어느 일요일 새벽에 모여든 응모자를 체포해 스탠퍼드대학 심리학 빌딩 지하실에 마련한 임시 구치소로 데려갔다. 도착한 지 몇 시간 후부터 '간수'가 된 사람은 간수답게, '죄수'가 된 사람은 죄수답게 행동하기 시작했다. 실험이 시작되고 24시간이 경과할 무렵에는 간수들의 행동이나 심리 상태가 아주 난폭해지기 시작했다. 실험 이틀이 지날 무렵에는 두 사람의 죄수가 정신적으로 이상을 일으킬 우려마저 생겼기 때문에 그들을 석방하지 않으면 안 되었다. 구치소 소장인 필립 짐바도는 이러한 피실험자가 보이는 정서나 행동에 일말의 불안감을 느끼고, 10일로 예정했던 실험을 4일 만에 중지하고 말았다.

이상의 실험을 통해 밝혀진 사실은 초우량 기업의 문화에서도 적용된다. 다만 다행스러운 것은 기업의 경우 관심이 사내지향적이지 않다는 점이다. 초우량 기업은 오로지 고객에게만 초점을 맞출 뿐이다. 그리고 고객과의 폭넓은 접촉이 균형 감각을 가져다준다. ▲7

초우량 기업이 만들어낸 문화는 대체적으로 매우 놀라운 것이다. 강력한 문화에 대한 부작용도 내재하기는 하지만 역시 이러한 문화가 있었기 때문에 그 기업이 각각 독특한 방식으로 사회에 공헌할 수 있었던 것이다. 마 벨Ma Bel(벨 전신전화 회사의 모기업은 미국을 대표하는 통신업체인 AT&T(American Telephone & Telegraph)다. 1885년에 설립된 후로 사실상 미국 통신 시장을 독점한 AT&T는 1984년 모기업인 AT&T와 7개의 베이비 벨들로 분할되었다. 기업 분할 후 모기업인 AT&T는 장거리전화 시장을 담당하고, 베이비 벨들은 지역전화 시장을 담당하게 되었다)이란 애칭으로 불리는 오랜 역사를 가진 거대한 벨 전신전화 회사는 1980년대 통신 산업의 탈규제화로 말미암아 치열한 경쟁에 직면해 어려운 상황에 처했으나, 어쨌든 미국에 세계 최고의 전화 시스템 관련 서비스를 제공하고 있다. 시어도어 베일Theodore Vail이 75년 동안 역설해왔듯이 벨은 전화 회사가 아니라 '서비스'를 제공하는 회사라는 주장이 놀라운 성과를 거두게 했던 것이다.

▲7 기업의 문화가 지나치게 강력한 경우 또 한 가지 우려되는 점이 있다. 즉 그 기업에서 오랫동안 일한 사람이 그 회사를 그만두고 나서 시시각각 변하는 외부 환경에 적절히 대응할 수 있겠느냐 하는 것이다. 우리가 생각하기로는 (조사에 의한 뒷받침은 없으나) 최고의 기업에서 활발하게 일하던 때보다는 못한 것 같다. 이는 아마 양키즈에서 트레이드로 방출된 투수의 경우와 비슷할 것이다. 이러한 사람들은 자기가 초우량 기업에 있을 때 얼마나 거대한 관리 및 지원 시스템의 도움을 받았는지를 알지 못한다. 그래서 바깥 세계에 나가 그것이 상실되면 당장 어떻게 해야 할지 몰라 하는 것이다.

마지막으로 역설적으로 들릴 수도 있으나 초우량 기업은 또 하나의 극히 인간적인 욕구－내 운명은 내가 개척하겠다는 욕구－도 잘 이용하고 있다. 우리는 의미 부여와 이에 따른 소속감을 주는 조직에 쉽게 몸을 기대는 동시에 또 자기 일은 자기가 결정하고 싶다는 욕구도 갖고 있다. 우리는 자신의 운명을 스스로 결정하는 욕구와 소속감이라는 두 마리 토끼를 같은 비중의 열정으로 쫓으려 하는 것이다. 물론 이것은 현실적으로 무리한 일이다. 그러나 이처럼 두 가지 상호 모순되는 갈등을 본인 스스로 통제할 수 없는 사람은 엄밀한 의미에서 정신 이상을 일으킨 사람이라 할 수밖에 없을 것이다.

어니스트 베커는 《죽음의 부정*Denial of Death*》이란 책에서 이 패러독스에 대해 다음과 같이 말하고 있다. "이리하여 인간은 이중성의 절대적 긴장으로 고민하게 된다. 개별성이 의미하는 것은 인간이 자연계의 모든 것에 대해 자신을 대치·대립시키는 것이다. 그런데 이렇게 하는 것이 오히려 참을 수 없는 고독감을 만들어내게 된다. 지나친 개별성은 차별을 낳게 되는데 그 차이가 무거운 짐이 되는 것이다. 개별성을 통해 인간은 자신을 돋보이게 하려는 목적을 달성하지만 이와 동시에 자기가 얼마나 미미한 존재인가도 깨닫게 된다."[30]

심리학자는 '통제의 환상'이라 불리는 주제에 있어서의 자기 결정의 중요성을 연구하고 있다. 이 연구로 인해 인간이 자기 운명을 조금이라도 통제할 수 있다고 생각할 때는, 부과된 과업과 역할에 참을성 있게 대처한다는 것이 밝혀지고 있다. 이럴 경우에 인간은 과업을 훌륭하게 처리하고, 만사에 의욕과 책임감을 갖게 되는 것이다. 그런데 이 실험이 가장 활발하게 행해지고 있는 것은 인식 기능의 오류에 관한 연구 분야다. 그 전형적인 실험은 피실험자에게 어떤 일을 경험하게 한 뒤, 장차 같은 일을 어느 정도 할 수 있는지 그 가능성을 예측하게 하는 것이다.[31] 실험의 결과는 피실험자가 직장인이건 대학생이건 상관없이 동일했다. 즉 쉬운 일인 경우에는 성공을 과대하게 예상하고, 어려운 일인 경우에는 실패를 과대하게 예상했다. 다시 말해서 피실험자는 항상 미래의 가능성을 편향·왜곡되게 예측한 것이다. 예를 들면, 쉬운 일인 경우 지금까지의 성취율이 60퍼센트였다면 장래의 예상을 90퍼센트로, 어려운 일인 경우 지금까지의 성취율이 30퍼센트였다면 장래의 예상을 10퍼센트로 예측했다. 인간은 누구나 남보다 특별해지고자 하며 아주 절실하게 성공을 원하고 있다. 따라서 상대적으로 수월한 과업의 달성 가능성은 과도하게 예상하는 것이다. 반대로 어려운 과업인 경우에는 무안을 당하고 싶지 않거나, 안정을 유지하고 싶다는 생각에서 달성 가능성을 상당히 낮게 예측해버린다.

마음만 내키면 언제라도 사용할 수 있다는 생각만으로도 인간은 훨씬 뛰어난 성과를 올리게 되는 것이다. 이와 비슷한 실험에서도 역시 같은 결과가 나오고 있다. 자기 손으로 뽑은 복권이 남이 뽑아준 것보다 당첨될 확률이 훨씬 더 높다고 믿는 것도 그런 예다.[32] 또 상표명을 붙이지 않은 몇 종류의 음료를 마시게 한 뒤 좋아하는 것을 선택하게 하는 실험에서는 (사실은 그 내용물은 모두 같다), 네 병 중에서 하나를 택하도록 하는 실험을 두 병 중에서 하나를 택하도록 하는 실험보다 훨씬 더 선호한다. 왜냐하면 선택의 범위가 넓기 때문이다. 역시 인간은 자신에게 조금이라도 더 큰 재량권이 주어지면 훨씬 더 그 일에 헌신하고자 하는 마음이 생기는 것이다.

이 점에서도 역시 초우량 기업은 역설적이라고도 할 수 있는 중요한 인간의 욕구를 잘 이해하고 있는 듯하다. 사업의 경제성이라는 점에서 말한다면 당연히 조직을 통합하는 편이 바람직한 경우에도 초우량 기업은 사업을 계속 분할하고 권한을 라인의 하부에까지 위임하고 있다. 이러한 기업은 사람들에게 스스로를 돋보이게 할 기회를 주는 동시에, 그것을 기업의 철학 및 신념들(예컨대 다나에서 최고의 신념으로 생각하는 '생산적인 사람들')과 연결되도록 하고 있는 것이다.

변화를 위한 리더십

우리는 초우량 기업이 초우량일 수 있는 것은 평범한 구성원들로부터 비범한 힘을 끌어낼 수 있는 조직을 만드는 데에 있다고 생각한다. 연간 10억 달러 이상의 매출액을 달성하는 기업이라 해서 그 기업에 평균 이상의 수준을 가진 구성원만 모여 있다고는 할 수 없다. 그러나 그 기업의 초창기를 보면 다른 점을 알 수 있다. 초우량 기업에는 적어도 초창기에는 비범한 리더십이 있었다.

편의상 리더십이라고 말하기는 하지만 그 내용은 각양각색이다. 그것은 조직 내부의 뒷일을 참을성 있게 묵묵히 해나가는 매우 지루한 일이다. 그리고 조직이라는 그릇 속에 언젠가는 싹이 틀 것을 바라면서 갖가지 씨를 뿌리는 일이며, 경영시스템을 알기 쉽게 설명함으로써 기업 전체의 관심을 조금씩 바꿔나가는 일이다. 또는 정책을 바꿔 새로운 우선순위로 관심을 돌리게 하는 일이기도 하다.

보통 리더십이란 회사에서 과업 수행이 지지부진할 때 나타나지만 원만히 진행되고 있을 때에는 모습을 감추게 된다. 리더십은 공통의 가치관을 공유하는 경영팀을 헌신적으로 일하게 만드는 것이며, 남의 말을 주의 깊게 듣고 격려의 말을 자주 하며 그 말을 신뢰할 수 있는 행동으로 뒷받침해주는 것이기도 하다. 그것은 또한 필요할 경우에는 엄격한 태도를 취하고 때로는 실력을 행사하는 일인 것이다. 이러한 행위의 대부분은 정치학자 제임스 번즈James M. Burns가 그의 저서 《리더십*Leadership*》에서 '거래적 리더십transactional leadership' 이라 부른 것이다. 이러한 일들은 리더가 반드시 해야 하는, 하루 대부분의 시간을 투자해야 할 정도로 중요한 활동인 것이다.

그런데 제임스 번즈는 거의 눈에 보이지 않는 듯한 또 하나의 리더십의 유형에 대해서도 기술하고 있다.[33] 그것은 제임스 번즈가 '변화의 리더십transforming leadership' 이라 명명한 것으로서 의미 부여를 추구하는 인간의 욕구에 부응할 수 있도록 조직의 목표를 창조하는 리더십을 말한다. '불합리한' 인간의 욕구를 충족시키고 있는 초우량 기업의 문화를 자세히 살펴보면 그 역사 속에서 반드시 변화의 리더십을 발견할 수 있다. 오늘날 그러한 기업은 뚜렷한 문화를 갖고 있기 때문에 변화의 리더십 같은 것이 불필요하게 보일지도 모른다. 그러나 오늘날과 같은 초우량 기업의 문화가 형성되고 유지된 것은 기업의 설립 초기에 이와 같은 리더십이 있었기 때문이 아닌가 생각한다.

변화를 목표로 하는 리더 역시 세세한 부분에 신경을 쓴다. 그러나 그것은 조금 다른 의미로서의 세심함이다. 그가 신경을 쓰는 것은 교사, 정신적 스승 및 언어학자로서의 자신의 역할이다. 그러한 역할을 통해 가치관을 형성하고 모범이 될 수 있는 선례를 남기며 의미를 부여하는 것이다. 이러한 리더의 길은 '거래적 리더'가 되는 것보다 훨씬 더 어렵다. 왜냐하면 그야말로 참된 예술가로서 남이 가지 않은 길을 찾아가는 개척자가 되어야 하기 때문이다. 리더는 구성원들을 결속시키는 훌륭한 가치를 실현하도록 사람들을 자극하는 동시에 그 예를 스스로 보여주지 않으면 안 된다. 또한 리더는 계속해서 자신이 세운 한두 가지 중요한 가치를 누가 뭐라 하든 오랜 기간 동안 일관되게 밀고 나가야만 한다. 따라서 리더에게는 그 어떤 기회나 강연 혹은 모임도 사소한 것일 수 없다.

리더는 추종자들이 통상적인 업무에서 탁월한 능력을 발휘할 수 있도록 기회를 만들어줄 필요가 있다는 제임스 번즈의 말은 상당히 설득력이 있다. 그는 먼저 초기의 리더십 연구가 권력에만 주목하고 있었음을 비판하고, 이 때문에 목적의식의 고취라는 훨씬 더 중요한 문제가 무시되어왔다고 말한다. "이 절대적인 기본 가치(목적의식)는 대부분의 이론에서 충분히 인식되고 있지 못하다."[34]라고 주장한다. 또 "리더십은 어떤 동기와 목적을 가진 사람이 다른 조직적·정치적·심리적 동기나 목적에 대항하며, 나아가 투쟁하기 위해 자신을 따르는 사람들의 동기를 활성화하고 만족시켜야 할 때 발휘된다."라고 말하고 있다. "리더십은 명백한 권력의 행사와는 다르다. 그것은 따르는 사람들의 욕구 및 목표와 분리해 생각할 수 없다." 이리하여 그는 '변화의 리더십'을 다음과 같이 명확하게 정의했다.

변화의 리더십이 생기는 것은 한 사람 또는 그 이상의 사람들이 다른 사람들에게 그럴 마음이 생기게 하고, 리더와 그를 따르는 사람들이 상호간의 동기부여와 행동 이념을 보다 높은 차원으로 끌어올릴 때다.[35] 거래적 리더십하에서 서로 관련되어 있기는 해도 독립적이라 할 수 있는 개별적인 사람들의 목적의식은 변화지향적 리더의 출현으로 비로소 하나의 통일된 체계를 갖추게 된다. 각 개인과 각 그룹 사이의 힘은 대항하거나 억지로 균형을 이루는 형태가 아니라, 공통된 목적의식을 지향하기 위해 혼연일체가 되는 것이다. 이러한 리더십은 고취, 총동원, 영감, 강력한 장려, 전도 등 여러 가지 말로 표현되고 있다. 리더와 그를 따르는 사람들은 하나의 기준에 의해 결속된다. 그러나 궁극적으로 변화의 리더십은 '도덕' 그 자체가 된다. 왜냐하면 그것은 지도하는 사람과 지도받는 사람 쌍방의 윤리의식 및 행동을 고취하고, 쌍방을 모두 변화시키기 때문이다. 리더는 부하들과의 관계에 자신을 완전히 몰입시킨다. 부하들은 고무된 감정을 느끼고 활력으로 충만해지며, 자신도 점차적으로 리더가 되어간다. 이와 같이 서로를 바꿔나간다는 뜻에서 변화의 리더십은 매우 능동적인 것이기도 하다.

제임스 번즈는 또한 리더는 몇 가지 무의식적인 욕구에 의해 자극을 받는다고 생각했다. "가장 기본적인 프로세스는 말로 표현하기 어려운 것이지만, 굳이 말한다면 부하의 무의식 속에 있는 것을 의식의 표면으로 표출시키는 것이라고나 할까."[36] 제임스 번즈는 중국의 마오쩌둥 주석을 대표적인 리더의 전형으로 손꼽는다. "그는 타인의 감정에 동화되어 그들을 이해하려 했다는 점에서 진정한 천재였다."[37] 기업 심리를 연구하는 에이브러햄 잘레즈닉Abraham Zaleznick은 리더와 관리자를 대비시킴으로써 앞서의 주장을 확인해주고 있다. "관리자는 구성원들과 함께 일하지만 리더는 구성원들의 감정을 고양시킨다."[38] 또 심리학자인 데이비드 맥클랜드David McClelland는《권력 : 내적 체험Power : The Inner Experience》이란 책에서 구체적인 실험을 통해 이 프로세스를 설명한다.

우리는 사람들이 카리스마형 리더를 만났을 때 어떤 생각을 하는지 실험을 통해 정확히 이해하고자 했다.[39] …… 청중은 그러한 만남을 통해 확실히 용기를 얻고 감정이 고조되는 것을 경험했다. 기력을 잃고 종속적이 되는 것이 아니라 힘이 생겨남을 느끼게 되었다." 이는 리더가 사람들에게 미치는 영향에 대한 지금까지의 설명이 반드시 옳은 것은 아님을 시사한다. 참된 리더는 인간성과 설득력으로 압도할 뿐 힘으로 사람을 종속시키지 않는다. …… 실제로 청중에게 원기를 북돋워주고 영감을 고취시킴으로써 영향력을 행사하는 것이다. …… 리더는 따르는 사람들에게 자신감을 심어준다. 사람들은 리더와 공유할 수 있는 목표라면 무엇이든 달성할 수 있다고 생각하는 것이다.

또 제임스 번즈가 지적한 중요한 점 가운데 하나로 리더와 추종자 사이의 공동체의식과 관련된 다음과 같은 두 가지 현저한 특징을 들 수 있다. 그것은 신뢰와 감정의 고양이다. 먼저 신뢰에 대해 살펴보자. 확고한 가치관을 가진 초우량 기업의 리더는 자사의 핵심 사업 분야에서 경력을 쌓음으로써 크게 성장한 사람임을 알 수 있다. HP나 메이택의 경우 리더는 전기 분야 출신 기술자였고, 플루어나 벡텔의 경우 기계 분야 출신의 기술자라는 공통점이 있었다. 초우량 기업의 최고경영자가 재무나 법률 분야 출신인 경우는 별로 많지 않다. 기업가이자 발명가로서 헤드Head 브랜드의 스키와, 프린스Prince 브랜드의 라켓을 개발한 하워드 헤드Howard Head는 '불가능한 것을 가능하다고 믿게 하는 일'[40]이 중요하다고 말한다. HP에서 관리자를 선발하는 경우, 남을 흥분시킬 수 있는 능력이 있는가가 가장 중요한 기준이 되고 있다.

제임스 브라이언 퀸은 포괄적인 전략적 가치와 전략 목표를 달성하기까지의 정연하지 않은 실제적인 프로세스를 장기간 전문적으로 연구하고 있다. 그런데 그는 흥분을 발견하는 프로세스를 어느 일반 소비재 제조업체의 경영 간부가 한 다음과 같은 말을 빌어 설명했다. "가장 효과적인 목표는 어떤 특정 분야의 최고가 되는 데 있음을 차차 알게 되었습니다. 현재는 그것이 무엇이어야 하는지, 최고라는 것이 객관적으로 무엇을 말하는지 그리고 자신이 택한 분야에서 최고가 되기 위해서 어떻게 해야 하는지를 종업원들과 함께 생각해보고 있습니다. 이것이 종업원들에게 얼마나 큰 격려가 되는지 제 자신도 놀라고 있죠."[41]

워렌 베니스는 변화 주도 리더의 핵심을 잘 짚어내고 있다. '사회적 건축가'[42]라는 것이 바로 그것이다. 그러나 솔직하게 말해서 워렌 베니스나 제임스 번즈가 지적한 사실 그리고 우리가 초우량 기업에 대해 지적한 것은 이미 10여 년 전에 체스터 바너드 – 다음 장에서 다시 언급하겠지만 – 와 필립 셀즈닉Philip Selznick 두 사람이 언급한 바 있다. 1957년 필립 셀즈닉은 《리더십과 관리Leadership and Administration》라는 책을 저술했는데, 여기서 그는 다음과 같이 말했다.

사람에게 어떤 목적의식을 주입하는 것은 창조성에 대한 하나의 도전이다.[43] 왜냐하면 그것은 사람 및 소집단을 중립적이고 기계적인 대상에서 특정한 가치관, 감성 그리고 의욕을 가진 개성 있는 참여자(집단)로 변화시키는 일이기 때문이다. 이것이 바로 진정한 교육 프로세스라 할 수 있다. 유능한 리더는 교육의 철학적 의미를 충분히 이해하고 교육에 필요한 훌륭한 기술을 갖고 있지 않으면 안 된다는 것은 참으로 옳은 말이다. …… 창조적인 리더의 임무는 조직을 만들어내고, 인간과 기술이라는 재료를 사용해 새롭고 영속적인 가치관을 창조하는 것이다. …… 조직화한다는 것은 당면한 과제에 필요한 기술을 초월하는 가치관을 불어넣는 일이다. 인간의 기술적인 역할보다도 사회적인 역할 및 메커니즘이 중요시되는 것은 그것이 개인이나 집단의 욕구를 독특한 형태로 잘 충족시키고 있기 때문이다. 사람이 기술자가 아닌 한 인간으로 조직에 귀속되어 조직에 애착을 갖는 태도를 보일 때 그 사람은 당연한 보상을 받게 된다. 몰입하는 인간의 입장에서 본다면 이미 조직은 단순한 수단이 아니라 자신의 욕구를 충족시켜주는 소중한 원천으로 변한다. …… 즉 변화 주도 리더란 우선 가치를 중시하고 다음에는 그것을 지키는 자를 말한다.

여기서 인용을 중단하고 잠시 생각해보기로 하자. 훌륭한 가치관을 설정해야 한다고 하지만 어떤 것을 가치관으로 삼아야 하는 것인가? 그것은 제임스 브라이언 퀸이 밀한 어떤 분야에서 '최고가 되는 것' 또는 월터 호빙Walter Hoving이 자신과 티파니Tiffany 보석에 대해 말한 '자기 미학에 충실하는 것'[44]인지도 모른다. 맥도날드의 레이 크록처럼 '햄버거 빵에서 아름다움을 느끼는 것'[45] IBM의 토머스 왓슨처럼 '개인을 존중하는 것', 다나의 이념처럼 '생산적인 사람들을 육성하는 것', 캐터필러처럼 '세계 어느 곳이든 48시간 이내에 부품을 제공하는 것'을 의미할지도 모른다. 이런 가치관을 진부하다고 주장하는 사람은 냉소적인 사람이다. 이런 생각을 믿고 실천하는 기업에서는 이미 변화가 시작되고 있다.

지금까지 한 말이 자칫 거창하게 들렸을지도 모르겠다. 구성원과 조직을 변화시킬 수 있는 목적의식에 관한 이야기들은 분명히 거창하기는 하다. 그러나 동시에 이것은 아주 실천 가능성이 높은 이야기이기도 하다. 인간이 매우 불합리한 존재라는 말은 이미 앞에서도 한 바 있다. 인간은 스토리를 기초로 추론하고, 어떤 성적을 받았든 간에 자신이 상위 10퍼센트 이내에 든다고 생각하며, 뛰어나고 싶어하면서도 한편에서는 의미 부여를 추구할 수밖에 없는 나약한 존재다. 그러나 현실적인 경영의 터전에서는 이러한 인간이 갖는 약점과 한계가 충분히 고려되지 않는 경우가 많다.

초우량 기업의 경영은 의식적이건 무의식적이건 이런 것을 염두에 두고 이뤄진다. 그 결과 상대적으로 높은 실적을 올리고 '평범한' 사람들로부터 큰 힘을 이끌어내는 데 성공하고 있다. 사회에 있어서나 기업에 있어서나 가장 중요한 것은 이러한 일들이 구성원 스스로가 기업이나 사회에서 자신의 능력을 개발하고 자존심을 높일 수 있는 환경을 만들어낸다는 것이다. 한편 초우량 기업을 수적으로 훨씬 압도하는 평범한 기업에서는 이와는 반대되는 행동을 한다. 즉 우리가 지금까지 말해온 모든 특성들이 오히려 부정적인 효과만을 가져오는 것이다. 이러한 기업에서는 성공이 아니라 실패가 다반사이고, 선순환 대신 악순환이 되풀이되며, 수많은 신화를 대신해 관리 규정이 개개인을 규제하고, 직무에 의미를 부여해 적극적으로 기회에 도전하게 하는 대신 관리 및 통제가 중요시되며, 도덕적 리더십 대신 정치적 리더십이 더 판을 치고 있을지도 모른다.

4 모순을 관리하라

우리가 제시한 초우량 기업의 여덟 가지 특성을 검토해본 몇몇 경영자는 이에 대해 흥미롭기는 한데 반드시 기본적인 것이라 할 수 없거니와 그것이 초우량 기업이 탁월한 성과를 창출하는 근본 이유가 될 수 없다고 말했다. 그러나 그들은 중요한 책임을 간과한 것이다. 지적 능력이 뛰어나고 비즈니스에도 정통한 많은 사람들이 아직도 시대에 뒤떨어진 이론으로 기업을 운영하고 있다. 그러나 어찌 보면 그것은 지극히 당연한 일이기도 하다. 왜냐하면 옳고 그름을 떠나 새로운 이론은 접근하기가 쉽지 않아 기존 이론처럼 자연스럽게 받아들일 수 없기 때문이다. 게다가 우리가 제시하고 있는 이론은 충분히 검증되지 못한 초기 단계에 머물러 있다. 따라서 시대를 앞서는 이론에 으레 따라붙는 꼬리표지만 그것들이 '현실 세계'에 던지는 제한적인 시사점으로 말미암아 전반적으로 모호한 상태에 있는 건 사실이니까 말이다.

그래서 초우량 기업에서 볼 수 있는 탁월한 성과와 여덟 가지 핵심 특성 간의 관련성을 이해하는 데도 새로운 이론이 필요하게 된다. 그렇기 때문에 여기서 우리는 새로운 이론을 구축하고자 하는 것이다. 이 장에서는 경영이론이 발전하는 과정에서 알게 된 최근의 몇 가지 일들과 초우량 기업의 조사 및 연구를 통해 얻은 이론적 시사점과의 통합을 시도해보고자 한다.

우선 잠시 합리주의적 모델로 돌아가보자. 과거의 경영이론이 매력적인 이유는 그것이 모호함이나 모순 없이 단도직입적이기 때문이다. 다른 한편으로 현실 세계는 꼭 그렇지만은 않다(일본 지사에 있는 동료 중 한 사람은 우리가 고객에게 제출하려고 했던 최종 보고서에 대해 매우 비판적인 입장이었다. 이렇듯 거침없이 기술한 보고서는 오히려 일본 측 고객의 의심을 사게 된다는 거였다).

우리는 우리가 경영이론의 세계에서 관찰한 것을 통해 가설을 수립하는 것과 매우 유사하게 과학의 세계도 역설적인 방향으로 전개된다는 흥미로운 점을 발견했다. 예를 들어, 처음에는 빛을 입자라고 생각했으나 그 다음에 빛은 파동과 비슷하다는 점이 발견되었다. 그런데 빛이 파동이라는 주장이 받아들여지고 얼마 되지 않아 빛이 입자라는 새로운 증거가 나타났다. 그러나 빛이 정말로 입자라면 질량이 있어야 하고 그렇다면 광속처럼 빠른 속도로 이동할 수가 없다. 하이젠베르크Heisenberg는 빛이 원자보다 작은 입자라면 그것이 존재하는 위치나 질량의 어느 한 가지는 알 수 있지만 그 두 가지를 동시에 알 수 없다는 '불확정성 원리'를 통해 이를 증명했다. 이렇게 됨으로써 학문 가운데서 가장 합리적으로 여겨졌던 물리학조차도 모호한 영역이 되어버렸다. 그 결과 오늘날에도 원자 물리학자들은 여러 가지 소립자를 가리켜 '참charm' 이라든지 '기묘strangeness' 라든지 혹은 '반물질anti-matter', '쿼크quark' 등과 같이 이해하기 어려운 용어를 사용해야 하는 입장에 놓이게 되었다.

우리들이 이미 알고 있는 세계, 즉 볼 수 있고 만질 수 있으며 냄새 맡을 수 있는 영역에 대한 비유를 통해 원리를 파악하게 되면, 과학은 보다 이해하기 쉬워진다. 닐스 보어Niels Bohr의 원자 모형도 그런 것들 중 하나다. 닐스 보어의 모델에서는 마치 행성이 태양의 주위를 회전하는 태양계처럼 중성자와 전자가 원자의 주위를 돌고 있다. 그렇지만 유감스럽게도 이 모형으로 말미암아 원자를 보다 깊이 이해할 수 있었느냐 하면, 꼭 그렇지는 않다. 왜냐하면 실제의 원자 모형은 태양계와 상당 부분 다르기 때문이다. 마찬가지로 군대에 비유해 말하면 경영의 세계도—20세기의 기업 조직에 대해서 아직까지 이와 같은 비유를 하는 사람들이 압도적으로 많다—이해하기 쉬운 것처럼 보인다.

그렇지만 여기서도 교전중에 있는 연대처럼 보다 복잡한 현상을 이해하는 데는 그와 같은 비유가 그다지 적절치 않음을 알 수 있다. 교전중인 연대처럼 그다지 불분명할 것 없는 이미지에도 사실은 논란의 여지가 있는 것이다. 제2차 세계대전 당시 태평양전쟁을 배경으로 한 '어둠이여, 안녕Goodbye, Darkness'이란 영화가 있다. 여기서 윌리엄 맨체스터William Manchester는, 한 해군 장교 출신의 젊은 대위가 해병대 고참 부하들에게 치열한 교전 상황을 뚫고 진격하라는 명령을 내렸으나 그들은 명령을 비웃기만 할 뿐 복종하지 않았다고 말하고 있다.[1] 이리하여 많은 수의 젊은 장교들이 혈혈단신 적진으로 진격해 끝내는 영원히 돌아오지 않게 된다. 결국 인생을 살아가면서 많은 경험을 쌓은 사람은 누구나 알고 있는 일이지만 명령과 복종이라는 소위 군대의 원형조차 제대로 들어맞지 않을 때가 많은 것이다.

현상의 본질을 제대로 이해하기 위해서는 더 적절한 예가 필요하다. 그러나 이해력의 향상으로, 그것을 이해하는 것이 훨씬 더 수월해졌음에도 불구하고 보다 적절한 예를 단번에 찾기란 쉽지 않다. 마치 과학의 세계처럼 경영이론의 새로운 흐름도 모호한 동시에 모순적인 세계로 우리를 안내하고 있다. 그리고 우린 그것을 인정해야 한다. 그러나 시간이 지나면 이 새로운 이론이 더욱 효과적이며 현실에 훨씬 더 알맞음을 알게 된다. 초우량 기업이 탁월할 수밖에 없는 이유를 한 가지 든다면, 이들 기업이 모순을 관리하는 방법을 알고 있다는 점일 것이다.

경영학사의 4단계 구분

과거에도 경영이론의 역사적 흐름을 더듬어보고자 하는 시도가 무수히 많았다. 이처럼 세상에 나와 있는 경영이론을 정리하는 기본적인 분석틀로서 가장 유명하고 우리의 목적에 가장 알맞는 것이 스탠퍼드대학의 리처드 스콧Richard Scott[2]이 제시한 분석틀이다. 리처드 스콧은 경영이론과 경영 프랙티스의 발달 과정을 4개의 시대로 나눴으며, 각 시대를 2개의 좌표축으로 나눴다. 좌표축의 한쪽에는 '폐쇄적 시스템'과 '개방적 시스템'을 위치시켰으며, 다른 한쪽에는 '합리성'과 '사회성'이라는 두 가지 요소를 뒀다.

우선 '폐쇄적 시스템'에서부터 '개방적 시스템' 축에 대해 살펴보기로 하자. 이것은 조직에 대한 기계적인 사고방식(폐쇄적)에서 공동체적 사고방식(개방적)으로의 전환을 나타내는 축이다. 오늘날 널리 퍼져 있는 사고방식과 달리, 금세기에 들어와서 초기 60년 동안의 경영이론은 환경·경쟁·시장 등 조직 외부에 존재하는 것은 일절 고려하지 않았다. 외부 세계에 대해서 '폐쇄적 시스템'의 관점을 취했던 것이다. 현재의 관점에서 보면 당연히 근시안적인 시각이라 볼 수 있는 이와 같은 생각은 기업 내부의 상황만을 고려함으로써 자원 배분을 최적화시킨다는 당위성에 초점을 맞추고 있었다.

폐쇄적 시스템 모델은 학자들이 외부 환경의 변화에 영향을 받아 기업 내부의 역학이 형성된다는 것을 깨닫기 시작한 1960년경까지 그다지 큰 도전을 받지 않았다. 1961년 이후 외부 환경의 영향이 기업 내부의 역동성에 영향을 미친다는 것이 확실히 인식되면서 비로소 '개방적 시스템'의 시대가 시작되었다.

또 다른 축은 '합리성'과 '사회성'이라는 요인이 차지하고 있다. 여기서의 '합리성'이라는 말은 조직에는 분명한 목적과 목표가 있으며, 그런 것을 비교적 간단히 결정할 수 있다는 사고방식이다. 광공업 회사의 경우를 예로 들면, 목표란 현재의 채굴 광산과 미래의 탐사 활동으로 수익의 극대화를 도모하는 것이 될 것이다. 만약 이처럼 달성해야 할 목표가 분명히 정해져 있다면 경영자는 그 목표를 보다 효율적으로 달성할 수 있는 방법만을 선택하면 된다. 합리적 결정이란 이와 같은 전제하에 이뤄지며, 조직의 진로는 이에 따라 결정된다.

이에 비해 '사회성'이라는 요인은 목표를 결정하는 과정은 명백하고 분명한 것이 아님을 인정하는 한편 목표 선택이 그다지 단순·명료하고 연역적이지 않음을 전제로 한다. 마찬가지로 광공업 회사의 경우를 예로 들어 목표 결정의 과정을 보자. '극대화한다'는 것은 구체적으로 어떻게 하는 것을 말하는가? 수익을 어떻게 측정할 것인가? 단단한 바위만을 채굴하는 사업만을 할 것인가? 광맥을 찾는 것처럼 분명하지 않은 일에 대해서는 어떤 식으로 구체적인 의사결정을 실시할 수 있는가?

사회적 시각은 이처럼 많은 사항들을 먼저 해결해야 목표를 결정할 수 있다. 목표에 대한 결정은 기계적인 선택이 아니라 가치 판단이 개입되는 선택이라는 시각이기 때문이다. 이러한 선택은 분석적인 생각보다는 오히려 사람과 사람의 협조, 과거의 행동 패턴 그리고 소집단에 속한 사람들에게 영향을 미치는 역학에 의해 이뤄진다.

폐쇄적 시스템과 합리성의 지배

4개로 구분된 시대는 경영학의 역사를 설명하는 데 있어서 매우 유익한 출발점이 된다(163페이지 표 참조). 가장 왼쪽의 첫번째 칸은 1900년에서 1930년경까지를 나타내는데 이때는 '폐쇄적 시스템과 합리성'이 비즈니스계를 지배했다. 이 시대의 이론적 입장을 대표하는 것이 바로 막스 베버와 프레더릭 테일러다. 베버는 독일의 사회학자로서 규칙에 의한 질서를 갖춘 관료 체제야말로 인간이 만들어낸 조직 중에서 가장 효율적이라는 이론을 제창했다. 미국 사람인 프레더릭 테일러는 시간 연구 및 동작 연구를 실증하기 위해 베버의 이론을 활용했다. 막스 베버와 프레더릭 테일러 학파의 주장은 만약 사람이 유한의 규칙과 기술을 배워 이를 개인의 몸에 체화시킬 수만 있다면—예를 들어 작업의 분류, 통제 범위의 최대화 그리고 권한과 책

대표적 학자들의 시대별 이론

	폐쇄적 시스템	개방적 시스템
합리성	**I.** **1900~1930** 막스 베버 프레더릭 테일러	**III.** **1960~1970** 알프레드 챈들러 폴 로렌스 제이 로쉬
사회성	**II.** **1930~1960** 엘턴 메이오 더글러스 맥그레거 체스터 바너드 필립 셀즈닉	**IV.** **1970~현재** 칼 웨익 제임스 마치

임의 균형에 대한 규제 — 인간으로 구성되는 조직을 효율적으로 관리하는 데 있어 근본적인 문제는 거의 해결된다는 것이다.

물론 막스 베버와 프레더릭 테일러의 꿈은 실현되지 못한 채 '폐쇄적 시스템과 합리성'의 시대는 '폐쇄적 시스템과 사회성'의 시대로 대체되었다. 이 시대의 대표적 이론가로는 엘턴 메이오, 더글러스 맥그레거Douglas McGregor, 체스터 바너드, 필립 셀즈닉 등을 들 수 있다.

폐쇄적 시스템과 사회성의 지배

하버드 경영대학원에서 임상심리학자로 재직한 엘턴 메이오는 호손 공장에서 실시한 일련의 실험들로 매우 유명하다. 이 실험 조사는 불운하게도 프레더릭 테일러의 전통과 거의 모든 면에서 일치하는 평범한 현장 연구의 하나로서 시작되었다. 이것은 산업의 위생에 대한 단순명료한 연구로 기획된 것이었다. 실험은 주로 뉴저지 주, 호손의 웨스턴 일렉트릭 공장의 전화기 전선을 조립하는 작업장에서 실시되었는데 작업 환경이 생산성에 미치는 영향을 조사하는 것이 주목적이었다.

그런데 놀랍게도 지금까지의 이론으로는 설명할 수 없는 일이 계속해서 일어났다. 대표적인 예로 앞에서도 언급한 작업장에서 조명의 밝기에 관한 실험을 들 수 있다. 이 실험을 통해 작업장 조명을 더 밝게 하면 작업 능률이 올라간다는 사실을 알게 되었다. 그런데 밝기를 종전의 상태로 환원하면 작업 능률이 떨어질 것으로 예상해 조명을 내렸더니, 예상과 달리 능률은 더 올라갔다. 그렇다면 이러한 실험의 결과는 무엇을 의미하는 것일까? 이와 같은 실험은 10년 동안이나 계속되었으며, 실험의 결과는 여러 가지 각도에서 재조명되었다. 그러나 예상하지 못한 이 희한한 결과는 전혀 변함이 없었다.

오랫동안 실험한 결과 얻어진 풍부한 실험 데이터에 대해 오늘날까지도 구구한 억측과 해석이 난무하고 있다. 하지만 결국 가장 중요한 것은 종업원에게 적극적인 관심을 표명하는 것이 생산성과 매우 깊은 상관관계가 있음을 밝혀낸 것이었다. 초우량 기업을 보더라도 종업원에 대해 인간적 관심을 표명한 사례를 심심찮게 발견할 수 있다. HP는 종업원이 주도적인 역할을 한 혁신을 매우 중요시하며, 항상 혁신의 중요성을 언급하면서 지속적인 자극을 주고 있다. 즉 일상생활에서 혁신을 자연스럽게 말하고 이를 존중해주는 조직 체계를 분명히 확립하고 있는 것이다. 광산 탐사에서 탁월한 실적을 올리는 광산 회사의 경영진들은 현장에서 광산을 탐사하는 지질학자들에게 관심을 표현하는 방법을 잘 알고 있다.

하버드대학의 엘턴 메이오와 그를 따르는 연구원들은 산업 사회심리학이라는 분야를 확립했다. 다른 분야와 마찬가지로 산업 사회심리학은 제2차 세계대전을 통해 괄목할 만한 성장을 이뤘으며, 종전을 앞두고는 집단 훈련이라든지 리더십 선택과 같은 관련 분야에 대한 활발한 연구를 벌였다. 전쟁이 끝나고 나서 더글러스 맥그레거는 이 분야에서 커다란 업적을 세웠다.

더글러스 맥그레거는 주로 X이론 또는 Y이론을 통해 우리에게 친숙한 사람이다. 그는 노동자는 천성이 게으르기 때문에 끊임없이 채찍질하지 않으면 안 된다고 하는 성악설(X이론)과 반대로 그들은 창조적이기 때문에 책임을 부여해야 한다는 성선설(Y이론)이라는 상반된 두 이론을 전개하고 있다. 이렇게 더글러스 맥그레거가 주장한 이론은 짧은 시간에 급속하게 유행하게 된다.

자신의 기념비적인 저서인 《기업의 인간적 측면*The Human Side of Enterprise*》의 서문에서 그는 다음과 같이 말하고 있다. "이 책은 '부분이 전체를 표상하는 실체'라는 명제하에 기업의 인간적 측면을 구체화시키기 위해 씌어졌다. 달리 말하면 경영이 축적한 인적 자원을 다루는 방식이 기업의 전반적 특성을 결정한다고 주장하는 이론적 가정을 뒷받침하는 데 초점이 맞춰져 있다."[3] 더글러스 맥그레거는 프레더릭 테일러 학파가 주장하는 협의의 합리주의적 접근법을 비판하면서 "지금까지 조직이론에서 우세하게 받아들여져온 가정 중의 하나를 지적하라고 한다면 그것은 권위를 경영관리의 핵심이자 필수 불가결한 수단이라고 여기는 사고방식이다."[4]

라고 말했다. 또한 그는 권위란 사회적 영향력이나 지배적 통치력의 한 형태일 뿐인데도 오늘날 대부분의 문헌을 보거나 대다수 경영자의 행동을 보노라면 권위를 상대적인 것이 아닌 절대적인 개념으로 간주하고 있는 것 같다고 지적했다.

더글러스 맥그레거는 X이론에 대해 '대중이란 너무나 평범한 존재이기 때문에 애초부터 어떠한 기대도 할 수 없는 것'[5]이라고 설명하고 있다. 그의 이론에 깔린 전제를 살펴보면 첫째, 평범한 인간은 본래 일을 싫어하기 때문에 가능하면 피하려고 한다.[6] 둘째, 그렇기 때문에 조직의 목표 달성에 참여시키기 위해 강제하고 지배하고 명령하고, 처벌로 협박할 필요가 있다. 셋째, 평범한 인간은 명령받기를 좋아하고 책임을 회피하려고 하며, 상대적으로 야심도 없기에 현실에 안주하고자 한다. 맥그레거는 X이론은 허수아비와 같은 허구 또는 허상이 아니라 미국 산업 전반에 걸쳐 경영 전략에 실질적인 영향을 미치고 있는 지배적인 이론이라고 주장한다.[7]

이에 비해 Y이론의 전제가 되는 것들은 다음과 같다.[8] 첫째, 인간이 일을 위해 육체적·정신적으로 노력하는 것은 놀거나 휴식을 취하는 것처럼 본능적인 것이다. 전형적인 인간은 노동을 싫어하지 않는다. 둘째, 외부의 통제라든지 처벌에 대한 위협만이 직원들에게 기업의 목적 달성을 위해 동기를 부여하는 유일한 방법은 아니다. 셋째, 목표에 대한 몰입은 목표 달성과 연계된 보상과 관련이 깊다. 여기서 말하는 보상이란 돈만을 이야기하는 것이 아니며, 정작 중요한 것은 자아에 대한 만족이나 조직의 목표 달성을 위한 노력의 직접적인 결과를 의미한다. 넷째, 평범한 인간은 적합한 조건이 갖춰져 있는 상태에서는 단순히 책임을 지는 데 그치지 않고 솔선수범해 실천하려고 한다. 다섯째, 조직의 문제를 해결하는 데 있어 상대적으로 높은 수준의 상상력, 천재성 그리고 창조성을 일깨우는 능력은 조직 전반에 고루 분포되어 있기 때문에 의외로 쉽게 발견할 수 있다.

그 이후 더글러스 맥그레거의 이론과 거기에 동조하는 여러 이론들은 경영학에서 '인간관계 학파'라 불리게 되었지만 지난 10년 동안에 걸쳐 점차적으로 인기를 잃어가고 있다. 인간관계론이 지속적인 지지를 받지 못한 가장 큰 이유는 합리주의적 모델과 적절한 긴장 관계를 유지하지 못하고 지나치게 형평성만을 강조하는 우를 범했기 때문이다. 예를 들면, Y이론의 신봉자는 T-집단, 하의상달식 계획 수립, 민주적 경영 등 누구나 즐겁게 일할 수 있는 근무 환경 조성에 지나치게 열심이었다.

구체적인 상황을 가정해보면 다음과 같다. A가 회의중에 담배를 피우고 있고 B는 이를 못마땅하게 생각한다고 하자. 그럼 B는 부담 없이 회의 중에는 담배를 피우지 말라고 요구하고 이에 대해 A도 그러한 요구를 가볍게 넘기지 않는 분위기를 조성하는 것이 인간관계 학파가 지향하는 긍정적 결과다. 결국 이러한 분위기가 충만한 기업은 기존의 대기업들이 쓸데없는 걱정거리로 치부하는 문제를 해결하거나 아니면 자연스러운 대화의 창구를 구축하는 데 상당한 노력을 기울일 것이다. 그러나 문제의 핵심은 사소한 문제를 해결하기 위한 의사소통에는 아무런 문제가 없지만 정작 중요한 이슈에 대해서는 어떠한 문제 제기도 하지 못하는 상황을 초래한다는 데 있다.

합리주의적 모델이 상의하달식인 데 반해 더글러스 맥그레거의 제자들이 만들어낸 사회적 모델은 조직 계층상 말단의 현업 부서부터 혁명을 선도하는 데 있어서 하의상달식이었다. 사실 더글러스 맥그레거도 이 점을 걱정했으며 "Y이론의 전제는 적절한 권위를 부정하는 것이 아니다. 어떤 목적 또는 상황하에서도 권위만이 바람직하다는 편협한 사고방식만을 수정하고자 했던 것이다."[9]라고 말했다.

이 말에 귀를 기울이면 초우량 기업을 위대하게 만든 핵심이 무엇인지를 희미하게나마 알 수 있다. 표면적으로 보면 X이론과 Y이론은 상호 배타적인 관계처럼 보인다. 하나의 이론을 선택하면 다른 하나는 버릴 수밖에 없다고 생각하기 쉽다. 달리 말하면 권위주의적으로 행동하는 리더만 있거나 또는 민주적으로 행동하는 리더만 있다고 생각할 수 있는 것이다. 그러나 현실에선 양쪽 모두를 취하지 않거나 양쪽 모두를 동시에 취하는 경우가 상당히 많다.

메서Messrs의 메서, IBM의 토머스 왓슨, 맥도날드의 레이 크록, 메리어트 호텔의 윌라드 메리어트J. Willard Marriott, Sr.와 같은 경영자들은 수만 명의 종업원으로부터 실용적 혁신과 공헌을 이끌어냈다. 그리고 그들에게 훈련 및 자기계발의 기회를 제공하고 모든 이들을 가족의 일원으로 대우해준 선구자들이라 할 수 있다. 사실 개방 정책을 시행한 토머스 왓슨은 언제나 노동자들에게 약했다. 노동자의 불만이 표면화될 경우 관리자들의 말을 듣는 경우는 거의 없었다.

그런 반면, 이들은 기업의 신조에 해당하는 것은 고집스러울 만큼 지켜나갔다. 그들은 고객에 대한 서비스 또는 품질 제일주의와 같은 기본적인 가치가 위협을 받을 때 결코 타협하는 법이 없었으며, 때로는 무자비하기까지 했다. 달리 말하면 그들은 상냥한 면과 엄격한 면을 동시에 갖고 있었던 것이다. 부모처럼 종업원을 소중히 생각하는 대신 그들로부터 많은 것을 기대한다. 이러한 특성을 'X이론에 충실한 사람'이라든지 'Y이론에 충실한 사람'이라는 식으로 지나치게 단순화시킨다면 그야말로 가장 중요한 핵심을 간과하게 되는 것이다.

더글러스 맥그레거와 엘턴 메이오는 개개의 인간에게 적용되는 조직 사회론을 대표하는 학자인데, 이 두 사람과 거의 같은 시기에 연구를 시작한 체스터 바너드와 필립 셀즈닉은 이들을 능가하는 영향력을 가진 학자로 등장하게 된다. 실제로 우리는 체스터 바너드와 필립 셀즈닉의 연구가 기업의 경영자들로부터 지나치게 무시당해왔다고 생각한다.

체스터 바너드는 뉴저지 벨의 사장으로 재직하다 퇴직한 후 1938년 하버드대학에서 자신의 체험을 바탕으로 《경영자의 기능*The Functions of the Executive*》이란 책을 썼다. 이 책은 상당히 난해해서 결코 읽기 쉬운 책은 아니었지만 기념비적인 저서였다. 하버드대학의 케네스 앤드루스*Kenneth Andrew*는 출판 30주년에 즈음한 이 책의 기념판(1968년) 서문에 이렇게 썼다. "이 책을 통해 바너드가 세운 목표는 매우 야심찬 것이다. 바너드의 서문을 봐도 알 수 있는 것처럼 그의 야심찬 목표는, 기업을 포함한 공식 조직에서 발생하는 협력적 행동을, 설명할 수 있는 하나의 포괄적 이론을 제시하는 것이었다. 협력은 개인의 생불학적 한계로 말미암아 여러 사람의 힘을 빌려 목표를 달성하고자 하는 개개인의 필요에 의해 발생하는 것이다."[10]

엘턴 메이오, 더글러스 맥그레거 그리고 체스터 바너드를 포함해 많은 학자들은 조직 하부의 구성원들로부터 최대한의 힘을 이끌어내는 것을 목적으로 여러 다양한 이론을 전개하고 있다. 그러나 그 모든 것을 일시에 이끌어내는 데 있어 결정적이면서도 비전통적인 역할을 해낼 수 있는 사람은, 오로지 최고경영자밖에 없음을 깨달은 사람은 체스터 바너드 한 사람뿐이었다. 특히 그는 비공식 조직을 적극적으로 관리할 수 있고 조직 구성원의 헌신을 이끌어낼 수 있는 사람이 최고경영자라는 결론을 내렸다. 그에 덧붙여 최고경영자는 조직에 경제적 목적을 달성할 수 있다는 확신을 심어줘야 한다. 아마도 체스터 바너드는 기업의 관리 프로세스를 균형적인 시각으로 바라보고 거기에 관심을 기울인 최초의 사람일 것이다.

또한 최고경영자의 가장 중요한 역할이 조직에 공통의 가치관을 만들고 그것을 지도해나가는 일이라고 말한 사람도 역시 체스터 바너드가 최초였다. 경영자의 가장 중요한 기능은 첫째로 사내에 커뮤니케이션 조직을 만들고, 둘째로 사원들에게 회사 본연의 업무를 해나갈 의욕을 고취시키는 동시에 확보하는 일이며, 셋째로 기업의 목적을 정하고 개념화하는 일이다.[11]

덧붙여서 그는 조직의 가치와 목적은 경영자가 만드는 표어나 발언보다는 경영자의 행동에 의해서 결정된다고 말했다. "엄밀하게 말하자면 목표는 말로 수립되는 것이 아니라 실행의 축적에 의해 보다 정교히 개념화되는 것이다."[12] 또한 그는 이러한 목표가 조직에 효과적으로 스며들게 하기 위해서는 공동 작업에 참가하는 모든 사람이 그러한 목표를 공유할 수 있어야 함을 강조하기도 했다.

초우량 기업들은 바로 이러한 점을 소홀히 하지 않았음을 우리는 이미 알고 있다. 기업의 가치가 명확하면 할수록 그것은 분초 단위로도 실행이 가능할 뿐만 아니라 반대로 10년 혹은 20년간 지속적으로 지켜나갈 수도 있다. 조직의 모든 계층에 제대로 스며든 가치는 최고 경영진부터 하부 관리자까지, 이를 깊이 있고 정확하게 이해할 수 있도록 만든다.

아무래도 체스터 바너드의 천재성은 조직 전체를 염두에 두고, 그것을 바탕으로 운영하라는 그의 평범하지 않은 언급에 가장 잘 나타나 있다.

전체라는 것이 무엇을 가리키는 것인지 그다지 확실치 않거나, 눈에 보이는 유형적 형태로 그러한 것을 발견할 수 없는 경우도 있다.[13] 통제에 의한 관리는 경제·정치·종교·과학·기술 등 어떤 특정 요소에 의해 강화되는 경향이 있으나 하나의 특정 요소에 집착해 조직을 이끌게 되면 최고의 업적을 올릴 수 없을 뿐만 아니라 실패하기 쉽다. 혹은 성과가 나빠지는 것이 아닌가 하고 항상 겁을 먹게 된다. 모든 요소들을 균형 잡힌 시각으로 다루지 못해 위기가 발생했을 때야말로 전체를 바라볼 수 있는 능력을 가진 경영자가 구체적인 행동에 돌입하는 때다. 부분을 전체로 파악할 수 있는 사람은 그다지 많지 않다. 아니, 오히려 거의 없다고 할 수 있다. 한두 사람의 비범한 경영자, 경영진 또는 특별한 조직 구성원을 제외하고는 말이다. 그러한 사람들은 언제나 조직 전체의 모습에 세심한 주의를 기울이고 여러 요소들을 통합시키기 위해 노력한다.

오늘날에도 여전히 조직의 여러 부분을 하나의 통일된 관점을 갖고 관리하는 데 초점을 맞추는 사람은 그리 흔치 않다.

체스터 바너드의 책이 출간되고 10여 년이 지난 후, 필립 셀즈닉은 단기간에 쉽게 모방할 수 없기 때문에 경쟁 기업에 비해 상대적인 경쟁우위를 누릴 수 있게 만드는 자원과 능력을 소개했다. '차별적 역량'이라든지 '조직의 성격(이 개념을 통해 그는 기업을 문화적 특성의 집합으로 보고 있는 듯하다)'이라는 용어를 사용한 이론은 바너드의 그것과 유사하다. 뒤에서 필립 셀즈닉의 말을 길게 인용할 텐데 그는 조직의 성격, 차별적 역량, 조직이 공유하는 가치, 리더십 등에 대해서 그야말로 재치 있는 설명을 하고 있다. 우리 역시 그가 말하는 이러한 우수한 기업의 특성이 초우량 기업의 성공에 근간이 되었다고 생각한다.

이렇듯 '조직'14이란 말은 여러 다양한 활동을 의식적으로 조정하는 분명하고 딱 떨어지는, 상식에 입각한 시스템을 생각나게 한다. 그것은 어떤 일을 해나가도록 만들어진 합리적인 기구이자 확장 가능한 하나의 도구다. 한편 '제도'는 사회적 필요 와 압력에 순응하고 적응해 좀더 자연 발생적으로 생겨난 일종의 유기체다. 제도, 조직의 성격, 차별적 역량과 같은 용어는 어느 것이나 다 동일한 기본적인 프로세스를 가리킨다. 다시 말해서 무기적인 개개의 구성요소를 하나의 사회적인 유기체로 바꿔나가는 과정을 말한다. …… 이러한 전체로서의 독특한 가치가 침투했을 때 조직은 유기적인 제도로 변화되어간다. 어떤 가치가 주입될 때 조직은 확실한 존재 의의를 갖게 된다. 제도화가 충분히 진행된 곳에서는 구체적인 전망이나 관습 및 각종 활동이 하나가 되어 조직 생태의 모든 면을 채색해, 형식적인 협조나 명령과 같은 단계를 훨씬 넘어서는 사회적 통합을 이루게 된다. …… 경영자의 기능은 수단이 목적에 부합하도록 매끄럽게 일치시키는 일이라는 식의 추상적인 표현에 동의하기는 쉽다. 그러나 진정으로 어려운 것은 그것이 어떤 것을 말하는지 진지하게 생각해보는 일이다. 일상적인 관리에서는 수단과 목적 중 어느 한쪽을 지나치게 강조함으로써 두 가지를 분리시켜놓는 경우가 많다. 최근 들어 관리 프랙티스administrative practice에서 효율성이 과도하게 떠받들여지고 있는 것은 두 가지 의미에서 수단을 지나치게 강조하는 것이 된다. 결국 하나는 조직의 원활한 운영을 단지 기계적으로 유지하는 일에 급급하게 되는 것이며, 또 하나는 조직 운영의 기술적 측면만 강조하게 되는 일이다. …… 조직의 운영 목표를 효율성 향상에 둔다는 것은 기업의 목적이 정해졌고, 쓸 수 있는 자원이 확보되어 있음을 전제로 한다. 가장 중요한 상황을 포함한 많은 상황에서 목표가 정의되지 않았을 수도 있고 정의된 상황이라 해도 그때부터 그 실현을 위한 도구를 마련해야 하는 경우가 있다. 수단을 만들어낸다는 것은 좁은 의미의 기술적인 문제가 아니라 그 제도의 사회적 성격을 규정하는 것과 관련이 있다. 리더십이 조직의 효율성이라는 과제를 초월할 수 있는 경우는 첫째, 조직의 기본적인 사명을 정할 경우이고 둘째, 그 사명을 성취하는 데 필요한 사회적 유기체를 만들어낼 수 있을 때다.

엘턴 메이오, 더글러스 맥그레거, 체스터 바너드, 필립 셀즈닉이 제창한 '사회적 행위자로서의 인간'이라는 개념은 공감이 가는 멋진 개념이다. 그런데 유감스럽게도 앞의 두 사람은 순진한 제자들이 그 이론을 왜곡시킨 탓에 신뢰를 잃었고, 뒤의 두 사람의 이론은 오늘날에 이르도록 널리 읽히고 받아들여진 적이 한 번도 없었다. 그런데 우리들이 발견한 여덟 가지 기본 속성 중 두 가지(자율성과 기업가정신 그리고 사람을 통한 생산성 향상)는 더글러스 맥그레거의 생각과 완전히 일치하고 있으며, 다른 세 가지(현장주의와 가치에 바탕을 둔 실천, 관련 부문으로의 다각화, 강·온 양면을 동시에 지닐 것)는 체스터 바너드와 필립 셀즈닉의 생각과 완전히 일치하고 있다. 그렇지만 아직도 뭔가 부족한 것 같다. 여기서 리처드 스콧의 매트릭스 이론으로 돌아가보자.

개방적 시스템과 합리성의 지배

1960년을 전후해서 1970년까지 제3단계는 일보 후퇴인 동시에 일보 전진의 시기였다. 리처드 스콧은 이 시기를 '개방적 시스템과 합리성'의 시대라고 명명한다. 이론이 일보 후퇴했다고 하는 이유는 인간을 기계적으로 가정하는 단계로 다시 되돌아갔기 때문이며, 일보 전진했다고 하는 이유는 학자들이 비로소 경쟁이 심한 시장 환경을 반영해 기업이 외적인 힘에 의해서 형성됨을 인정하게 되었기 때문이다.

이 시기에 독창적인 형태로 전진에 이바지한 것이 알프레드 챈들러의 《전략과 구조*Strategy and Structure*》였다. 알프레드 챈들러의 이론을 간단히 정리하면 듀폰, 시어스, GM, GE와 같은 대기업의 모든 조직구조는 시장이 주는 온갖 압력의 영향을 받아서 이뤄졌다는 것이다. 예를 들면, 알프레드 챈들러는 듀폰과 GM의 제품 라인이 시장에 의해 어떤 식으로 확대되어나 갔는지 조사했다. 그 결과 그다지 관련성이 없는 제품 라인이 늘어나 지금까지의 기능별 조직으로는 관리가 불가능하게 되자 비로소 제품 사업부제의 도입이 필요하게 되었다는 사실이 드러났다. 즉 외부 환경에 의해서 전략이 수립되었고 수립된 전략이 조직에 영향을 미쳤다는 것이다.

알프레드 챈들러는 하버드대학에서 이에 대한 연구를 진행했다. 그리고 그의 연구를 이어받은 하버드대학의 교수인 폴 로렌스Paul Lawrence와 제이 로쉬Jay Lorsch 두 사람은 1967년 자신들의 탁월한 연구 업적을 담은 책, 《조직과 환경*Organization and Environment*》[15]을 발간했다. 그들의 이론은 알프레드 챈들러보다 상당히 세련된 것이었지만 그들이 도달한 결론은 알프레드 챈들러의 결론과 거의 다를 바가 없었다. 그들은 성장 속도가 빠른 업종

(예를 들면, 특수 플라스틱 사업)과 성장 속도가 둔해진 업종(예를 들면, 화물 수송용 컨테이너 사업)에 속해 있는 최고의 기업을 조직구조 및 경영시스템이라는 두 가지 측면에서 비교했다. 그 결과 성장 속도가 둔한 업종에 속한 기업은 기능별 활동을 중시하는 단순한 조직과 이에 따른 경영시스템을 유지하고 있다는 사실이 드러났다. 이에 반해 성장 속도가 빠른 사업을 하는 기업은 상대적으로 실적이 떨어지는 기업에 비해 보다 더 분권화되어 있었으며, 경영시스템도 훨씬 더 복잡한 형태를 띠고 있음을 알게 되었다.

개방적 시스템과 사회성의 지배

마지막으로 리처드 스콧이 제시하고 있는 것은 1970년부터 현재에 이르는 시기, 즉 제4시대다. 이 시대는 '개방적 시스템과 사회성'의 시대로 정의될 수 있는데 이 두 가지는 모두 다루기가 매우 힘든 것들이라 하겠다. 이제까지 경영을 주도했던 합리적 행위자 모델은 강점 및 약점, 한계 및 모순 그리고 불합리한 인간을 가정하는 복잡한 사회적 행위자 모델로 대체된다. 즉 외부 환경으로부터 고립되어 있기보다는 급격하게 동태적으로 변화하는 외부 요인에 의해 지속적으로 영향을 받고 있다. 오늘날의 지배적 이론으로 보면 목적, 수단 그리고 외부 환경의 변화 등 모든 것이 유동적이다. 이 시대의 대표적인 이론가로는 코넬대학의 칼 웨익, 스탠퍼드대학의 제임스 마치 등이 있다.

제4시대 조직이론의 특징을 규정하는 독특한 패러다임으로는 비공식성, 개인의 기업가정신 그리고 진화를 들 수 있다. 특별히 뛰어난 경영이론가들이 과거의 낡은 사고방식과 빠른 속도로 이별을 고하고 있다는 가장 명백한 신호는, 비유의 변화에서 찾을 수 있다. 비유의 변화를 가장 열렬하게 환영한 사람은 칼 웨익이며, 그는 일반적으로 사용되는 군대에 대한 비유가 경영을 진지하게 생각하는 데 제일 큰 장해가 된다고 비판했다.

"조직에는 간부와 병사가 있으며 명령 계통이 있다. 그들은 전략과 전술을 발전시킨다. 조직은 경쟁 상대를 공격하고 MBA 출신을 모집한다. …… 그들은 명예롭게든 그렇지 않게든 사람을 '해고'하는 것으로 문제를 해결하려 하며, 통솔을 강화하고 새로운 훈련 방법을 도입하며, 지원군을 요청하고 책임 소재를 명확히 한다. 왜냐하면 군에서도 사기가 저하되었을 경우에는 이렇게 하기 때문이다."[16]

그러나 칼 웨익은 군대의 예를 바탕으로 기업의 문제를 해결하는 일은 잘못이라고 생각했다. 첫째, 군대는 승자와 패자가 명확하다는 것을 전제로 하지만 비즈니스 세계에서는 반드시 그렇지는 않기 때문이다. 둘째, 사람은 유사한 사례에 빗대어 문제를 해결하지만 군대의 예를 들게 되면 '문제 해결을 위한 사고의 공간이 매우 한정될 뿐만 아니라 스스로 모색할 수 있는 해결 방법도 매우 한정되어버리기'[17] 때문이다.

칼 웨익과 제임스 마치가 주장하는 것은 경영과 사고를 위한 새롭고 다양한 것들을 받아들이자는 것이었다.[18] 그들이 즐겨 사용하는 것들의 예로는 항해, 유희, 어리석음, 시소, 우주 정거장, 쓰레기통, 시장, 미개 부족 등이 있다. 초우량 기업을 놓고 토론하는 동안에도 이러한 유형의 예는 굉장히 많이 등장했다. 예를 들면, 챔피언, 비밀 실험실, 차르 등은 하나같이 초우량 기업에서 빈번하게 사용되고 있는 용어다. 우리는 이러한 말들을 계속해서 적극적으로 소개해나갈 것이다. "각각의 단어는 특정한 상황 또는 문맥을 통해 정확하게 파악할 수 있는데 자칫하면 간과하기 쉬운 조직의 특성을 저마다 정확하게 파악하고 있다.”[19]라고 칼 웨익은 말한다. 앤서니 아토스가 말하고 있는 것처럼 ‘진실은 비유 속에 숨어 있는’ 것이다.

체스터 바너드가 1938년에 펴낸《경영자의 기능》은 경영이론서로는 드물게 거의 완벽한 책이라는 평가를 받고 있다. 또한 1947년 허버트 사이먼이 펴낸《관리 행동*Administrative Behavior*》도 그와 비견될 수 있는 대작이다. 1958년에 나온 제임스 마치와 허버트 사이먼이 공동으로 저술한《조직*Organizations*》은 조직화의 이슈에 대해서 서로 관련이 있는 450개의 명제를 논하고 있는데 이 역시 거의 완벽에 가까운 포괄적인 경영이론서라 할 수 있다.[20]

하지만 그 이후로는 제대로 된 조직이론은 찾아볼 수 없었다고 해도 과언이 아닐 것이다. 제임스 마치는 1976년 요한 올센Johan Olsen과 자신이 공동으로 저술한《조직의 모호성과 선택*Ambiguity and Choice in Organizations*》[21]을 상당히 이론적 완성도가 있는 책이라고 주장할지도 모르겠다. 그러나 우리는 그렇게 생각하지 않는다. 다행히도 칼 웨익은 그의 놀라운 통찰력이 담겨 있는《조직화의 사회심리학*Social Psychology of Organizing*》이 하나의 새로운 이론을 제시했다고 주장하지 않는다. 사실 그는 “단지 이 책은 조직을 이해하는 데 약간의 도움이 될 뿐이다.”[22]라고만 말했다.

우리가 리처드 스콧의 분석틀을 이용해 1970년에서 1980년까지의 역사를 정리한 것은, 오늘날 제4시대의 학자들이 주장한 이론들을 종합해서 전체적으로 볼 때 가장 균형이 잘 잡힌 훌륭한 이론 체계가 될 수 있다고 생각했기 때문이다. 그래서 이와 같은 이론들을 하나로 모아 정리하는 것은 매우 뜻깊은 일이며 한편으로는 종전의 사고방식과 정면으로 배치되는 일이기도 하다. 더군다나 중요한 점은 과거의 낡은 사고와 대립되는 이러한 사고방식이 초우량 기업에서 우리가 발견한 사항들과 일치한다는 것이다. 그렇다고 해서 새로운 이론이 전혀 필요하지 않다는 뜻은 아니다. 만약 오늘날의 경영자나 전문가 그리고 내일의 경영자를 가르치고 양성하는 교수들이, 이 책의 제2장에서 제시한 합리주의적 접근법의 한계에 대처하고자 한다면 아무래도 새로운 이론이 필요할 것이다.

물론 이 책을 통해 완벽한 조직이론을 전개하려는 것은 아니다. 그렇지만 초우량 기업의 발견을 통해 우리는 종래의 학자나 경영자들이 관심을 기울이지 않았던 이론의 몇몇 측면을 살펴볼 수 있었다. 나아가 이것을 더욱더 정교하게 발전시킬 필요성이 있다고 생각했다. 그리고 이러한 발견이 오늘날의 경영이론에서도 여전히 애매하게 사용되는 개념들을 보다 구체화하는 데에 있어 단순하면서도 직접적인 방법을 제공해줄 것이라고 생각한다. 그러나 그에 앞서 앞으로 최소한 8개의 장에서 하나하나 논할 여덟 가지 기본적 특성을 이해하기 위해서는 몇 가지 염두에 둬야 할 사고방식이 있다.

우선 처음으로 생각해야 할 것이 합리주의의 한계를 인정하는 일이다. 이 점은 앞서 기술한 2개 장의 중심 테마였다. 새로운 이론의 다음과 같은 네 가지 주요한 요소에는 조직에서의 인간의 기본적인 욕구와 관련된 우리의 관찰 결과가 포함되어 있다.

1. 구성원들은 의미 부여를 원한다.
2. 구성원들은 최소한의 통제를 바란다.
3. 구성원들은 어떤 의미에서 자신을 승리자로 간주하고자 하는 경향이 강하기 때문에 긍정적 강화를 원한다.

4. 구성원들의 행동 또는 행위가 태도나 신념을 형성한다(그 반대는 아
   니다).

과거든 현재든 경영이론에는 매우 중요한 개념이 있다. 우리가 지금
부터 구축하려는 새로운 이론에는 물론 이런 점들이 충분히 고려되어 반
영되어야 한다. 우선 지금까지 정당한 평가를 받지 못했다는 의미에서 특
히 강조하고 싶은 두 가지 개념이 있는데, 먼저 소개하면 다음과 같다. 첫
째, 기업, 특히 초우량 기업을 독특한 기업문화의 집합체로 파악하는 사고
방식이다. 둘째, 의도적이지만 구체적으로 예측 불가능한 진화 과정을 통
해 초우량 기업이 생겨난다는 점이다.

기업 문화의 중요성

기업의 독특한 가치 및 문화가 중요하다는 우리의
말을 들은 동료는 다음과 같은 이야기를 했다. "그
점이 중요하기는 하지만 지금 당장 이윤을 창출하
지 못하면 살아남을 수 없는 상황에서 그런 것들을
생각하는 것은 약간 사치스러운 일이 아닐까?"

물론 기업의 건전한 재무 구조가 이를 뒷받침해야 한다. 그런 점에서
보면 대다수의 초우량 기업은 안정적인 재무 구조를 유지하고 있다는 공
통점을 갖고 있다. 그러나 그들의 보다 중요한 가치는 경제적 수익의 안정
성뿐만 아니라 고객에게 봉사하는 태도 그리고 조직의 하부 계층까지 존
재에 대한 의미 부여를 통해 이 세 가지를 동시에 달성하고자 한다는 데 있

다. 어떤 경영자는 이렇게 말한다. "기업에서의 이윤이란 인간에게 있어 건강과 같다. 인간이 건강하지 못하면 포기해야 할 것이 많지만, 건강하기만 하면 무슨 일이든 할 수 있다. 그러나 인간이 건강을 유지하기 위해 살아가는 것은 아니다." 이전의 조사에서 우리는 계량적 목표에만 집착하는 기업군이 보다 폭넓은 가치를 공유하고 있는 기업들보다 목표 달성의 측면에서 훨씬 더 뒤처져 있음을 발견했다.

그런데도 현대의 경영이론 중 어떤 것을 택하든 그것이 가치의 형성—특히 기업을 문화적 구성요소의 집합체로 보는 시각—에 대해선 거의 언급하고 있지 않다는 것은 정말 놀라운 일이다. 제1장에서 우리가 3M에 대해 평가한 부분을 이 자리를 빌려 다시 정리해보도록 하자. "정치적으로 극단주의적 입장을 표방하는 사람들조차 핵심 신념에 있어서는 체제에 순응하는 사람에 불과하다."라는 말은 3M이 얼마나 기업가정신으로 충만해 있는지를 말해주고 있다.

'가족적인 분위기'를 실천하고 있는 델타 항공 회장인 톰 비비Tom Beebe도 "델타 항공이 목표로 하고 있는 것은 조직 구성원들 서로가 강한 유대감을 갖는 것이다."[23]라고 말했다. 어떤 사람들은 TI가 지나치게 엄격하다며 회사를 떠나버리기도 한다. 그렇지만 혁신적이기로 유명한 TI의 회장인 마크 셰퍼드는 목표·전략·전술Objectives, Strategies, Tactics 계획 시스템(일명 OST)에 대해서 "본사가 혁신을 목표로 삼아 이를 지속적으로 추구하는 것이 체화되어 있지 않으면 OST 시스템의 효과는 오르지 않는다."[24]고 말한다.

〈포춘〉지의 한 애널리스트는 메이택에 대해서 "메이택 세탁기에 대한 신뢰도가 높은 것은 아이오와 주 사람들의 직업윤리에 힘입은 바 크다.”[25]라고 쓰고 있다. 또 컬럼비아대학의 스탠리 데이비스Stanley Davis는 이렇게 주장한다. “뉴욕 주 로체스터(예를 들어, 코닥)나 미시간 주 미들랜드(예를 들어, 다우 케미컬)에 있는 공장에서는 기업문화가 어느 정도 영향력을 발휘하고 있지만 뉴욕 시나 로스앤젤레스 시에 있는 공장에서는 그렇지 못하다.”[26]

체스터 바너드와 필립 셀즈닉이 그것들을 이슈화한 후로 우리는 기업문화와 가치에 대한 학자들의 꽤 괜찮은 이론들을 만날 수 있게 되었다. 《경영과 정치성*Management and Statesmanship*》이라는 책에서 리처드 노만Richard Normann은 ‘지배적인 비즈니스 아이디어’[27]의 중요성을 언급하며, “모든 회사에서 진행하고 있는 가장 중요한 프로세스는 역사적 사건의 해석과 그러한 해석에 지배적인 비즈니스 아이디어를 적용시키는 일인 것 같다”라고 말했다. 헨리 민츠버그는 ‘조직적 구조화organizational structuring’를 다룬 최근의 책에서 극히 일부분이긴 하지만 조직을 설계할 때 가장 기본적으로 고민해야 하는 기업문화에 대해 언급하고 있다.

그는 그것을 ‘선교적인 조정missionary configuration’[28]이란 말로 표현하고 있지만 거기에는 유감스럽게도 나중에 후회할 만한 미래 편향적인 시각이 담겨 있다. 일단 그 내용을 살펴보면 다음과 같다. “선교적인 또는 구조적인 조정에는 반드시 사회화나 규범의 표준화라 불리는 중요한 조정 메커니즘과 이에 준하는 개념으로 교화indoctrination라는 조직 설계의 주요 요소가 수반되게 마련이다. 이렇게 해서 조직은 하나의 이념을 형성하게 되는 것이다. 감수성이 풍부한 사람이 그러한 조직에 몸을 담게 되면 바로 그 분위기에 동화되어 기업의 이념을 즉각적으로 체험할 수 있을 것이다.”

헨리 민츠버그가 암시하듯이 그것만큼 미래지향적인 것은 없다고 할 수 있다. 이미 P&G에서는 150년 동안 그런 방식으로 기업을 운영하고 있으며, IBM만 하더라도 75년 동안이나 그렇게 해오고 있었다. 리바이스Levi's의 핵심 이념이 되는 인간 존중의 이념은 1906년 샌프란시스코 대지진 직후 리바이스가 천명한 전대미문의 '평생고용' 정책과 함께 시작된 것이다.

앤드루 페티그루Andrew Pettigrew는 올바른 기업문화의 형성이야말로 경영자가 완수해야 할 가장 중요한 과업이라고 생각하며 이렇게 말했다. "리더는 조직구조나 기술처럼 합리적이고 유형적인 것을 창조할 뿐만 아니라 상징, 이념, 공통의 언어, 의식, 신화 등 직관적이고 무형적인 측면도 형상화시킨다."[29]

스탠퍼드대학의 조앤 마틴Joanne Martin도 이와 거의 유사한 의미로 조직을 '여러 아이디어에 의해 구성되어 있지만 그것들의 의미를 전체로서 파악해나가지 않으면 안 되는 시스템'[30]으로 정의하고 있다. 정열적이고 구체적인 조사를 통해 조앤 마틴은 초우량 기업에 전설이나 우화가 어느 정도로 존재하는가를 조사했다. 그에 대한 가장 훌륭한 사례로 HP, IBM, DEC 세 회사는, 그녀가 곧잘 언급하는 기업이다. 그녀의 조사에 의하면 성과가 좋지 않은 기업은 이 점에 있어서도 초우량 기업에 뒤처진다고 한다. 워렌 베니스도 이미지 또는 은유의 중요성에 대해서 다음과 같이 말한 바 있다.

새로운 행동을 이끌어내기 위해서는 그 조직이 무엇을 해야 할지 목표를 분명히 제시하는 것만으론 부족하다.[31] 그에 대한 이해를 도와주는 것은 이미지로, 그러한 이미지는 새로운 방식이 옳으며 그것이 도덕적이고도 강제성을 띤 것임을 보여줄 수 있어야 한다. …… 다윈Darwin이

비글호를 타고 장기간 탐험 여행한 것을 기술한 내용에서 특히 훌륭한 점은, 내용보다는 오히려 문장의 아름다움이었다. 왜냐하면 진화론적 아이디어는 이미 태동해 있었기 때문이다. 다윈과 유사한 생각을 표현하는 사람만 있었던 것이 아니라 다윈의 숙부는 이미 그것에 관한 선구적인 연구를 수행하고 있었다. …… 그런 까닭에 내가 만약 변화를 가져오려는 누군가에게 즉석에서 조언을 하게 된다면 나는 이렇게 말할 것이다. "비유는 확실한가? 비유는 잘 이해되고 있는가? 그 비유를 올바로 표현하기 위해서 어느 정도 에너지를 쏟고 있는가?"

1980년부터 경제 관련 출판물들에서 기업문화를 하나의 비유로 사용하는 경우가 많아졌다. 1980년 여름이 끝날 무렵 〈비즈니스 위크〉가 기업문화를 커버스토리로 다룬 후부터 이러한 경향은 본격화되었다.[32] 지금은 이 단어가 경영의 여러 가지 이슈를 논하는 자리에서 하나의 단골 메뉴가 되었다.

윌리엄 화이트 주니어William H. Whyte, Jr.의 《조직인Organization Man》[33]이 출간된 이래로 그리고 그가 말하는 회색 플란넬 양복을 입은 순응주의자의 이미지가 세상 사람들에게 각인된 이래로 기업문화라는 단어는 하나의 금기 사항이 되어버린 것 같다. 그러나 윌리엄 화이트 주니어뿐만 아니라 최근의 경영학자들도 간과했다고 생각되는 것은 초우량 기업에는 '유연함과 엄격함'이라는 두 가지 측면을 가진(이에 대해서는 제12장에서 자세히 살펴보도록 하겠다) 특성이 존재한다는 사실이다.

강한 구속력이 있는 문화를 갖고 있는 기업에서 가장 높은 수준의 자율성이 탄생한다. 문화는 정말로 중요한 소수의 변수를 엄격히 규제하는 데 그것이 의미를 부여하는 역할을 한다. 그리고 그러한 질적인 가치 안에서(그리고 거의 모든 다른 면에서) 사람들은 혁신을 위한 탁월한 능력을 보여줄 것을 장려받는다. 'IBM은 서비스 그 자체'라는 이념을 신봉하는 IBM은 각각의 고객에게 헌신적인 서비스를 제공할 것을 강조하고 있다.

초우량 기업이 갖고 있는 기업문화의 일정한 범위 안에서 이러한 표어는 놀라울 정도의 힘을 갖는다. IBM에서는 최고위 경영층에서 말단 직원에 이르기까지 누구나 대고객 서비스 향상을 위해 도움이 되는 것이라면 어떤 것이라도 좋으니 건의할 것을 권장하고 있다.

스티븐 로스만Steven Rothman은《D&B 리포트D&B Reports》에서 이에 대한 가장 구체적인 예로 타파웨어의 판매업자 이야기를 인용하고 있다. "회사는 우리 판매업자들이 적극적으로 판매에 나설 수 있도록 상당한 정도의 자율권을 보장해주고 있습니다. 직접 방문한 가정이나 파티에서 판매를 성공적으로 이끌기 위해서는 몇 가지 명심해야 할 사항 있습니다만 상황에 따라 판매업자의 개인적 판단에 의해 이를 수정하거나 변경할 수 있도록 되어 있습니다. 예를 들면, 가정용이나 파티용 식기의 색상을 자주색, 핑크색 또는 물방울 무늬 등 어떤 색상으로도 주문받을 수 있습니다. 이러한 자유재량권이 있기 때문에 판매업자로서 본인이 가진 장점을 발휘해 가장 좋은 결과를 가져올 수 있는 것입니다." [34]

다시 말해서 어떤 가치를 공유하는 것의 장점은, 모든 조직 구성원을 대상으로 현실적이면서도 구체적으로 혁신을 실행하기 위한 시스템을 구축해나갈 수 있다는 것이다.

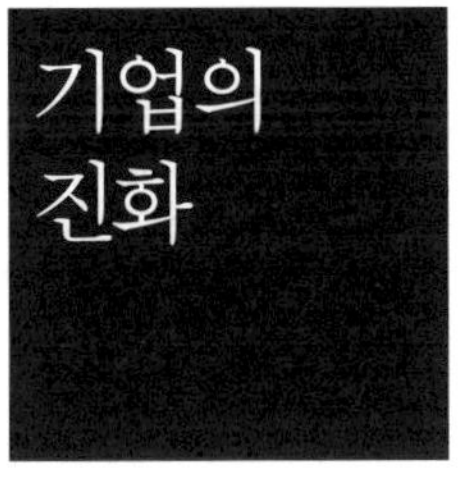

기업의
진화

조직의 사회적 측면에 일체감을 부여한다는 점에서는 기업문화와 공유가치가 중요하지만, 기업이 어떤 상황에도 잘 적응할 수 있도록 하기 위해서는 진화의 프로세스를 제대로 관리해나가는 것이 중요하다.

기업의 진화를 논함에 있어서 가장 큰 문제는 현재까지 전개되어온 대부분의 이론이 그리 엄밀하지 않은 동시에 반대로 유연성도 상당히 부족하다는 사실이다. 구체적으로 말하면 그러한 이론들은 기업의 목적 및 안정성의 주요 원천이라 할 수 있는, 고집스럽게 지켜지는 공유가치 및 문화의 역할까지 고려할 만큼 엄밀하지는 않다. 동시에 대부분의 이론은 대기업이 환경에 지속적으로 적응하는 데 필요한 완전히 새로운 경영 논리에 대한 필요성 및 잘 짜여진 구조의 상대적인 결여까지 생각할 만큼 유연하지도 않다. 그 대신 이러한 필요성을 제약하는 구조적 규칙과 계획을 위한 연습을 일종의 경직성이란 단어로 습관적으로 언급하고 있을 뿐이다.

이 두 가지 문제는 다 같이 커다란 조직에서는 본질적으로 피할 수 없는 복잡성에 의해 발생한다. 그러나 초우량 기업에서는 이러한 경향을 찾아볼 수 없다. 특별한 대책을 만들어 수시로 문제를 해결하기 때문이다. 거대 조직은 '규정집Rule Book' 한 가지만으로 관리를 하기에는 너무 복잡하다. 관리자들은 이런 문제를 단순화하기 위해 가장 중요한 기업의 목적이라 할 수 있는 공유가치를 만들어내고, 이것이 세세한 규칙을 대신하게 만든다. 마찬가지로 적응도 거대 기업에서 규정을 바탕으로 다루기엔 복잡하기 때문에 명석한 관리자는 '눈감고 쓰기(blind variations ; 성공·실패를 묻지 않고 좋은 시도는 일단 해보는 것)'를 충분할 만큼 실시해 그것이 확률의 법칙을 만족시켜줄 것을 기대한다. 이렇게 해서 되도록 1루에 자주 나가기 위해 노력하고, 때로는 2루타가 되기를 바라며, 10년에 한 번 홈런이 나오면 성공이라고 생각하는 것이다. 생각만 하고 출루하지 못하면 점수를 낼 수 없다.

우리에게는 새로운 언어가 필요하다. 우리는 경영학 용어 사전에 새로운 말을 추가하지 않으면 안 된다. 예를 들면, 그것은 일시적 조직구조가 될 수도 있고 특별 작업그룹이나 유동적 조직이 될 수도 있다. 또한 현재까지 논한 다음과 같은 말도 꼭 추가하고 싶다. 작은 것이 아름답다, 점진주의, 실험, 실행지향적, 모방, 다양한 시도, 이치에 맞지 않는 행위, 내부 경쟁, 유희, 어리석은 기술, 제품 챔피언, 밀조bootlegging, 비밀 작업실, 도당cabals, 그림자 조직. 모든 것이 여태까지의 사고방식과는 정면으로 대립하는 말들이다. 각각의 단어는 명확한 방향의 부재와 이에 대한 즉각적인 실행의 필요성을 암시한다. 게다가 중요한 것은 이러한 말을 하나로 정리해 일관된 의미가 있는, 사람들의 기억에 남는 하나의 종합체로 만들기 위해서는 새로운 예와 사고방식의 모델이 필요하다는 사실이다.

이미 언급한 것처럼 제임스 마치는 '쓰레기통'이라는 비유를 사용해서 하나의 의사결정 모델을 제시하고 있다. 그의 모델에서는 '문제', '해결책', '참가자', '절호의 찬스' 등 일련의 사고의 흐름이 소용돌이치고 있으며, 그 가운데서 의사결정이라고 부를 수 있는 현상이 가끔 발생한다. 그리하여 이성적 추론을 어리석은 기술로 보장하지 않으면 안 된다고 그는 말한다. 개인이나 조직은 때로 그다지 좋지 않은 이유로 어떤 일을 처리해야 하는 상황에 놓인다. 물론 항상 그런 것이 아니라 그렇게 해야 할 때도 있다는 말이다. 이 경우 생각하기 전에 행동할 필요가 있다. 이런 시스템에서는 자연히 리더의 역할도 달라져야 한다. 즉 이런 경우 리더의 역할은 특정한 데이터를 찾는 애널리스트가 되기보다는 예리한 감각을 발휘해 어디서 이상 신호가 발생하고 있는지를 살피는 현장 감독에 가까워야 한다는 뜻이다.[36]

그는 이해를 돕기 위해 다음과 같이 말하고 있다. "조직을 이런 식으로 관리하겠다는 비전은 상대적으로 실현하기 어려운 일이다. 조직이란 도로를 운전해나가는 것보다는 바다를 항해하는 것과 비슷하다. 종종 효과적인 리더십이란 최소한의 개입을 통해, 조직의 기를 꺾기보다는 조직이 자연스럽게 스스로 중재할 수 있는 능력을 키우도록 하는 것을 말한다."[37] 또한 그는 그야말로 재치 있는 예를 인용해 다음과 같이 말하고 있다. "조직 운영이란 눈사람을 만드는 것이 아니라 눈보라로 인한 위험을 막기 위해 적절한 방설책을 세우는 것에 비유될 수 있다."[38]

칼 웨익은 적응이 의미하는 바를 묘사하기 위해 '엉성하면서도 약한 결합'[39]이란 용어를 사용하고 있다. 대부분의 관리 기술은 수립과 실행의 관계에 내해 '긴밀하면서도 강한 결합'[40]을 그 선제로 하고 있다. 예를 들어, 명령을 내리거나 정책을 발표하면 그것들이 자동적으로 실행된다는 잘못된 생각들을 하고 있는 것이다. "조직이라는 것에 대해 생각하면 할수록 통제와 명령이란 도대체 무엇인가 하고 생각지 않을 수 없다. 명령에 대한 지배적인 선입견(효율적이고 계획적이며 예측 가능하고, 그리고 살아남았다는 것 등)이 조직 진화의 기준이라는 것은 매우 의심이 가는 일이다." 그는 두 가지 진화론적 프로세스가 적응의 핵심이라고 주장하면서 다음과 같이 말한다. "가장 중요한 것은 이치에 맞지 않는 행위다."[41] 그리고 덧붙여 "사례 만들기 또는 선례 만들기가 이에 대한 핵심적 비유라 할 수 있다."라고 말한다. 즉 조직 속에서 자연적으로 행해지고 있는 여러 가지 실험 결과 중에서 유용한 파급 효과를 갖고 있는 것만을 취사선택하는 것이 관리자가 해야 할 주요한 일의 하나라는 것이다.

성공할 법한 일, 그리고 경영 목표에 부합하는 것들은 미래를 위한 하나의 새로운 전략적 방향으로서 사례 만들기 또는 선례 만들기[42]라 이름 붙여져야 한다. 반대로 패배자들은 이미 '말라버린 땅'[43]에서 무엇인가를 열심히 학습해보려고 노력하는 불쌍한 희생자다. 이러한 기업에서는 성공과 실패는 차치하고 의미 있는 시도 자체가 거의 행해지지 않는다. 칼 웨익은 "인간이 생각할 수도 없는 것을 할 수 있으리라고 기대하는 것 자체가 무리다."[44]라고 당당하게 말한다. 따라서 가까운 곳에서 좋은 사례를 많이 주워 모으는 것은 매우 의미 있는 일이다. 칼 웨익은 고든 시우Gordon Siu가 실시한 획기적인 실험을 예로 들어 자신의 주장을 옹호했다.

몇 마리의 벌과 그와 같은 수의 파리를 병 속에 넣어 바닥이 창 쪽으로 향하게 병을 뉘어놓는다.[45] 그러면 벌은 밝은 방향에서 출구를 찾다가 끝내는 지치거나 굶어 죽을 때까지 병 밑바닥에서 악전고투를 한다. 이에 비해 파리는 채 2분도 되지 않아 반대쪽의 병 주둥이로 나가버린다. …… 이 실험을 통해 벌이 빛을 좋아한다는 것, 그리고 밝은 쪽으로 나가야 살 수 있음을 아는 벌의 높은 지능이 이러한 조건에서는 오히려 나쁜 영향을 미친다는 것을 알 수 있다. 벌은 가장 밝은 쪽에 반드시 출구가 있다고 생각하기 때문에 논리적으로 이와 합치하는 행동만을 취한다. 벌에게 있어서 유리병은 지금까지 한 번도 본 적이 없는 초자연적인 현상이며 해결하기 어려운 난제가 되어버리는 것이다. 결론적으로 벌은 이렇게 갑자기 나타난 돌파할 수 없는 벽에 기가 죽어버리고 만다. 사실 지능이 높으면 높을수록 지금까지 경험하지 못한 익숙하지 못한 장벽은 더욱 비논리적이며 허용할 수 없는 것이 된다. 그러나 처음부터 어리석은 파리는 유리의 불가사의함 따위나 빛의 방향 같은 것은 고려하지 않은 채 무턱대고 날아다닌다. 단순한 자에게는 행운이 기다린다는 격언대로 유리병의 여기저기에 반복적으로 부딪히는 과정을 통해 출구를 발견하고는 마침내 자유스러운 몸이 되는 것이다.

그리고 칼 웨익은 이렇게 결론을 내린다.

이 에피소드는 변화에 대응하기 위해서는 실험, 지속, 시행착오, 리스크, 임기응변, 최적화, 우회, 혼란, 경직성, 무작위 등의 요소가 총동원될 필요가 있음을 보여준다.[46] 하긴 가장 극적인 대비로 엄격함과 부드러움을 대비시켜볼 수 있을 것이다. 수단이 목적에 어느 정도로 부합하는가 하는 것이, 의도가 행위를 어느 정도로 지배하는가, 다른 사람을 모방하는 것이 어느 정도까지 문제 해결에 도움이 될 수 있는가, 피드백을 통해 문제 해결 과정이 어떻게 수정이 되는가, 직전의 행위가 직후의 행위와 어떤 식으로 연관되어 있는가, 과거의 경험이 현재의 행위를 어떤 식으로 제약하는가, 지능에 의한 적응 행동은 어떻게 변화하는가 등의 질문에 대한 답을 일괄적으로 해줄 수는 없다. 다만 유리병 실험을 통해 알 수 있는 것은 약한 결합이 해당 환경의 심각한 변화에 성공적으로 적응하는 데 필요한 수단을 제공할 수 있다는 것이다. 하나의 파리는 과거와 단절되어 있고 독립적인 생활을 하는 약한 결합에 충실했기 때문에, 수많은 개체 특유의 적응 행동이 연속해서 이뤄지고 그것이 최종적으로 출구를 발견하는 결과로 이어졌다. 이 경우 약한 결합이 주는 유연성이 도움이 된 셈이다. 그렇다 하더라도 유연성이 정확하게 언제 어떤 식으로 성공으로 연결되는지, 유연성의 속성에 부합하기 위해 변화의 프로세스 자체가 어떤 식으로 수정되어야 하는지 등을 분명히 하는 것은 불가능한 일이다.

고전적인 진화론적 프로세스의 역할에 매료된 칼 웨익, 제임스 마치 등과 같은 사람들은 이러한 이론이 조직의 성장을 설명하는 데 그대로 적용될 수 있지 않을까 하고 생각한다. 환경의 요구를 회사의 구성원들과 연관지은 그들의 업적은 경제학자들로부터 항상 인정을 받아왔다. 달리 말해 환경에 제대로 적응하지 못하는 기업은 생존할 수 없다는 의미다. 경영자에게는 재미없는 이야기이지만 이 진화론적 주장은 그야말로 아주 잘 들어맞는다. 오늘날 〈포춘〉의 5백대 기업에 포함된 대부분의 기업들이 50년 전에도 똑같은 리스트에 포함되었던 것은 아니라는 사실이 그러한 점을 잘 말해준다. 지난 20년 동안 미국의 민간 부문에서 새롭게 창출된 고용은 20년 전의 〈포춘〉 1천대 기업에 들지 않았던 새로운 기업들이 만들어낸 것이다. 그리고 새로 창출된 고용의 3분의 2는 20년 전에는 종업원 수가 20명도 채 안 되는 소규모의 기업이 만들어낸 것이다. 10년 전 미국의 3대 자동차 회사는 그야말로 천하무적처럼 보였다. 그러나 오늘날에는 이 중에서 앞으로도 생존할 수 있는 기업이 과연 몇이나 될 것인가에 대한 논란이 일기도 했다.

1960년 하버드대학의 시어도어 레비트 교수는 〈하버드 비즈니스 리뷰〉에 '마케팅 근시안Marketing Myopia'[47]이라는 유명한 논문을 실었는데 그는 여기서 모든 사업은 한번씩은 성장 산업이었다고 지적했다.

그런데 어떤 시점에서부터 기업이나 산업은 악순환에 빠져버렸다. 어느 기간 동안 성장이 계속되는 것을 경험하게 되면 그 산업의 경영자들은 성장이 계속되는 것을 당연시 여기게 된다. 그 제품을 대신할 만한 획기적인 것은 없다고 생각하고, 대량 생산의 효용을 맹신해버리고 결국 생산량의 증가에 당연히 따르게 마련인 비용절감에 지나치게 의존하게 된다. 경영자는 '한 걸음 한 걸음' 제품 개선이나 원가 절감만 해나가면 그걸로 충분하다고 생각하게 된다. 그러나 이런 일이 거듭되면 산업은 반드시 정체되고 쇠퇴하게 마련이다.

경제학자 버튼 클라인Burton Klein도 연구에 연구를 거듭해 역시 같은 결론에 도달했다. 그는 《역동적 경제학Dynamic Economics》에서 "어떤 산업이 이미 성장 후기에 돌입했을 경우 새로운 발전이 그 산업 내의 주요 기업에 의해서 추진되는 경우는 매우 드물다. 50건의 주요 발명(그가 연구한 20세기에 획기적인 기술적 돌파구를 마련해준 발명들)이 상대적으로 정태적인 산업에서 새로운 S자형 곡선(엄청난 규모의 새로운 성장 패턴)을 만들어낸 것은 사실이다. 하지만 50건들 중에서, 그 산업 내의 주요 기업에 의해서 성취된 것은 하나도 찾아볼 수 없었다."[48]라고 말하고 있다.

버튼 클라인의 연구에 고무되어 이에 더욱더 매진한 조지 길더는 이렇게 말했다. "한 산업에서 가장 생산적인 기업을 만든 바로 그 프로세스가 오히려 그 기업의 유연성과 창조성을 앗아가버린다."[49]

시장에서는 쉬지 않고 진화가 진행되고 있으므로 이에 적응할 수 있는 능력이 절대적으로 필요하다. 그럼에도 불구하고 사실상 변화하는 환경에 시의 적절하게 대응하는 대기업은 거의 없는 실정이다. 우리들이 예로 든 초우량 기업도 아마 영원히 초우량 기업으로 남을 수는 없을 것이다. 다만 우리는 그러한 기업이 지금까지는 잘해왔으며—그것도 장기간에 걸쳐 대부분의 평범한 기업들보다도 훨씬 더 잘해왔으며—다른 기업에 비해 기업의 양적 성장에 상응해 뛰어난 환경 적응력도 갖추고 있음을 말하고 싶다.

우리가 그렇게 생각하게 된 커다란 이유 중의 하나는 초우량 기업에서는 사내에 의도적으로 진화의 씨앗을 뿌리기 때문이다. 달리 말하면 초우량 기업이란 하나의 유기체로서 지속적으로 학습하는 조직인 것이다. 그들은 시장이 만들어지기를 기다리는 대신에 기업 내부에 일종의 내부 시장을 만들어버린다. 증권 애널리스트의 말에 따르면 IBM이 90퍼센트의 시장점유율을 자랑하고 있었을 때 이를 가능하게 한 비결은 경쟁 기업에 대한 가상의 이미지를 만들어낸 것[50]이었다고 한다.

탁월한 기업은 어떤 수단을 써서든 경영의 일상성이 조직을 경직시키지 못하게 하려고 노력했다는 점에 우리는 주목할 필요가 있다. 이를 위해 이들 기업은 의미 있는 실험의 횟수를 늘리고 더 많은 시도를 하도록 용기를 북돋워주며, 실패로부터 소중한 경험을 얻었다면 실패의 자유를 인정한다. 또한 조직을 항상 소규모로 유지하기 위해 노력하며 조직의 각 부문은 항상 고객—특히 제품 지식이 풍부한 고객—과의 커뮤니케이션을 소중히 여긴다. 사내 경쟁을 장려하고 그 결과로 인한 중복을 용납하는 것은 자연스러운 분위기다. 그리고 무엇보다 이들 기업은 형식에 얽매이지 않고 정보의 창출과 공유를 지원하는 자유로운 환경을 유지하며 그러한 환경 조성에 도움이 되는 아이디어의 사내 확산을 적극적으로 장려한다.

그런데 흥미로운 점은 이러한 회사들 중 자신들이 하고 있는 일을 자신 있게 설명할 수 있는 기업이 별로 없다는 것이다. 특히 HP, 3M, DEC, 왕 연구소, 존슨 앤드 존슨, 블루밍데일 백화점과 같은 초우량 기업들은 이러한 프로세스를 주도적으로 관리하는 경영자의 역할을 제대로 잘 설명하지 못하는 것 같다. 그것은 아마도 이들 기업에선 이런 일들이 일종의 공기처럼 간주되고 있으며, 그것을 재치 있는 표현을 사용해 설명하지 않아도 그러한 가치 또는 정신을 사원들이 충분히 이해하고 있기 때문일 것이다. 그리고 이와 같은 정신에 혼란의 징조가 나타나게 되면 이내 스스로 느낄 수가 있기 때문일 것이다. 우리들이 이러한 초우량 기업의 정성적 특성을 제대로 설명할 수 없듯이 이들 기업 또한 우리들에게 스스로를 제대로 설명할 수 있는 풍부한 표현력이 없는 것이다. 아마도 이 점이 초우량 기업에 공통적으로 나타나는 기본적 특성을 규명하려는 연구가 지금까지 제대로 이뤄지지 못한 가장 큰 이유일 것이다.

패트릭 해거티가 TI에서 실시한 OST(목적·전략·전술) 계획 시스템은 혁신을 일상적 업무의 하나로 제도화하는 일에 있어서 가장 모범적인 사례라 할 수 있다. 그렇지만 이 경우에도 OST의 논리적이고 지나치게 이해하기 쉬운 시스템적인 성격 때문에 유감스럽게도 계속해서 혁신을 장려하기보다 오히려 이에 역행하는 관료적인 분위기가 팽배해지고 있다. 그리고 서서히 창조성을 제한하는 징조가 나타나기 시작하고 있다.

피터 드러커는 《단절의 시대 *The Age of Discontinuity*》에서 경영자는 "혁신적 조직을 설계해 이를 관리해나가는 것을 배우지 않으면 안 된다."[51]라고 말했다. 〈이코노미스트 *Economist*〉의 부편집장인 노만 맥크레이 Norman Macrae는 "아직도 미국의 대기업은 매일매일의 일상적인 비즈니스 활동으로 세계 최고의 효율성을 유지하고자 하는 것 같다."[52]라는, 피터 드러커와 비슷한 취지의 주장을 하고 있다. 또한 기업 전략을 계속해서 연구해오고 있는 이고르 앤소프Igor Ansoff 교수는 이렇게 말했다. "조직의 능력을 정의할 때 조직구조를 제일 먼저 고려할 필요가 없는 때가 올 것이다. 구조는 변화 및 불변화, 양쪽 모두를 동적으로 가능하게 만들어 최종적으로는 '조직화된 혼돈organized chaos'이 올 것이다."[53] 이러한 주장을 접했을 때 얼른 생각나는 것이 주요 광산 회사를 대상으로 우리들이 실시한, 탐사 활동의 성공 및 실패에 대한 조사였다. 의뢰인에게도 보고한 것처럼 탐사 활동이 잘 되고 있는 회사는 '구조화된 혼돈'만큼 중요한 것은 없음을 몸소 보여주는 것처럼 보였다. 조사를 처음 진행했을 때 낸 보고서에서 동료인 데이비드 앤더슨David Anderson이 초우량 기업의 특징을 표현하는 데 사용한 '떠들썩하고 시끌벅적한 환경'이라는 말이 생각난다.

좋은 성과를 내는 기업은 "작은 것이 아름답다."라는 사고방식을 갖고 있는 듯하다. 지금까지의 전통적인 사고방식으로 보면 사물을 지나치게 세분화시키면 본래의 질서 정연함이 상실되는 것처럼 느껴진다. 우리는 우수한 회사를 통해서 이러한 사례를 여러 차례 보아왔다. 그렇다면 이것은 도대체 어떻게 된 일일까? 규모의 경제에 무슨 일이 생긴 것일까? 이러한 회사에서는 비용절감의 효과가 없는 것일까? 학습곡선의 효과를 이해하지 못하고 있는 것일까?

〈사이언스 82 *Science 82*〉라는 잡지에 실린 '그때는 좋은 아이디어인 것처럼 보였다'라는 제목의 칼럼에는 다음과 같은 내용이 있다.

10년 전 포드 자동차는 연간 50톤의 주철 엔진과 엔진 블록을 생산할 수 있는 공장을 건설했다.[54] 대량생산은 비용을 절감시킨다는 신념을 바탕으로 건설된 공장은, 4층 건물로 면적은 축구 경기장 72개가 들어 설 수 있을 정도로 엄청나게 컸다. 그런데 V형 8기통 엔진 생산을 위해 공장을 세운 포드는 후에 공장의 규모가 너무 크고 지나치게 전문화되어 있다는 사실을 깨달았다. 1970년대의 두 차례 석유 파동 이후 경량의 엔진이 주류를 이루게 되자, 포드는 공장을 개조는 것은 비용이 너무 많이 들어 불가능한 일이라는 것을 알았다. 결국 포드는 공장을 폐쇄해버렸으며, 30년 전부터 사용하고 있던 오래된 작은 공장에서 주철 엔진을 생산했다.

어떤 일정한―일반적인 생각보다 훨씬 작은―규모를 넘어서게 되면 '규모의 불경제'가 작용하기 시작한다는 것을 초우량 기업은 본능적으로 알고 있다. 1980년 초 HP의 부사장인 존 도일John Doyle에게 우리들의 조사 결과를 중간보고했을 때 우리는 "HP를 포함해서 우리들이 인터뷰한 초우량 기업은 시장 요인이라든지 규모의 경제에서 '준최적화', 즉 최적 규모에 못 미치는 수준을 유지하고 있는 것 같다."라는 뜻을 전했다. 우리들은 이것을 HP에 대한 칭찬의 말로 한 셈이었는데 그는 이 말에 무섭게 반발하며 다음과 같이 말했다. "우리들에게는 당신들이 말하는 '준최적suboptimal' 에 해당하는 규모가 바로 최적 규모입니다."

앞으로 이 책에서는 어쩌면 조금은 어수선해 보이는 여러 가지 예를 들고자 한다. 이러한 어수선한 것들을 한데 묶고 있는 것처럼 보이는 실은 바로 작은 것이 효과적이라는 생각이다. 기계적인 원가 계산에 의한 최적 규모보다 더 작은 사업 부문, 생산 공장 그리고 지점 등을 우리는 숱하게 보아왔다. 다나 기업의 '가상 기업가 행세를 하는' 매장 관리자(공장 관리자)의 경우는 이에 대한 좋은 사례다. 여기서는 지금까지의 고전주의 경제학에서 옳지 않은 것으로 다뤄졌던 기능의 분산화가 이뤄지고 있다.

예를 들면, 다나의 약 90명에 달하는 매장 관리자는 각각 독자적인 원가 계산 시스템을 갖고 있으며, 매입도 따로 할 수 있고, 인사에 있어서도 거의 완전히 자율적으로 행사할 수 있는 독자적인 권한을 갖고 있다. 또한 우리는 10명의 '비밀 작업실' 팀이 몇백 명의 팀원으로 이뤄진 연구개발 및 엔지니어링을 위한 정규 조직보다도 훨씬 더 혁신적으로 일을 처리한 예를 여러 기업에서 찾아볼 수 있었다. 그 밖에도 사내 경쟁의 예, 여러 개의 그룹이 똑같은 테마를 갖고 씨름하는 예, 생산라인의 중복 및 복선화의 예, 잦은 실험을 통해 쓸모 있는 실패를 스스로 자랑스럽게 생각하는 사람들의 예 등을 볼 수 있었다. 임기응변으로 조직된 작은 그룹, 일반적으로 미국의 경영에서는 별로 볼 수 없다고 여겨졌던 일본의 품질관리 분임조와 똑같은 성격을 지닌 작업 집단의 예도 무수히 많았다. 절차를 무리하게 표준화하지 않고 오히려 "잘 된다면 자유롭게 하도록 내버려두자."라는 분위기를 가진 회사도 보았다.

여기서 우리는, 우리가 뭔가 새롭고 중요한 조직이론의 입구에까지 이른 것이 아닌가 하고 생각했다. 하나의 덩어리를 관리 가능한 수준의 단위까지 잘게 분해시키는 일이 이렇듯 의도적으로 행해진 적은 여태까지 없었을 것이다. 지금까지의 이론에서는 "작은 것이 효과적이다."라는 표현은 보통 규모가 일천한 첨단기술 기업이나 소규모 기업에서 이뤄지는 혁신을 언급하는 경우에 한정되어 사용되었다. 그러나 대부분의 초우량 기업에서 경영 효율을 높이기 위한 전제 조건으로 온갖 형태의 분해가 시도되고 있었던 것이다. 그리고 또한 재미있는 점은 이와 같은 현실은 보면 볼 수록 그것이 효율을 높이는 수단인 동시에 환경에 대한 적응과 생존을 제고하기 위한 매우 주요한 수단이라는 사실이다.

펜실베이니아대학의 올리버 윌리엄슨Oliver Williamson 교수는 효율성에 관한 이론에서 타의 추종을 불허하는 거의 독보적인 존재다. 그의 저서 《시장과 위계Market and Hierarchy》[55]가 그다지 주목을 받지 못한 것은 내용의 어려움 때문에 읽기 힘들어서였을 것이다. 저자 자신조차 서문에서 이 점을 인정하고 있을 정도니 말이다. 여하튼 이 책은 효율성에 관해 주옥 같은 내용을 담고 있다.

윌리엄슨의 주장은 지금까지의 '규모의 경제'라는 사고방식에서는 업무 처리를 위한 비용, 즉 의사소통, 조정 및 의사결정에 소요되는 여러 거래 비용이 지나치게 과소평가되어 있다는 것이다. 이것은 앞서 우리가 제시한 것처럼 일을 완수하기 위해 협력 및 공동 작업이 필요한 경우에는 그 작업에 관여하는 사람들의 수가 증가하는 것에 비례해 그들 사이에 이뤄지는 의사소통의 복잡성도 기하급수적으로 증가함을 지적하는 말이다. 서로 조정해야 할 것들이 늘어나게 되면, 기계적으로 산출해낸 '규모의 경제' 조정 비용으로는 도저히 감당할 수 없게 된다. 이러한 윌리엄슨의 주장은 수많은 실제 사례를 통해 뒷받침되고 있다.

그러나 윌리엄슨의 생각은 우리가 언급한 이야기와 비슷하지만, 결정적인 차이점이 하나 있다. 그것은 그가 세계를 흑과 백이라는 이분법적 논리로밖에 보지 않았단 점이다. 만약 조직 내에서 비용을 지불하는 것보다 시장에 비용을 지불하는 것이 더 효율적이라고 한다면 외부 시장을 활용하는 아웃소싱을 통해 거래 관계를 형성할 수도 있다. 그에 대한 알기 쉬운 예를 들면, 큰 변호사 사무실에서 화분에 물을 주는 일 따위는 변호사 사무실 본연의 업무와는 전혀 관련이 없는 잡무다. 그리고 어떤 나무가 어떤 계절에 어울리는지를 결정한다든지 그 나무가 말라죽지 않도록 하기 위해 항상 물을 주는 일 등은 사무실 직원들의 시간을 많이 빼앗는 일이다. 따라서 이런 일은 외부의 전문적인 조경 서비스 회사에 아웃소싱함으로써 거래 비용을 절감(보다 효과적인)할 수 있다. 이처럼 조경을 전담하는 전문 서비스 회사에 아웃소싱하는 것을 생각한 사람은 식물을 관리하는 것이 매우 까다롭다는 점을 잘 알고 있는, 직관이 뛰어난 기업가라 할 수 있다. 그러나 윌리엄슨은 우리와 달리 내부 조직을 활용해 보다 효율적으로 수행할 수 있다면 그것이 바로 모범적인 기업의 모습이라고 주장했다.

사실 우리는 조직을 대신해 시장이라는 옵션도 충분히 이용 가능한 하나의 대안이라고 생각한다. 여러 차례 말한 바와 같이 IBM, HP, 3M, TI, 맥도날드, 델타 항공, 프리토레이, 타파웨어, 플루어, 존슨 앤드 존슨, DEC, 블루밍데일 백화점 등의 핵심적 경영 프랙티스는 시장에서 모든 종류의 업무를 아웃소싱할 수 있다는 점에 크게 의지하고 있다. 1930년 이래로 사내 경쟁은 P&G의 공식 방침이었다. 뿐만 아니라 GM에서도 1920년대 초부터 알프레드 슬로언Alfred Sloan이 이를 공식적으로 채택한 바 있다.

즉 질서 정연함을 희생해 효율성을 얻는 것이다. 아니 실은 효율성 이상의 것을 얻을 수 있다. 분해 과정을 통해 기업은 신속한 행동을 자극할 수 있다. 조직은 먼저 실행을 하고 실행한 것을 통해 경험을 축적한다. 기업은 여러 가지 다양한 시행착오를 겪고 실험을 해보는 과정에서 뜻밖의 성공을 거둘 수가 있다. 더 나아가 이런 과정을 통해 새로운 전략적 방향에 대한 의미심장한 시사점을 얻을 수 있다. 대기업이 혁신을 지속적으로 실행하지 못하는 주요한 원인은 대규모 생산 공장, 매끄러운 생산 흐름, 통합된 운영, 야심찬 기술 개발 계획 그리고 경직된 전략적 방향 설정 등에 지나치게 의존하기 때문이라고 우리는 확신하고 있다. 그 결과 그들은 학습하는 방법과 실수를 감내하는 인내심에 종지부를 찍게 되는 것이다. 그들은 자신에 찬 행동, 실험, 반복된 시도를 자극하는 보통의 문화 등 초기에 자신들에게 성공을 가져다준 방법들을 망각하는 것이다.

실제로 우리는 환경에 대한 적응력이 뛰어난 조직은 다윈이 말한 것과 같은 진화를 기업 내에서 계속해서 되풀이한다고 생각한다. 어떤 회사가 많은 실험과 시행착오를 거듭해 의미 있는 실수를 계속해나갈 때, 기업은 그 자신만의 돌연변이를 유발할 수 있는 기회를 스스로 제공한다. 적응력이 있는 기업은 도움이 되지 않는 돌연변이는 재빨리 차단하고, 도움이 되는 돌연변이를 발견했을 때는 대량의 자원을 투입하도록 조직 구성원들을 학습시킨다. 적응력이 뛰어난 조직이 창조적인 방향 설정을 하는 것은 주도면밀한 계획의 결과가 아니다. 단지 이러한 조직은 막연하지만 올바를 것 같은 방향으로 가기 위한 시행착오와 실험 또는 의미 있는 실수에 대해 어느 기업보다 더 관대하다. 그리하여 결과적으로 아주 큰 성공을 거두기도 하는 것이다.

우리가 다윈의 진화론을 언급하면서 가장 많이 받았던 비판은 그렇게 해서는 점진적인 소규모의 혁신만을 이룰 수 있지 않겠느냐는 것이었다. 예를 들면, 사람들은 IBM의 시스템 360처럼 대단한 기술적 돌파구를 마련해주는 획기적인 신제품을 출시하려면 회사의 운명을 맡길 정도로 확신에 찬 큰 계획이 필요하다고 말한다. 우리는 이런 종류의 질문과 반론을 크게 환영한다. 이러한 유형의 질문에 대해서는 이론적으로나 경험적으로나 쉽게 반론을 제기할 수 있기 때문이다.

우선 우리는 좁은 의미에서의 진화를 점진적 변화(진화를 미세한 변화의 축적을 통해 이뤄지는 것으로 보는 견해)로 해석하는 것에 전혀 동의할 수 없다. 진화론의 분야에서 일인자로 인정받고 있는 생물학자 스티븐 제이 굴드Stephen Jay Gould[56]는 이런 예를 들었다. "정신없이 몰아치는 변화들에 노출된 인간 두뇌의 진화는, 다른 종들이 수만 년에 걸쳐 소규모의 미세한 논리적 단계를 하나하나 밟아 진화한 것과는 달리 단숨에 5만 년 이상을 건너 뛰어버린 엄청난 진화의 결과다." 다시 말해, 동굴에서 생활했던 인간의 조상들은 그들이 필요로 했던 것을 훨씬 더 뛰어넘는 두뇌 능력을 갖게 되었던 것이다. 그후 오늘에 이르기까지 이러한 인간의 두뇌 용량 및 능력은 기본적으로 별로 달라지지 않았다. 물론 굴드의 표현을 빌리면 진화론적 모델은 전지전능한 하느님 또는 주도면밀한 계획 없이 진화론적 대변혁의 발생을 적극적으로 뒷받침한다. 그리고 이것이 우리가 정말로 말하고자 하는 점이다.

이에 대한 실증적인 증거는 한층 더 인상적이다. 버튼 클라인을 비롯한 다른 학자들은 여러 다양한 연구를 통해 산업에서 혁신을 주도하는 기업들의 면면을 살펴보면 하나같이 기존 산업을 주도했던 선도 기업이 아니라는 사실을 분명히 밝힌 바 있다. 뿐만 아니라 커다란 돌파구를 마련하는 것은 전혀 알려지지 않은 평범한 발명가 또는 기술자들이며, 이러한 사실은 평범한 발명가가 그다지 많지 않을 것 같은 철강 및 알루미늄과 같이 거대한 산업에서도 분명히 드러나고 있다. 마찬가지로 우리들의 조사에서도 사업에 대한 새로운 돌파구를 마련하는 것은 주류에서 벗어난 열정적인 작은 그룹들이었다는 결과가 나왔다. 이것은 맥도날드(아침 식사를 위한 메뉴의 판매가 지금은 이 회사 매출의 40퍼센트를 차지하고 있다) 또는 GE(엔지니어링 플라스틱 및 항공기 엔진)의 경우처럼 어느 초우량 기업을 보더라도 쉽게 찾아볼 수 있는 사례다.

현대 경영에 정통한 어느 전문가는 IBM이 과거 25년 동안 시장에 출시한 주요 신제품 중에서 IBM 내부의 공식적 시스템으로부터 탄생한 것은 하나도 없다고 말한다.[57] 이것은 IBM이 충분히 검증 가능하고 실현 가능한 제품 개발 계획을 통해 신제품을 출시한 적이 한 번도 없다는 의미는 아니다. 물론 신제품은 정교한 계획을 통해 출시되기도 한다. 다만 우리들이 말하고 싶은 것은 돌연변이의 발생 그 자체는 기존의 전통적인 사고방식의 영향을 가장 적게 받은 현장 조직의 제일선에서 일어나는 일이 많다는 것이다. 그렇기 때문에 아무래도 회사의 주류에서 멀리 벗어나 있는 열정에 사로잡힌 작업 집단에 의해 추진되는 경우가 많음을 얘기하려는 것이다.

여기서 한 걸음 더 나아가서 말한다면 대규모 기술 혁신은 사전에 의도한 계획에 의해 일어난 경우가 거의 없었다. 앞에서 말한 것처럼 초기에 컴퓨터는 얼마 생산되지도 않았으며, 사용을 하는 곳도 극히 제한되어 있어서 사람들은 고작 인구 조사국에서나 컴퓨터를 사용할 거라고 생각했다.[58] 또한 당초 트랜지스터는 극히 제한된 군사용 목적을 위해 개발되었다. 사실 디젤 기관차도 철도 정비창에서만 사용할 목적으로 고마력 단거리용으로 개발되었다. 그런 다음 디젤 기관차에 적재할 목적으로 개발된 가스 터빈 역시 기관차에는 사용되지 않고 제트 비행기의 엔진으로 사용되었다. 당초 전자복사 기술은 석판 인쇄 시장의 극히 작은 부분을 목표로 개발된 것으로, 발명 및 초기의 마케팅 단계에서는 대량 복사용이라는 것은 전혀 염두에 두지 않았었다.

이런 실례로 알 수 있듯이 다소 논리 정연하지 않은 진화론적 경영이론도 소규모 혁신뿐만 아니라 대규모 혁신, 더 나아가 효율성과 효과성을 제고하는 데 유용하게 적용될 수 있다. 이 이론에 대해서 한 가지 더 말하지 않으면 안 될 것이 있다. 생물학에서는 어떤 종이 활발히 활동하고 있는 시스템에서 고립되면, 비극적 재앙이 초래된다. 신제품 개발 계획에 해당되는 변이는 가끔 발생하지만 성공에 해당되는 환경에 의한 선택은 거의 발생하지 않는다. 따라서 돌연변이의 발생 과정(실험 및 시행착오에 해당)을 배제해서는 안 되며, 그것을 항상 외부의 자극(가령 시장 수요 또는 고객의 필요 및 욕구)에 노출시키지 않으면 안 된다. 초우량 기업은 그것을 잘 알기에 환경, 그중에서도 기대 수준이 매우 높은 까다로운 고객과의 수많은 관계 설정을 통해 문제를 해결하려고 노력하고 있다. 결국 지금까지 초우량 기업의 현실을 제대로 반영하는 경영이론은 거의 없었다고 해도 과언이 아닐 것이다.

경영학 이론은 15년 전에 커다란 방향 전환을 했다. 이미 말한 것처럼 조직이론 속에 비로소 외부 환경이라는 요소가 포함된 것이다. 이에 대한 기념비적인 연구는 1967년 폴 로렌스와 제이 로쉬에 의해 이뤄졌다. 최근 들어 진화론적 시각에 풍성한 연구 결과를 제공한 대표적인 젊은 학자는 제프리 페퍼Jeffrey Pfeffer와 제럴드 살란식Gerald Salancik 두 사람이다. 이들은 1978년에《조직 외부의 관리 : 자원 의존 시각*The External Control of Organizations: A Resource Dependence Perspective*》[59]이라는 책을 출판했다. 그리고 같은 해인 1978년에는 마셜 메이어Marshall Meyer가 쓴《환경과 조직*Environments and Organizations*》이라는 책이 출판되었다. 이 책은 전반부의 7개 장에 이르는 방대한 문헌 연구와 후반부의 10개 장에 걸친 10가지 항목의 연구에 대한 자세한 결과를 제시하는 구성으로 되어 있다.

이들 연구자들은 모두 문제의 핵심을 정확하게 간파하고 있는 것으로 여겨진다. 제프리 페퍼와 제럴드 살란식은 "이 책의 중심 테마는 조직의 행동을 이해하기 위해서는 그 행동에 의해서 지금까지 진행되어온 것을 이해하지 않으면 안 된다는 것이다. 조직은 반드시 여러 가지 환경 조건의 영향을 받을 수밖에 없다는 현실을 인정해야 하는 것이다. 사실 활동하고 있는 모든 조직은 환경에 제대로 적응하는 활동을 한 결과로서 그 생존을 보장받고 있다고 주장하는 사람이 있을 정도다."[60]라고 말했다. 틀린 말은 아니다. 그런데 흥미로운 점은, 이들 두 권의 책 색인 항목 어느 페이지를 펴봐도 '고객' 또는 '의뢰인'이라는 말을 전혀 찾아볼 수 없다는 것이다. 두 권의 책 모두 기업의 외부 환경에 대해 언급하고 있으면서도 초우량 기업이 고객과 긴밀한 접촉을 유지하고 있다는 점은 아예 놓치고 있는 것이다. 뉴욕의 블루밍데일 백화점 지하에서 근무하는 직원이 가까운 지하철을 타려고 하는 손님들과 많은 이야기를 나누는 것이라든지, DEC 등의 기업에서 광범위한 모니터 제도를 실시하는 것들은 고객과 친밀한 관계를 이루기 위해 노력하는 기업의 좋은 예다. 그러나 이들 책에는 이런 류의 논의가 전혀 없다.

훨씬 더 심도 있는 연구를 수행하고 있는 소수의 연구자들도 있다. 특히 첨단기술 기업을 연구하고 있는 MIT의 제임스 우터백James Utterback과 에릭 폰 히펠Eric von Hippel은 상대적으로 높은 성과를 올리는 첨단기술지향적 기업의 고객 접촉 빈도를 몇 가지 방법을 통해 알아보고 있다. 예를 들면, 제임스 우터백은 혁신적인 기업에서 찾아볼 수 있는 목표 고객을 대상으로 한 깊이 있는 관계 형성에 대해 다음과 같이 말하고 있다. "일반적인 고객과의 평범한 관계란 있을 수 없다. 사실 이러한 기업이 정말로 중요시하는 것은 매우 한정되어 있지만 소수의 끈질기고 창조성을 지닌 고객과의 관계다. 또한 그들과의 관계는 형식적이 아닌 개인적이면서도 친밀한 것이어야 한다. …… 제품을 제공하는 기업과 이를 수용하는 고객과의 사이에서 많은 해석과 실험이 행해진다. 믿음과 신뢰를 바탕으로 형성되는 기업과 고객 사이의 관계가 건전한 긴장을 유지함으로써 시장에 큰 변화를 일으킬 수 있는 제품이 탄생하는 것이다."[61] 이와 같은 우터백과 폰 히펠의 주장이 오늘날 만인의 인정을 받고 있는 것은 아니며, 그 범위도 소수의 첨단기술 기업에 한정되어 있는 것이 사실이다. 그럼에도 불구하고 우리가 목격한 실제 사례를 살펴보면 고객과의 견고한 관계 형성은 거의 모든 산업의 초우량 기업에서 공통적으로 찾아볼 수 있는 현상이다.

이 세상에서 정말로 새로운 것이란 하나도 없다. 기업문화 및 공유가치에 대한 논의는 필립 셀즈닉과 체스터 바너드에 의해 이미 40년 전에 시작되었다. 허버트 사이먼이 합리주의의 한계를 논하기 시작한 것도 바로 이 무렵이었다. 알프레드 챈들러가 조직과 환경과의 연관성을 주제로 저술을 시작한 것도 이미 15년 전의 일이다. 문제는 첫째, 지금까지의 경영학 이론 중에서 압도적으로 널리 받아들여져 세상의 주류가 된 이론이 하나도 없다는 것이다. 경영학 이론들이 현장의 경영자들에게 미친 영향은 미미한 수준이다. 둘째, 이 점이 훨씬 더 중요한데 지금까지의 모든 이론들을 전부 합치더라도 우리들이 조사하고 연구해서 밝혀낸 초우량 기업의 공통적인 특성들과 뛰어난 성과 사이의 긴밀한 관계를 설명하기는 어렵다는 사실이다. 그저 단순히 실험정신이 풍부하다는 것은 그에 대한 답이 될 수 없다. 수천 번의 실험과 실패에서 축적한 경험에 의해 이들 초우량 기업들의 기본적인 특성들이 형성되었을 것이다. 사내 경쟁이라는 말 자체만으로도 역시 답이 될 수 없다. 사내 경쟁은 다른 경영 자원의 재분배를 위한 도구일 뿐이다. 작은 것이 아름답다는 표현만으로도 역시 부족하다. 수백 개에 달하는 아주 작은 작업 집단 및 기술적으로 달성 가능한 최소한의 소그룹의 존재 역시 간과해서는 안 된다. 고객과의 관계 형성은 말처럼 그리 쉽지 않다. 이를 실현하기 위해서는 조직 말단의 하부 관리자부터 최고경영자까지 모든 조직 구성원들이 항상 고객과 접촉하기 위해 혼신의 노력을 기울여야 한다. 결론적으로 초우량 기업에 있어 경영의 핵심은 다른 경쟁 기업과 비교해서 그저 어딘가 모르게 다르다는 정도가 아닌 것이다. 그들의 차별성은 경영학에서 상식으로 통하지만 모든 사람들의 관심에서 멀어져 있는 기본에 충실하라는 말을, 실제 현장에서 충실히 지키고 있다는 데서 찾을 수 있다.

✝ 인류 최고의 지성을 시험하는 방법은 두 개의 상반되는 아이디어를 동시에 항상 염두에 두면서 이를 제대로 실행할 수 있는 능력을 갖고 있는지를 보는 것이다.[62]
　— 스콧 피츠제럴드 F. Scott Fitzgerald

초우량 기업의 8가지 조건

3

5 철저하게 실행하라

누군가가 동아프리카에서 직접 사냥을 하는 진귀한 경험을 했다고 하자. 그때의 즐거움과 흥분을 남에게 그대로 전하는 것은 불가능하다. 책으로 도 무리이며 슬라이드나 8밀리 필름으로도 그 감동을 전할 수 없다. 트로 피 같은 것을 보여주는 것도 아무 소용없는 일이다. 하지만 만약 당신이 그 곳에 함께 있었다면 그와 똑같은 느낌을 받았을 것이다. 바로 그곳에 있었 던 사람들만이 함께 흥겨운 대화에 열중할 수 있다. 그런 반면, 그곳에 없 었던 사람들은 그들이 경험한 일을 상상조차 할 수 없을 것이다.

이는 우리가 초우량 기업의 특성을 뒷받침하는 것 가운데 하나를 설 명하고자 할 때 경험하는 무력감과 비슷하다. 그것은 바로 무슨 일이든 해 내겠다는 실행을 우선시하는 경향이다. 예를 들면, 우리는 프로젝트 관리 및 조정을 담당하는 최고경영자에게 시스템에 과부하를 일으킬 수 있는 형식주의, 업무 절차, 서류 작업, 위원회를 간소화시킬 수 있는 묘책에 대해 설명하기 위해 애쓴 적이 있었다. 무슨 이야기 끝에 우리가 "3M이나 TI에선 이런 문제로 골치 아파하지 않는 것 같습니다. 그 대신 직원들이 서로 자주 대화를 나누고 있습니다."라고 말하자 그는 무슨 말인지 통 모르겠다는 표정을 지었다. 우리의 이야기가 도움이 되기는커녕 흥미조차 끌지 못하는 모양이었다. 그래서 우리는 "당신의 회사는 3M과 직접적인 경쟁관계에 있지 않으니까 세인트폴로 가서 직접 한번 확인해보시지 않겠습니까? 하루면 충분합니다. 아마 놀라운 경험을 하게 되실 겁니다."라고 말했다.

3M에 있는 우리 친구들이 어디든 자유롭게 견학할 수 있게 해줬기 때문에 우리는 약간 색다른 일이 추진되고 있는 여러 곳을 구경할 수 있었다. 영업사원, 마케팅 담당자, 생산 현장 종업원, 재무 담당 관리자 그리고 기술자 및 연구원들을 포함해 거의 모든 부서를 망라하는 구성원들이 이곳저곳에 둥그렇게 모여 앉아 신제품 개발을 위한 진지한 미팅을 하고 있었다. 우연히 목격하게 된 한 미팅에서는 3M의 고객 한 사람과 4개의 부서에서 온 약 15명의 사원이 머리를 맞대고 고객의 필요 및 욕구를 가장 잘 반영하는 제품의 개발을 위해 형식에 구애받지 않고 이야기를 나누고 있었다. 사전에 정교하게 예행연습을 마친 듯한 계획적인 미팅은 하나도 없었다. 신제품 개발 계획과 같은 거창한 프레젠테이션도 듣거나 볼 수 없었다. 사람들의 필요에 의해서 마련된 자리에서 결정해야 할 사항들을 결정해버리는 이러한 일은 하루 종일 반복되었다.

저녁이 되어 3M을 나설 무렵 우리와 동행한 경영자는 이러한 체험을 통해 앞서 우리들이 말한 내용을 정확하게 이해할 수 있게 되었다. 문제는 자신의 눈으로 직접 확인한 광경을 어떻게 하면 그의 동료들에게 제대로 전달할 수 있을까 하는 것이었다.

'실행 우선'이 어떤 것인지 정확하게 말하기는 어렵다. 그러나 실행의 영역은 매우 다양하고 복잡하기 때문에 어려움에 굴하지 않고 시도해보는 것이 중요하다. 우리와 관계를 맺고 있는 대다수 기업들은 항상 다양한 지위에 있는 여러 직원들, 때로는 글자 그대로 수백 명에 달하는 직원들이 작성한 방대한 보고서 더미 속에 파묻혀 있다. 이렇게 해서 아이디어는 생명을 잃게 되고 오로지 책임 소재와 같은 빈껍데기만 남는 것이다. 대기업은 수톤에 달하는 보고서와 특허를 만들어내는 거대한 연구실을 운영하고 있지만, 그런 결과물들이 신제품 개발로 연결되는 일은 거의 없다. 이러한 기업에는 무슨무슨 위원회와 프로젝트팀이 셀 수 없이 많아 그것들이 서로 얽혀 창의성을 질식사시키는 동시에 실행을 방해한다. 업무를 좌지우지하는 것은 현실 감각이 전혀 없는 참모들의 탁상공론이다. 제품을 생산하든 판매하든 간에, 심지어 제품을 본 적조차 없는 사람들이 다른 직원이 작성한 종이 서류만을 바탕으로 일을 추진하는 것이다.

그러나 초우량 기업이 취하는 방법은 이와는 전혀 다르다. 초우량 기업에도 프로젝트팀은 분명히 존재한다. 그러나 35명으로 이뤄진 한 팀이 1년 반이라는 시간을 들여서 5백 페이지에 달하는 방대한 양의 보고서를 만들어내는 식이 아니다. 소수 정예 인력으로 구성되어 5일 후에는 현장 부서에서 지금까지와 전혀 다른 일을 할 수 있도록 만드는, 실행을 우선시하는 프로젝트팀이다.

이 장에서 우리가 살펴보고자 하는 것은 보통 대기업들이 불확실성이나 복잡성에 대처하는 상식적·합리적 해결 방법이라고 하는 것—업무를 조정하고, 해야 할 일을 분석하고, 위원회를 구성하고, 더 많은 데이터를 수집하거나 새로운 정보 시스템을 구축하는 식의 방법 – 을 과연 이대로 무비판적으로 수용해도 좋은가 하는 것이다. 만약 대기업에서 보듯 세상이 그렇게 복잡한 것이라면 복잡한 시스템이 종종 질서 정연한 것처럼 보일 수 있다. 그러나 그것이 너무 지나친 경우가 많다. 복잡성은 타성과 무기력을 낳으며, 그로 인해 많은 기업들이 외부 환경의 변화에 시의 적절하게 대응하지 못하게 만든다.

초우량 기업이 주는 중요한 교훈은 기존의 방법만이 문제를 해결할 수 있는 것은 아니라는 점이다. 초우량 기업은 저마다 각기 독특한 비법을 연구해 십분 활용함으로써 타성에 젖거나 쉽게 타협해버리는 일을 미연에 방지하고 있다. 그들은 언제나 실천에 더 많은 무게를 둔다. 그래서 경영시스템, 조직의 유동성, 실험과 같은 측면에서 다른 기업들보다 더 많은 다양한 도구들을 마련해놓고 있다. 얼마만큼 재무 목표에 매진해야 할 것인가, 또는 어느 수준까지 목표를 달성해야 할 것인가를 명확히 해, 조직의 태도를 바로잡고 시스템을 간소화하고 있다.

유동적인 조직

워렌 베니스는 《임시변동의 사회 *The Temporary Society*》[1]에서 그리고 앨빈 토플러 Alvin Toffler는 《미래 쇼크 *Future Shock*》[2]에서 모두 기업에 대한 '임시 조직 adhocracy'의 필요성을 지적했다. 외부 환경이 급격히 변화하는 현실을 감안하면 체제의 영속성을 전제로 한 관료주의는 이제 더 이상 불필요하다는 것이다. 관료주의라는 말에는 생산 및 판매 그리고 제조 등과 같은 매일매일의 일상적 활동에 관한 일들을 처리하기 위한 딱딱한 조직구조라는 뜻이 포함되어 있다. 이에 비해 '임시 조직'이라는 것은 관료주의적 기구의 틈새에서 굴러 떨어진 새로운 문제—관료주의적인 조직의 여러 방면에 관계되는 문제이므로, 누가 다뤄야 하며 또한 어떤 일을 해야 하는지 알지 못한다. 따라서 그 누구도 하지 않는 일—를 처리하기 위한 메커니즘을 의미한다.

자유로운 의사소통은 긍정적인 성과를 창출한다

조직의 유동성이라는 개념은 전혀 새로운 것이 아니다. 여기서 새로운 점은 초우량 기업은 조직의 유동성을 활용하는 방법을 알고 있다는 점이다. 비공식적 경로를 통해 풍부한 의사소통을 하거나, 태스크포스처럼 특별한 임시적인 수단을 사용하건 그렇지 않건 간에 초우량 기업이 신속한 행동을 취할 수 있는 것은 그 조직이 유동적이기 때문이다.

초우량 기업에서 이뤄지는 의사소통은 그 성격이나 방법에 있어서도 실적이 좋지 않은 다른 기업과는 전혀 다른 모습을 보여준다. 초우량 기업은 여러 가지 다양한, 비공식적이고 개방적인 의사소통 네트워크를 마련한다. 이와 같은 의사소통의 강도 및 패턴은 서로 어떤 문제를 논의할 필요가 있는 사람들끼리 정기적으로 접촉할 수 있도록 해주며, 의사소통의 본질과 규칙적인 접촉은(예를 들면, 준경쟁 상황에서의 동료 대 동료) 조직 시스템의 혼란과 무질서를 제대로 통제할 수 있도록 해준다.

초우량 기업에서 자유로운 의사소통이 가능하다는 것은 의심할 여지가 없다. 이는 결국 형식에 얽매이지 않는 자유로부터 비롯되고 있다. 예를 들면, 월트 디즈니에서는 사장 이하 모든 종업원이 자신의 이름이 적힌 명찰을 달고 있다. HP에서도 마찬가지로 당사자의 이름을 부르는 것을 장려하고 있다. 자유로운 의사소통에 뒤따르는 것은 개방 정책이다. IBM에서는 이를 위해서 엄청난 시간과 에너지를 투자하고 있다. 문호개방은 창업자인 토머스 왓슨 1세의 경영철학의 바탕이 되는 것으로 종업원이 35만 명이 넘는 오늘날까지도 이어져 모든 종업원의 불만 사항에 대해 회장이 직접 답하고 있다. 문호개방 정책은 또 델타 항공의 구석구석에까지 침투해 있으며 리바이스에서는 '문호개방'을 제4의 자유(1941년 시어도어 루스벨트 Tehodore Roosevelt가 제창한 언론의 자유, 신앙의 자유, 결핍에서의 자유, 공포에서의 자유)에 더해 제5의 자유라 부르고 있을 정도다.

경영을 사무실에만 가둬두지 않는 것도 형식에 치우치지 않는 비공식적 의사소통에 도움을 주고 있다. 유나이티드 항공United Airlines의 에드 칼슨Ed Carlson은 이것을 '가시적 경영Visible Management'[3]이라든지 '현장 중심의 경영(MBWA : Management By Walking About)' 이라 부르고 있다. HP에서도 똑같은 'MBWA(단 여기서의 대문자 W는 Walking이 아니고 Wandering이다)'가 HP식 경영의 핵심이 되고 있다.[4]

또 비공식적 의사소통을 크게 자극하는 것으로 시설 배치를 개선하는 방법이 있다. 코닝Corning Glass에서는 새 빌딩에 엘리베이터 대신 에스컬레이터를 설치해 사람들이 서로 스쳐 지나가면서 얼굴을 볼 수 있도록 했다.[5] 3M에서는 이유를 불문하고 10명 정도가 모이는 사내 활동을 후원하고 있다. 점심 식사 또는 그 밖의 취미 모임 등 어떤 모임이든 여러 사람이 모이면 문제 해결에 대해 이야기할 기회가 생긴다는 이유만으로 회사에서 모든 비용을 부담한다. 시티은행의 어떤 임원으로부터 들은 이야기인데, 오랫동안 계속되어왔던 관리 부서 및 대출 부서 사이의 갈등이 두 부서가 같은 층에 서로 마주 보며 앉도록 하자 단번에 해결되었다고 한다.

이 같은 일들은 모두 조직 구성원들의 만남의 횟수를 늘려 의사소통의 질적 수준을 높이기 위한 것이다. HP의 황금률은 모두가 보다 자유로이 의사소통하는 것과 밀접한 관련이 있다. HP에서는 사회적인 외적 환경도 의사소통을 강화하는 역할을 하고 있다. 팔로알토의 공장 시설을 돌아보면 많은 사람들이 칠판이 있는 방에 모여서 자유롭게 대화를 나누고 있는 모습을 자주 목격하게 된다. 이와 같은 형태의 모임에는 연구개발에서 생산, 마케팅, 영업 부문에 이르기까지 모든 분야의 사람들이 참여하고 있는 것이 보통이다. 바로 이 점이 초우량 기업과 평범한 기업의 차이다.

일반 기업의 경영자나 분석가는 결코 고객을 만나 이야기를 나누는 법이 없으며, 영업사원들과는 형식적인 인사말 이외의 대화는 하지 않는다. 또한 해당 기업이 생산한 제품을 보거나 만지는 일도 전혀 찾아볼 수 없다. HP에 있는 한 친구는 그 회사의 중앙 연구소 조직에 대해서 이렇게 말했나. "우리는 어떤 조직구조가 최선인지 모른다. 확실한 것은 우선 형식에 얽매이지 않는 매우 자유로운 분위기에서 의사소통을 하는 것으로, 이는 최선의 조직구조 구축을 위한 첫걸음을 내딛는 데 있어 매우 중요한 역할을 한다고 생각한다. 어떤 조직이든 간에 이것만큼은 실천하지 않으면 안 될 것이다."

3M도 이와 똑같은 신념을 갖고 있다. 이 회사의 한 경영 간부는 이렇게 말하고 있다. "당신들이 하고 있는 초우량 기업의 분석에는 한 가지 문제점이 있다. 그것은 의사소통을 아홉번째 기본 특성으로 언급하지 않은 것이다. 우리는 쓸데없는 서류 뭉치나 형식에 치우친 업무 절차를 과감히

없애버리고, 그 대신 서로 자유롭게 대화를 나누고 있다." 이와 같은 여러 가지 실례를 통해 보았듯이 조직 운영에서 비공식적인 접촉을 가능하게 하고 이를 유지하는 것을 소위 '접촉공학'이라 한다.

정기적이며 적극적인 직장 동료 상호 간 비평 역시 일반적으로 커다란 힘을 발휘한다. 그 좋은 예로 타파웨어를 들 수 있다. 사실 타파웨어는 평범한 플라스틱 그릇을 판매해 약 8억 달러에 달하는 매출액과 법인세를 지불하고도 총 2억 달러에 달하는 순이익을 올리고 있다. 타파웨어 최고경영자의 첫번째 임무는 8만 명이 넘는 영업사원들에게 동기를 부여하는 것이었으며, 이를 위한 최대의 무기는 회합이었다. 매주 월요일 밤 영업사원 전원이 본인이 속한 판매 영업소 회합에 참석한다. 이 회합에서는 '카운트 업Count Up'이라는 행사가 치러지는데 지난주에 낮은 실적을 거둔 사람에서부터 시작해 더 나은 실적을 거둔 사람 순서로 팀원 전부가 무대에 올라가면 다른 팀원들이 박수를 쳐준다. 그리고 거의 모든 사람, 설사 아무런 실적을 내지 못한 사람까지도 회사의 핀이나 배지를 받는다. 그들은 모든 조직 단위를 대상으로 이 같은 일을 반복한다.

한편 이러한 행사는 영업사원을 실적에 따라 순위를 매기고 실적이 나쁜 사람을 벌하기 위한 것으로 보일지도 모른다. 그러나 다른 측면에서 보면 이는 한껏 고조된 분위기 속에서 영업사원 모두를 승리자로 만드는 것이라 할 수 있다. 결국 모두가 성공한 사람인 것이다. 행사장은 시종일관 뜨거운 박수와 환호성으로 충만해 있으며 실적 평가도 형식적인 서류나 수치에 얽매이지 않는다. 실제로 타파웨어의 전체 시스템은 서로를 축하하고 격려하는 데 초점이 맞춰져 있다. 또한 타파웨어에서는 매주 일련의 새로운 시합이 꼬리에 꼬리를 물고 열린다. 예를 들어, 실적이 최하위에 머물고 있는 세 곳의 판매 지역이 있는데 앞으로 8주 동안 그중에서 가장 높은 실적을 올린 지역에 상금을 지급한다고 하자. 이렇게 하면 영업사원들은 최고의 실적을 올리겠다는 마음을 먹지 않을 수 없을 것이다. 매년 모두 합쳐 30일간 벌어지는 실적 시상에서 거의 1만 5천 명의 사원들이 상금과 기념패를 받는다. 그리고 거의 1주일 동안 진행되는 축하 행사의 경우 상을 받는 인원은 3천 명 정도가 되기도 한다. 이처럼 타파웨어 전체는 영업사원에게 적극적으로 동기를 부여하는 분위기를 만들기 위해 노력하고 있다.

무엇보다 HP, 타파웨어 등의 초우량 기업을 보면 다음과 같은 두 가지 일을 달성하기 위해 의식적으로 노력하고 있음을 알 수 있다. 첫째, 최고 경영진부터 현업에 종사하는 모든 구성원들이 중요한 목적을 달성하면 온갖 수단과 방법을 다 동원해 그러한 성취를 칭찬하고 격려한다. 둘째, 가시적으로 드러나는 성과를 주요 구성원들이 공유할 수 있도록 가능한 한 많은 시상 및 평가 그리고 축하 행사를 연다.

유연한 조직이 인재를 만든다

첫번째 인터뷰 조사를 실시하고 6주가 지난 후 3명의 주요 회견자가 모여 인터뷰 조사에서 밝혀낸 초우량 기업의 가장 중요한 특성에 대해 대화를 나눴다. 이때 참석자 전원이 초우량 기업에는 형식에 치우치지 않는 자유로운 분위기가 넘쳐난다는 것에 대해 의견의 일치를 보았다. 그후에도 여러 번에 걸쳐 추가적인 조사를 실시했지만 그 당시 연구원들이 가졌던 생각은 지금도 변함이 없다. 결국 성공의 비결은 풍부한 비공식적 의사소통에 있다는 결론에 이르렀다. 또한 이러한 의사소통은 긍정적인 성과를 창출하는 일석이조의 효과를 갖고 있다. 즉 풍부한 비공식적 의사소통은 바로 행동, 실험 그리고 학습의 자유를 낳고 이는 결국 맡은 일을 더 잘 파악해 관리할 수 있도록 해주는 것이다.

〈유로머니Euromoney〉는 "(경쟁 상대인) 시티은행은 마음에 들지 않는 일이 있으면 그것을 바꿔버리죠. 그것도 우리 은행처럼 점진적으로 바꾸는 것이 아니라 단번에 말입니다. 비록 그 때문에 은행 전체가 발칵 뒤집히는 한이 있더라도 말입니다."[6]라는 체이스맨해튼은행Chase Manhattan Bank경영자의 말에는 감탄하고 싶지 않지만 감탄할 수밖에 없다고 말하고 있다.

또 다른 예로 IBM 간부의 말을 들어보자. "1960년대에 IBM은 고작 2주에서 3주 사이에 조직구조를 변화시키는 것이 가능할 정도로 매우 유연한 기업을 만드는 것을 목표로 삼았다고 합니다." 이와 같은 IBM의 가치관은 오늘날까지 일관되게 이어져오고 있다. 그래서 조직 전체가 안심하고 외부 환경의 변화에 시의 적절하게 대응할 수 있도록 자원을 변화시키는 일도 가능한 것이다.

이보다 규모가 작은 기업의 예로는 연 매출액이 3천5백만 달러인 스포츠용품 제조업체인 트랙TRAK을 들 수 있다. 이 기업의 최고경영자는 우수한 사원들의 의욕을 높이기 위해서는 조직을 항상 유연한 상태로 유지하지 않으면 안 된다고 말하고 있다. "유능한 사원을 붙잡아두기 위해서는 새로운 프로젝트를 계속 내놓을 수밖에 없습니다. …… 우리는 그 일환으로 조직을 유연한 상태로 유지하기 위해 프로젝트팀을 구성하고 있습니다. 우리 회사에서는 프로젝트팀을 영구적 조직의 일부로 정착시키는 것을 조직화의 기본 계획으로 삼고 있습니다."[7]

해리스Harris 역시 거의 불가능하다고 생각했던 일을 가능한 일로 만들고 있다. 해리스는 정부가 출현한 연구개발 지원금을 상업적으로 이용 가능한 여러 연구 과제에 분산시키는 어려운 문제를 해결했다. 그것은 지금까지 많은 기업에서 시도했다가 실패한 일이었다. 해리스가 성공을 거둘 수 있었던 가장 큰 이유는 일단의 엔지니어(25명에서 50명)들을 정부의 프로젝트에서 빼내어 상업적 목적의 새로운 프로젝트에 지속적으로 투입한 데 있다.[8]

이와 똑같은 방법으로 보잉도 성공을 거두고 있다. 이에 대해 간부 중의 한 사람은 이렇게 말했다. "우리는 핵심 인력을, 정부를 위한 군수용 비행기를 만드는 일로부터 상업용 비행기를 만드는 일로 이전시키는 작업을 2주 동안에 마무리지었습니다. 만약 인터내셔널 하베스터International Harvester였다면 2년이 걸려도 해내지 못했을 것입니다."

초우량 기업은 다양한 수단과 방법을 이용해 조직의 유연성을 확보하고 있다. 그러나 그러한 목적을 달성하기 위해서는 필요한 자원—일군의 엔지니어, 일군의 마케팅 인력 그리고 개별 사업부의 제품—을 즉시 기꺼이 이전시킨다는 확고한 의지가 뒷받침되어야 한다.

각개격파이론

한 최고 제품 관리자의 사무실을 방문했을 때의 일을 우리는 뚜렷하게 기억하고 있다. 지금은 '제품 그룹 조정자'가 되어 있는 그는 까다로운 노사 문제를 해결해 유명해진 사람이었다. 완고하고 연로한 그는 깨끗이 정돈된 책상에 앉아 〈하버드 비즈니스 리뷰〉에 실린 인간관계에 관련된 논문을 심심하다는 듯이 들여다보고 있었다. "지금 하시는 일이 무엇입니까?"

라고 우리가 묻자, 그는 자신이 위원장으로 있는 위원회의 리스트를 보여주었다. 그것은 그가 독자적으로 해결할 수 있는 문제가 하나도 없음을 말해주는 것이나 다름없었다. 이는 권한이 분산되어 있어 책임 소재가 불분명한 조직 환경, 즉 매트릭스 조직의 문제라 할 수 있다. 그렇지만 우리가 초우량 기업에서 발견한 것은 그것과는 완전히 다른 것이었다.

우리는 최근 10년 동안 아시아에 있는 엑슨 자회사 중 한 곳에서 라인 조직의 책임자로 일한 사람이 최고 경영진 회의에서 '전략'에 대한 프레젠테이션을 하는 것을 볼 수 있었다. 그는 자신이 이룩한 엄청난 진보에 대해 이야기했다. 그것은 미래를 내다보는 날카로운 혜안과 대담한 전략 실행에 대한 것이 아니라 일련의 현실적 행동이 가져오는 획기적 개선 효과에 대한 것이었다. 10년 동안 거의 매해 그는 일상 속에서 마주치게 되는 문제들을 해결해나갔다. 어떤 해에는 지사에서 파견한 '기습작전팀blitzkrieg group'이 외상 매출금을 받을 수 있도록 지원했다. 다음해에는 수익성이 나쁜 부문의 정리 및 폐쇄가 집중적으로 이루어졌으며, 그 다음해에는 다시 기습작전팀의 지원을 받아 대리점과의 관계를 효과적으로 개선하는 작업을 완수했다. 이는 우리가 이른바 '각개격파이론theory of chunks'이라고 부르는 것의 전형적인 예 중 하나다.

우리는 비즈니스의 핵심 성공 요인은 역시 바로 코앞에 있는 문제점들을 가능한 즉시 해결해나가는 일이라고 생각한다. 엑슨의 일본 자회사는 거의 완벽하게 단순하고 구체적으로 실행 가능한 문제 해결책을 터득한 것으로 보인다. 그것은 바로 여러 가지 문제들 중에서 해결 가능한 문제를 최우선 목표로 삼아 각개격파해나가는 것이었다. 그가 한 문제를 해결하기 위해 할애한 시간은 비교적 짧았다. 작업에 착수한 뒤에는 주어진 시간 동안 그 문제를 해결하는 것이 최우선이라는 분위기를 조성해 전원이 문제 해결에 몰입할 수 있도록 했다. 그리고 이런 식으로 문제를 하나하나 착실히 해결해나갔다. 이것은 얼핏 전략적 혜안에 의해 문제를 해결한 것처럼 보이지만 우리는 이것이 혜안을 훨씬 넘어서는 훌륭한 자질이라고 생각한다. 즉 그들은 그저 현실적인 업무를 올바르게 해결해나갔던 것뿐이다.

위의 사례에서 우리는 우리가 '각개격파'라고 부르는 실행을 우선시하는 원칙을 발견할 수 있다. 이것은 조직에 탄력성을 더하고 실행을 유도하기 위해 과업을 통제 가능한 수준으로 쪼개는 것을 말한다. 실천지향적인 부분 및 단위에는 여러 가지 호칭―챔피언, 팀, 태스크포스, 차르, 프로젝트 센터, 비밀 실험실 그리고 품질 분임조 등―이 붙여졌으나 여기에는 한 가지 공통점이 있다. 이러한 임시 조직은 기업의 공식적인 조직도에서는 찾아볼 수 없으며 사내 전화번호부에서도 결코 찾을 수 없다는 것이다. 그럼에도 불구하고 그것은 기업을 유동적으로 만드는 눈에 가장 잘 띄는 조직인 것이다.

각개격파에서 가장 눈에 잘 띄는 것이 소집단이다. 소집단의 존재야말로 초우량 기업을 설명하는 데 있어 가장 기본적인 조직 단위다. 보통 우리는 조직의 계층을 상위 수준의 부部, 과課 또는 전략적 사업단위SBU로 생각하기 쉽다. 이들 계층은 공식적인 조직도에서 쉽게 찾아볼 수 있지만 조직이 효과적으로 돌아가도록 만든다는 점에서 보면 소그룹이야말로 핵심적인 기본 단위라는 것이 우리들의 생각이다. 이런 의미에서 초우량 기업은 매우 일본적인 특성을 보여주고 있다. 에즈라 보겔Ezra Vogel은《세계 최고 일본 *Japan As Number One*》이라는 책에서 일본 기업의 비즈니스 및 사회는 8명에서 10명으로 구성되는 조助와 조장助長을 중심으로 조직된다고 말했다.

> 기업의 기본적 조직 단위가 되는 것은 부여받은 역할, 비서 및 보조 사원이 딸린 개인이 아니다. 조직의 가장 핵심적인 단위는 바로 '조'에서 출발한다.[9] …… 조직의 하단에 있는 기본 단위는 상사의 지시를 기다리지 않고 업무의 주도권을 행사해나간다. …… 이 시스템이 효과적으로 기능하기 위해서는 조장이나 조원이 미국 기업에서 일하는 사람들 이상으로 기업의 목적을 잘 알고, 자신을 기업 목적에 일체화시켜야 한다. 일본에서는 한 직장에서 오랫동안 근무한 경험과 모든 계층 구성원들과의 대화를 통해 이를 달성하고 있다.

일본처럼 자연스러운 것은 아니지만 미국에서도 기본 단위로서의 소집단이라는 것이 존재한다. 3M의 신제품 개발 분야에서는 4명에서 10명으로 구성된 수백 개의 팀이 맹활약하고 있다. 또 다른 예로서 TI에선 생산성을 조금이라도 높이기 위해 9천 개의 팀이 고군분투하고 있다. 호주에서는 탁월한 고용 실적을 보여주고 있는 몇 안 되는 대기업 중 하나로 ICI를 들 수 있다. 그런데 ICI의 더크 지들러Dirk Ziedler 사장이 1970년대 초반에 수립한 프로그램에서는 일본의 '조' 개념과 매우 유사한, 서로 긴밀하게 연결된 팀 조직을 찾아볼 수 있다.

소집단의 진정한 힘은 바로 유연성에 있다. 3M에서는 필요하면 언제나 신제품 개발팀을 만들 수 있지만 그 팀이 어느 부, 어느 과에 속하는지를 신경쓰는 사람은 별로 없다. TI의 회장 마크 셰퍼드가 자신이 몸담고 있는 TI를 가리켜 '유동적인 프로젝트지향 조직'[10]이라고 부르는 것은 매우 합당한 일이라 할 수 있다. 경영이 잘 되고 있는 기업이란 기능해야 할 것이 제대로 기능하고 있는 기업을 의미한다.

또 하나 주목해야 할 것은 초우량 기업에서 효과적으로 활용하고 있는 팀 조직의 성과가 소집단을 다루는 학문적 연구가 내린 결론과 궤를 같이하고 있다는 점이다. 예를 들면, 초우량 기업에서 생산성 향상 또는 신제품 개발을 위해 구성하는 팀의 적정 인원은 보통 5명에서 10명이다. 그런데 학술적 연구에 의하면 효과적으로 기능하는 소집단의 적정 규모가 7명 전후라고 한다. 소집단 이외에도 자발적으로 모이고 일정 기간 동안 어떤 프로젝트를 수행하는 팀은 보통 이와 반대되는 특성을 가진 팀보다 훨씬 생산성이 높다는 연구 결과도 나와 있다.

태스크포스 조직

임시 태스크포스　각개격파를 효과적으로 실행할 수 있는 것이 바로 태스크포스라는 이름의 조직이다. 그러나 불행히도 이것은 희망 없는 관료주의의 핵심이 될 가능성도 있다. 우리가 잊지 못하는 한 연구 조사가 있다. 조사를 의뢰한 사람은 수십 억 달러의 매출을 올리는 기업에서 6억 달러 상당의 매출을 올리는 데 기여한 부문의 책임자였다. 우리가 이 부문에 존재하는 태스크포스의 수가 몇 개나 되는지 조사해본 결과 정식 팀이 325개나 되었다. 하지만 이것은 그다지 특기할 만한 것이 아니었다. 우리와 그 기업이 충격을 받은 것은 그중에서 과거 3년 동안 목표를 달성한 팀이 하나도 없었다는 사실이다. 그런데도 도중에 해산된 팀은 하나도 없었다. 다른 회사의 태스크포스에서도 같은 특징을 발견할 수 있었는데, 팀이 작성한 몇몇 보고서를 면밀히 살펴본 결과 거의 대부분이 1백 페이지가 넘었다. 각종 승인에 필요한 사인만도 적게는 20개, 많게는 50개나 되었다.

최근 들어 전성기를 맞고 있는 태스크포스를 이해하기 위해서는 그 역사를 짚어보는 것이 도움이 될 것이다. 물론 이전에는 태스크포스라 명명되지 않은 채 존재했었지만 말이다. 지금처럼 태스크포스라는 명칭으로 주목을 받게 된 것은 미국 항공우주국NASA과 폴라리스 프로그램Polaris program이 생겨난 이후의 일이다. NASA는 필요에 따라 수시로 팀을 조직하는 체제를 도입해 초기 프로그램에서 좋은 성과를 거뒀다. 원자력 잠수함을 건조하는 폴라리스 프로그램은 한층 더 놀라운 성과를 거두었다. 그후 태스크포스라고 하는, 달성 가능한 목표지향적 임시 조직을 통해서 과업을 완수하고자 하는 사고방식이 산업계에 널리 퍼지게 되었다. 그러나 1970년에 접어들면서 대기업이 안고 있는 관료주의의 문제점을 해결하기 위해 나타난 태스크포스 조직은 기존의 공식 조직에 함몰되어버렸다.

지금 생각해보면 무엇이 잘못되었는지를 짐작할 수 있게 하는 몇 가지 단서가 있다. 관료주의 체제가 사용하는 수단이 그러하듯이 태스크포스도 그것 자체가 목적이 되어버린 것이다. 즉 구체적인 목적을 달성하기 위해 활동을 하는 대신 각종 서류 및 조정 작업에 매달리게 된 것이다. 규칙에 얽매이고 형식에 치우쳐 서류 작업에 파묻히자 태스크포스는 기존 조직에서 분리되어 목표 달성을 위해 실행을 독려하는 동적인 팀에서 기존의 관료주의적이며 공식적인 제도라는 미궁 속으로 빨려 들어갔다. 결국 태스크포스라는 허울 좋은 이름은 조정위원회의 또 다른 이름에 불과하게 된 것이다. 목적과 수단이 전치되어버린 조건하에서 사용된 다른 모든 기법 및 수단과 마찬가지로 태스크포스도 문제를 개선하는 대신 오히려 악화시키고 말았다.

이것이 부정적인 측면이었다면 긍정적인 측면도 있다. 유연성과 한시적 조직을 수용할 준비가 되어 있는 기업에 있어 태스크포스는, 문제 해결에 필요한 주목할 만한 수단이 되었다는 것이다. 요컨대 공식적인 매트릭스 조직에 대한 최고의 대안이 되었다. 달리 말하면 여러 부문에 걸쳐 있는 문제점들을 진단하고 이를 즉시 해결하기 위해서는 영구적인 조직을 신설하는 것만이 능사가 아니라는 점을 명백히 보여주는 유일한 수단이 태스크포스였던 것이다.

태스크포스의 긍정적인 측면을 부각시켜 주는 일화가 있다. 태스크포스에 대한 조사를 하던 중에 우리 팀원 중 한 사람이 바람이 세차게 불었던 2월 어느 날 매사추세츠 주의 메이너드에 있는 DEC의 본사에 갔을 때의 일이다. 예정된 인터뷰를 마치고 나서 최고 경영진 중 한 사람에게 앞으로 진행될 작업 일정에 대해 물었다. DEC의 본사가 어떤 식으로 일을 하는지 구체적으로 알고 싶었기 때문이다.

그는 다른 6명의 사람들과 함께 회사의 국내 판매 인력을 재편성할 생각이라고 대답했다. 그를 포함한 7명 모두는 각 부서의 최고 책임자로서 각자가 맡고 있는 조직에 대한 전권을 갖고 있었다. 이 임원과 이야기를 나눈 것이 목요일이었는데 그날 밤 그는 다른 6명의 동료들과 함께 콜로라도 주 베일로 출발할 예정이라고 했다. 그는 "월요일 밤에 돌아오면 화요일에는 판매 인력의 구조조정 방안을 발표할 수 있을 것으로 봅니다. 그러니까 1주일만 지나면 인력 구조조정의 1단계는 바로 실행에 옮겨질 수 있지 않겠습니까?"라고 말했다.

인터뷰를 계속해나가는 동안 이와 같은 신속한 의사결정과 즉각적 실행은 형태를 바꿔가며 계속되었다. DEC, 3M, HP, TI, 맥도날드, 다나, 에머슨 전기, 엑슨처럼 여러 업종을 대표하는 초우량 기업에서 볼 수 있는 태스크포스 조직은 다른 기업에서 우리가 늘 목격하는 관료화된 그것과는 전혀 다른 특징을 갖고 있었다. 초우량 기업에서의 태스크포스 조직은 그야말로 본연의 역할을 충실하게 수행하고 있는 것이다.

태스크포스의 규모는 보통 10명 이하인 것이 좋다 본연의 기능을 효과적으로 발휘하기에 딱 알맞은 규모는 10명 내외다. 이와 달리 관료주의에 물든 기업들의 태스크포스 조직의 경우, 관련이 있을 것 같은 사람이면 무조건 팀에 넣어버린다. 이렇게 해서 20명이 넘는 태스크포스 조직이 널려 있게 되는 것이다. 심지어 태스크포스 인원이 자그마치 75명이 넘는 극단적인 경우도 있었다. 하지만 이런 태스크포스 조직을 두어 잘되는 기업은 하나도 보지 못했다. 왜냐하면 태스크포스 조직이 효과적으로 기능할 수 있는 조건, 즉 팀에 참여하지 못한 구성원들조차 자신의 생각이 충분히 반영되었다고 느끼게 하는 데 실패했기 때문이다. 결국 가장 중요한 것은 그 일에 적합한 소수 정예 인력을 구성하는 것이다.

태스크포스는 어느 수준까지 보고를 해야 하는가, 어느 계층에 속한 구성원들을 팀원으로 삼아야 하는가는 그 목표의 중요성에 정비례한다 달성해야 하는 목표의 수준이 상대적으로 높다면 팀원의 대부분을 간부 사원으로 구성하고 최고경영자에게만 보고하는 것이 좋다. 중요한 것은 각 팀원이 자신이 맡은 프로젝트 과업이 무엇이든 간에 그것을 실행할 수 있는 권한을 부여받는 것이다. DEC의 한 임원은 이렇게 말한다. "우리 프로젝트의 팀원으로 참여시키고 싶은 사람들은 전부 간부 사원들입니다. 대리자는 필요 없습니다. 사실 우리 팀에 포함시키고 싶은 사람 모두는 까다롭고 특별한 일 같은 것은 서둘러 끝내고, 본연의 업무에 복귀하고 싶어하는 바쁜 사람들뿐입니다." 우리는 이것을 '바쁜 구성원의 법칙'이라고 부른다. 이러한 실례에서 우리들이 생각해낸 태스크포스의 일원이 될 수 있는 자격 조건은 '태스크포스에는 도저히 들어갈 여유조차 없을 정도로 가장 바쁘면서도 최고로 중요한 사람'이라는 것이었다.

보통 태스크포스의 존속 기간은 매우 짧다 이 점은 매우 중요한 핵심이다. TI에서 4개월 이상 태스크포스가 존속하는 경우는 결코 없다. 초우량 기업을 살펴보면 어떠한 태스크포스 조직도 6개월 이상 존속하지 않는 것을 당연하게 생각한다.

자발적으로 지원하는 구성원을 팀원으로 하는 것이 좋다 이 점에 대해서는 3M에서 가장 좋은 설명을 들을 수 있었다. "만약 마이크가 내게 어떤 팀에 참여해달라고 부탁하면 나는 참가합니다. 우리 회사에서는 모두가 그렇게 하고 있습니다. 그러나 이때 태스크포스가 달성하고자 하는 목표가 분명하지 않으면 안 됩니다. 내가 참여함으로써 의미 있는 결과를 가져올 수 있어야 합니다. 그렇지 않다면 더 이상 마이크를 도와준다는 명목으로 시간을 허비할 필요가 없죠. 만약 내가 운영하는 태스크포스 조직이라면 시간과 노력을 투자해준 여러 사람이 그럴 만한 가치를 얻을 수 있도록 노력할 것입니다."

　　태스크포스는 필요에 따라 신속하게 결성되며 일반적으로 공식적인 권한 규정을 수반하지 않는다　태스크포스는 사내 여러 부문에 걸쳐 있는 공통의 목표를 달성하는 데 가장 좋은 수단이다. 그렇기 때문에 인터뷰를 수행한 여러 기업들은 권한처럼 공식적인 규정 또는 절차에 발목 잡히는 일 없이 항상 초심을 잃지 말자는 생각을 갖고 있었다. 이에 비해 사내에 태스크포스가 325개나 존재하는 앞에서 언급한 기업에서는 놀랍게도 각 팀마다 설립 취지, 기능 및 역할을 규정한 서류들이 넘쳐났다.

　　신속한 후속 조치　이 점에 있어서는 TI가 모범적이다. 태스크포스가 구성되고 3개월이 지나면 담당 임원은 구체적인 결과를 요구한다. 이때 "죄송합니다만 아직 준비가 덜 되었습니다. 중간(또는 최종) 보고를 위해 정리 작업중에 있습니다."라는 대답은 허용되지 않는다.

　　관리자는 파견되지 않는다　앞서 325개의 태스크포스가 활동하는 기업의 경우 그중에서 절반 이상이 관리자가 파견되어 있었다. 서류 작업에 목숨을 거는 팀에는 서류 작업에 정통한 전문가가 반드시 있다는 이야기다. 그러나 TI, HP, 3M, DEC, 에머슨 전기 등에서 관리자가 파견되어 있는 태스크포스는 눈을 씻고 봐도 없었다. 특히 위원회 산하 조직으로 생각해 관리자를 상주시키거나 보고서 작성에만 전념하는 전일제 직원을 두는 예는 전혀 없었다.

　　서류 작업은 거의 없으며 있다 하더라도 비공식적일 뿐이다　어떤 기업의 임원이 우리에게 말한 것처럼 '태스크포스는 서류 작성이 아니라 문제를 해결하는 것이 본연의 임무'인 것이다.

마지막으로 태스크포스 조직이 성과를 내기 위해서는 그 바탕이나 기업의 분위기가 중요하다는 점을 거듭 언급하고 싶다. 자유로운 의사소통이 얼마나 중요한지는 IBM의 시스템 360 개발 프로젝트의 리더인 프레더릭 브룩스Frederick Brooks의 말에서 잘 드러나고 있다.[11] 시스템 360의 경우 일반적인 태스크포스 조직에 비해 훨씬 규모가 컸음에도 불구하고 오히려 유동적이었다. 매우 자주 조직이 개편되었던 것이다. 프로젝트 팀원 사이의 접촉은 매우 긴밀했으며, 매주 1회 주요 당사자가 모두 모여 반나절 동안의 회의를 통해 진행 상황을 점검하고, 개선이 필요한 경우 바로 그 자리에서 결정을 내린다. 보통 의사록은 12시간 이내에 작성되며 프로젝트 팀원이라면 누구나 필요한 모든 정보에 접근할 수 있다.

예를 들면, 모든 프로그래머는 프로젝트에 참여한 개별 팀에서 작성한 거의 모든 자료를 훑어볼 수 있다. 관련 당사자는 매주 잡혀 있는 미팅에 참석하기 때문에 관리자의 자격으로 참석하는 사람은 없다. 따라서 "구속력 있는 결정을 할 수 있도록 참여자 모두가 의사결정 권한을 갖고 있다."[12] 라고 프레더릭 브룩스는 말한다. 시스템 360의 프로젝트 그룹은 매년 '최고의사결정' 회의를 개최했는데, 그것은 보통 2주일 동안 계속되었다. 다른 곳에서 해결을 보지 못한 문제들도 2주간의 집중 토론을 거쳐 해결할 수 있었다. 우리가 보아온 수많은 기업에서 각 부서의 핵심 구성원 20명이 2주일 동안 자기 부서를 떠난다든지, 동일한 주제로 매주 반나절 동안의 미팅을 갖는 일 등은 생각할 수 없었다. 더구나 정보를 널리 공개하는 일이라든지 참석자 전원에게 구속력 있는 의사결정을 행사할 수 있는 권한을 갖게 한 미팅 같은 건 상상조차 할 수 없는 일이었다.

바로 이와 같은 일처리 방식이 시스템 360 프로젝트팀과 다른 조직의 큰 차이점이다. 그렇다면 탁월하지 못한 다른 조직에서는 태스크포스를 어떻게 운영하고 있을까? 실례를 들어 비교해보기로 하자.

어떤 기업에서 컴퓨터를 이용한 경영정보시스템을 구축하기 위한 프로젝트가 제대로 진행되지 않는 이유를 조사했다. 그 프로젝트는 사내 각 조직과 관련이 있었기 때문에 일종의 태스크포스를 구성했다. 이 조직의 전년도 활동을 구체적으로 파악한 결과 알게 된 사실은 그 태스크포스는 규정에 따라 충실하게 운영되었지만 컴퓨터 부서의 구성원과 다른 부서 사람들이 서로 만나서 대화하는 일이 거의 없었다는 것이었다. 대화가 있었다 하더라도 공식 모임에서 주고받은 것이 전부였다. 양쪽이 사무실을 같은 건물로 옮기는 일도 가능했을 것이며, 소집단이기 때문에 같은 방에서 일할 수도 있었을 텐데 어느 쪽도 그런 시도를 하지 않았다. 현장 조사를 위해 출장을 갔을 때에도 그들은 같은 호텔에 묵으려고 하지 않았다. 한쪽에서 "여기 저렴한 호텔에 여장을 풀자."라고 말하면 다른 한쪽은 "공장에서 가까운 호텔에 머물자."라고 주장하는 식이었다. 조사 작업이 끝난 후 저녁 식사 정도는 같이 할 수 있었을 텐데도 한쪽이 테니스를 치고 싶다고 하면 다른 한쪽은 싫다고 했던 것이다.

그야말로 어처구니없는 사례에 불과할지 모르지만 사태의 심각성을 깨달은 임원조차 이와 같은 일이 정말로 일어나고 있다는 사실을 믿지 못했다. 그러나 프로젝트에 참여한 구성원들을 사무실에 불러놓고 직접 물어본 결과 소문이 사실이라는 것을 알게 되었다. 프로젝트 팀원이 마지못해 그러한 사실을 인정했던 것이다. 그날 이후 프로젝트가 제대로 진행되었다면 다행이지만 그런 일은 결코 일어나지 않았다. 결국 그 프로젝트의 목적은 분명한 것이었지만 폐쇄적 운영이 프로젝트를 중단시키는 결과를 가져왔다.

프로젝트팀과 프로젝트 센터

최근 들어 태스크포스를 통해 문제를 해결하는 방식이 각광을 받고 있기 때문에 거의 모든 기업에서 이를 채택하고 있다. 그러나 중요한 것은 초우량 기업에서는 이를 일상적으로 도입하는 평범한 기업들과는 전혀 다른 식으로 태스크포스가 활용된다는 점이다. 초우량 기업의 태스크포스는 특정한 문제에 집중하지만 조직이 매우 유동적으로 운영되어 전체 조직을 자극하는 역할을 한다. 달리 말하면 그것은 상대적으로 복잡하면서 미묘한 문제를 해결하기 위해 특별위원회를 구성하는 것에 비유되며 문제 해결을 위해 구체적인 행동을 취하기 위한 최상의 대안이기도 하다.

IBM에서는 시스템 360을 개발하기 위해 대규모 태스크포스를 편성했다. 똑같은 임시 혹은 한시적 조직이기는 하지만 대규모 인력을 투입해 태스크포스를 구성하면 프로젝트팀이라 불러도 무방하다. 프로젝트는 순탄하게 진행되지 않은 것으로 알려졌지만 시스템 360 개발팀은, 특히 프로젝트 개발의 마지막 몇 년 동안 사내 우수 연구 인력들이 참여하면서 샛길로 빠지는 일 없이 기념비적인 개발을 해낼 수 있었다. 보잉, 벡텔 그리고 플루어 같은 초우량 기업은 이처럼 대규모 프로젝트팀을 활용해 목표를 달성하는 데 익숙해져 있다. 이들에겐 프로젝트팀을 효과적으로 운영해 사업 활동을 수행하는 일처리 방식이 정착되어 있다. 특히 일상적인 업무는 기존 조직을 통해 수행하고 특정한 목표는 프로젝트 조직을 이용하는 것에서 볼 수 있듯이, 공식 조직 및 임시 조직을 자유자재로 활용하는 놀라운 능력을 보여주고 있다. 무엇보다 가장 인상적인 것은, 프로젝트팀을 조직해 이를 효과적으로 운영하는 데 별로 익숙할 것 같지 않은 대기업조차도 마치 숙련된 운전자가 기어를 부드럽게 변속하는 것처럼 아주 수월하게 프로젝트팀을 조직해 즉시 운영할 수 있는 상태로 준비시켜놓는다는 것이다. 앞서 말한 IBM의 시스템 360을 개발한 프로젝트가 바로 여기에 해당하는 사례다.

임시 조직을 효과적으로 활용하고 있는 또 하나의 인상적인 예로 GM을 들 수 있다. 현재 미국 자동차 산업은 사면초가의 상황에 직면해 있으며 미국 자동차 기업의 경영진은 생산 일정이 지연되거나 투자 재원이 부족하다는 넋두리만 해대고 있다. 그래도 6백억 달러의 규모를 가진 기업이 프로젝트를 통한 사업 활동을 통해 지난 3년 동안 국내의 주요 경쟁 기업을 따돌리고 자동차 시장을 주도하고 있는 현실을 볼 때 우리는 GM이 성취한 놀라운 업적에 압도당하지 않을 수 없다. 그중에서 가장 인상적인 것은 일본 자동차 회사에 대응하기 위한 소형차 개발과 관련된 GM의 유명한 프로젝트다.

이 프로젝트의 핵심은 임시 조직에서 일반적으로 볼 수 있는 프로젝트 센터를 설립하고, 그곳이 핵심적인 역할을 하도록 하는 것이었다.[13] 사내의 프로젝트 센터는 독립 채산제에 기반을 두고 자율성이 보장되어 있는 기존의 각 사업 부문에서 총 1천2백 명의 핵심 인력—기술 담당 책임자처럼그 부문에서 가장 핵심이 되는 중심 인물 등을 포함해—을 선발해 이 센터에 투입했다. 이 프로젝트 센터는 4년 동안 존속되었는데 그 기간 동안 수행할 임무는 간단명료한 것이었다. 일본산 소형차에 절대 뒤지지 않는 소형차의 시제품을 개발하는 것이었으며 이를 상업적으로 대량 생산하는 일도 포함되었다. 그러나 여기서 가장 중요한 것은 소형차의 시제품 개발 임무를 완수한 1978년에, GM이 이 프로젝트 센터를 해산시켰다는 점일 것이다. 소형차 개발 프로젝트의 성공에서 자신감을 얻은 GM은 1980년대를 대비하기 위한 새로운 조직 형태로서 프로젝트 센터와 같은 임시 조직을 적극적으로 활용한다는 계획을 갖고 있었다. 프로젝트 센터 전용 빌딩에는 현재 8개의 프로젝트팀이 운영되고 있다. 그중 2개 프로젝트는 차세대 전기 자동차 및 컴퓨터 제어 엔진을 개발하는 과정에 있다. 더 나아가 상생의 노사 관계를 구축하기 위해 노동문제를 연구하는 센터도 있다.

대부분의 조직들이 넘칠 정도로 많은 전략적 문제에 직면할 경우 그러한 문제를 계획 입안자에게 맡겨버리거나 그 밖에 여러 가지 업무로 바쁜 부서 책임자에게 맡기곤 한다. 그러나 이는 바쁜 사람들의 업무 부담을 더욱 과중하게 만드는 결과를 가져온다. 문제를 해결하는 과정에 회사 간부가 개입하게 되면 밑에서부터의 참여 정신이 싹트지 않는다. 반대로 현업에 있는 담당자에게 맡겨버리는 것만으론 문제 해결에 집중할 수 없으며 힘도 생기지 않는다. 그런 점에서 IBM의 시스템 360 개발 프로젝트나 GM의 소형차 개발 프로젝트는 대기업이라도 골치 아픈 문제를 시원스럽게 해결할 수 있음을 보여준 인상적인 사례라 할 수 있다.

일본 기업들은 프로젝트 형태의 임시 조직을 매우 빠르게 만들어낸다. 예를 들면, 로봇 공학이나 개인용 컴퓨터를 세계적으로 경쟁력 있는 분야로 키우기 위해 관련 분야의 주요 기업 핵심 인재들이 프로젝트 센터에 모여 기초적인 연구개발을 한다. 일단 기술적인 주요 문제들을 해결하고 나면 참여 연구원들은 자기 회사로 복귀해 제품을 개발하고 대량 생산하기 위해 서로 미친 듯이 경쟁한다. 결국 일본 국내에서 치열한 경쟁을 통과한 탁월한 제품만이 세계 시장으로 진출하게 되는 것이다.

혼다의 CVCC 엔진 개발 프로그램은 한 기업에서 경쟁력 있는 엔진을 개발해 대량 생산한다는 대담한 프로젝트가 아주 성공적으로 수행된 좋은 사례일 것이다. 프로젝트에 참여한 인력은 다른 모든 업무에서 제외시켜 수년 동안 오로지 CVCC 엔진 개발에 전념할 수 있게 한다. 이는 캐논Canon이 AE-1 제품을 성공적으로 개발했을 때도 마찬가지였는데 캐논은 그 제품을 개발하기 위해 숙련된 기술자 2백 명을 '태스크포스 X'에 투입했다. 그들은 시제품 개발, 대량 생산 그리고 시장에 제품을 출시해 대성공을 거두기까지 꼬박 2년 반 동안 고생했다.

이러한 '각개격파'의 예는 그 밖에도 수없이 많으며, 이 책의 뒷부분에서 다시 언급하도록 하겠다. 앞서 언급한 사례를 종합해보면 다음과 같이 크게 네 가지 시사점을 도출할 수 있다.

첫째, 원가 효율성 및 규모의 경제에 지나치게 집착하고 그를 추구하게 되면 관료주의적 비효율성에 발목이 잡혀 움직일 수 없게 된다. 둘째, 초우량 기업에서는 기존 조직에 더해 임시 조직을 효과적으로 운영하여 유연성을 제고하고, 개별 문제를 해결하는 데 최적의 자원을 조합할 수 있는 수많은 방법을 알고 있다. 셋째, 주변 상황이 '각개격파'를 하는 데 호의적이지 않다면 각개격파를 위한 도구를 포함해 그 어떤 도구도 정상적으로 기능하기 어렵다. 태도, 분위기 및 문화가 관료주의적 행동보다 임기응변적 행동을 고무할 수 있어야 한다. 마지막으로 수많은 임기응변적인 행동들을 찾아볼 수 있는 역동적 환경은 겉으로는 조직이 무질서한 혼란 상태에 빠져 있는 것처럼 보이지만 그것은 어디까지나 표면적일 뿐이다. 형식이 없는 것처럼 보일 수 있지만 그 저변에는 공동의 목적의식으로 충만해 있어 긴장과 갈등이 오히려 조직의 기업문화를 한층 더 견고하게 만드는 방향으로 기능한다.

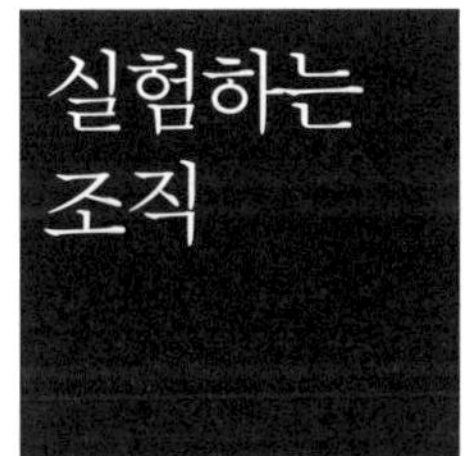

우리는 '실행 · 수정 · 시행 Do it, fix it, try it'이라는 격언을 좋아한다. "혼란스러운 행동은 질서 정연한 무위보다 훨씬 낫다."라고 칼 웨익은 말했다. "그저 멍청하게 서 있지만 말고 무엇이든지 하라."도 같은 말이다. 복잡한 문제에 직면했을 때 '문제 해결에 착수하는' 일은 '무언가를 시도하는' 일과 맥락을 같이한다. 학습과 진보는 뭔가 배울 것이 있기 때문에 하게 되는 것이다. 학습과 발전을 위해서는 학습할 수 있는 대상이 있어야 하며 학습하려는 행동이 뒷받침되어야 한다. 이것을 위한 과정이야말로 실험이란 말의 의미에 가장 가깝다고 할 수 있다.

초우량 기업에서 볼 수 있는 실행을 중시하는 특성을 눈으로 확인할 수 있는 가장 쉬운 방법은, 이들 기업이 끊임없이 무언가를 실험하고 시도하려는 의지를 갖고 있는지를 확인하는 것이다. 사실 실험에는 절대적인 묘책이란 존재하지 않는다. 다만 고등학교 화학 실험처럼 작지만 완결된 행동, 통제 가능한 실험만이 지식의 습득을 도울 수 있다. 그러나 우리가 목격한 대부분의 대기업은 실험하고 배우는 방법을 망각하고 있었다. 실행하기보다는 논쟁과 분석에 의존하고 작은 실패를 두려워한 나머지 행동이 마비되어버렸다.

최근에 〈사이언스*Science*〉 지는 한 기사를 통해 이 문제를 매우 정확하게 묘사한 바 있다. NASA는 우주 왕복선을 개발하고 관리하기 위해 성과지향적인 관리(SOM : Success Oriented Management)라 불리는 관리 수단을 고안했다. 이 관리 수단은 모든 일이 예정대로 된다는 것을 전제로 하고 있는데, NASA 직원은 "이 계획에서 설정된 비용 기준에 부합하도록 모든 것을 설계하고 난 후 할 수 있는 일은 하느님께 기도하는 일밖에 없다."라고 했다. 당초 관리 수단을 고안한 이유는 우주 왕복선의 본체를 개발하는 과정에서 중복되거나 낭비되는 일을 완전히 제거해 당국이 직면한 비용 부담을 줄이는 데 있었다.

그러나 〈사이언스〉에서 지적하고 있는 것처럼 관리 수단을 도입한 결과 복잡한 과제는 모두 뒤로 돌려지고 예상하지 않았던 사고로 인해 우주선을 재설계하는 작업이 추가되었다. 이로 인해 예산을 훨씬 상회하는 비용이 발생하는가 하면 적재적소에 직원이 파견되지 않는 등 문제가 자주 생겼다. 그뿐만 아니라 모든 일이 잘 진행되고 있는 것 같은 환상까지 갖게 되었다. "결국 이 관리 수단은 현실에 맞는 구체적인 세부 계획이 없을 뿐만 아니라, 개발 과정을 전체적으로 조망할 수 있도록 상황을 파악하는 데도 불충분했다. 따라서 연구개발 프로그램은 계속해서 지연되었으며 비용 상승에 따른 예산 적자가 한없이 증가되는 결과를 초래하고 말았다."라고 〈사이언스〉는 말하고 있다.

문제가 분명하게 드러난 것은 우주 왕복선에 장착되는 3개의 핵심 엔진을 개발했을 때였다. "NASA의 위탁을 받은 제조업체는 엔진의 각 부분을 개별적으로 시험하지 않고 전체를 한꺼번에 조립해 '운명을 하늘에 맡기자'라는 식으로 엔진을 시험 가동하기로 했다. 엔진을 시험 가동하는 과정에서 대형 화재만 무려 다섯 번이나 일어났다."[14]라고 〈사이언스〉는 보도하고 있다. 성공으로 가는 지름길을 찾기 위한 성과지향적인 관리로 말미암아 NASA의 직원들은 예측과 현실을 혼동하게 되었던 것이다(공정성을 기하기 위해서라고 항변하지만 이는 순전히 현실 정치에 의해서 만들어진 것임에 틀림없었다). 어떤 상원의원은 NASA가 '기술적 오만'에 빠졌다고 분석하기도 했다. "관리자는 기술적인 측면에서 이뤄진 커다란 발전만이 현실을 구원할 수 있다는 지나친 자신감에 빠져 있었다." 이것은 확실히 잉여 자원을 비축하고 정기적으로 실험을 하며, 정시에 올바르게 프로그램을 수행했던 과거 NASA의 모습이 아니다.

이와 유사한 사례를 어디서나 찾아볼 수 있다는 것은 정말 놀라운 일이다. 그리고 그것은 경영 프랙티스가 실패한 예라 할 수 있다. 예를 들면, 한 대형 시중 은행이 상대적으로 경쟁이 치열한 여행자용 수표를 취급하는 사업 분야로 진출하기 위해 태스크포스를 조직해 1년 6개월 동안 조사를 한 결과 시장조사에 대한 서류가 서류함을 가득 채울 정도로 쌓였다. 전국적으로 여행자용 수표를 발행하기 불과 며칠 전에 우리는 이 프로젝트 책임자에게 시장조사를 위해 구체적으로 어떤 작업을 수행했는지 물어봤다. 그러자 그는 애틀랜타의 은행가인 두 사람의 친구에게 만약 여행자용 수표를 발행한다면 사용해줄 것인지 여부를 물어봤노라고 대답하였다. "두 사람에게만 말입니까?"라고 믿을 수 없다는 표정으로 되묻자, "그래요, 두 사람에게 말입니다."라고 그는 말했다. "우리는 이 프로젝트가 승인받을 수 있을지 확신할 수 없었습니다. 그리고 그런 상황에서 이 프로젝트에 전심전력을 다하고 싶지 않았습니다."

우리는 이런 식의 변명 아닌 변명을 흔히 듣는다. 이에 반해 크라운 젤러바크Crown Zellerbach에서 일하는 친구로부터 전해들은 이야기는 우리에게 깊은 감명을 줬다. 크라운 젤러바크는 화장지 관련 제품 분야에서 P&G와 경쟁관계에 있는 기업이다. "P&G는 눈이 오나 비가 오나 시장조사, 시장조사, 시장조사에 목숨을 겁니다. 그렇기 때문에 우리는 짧게는 몇 달 전 혹은 길게는 몇 년 전부터 그들이 어떤 제품 분야로 진출할 것인지 알고 있습니다. 실제로 그들이 그 제품 분야로 진출할 경우에 대처하기 위해 우리는 경쟁 제품을 구상해둬야 한다는 결론에 이르렀습니다. P&G의 시장 진입을 저지하려고 노력하는 것은 쓸데없는 일입니다. 왜냐하면 P&G는 신규 제품을 출시하기 전에 경쟁 환경을 면밀하고도 철저히 조사하기 때문입니다." 아무리 생각해도 P&G는, 철저한 시장조사라는 사전 실험을 통해 경쟁 기업이 자사의 움직임을 눈치 채는 것을 전혀 개의치 않는 것 같았다. 어째서일까? 그것은 P&G가 전국적으로 일시에 판매 활동을 개시할 예정임을 경쟁 기업이 사전에 알아차리더라도 철저하게 학습하는 편이, 세상을 깜짝 놀라게 하는 것보다 훨씬 가치있다고 생각했기 때문이다.

철저한 학습을 바탕으로 무슨 일이든 시도해보는 것이 P&G를 비롯한 대다수 초우량 기업의 특징이다. TI의 찰스 핍스Charles Phipps는 자사가 보여준 초기의 성공은 가치 있는 일에 대담하게 도전하고자 하는 의욕에서 비롯된 것이라고 말하고 있다. 신속하게 학습해 의미 있는 결과를 만들어내는 자신들의 실험정신에 대해 그는 다음과 같이 말한다. "연구원 스스로도 아마 깜짝 놀랐을 것입니다. 내부 역량도 충분하지 않은 2천만 달러 규모의 소기업이 반도체 분야의 벨 연구소, RCA, GE와 같은 대형 연구소를 능가하는 성과를 거뒀으니까요. 이러한 결과는 연구실 안에 틀어박혀 생각만 하지 않고 밖으로 나와 무엇이든 시도하려 했던 의욕 덕택이라고 생각합니다."[15]

실험정신의 중요성을 나타내는 비슷한 예는 얼마든지 있다. 벡텔의 한 숙련된 기술자는 자사의 신념은 '이 정도면 충분하다고 말할 수 있는 매우 분명한 육감'을 갖는 일이라고 말했다. 플루어가 성공할 수 있었던 가장 중요한 이유는 그들의 신조인 "아이디어를 아이디어로 사장시키지 않고 구체화시킨다."라는 데 있지 않았던가. 액티비전Activision이 비디오 게임을 탄생시켰을 당시에 신조로 삼았던 것은 "가능한 한 빨리 게임 제품을 생산한다. 무언가 재밌게 갖고 놀 수 있는 것을 만든다. 시제품을 개발한 다음 즉시 동료들을 대상으로 실험해본다. 우리 기업에선 머릿속에 들어 있는 참신한 아이디어만 갖고는 안 된다. 이를 구체적으로 실현해야만 한다."라는 것이었다. 샌프란시스코에 있는 2천5백만 달러 규모의 가전제품 디자인 기업인 테일러 앤드 앤지Taylor & Ng의 소유주인 윈 앤지Win Ng는 자신의 생각을 다음과 같이 밝혔다. "경쟁사에 비해 빨리 신제품을 개발하는 일이 우리 회사 디자이너를 포함한 모든 구성원의 가장 큰 목표입니다. 그 것이 상품화되어 직접 눈으로 보고, 손으로 만져볼 수 있게 되기 전까지는 그 어떤 아이디어도 소용이 없습니다."

HP의 제품 디자인 기술자들에게는 자신이 개발중인 것을 책상 위에 늘어놓고 누구든지 손으로 만져볼 수 있게 하는 것이 하나의 전통으로 자리잡아왔다. 모든 조직 구성원의 뇌리 속에 현장 중심의 경영이 자리잡고 있는 것이다. 뿐만 아니라 서로를 깊이 신뢰하기 때문에 동료가 발명중인 것을 이리저리 만져보는 것을 아무렇지도 않게 생각한다.

어떤 젊은 기술자는 이렇게 말했다. "이 회사에 입사한 지 얼마 안 되어 저는 다른 동료들이 마음대로 만지작거릴 수 있는 무엇인가를 빨리 만들어야겠다는 생각을 했습니다. 회사에 입사한 첫날, 기술자들이 만든 실험용 시제품을 만지면서 주변을 배회하는 사람이 회사 임원인지도 모른다. 어쩌면 빌 휴렛이나 데이비드 패커드일지도 모른다는 이야기를 들었습니다." 또한 HP의 구성원들은 '주변 동료 챙겨주기 증후군'이란 말을 곧잘 한다. 이는 자기 옆에서 일하는 동료들을 찬찬히 바라보며, 어떻게 하면 그들이 하는 일을 보다 쉽게 완성할 수 있도록 도와줄까 하고 생각하는 증상을 가리키는 말이다.

3M의 연구개발 책임자인 로버트 애덤스Robert Adams는 그들의 실험정신을 이렇게 표현한다. "일단 소량을 생산해서 조금 판매하고, 그 다음은 약간 많이 만드는 것이 우리가 일하는 방식입니다."[16] 맥도날드도 매장 입지, 인테리어, 메뉴, 가격 결정과 관련해 다양한 실험을 하고 있기 때문에 경쟁 기업들은 이 회사의 다양성을 쉽게 흉내내지 못하고 있다.

다나에서 3시간에 걸쳐 1차 인터뷰 조사를 했을 때 이 회사의 여러 공장에서 60건 이상의 생산성 향상을 위한 실험이 시도되고 있다는 이야기를 들었다. 한 분석가의 표현을 빌리자면 이미 언급한 P&G는 시장조사를 신봉하는 기업으로 널리 알려져 있다.[17] 또 다른 분석가는 "백화점 유통 분야에서 모든 점포가 참여해 새로운 것을 실험하는 곳은 블루밍데일 백화점뿐이다."[18]라고 한다. 사실 그러한 평가를 뒷받침이라도 하듯이 최근 우리가 개최한 세미나에 참석한 리바이스의 한 사원은 이렇게 말했다. "아시다시피 리바이스는 그 백화점에서 탈색한 청바지를 생산해야겠다는 아이디어를 얻었습니다. 이미 블루밍데일 백화점이 우리 청바지를 사서 탈색하고 있었기 때문입니다."

홀리데이인Holiday Inn은 고객 테스트용 호텔을 2백여 개나 보유하고 있으며 그곳에서 늘 객실과 요금 책정, 레스토랑의 새로운 메뉴를 개발하는 실험을 하고 있다. 매우 좋은 실적을 올리고 있는 오레 아이다는 시장 테스트, 미각 테스트, 가격 테스트, 소비자 만족도 조사를 지속적으로 실시하고 있다. 이 회사의 최고경영자는 영업 및 재무 관련 수치뿐만 아니라 각종 테스트 결과에 대해서도 놀라울 정도로 정통하다는 것이다.

가장 중요한 점은 다양한 실험을 장려할 수 있는 기업 환경, 특히 분위기다. 트랜지스터를 발명한 사람의 다음과 같은 의견은 실험정신의 본질을 매우 잘 보여주고 있다.

나는 나쁜 꾀나 방책에 의존하는 스타일은 아니다. …… 뭔가 일을 하려고 할 때 사람들은 어떻게 하는가? 온갖 것을 다 읽는 사람도 있다. 그렇지만 그것으로 뭔가를 할 수 있는 것은 아니다. 한편 아무것도 읽지 않는 사람도 있다. 이래서는 당연히 아무것도 할 수 없을 것이다. 모든 사람들에게 묻고 다니는 사람도 있고, 남에게 전혀 묻지 않는 사람도 있다. 나는 부하직원들에게 늘 이렇게 말한다. "나는 프로젝트를 어떤 식으로 시작해야 좋을지 잘 모른다. 그러나 의미 있는 무언가를 실험해보려고 시도하는 것이 좋지 않겠나?" 즉 여기에는 하나의 분명한 원칙이 있다. 어떤 일을 지시하고, 그 일의 결과가 6개월 후에 나온다는 것을 이미 알고서 일을 시작하는 사람은 없다. 하여튼 무슨 일이든지 시도해보는 자세가 중요하다. 그래야만 몇 시간 후에 조금이라도 일이 진행되었다는 사실을 알게 될 것이다.[19]

광고계의 거목인 데이비드 오길비 역시 테스트만큼 중요한 것은 없다고 말한 바 있다.

광고에서 가장 중요한 말은 테스트다.[20] 소비자를 대상으로 제품에 대한 사전 테스트를 실시하고 광고를 하기 전에도 역시 사전 테스트를 한다면 결국 시장에서도 성공할 것이다. 만약 신제품으로 출시할 후보 제품이 25개가 있다고 가정하면 그중 하나를 뺀 나머지 24개는 테스트 시장에서 이미 생사가 판가름나는 것이다. 시장조사를 거치지 않은 신제품을 출시하는 기업은 아무런 시장 가치도 없는 수준 이하의 제품을 판매한 결과, 커다란 경제적 손실을 입을 가능성이 높다. 따라서 소비자에게 어느 정도 어필할 수 있을지 신제품의 잠재적 가능성을 사전에 테스트해보는 것은 매우 중요한 일이다. 광고 대행사를 예로 들면, 광고의 핵심 개념, 일러스트, 광고 시안, 예상 비용을 테스트해봐야 한다. 결국 끊임없는 테스트 과정을 통해 광고의 전반적인 품질 수준은 획기적으로 개선될 수 있다. …… 대기업에서 근무하는 초년병들은 자신이 맡은 업무에 어느 정도의 시간과 노력을 투입했는지에 따라 성과가 결정된다는 사실을 알지 못하는 것 같다. 제리 램버트Jerry Lambert가 리스테린Listerine의 판매로 큰 성공을 거두게 되었을 때 그는 마케팅 활동을 월 단위로 세분화해 작업 속도의 향상을 도모했다. 제리 램버트는 어렵게 수립한 연간 계획에 대해서는 그다지 신경을 쓰지 않기로 하고 광고 제작 및 예상 수익을 월 단위로 계산했던 것이다. 결과적으로 그는 불과 8년 동안 250만 달러를 상회하는 엄청난 수익을 올릴 수 있었다. 보통의 경우 이 정도 이익을 내려면 아마도 12배나 많은 시간이 걸렸을 것이다. 제리 램버트가 최고경영자로 재직하던 당시의 램버트 제약 회사는 연 단위가 아니라 월 단위로 계획 및 활동을 실행하고 있었기 때문에 12배 정도 빠른 속도로 이익을 거둘 수 있었다. 나는 이와 같은 방법을 모든 광고주에게 권하고 싶다.

지금은 레만 브라더스Lehman Brothers의 회장으로 있는 피터 피터슨Peter Peterson은 자신이 벨 앤드 하우웰(B&H : Bell & Howell)의 최고경영자로 있을 때 실시한 실험 내용을 그야말로 재미있게 구체적으로 이야기해줬다.

줌렌즈가 무엇인지 알고 있겠지요?[21] 내가 B&H의 사장이 되고 얼마 지나지 않았을 즈음 모르는 것은 수치가 아니라는 생각에서 무엇이든지 물어봤습니다. 사실 나는 줌렌즈는 보통 전문가용 사진이나 카메라맨이 축구 경기를 중계하는 데 사용하는 것인 줄 알았습니다. 그렇기 때문에 상대적으로 고가의 장비라는 생각을 갖고 있었습니다. 어느 날 연구실에 갔는데 거기에 줌렌즈가 놓여 있었습니다. 나는 그때까지 한 번도 줌렌즈를 본 일이 없었죠. 눈을 대고 들여다본 줌렌즈는 그야말로 대단한 것이었습니다. 그 자리에 있던 모든 임직원들은 "줌렌즈는 일반 소비자가 사용하기엔 적당하지 않습니다. 매우 고가이기 때문에 일반인을 대상으로 생산하더라도 많이 팔리지는 않을 것입니다."라고 말하는 것이었습니다. 그러나 나는 반대로 "줌렌즈가 장착된 카메라 1대를 만드는 데 돈이 얼마나 들까?" 하고 물었습니다. 그러자 대답은 "1대만이요? 어림잡아 5백 달러 정도면 충분합니다."라는 것이었습니다. "그럼 일단 한번 만들어보게. 현재 내가 받고 있는 급여를 시간당으로 계

산하고 이 건에 대해 한두 시간 정도 계속 토의할 경우 적어도 5백 달러
를 낭비하는 셈이 되지. 그럴 바에야 차라리 시제품을 만드는 것이 낫
겠군." 이렇게 해서 완성한 카메라를 갖고 의기양양하게 집으로 돌아왔
습니다. 그날 저녁 파티에서 나는 줌렌즈가 달린 카메라를 피아노 위에
올려놓고 손님들한테 대단히 진귀하고 값나가는 시장조사에 동참해주
지 않겠느냐고 말하고 손님들로 하여금 그 카메라를 들여다보도록 했
습니다. 반응은 대단했습니다. "이거 굉장한데. 이런 물건은 여태 본 적
이 없어." 하고 말하는 것이었습니다. 우리는 이것을 단돈 5백 달러에
만들었습니다. …… 많은 기업들이 새로운 아이디어를 구체화시킨 물
건을 저렴한 비용으로 테스트해볼 수 있다면 신기한 제품을 더 많이 시
장에 내놓을 수 있을 것입니다.

피터 피터슨의 이야기에는 비즈니스를 위해 시도하는 실험에 대한 여
러 가지 중요한 교훈이 담겨 있다. 그중에서도 가장 핵심적인 것은, 모든
일을 빈틈없이 분석하는 작업에 비용을 들일 것이 아니라, '할 수 있는 일
을 우선적으로 시도하는 것'이 비용 대비 높은 효과를 가져다준다는 것이
다. 또 하나 그렇게 분명하지는 않지만 담당자가 시제품을 직접 만들어보
면 바로 다음에 해야 할 구체적인 일을 창조적으로 생각해낼 수 있게 된다.
하야카와S. I. Hayakawa는 그의 명저 《사고와 행동에서의 언어*Language
in Thought and Action*》에서 '소라고 해서 다 똑같은 소가 아니다'라는 논리적
명제를 바탕으로 이와 같은 현상의 본질을 파악해낸 바 있다.[22] '암소 베
시'는 '암소 제니'와는 전혀 다르다. 여기서 하야카와는 논리적 사고의 내
용을 상대방에게 효과적으로 전달하기 위해서는 서로의 사고 수준을 맞추

되, 서로 다른 수준의 이야기를 하고 있을 때는 상대방이 이해할 수 있는 수준으로 말하는 것이 중요하다고 강조한다. 다시 말해, 일반적인 '소'에 대해 이야기할 경우의 추상적 수준의 '소'와 베시나 제니처럼 이름이 붙여진 구체적 수준의 '소'는 당연히 이야기 내용이 달라야 한다는 말이다. '소'라고 하는 일반적 말로 설명할 수 있거나 전달할 수 있는 내용은 받아들이는 상대방에 따라 전혀 다른 의미를 갖게 되는 것이다.

예를 들면, 최근에 우리 중 한 사람이 주말 오후에 혼자 비누를 만들며 즐거운 시간을 보냈다고 치자. 사실 집에서 비누를 만드는 것은 그다지 어려운 일은 아니다. 만드는 방법을 손쉽게 찾아볼 수 있기 때문이다. 그럼에도 불구하고 두세 시간 동안 실수를 계속하며 몇 가지 노하우를 얻게 된다. 결국 핵심은 세탁용 알칼리액과 혼합되는 용해된 기름 성분의 온도다. 사실 비누를 만드는 방법이 담긴 책에 이때 온도를 어떻게 조절해야 하는지 잘 나와 있지만, 실제로 해보면 잘 되지 않아 쩔쩔 매곤 한다. 한 냄비는 두께가 얇은 금속제 대형 용기이고 또 하나는 깊고 반경이 좁은 내열 유리 제품이었다. 냄비의 모양과 재질에 따라 열이 식는 속도에 차이가 있기 때문에 온도를 조절하는 것은 매우 어렵다. 따라서 책에 적혀 있는 내용은 어디까지나 참고 사항에 불과한 것이다. 이처럼 예상 못한 사태에 제대로 대응하기 위해서는 감각 또는 육감에 의지할 수밖에 없다. 결국 서류상으로 이뤄지는 분석이나 설명 같은 것은 자신이 어떤 것을 직접 만져보거나 직접 해보는 과정을 통해 체화되는 풍부한 경험을 당해낼 수 없는 것이다.

이렇듯 '만지고' '맛보고' '냄새 맡는' 것과 같은 실행에 의한 학습을 지속적으로 하게 되면 놀라운 성과를 거둘 수 있다. 하지만 그와 마찬가지로 인상적인 점은, 오히려 사람들은 직접 테스트하는 체험을 피하기 위해 열심히 노력한다는 사실이다. 오빌 라이트Orville Wright의 제자로 중요한 특허만 38개나 보유하고 있는 다트머스대학의 공학 교수인 프레드 후벤Fred Hooven은 아주 적절한 실례를 하나 들고 있다. "지금까지 복잡한 기술적 문제 때문에 연구를 전혀 진행하지 못해 나에게 조언을 구하러 온 사람은 3명이었습니다. 그때마다 나는 엔지니어와 시제품 설계자를 한 방에 같이 있게 해야 한다고 강조했습니다. 그렇게 함으로써 골머리를 앓던 문제가 곧 해결되었던 것입니다. 그런데 이러한 조언이 반발에 부딪힌 적이 딱 한 번 있습니다. 엔지니어와 시제품 설계자를 같은 작업 공간에서 일하도록 하면 설계도가 더러워진다는 것이 반발의 이유였습니다."

프레드 후벤이 말하고자 하는 요점은 다음과 같은 것이다. "엔지니어가 본인의 아이디어를 시험해볼 수 있도록 모든 시설을 자유롭게 사용할 수 있는 분위기를 조성하는 것이 매우 중요합니다. 비용을 절약하는데도 이 방법이 더 효과적이죠. 설계를 하는 것이 시제품을 생산하는 것보다 더 많은 비용을 발생시키기 때문입니다. 제품을 설계하는 작업은 일방통행식 의사소통 수단입니다. 그렇기 때문에 제품이 만들어졌을 때, 엔지니어는 이 제품을 왜 만들려고 했는지 그 이유를 이미 잊고 있는 경우도 있을 것입니다. 그리고 설계를 하면서 실수를 했기 때문에 그것이 제대로 작동하지 않는다거나 혹은 어떤 면에서 그것을 수정할 필요가 있는데, 수정을 위해서는 또 다른 4개월이라는 시간이 필요하다는 사실을 알아차릴 수도 있습니다."

즉 실험을 통해서 당사자(설계 담당자, 마케팅 담당자, 최고 경영진, 영업 담당자 그리고 고객)는 제품에 대해 보다 창조적인 사고를 할 수 있게 되는 것이다. 아이디어를 보다 구체화시킨 시제품이 손안에 있으면 그 제품의 구체적인 용도에 대해 창조적인 아이디어를 떠올릴 수 있다. 사실 시장조사를 아무리 철저히 한다 하더라도 애플 II 컴퓨터의 경이적인 성공을 미리 예상할 수는 없었을 것이다. 당시 애플 II가 기대 이상의 놀라운 성공을 거둔 것은 의외로 고품질의 개인용 컴퓨터에 광범위한 수요자 층이 존재-항상 PC와 함께하며 매일같이 새로운 소프트웨어를 개발하는-했다는 사실을 빼면 설명할 길이 없다. 우리가 알고 있는 한 친구의 아내는 어느 날부터 애플을 날마다 열심히 사용하기 시작했다. 사실 시장조사는 여성이 PC의 주요 이용자가 될 것이라는 사실을 전혀 예측하지 못했을 것이다. 어떻게 보면 당사자인 그녀조차도 그것은 전혀 예상치 못했을 것이다. 하지만 이제 전업주부가 집에서 애플을 사용하며 여가 시간을 보내는 것은 하나의 일과가 되었고, 이것은 그들에게 아주 새로운 세계를 열어줬다. 워드프로세서의 편리함을 아무리 장황하게 설명해본들 그들이 그런 것을 사용하지 않겠다고 하면 어떻게 할 것인가(실제로 그녀는 그렇게 말했었다). 제품을 말로만 설명하는 것에는 분명히 한계가 존재할 수밖에 없다. 그렇지만 기계를 실제로 다뤄본 경험이 그들의 생각을 180도 바꿔놓았던 것이다.

앞서 말한 것처럼 HP가 엔지니어를 포함한 주변 사람들이 시제품을 손으로 직접 만져볼 수 있도록 하고, 이를 강조하는 것도 이와 똑같은 이유에서다. 사실 피터 피터슨이 저녁 파티에서 줌렌즈가 장착된 카메라를 손님들에게 보여준 것은 최고의 시장조사라 할 수 있다.

신속하고 다양한 실험

실험을 통해 성공을 거두기 위해 가장 크게 염두에 둬야 할 것은 신속성과 다양한 실험이다. 수년 전 우리는 성공적으로 석유 시추를 하는 기업과 그렇지 못한 기업을 비교 연구한 적이 있다. 그 결과 최고의 지질 전문가, 최신의 지구물리학적인 지식 그리고 최첨단 장비를 사용했을 경우 시추의 성공률은 15퍼센트였다. 또한 이런 것들이 전혀 없는 경우에도 성공률은 13퍼센트라는 사실을 알게 되었다. 이러한 사실에서 내린 결론은 분모分母, 즉 시추를 수행한 횟수가 관건이라는 점이었다.

최근 미국에서 유정을 발견해 가장 큰 시추 성공률을 보이고 있는 아모코Amoco의 경우를 여러 모로 분석한 결과도 그와 마찬가지였다. 아모코는 다른 어떤 기업보다도 훨씬 더 많은 시추 경험을 갖고 있다. 이 회사의 생산 책임자인 조지 갤러웨이George Galloway는 이에 대해 "우리 회사나 다른 경쟁 기업이나 성공을 미리 예상한다는 것은 불가능한 일입니다. …… 많은 유정을 발견해 시추한 경험이 축적됨으로써 비로소 성과가 나타나는 것입니다."[23]라고 말했다.

우리는 지하자원 탐사에서도 똑같은 예를 보아왔다. 탁월한 업적을 세운 기업과 그렇지 못한 기업의 가장 결정적인 차이는 다이아몬드 드릴diamond drilling을 사용한 시굴 작업의 수에서 생긴다. 시굴을 하는 데는 많은 비용이 들기 때문에 되도록 파지 않고 광맥을 찾아내야 하는 것이 사실이다. 그렇지만 지하에 어떤 광물자원이 있는지를 알아내려면 다이아몬드 드릴을 사용하는 것 외에는 다른 방법이 없다. 지질이나 지구물리학 전문가를 통해 많은 정보를 얻었다 하더라도 결국 그것은 가능성에 대한 탐색에 지나지 않는 것이다.

캐드베리Cadbury의 한 임원도 신속성과 실험 횟수가 중요하다는 사실을 다시 한번 확인시켜줬다. 그는 새롭게 제품 개발 담당자를 임명했을 때의 일을 들려주었다. 신임 간부는 중단된 상태였던 제품 개발 계획을 살펴보고는 12개월 이내에 신제품 6종, 다음 12개월 동안 다시 신제품 6종을 추가로 개발하겠다고 아무렇지도 않게 공언했다. 그가 2년 동안 개발을 완료해 발표한 제품들은 그동안 하나같이 여러 가지 이유로 짧게는 2년, 길게는 7년 동안 착수조차 못한 채 방치되어 있던 목에 걸린 가시 같은 존재들이었다. 이렇게 공언한 그는 약속을 지켰을 뿐 아니라 그중에서 3개의 제품은 지금까지도 여전히 잘 팔리고 있다. 이 제품 계발 계획에 참여해 사정을 잘 알고 있는 고참 사원은 이렇게 말했다. "어떤 일을 시작하는 것만으로도 시간을 크게 단축시킬 수 있습니다. 그가 부임하고 나서 24개월 동안 12건에 달하는 신제품 개발 프로그램이 가동되었습니다. 사실 우리만의 힘으로는 5년이 걸려도 지금처럼 잘 해내지는 못했을 것입니다."

피터 피터슨은 캐드베리의 실례에서 우리가 얻을 수 있는 교훈을 잘 말해주고 있다. 실험이란 의미 있는 일을 시도하는 행위이기 때문에 기간이 아무리 짧아도 해낼 수 있다. 실행이 가능한 일에 대해 달성 시점까지 못 박게 되면 불가능한 일도 가능해지는 것이다. 피터 피터슨은 또 이렇게 말했다.

수년 동안 특정 작업을 진행해오고 있는 상황에서 돌발적인 긴급 사태가 발생합니다.[24] …… 그렇게 되면 그 일은 단숨에 해결되어버립니다. 이런 예는 많죠. 노출이 자동으로 보정되는 8밀리미터 카메라를 개발하고 있었을 때의 일입니다. 신제품 개발 기간에 대해 전문가에게 자문을 구해보니 너나할 것 없이 적어도 3년은 소요된다는 것이었습니다. 그런데 어느 날 마케팅 담당 부사장이 다른 방법을 사용해 실험해보자는 제안을 했습니다. 그는 무언가를 기록한 메모지를 엔지니어들에게 전달했습니다. 거기에는 "조금 전 경쟁 기업이 자동 노출 기능이 있는 8밀리미터 카메라를 개발했다는 발표를 했습니다!'라고 적혀 있었습니다. 그런데 이게 어떻게 된 일입니까! 그로부터 24시간도 채 못 되어 그들은 전혀 다른 개발 절차를 생각해내어 내게 왔던 것입니다. 긴박한 돌발 상황이 가져다주는 힘은 정말 대단했습니다.

신속성이란 신속하게 작업에 착수해 이를 마무리하는 것을 의미합니다. 스토리지 테크놀로지Storage Technology의 사장인 제시 아웨이더Jesse Aweida는 신속한 의사결정을 신봉해 실험을 우선시하는 경영을 하고 있다. 〈포춘〉은 그에 대해 다음과 같이 보도한 바 있다.

제조 원가가 1천5백 달러나 든 디스크 드라이브의 매출액은 원가를 생각할 때 형편없는 수준이었다.[25] 신속하기로 유명한 아웨이더는 가격을 50퍼센트나 올렸지만 그래도 역시 손실이 발생하자 7백만 달러나 투자한 공장에서 디스크 드라이브의 생산을 중단시키고 말았다. …… 그는 아무것도 하지 않는 복지부동을 가장 혐오한다. 1월에 열린 스토리지 테크놀로지 전국 판매자 회의에서 그는 "아무런 의사결정을 하지 않는 것보다 비록 잘못된 의사결정이라도 내리는 편이 좋다고 생각합니다."라고 말했다. 신속한 의사결정을 내릴 수 있는 능력으로 이 회사는 몇 가지 잘못된 의사결정으로 인한 피해를 최소화시킬 수 있었다. 신속한 판단과 의사결정을 중시하는 아웨이더의 성격은 무리하게 사업을 추진하는 그의 단점을 보완하는 역할을 하며 그가 균형 잡힌 경영을 할 수 있도록 해주는데, 이는 매우 다행한 일이라고 할 수 있다.

기업가정신의 연장선상에서 실험정신은 스터드 포커(stud poker ; 처음 한 장만 가리고 다음 패부터는 겉장을 보이며 나눠주고 각 장마다 판돈을 늘려가는 포커의 한 종류)와 매우 유사한 면이 있다. 각 패를 보여주고 판돈이 커질 때마다 상황을 잘 파악해야 하지만 처음에 뒤집어놓은 마지막 패를 펼쳐보기 전까지는 막판에 전개될 상황을 알 수가 없다. 이 게임에서 가장 중요한 것은 언제 포기해야 하는지를 판단하는 능력이다.

대부분의 프로젝트나 실험의 경우에도 비록 많은 일정표를 짠다 해도 아니면 아무리 PERT/CPM▲8 또는 간트 도표에 따라 세부 일정을 수립했다 하더라도, 비용을 들여 입수하는 것은 무수한 정보 또는 자료에 불과하다. 그런데 그러한 자료가 정말로 가치가 있는지 없는지는 나중에야 알 수 있다. 더군다나 일단 어떤 프로젝트나 실험이 시작되어 다음 단계로 나아갈 때마다 거기에는 이전 단계보다 훨씬 많은 비용이 소요된다. 또 포기했을 경우엔 그후 자신의 마음을 추스르는 일조차 어렵기 때문에 매몰 비용sunk costs은 이루 헤아리기 어렵다. 경영자에게 있어 가장 중요한 것은 앞으로 나아갈 때와 물러날 때를 정확히 판단하는 능력을 갖는 일이다. 우리가 지금까지 관찰한 바에 따르면 가장 우수하다고 생각했던 프로젝트 또는 실험 관리 시스템의 경우, 작업을 계속 진척시켜나가는 과정에서 스터드 포커와 비슷한 상황에 직면하기도 한다. 그러므로 실험을 시도하는 활동

▲8 PERT/CPM이란 생산 공정이나 프로젝트 관리를 위한 기법의 일종이다. 이 기법은 특정 프로젝트를 구성하는 각 분야를 보다 세분화된 작업으로 분할하여 작업의 순서, 소요기간, 기타 제반사항들을 네트워크 형태로 표시한다. 이를 통해 일차적으로 주공정 및 여유공정을 산출하여 중점관리 대상작업을 명확히 하고, 전체적인 작업 일정을 세분화함으로써 공기지연의 사전예방, 공기단축 등의 효율적인 일정관리를 도모하는 것이다.
본래 PERT 기법은 1956년 미해군이 폴라리스Polaris 잠수함 건조계획을 효과적으로 진행하기 위해 개발한 기법이며, CPM 기법은 세계 최대 화학회사인 미국의 듀폰이 대규모 화학공장을 건설할 때 적용한 기법이었는데, 그후 PERT와 CPM 양자의 장점만을 취합하여 PERT/CPM으로 불리고 있으며, 오늘날 프로젝트 관리의 일반 이론으로 널리 사용되고 있다.

을 통제 가능한 수준으로 분할해 신속히 점검하고, 프로젝트가 진행되는 동안에는 지나친 관리를 피해야 한다. 과업을 잘 진행시킨다는 것은 말하자면 대규모 프로젝트라 하더라도 그것을 하나의 실험으로 생각하는 것이다. 사실 거의 모든 프로젝트는 실험에 지나지 않는다. 타고난 도박사처럼 대담한 도전 정신을 갖고 상황이 불리하다고 판단되면 바로 포기하고 다음의 기회를 노릴 수 있어야 한다.

경제적인 학습

실험 활동은 대부분의 초우량 기업에서 비용 대비 탁월한 효과를 얻을 수 있는 학습 수단으로 활용되고 있다. 이는 많은 시간과 노력, 비용이 필요한 시장조사 또는 관리 계획보다 훨씬 더 유용성이 높은 것으로 인정받고 있다. B&H의 최고경영자로 재직할 당시를 회상하며 피터 피터슨은 이 문제에 대한 자신의 입장을 분명히 밝히고 있다.

어떤 아이디어가 잘못된 것이라 해도 그것을 사장시키기 전에 먼저 모든 측면을 합리적으로 고려해봐야 합니다. 그리고 역시 무리라 해도 우리는 반드시 자문해봐야 합니다. 이 아이디어를 저렴한 비용을 들여 어떻게든 실험할 수 있는 방법은 없는가 하고 말입니다. 실험은 혁신적인 아이디어를 실행에 옮기는 가장 강력한 수단입니다. 그러나 미국 산업계에서는 이 방식을 그다지 애용하지 않는 것처럼 보입니다. …… 예를 하나 들어보기로 하지요. 아시다시피 B&H는 대기업이 아니기 때문에 어떤 아이디어가 실행 가능한 것인지 전혀 알 수 없는 상황에서, 수백 달러씩이나 들여 시제품을 개발해 마케팅 활동을 촉진하는 식의 모험은 할 수가 없습니다. 하루는 어떤 사람이 얼핏 보기에도 상식 밖이라고 여겨지는 그런 아이디어를 들고 우리를 찾아왔습니다. 하버드식 마케팅을 공부한 적이 있는 사람이라면 당연히 여러 가지 이유를 들어 그 아이디어가 왜 말이 안 되는지 즉시 설명할 수 있을 정도로 허황된 아이디어였습니다. 그 아이디어는 바로 1956년 당시에 8밀리미터 카메라를 150달러라는 가격으로 우편주문을 통해 판매할 수 없을까 하는 것이었습니다. …… 그러나 우리는 "이건 너무 황당한 아이디어입니다."라고 말하는 대신 좀더 연구해보기로 결정했습니다. "어쩌면 이 아이디어가 성과를 거둘 수 있을지도 몰라. 그러니 성공할 수 있는 요인을 함께 생각해보는 것이 어떨까?" 하고 말이죠. 그리하여 우리는 스스로에게 제일 중요한 질문이라 할 수 있는 다음과 같은 질문을 던졌습니다. "이 아이디어를 실현시키는 데 어느 정도의 비용이 들까?" 그 비용은 고작 1만 달러밖에 되지 않았습니다. 여기서 중요한 것은 우리들이 이 문제에 대해 탁상공론만 계속했더라면 아마도 10만 달러에 상당하는 시간을 아깝게 낭비할 수도 있었다는 것입니다. …… 10명의 전문가가 있었다면 그중 9명은 그 아이디어가 실현 불가능하다고 말했을지도 모릅니다. 하지만 이 아이디어는 성공을 거뒀으며, 현재까지도 중요하면서도 새로운 사업의 근간이 되고 있습니다. 시대를 앞서가는 아이디어의 실현 가능성을 판단할 때 사람들은 대개 합리적인 사고방식을 지나치게 과신하는 잘못을 범하고 있는 건 아닐까요?

효과적인 실험이 갖는 또 하나의 중요한 특징은 의외로 남의 눈에 띠지 않게 이뤄진다는 것이다. 예를 들면, GE에서는 비공식으로 이뤄지는 실험을 가리켜 '밀조bootlegging'라 부르고 있다(3M에서는 '절도scrounging'라는 표현을 사용하고 있다). 이런 기업들은 얼마 되지 않는 예산의 범위 안에서 소수 정예 인력을 기존 조직에서 차출해 프로젝트 활동을 수행시키는 오랜 전통을 갖고 있다. 앞에서도 기술한 바 있는 엔지니어링 플라스틱이나 항공기 엔진 등의 사업 분야에서 괄목할 정도의 성과를 일궈낸 GE의 성공 사례도 모두 밀조의 직접적인 혜택에 힘입은 바 컸다. 이러한 특징이야말로 GE의 성공을 설명하는 핵심 요소 중 하나다. 최근 조사에서도 실제로 드러났지만 과거 30년 동안 GE에서 일련의 기술적 돌파구를 만들어내는 데 있어 기본 바탕이 된 것은 모두 이 밀조에서 비롯되었다. IBM에 대해서도 이와 똑같은 말을 하는 사람이 여러 명 있었다. 창업자 토머스 왓슨 1세의 오랜 측근 중 한 사람은 기업의 혁신성이 퇴색되지 않고 여전히 빛을 발하고 있는지의 여부를 확인하려면 '밀조'가 어느 정도 성행하고 있는가를 보는 것이 제일 쉬운 방법이라고 했다. 3M의 벤처 사업 부서를 이끌고 있는 테이트 엘더Tait Elder는 기획, 예산 그리고 관리 시스템조차도 어느 정도 느슨하게 설계해야 한다고 말한다. 혁신적인 아이디어를 상업화시키는 이 단적인 프로그램을 수행해나가기 위해서는 여기저기서 새는 돈을 끌어들여 예산의 일부로 충당할 수 있는 길이 있어야 한다는 것이다.

마지막으로 가장 중요한 것이 고객과의 관계를 설정하는 일이다. 완벽한 실험을 하고자 한다면 고객, 특히 까다로운 고객을 여기에 참여시키는 것이 가장 중요하다. 이 점에 대해서는 다음 장에서 자세히 언급하겠지만 여기서는 초우량 기업에서 이뤄지는 대다수 실험은 주요 고객을 동참시키는 형태로 진행된다는 사실만 지적해두겠다. 최소한의 비용으로 이러

한 실험을 지속적으로 실시하는 대표적인 기업으로는 DEC를 꼽을 수 있
다(HP와 왕 연구소는 그 다음이다). 앞에서 언급한 기업들은 모두, 고객을 실
험 과정에 동참시킴으로써 쓸데없는 시행착오를 줄여나가고 있다.

맥도날드가 시도하는 다양한 실험 역시 고객의 참여를 유도하고 있
다. 그러나 대다수 기업을 보면 완벽을 기해 설계하고 이를 바탕으로 시제
품을 만들고 대량 생산을 시작하기 바로 직전 그것도 이미 수백만 달러의
돈을 투자한 후 비로소 그 제품을 고객 앞에 내놓고 평가해줄 것을 요청한
다. 결국 DEC, 맥도날드, HP, 3M의 성공 비결은 시제품을 생산하기 훨씬
이전 단계에 고객을 참여시켜 평가를 받은 다음, 이를 시제품 개선에 반영
될 수 있도록 한다는 데 있다.

실험을 장려하는 분위기

태스크포스와 같은 한시적인 조직도 유연성과 자유를 보장해주는 환경이
없으면 제 기능을 다할 수 없다는 사실은 이미 말한 바 있다. 조직 내 실험
역시 적합한 환경에서가 아니면 제대로 기능할 수 없다. 관리자는 시스템의
'누수'를 용인해 잘못에 대해서는 관대하고, '밀조'에는 적극 가담하며, 예
측하지 못한 상황에는 유연하게 대응하고, 챔피언의 탄생을 장려해야 한
다. 이사도르 바마쉬Isadore Barmash는《회사를 위하여*For the Good of the
Company*》라는 책에서 연쇄반응이 얼마나 멋진 작용을 일으키는지 그 실례
를 소개하고 있다. 젊은 나이에 샘 니만Sam Neaman이 시작한 실험은 크게
성공을 거둬 1960년대 '맥크로리 소매점 체인McCrory' stores'은 몇백만 달러
의 흑자를 냈다. 다소 길기는 하지만 변화를 유도한 실험이 성공해가는 과

정을 매우 사실적으로 묘사하고 있는 샘 니만(당시 경력이 일천한 임원이었으나 이후 최고경영자로 승진함)의 글을 인용해보도록 하겠다.

내겐 아무런 권한도 없었다.[26] …… 그러나 우연찮게 좋은 기회가 찾아왔다. 계속해서 적자만 보고 있는 점포가 하나 있었다. 우선 탁월한 성과를 내는 점포를 만드는 데 필요한 것이 무엇인지 알고 싶어서 나는 점포의 책임자인 존한테 이렇게 말했다. "먼저 소수 인력을 차출해 이 점포를 회생시키기 위한 팀을 구성하도록 하겠네. 자네가 그 팀의 팀장을 맡게나. 팀원들과 함께 이 도시에 있는 모든 경쟁 점포를 돌아보고 느낀 점을 기록하게. 그런 다음 우리 점포에 진열되어 있는 상품들과 냉정하게 비교해보게. 매일 밤 점포의 문을 닫은 후 모든 팀원들과 함께 둘러앉아 난상토의를 하란 말일세. …… 나는 지역 담당자를 비롯해 판매 담당, 구매 담당 그리고 다른 구역의 점포 책임자를 데리고 가겠네. 이것은 결국 모두가 진지한 대화를 통해 현재 우리들의 능력이 어느 정도 되는지 깨닫게 하기 위한 것일세." 그후 몇 주일 동안 그들은 다른 경쟁 점포와 자신들의 점포를 비교하는 작업에 착수했다. 사실 작업에 참여한 모든 사람들의 생각이 하나로 종합될 때까지는 많은 어려움이 있었다. 하지만 마침내 모든 사람들이 의견의 일치를 보았다. 그러나 재미있는 점은 작업팀의 사기가 충천했으며 전원이 흥분한 상태가 되었다는 것이다. 왜일까? 그것은 한 사람 한 사람이 자신이 할 수 있는 데까지 최선을 다했으며, 개인 혹은 그룹으로서 최초로 자기실현을 이룩할 수 있었기 때문이다. …… 이 작업에 들어간 비용은 25센트도 되지 않았다. 모든 작업은 점포 안 시설물을 이용해 진행되었다. 점포 바닥을 교체했으며, 통로를 확장하고 벽을 새로 칠했다. 이렇게 해서 전혀 다른 새로운 점포가 탄생했다.

무엇이 이 점포를 새롭게 바꿔놓은 것일까? 그들은 경쟁 점포 모두를 돌아다녔기 때문에 자신의 점포를 냉정한 눈으로 바라볼 수 있었다. 지금까지는 상사의 기분만을 살피고 상사가 무엇을 바라는지 추측해 비위를 맞추는 일에만 급급했다. 다만 나는 그들에게 자신의 능력과 감각을 활용하라고만 했을 뿐이다. 결국 이러한 동기부여가 이렇게 멋진 점포를 탄생시킨 것이다. 그후 2년 동안 우리는 적자를 조금씩 줄여 마침내 3년이 되던 해부터 흑자를 낼 수 있었다. 그들이 열심히 일하고 있는 동안 본사 사람들도 내가 하고 있는 일에 관심을 갖게 되었다. 회장과 각 참모들은 무슨 일이 일어났는지를 알아보기 위해 점포를 방문했다. 결국 회사 전체가 일제히 점포를 혁신하는 일에 동참하기 시작했다. 부사장, 부책임자 심지어 회장까지도 이러한 의미 있는 작업에 동참했다. 조직 구성원들에게 방향을 제시하는 것, 이것이 내가 한 일의 전부였다. 내가 한 일은 구체적으로 조직 내에 성공 사례를 하나 만들어서 모든 조직 구성원들이 그것을 눈으로 볼 수 있도록 한 것에 지나지 않았다. 그 점포는 바로 인디애나폴리스에 있는 점포였다. "인디애나 주도인 인디애나폴리스 점포로 가보라."라고 나는 모든 사람들에게 말했다. "거기 가서 실제로 그 점포를 보고, 직접 무언가를 느껴보게. 사실 그 점포는 자네들과 똑같은 평범한 직원들이 평범한 재능을 십분 발휘해 땀 흘려 가꾼 점포라네." 그후 어느 정도 시간이 흐른 뒤 본사로 돌아온 나는 약간 다른 방법을 생각해냈다. 다양한 제품 구색을 위해 구매를 담당하고 있는 부사장에게 이렇게 말했다. "좋아요, 조. 굳이 인디애나까지 날아갈 필요도 없어요. 차라리 당신이 있는 뉴욕에다 인디애나폴리스 점포가 창조한 기적을 재현해보세요. 지금까지 성과를 내기 위해서는 무엇을 어떻게 해야 하는지 귀가 따가울 정도로 들었으리라 생각합니다. 그러나 단순히 흉내만 내서는 안 돼요. 인디애나폴리스는 하나의 성공 모델로 놓아두고 싶어요. 그러니 또 다른 성공 모델을 만들어보세요." 나는 그에게 나름대로 참신하고 독창적인 방법으로 다양한 제품이 확보된 점포를 만들 것을 주문했다.

수주일 후 그의 초대를 받아 방문한 점포는 그야말로 환상적이었다. 나는 바로 그 자리에서 다른 사람 몇 명을 불러 소매점을 구경시켰다. 그토록 형편없는 가게로 악명 높았던 점포가 근처 주민들의 이목을 끌고, 회사의 자랑거리가 되리라곤 그 누구도 생각지 못했다. 매출도 점점 늘어나기 시작해 이 점포는 우리가 소유한 뉴욕의 소매점들 중에서 가장 높은 실적을 올리게 되었다. 그러나 또 하나 중요한 것은 이 점포가 다른 임직원들에게 이참에 "인디애나폴리스의 성공 신화를 도처에서 일궈보자."라는 동기부여를 했다는 점이다.

본사의 자신감이 커짐에 따라 나는 다시 새로운 방법을 모색하기 시작했다. 인디애나폴리스의 소매점을 성공적으로 혁신시킨 사례를 모든 구성원들이 공유할 수 있도록 하나의 모델로 만드는 것이 그것이었다. 다시 말해, 가장 우선적으로 개선해야 할 대상 점포를 선정해 가능한 많은 구성원들을 참여시켜 점포를 혁신한 다음 다른 사람들이 이를 보고 성공 요인을 지식으로 축적할 수 있는 시스템을 만든다는 계획이었다. 이처럼 성공 사례를 만들어 조직 구성원 모두가 공유할 수 있도록 하는 것이 보고서를 만들거나 전화로 지시하는 것보다 훨씬 효과적이었다. "모두들 여기 와서 보세요. 이것이야말로 새로운 회사입니다." 하는 식으로 직접 눈으로 보고 느끼게 하는 것은 매우 효율적이었다. 나는 모든 지역(10개 내지 15개 점포가 1개 지역을 구성한다)에 각각 혁신적 점포의 성공 모델을 만들도록 지시했다. 지역 책임자가 자신이 지닌 모든 지식과 역량을 한 점포에 투입한다면 그 '성공 모델'은 지역 안의 다른 점포에도 영향을 미치게 되고, 그렇게 되면 모든 점포가 개선되는 효과를 거둘 수 있다. 이는 결국 지역 책임자와 점포 책임자의 모델인 동시에 그것을 보고 동기를 부여받는 모든 구성원의 모델이 될 수 있을 것이다. 이런 생각은 이내 들판의 불길처럼 번져갔다. 구성원들은 낮과 밤 그리고 휴일도 반납한 채 점포를 혁신적으로 개선하는 작업에 매달렸다. 매주 일요일은 점포 책임자가 맥주와 요리를 마련해 약식 파티를 열었다. 미국 전체 47개 지역을 대상으로 소매점 점포 개선을 위해 전력 투구한 결과 종업원을 포함해 회사 전체에게 보람 있는 한 해가 되었다.

이러한 샘 니만의 이야기는 단순히 많은 사람들이 실험에 참가했음을 보여주는 이야기가 아니다. 그것은 조직 구성원 스스로가 주도적으로 참여해 성공을 만들어냄으로써 스스로를 승리자로 생각하기 시작했다는 이야기다. 가장 중요한 것은 종업원이 자발적으로 시도하는 실험 활동을 허용하고 이를 적극적으로 지원하는 환경이 조성되었다는 점일 것이다. 지금까지 언급한 핵심 포인트 이외에도 사내의 실험 활동을 장려하는 분위기 조성이라는 면에서 기업의 실험정신을 유도하기 위해 명심해야 할 두 가지 사항이 있다.

첫째, 창조적 실험 활동을 다른 구성원들에게 확산시키는 것이다. 이는 성공적인 결과를 가져온 실험 활동을 다른 구성원들이 자발적으로 따라하게 만드는 것을 말한다. 확산의 열쇠를 쥐고 있는 것은 "그것을 어떤 식으로 시작하면 효과적일까?"라는 말이다. 많은 사람들이 흔히 "처음이 가장 중요하다."라고 말하는데 실제로 이 말은 여기에 딱 들어맞는 말이다. 우선 수월한 것, 변화시키기 쉬운 것 그리고 변화시키기 쉬운 곳-자신이 속해 있는 기업 안에서 많은 지지자들을 끌어 모을 수 있는 확실한 곳-에서부터 시작하는 것이 중요하다.

바로 샘 니만의 사례가 그러했다. 사실 인디애나폴리스의 점포는 가장 규모가 큰 소매점이었지만 그렇게 눈에 잘 띄는 점포는 아니었다. 그러나 그곳은 샘 니만의 지도하에 활기차게 새로운 일을 시도하게 되었다. 줄리안 페어필드Julian Fairfield라는 한 친구는 관리자로 승진한 지 얼마 안 되어 실적이 좋지 않은 전선 및 케이블 설비 공장을 혁신적으로 변화시키는 임무를 맡게 되었다. "모든 상황이 좋지 않았다."라고 그는 말했다. "어디서부터 손을 대야 할지 엄두가 나지 않았기 때문에 공장의 환경을 정비하는 일부터 시작했다. 이 일에는 누구도 잔소리를 하지 않았으며, 작업 또한 간단했다. 만약 관리자인 내가 개선하기 쉬워 보이는 근무환경의 정비에 열의를 보인다면 다른 종업원들도 다른 일을 개선하는 작업에 자발적으로 나서줄 것이라고 생각했다." 그의 이러한 생각은 적중했다.

최근 체이스맨해튼은행은 소액 거래 고객을 위한 영업 시스템을 대폭 개편해 크게 성공을 거두고 있는데, 여기서도 이와 똑같은 일이 진행되고 있다. 우선 의미 있는 일을 해보려는 의욕으로 불타고 있는 지점 담당자로부터 그러한 일이 시작되었다. 그녀의 지점은 넓지도 않았으며, 지점 성과 또한 나쁜 편은 아니었지만 그렇다고 뛰어나지도 않았다. 그녀는 자신이 할 수 있는 일은 바로 실행에 옮기는 방법으로 몇 가지 가시적인 성공을 이룩했다. 그러자 이 성공 사례는 전 지점으로 자연스럽게 확산되었다. 이렇게 해서 가장 성과가 나쁜 지점을 개선하는 작업도 성공적으로 마무리되었다.

마찬가지로 맥도날드의 아침 식사 메뉴도 본사에서 가장 멀리 떨어진 점포에서 시작되었다. 소수의 영업 점포에서 실험적으로 이 시스템을 도입한 2년 동안 아침 식사 메뉴는 들판의 불길처럼 전 세계 맥도날드 매장으로 확산되어나갔다. 현재는 전체 맥도날드 매출액 중 아침 식사 메뉴로 벌어들이는 수익이 35퍼센트에서 40퍼센트에 이르고 있다. 블루밍데일 백화점에서도 실험 활동에 착수한 방법은 거의 비슷했다. 변화시키기 쉽고 회장이 가장 총애하는 수입 식료품 매장에서 시작해 가구 매장으로 확대해나갔다. 이후 결과적으로 가장 주목을 받게 된 매장은 명품 매장이다. 그러나 사실 명품 매장은 가장 저항이 강할 것으로 예상되었기 때문에 가장 마지막으로 개선 작업에 착수한 곳이기도 하다.

작은 성공을 쌓아가면서 탄력을 붙여나가는 과정을 경영 컨설턴트인 로버트 샤퍼Robert Schaffer는 다음과 같이 정확하게 설명하고 있다.

업무의 생산성을 향상시키기 위한 활동에서 가장 중요한 것은 성과가 바로 나타날 가능성이 있는 일에 우선적으로 착수해 변화시켜나가는 것이다.[27] 먼저 계획을 수립하고 만반의 준비를 하고 우선 해결 가능성이 보이는 구체적인 목표를 한두 개 찾아내는 일은 그다지 어려운 일이 아니다. …… 가시적 성과를 만들어내는 방법은 업무를 향상시키는 작업에 개입되는 사람의 심리를 완전히 바꿔놓는다. …… 질문하는 방법을 바꾸는 것이 중요하다. …… "무엇이 방해가 되고 있는가?"가 아니라, "지금 바로 착수해 단기간에 성과를 얻을 수 있는 것이 무엇일까?"라고 생각해야 옳은 것이다. …… 조직 구성원들이 마음의 준비가 전혀 되어 있지 않은 작업에 착수해 저항을 극복하라는 것이 아니라, 구성원들이 즉시 수용하고 개선 작업에 착수할 수 있는 것이 무엇인지를 생각해야 한다는 뜻이다. …… 하나의 개선 프로젝트가 잘 진행되어 작은 성공을 만들어내기만 한다면 다음 단계에서 무엇을 어떻게 해야 할 것인가에 대한 아이디어는 얼마든지 솟아나는 법이다.

인디애나폴리스에서 샘 니만이 그러했던 것처럼 로버트 샤퍼는 어떻게 하면 '바로 착수할 수 있는 일'을 찾아낼 수 있을 것인지를 강조하고 있다. 그의 말은 현실적으로 개선하는 것이 당연한 것처럼 보일 때까지 몇 번이건 채로 치라는 것이다. "개선, 혁신 그리고 변화에 커다란 관심을 갖고 있는 책임자가 있는 점포를 하나 선정한다. 판매팀과 함께 소수의 주력 제품에 집중해 매출액을 증대시킬 수 있는 방법을 모색한다. 예를 들면, 한 달 또는 한 달 반 정도의 기간 동안 일정 수준으로 매출액을 증가시키기 위한 노력을 기울이는 것도 좋을 것이다. 구체적으로 성과가 나타남에 따라 본인 스스로 어떻게 하면 실험 활동을 확대해나갈 수 있을 것인가에 대해 자신의 생각을 피력할 수 있게 될 것이다."[28]

샘 니만, 줄리안 페어필드, 체이스맨해튼뱅크, 블루밍데일 백화점처럼 로버트 샤퍼 또한 자질구레한 혁신 목표를 가능하면 많이 발견하기 위해 노력하고 있다. 사실 그러한 실험 활동이 이뤄지는 과정을 혁신적이라 말해도 좋을 것이다. 그것은 계획 수립보다 실행, 생각하는 것보다 실천, 추상적인 것보다 구체적인 것을 중요시여기는 태도다. 이는 불교에서 말하는 선禪처럼 물이 흘러가는 대로 그대로 놓아두는 사고방식이다. 즉시 작업에 착수할 수 있는 수월한 작업부터 시작하게 되면, 무작정 반대만 하던 사람도 작업에 적극적으로 관심을 보이는 사람으로 변하게 되는 식이다.

블루밍데일 백화점, 3M, TI, 다나, 맥도날드, GE, HP, IBM 등에서 작은 위험이나 손해에 도전한 수많은 사람들을 생각해보자. "위험을 감수하라."라는 소리가 언제나 사원들의 귀에 울리고 있다. 초우량 기업의 경우에는 작은 위험을 감수하지 않을 때 '늘 하고 있는 작은 일을' 중단했을 때야말로 위험한 상태인 것이다. 결국 경영자의 역할은 비록 실패하더라도 가치 있는 시도는 적극적으로 장려해주는 데 있다. 또한 작은 실패로부터 충분한 경험을 쌓을 수 있도록 기회를 제공하고 나중에 크게 성공한 뒤에 실시한 실험을 정당하게 평가해줘야 한다. 그리고 선두에 서서 구성원들에게 동기를 부여하고 실험 활동의 성공적인 결과가 사내에 널리 확산될 수 있도록 눈에 보이지 않게 도와줘야 한다. GE나 IBM과 같이 매우 복잡한 대기업에서도 "먼저 실행하고 뒤에 생각하라."라는 것을 새로운 경영의 핵심으로 삼고 있다.

단순한 기업 시스템

초우량 기업의 공식적인 시스템이 매우 유연하고 문제를 하나하나 풀어나가며 실험을 장려하는 특징을 갖고 있다는 것은 흥미로운 일이다. 최근 우리 동료 중 한 사람으로부터 인터뷰할 고객을 만나기 전에 읽어야 할 서류를 받았다. 그것은 고객의 기업에서 일하는, 어떤 부문의 책임자가 자신의 고객에게 올린 제안서를 종합하고 정리한 것이었다. 대충 훑어보니 제일 짧은 보고서가 57페이지에 달했다. 이러한 일은 P&G에서는 도저히 상상조차 할 수 없다.

P&G의 조직은 실행을 중시하는 분위기에 걸맞게 조직의 규모가 작고 그 구조도 훨씬 단순하다. 이 회사의 관리자들은 "얕은 홈이 더 분명하고 확실한 길로 안내한다."라는 표현을 곧잘 사용한다. 이러한 조그마한 조직만으로도 P&G는 제대로 돌아가고 있으며 사소한 것들도 서로 잘 이해하고 있다. '마케팅 사관학교'로도 불리는 P&G가 실행을 우선시하는 조직임을 알 수 있는 실례로 그 유명한 '1페이지 메모'를 들 수 있다.

최근 P&G의 브랜드 매니저와 아침 식사를 같이 하면서 '1페이지 메모'의 전설이 실재하는지 물어봤다. 그는 "때와 장소에 따라 다릅니다." ▲9 라고 말했다. "그러나 최근 브랜드 전략을 변화시키자는 내용의 제안서를 1페이지 반 정도의 분량으로 작성해 제출했으나 반송되고 말았습니다. 보고서의 분량이 너무 많다는 것이었지요." 이와 같은 전통은 리처드 듀프리 Rechard Deupree 전 사장의 시대로까지 거슬러 올라간다.

당시 리처드 듀프리 사장은 타자로 쳐서 1페이지가 넘는 메모는 굉장히 싫어했다.[29] 긴 메모는 항상 되돌려주면서 "더 짧은 내용으로도 내가 이해할 수 있게 만들게나."라고 말했다. 메모가 복잡할 경우에는 이렇게 말하기도 했다. "나는 복잡한 것은 몰라. 단순한 것밖에 모른단 말야." 어떤 인터뷰에서 이런 일화에 대해 질문을 받은 그는 다음과 같이 대답했다. "현실의 복잡한 문제를 일련의 단순한 부분으로 나눌 수 있도록 훈련시키

▲9 예를 들면, 1931년 5월 13일, 회장 닐 맥켈로이Neil McElroy가 내놓은 사내 브랜드 간의 경쟁을 권장하는 역사적인 메모는 "무려 3페이지나 되었다."라고 사람들은 말한다.

는 것도 내 일의 일부입니다. 이렇게 해야만 비로소 모두가 자신의 머리를 활용해 행동할 수 있게 됩니다."

최근까지 P&G의 회장으로 일했던 에드 하네스Ed Harness도 이와 같은 전통에 대해서 다음과 같이 말하고 있다. "우리 회사에서는 사실과 의견이 명확히 구분되어 있는 간단한 메모가 의사결정의 기반이 됩니다."[30]

MIS를 비롯한 다양한 분석 기법, 많은 직원들이 책상에 앉아서 하는 토론 그리고 문제 해결에 수반되는 정치 역학 등은 구성원들이 서로를 믿지 못하게 만드는 요인이 된다. 이런 경우 '1페이지 메모'는 매우 효과적이다. 우선 회의에서 다뤄야 할 의제가 명확해지고, 1페이지일 때는 20개 정도로 요약되는 핵심 사항만 검토하면 되기 때문에 1백 페이지짜리 보고서보다 훨씬 효과적이다. 또한 단기간에 집중적으로 검토할 수 있으며 한눈에 전체를 파악할 수 있어 좋다. 구체적으로 보충 자료에 있는 14항의 수치가 틀렸을 때 1백 페이지에 달하는 보고서라면 누구의 책임인지 바로 파악하기 힘들 것이다. 그러나 1페이지 메모의 경우 수치가 20개밖에 되지 않기 때문에 책임 소재가 명확해져 자료의 신빙성도 높아진다. 사실 기존의 내용을 1페이지에 요약하는 것은 매우 어려운 일이기 때문에 아무렇게나 작성할 수가 없다.

릴라이언스 일렉트릭Reliance Electric의 전 사장이며 현재 공작기계 제조업체인 애크미 클리블랜드Acme-Cleveland의 사장으로 재직하고 있는 찰스 에임즈B. Charles Ames는 이 점에 대해 다음과 같이 말하고 있다. "부서 책임자에게 70페이지 분량의 보고서를 하룻밤 사이에 작성해오라고 시키는 일은 가능합니다. 그러나 과거의 실적 또는 향후 전망을 종합 정리하고 '기본적으로 여섯 가지 대안을 제시하겠습니다. 장밋빛 전망에 입각한 대안이 세 가지 그리고 암울한 전망에 입각한 대안이 세 가지입니다'라는 식으로 구체적인 전망을 제시한 분석이나 그래프가 담긴 1페이지짜리 제안서는 여간해선 구경할 수 없습니다."

존 스타인벡은 소설을 쓰기 위해 가장 먼저 해야 할 작업이 바로 자신이 쓰고자 하는 주제를 1페이지로 정리하는 일이라고 말했다. 1페이지에 소설의 뼈대를 구성하는 아이디어를 모두 정리할 수 없다면 장편을 계속 써나간다는 것은 불가능하다는 것이었다. 이것은 연설이나 소설 등의 원고를 작성할 때 당연히 해야 할 일로 간주되고 있는데도 불구하고 대다수 경영자들은 이 점을 잘 모르는 것 같다. 사실 투자 계획서가 1백 페이지나 되면 그중에서 가장 중요한 의사결정 사항을 단번에 파악하기 힘들다. 또한 내용을 논리적으로 구성해 체계적으로 뼈대를 세우는 것도 쉽지 않다. 이렇게 해서 만들어지는 보고서는 결국 분량에만 승부를 걸게 된다. 설상가상으로 백과사전처럼 두꺼운 보고서를 바탕으로 회의를 진행하면 당연히 핵심을 간과하고 논의의 초점이 흐려져 회의에서 진지하게 다뤄져야 할 의제마저 실종되어버린다.

어떤 증권 분석가는 이전의 P&G에 대해서 "완벽함이 지나치다 못해 지루하다."[31]라고 말했으며, 또 다른 분석가는 "이율배반적이긴 한데 관대함과 엄격함이 공존하는 기업이다."[32]라고 했다. 외부 사람들은 어떻게 하면 그렇듯 완벽하고 정확하지만 핵심을 놓치지 않는 불과 1페이지 분량의 보고서를 작성할 수 있을까 하고 의아해한다. 1페이지에 모든 것을 종합적으로 정리하기 위해서는 머리도 써야 하지만 무엇보다 진지한 노력이 필요하다. 일반적으로 브랜드 관리자의 직속 후임자 또는 신임 브랜드 매니저가 처음으로 1페이지짜리 메모를 작성하기 위해서는 최소한 15번 정도 고쳐 써야 한다는 얘기도 있다.

또 하나의 대답은 메모의 내용을 충분히 뒷받침할 수 있는 보충 자료에는 누구나 접근할 수 있다는 사실이다. 다만 P&G가 다른 기업과 차별화되는 점은 보충 자료를 일일이 읽을 필요가 없다는 점이다. 여기서 다시 '1페이지 문화'의 또 다른 특징이 등장하게 된다. 그것은 서류의 분량이 획기적으로 줄어들기 때문에 정리하기도 수월해 기억하기도 쉽고, 보고서 작성에 드는 비용도 절감할 수 있다는 점이다.

여기까지 1페이지 메모가 지닌 장점을 몇 가지 살펴보았지만 사실 그것은 보다 본질적인 측면에 중요한 영향을 미치고 있다. 쓸데없이 보고서를 작성하는 데 아까운 시간을 낭비하지 말고 바로 행동에 옮기라는 게 핵심이다. 멕시코의 석유 회사인 페멕스Pemex의 회장 조르게 디아즈 세라노 Jorge Diaz Serrano[33]는 어떤 문제에 대해 보고서를 작성하는 것보다 전화를 이용해 해결하는 방법을 회사의 중요한 의사소통 수단으로 확립하고자 했다. 또한 유나이티드 테크놀로지United Technologies의 회장인 해리 그레이 Harry Gray는 이렇게 이야기하고 있다. "나는 서류를 굉장히 싫어하는 사람으로 정평이 나 있습니다. 사장으로 취임했을 때 주요 임원들을 모아놓고 내가 어느 정도로 보고서를 싫어하는지 이야기했습니다. 만약 거기에 이름을 붙인다면 '보고서 혐오증' 정도가 될 수 있겠지요. 최고경영자로 재직한 1년 동안 나는 그들이 신주단지 모시듯 소중하게 생각하는 보고서를 읽고 또 읽는 것에 넌덜머리가 났습니다. 따라서 1페이지짜리 메모 이외의 보고서는 일절 인정하지 않을 작정이니 그 이외의 것은 나한테 올리지 말라고 지시했습니다."[34]

찰스 에임즈는 릴라이언스 일렉트릭으로 부임한 지 얼마 지나지 않아 그동안의 짧은 경험을 바탕으로 복잡한 거대 조직에 지나치게 의존하게 되면 당연히 해야 할 기본적인 관리마저도 소홀히 하게 된다고 말했다. "릴라이언스 일렉트릭에는 장기간을 위한 전략적 계획 시스템에서부터 단기간을 위한 모든 종류의 계획 시스템이 구축되어 있었습니다. 그럼에도 불구하고 당장 다음달에 어떤 제품을 판매해야 하는지는 알지 못했습니다. 나는 5년 단위로 수립하는 장기 전략 계획을 폐지하고 연 단위 계획 그리고 그 다음에는 반기별 전략을 수립할 수 있는 체제를 도입했습니다. 마지막에는 30일 계획으로까지 단축해, 전략을 수립하는 체제를 거의 1년 가까이 시행했습니다. 그제야 정확한 수치를 얻을 수 있었습니다. 그런 다음 다시 분기 그리고 연 단위 계획을 채택하는 체제로 서서히 복귀했습니다. 그러나 당초처럼 5년 단위의 중장기 전략을 수립하는 체제로 돌아가지는 않았습니다."

에임즈가 릴라이언스 일렉트릭에 들어가자마자 직면하게 된 과도한 서류 작업과 장기 전략 계획의 범람과는 정반대로 에머슨 전기, 다나, TI 같은 기업들은 소수의 핵심적인 목표 수치에 초점을 맞추고, 이의 신속한 달성을 중요시 여긴다. 예를 들면, 〈뉴욕타임스〉에 실린 에머슨 전기에 대한 기사에는 다음과 같은 내용이 있다. "각 부문의 책임자와 직원들은 매월 본사에서 최고 경영진에게 담당 업무를 보고하도록 되어 있다. 그 자리에서 보고하는 내용의 핵심은 미래보다 현재에 초점이 맞춰져 있다. 예를 들면 매출액, 수익 그리고 재고의 세 가지 측면에서 부문 책임자를 평가한다. 여기서 중요한 것은 월, 분기 그리고 궁극적으로는 한 해를 통틀어 계속해서 이익을 내는 것이다."[35]

〈현대 경영 *Management Today*〉의 다나에 관한 기사에도 다음과 같은 내용이 있다. "이 회사는 문서를 통한 보고를 하도록 강제하지는 않지만, 최소한의 정보에 대한 문서화의 필요성은 인정하고 있다. 가장 핵심적인 사항은 매출액과 이익의 규모다. 사실 과거에는 매달 20일을 기준으로 핵심지표에 기타 지표를 추가해 예산 대비 실적이라는 보고서를 제출하도록 했었다. 그러나 현재의 시스템에서는 전화나 팩스를 이용해 각 부문의 매출액과 이윤을, 퇴근 시간 전에 날마다 본사에 보고하도록 하고 있을 정도다."[36]

기업은 어떤 형태의 조직 또는 시스템이든 단순화시켜 간소화할 필요가 있다. TI는 "두 가지 이상의 목표란 목표가 없는 것과 같다."라거나 "각 부문이 자체적으로 필요한 문서를 만들기 위해 하는 서류 작업은 이미 1970년대에 종말을 고한 것."으로 보고 있다. 이는 맞는 말이다. TI는 기업 전체가 하나의 시스템에 의해서 움직이고 있다. 전 회장이었던 패트릭 해거티는 목표, 전략 그리고 전술이라는 세 가지 핵심 개념을 조직 전체에 확산시키기 위해 10년 동안 고군분투했다. 그러나 목표·전략·전술을 의미하는 OST 경영시스템이 지향하는 것은 자유로운 의사소통과 개인에게 권한과 책임의 분명한 한계를 알려주는 것이다. 한편, TI의 경영시스템에서 독특한 점을 꼽으라면 겉보기에 별로 다를 것이 없는 '두 가지의 목표'를 들 수 있다. 지금까지 보아온 대다수 목표관리 시스템은 1명의 관리자에게 30개에 달하는 연간 목표를 할당하고 있었다. 그러나 2개월마다 방대한 규모의 작업을 수행해나가는 것은 평범한 직원이 처리할 수 있는 작업 수준을 훨씬 능가하는 일이다. TI는 이 점을 확실히 인식하고 있었다. "이제 그런 일은 더 이상 하지 않기로 했습니다. 과거에는 관리직에 있는 개별 구성원들 각자에게 달성해야 할 수많은 목표를 주었습니다만 이를 단계적으로 줄여나가고 있습니다. 그리고 지금은 이러한 목표관리 시스템을 폐기했습니다. 그 대안으로 각 PCC(제품 고객 센터 ; 일반 회사의 '부部'에 해당한다)의 책임자가 분기별로 달성해야 할 목표를 하나만 갖고 있습니다. 오직 하나뿐입니다. 분기별 달성 목표를 하나로 줄여 여기에 집중한다면 누구든지 이를 달성할 수 있을 것입니다. 만약 이것조차도 할 수 없는 관리자라면 그야말로 쓸모없는 존재겠지요."

그 밖에 이와 유사한 전략을 채택하고 있는 기업이 또 있다. P&G에서 충분한 경력을 쌓은 후 몬산토Monsanto의 회장으로 자리를 옮긴 존 헨리 John Henry는 "연간 3개 내지 5개의 목표가 최대의 한도다."[37]라고 말했다. HP의 존 영John Young도 헨리와 똑같은 취지의 말을 했다. "우리 회사에서 전략을 수립할 때 가장 쟁점이 되는 것은 각 부문의 책임 경영자에게 할당되는, 연간 목표입니다. 사실은 재무적 목표는 별로 의미가 없습니다. 우리가 재무적인 목표를 제시하는 이유는 단순히 책임자를 기쁘게 하기 위해서입니다. 제 경험으로 볼 때 전략적 지표로서 행동 중심의 목표가 달성되면 자연히 재무적 성과도 좋아지더군요." HP가 수립한 목표는 재무적 성과보다 행동지향적 목표를 더 강조하고 있으며 또한 이 점이 초우량 기업과 평범한 기업을 구별해주는 점이기도 하다. HP의 목표는 책임자가 아무리 열심히 해도 크게 달라지지 않는 수치가 아니라 바로 그가 보여주는 행동 그 자체다. 예를 들면, "3월 15일까지 오리건 주 유진 공장의 생산성을 설비 능력의 75퍼센트까지 끌어올린다."라든지 "10월 31일까지 서부 지역을 담당하는 영업사원의 활동 시간의 50퍼센트를 Y형 고객보다 X형 고객에게 집중적으로 투입해 방문 횟수를 늘리도록 하라."라는 식이다.

이와 같이 1페이지 메모, 꾸밈없는 수치, 합리적인 목표 설정 등이 초우량 기업 경영시스템의 특징이다. 그런데 이를 둘러싼 환경 조건 역시 매우 중요하다. 문제는, 피상적으로 보면 이를 조성하는 환경에 '오십보백보'처럼 매우 작은 차이만이 존재한다는 점이다. 간소한 의사소통, 사실에 바탕을 둔 의사결정, 목표에 의한 관리 등 겉으로 보면 똑같은 일을 수행하면서 이를 시스템화하고자 하는 기업은 얼마든지 있다. 그러나 그런 기업은 딱 한 번 시도해보고, 실패하면 그대로 포기해버린다. "최신 경영 기법을 도입하려 했으나 실패했다."라는 말처럼 지나가는 일 정도로 생각하는 것이다. 사실 새로이 구축하고자 하는 시스템을 포기하지 않고, 그것이 복잡성을 제거한 단순한 시스템으로 전환될 때까지 꾸준히 기다릴 수 있을 정도의 인내심을 지닌 기업은 그리 많지 않다. 지금의 P&G도 1페이지 의사소통 시스템을 확립하기까지 거의 40년이라는 시간이 걸렸다.

실행 지향적인 특성

초우량 기업이 갖고 있는 기본적인 특성 중에서 가장 중요한 것은 말보다 행동을 앞세우는 실행지향성이다. 막상 실행지향성의 구체적인 내용을 보게 되면 실험, 한시적으로 조직되는 태스크포스, 프로젝트팀, 소그룹 등의 임시 조직처럼 특별한 것이 없다. 그러나 이러한 임시 조직은 미국 산업에서 획기적 사건이라 일컬어지는 IBM 시스템 360의 개발을 가져왔다. 기업 규모에 상관없이 오직 3일간만 운영되는 DEC의 프로젝트팀도 비록 소규모이긴 하지만 매우 효과적으로 기능했다. 그들은 영구히 지속되는 상임위원회를 만든다든지 태스크포스를 수년 동안 지속시키는 일 따위는 하지 않았다. 백과사전과 같은 보고서를 작성하는 데 시간을 허비한다든가 형식적인 매트릭스 조직을 무모하게 도입하지도 않았다. 앞서 말한 것처럼 오로지 사람이 한 번에 처리할 수 있는 정보의 용량은 한계가 있음을 인정하고, 동기부여만 제대로 하면 사람들은 자발적으로 업무를 개선해나간다.

기업의 조직 또는 시스템에 대해 사람들이 제기하는 가장 큰 비판은 필요 이상으로 복잡하다는 것이다. 그런데 놀랍게도 초우량 기업은 그런 비판에 대해 다음과 같이 말한다. "조직 내에 커다란 문제가 발생하면 곧바로 적임자를 투입해 해결하라. 여기서 적임자란 가장 바쁜 임직원일 경우가 대부분이다." 그러나 실제로 DEC, TI, HP, 3M, IBM, 다나, 플루어, 에머슨 전기, 벡텔, 맥도날드, 시티은행, 보잉, 델타 항공 등을 살펴보면 해당 기업에서 가장 바쁘다는 적임자조차도 어떻게 해서든 필요한 시간을 만들어낸다. 그들이 여분의 시간을 만들어낼 수 있는 것은 기업이 공식적인 절차나 규정에 얽매이지 않고, 조직도나 직무 기술서에 의존하지 않기 때문이다. 오로지 준비! 발사! 그리고 조준! 일단 실행하고 시행착오를 통한 경험으로부터 학습하는 것만으로도 충분한 것이다.

✝ 그 장소에 모습을 나타낸 것만으로도 80퍼센트는 성공이다.
　— 우디 앨런

✝ 무엇보다 중요한 것은 어떤 일이든 시도하는 것이다.
　— 프랭클린 루스벨트

✝ 준비하고. 쏘아라. 그러고 나서 조준하라.
　— 캐드베리의 임원

6 고객에게 밀착하라

비즈니스를 고객과 분리해서 생각할 수 없다는 것은 매우 당연한 말처럼 들린다. 여기서 한 가지 의문이 생긴다. 고객을 가족처럼 대하는 것이 당연한 경영 원칙이라면 굳이 이러한 주제를 다룰 필요가 있느냐는 게 바로 그것이다. 최근 들어 '고객 중심'이라고 입으로만 떠드는 기업들이 늘어나고 있는 상황에서 루 영Lew Young은 문제의 핵심을 정확히 짚어내고 있다. 즉 겉으로 보이는 것과 달리 고객은 기업들로부터 무시를 당하거나 골치 아픈 존재라는 취급을 받고 있다는 것이다.

초우량 기업을 살펴본 결과 그들은 영업, 생산, 시장조사 및 회계 같은 각종 기능별 업무의 구석구석에까지 고객을 참여시키고 있었다. 여기서 한 가지 교훈을 얻을 수 있다. 어떠한 비즈니스든 그 성공 공식은 고객이 원하는 양질의 제품을 저렴한 가격에 공급하고 지불한 비용에 대한 고객의 효용을 높이는 일련의 교환 행위이며 이것이 비록 일시적일지라도 기업과 고객을 이어주는 연결고리라는 점이다. 고객 중심이란 한마디로 말해 고객과 긴밀하게 밀착되는 것을 말한다. 많은 기업들이 고객과 밀착하지 않으면 안 된다고 말로만 떠들어대는 동안 초우량 기업은 이를 적극적으로 실천에 옮기고 있다.

기존의 경영이론만을 갖고 초우량 기업에서 고객이 어느 정도의 역할을 하는지를 설명하기는 어렵다. 사실 최근 나온 이론들이 외부 환경이 기업에 미치는 영향뿐만 아니라 기업 내부 역량이 성과에 미치는 영향의 중요성을 간신히 말해주고 있을 뿐이다. 그러나 이것만 가지고 초우량 기업이 보여주는 고객 밀착 경영, 그리고 미국의 산업계가 깨닫지 못하고 있는, 진정한 고객지향성이야말로 초우량 기업의 핵심적 성공 공식이라는 사실을 이해하기는 힘들다. HP의 연구개발 책임자인 존 도일은 이 점을 아주 적절한 표현으로 설명한 바 있다. 우리들은 비즈니스의 가치를 어떤 식으로 유지하는 것이 좋을까 하는 문제에 대한 이야기를 나누고 있었다. 그는 그러한 가치가 장기적으로 생존하기 위해서는 외부에만 초점을 맞추면 안 된다고 말했다. 그리고 "기업이 장기적으로 생존하기 위해서는 고객이 원하는 제품을, 원하는 방법으로 고객의 가정까지 안전하게 전달하는 방법을 구성원 모두가 하나가 되어 탐색할 수밖에 없다."라고 말했다.

특히 우리는 초우량 기업이 고객과 어떤 식으로 관계를 맺고 있는지를 관찰하면서 그들이 일종의 '강박관념obsession'을 지니고 있음을 발견했다. 구체적으로 그들은 품질, 내구성 그리고 서비스의 아주 사소한 부분조차 매우 소중하게 생각한다. 초우량 기업이 강한 고객지향적 특성을 갖고 있다는 것이 기술이나 비용 측면을 무시한다는 말은 아니다. 이는 달리 말하면 탁월한 기술을 중시하거나 비용절감에만 전력을 다하기보다 고객의 반응에 매우 민감하고도 신속하게 대응하는 것이라 할 수 있다. IBM의 경우를 예로 들어보자. 이 기업이 보유하고 있는 기술적 역량은 결코 시대에 뒤처지지 않지만 시대를 이끌어나가는 기술의 선두주자도 아니라는 데 대부분의 관찰자가 동의할 것이다. 그러나 IBM이 다른 경쟁 기업들을 압도할 수 있는 이유는 바로 고객에 대한 서비스에 매우 진지하게 접근하고 그와 관련된 문제를 해결하기 위해 노력하기 때문이다.

　서비스, 품질, 내구성 등은 충성 고객에게 최선을 다해 새로운 가치를 창출하고 이를 토대로 지속 가능한 경쟁우위를 유지하기 위한 전략이다. 우리들이 이 장에서 언급하고자 하는 핵심도－그것은 고객 밀착 경영이 창출하는 훌륭한 부산물들에 대한 것이다－진정한 승자는 눈앞의 이익에만 사로잡히지 않고 장기간에 걸쳐 생존할 수 있는 방법을 찾는다는 것이다. 결국 이윤은 이윤 그 자체가 목적이 되어서는 안 된다. 그것은 고객이 원하는 가치 있는 제품을 제공하기 위해 성심성의를 다하는 기업 활동의 결과를 통해 발생하는 것이다.

서비스에 대한 집착

비록 기업의 예는 아니지만 우리는 고객 밀착에 대해 이야기할 때 자동차 영업사원인 조 지라드Joe Girard를 곧잘 인용한다.[1] 그는 지난 11년 동안 미국 내에서 자동차 및 트럭의 영업 실적에 있어서 1위 자리를 고수하고 있다. 실제로 어떤 해에는 2등보다 2배 이상의 영업 실적을 올리기도 했다. 자신의 성공의 비결에 대해 그는 이렇게 말했다. "저는 매달 1만 3천 장의 카드를 고객에게 보내고 있습니다."

조의 이야기를 서둘러 꺼낸 이유는 그의 성공 비법이 IBM이나 그 밖의 초우량 기업의 그것과 일치하기 때문이다. 핵심은 첫째도 서비스, 둘째도 서비스다. 즉 감동을 주는 서비스, 특히 애프터서비스가 중요하다고 조는 말하고 있다. "대부분의 영업사원들은 하지 않지만 오직 나만이 하고 있는 것이 하나 있습니다. 그것은, 영업은 제품을 판매하기 전이 아니고 판매한 후에 시작된다는 내 자신의 신념을 실천하는 일입니다. …… 고객이 집에 도착하기도 전에 내 아들은 고객에게 이번에 자동차를 구입해주셔서 감사하다는 편지를 씁니다." 조는 1년이 지나면 개인적으로 고객을 대신해 서비스 관리자와 교섭을 벌인다. 그동안 고객과 연락이 끊어지는 일은 결코 없다.

조에게서 자동차를 구입한 고객이 그를 잊지 못한다기보다는 고객들이 자신을 잊지 못하도록 조 스스로가 지속적으로 관계를 관리하는 것이다.[2] 이를 위해 조는 매달 고객에게 편지를 보낸다. 일반 봉투이지만 보낼 때마다 색상과 크기가 다르다. "개봉되지도 않은 채 휴지통으로 직행하는 그런 우편물과 차별화하기 위해서입니다."라고 조는 말했다. 봉투를 열어 카드를 꺼내면 우선 겉면에 "존경하는 ○○○ 씨께."라고 되어 있으며, 안을 펼쳐 보면 "새해 복 많이 받으시길 기원합니다. 조 지라드."라고 적혀 있다. 이것이 2월에는 "조지 워싱턴 탄생 기념일을 축하합니다." 3월에는 "축 성 패트릭 데이!"로 매번 달라진다. 이와 같은 카드는 고객들 사이에서 크게 호평을 받고 있다. 그는 "당신은 이러한 카드들을 고객들이 얼마나 칭찬하는지 모를 겁니다."라고 말했다.

사실 카드를 보내는 것은 영업사원들이 흔히 사용하는 판매 수단 중 하나에 지나지 않는다. 그러나 그는 초우량 기업과 마찬가지로 정말 진실한 마음으로 고객을 대한다. 이에 대해 조는 다음과 같이 말했다. "일류 레스토랑은 주방에서부터 고객을 생각하는 마음과 애정이 넘쳐나지요. 그래서 내게서 차를 구입한 고객도 일류 레스토랑을 나설 때와 똑같이 만족스러운 기분으로 돌아가는 것입니다."

고객에 대한 배려는 차를 판 후에도 변함이 없다. "고객이 애프터서비스를 요구했을 때는 최고의 서비스를 받을 수 있도록 항상 정성을 다합니다. …… 의사와 같은 마음가짐이 필요합니다. 차의 어느 곳이 어떻게 고장이 났는지를 고객과 똑같은 마음으로 걱정하는 것입니다."

또한 조는 모든 고객과의 인연을 매우 소중하게 생각한다. 얄팍한 계산속으로 고객을 대하지 않는다. 그는 '한 번에 한 대씩, 얼굴을 맞대고 속마음을 터놓고' 차를 판매한다는 사실을 강조한다. "고객은 골치 아픈 존재도 아닐 뿐 아니라 저를 초조하게 만드는 존재도 아닙니다. 저는 고객들 덕분에 먹고살 수가 있으니까요."라고 말한다. 이렇듯 조의 이야기를 길게 인용한 까닭은 그가 누구보다도 고객의 소중함을 실천으로 증명하고 있기 때문이다.

IBM의 서비스 정신

최근에 메모렉스Memorex를 정년퇴직한 IBM 출신의 고든 스미스Gordon Smith는 다음과 같이 말한 바 있다. "그것은 토머스 왓슨 1세와 함께 마케팅 임원회의에 참석했을 때의 일이었습니다. 고객과 관련된 문제를 검토하는 것이 회의의 목적이었죠. 탁자에는 '제조 측면의 문제점', '기술 측면의 문제점'과 같은 제목으로 작성된 서류가 10개 정도 쌓여 있었습니다. 토론이 상당히 진행되었을 때 체구가 큰 토머스 왓슨 1세는 그쪽으로 점잖게 걸어가더니 탁자 위에서 서류를 들어 땅바닥으로 내던져버렸습니다. 서류가 온 방안에 흩어졌습니다. '저것은 나쁘고, 이것은 좋다는 것이 중요한 게 아냐, 문제는 오직 하나, 고객을 소중하게 생각하지 않는 자가 있다는 사실이야.' 그는 그렇게 말한 다음 그대로 발길을 돌려 방에서 나가버렸다. 뒤에 남은 20명은 해고될까봐 걱정하는 얼굴이었죠."

《비즈니스와 그 신념*A Business and Its Beliefs*》이라는 책에서 토머스 왓슨 2세는 IBM을 지탱하고 있는 기초 개념이 어떤 것인지에 대해 말하면서 특히 서비스가 핵심이라는 것을 설득력 있게 설명하고 있다.

> IBM에서는 훌륭한 서비스라는 것이 점차로 '생리적인 반응'에 가깝게 되었습니다.[3] 우리 회사는 여러 해 전에 굵은 활자로 "IBM은 서비스입니다IBM means service."라고만 쓴 광고를 낸 적이 있었습니다. 그것은 우리 회사가 낸 최고의 광고였다고 생각합니다. 거기에는 우리 회사의 이념이 매우 분명하고도 정확하게 표현되어 있기 때문입니다. 우리 기업은 전 세계를 통틀어 그 어떤 회사보다 훌륭한 서비스를 고객에게 제공하고 싶은 것입니다. …… IBM과의 계약은 단순히 기계를 판매하는 것이 아니라 그러한 기계의 일부라 할 수 있는 서비스를 제공한다는 약속입니다. 그러한 서비스에는 계속적인 도움과 조언이 포함됩니다.

조 지라드와 마찬가지로 IBM도 서비스에 대해 이상하게 생각될 정도로 몰두했다. 대다수 기업에서 최고경영자의 비서라고 하면, 우선 가방을 들고 다니는 사람이 아니면 잔심부름을 하는 사람 혹은 서류를 정리하는 사람에 불과하지만 IBM에서는 그렇지 않다. 이곳에서는 소수의 최고 영업사원들이 임원을 보좌한다. 이 자리에 있는 3년 정도의 시간 동안 그들은 내내 오직 한 가지 일, 다시 말해서 고객의 온갖 불평을 24시간 이내에 처리하는 일에 몰두한다. 판매 현장에서도 이에 뒤지지 않을 만큼 주목할 만한 가치가 있는 것이 소위 '인해전술'이다. 애틀랜타에 있는 소형 사무기기 전문 회사인 레이니어Lanier의 데이터 처리 부문에서 일하는 임원은 IBM의 기본에 충실한 서비스에 감탄을 금치 못했다. "얼마 전 기계가 고장 났을 때의 일을 잊을 수 없습니다. 한 시간도 되기 전에 이곳저곳에서 서비스 기술자들이 몰려왔습니다. IBM은 우리의 문제를 해결해주기 위해 전문가를 8명이나 불러 모았던 것입니다. 그중 최소 4명은 유럽에서, 1명은 캐나다에서 그리고 다른 1명은 라틴 아메리카에서 온 사람이었습니다. 이것이 바로 IBM의 서비스 정책입니다." 사실 특정 지역에선 레이니어와 IBM은 경쟁관계에 있는데도 이런 식의 칭찬을 했다.

IBM의 서비스정신은 이렇듯 무서울 정도로 완벽하다고 할 수 있다. 최근에 우리 중 한 사람은 1주일 동안 뉴욕발 샌프란시스코행 비행기 안에서 오클랜드 지역을 담당하는 25세의 IBM 영업사원과 나란히 앉게 되었다. 그리고 IBM에서 근무한 적이 있는 AT&T의 간부와 대화를 나눴으며 본래 IBM의 제조 부문 임원이었던, 메모렉스의 중역과도 이야기를 나눴다. 또 한편 어떤 병원의 사무장과 IBM의 판매 방침에 대해서 토론했으며, 끝으로 세미나에서는 IBM의 영업사원이었던 젊은 친구와 대화를 나눴다. 이들은 젊고 매력적인 흑인 여성을 비롯해 백발이 희끗희끗한 50대에 이르기까지 아주 다른 부류의 사람들이었지만 그들이 하는 말은 모두 같았다. IBM은 소프트웨어에 문제가 있다는 점을 공통으로 지적했다. 그렇지만 이들 5명은 IBM의 서비스정신과 신뢰성을 흉내낼 경쟁 기업은 없다는 식으로 말했다. 특히 인상에 남는 것은 그들 모두 IBM은 서비스를 정말 소중히 여긴다는 것을 깊이 확신하고 있다는 점이었다.

이러한 예는 그 밖에도 얼마든지 있다. 우리 사무실은 뱅크 오브 아메리카 본사의 48층에 있으므로 자연적으로 이 회사 간부들과 접촉할 기회가 많다. 그들 중 국제금융을 담당한 한 임원은 이런 말을 들려줬다. 그가 그 자리에 취임할 당시—우리들이 이러한 대화를 나누기 3개월 전의 일이다—오직 한 가지만을 목표로 제시했다고 한다. 그것은 자신이 근무하는 은행이 전적으로 IBM에 의존하지 않도록 만드는 일이었다. "예를 들면, 암달Amdahl의 기계도 조금은 구입한다는 식이었다."라고 그는 말했다. "그런 말을 한 지 한 달쯤 지났을 때였다. 어느 날 아침 방에 들어갔더니 '1980년대가 필요로 하는 시스템'이란 제목의 두툼한 제안서가 책상 위에 놓여 있었다. 다가가서 보니 그것은 우리 회사를 담당하는 IBM의 임원이 보내온 서류였다. 그런 서류를 제출하라고 한 기억이 없었으므로 나는 즉시 그에게 전화를 걸어 '도대체 무슨 생각으로 그런 것을 보냈느냐?'라고 물었다. 그랬더니 그는 서슴없이 이렇게 대답하는 것이었다. '그것이 바로 고객이 의심하거나 망설이지 않게 만들기 위한 IBM만의 고객 관리 방식입니다!'"

최근 IBM의 마케팅 담당 부사장인 벽 로저스Buck Rodgers와 대화를 나눌 기회가 있었는데 그 이야기는 어디선가 들어본 듯한 것이었다. 갑자기 언제나 서비스의 황금률에 대해 말했던 토머스 왓슨이 다시 태어나 우리 앞에 서 있는 것처럼 느껴졌다. 고객에게 제공되는 것은 뭐든 '가격은 언제나 고객의 입장에서 충분히 납득할 수 있는 것'이 아니면 안 된다고 벅 로저스는 말했다.

이에 대해 우리가 알고 있는 전 IBM 직원은 "IBM의 영업사원은 언제나 필요한 일을 제대로 확실히 해낼 수 있는 값이 가장 싼 제품을 판매하고 있다."라고 말했다. 그리고 지금 자기가 몸담고 있는 회사도 그랬으면 좋겠는데 그렇지 못해 안타깝다고 했다. "정말로 믿을 수가 없어요." 그는 자신이 현재 일하고 있는 회사에 대해서 이렇게 말했다. "그 작자들은 브루클린 다리를 찾아가 물건을 사달라고 사정하는 식입니다. 그들은 마치 내 일이 없는 것처럼 행동합니다."

로저스에 의하면 IBM은 기술이 아닌 고객과 시장을 우선순위에 두고 있다는 것이다. 그는 또 "영업사원은 고객한테 고용되어 있다는 생각으로 행동한다."라고 말했다. 그러면서 "IBM이 갖고 있는 모든 것은 고객의 뜻대로 된다."라고 덧붙였다. 끝으로 그는 또 "주문을 받는 것은 매우 쉬운 일이다. 하지만 중요한 것은 애프터서비스다."[4]라고 말했다. IBM이 영업소를 최대 1백 명 이하의 소규모로 제한하고 있는 것은 업무 처리를 손쉽게 하기 위해서라고 그는 말했다. 영업소를 소규모로 하여 고객과 항상 접촉하도록 하지 않으면 안 된다는 것이 그의 결론이었다.

IBM은 고객과의 접촉을 유지하고 있는지의 여부를 확인하기 위해서 매월 국내와 국외 고객들의 만족도를 조사하고 있다. 특히 이와 같은 고객 만족도는 상급 간부에 대한 인사고과에 크게 반영된다. 한편 종업원의 대응 태도에 관한 조사는 90일마다 실시되며, 종업원들이 고객과 지속적인 유대관계를 맺기 위해 노력하고 있는지 정기적으로 체크한다.

IBM의 본사 관리직에 있는 사람들조차도 정기적으로 고객을 방문해 일종의 영업을 하고 있다. 우리 중 한 사람은 최근 뉴욕에서 우연히 만나게 된 재무 담당 임원에게서 고객을 직접 방문하고 있으며 부하들에게도 그렇게 하라고 지시했다는 이야기를 들었다. "고객을 제대로 알지도 못하고 가계수표 발행 계획 등을 수립하는 것은 불가능합니다." 회장인 존 오펠 John Opel도 이 점을 다음과 같이 강조했다. "서비스에 대한 대가를 누가 지불하는지 잊어서는 안 된다. 자신의 전문 분야가 재무이건 제조이건 간에 영업의 즐거움을 알고 또 경험하지 않으면 안 된다. 비즈니스의 본질은 판매에 있으니까 말이다."[5]

IBM의 '고객 밀착 경영'은 철저한 훈련에 의해 뒷받침되고 있다. 기본적인 영업 방법의 습득을 위한 교육 기간이 15개월이나 되는데, 그중 70퍼센트는 영업소에서, 30퍼센트는 연수원에서 강의를 통해 이뤄진다. 기본 영업사원 교육이 끝나면 바로 고급 사원 교육이 정기적이고 규칙적으로 실시된다. 예를 들면, 연간 1천 명 이상이 '고급 과정' 교육을 받게 된다. 이것은 하버드대학 교수 8명과 IBM에 소속된 교수 6명에 의해서 실시되는데 '단골 고객들이 어떤 생각을 갖고 있는지 배우는 것'이 그 목적이다. 또한 1천 명 정도의 영업사원도 역시 하버드대학과의 제휴로 '재무 책임자 과정'을 수강함으로써 재무 책임자의 사고방식을 익히게 된다. 특히 지위 고하를 막론하고 조직 구성원 전원이 매년 최고 15일 과정의 사내 교육 훈련 프로그램을 이수해야 한다.

IBM의 서비스 제일주의에는 엄격한 면이 있다. 고객에게 납품한 제품에 대해서는 담당자가 모든 책임을 진다. 벅 로저스는 다음과 같은 예를 들었다. "만일 당신이 새로 회계 부서의 대표가 되었는데 경리직원 중 한 사람이 첫 회의 시간에 들어와서 최근에 한 회사에 납품한 제품에 하자가 있어 그 회사 측에서 반품을 했다고 말한다. 비록 당신의 전임자가 과거 10년 동안 계속 그 회사에 대한 책임자였다고 해도(그리고 그 사람이 아무래도 이번 환불 요청의 원인인 것 같다고 해도) 당신은 그가 제품을 설치하고 수령한 수수료 전액을 당신의 급여나 보너스에서 돌려줘야 한다." 물론 이러한 제도는 IBM이 애프터서비스를 어느 정도 중요하게 생각하며, 고객과의 밀접한 유대관계를 지속적으로 유지하는 것에 얼마나 관심을 기울이는지를 잘 보여준다. "이렇게 해서 담당자는 고객만족도라는 측면에서 '오늘'의 고객과 늘 밀접한 관계를 유지한다."[6] 라고 로저스는 말한다. IBM의 글로벌 사업부 책임자인 자크 메종 루즈 Jacques Maison-Rouge는 "IBM은 마치 모든 고객을 잃기 일보 직전에 있는 기업처럼 행동한다." 라고 말했다.

이 밖에도 엄격한 대고객 서비스 제도에 포함되어 있는 것으로 '고객 이탈 대책회의'라는 것이 있다. 이는 매달 1회 각 지역 및 영업소 직원들이 소집되어, 놓쳐버린 고객에 대해 사후 대책을 검토하는 자리다. 게다가 날마다 사장, 회장, 그 외 임원들 모두가 이탈 고객에 관한 보고를 받고 있다. 나이가 많은 전 IBM 사원은 이에 대해 다음과 같이 말했다. "그건 정말로 놀라운 일이었습니다. 저도 한번 큰 고객을 잃은 적이 있습니다. 그 손님과 헤어져서 사무실로 돌아오자 벌써 전화기가 시끄럽게 울리고 있었어요. 도대체 어떻게 된 건지 이야기하라는 독촉이었습니다. 다음날은 높은 분들 여럿이 제 앞에 나타났습니다. 어떻게 그 소식이 그렇게 빨리 알려졌는지 지금도 알 수가 없습니다."

IBM에서 다른 기업으로 이직한 사람들은 새 직장에 활력이 넘치지 않는다는 사실에 깜짝 놀라게 된다. 경쟁 기업으로 옮겨가서 지금은 부사장이 되어 있는 어떤 사람은 최근에 매우 실망한 듯이 다음과 같이 말했다.

"정말로 믿을 수가 없어요. 우리 회사 회장은 상위 1백 개의 단골 거래처 리스트조차 갖고 있지 않습니다."

고객을 감동시키는 서비스

그래도 찾아보면 이보다 더 잘하고 있는 기업도 반드시 있을 것이다. 예를 들면, 레이니어의 몇몇 부문에서 이뤄지는 서비스는 IBM을 능가할 정도로 훌륭하다. 어떤 기업의 워드프로세싱 사업부의 책임자로 일하고 있는 한 친구는 차세대 오피스라는 개념을 고객이 쉽게 받아들이지 못한다고 말했다. 그의 말에 의하면 문제는 '미래의 사무실'이라는 콘셉트를 확산시키는 것이며, 여기서 가장 큰 장애물은 '성능 좋은 타이프라이터'를 '워드프로세서'라고 부른다는 점이다. "워드프로세서와 같이 어려운 호칭으로 부르기 때문에 이용자나 비서들이 경원시하며 두려운 마음까지 갖게 되는 것이다."

그런데 이 기계를 워드프로세서라고 부르지 않는 기업이 있을까? 우리가 아는 범위 내에서는 딱 한 기업이 있다. 바로 레이니어였다. 가장 최근의 조사 결과, 한참 후발 기업인 레이니어가 워드프로세서 분야에서 IBM, 제록스, 왕 연구소와 같은 거대 기업과 약 1백 개에 달하는 경쟁 기업을 완전히 제압하고 있다. 시장점유율은 물론이고 이윤 또한 최고 수준이라 할 만했다. 레이니어에서는 워드프로세서를 '안심 타이프라이터No problem typewriter'라고 부르고 있다. 이와 같은 호칭은 레이니어의 주요 고객인 전문직 비서를 염두에 두고 지어졌다는 사실을 쉽게 알 수 있다.

레이니어에서는 모든 구성원이 잠잘 때나 깨어 있을 때나 혹은 먹을 때나 심지어 호흡하는 순간에도 오로지 고객만을 생각하고 있는 것이다. 실제로 어떤 동료는 레이니어의 간부와 같이 있으면 마치 축구 경기가 시작되기 전 라커룸에 있는 것 같으며 또한 흥미진진한 경기의 후반전이 시작된 것 같은 분위기가 느껴진다고 말했다. 큰소리로 떠들게 만드는 그의 화제는 언제나 영업, 고객 그리고 경쟁 기업에 대한 것으로 마치 격렬한 경기를 방불케 한다는 것이다.

IBM과 마찬가지로 여기서도 직원들의 이러한 자세는 역시 윗사람이 모범을 보이는 데서부터 시작된다. 레이니어의 사장 웨슬리 캔트렐Wesley Cantrell은 고객을 중시하는 정신을 사내에 서서히 침투시켜나갔다. 이 회사의 임원들은 매달 직접 고객들에게 판촉을 위한 전화를 한다. 고객과 관련해 레이니어가 어떤 것을 지향하는지는 제품의 단순성과 친근함을 강조하는 문화를 보면 알 수 있다. 웨슬리 캔트렐은 지난날 자신이 영업사원으로 근무했을 때의 경험에서 큰 도움을 얻고 있다. 당시 그는 3M의 사무용 복사기를 판매하고 있었다. 그에 의하면 코닥의 취급 설명서가 15페이지나 된 데 비해서 3M의 것은 고작 1페이지였다고 한다. "3M의 취급 설명서는 나의 최대 무기였다."라고 그는 말했다.

레이니어가 노린 것은 고객이 사용하기 쉬운 제품을 만드는 일이었는데 그의 생각은 제대로 맞아떨어졌다. 하버드 경영대학원에서 최근 발표된 박사학위 논문들 중에 제록스, 왕 연구소 그리고 레이니어를 적응성의 측면에서 비교하고 연구한 것이 있다. 그 논문은 레이니어가 지향하는 것이, 주 사용자인 전문직 비서가 요구하는 것에 가장 가깝다고 결론지었다. 레이니어는 비서들이 매력적으로 느끼는 기능이라면 즉시 자기 회사의 제품에 가장 적극적이고 과감하게 반영했던 것이다.

레이니어는 고객으로부터 전화를 받고 서비스 현장까지 도착하는 시간뿐 아니라 현장에서 서비스하는 시간 역시 상대적으로 짧았다. 이런 점에서 레이니어는 서비스 제일주의를 자랑하는 IBM을 능가한다고 볼 수 있다. 현장에 도착하는 시간 및 현장에서의 서비스 시간이 항상 측정된다. 레이니어는 신속한 서비스 제공을 위해 돈을 아낌없이 투자했다. 더군다나 서비스 기술자들이 휴대하는 검사 및 수리 장비는 업계 평균을 훨씬 웃도는 수준이었다. 또한 레이니어는 고객의 불만 또는 불평을 처리하는 데 있어서도 IBM을 뛰어넘기 위해 노력하고 있다. 이 회사는 모든 형태의 불만을 4시간 이내에 처리하겠다고 선언했으며 사장 스스로 그 약속을 지키고 있다. 그는 다음과 같이 덧붙였다. "내가 직접 고객의 불만을 접수해 처리할 경우 그 지역을 담당하는 영업사원과 서비스 기술자한테 내가 처리한 것에 대한 수수료를 청구합니다." 그는 " '4시간 이내'라는 한계를 넘어서기 위해 노력하고 있으며, '안심 타이프라이터'라면 그것도 쉽게 실현될 것입니다."라고 말한다.

고객 서비스의 모범적인 사례로서 우리가 곧잘 인용하는 것이 프리토레이다. 지금까지 상당히 많은 미시 경제 이론을 보아왔으나 오랜 시간에 걸친 연구 끝에 경제학자들이 절대적인 확신을 갖고 말할 수 있는 것이 바로 이것이 아닐까 여겨지는 것이 있다. 제품 차별화가 불가능한 완전 경쟁 시장에서 밀 재배 농가는 높은 이윤을 얻을 수 없다는 게 바로 그것이다.

우리 조사에 따르면 초우량 '소맥 농가'는 등장하지 않지만 그런 대로 그것과 상당히 비슷한 것은 있다. 감자칩이나 매듭 모양 과자인 프레첼 pretzel은 오랫동안 '차별화'가 불가능한 상품이었다. 소맥 농가와 마찬가지로 감자칩 회사도 높은 배당금이나 이윤을 얻을 수 없다는 것이 지금까지의 통설이었다. 그러나 펩시콜라의 자회사인 프리토레이는 감자칩과 프레첼로 매년 20억 달러를 상회하는 매출액을 기록하고 있다. 시장점유율을 보면 거의 모든 지역에서 60퍼센트 내지 70퍼센트를 기록하고 있으며, 또한 그 이윤은 식품 업계에서도 선망의 대상이 되고 있다. 그렇다면 이것은 도대체 어떻게 된 일일까?

놀라운 것은 그 이유가 확고한 품질관리나 훌륭한 광고 때문이 아니라는 점이다. 그것은 오직 1만 명에 가까운 영업 조직과 99.5퍼센트 신뢰 수준의 고객 서비스 덕택인 것이다. 그렇다면 이것이 구체적으로 의미하는 것은 무엇일까? 이는 프리토레이에서는 단기적인 안목에서 볼 때 분명히 비경제적인 일이라 해도, 장기적으로 득이 된다면 그대로 감행한다는 것이다. 그들은 한 점포에 30달러 상당의 감자칩 한 상자를 배송하기 위해 수백 달러에 달하는 물류비를 아무렇지 않게 부담한다.

누구나 이런 식이면 이익이 날 리 없다고 생각할 것이다. 그러나 이 기업에서는 악천후를 무릅쓰고 감자칩 한 상자를 배달했다든지 폭풍우나 재해 때문에 피해를 입은 점포의 뒤처리를 도와줬다는 영업사원의 무용담을 얼마든지 들을 수 있다. 프리토레이의 댈러스 본사에는 그러한 마음 씀씀이에 감사를 표하는 편지가 계속해서 날아들고 있다. 프리토레이에는 서비스를 위해 고객을 몇 번 방문한 결과 매출이 증가했다는 식의 계산을 훨씬 뛰어넘는, 정량화할 수 없는 이상적이고 상징적인 무엇이 존재한다. 앞에서도 말한 것처럼 그것은 원가 분석에 도통한 사람이 아무리 분석을 해도 이해할 수 없는 것이다. 서비스 수준을 1퍼센트에서 2퍼센트 떨어뜨림으로써 비용을 절감하는 일은 얼마든지 가능하다. 그러나 프리토레이의 서비스 경영은 시장점유율과 이익을 놓치지 않으면서도 결코 영업 조직의 기동력을 훼손하지 않는다.

무엇보다 프리토레이는 영업 조직을 매우 중요시한다. 이 조직이 성공을 거두고 있는 이유는 회사가 영업사원을 신뢰하고 그들에게 전폭적인 지원을 해주며, 그들이 없으면 프리토레이는 성공할 수 없다는 자부심을 심어주고 있기 때문이다. 이 회사에는 약 2만 5천 명에 달하는 종업원이 있다. 영업과 관련이 없는 일반 관리직 사원들조차도 '영업에 대한 봉사'라는 말을 좌우명으로 삼고 있다. 예를 들면, 프리토레이의 공장장이 예산의 범위 안에서 조업을 하고 있는지 여부를 판단할 때 전통적인 기준에 따르는 것은 다른 기업과 하등 다를 바 없다. 그러나 상품이 부족해 영업 쪽의 입장이 난처해지면, 그는 주저 없이 시간 외 조업을 해 수량을 보충한다. 그렇게 하지 않으면 앞서 큰 고객을 잃은, 우리들의 친구인 전 IBM 사원처럼 그는 도처로부터 어떻게 되었느냐는 질문 공세를 받게 될 것이기 때문이다.

"서비스를 통해 고객에게 밀착한다."라는 기업의 이념을 분석한 조사 자료들 중에서 최근 우리에게 감동을 준 것은, 시티은행의 디나 네머로프 Dinah Nemeroff가 1980년에 실시한 조사를 바탕으로 작성한 것이다.[7] 조사 대상은 아메리칸 항공, 월트 디즈니, 맥도날드, 웨스틴 호텔, 허츠Hertz 그리고 IBM 등 18개 기업에 달한다. 디나 네머로프가 조사에서 분명하게 밝혀 놓은 것들 중에 특히 흥미로운 것은 서로 다른 업종에 속해 있는 이들 모두가 서비스에 크게 신경을 쓰고 있으며, 그들이 이야기하는 내용 또한 똑같다는 사실이다. "그들은 그야말로 똑같은 말로 서비스에 대해 이야기하고 있다."라고 그녀는 기록하고 있다.

디나 네머로프는 고객을 감동시키는 서비스가 공통적으로 갖고 있는 특징으로 다음과 같은 세 가지를 언급하고 있다. 첫째, 회사 임원이 철저하면서 적극적으로 참여하고 있다. 둘째, 내부 고객인 종업원을 매우 각별하게 생각한다. 셋째, 고객에게 서비스를 제공하는 종업원에 대한 평가와 그에 따른 피드백이 철저하다. 지금까지 여러 차례 확인된 것처럼 모든 일이 제대로 되기 위해서는 기업의 최고 경영진이 솔선수범해야 한다.

다나 네머로프는 이를 '서비스 리더십의 발휘'라고 재치 있게 표현하고 있다. 경영진 스스로가 모범을 보임으로써 리더십을 발휘하는 것이다. 따라서 초우량 기업의 서비스 제일주의는 바로 기업 철학에서 비롯된다. 실제로 그녀가 조사한 대다수 기업은 기업 목표 중의 하나로 고객에 대한 서비스를 내걸고 있었다. 또한 많은 기업들이 서비스 측면에서 경쟁 기업을 앞지르는 것을 가장 중요한 목표로 삼고 있었다. 고객을 감동시키는 서비스를 제공하면 이익은 자연스럽게 생겨난다는 게 이들의 사고방식이었다. 이것은 이 장의 서두에서 언급한 서비스에 대한 대가로 이익이 발생한다는 주장을 뒷받침해준다.

다나 네머로프는 서비스 철학을 강조하는 경영 스타일의 특징을 많이 보여줬다. 예를 들면, 최고경영자들은 서비스의 문제를 즉시 관심을 쏟을 필요가 있는 '기다릴 수 없는 문제'로 파악하고 있다. 또한 경영진은 서비스에 대한 의사결정의 경우 조직의 계층구조를 뛰어넘어 직접 개입한다. 이러한 경영자들은 고객의 질문이나 불만의 소리를 접하고 이를 어떻게 처리했는지를 담당 직원과의 정기적인 대화를 통해 전해 듣고 있다.

그들은 처리 결과를 고객에게 보내는 편지에 스스로 무엇인가를 써넣어 고객들에게 자사가 투철한 서비스정신을 갖고 있다는 인식을 분명하게 심어준다. 이는 또한 자사의 구성원들에게 서비스의 중요성을 이해시키는 효과도 있다.

종업원을 통한 서비스

다나 네머로프는 서비스를 강조하는 경영 스타일의 또 다른 면에 대해서 상상하지도 못할 만큼 중요한 핵심을 날카롭게 지적했다. "내가 인터뷰를 한 임원들은 고객에 대한 지속적이고도 세심한 서비스는 단기적으로는 회사에 손해를 입힐지 모르지만 장기적으로는 이익을 발생시킨다는 것을 확신하고 있었다." 사실 이는 미국의 많은 대기업들이 놓치고 있는 것들 중 하나다. 이윤을 목표로 하는 것은 확실히 필요한 일이다. 그러나 그것은 내부지향적인 목표로 조직의 하부에 있는 수천 명이나 되는 모든 구성원에게 의미가 있는 것은 아니다. 이에 비해 서비스라는 목표는 하부 계층에 있는 종업원들한테도 의미가 있다. 이처럼 현업에 있는 구성원들로 하여금 강한 책임감을 갖게 하는 것은 매우 중요한 일이다. 다나 네머로프가 인터뷰한 사람들 중 어떤 사람이 답한 것처럼 고객과 가장 가까이 있는 "우리들 한 사람 한 사람이 기업을 대표하는 것이다."라는 생각을 갖도록 해야 하는 것이다.

다나 네머로프는 "종업원과의 관계는 고객과의 관계를 비추는 거울이다."라고 말했으며, 그것이 서로 어떻게 관련이 있는지를 설명했다. 고객 서비스를 중시하는 기업은 사내 고객인 종업원도 매우 철저하게 관리해 종업원의 서비스 태도를 정기적으로 평가하고 그 결과를 완벽하게 반영하는 시스템을 갖추고 있다. 그러한 기업에서는 새로운 포상 제도가 계속해서 마련되고 있다는 것도 그녀가 조사한 결과가 분명히 말해준다. 그녀의 인터뷰에 응한 어떤 사람은 다음과 같이 말했다. "서비스에 대한 포상 제도의 핵심은 새로움을 유지하는 것이기 때문에 매년 최소한 한 번씩 갱신됩니다. 또한 이러한 개선에 대한 아이디어는 그 지역의 담당자들이 스스로 연구해서 제안한 것입니다."

초우량 기업에서 이와 같은 일이 모든 면에서 반복해서 실행되고 있다는 사실을 깨닫고 우리는 매우 놀랐다. 격려금 지급, 교육 또는 시상식처럼 공개적인 이벤트 등은 종업원에게 동기를 부여하는 프로그램들로 이러한 프로그램들이 신제품 개발처럼 지속적으로 기획되고 실행되는 것이다. 하나의 프로그램이 언제나 똑같은 영향을 미칠 수는 없다. 종업원을 대상으로 하는 프로그램은 제품과 마찬가지로 수명이 있으며, 이는 제품의 그것보다도 훨씬 짧다.

'종업원을 통한 서비스'를 실천하고 있는 가장 좋은 예로 월트 디즈니를 들 수 있다.[8] 실제로 월트 디즈니와 맥도날드를 미국 혹은 세계를 대상으로 대량 서비스를 제공하는 기업이라고 생각하는 사람들이 많다. 오랜 세월 동안 월트 디즈니를 관찰했으며, 월트 디즈니에 대한 각종 보고서를 작성해온 레드 포프Red Pope는 다음과 같이 말하고 있다. "나는 월트 디즈니가 자사 종업원뿐 아니라 그 밖의 모든 사람들을 어떻게 보아왔고 어떤 식으로 취급해왔으며, 어떤 식으로 의사소통을 해왔고 또한 어떻게 보답해왔는지를 파악할 수 있다면 월트 디즈니가 지난 50년 동안 이룩한 꾸준한 성공의 비결이 무엇인지 알 수 있게 되리라고 생각한다. …… 매일 몇백만이나 되는 고객들에게 만족을 주고 있으며, 교육을 통해 배운 내용이 고객에게 제공되는 서비스에 그대로 반영되는 것을 직접 눈으로 확인하면서 나는 심지어 존경하는 마음까지 갖게 되었다. 이것이 바로 월트 디즈니의 가장 훌륭한 점이다.”

이와 같은 월트 디즈니에 대한 레드 포프의 관찰은 네머로프의 연구를 확실히 뒷받침해준다. 예를 들면, ‘경영진의 직접적인 참여’는 월트 디즈니에서 매년 1회 1주일간에 걸쳐 행해지는 ‘구성원 참여’ 프로그램에서 가장 잘 나타난다. 포프에 의하면 이 기간 중 월트 디즈니의 임원들은 사무실에서 나와 평상시에 입는 양복을 벗어버린다. 그리고 각자에게 할당된 미키마우스라든지 미니마우스를 본뜬 옷을 입고 모자를 뒤집어쓰고는 월트 디즈니 특유의 고객 감동 서비스를 제공하기 위해 현장으로 달려간다. “꼭 1주일 동안 회사의 임원들은 티켓, 팝콘, 아이스크림 게다가 핫도그 판매원이 되어 어린이들을 각종 놀이기구에 태우는가 하면 내려주기도 한다. 그리고 주차장의 관리 요원도 되며, 모노레일이나 롤러코스터를 운전하기도 한다. 또한 이 기간 중 최소한 1백 가지 공연의 시중을 들면서 놀이공원의 분위기를 한층 더 고조시키는 것이다.”

월트 디즈니의 ‘사람을 통한 서비스의 제공’이라는 기업 이념의 기초를 다지는 일은 다른 초우량 기업과 마찬가지로 특별한 용어를 사용하는 데서부터 시작된다. 월트 디즈니에는 ‘종업원’이란 단어는 아예 존재하지 않는다. 제일선에서 일하는 사람들은 ‘캐스트 멤버cast member’라 불리며, 인사부는 ‘캐스팅casting 부서’라 불린다. 고객을 대상으로 서비스하고 있을 때는 ‘출연중on stage’에 있다고 표현한다.

레드 포프의 16세, 18세인 두 자녀가 올랜도의 디즈니 월드에 티켓 발급원으로 고용되어 일한 것을 예로 들어보자. 얼핏 보아 아무것도 아닌 것 같은 일을 하기 위해 두 사람은 하루 8시간씩 총 4일에 걸쳐 집중적으로 훈련을 받았으며, 그러고 나서야 비로소 ‘출연’이 허용되었다고 한다. 디즈니 월드를 찾는 사람은 단순한 '손님'이 아니라 '우리 집에 오신 귀한 손님'이라는 점을 철저하게 교육시키는 것이다. 고작 티켓 찍어주는 일을 하는데 그걸 교육받는 데 나흘이나 걸렸느냐고 레드 포프가 묻자, 자녀들은 이렇게 대답했다. "만약 누군가가 화장실이 어디 있느냐, 퍼레이드는 언제 시작되느냐, 혹은 캠프장으로 돌아가려면 어떤 버스를 타야 하느냐고 물어보면 어떻게 하지요? 그럴 때 대답해줘야 하고 어디의 누구에게 묻는 것이 가장 빠른지 알려줄 수 있어야 해요. 아빠, 우리는 디즈니 월드라는 무대에서 손님에게 쇼를 보여주는 데 도움을 주고 있어요. 언제나 우리 놀이공원을 방문한 손님이 편안한 마음으로 쇼를 즐기도록 해주는 것이 우리의 일이에요."

레드 포프는 디즈니에서 일하는 사람들은 입사하기 전부터 '디즈니 문화'를 주입받으며, 전원이 디즈니대학에 입학해 '디즈니 전통 I'이라는 과목을 이수받고 난 다음 각각 전문적인 훈련을 받게 된다고 하면서 다음과 같이 말했다.

"디즈니 전통 I은 만 하루 동안 신입사원을 대상으로 디즈니의 철학과 운영 방법을 교육시키는 코스입니다.[9] 부사장에서부터 일을 갓 시작한 아르바이트생에 이르기까지 이 교육을 면제받는 사람은 한 사람도 없습니다." 새로운 CM(캐스트 멤버)은 실제로 업무를 시작하기 전에 회사의 역사, 성공 및 경영 스타일을 공부할 것을 요구받는다. 각 부문이 다른 부문들－예를 들면 스테이지, 리조트, 음식물, 마케팅, 재무, 상품, 고객 응대－과 서로 어떻게 연관되어 있는가, 각 부문이 '디즈니 안에서 어떠한 역할을 수행하고 있는지'를 디즈니에 입사한 모든 사람에게 가르친다. 달리 말하면 "이런 식으로 우리는 힘을 모아 일하고 있으며, 디즈니 놀이공원을 즐겁게 만들어나가고 있다. 이러한 전체적인 구조 속에서 당신의 역할은 이것이다."라고 가르치고 있는 것이다.

'출연중'인 사람들은 자신들을 뒤에서 지원해주는 거대한 시스템을 접하고는 또 한번 놀라게 된다. 예를 들면, 놀이공원 안에는 수백 대나 되는 전화가 설치되어 있는데 전화기는 중앙 정보센터와 연결되어 있으며 모르는 것은 이곳으로 문의하면 곧 답을 얻을 수 있다. 게다가 매일 청소 작업을 위해 쏟는 정성은 그야말로 엄청나기 때문에 스스로가 매우 깔끔하다고 생각하는 사람들까지도 깜짝 놀랄 정도다. 이렇듯 갖가지 '지나치다' 라고 여겨지는 '철저함'이 디즈니의 고객 서비스 특징 중 하나다.

고객 제일주의

프리토레이, IBM 그리고 디즈니 등과 같이 고객을 감동시키는 세심한 서비스 제일주의까지는 아니더라도 모든 초우량 기업은 서비스에 대해 그들 나름의 확고한 생각을 갖고 있으며, 그것은 각 조직의 구석구석까지 잘 스며들어 있다. 사실 우리가 초우량 기업에 대해서 끌어낸 가장 중요한 결론의 하나는 그 기업이 기계, 금속, 첨단기술 관련 기업이든 혹은 외식업 프랜차이징 관련 기업이든 간에 모두 스스로가 '서비스업'을 한다고 생각한다는 점이다.

AT&T의 부사장인 아키 맥길Archie McGill은 우리에게 자신이 IBM 임원으로 재직할 당시 겪었던 일을 들려줬다. 그는 IBM의 서비스 경영을 한 걸음 더 전진시켜, 일반적인 서비스 수준과 '고객에게 초점을 맞춘 서비스' 를 확실히 구분하고 있다. 그는 '고객에게 초점을 맞춘 서비스'라는 것은

"개별 고객이 원하는 서비스의 내용이 저마다 다르다는 점을 인정하는 것에서부터 시작된다."라고 말했다. 서비스 항목을 철저히 수치화시키는 측정 지상주의는 고객이 진정으로 원하는 서비스를 제공하지 못하게 만들 가능성이 있다. 달리 말하면 계량화된 수치만 볼 경우 살아 있는 고객을 보지 못할 수도 있는 것이다. 예를 들어, '고객에게 95퍼센트의 만족을 안겨주는 서비스의 표준'이 있다고 가정하자. 맥길은 그에 대해 다음과 같이 묻는다. "나머지 5퍼센트는 어떻게 할 것인가? 100퍼센트 만족을 주는 게 현실적으로 불가능하다 해도 비즈니스는 어떠한 실수도 인정할 수 없다는 자세로 임해야 한다."

보잉 또한 높은 수준의 서비스를 지향하는 기업으로 알려져 있다. 물론 이 회사는 비행기 제조업체이지만 서비스에 있어서도 뛰어난 기업이다. 〈월스트리트 저널〉의 기자는 보잉과 관련해 다음과 같은 기사를 썼다.

보잉의 비행기를 구매해 사용하고 있는 비행기 운항 기업들의 대부분은 비행중이나 이착륙하는 과정에서 비행기가 날아오는 새와 부딪혔을 때 보잉의 도움을 받아본 경험이 있다.[10] 소규모 항공 서비스 기업인 알래스카 항공Alaska Airlines이 비포장 활주로에서 제트기 착륙 장치가 없어 쩔쩔매고 있을 때 보잉은 그것을 제공했다. 에어 캐나다Air Canada의 엔진 환기구가 얼어붙어 문제가 발생했을 때도 보잉은 밴쿠버로 즉각 기술자를 파견했다. 그들은 밤을 꼬박 새워 수리를 마무리함으로써 다음날 운항 일정에 차질이 없도록 했다. 이처럼 고객과의 관계를 중시하는 보잉의 경영 자세는 영업 성과로 보답을 받고 있다. 1978년 12월 이탈리아의 알리탈리아Alitalia 항공은 지중해에서 발생한 추락 사고로 맥

도널드 더글라스McDonald Douglass가 제작한 DC9라는 이름의 여객기 1
대를 잃었다. 이때 이탈리아 국영 항공사인 알리탈리아에게는 이를 대
체할 새로운 비행기가 꼭 필요했다. 그리하여 알리탈리아 항공의 사장
인 움베르토 노르디오Umberto Nordio는 보잉의 회장인 윌슨Wilson에게
전화를 걸어 보잉 727기 1대를 즉시 마련해줄 것을 넌지시 부탁했다.
당시 그 기종을 구입하려면 보통 2년을 기다려야 했으나 보잉은 이런저
런 방법을 강구해 1개월 후에 알리탈리아 항공에 보잉 727기를 인도했
다. 움베르토 노르디오 사장은 반년 후 그 은혜에 보답했다. 알리탈리
아 항공은 맥도널드 더글라스의 DC10을 구매할 예정이었지만 이를 취
소하고 보잉과 보잉 747기 9대, 총액 기준으로 약 5억 7천5백만 달러의
구매 계약을 맺었던 것이다.

군용 비행기에서 민간 여객기를 생산하는 기업으로 놀라운 변신을 이
룩한 보잉은《비전Vision》이란 책에서 다음과 같이 말하고 있다. "우리들은
고객 제일주의를 모토로 하는 팀을 조직할 생각이었습니다. 민간 항공기
를 생산해 성공을 거두는 데 있어 가장 중요한 것은 고객이라는 결론에 도
달했던 것이죠. 항공사들로 하여금 '당신네 회사가 우리 항공사가 직면하
고 있는 문제에 관심을 기울이는 때는 오직 새 비행기를 판매할 때뿐 아닌
가?'라고 말하게 해서는 절대 안 됩니다. 보잉도 반복 구매를 하는 고객에
게 주의를 기울이기까지 상당히 오랜 시간이 걸렸습니다. 지금에 와서야
이와 같은 사고방식이 사내 구석구석까지 침투하기 시작했습니다."[11]
서비스의 중요성에 대한 내용을 마무리하고 다음 주제로 넘어가기 전
에 많은 사람들의 입에 오르내리는 다음과 같은 문제를 한번 짚고 넘어갈

필요가 있다. 그것은 "서비스에 지나치게 많은 비용을 쏟아 붓는다."라는 말이 논리적으로 옳은가 하는 것이다. 물론 절대적인 의미로는 옳은 말일 수 있다. 그러나 우리는 절대적인 의미에서는 옳다 해도 상대적으로는 그렇지 않다고 말하고 싶다. 다시 말해, 합리적인 분석에 의하면 3M은 신제품 개발에 골몰하는 제품 챔피언이 너무 많고, HP나 존슨 앤드 존슨은 사업 부문이 너무 복잡하게 얽혀 있는 것처럼 보이는 등 초우량 기업 대부분이 서비스, 품질 그리고 신뢰성에 '비용과 시간 노력을 과도할 만큼 투입하는' 것이다. 데이비드 오길비의 말처럼 "최고의 기업은 어떤 고통이 따른다 해도 약속은 반드시 지킨다." 이 점은 광고, 컴퓨터, 타이프라이터, 놀이공원 그리고 프레첼에도 그대로 적용된다.

마지막으로 고객 제일주의가 "강력한 동기부여의 원인이 되고 있다." 라는 점을 지적하고자 한다. 우리는 최근에 존슨 앤드 존슨에서 사회생활을 시작해 지금은 체이스맨해튼은행의 수석 부행장으로 있는 사람을 만나게 되었다. 그는 존슨 앤드 존슨에 있었을 때의 일을 회상하며, "처음 2, 3주 동안 서도 영업 현상에 투입되었습니다. 손슨 앤드 존슨에서는 늘 있는 일이었지요. 요컨대 존슨 앤드 존슨에서는 고객을 이해하지 못하면 업무도 이해할 수 없다는 말을 많이 합니다."라고 말했다. 또 한 친구도 이와 비슷한 이야기를 들려줬다.

나는 미 국방성의 해군 작전본부에 배속되어 있었습니다. GS-11부터 GS-12 계급(기업체의 중간관리자에 해당하는 계급)까지 많은 장교들이 내 휘하에서 운영 및 보수와 관련된 일을 하고 있었습니다. 내가 항상 불쾌하게 생각했던 것은 그들이 다른 일에는 전력투구하면서도 이 일에 대해서는 의욕을 보이지 않는다는 것이었습니다. 그들은 본업 이외에 일종의 부업으로 부동산 매매나 소규모 점포를 통해 장사를 하고 있었습니다. 그중에서 그래도 한 사람만은 전문가라고 부를 수 있을 정도로 일에 매진하고 있었죠. 시간이 한참 지난 후에야 나는 어떻게 그런 일이 벌어지게 되었는지 알 수 있었습니다. 많은 예산을 따오는 그의 능력을 높이 산 나는 보통 2일에서 3일이면 끝낼 수 있는 한시적 업무를 위해, 그를 버지니아 주 노펙 해군 항공대 보급기지로 보내곤 했습니다. 그는 거기서 함대의 수병들과 함께 일했으며 몇 번에 걸쳐 모의 훈련을 할 수 있을 정도의 연료를 어디선가 조달해오는 일을 했습니다. 지금 와서 돌이켜보니 그는 진정한 의미의 고객 접촉을 경험한 유일한 사람이었습니다. 그는 군함에 직접 승선하는 수병들과 현장을 생생하게 체험했던 것입니다. 그에게 있어 수치는 추상적인 것이 아니었죠. 그의 행동은 합리적이었으며 또한 가시적인 성과를 만들어내고 있었습니다. 부하 장교 전원에게 현장 체험의 소중함을 각인시킬 수 있는 방법이 있었던 것인데 그를 제대로 활용하지 못해 안타까울 뿐입니다.

훌륭하게 경영되고 있는 기업의 사업 부문들을 살펴보면 모두 고객과 지속적인 유대관계를 맺고 그것을 착실히 유지해나가고 있음을 알 수 있다. 캐터필러는 공장의 생산직 직원들을 대규모 공사장에 보내 자사가 생산한 중장비가 현장에서 어떻게 활용되고 있는지 보여주고 있다. 시티은행에서는 비인기 부서인 운영 부서에서 일하는 사람들에게 정기적으로 거래처를 돌아보게 하는가 하면, 회계 담당 임원이 운영 부서의 문제를 직접 해결하도록 유도하기도 한다. 3M에서는 가장 기초적인 연구개발에 관여하고 있는 연구원들이 정기적으로 단골 거래처를 돌아보고 있으며 이는 HP의 경우에도 마찬가지다. 이렇게 함으로써 고객에 대한 서비스 제일주의를 모든 구성원들이 피부로 느끼며 실천하는 것이다. 그 결과 "구성원 한 사람 한 사람이 기업이다."라는 말이 비로소 의미를 갖게 된다.

품질에 대한 집착

지금까지 대부분의 초우량 기업들이 강박증에 가까울 정도로 서비스에 집착한다고 말해왔다. 그런데 그들은 서비스에 투자하는 노력이나 정성에 뒤지지 않을 정도의 열정을, 품질과 신뢰성 확보에도 쏟고 있다. 여기에 가장 잘 부합하는 것이 바로 캐터필러 트랙터다. 캐터필러는 전 세계 어느 곳에서든 고객이 필요로 하는 부품을 48시간 이내에 배달해주는 서비스를 제공하고 있으며, 그 약속을 지키지 못했을 경우에는 전액 무료로 관련 부품을 지원한다.[12] 이는 우선 캐터필러가 자사 제품의 품질에 대해 어느 정도로 자부심을 갖고 있는지를 보여준다. 마찬가지로 이 역시 '과잉 달성'의 한 예다. 이와 같은 미시적 경제 용어는 좁은 의미에서 '광적인 행동'에 비유되는 보증 서비스를 말하지만, 캐터필러의 재무적 성과를 보면 반드시 광적인 행동으로 치부할 수만은 없음을 알 수 있다.

〈포춘〉의 기사는 이에 대해 다음과 같이 기술했다. "캐터필러의 경영 방침은 보이스카우트 선서에서 한 단계 발전한 형태라고 할 수 있을 정도로 탁월한 품질, 내구성이 보장되는 성능 그리고 판매상에 대한 성의 있는 자세를 그대로 견지하고 있다. 캐터필러는 세계의 어떤 기업보다 뛰어나고, 성능이 뛰어난 트랙터를 생산하겠다는 목표를 달성하기 위해 끊임없는 노력을 쏟고 있는 것이다."[13] 〈비즈니스 위크〉의 기자도 비슷한 관점을 견지하고 있다. "제품의 품질이야말로 캐터필러의 사원들이 금과옥조로 삼는 것이다."[14] 우리는 오랫동안 목장을 경영해본 두 사람의 목장 주를 알고 있다. 그런데 그들 앞에서 캐터필러 이야기를 꺼내자 진심으로 존경하는 마음에서 눈물을 글썽거렸다. 또한 우리 중 한 사람은 베트남 전쟁 당시 캐터필러에 해군용 불도저를 주문했었던 당시 상황을 생생하게 기억하고 있다. 캐터필러의 제품은 항상 다른 경쟁 기업의 제품보다 고가에 판매되었음에도 불구하고 우리는 캐터필러의 제품을 주문하기 위해서라면 병참 규정의 허점을 이용하는 것도 마다하지 않는다는 각오로 임했다. 모든 수단과 방법을 동원했는데도 캐터필러 제품을 납품받지 못했을 경우에는 현지 사령관들이 우리에게 어떤 짓을 할지 알 수 없었기 때문이다. 적진 후방에 짧은 비상 활주로를 만들기 위해 불도저를 공수하는 상황을 가정하면 그런 상황에서 가장 필요한 것은 절대로 고장이 없는 기계였던 것이다.

캐터필러에서는 고객에게 밀착한다는 것은 한편으로 판매상에게 밀착한다는 것을 의미한다. 전 사장 겸 회장인 윌리엄 블래키William Blackie는 이렇게 설명했다. "우리는 판매상들을 매우 소중하게 생각한다. 우리가 거래하는 판매상을 놔두고 다른 사람을 통해 제품을 판매하는 것은 생각도 할 수 없는 일이다. 우리의 경쟁 기업 중 몇 개 기업들이 그런 식으로 행동하기 때문에 판매망이 붕괴되고 있다. 지금까지 캐터필러와 거래한 판매상 중 우리와 관계를 단절한 판매상은 하나도 없다. 캐터필러 제품이 워낙 잘 팔리고 있기 때문에 거래 관계를 단절할 수 없는 것이다."

캐터필러의 판매상은 경제적 이익을 뛰어넘어 '가족 구성원'으로 대우받고 있다. 예를 들어 〈비즈니스 위크〉는 다음과 같이 보도하고 있다. "캐터필러는 피오리어Peoria에서 판매상이 되고자 하는 판매상의 자녀들을 위해 교육 프로그램을 제공하고 있다. 마케팅 담당 부사장 채프먼Chapman은 '어느 판매상의 아들은 성직자가 되기 위한 공부를 하면서 음악에도 흥미를 갖고 있었습니다. 그러나 당사에서 개최한 강좌를 듣고 집으로 돌아갈 무렵, 그는 완전히 다른 꿈을 갖게 되었습니다. 현재 그는 우리 회사에서 다섯 손가락 안에 들 정도로 뛰어난 판매상이 되어 있습니다."[15]라고 말했다.

캐터필러의 전 회장인 윌리엄 나우만William Naumann은 제2차 세계대전 직후 사업이 안정적인 성장 궤도에 진입하기 시작하자 하나의 기본 원칙을 세우게 되었고, 이것이 모든 사업 활동에 매우 중요한 영향을 끼치게 되었다고 말했다. "우리가 확립한 원칙은 국내에서든 해외에서든 균일한 품질과 성능을 갖는 캐터필러 제품 및 부품을 생산하는 것이다."[16] 그는 덧붙여서 "전 세계 어떤 지역에 있는 고객도 교환용 부품을 구입하는 데 어려움을 겪어서는 안 된다. 이는 고객에 대한 신속한 대응이 상대적으로 중요한 사업 분야에서는 더욱더 중요한 일이다. 건설용 중장비를 단순한 기계덩어리로 방치해서는 안 되는 것이다."[17]라고 말했다.

이처럼 내구성과 품질 그리고 일관성에 대한 의사결정은 조직 구성원 전원을 한 덩어리로 만드는 데 커다란 힘이 되었으며 캐터필러를 비약적으로 발전시켰다고 나우만은 믿고 있다. "전 세계 어떤 공장에서 생산되는 중장비도 품질 수준이 모두 동등하다고 자부할 수 있다. 뿐만 아니라 전 세계 어느 곳에서 주문하더라도 필요한 부품을 즉시 공급받을 수 있는 네트워크가 구축되어 있다."[18]

품질을 강조하다 못해 거의 강박관념이 되었을 정도로 중시하는 또 다른 기업으로 맥도날드를 들 수 있다. 이 회사의 슬로건은 오래전부터 품질Quality, 서비스Service, 청결Cleanliness 그리고 가치Value의 머리글자를 딴 Q.S.C.&V.였다. 창업자인 레이 크록은 "Q.S.C.&V.라는 슬로건을 한 번 외칠 때마다 벽돌을 하나씩 쌓았다면 이미 대서양을 가로지르는 다리가 놓였을 것이다."[19]라고 말한 바 있다. 창업한 지 얼마 되지 않았을 무렵 맥도날드의 모든 점포는 오로지 이 4개의 기준에 의해서 평가되었고 그것에 의해서 점장의 보수도 달라졌다. 만약 맥도날드가 정한 이 엄격한 기준을 지킬 수 없는 상태가 계속되면 점장은 해고되며 프랜차이징 계약은 파기된다.

레이 크록을 비롯한 맥도날드의 경영진이 직접 점포를 찾아가 살펴보고 Q.S.C.&V. 기준을 일일이 점검하는 것은 이미 하나의 신화처럼 되어버렸다. 그리고 Q.S.C.&V.라는 기본 이념은 지금도 여전히 중시되고 있다. 바로 이 점이 7천 개에 달하는 매장에서 4백억 개의 햄버거를 판매해 연 25억 달러의 매출을 올리는 데 있어 가장 중요한 기본 원칙이 되고 있는 것이다. 1980년 맥도날드의 결산 보고서 — 주주에 대한 형식적인 인사말 뒤에 — 에는 다음과 같은 내용이 담겨 있다. "맥도날드의 좌우명인 Q.S.C.&V.의 첫 글자 Q는 품질을 가리킵니다. 맥도날드 매장을 찾아오는 고객이 언제나 만족할 수 있도록 하는 것, 그것이 바로 품질이기 때문입니다."[20]

냉소적인 사람은 "물론이지. 모든 기업이 다들 그렇게 말하고 있지 않은가?"라고 말할지도 모른다. 그러나 우리는 맥도날드가 진실로 Q.S.C.&V.를 실현하고 있는지 알아보기 위해, 고등학생이었을 무렵 맥도날드에서 아르바이트를 한 경험이 있으며 지금은 기업의 임원이 된 한 지인을 직접 인터뷰했다. 우리는 자연스럽게 그의 경험담을 듣기 위해 사전에 아무런 약속도 없이 방문했다. 그는 곧바로 품질, 서비스 그리고 청결에 대한 이야기를 하기 시작했다. "돌이켜볼 때 가장 기억에 남는 것은 역시 햄버거 재료의 신선함입니다. 맥도날드는 언제나 질 좋은 쇠고기를 사용합니다."라고 말한 뒤 "너무 바싹 튀겨진 프렌치프라이는 그 즉시 폐기 처분합니다. …… 일을 시작한 지 얼마 되지 않은 초보일수록 햄버거 빵을 굽다가 엄지손가락으로 구멍을 내는 경우가 많은데, 이럴 때에도 구멍이 난 빵은 버립니다. 저 스스로도 놀랍다고 생각됩니다만 그로부터 13년의 시간이 흘렀음에도 불구하고 저는 지금도 저녁 식사를 하기 위해 맥도날드를 찾아갑니다. 지금도 프렌치프라이는 맥도날드의 최고 걸작이라고 생각하고 있죠." 그의 좋은 친구인 요리 전문가 줄리아 차일드Julia Child 역시 맥도날드의 프렌치프라이를 좋아한다.

마찬가지로 맥도날드는 청결함에 대해서도 지나치게 촉각을 곤두세우고 있다. 맥도날드 매장에서 근무한 경험이 있는 사람을 붙잡고, 가장 먼저 머리에 떠오르는 것이 무엇이냐고 물으면 대다수 사람들은 틀림없이 "항상 청결함을 유지하는 것이다."라고 대답할 것이다. "할 일이 없어 매장에서 쉬어본 적은 한 번도 없습니다."라고 전 조리 담당자는 말했다. "여유 시간이 생기면 반드시 무언가를 씻거나 닦아야 했습니다."

전직 맥도날드의 조리 담당자가 말한, 맥도날드의 어느 매장에서나 찾아볼 수 있는 표준화된 제품과 서비스는 맥도날드의 본을 받고자 하는 다른 여러 기업 전략가들의 우선 과제가 되었다. 현재 펩시콜라의 임원인 도널드 스미스Donald Smith는 몇 년 전에 앞서 일했던 맥도날드를 떠나 최대의 라이벌 외식 업체인 버거킹Burger King으로 자리를 옮긴 바 있다. 이때 스미스가 가장 우선순위를 둔 것이 다음과 같은 것이었음은 시사하는 바가 매우 크다. 즉 그것은 미국 전역에 있는 버거킹 점포의 외관과 서비스를 표준화시킨다는 것이었다. 5년 동안 최고경영자 자리에 있으면서 그가 추진한 매장의 리모델링은 대단한 성공을 거뒀다. 그러나 맥도날드라는 골리앗을 상대하는 것은 매우 힘겨운 일이었다. 스미스의 후계자인 제롬 루엔헥Jerome Ruenheck은 버거킹에서 지금도 여전히 똑같은 기치를 내걸고 고군분투하고 있다. 그는 이렇게 말한다. "문제는 일관성인데 미국의 그 어떤 매장을 보아도 맥도날드가 우리 매장보다 일관성의 측면에서 우수하다."[21]

품질에 대한 열정

초우량 기업에 대한 예비 연구에서나 이 책을 저술하기 위해 이뤄진 연구에서 우리는 돈키호테적인 열정을 갖고 더 나은 품질을 추구하는 사람들을 자주 만날 수 있었다. DEC도 역시 이러한 기업들 중 하나다. 이 회사의 경영철학은 다음과 같은 것이었다. "성장만이 우리의 최우선 목표는 아니다. 우리 회사의 목표는 훌륭한 품질의 제품을 생산할 수 있는 조직이 되는 것이다. 향후 DEC가 생산하는 제품과 서비스에 스스로 자부심을 가질 수 있을 정도의 수준으로 끌어올려야 한다. 궁극적으로 기업이 품질 개선에 주력한다면 성장은 부수적으로 따라오는 것이다."[22]

이와 유사한 또 하나의 예로는 메이택을 들 수 있다. 이 회사의 최대 목표는 자사가 생산하는 다양한 제품을 '10년 동안 사용해도 고장이 나지 않는'[23] 제품으로 만드는 것이었다. 요즘처럼 제품의 수명이 짧아지게 되면 식기 세척기도 밀가루나 감자처럼 일용품으로 취급받기 쉽다. 그러나 내구성을 중시하는 메이택의 제품 가격은 경쟁 기업에 비해 15퍼센트나 높은 수준임에도 불구하고 GE와 같은 강력한 라이벌을 누르고 가장 높은 시장점유율을 유지하고 있다. 실제로 경기가 호황과 불황을 순환하는 현실을 고려한다면 구명보트처럼 가장 최후의 보루가 될 수 있는 것은 바로 품질과 내구성이다. GE가 루이빌Louisville의 가정용 세탁기 부문에서 예상을 훨씬 밑도는 실적 부진에 허덕이고 모든 가전제품 기업들이 생존의 갈림길에서 고전하는 상황에서도 메이택은 이윤을 창출했다. 메이택 제품의 품질은 탁월한 기술력 때문이 아니라 잔고장이 나지 않는 제품을 생산하는 데서 탄생되는 것이다. "메이택은 화려한 디자인과 기능이 아니라 내구성으로 명성을 확립했다. 사실 메이택 제품의 디자인은 그다지 훌륭하지 않지만 품질만큼은 타의 추종을 불허한다."[24]라고 한 전문가는 말했다.

이러한 예는 그 밖에도 얼마든지 있다. 홀리데이인도 신뢰성을 가장 큰 목표로 삼고 있으며 "기대를 저버리지 않는다."라는 기본적인 사고방식이 조직 전체에 퍼져 있다. P&G는 품질을 중요하게 여기고 있지만 그러한 태도가 지나치게 완고해서 오히려 그것이 치명적 약점이 되기도 한다. 시대의 흐름을 선도하지 못하고 경쟁 기업에 뒤지고 있는 것이다. "경쟁 기업이 거친 피부를 완화시키는 작용을 하는, 가령 중요한 효과가 아닌 독특한 향취처럼 어떤 표면적인 특성을 강조하는 화장품을 만들면 P&G는 이에 필적할 만한 제품을 출시하는 데 큰 어려움을 겪습니다. P&G 본사가 있는 신시내티 6번가와 시카모어 거리가 만나는 곳에는 절대적인 신의 존재를 믿는 캘빈파를 신봉하는 많은 사람들이 모여 살고 있기 때문에 향취가 강한 화장품은 왠지 그들과 어울리지 않는다는 말도 있기는 합니다."

P&G의 제지 사업 분야에서 샤민Charmin이라는 화장지 브랜드를 관리하는 젊은 브랜드 매니저도 자사가 얼마나 품질을 중시하는지 모른다고

말했다. 그가 직접 소비자로부터 제품에 대한 불만을 접하고 문제점을 해결한 방법은 P&G의 기업 이념을 잘 보여준다. 그는 화장실용 화장지를 고정시키는 걸이에는 세 가지 종류가 있다고 말했다. 공중 화장실에서 사용되는 것, 가정에서 흔히 볼 수 있는 것처럼 벽에 고정시키는 것 그리고 또 하나는 원통을 세로로 절반 자른 모양으로 벽을 뚫고 설치하는 고전적인 화장지 걸이다. 그런데 샤민 화장실용 화장지는 다른 화장지보다 직경이 8분의 1인치 정도 크기 때문에 기존의 화장지 걸이에는 걸 수 없음을 알게 되었다. 그러나 화장지 표준 길이를 단축시켜 이 문제를 해결하면 제품의 품질이 떨어질 수도 있기 때문에, 그것은 절대로 허용될 수 없는 일이었다. 연구개발부, 생산부 그리고 브랜드 매니저들은 곧 모여 머리를 맞대고 연구를 했다. 그 결과 해결책이 나왔다. 생산 공장의 설비를 바꿔 화장지 감는 속도를 높임으로써 롤의 직경을 줄일 수 있었고 전통적인 화장지 걸이에 맞도록 조정할 수 있었던 것이다.

HP의 컴퓨터 시스템 사업 부문이 개발한 HP 3000은 매우 성공적인 제품이라 할 수 있다.[25] 이 시스템이 최초로 판매되기 시작한 것은 1968년이었는데 그후 지금까지 8천 개를 상회하는 회사와 거의 모든 공공장소에 이 컴퓨터가 설치되어 있다. 사실 개별적으로 수행된 여러 차례의 품질 조사에서도 이 컴퓨터 시스템이 최고라는 일치된 평가가 나왔다. 특이하게도 이처럼 우호적인 평가 덕분에 이 시스템은 아주 가파른 매출 상승이라는 커다란 성공을 거뒀지만, 작년에 HP의 컴퓨터 시스템 부문은 HP 3000의 대대적인 품질 개선 작업에 착수했다. "만약 우리가 품질 향상에 대한 노력을 조금이라도 늦춘다면 그 사이 일본의 경쟁 기업이 우리를 추월할 것이다."라는 것이 그들이 배수의 진을 치고 품질에 집착하는 이유였다.

현재 진행되고 있는 품질 개선 작업에서 가장 눈길을 끄는 것은 작업에 대한 열의와 그 열의가 조직 전체에 철저하게 스며들어 있다는 점이다. 더 이상 되풀이할 필요도 없겠지만 그와 같은 열정은 조직 상층부의 사람들이 갖고 있는 열정에서부터 비롯된다. 시스템 부문의 책임자인 리처드 앤더슨Richard Anderson은 매월 마지막 주에 현장을 직접 방문해 고객과 대화를 나누며, 판매 회의에 빠지지 않고 참석하고 있다. 이러한 활동을 통해 그는 고객이 원하는 것과 경쟁 기업의 동향에 대한 최신 정보를 얻는다. 이런 노력을 통해 그는 자사 제품의 품질에 대한 외부 사용자들의 반응을 확실히 알게 되는 것이다.

리처드 앤더슨이 가장 최근의 품질 향상 캠페인을 시작한 것은 불과 1년 전의 일이다. 그는 1천4백 명에 달하는 거의 모든 부서의 직원들이 매주 만나 이야기를 나누는 아침 커피 시간, 카페테리아에서 이에 대한 발표를 했다. HP에서는 주로 이 시간에 새로운 사내 주요 프로그램이 발표된다. 그런 다음 그는 소형 계산기 분야에 새로이 진출한 일본 기업의 예를 들면서 사태의 심각성을 강조했다. 이렇게 해서 시간이 지나자 여러 다양한 품질 향상 프로그램이 부서 곳곳을 파고들었다.

작업이 시작되고 한 해 정도가 지났을 무렵에는 한 번 고장이 발생하고 나서 다음 번 고장이 발생할 때까지의 평균 시간 등을 기준으로 삼아 이미 입증받은 품질 수준보다 훨씬 더 뛰어난 품질 향상을 꾀하게 되었다. 그는 이제 경쟁 기업을 능가하는 탁월한 품질, 그리고 기본에 충실한 기능을 보완해 내구성이 좋은 제품을 만든다는 계획을 갖게 되었다.

부서 책임자들은 예전부터 품질 개선 작업에 대해 입으로만 떠드는 것이 아니라, 종업원들에게 경각심을 갖게 한다. 예를 들어, 아침 커피 시간에 결함이 있는 집적회로기판을 5대의 운반용 짐차에 가득 실어와 마룻바닥에 그대로 내동댕이치는 식이다. 그러면 현장에 있던 종업원들은 깜짝 놀란다. 그리고 부서 책임자는 그 회로판과 소프트웨어에 결함이 없었더라면 아마도 25만 달러에 달하는 추가 이익 분배가 가능했을 것(HP의 대다수 종업원은 자사주를 어느 정도 보유하고 있기 때문에 일정 비율의 이익 분배를 받고 있다)이라고 설명한다. HP는 이런 식으로 '신상필벌'의 자세를 분명히 하고 있다. 품질에 결함이 발생했을 경우 전원이 연대 책임을 지지만 우수한 업적을 올렸을 경우에는 개개인을 표창한다.

사실 품질 향상 계획에는 공식 또는 비공식 포상이 많이 숨어 있다. 가장 사소한 것부터 말한다면 책임자가 현장을 돌아다니면서 개별 종업원을 칭찬하는 말에서부터, 커피를 마시면서 하는 회의 혹은 팀 단위로 이뤄지는 저녁 회식과 부문 전체의 맥주 파티 자리 등에서 시상식이 행해지는 것이다. 가장 공식적인 것으로는 1981년 부사장이 '커피 회의'를 주재하는 자리에서 이뤄진 시상식을 들 수 있다. 상을 받은 사람들은 각자가 담당한 개별 분야에서 품질 향상 목표를 가장 잘 달성한 사람들이었다. 이들에게는 특별한 기념 명판을 비롯해 만년필 세트, 저녁 식사 무료 초대권 등이 부상으로 주어졌다. 시상자의 이름은 각 부문의 로비에 게시되며, 그들은 HP가 미국 각 지역에서 개최하는 사업 부문별 세미나에 참석할 수 있고, 모든 영업소 가운데 한 곳을 선택해 방문할 수도 있다. "그들을 위한 모든 비용을 회사에서 부담하기 때문에 국내뿐만 아니라 하와이까지도 갈 수 있습니다." 하고 어떤 책임자는 싱긋 웃으며 말했다.

HP에서는 일상 업무에 있어서도 늘 품질 향상 목표를 추구한다. 심지어 품질 향상이라는 목표가 '목표관리' 계획─전원이 이에 대해서 진지하게 연구하고 있다 – 에 직접 포함되어 있을 정도다. 목표 달성 과정에서의 진행 상황은 종업원들에게 수시로 전해진다. 예를 들면, 부문 책임자는 매주 모든 구성원들에게 생산, 판매, 이익에 관한 실적과 품질 향상에 관련된 데이터를 전달하고 있다.

부문 내의 개별 부서도 품질 개선 프로그램에 동참한다. 이 회사에는 '기술 인력의 고객 이해Lab Awareness of Customer Environment'라는 말의 머리글자를 딴 LACE라 불리는 프로그램이 있다. 이는 고객을 초청해 그들이 필요로 하는 것 혹은 HP 제품이나 서비스에 대한 솔직한 의견을 말하게 하는 프로그램이다. "이 모임은 언제나 관심의 대상이 되기 때문에 사람들로 넘쳐난다."라고 프로그램에 참석했던 사람은 말했다. 또한 소프트웨어 개발자가 영업 부서에서 고객의 소리를 듣거나 직접 고객을 방문해 현장의 목소리를 듣는 프로그램도 있다. 가장 중요한 것은 품질 보증을 담당하는 부 또는 과가 개발팀의 일부로 편성되어 있다는 점일 것이다. 이는 대다수 기업들에서 품질관리 담당자들을 경찰에 빗대어 부정적으로 보고 이들을 다른 부문의 사람들과 갈등을 유발하는 손재로 낙인찍어버리는 것과는 아주 대조적이다.

'실수 예방 부대Glooper Troopers', '품질 향상 실행팀Quality Enforcers', '일등급Vintage Quality', '문제 해결 부대Solution Squad' 등이 품질관리팀의 이름이며 이것이 바로 HP의 품질관리 서클인 것이다. 오늘날 HP의 경영시스템에는 품질 향상을 위해 설정한 각종 목표 수치와 이를 달성하기 위한 수단이 넘쳐나고 있으며, 어느 부문이나 예외 없이 이 계획에 의해 움직이고 있다. 이와 같은 상황을 어떤 사람은 다음과 같이 정확하게 요약하고 있다. "HP에서는 무슨 대화를 하든 결국 품질 향상에 대한 이야기로 귀결되고 만다. 종업원이 어떤 업무를 하든 간에 품질과 관련 없는 업무는 거의 없기 때문이다. 내부의 인사관리나 현장의 판매 활동에 대한 얘기도 결국 품질에 대한 논의로 이어진다. HP에서 '목표관리'란 '품질관리'의 또 다른 표현에 불과하다."

품질과 신뢰성

당연한 말이지만, 품질과 신뢰성은 무언가 새롭고 신기한 과학 기술과 같은 뜻은 아니다. 흥미로우면서도 놀라운 점은 첨단기술 산업에 있어서조차 기술의 첨단성보다 신뢰성이 더욱 중요시되고 있다는 점이다. 첨단기술 분야의 선도 기업조차 고객에게서 그 진가를 제대로 평가받지 못하는 첨단기술보다는 신뢰성이라는 기본에 더 충실하고 있다. 우리는 이것을 "기술적 수준에서 이인자로 불리는 것을 기꺼이 감수하는 한편 그것을 자랑으로 여긴다."라고 표현한다. 전형적인 예로는 다음과 같은 경우를 들 수 있다.

HP 이 회사가 경쟁 기업보다 먼저 신제품을 시장에 출시하는 경우는 극히 드물다.[26] 사실 엄밀히 말하면 높은 가격의 레이저 프린터를 최초로 시장에 내놓은 것은 제록스와 IBM이었다. HP의 경우에는 '경쟁 대응 전략'을 택하는 것이 보통이다. 경쟁 기업의 신제품이 시장에 나오면 HP의 영업사원과 엔지니어는 자사의 장비를 점검하는 서비스를 하면서 고객에게 경쟁사 신제품의 어디가 어떻게 마음에 들며 또 어디가 어떻게 마음에 들지 않는지를 포함해 어떤 기능이 추가된 제품을 원하는지 등을 묻는다.

그리하여 얼마 후에는 고객이 말한 대로 만들어진 신제품을 들고서 나타나는 것이다. 이렇게 해서 만족한 손님은 HP를 다시 보게 되며 이 회사의 충성 고객이 된다." 〈포브스*Forbes*〉

DEC 고객들이 우리를 신뢰하도록 만들지 않으면 안 됩니다. 우리들은 의식적으로 기술 개발 시한을 2년에서 3년 정도 늦춥니다. 예를 들면, 정부 산하 연구기관처럼 핵심 거래처에서 우리에게 압박을 가해올 때까지 기한을 늦추는 것입니다. 그런 다음 주문자상표부착생산방식OEM을 통해 실질적 수요자에게 신뢰할 수 있는 제품을 제공하는 것입니다. 〈인터뷰〉

슐럼버거 "어떤 제품에 대해 경쟁 기업에게 선수를 뺏기는 일이 있다 하더라도 슐럼버거가 출시한 제품이 오히려 완성도나 품질에 대한 만족도가 높다."[27] 〈던스 리뷰〉

IBM 창립한 지 얼마 되지 않았을 무렵 IBM이 첨단기술을 반영한 제품을 시장에 출시하는 일은 극히 드물었다. 유니백UNIVAC이나 다른 기업이 개척자의 역할을 하고 나면 IBM은 다른 기업의 실패에서 배웠던 것이다. "IBM이 기술 혁신의 첫걸음을 내디딘 적은 거의 없었으나 기술적으로 훨씬 뒤떨어졌던 적도 결코 없었다. 특히 경쟁 기업에 비해 제품 출시는 뒤지지만 IBM 제품은 언제나 디자인, 성능 그리고 애프터서비스에서 경쟁 기업을 능가하는 경우가 많았다."[28] 〈파이낸셜 월드*Financial World*〉

캐터필러 "캐터필러가 시장에 신제품을 제일 먼저 출시하는 경우는 절대 없다. 그렇지만 첨단기술 면에서 언제나 최고의 자리를 차지하는 것이 이 회사의 유일한 목표다. 캐터필러는 경쟁 기업이 스스로 자기 무덤을 파도록 수수방관하는 방법을 통해 명성을 쌓아왔다. 타사가 시행착오를 저지른 후 그것을 반영해 잔고장이 거의 없는 제품을 시장에 출시하는 것이다. 캐터필러는 경쟁 기업에 비해 높은 가격으로 자사 제품을 판매하는 것도 사실이다. 가격이 아니라 품질과 신뢰할 수 있는 서비스를 무기로 고객을 끌어들이는 것이다."[29] 〈비즈니스 위크〉

디어 디어Deere는 농업용 장비 분야에서는 견줄 만한 기업이 없는 최고의 제조업체다. 이 회사의 농업용 장비 분야에서의 위상은 캐터필러가 건설용 중장비 분야에서 차지하는 위상에 거의 필적한다. "디어는 로터리형 콤바인을 판매할 것인지 아닌지 명확하게 표현하지 않고 있습니다. '그러나 내 육감으로는 2년 이내에 제품을 출시할 것으로 보입니다. 경쟁 기업의 잘못을 개선하기 위해 학습할 시간이 필요한 것이지요.'라고 어느 분석가는 말했다."[30] 〈월스트리트 저널〉

이들 초우량 기업이 2위 사업자라는 지위를 감수하는 것처럼 보일 수도 있겠지만 기술 수준까지 뒤진다고 생각한다면 큰 착각이다. HP, IBM 그리고 P&G 등 대다수 초우량 기업들이 기초 분야 연구개발에 투자하는 돈의 규모는 아마도 세계 최고 수준일 것이다. 이러한 측면에서 평범한 기업과 초우량 기업의 차이점을 볼 수 있다. 첨단기술을 바로 고객이 필요로 하는 제품을 만들기 위해 사용한다는 데 특징이 있는 것이다. 결국 초우량 기업들이 생각하는 신제품이란 무엇보다 고객이 필요로 하는 제품을 의미하고 있다.

컴퓨터 주변기기를 생산하고 있는 한 기업의 임원은 '경쟁 대응 전략'과 관련해 우리에게 다음과 같은 이야기를 들려줬다. "우리 기업은 하루라도 빨리 신제품을 시장에 출시하려고 서둘렀습니다. 그리고 기술적인 측면에서도 분명히 앞서 있습니다. 그러나 그 신제품은 신뢰성이라는 측면에선 기대 이하였습니다. 결국 시장점유율은 최고 14퍼센트에서 8퍼센트 이하까지 곤두박질쳤습니다. 신제품을 준비하는 단계에서는 시장점유율이 30퍼센트에서 35퍼센트 정도 될 것이라고 예측했는데 말입니다. 출시를 반년만 늦췄더라면 결함 없는 제품을 만들 수 있었을 텐데 지금 땅을 치며 후회하고 있습니다."

'서비스, 품질 그리고 신뢰성'의 중요성은 아무리 강조해도 지나치지 않다. 하지만 앵무새처럼 이를 계속해서 반복하다보면 오히려 너무나 당연해져 그냥 지나치게 될 수도 있다. 물론 현실에서 이런 예를 찾는 것은 그리 어렵지 않다. 프레디 하이네켄Freddy Heineken은 다음과 같이 말한 바 있다. "나는 언제나 마케팅을 담당하는 책임자에게 (맥주의) 병에 금박을 입힌 라벨을 덕지덕지 붙이지 말라고 합니다. 그렇게 하면 오히려 주부들에게 거부감을 주어 슈퍼마켓 선반에서 선뜻 꺼내들 마음이 생기지 않게 되기 때문입니다."[31]

또한 오랫동안 항공업계에 대해서 조사하고 있는 한 연구가도 그와 똑같은 이야기를 했다. "브리티시 에어웨이British Airway의 브래니프Braniff는 눈길을 사로잡는 기체 페인팅과 빼어난 미모의 스튜어디스를 품질이라고 생각했다. 한편 델타 항공은 비행기가 예정 시간에 도착하는 것이야말로 '품질'이라고 생각하고 있었다." 어느 정도의 서비스를 제공해야 충분한

가 또는 무엇이 진정한 품질이라고 할 수 있는가에 대한 대답은 시장에서 얻을 수 있다. 우리 친구 중의 한 사람은 이러한 상황을 누구나 이해할 수 있도록 다음과 같이 재치 있게 표현했다. "75센트짜리 샐러드를 사는 고객은 그 안에 아보카도가 들어 있기를 기대하지는 않지만 양상추가 신선하지 않으면 불만스럽게 생각한다. 따라서 75센트의 샐러드를 만드는 사람은 값싼 아보카도를 찾으려 하지 말고 신선한 양상추를 사용하는 일만 생각하면 된다."[32]

행운인지 아니면 뛰어난 육감 때문인지 품질, 신뢰성 그리고 서비스를 강조하는 이들 기업은, 극히 평범한 직원들을 동기부여해 기분좋게 일할 수 있는 분야만을 골라왔다고 할 수 있다. 이렇게 해서 자사가 추진하는 작업에 자부심을 갖도록 하고 심지어 자사 제품을 사랑할 수 있게 유도해 온 것이다. IBM에서 근무한 경험이 있는 앨리스테어 만트Alistair Mant는 그의 저서《영국식 경영의 추락과 쇠퇴*The Decline and Fall of the British Manager*》에서 직원들로 하여금 서서히 제품에 대한 애착을 갖도록 만드는 과정을 그야말로 홍미롭게 설명하고 있다.

플랫 의류 회사는 큰 성공을 거뒀다는 사실 말고 표면적으로 특별히 홍미로운 점은 발견할 수 없다.[33] 그러나 그런 성공의 이면에는 효율적으로 관리된 활동적인 조직이 있으며, 그 조직에 속한 모든 구성원들은 잠잘 때를 제외하고 깨어 있을 때는 오로지 '오버코트' 만을 생각하고 있다. 그 회사의 대표인 몬티 플랫Monty Platt에게 판매와 마케팅 조직에 대해서 질문하면 반드시 이렇게 대답할 것이다. "제품이야말로 가장 좋은 광고가 된다." 매일 오전 11시에 벨이 울리면 누구나 디자인실로 가서 전날 만들어진 제품을 볼 수 있다. 또한 그곳에 있는 몇 벌의 코트 견본을 시험 삼아 입어보고 끝마무리가 잘 되어 있는지를 살펴본다. 최고경영자인 몬티 플랫도 그 자리에서 배송 책임자, 봉재 기술자 그리고 디자이너들에게 코트에 대한 구체적인 지시를 내린다. 몬티 플랫은 이런 식으로 오버코트에 대한 자신의 정열을 부하직원들의 마음속에 투영시키는 것이다. 물론 마케팅, 인사관리, 생산 등과 같은 세련된 말도 필요할 것이다. 그렇지만 무엇보다 중요한 것은 코트 그 자체라는 것은 의심할 바가 없다. 결국 그것은 그와 종업원을 하나로 묶어주는 눈에 보이지 않는 끈인 것이다.

종업원이 근무하는 환경을 개선하기 위해 노력하고 그것을 실제로 실행해가는 기업을 위해서라면 종업원은 언제나 열심히 일하게 된다. 여기서 얻을 수 있는 교훈은 무엇일까? 모든 기업이 한 가지 제품에만 집중할 수도 없고 그렇다고 쾌적한 근무 환경만을 만드는 데만 신경쓸 수도 없다. 그러나 어느 기업이나 고객에게 호소할 수 있는 어떤 제품을 생산한나는 것은 들림없는 사실이며 오식 자이점이 있다면 송업원이 그 제품에 대해 어느 정도의 애착을 가질 수 있느냐 하는 것이다. 그리고 이는 매우 큰 의미를 지닌다. 좋은 제품을 생산하는 뛰어난 감각을 가진 사람이 고객에게 호소할 수 있는 제품 생산을 장려할 수 있는 자리에 앉게 되면 기업은 전혀 새로운 모습으로 변모할 수 있다. 이런 능력을 가진 사람들은 생산 시스템에 있어서의 '완전무결함'의 정확한 의미를 제대로 알고 있으며, 그렇기 때문에 기업 전체에 넓은 의미에서의 완전무결함을 요구하는 분위기를 조성할 수 있는 것이다.

평범한 기업에서는 불가능한 일도 초우량 기업에서는 대부분 가능해진다. 품질이나 서비스에 대해 완벽성을 요구하는 것은 정말 옳은 일일까? 대부분의 사람들은 그러한 사고방식을 비웃을 것이다. 그렇지만 거기에 대한 대답은 '예'도 될 수 있고 '아니요'도 될 수 있다. 수치를 갖고 엄밀하게 따진다면 분명히 '아니요'가 정답일 것이다. 대기업에서는 서로 다른 여러 부문의 구성원들이 관련을 맺고 일하기 때문에 때로는 결함이 생기기도 하고 서비스 기준을 달성하지 못하는 경우도 생긴다. 이에 대한 아메리칸 익스프레스American Express에서 일하는 한 친구의 말도 일리는 있다. "100퍼센트를 지향하지 않는다는 것은 처음부터 실수를 허용하는 것이나 마찬가지다."

이렇게 생각하면 계량적 수치에 관계없이 발생되는 결함에 대해서 매우 안타까워하는 일도 있을 것이다. 프레디 하이네켄은 다음과 같이 퉁명스럽게 말한 바 있다. "하이네켄 맥주 한 병에서 미세한 불순물이 발견된다면 그것은 나 개인에 대한 모욕이다." 사탕 제조 회사인 마스는 경쟁이 치열한 시장에서 큰 성과를 거뒀는데 자사가 생산하는 제품 품질에 상당히 자신감을 갖고 있는 것으로 유명하다.

이 회사의 임원 중 한 사람은 사장인 포레스트 마스Forrest Mars에 대해 이렇게 말했다. "우리 사장은 한번 화가 나면 말릴 수가 없습니다. 막대 사탕의 포장이 제대로 되지 못한 것을 발견했을 때에는 한 박스 가득 담긴 그것을 하나씩 유리로 된 임원실의 벽에 내동댕이칩니다. 임원들은 그 모습을 그저 바라볼 수밖에 없습니다." 82세가 된 윌라드 메리어트 1세는 메리어트 호텔 체인이 투숙객에게 미흡한 서비스를 제공하는 것을 발견하면 지금까지도 무섭게 화를 낸다고 한다. 또한 그는 지금까지도 고객이 작성한 불만 카드를 하나하나 꼼꼼하게 살펴본다고 한다.

　진실한 서비스와 품질을 지향하는 기업은 일을 제대로 하려고 하며 또한 그것이 가능하다. 추구하는 목표에 대한 강한 신념이 있기 때문에 조직이 그 방향으로 일치단결하게 된다. IBM의 컴퓨터가 고장을 일으키고, 캐터필러의 고객이 부품을 요구하고, 프리토레이의 세일즈 매니저가 더 많은 물량을 필요로 하며, HP가 품질 면에서 일본 기업의 추격을 받는다면 탁상공론만 하고 있어서는 안 된다. 이들 기업이 내부적으로 보유하고 있는 다양한 인적, 물적, 재무적 자원을 동원해 즉각 문제 해결에 나서야 한다. 회사가 매우 높은 수준의 기술을 보유하고 있다 해도 품질이나 서비스의 결함을 용납할 수 있다고 생각한다면 그 회사는 금방 뒤처지고 말 것이다. DEC의 한 간부는 이 점에 대해 다음과 같이 요약해서 말했다. "거기에는 낮과 밤만큼의 커다란 차이가 있습니다. 기업 내부의 한편에서는 제대로 해야만 한다는 마음가짐을 갖고 있는 데 반해 다른 한편은 고객을 수치상으로만 존재하는 것으로 취급하는 것입니다. 당신은 그것을 '용납할 수 있는 실수'로 간주하는 사람들 중 한 사람이 되고 싶습니까?"

　경영학에서 자주 사용되는 용어로 '진입장벽'이라는 것이 있다. 신규 사업에 진출해 기존 사업자들과 경쟁하기 위해서는 선행 투자 개념의 진입비용을 지불해야 한다는 것이 그 내용이다. 흔히 찾아볼 수 있듯이 이 경우 진입장벽에는 소프트한 측면과 하드한 측면이 공존한다. 진정한 의미에서의 진입장벽이란 IBM의 수십만에 달하는 종업원을, 오로지 서비스와 품질을 위해 최선의 노력을 경주하고 고객의 소리에 귀 기울이도록 만든 과거 75년에 걸친 정신적 측면에서의 투자다. 또한 P&G가 150년 동안 금과옥조로 여겨온 품질에 대한 투자라 할 수 있다. 기존 사업자가 인적 자본에 대한 지속적인 투자를 바탕으로 쌓은 이런 장벽은 신규 사업자가 뚫고 들어가기가 매우 어렵다. 왜냐하면 서비스, 신뢰성 그리고 품질에 대한 집착은 기업의 소중한 자산인 동시에 그 기업의 오랜 전통과 맥을 같이하기 때문이다.

틈새시장 공략

고객 제일주의란 은유적으로 표현하자면 고객의 몸에 꼭 맞는 양복을 만들기 위해 일일이 손으로 작업하는 것이라 할 수 있다. 즉 이 정도 수준이면 경쟁 기업이라도 전혀 넘볼 수 없다는 자부심을 가질 수 있을 정도가 되어야 하는 것이다. 우리들이 관찰해온 기업들 중 상당수는 고객의 특성에 따라 시장을 세분화하고 각각의 세분시장에 맞는 제품 또는 서비스를 제공하고 있었다. 물론 이것은 대량 소비를 목적으로 일용품을 대량으로 생산해 판매하는 방식과는 전혀 다른 것이다. 블루밍데일 백화점의 경우를 생각해보자. 소매유통 사업을 하는 이 기업이 성공할 수 있었던 것은 바로 부티크를 설치했기 때문이다. 매장 내 개별 부티크는 제한된 고객층을 대상으로 차별화된 서비스를 제공한다는 나름대로의 특색을 갖고 있었다. 블루밍데일 백화점의 모기업인 페더레이티드 스토어즈Federated Stores는 불록스Bullock's, 매그닌I. Magnin, 리치스Rich's 그리고 피레네스Filene's 등과 똑같은 전략을 취하고 있다. "전국에 위치해 있는 백화점 하나하나가 독립된 전시장입니다."[34]라고 어떤 간부는 말한다. 폰즈도 특정 세분시장에 전념함으로써 최고의 자리에 오르게 된 좋은 예다. 〈포브스〉

의 최근호는 랄프 워드Ralph Ward 회장의 전략을 다음과 같이 전하고 있다. "그는 많은 비용을 투자해 마케팅 공세를 할 수 있음에도 불구하고 오히려 경쟁 기업이 놓치고 있는 틈새시장의 공략을 선호한다." 예를 들어, 1978년 그는 새로운 상품인 '레이브'를 시장에 선보였다. 이것은 그때까지 질레트의 '토니'가 독점하고 있었던 연간 거래액 4천만 달러의 가정용 퍼머약 시장을 노린 새로운 상품이었다. "이 분야에서는 오랫동안 경쟁이 없었다. 폰즈는 퀴퀴한 냄새의 원인인 암모니아를 쓰지 않은 신제품을 출시했는데, 지금은 연간 거래액이 1억 달러에 달하는 시장이 되었다."[35]라고 랄프 워드는 말했다. 또한 그는 소비재 제조업체로서는 매우 드물게 개별 제조 부문의 독립적인 경영을 보장해줌으로써 더 많은 틈새시장을 공략할 수 있도록 했다.

이처럼 아직 고객들의 욕구를 충족시키지 못한 세분시장을 발견해 공략하는 전략을 가장 잘 활용하는 기업 중의 하나로 3M을 꼽을 수 있다. 회장인 루이스 레어Lew Lehr는 "우리 회사는 한두 가지 제품에 기업의 운명을 맡기지 않는다. 우리 회사의 사원은 특정한 세분시장에 다수의 신제품을 출시해 이윤을 만들어내고 있다. 말 그대로 티끌 모아 태산인 것이다."[36]라고 말했다. 한 가지 더 구체적인 예를 들어보기로 하자. 최근에 우리들은 버지니아 주 리치먼드에 있는 연 매출액 5천만 달러의 인쇄 회사 사장과 이야기를 나눴다. 이 회사는 옵셋 인쇄를 통해 대규모 인쇄 물량을 소화하는 우량 기업으로 3M의 틈새시장을 겨냥해 만든 다양한 제품을 많이 사용하고 있다. 3M은 이러한 기업이 대표하는 특정 세분시장을 진지하게 연구하기 위해 본격적인 노력을 기울이기 시작했다. 여러 가지 문제점을 해결하기 위해 세인트폴에서 영업팀과 엔지니어팀이 그야말로 앞을 다투듯 리치먼드로 달려왔다. 이어 3M은 인쇄 회사의 최고 경영진을 세인트폴에 초청해 사내의 몇 개 부서로 하여금 어떻게 하면 3M이 그들에게 큰 도움이 될 만한 해결책을 제시해줄 수 있을지에 대해 의견을 말하도록 했다.

이와 같은 일화에서 우리는 3M의 열정에 감명받았지만 실은 그들의 유연성에 더욱 놀랐다. 다양한 신제품 개발팀이 다 같이 새로운 신제품을 개발하기 위해 적극적으로 노력했던 것이다. 주도권 다툼도 없을 뿐만 아니라 관료주의에 의해 머뭇거리는 일도 없었다. 이 책의 뒷부분에서 소개할 3M의 성공 비결은 이보다 더 근원적인 데 있지만, 시장 규모에 상관없이 특정한 틈새시장의 고객 욕구를 충족시키기 위한 신제품 개발에 전력투구를 다하는 3M의 태도는 놀랄 만한 것이었다.

시장을 지나치게 세분화하는 것의 효과를 의심하는 사람이 있을지 모르겠다. 서비스나 품질의 경우가 그러한 것처럼 이론적으론 부작용이 있을 수 있다. 그러나 현실적으로는 전혀 문제 될 것이 없다. 3M이나 DEC, HP 그리고 그 밖의 초우량 기업은 보통의 경우보다 과도한 세분화를 의도적으로 추진하는 것처럼 보인다. 종래의 마케팅적인 사고방식으로 생각하면 지나칠 정도로 시장이라고 하는 울타리를 세분화시키는 것처럼 보일 수도 있지만 탁월한 업적을 거두는 기업도 많다. 틈새시장을 공략하는 전략이 마케팅 교과서에는 그리 대단하지 않은 것처럼 적혀 있는지 몰라도 제대로 수립해 실행하기만 하면 그 효과는 실로 놀랍다.

틈새시장 전략으로 고객에게 밀착하는 기업은 다음과 같은 다섯 가지의 기본적인 특징을 갖고 있다. 첫째, 첨단기술을 빈틈없을 정도로 재치 있게 사용한다. 둘째, 가격 설정을 잘한다. 셋째, 시장 세분화에 능하다. 넷째, 문제 해결을 중시한다. 다섯째, 차별화에 소요되는 비용을 아끼지 않는다.

오랫동안 기술 확산 과정에 대한 연구를 해오고 있는 MIT의 제임스 우터백 교수는 "신기술의 성공은 전문화된 틈새시장, 그러한 기술을 채택하는 데 높은 비용을 지불할 수 있는 고성능 제품을 선호하는 사용자 그룹에 달려 있다."[37]라고 말한다. 이는 매우 설득력 있는 주장으로 DEC 또는 IBM조차도 그렇게 생각하고 있는 것 같다. DEC는 신제품이나 신기술을 선호하는 초기 수용자의 요구를 수용하는 차원에서 시작해 차세대 첨단기술을 개발하는 단계로 나아간다는 것을 상기해주기 바란다. DEC는 어느 분야에 자사의 우수한 세일즈 엔지니어를 배치할까? 대학 연구소나 정부 출연 연구소와 같은 대규모 연구 단지에 배치한다. 이처럼 전문직 고객이 안고 있는 문제를 해결해줌으로써 DEC는 보다 주류 고객층을 타깃으로 하는 상업적 신제품의 개발을 추진할 수 있는 것이다. 틈새시장을 공략하는 방법을 터득한 사람들은 그래서 세분시장이 필요로 하는 기술을 익히는 능력이 탁월하다. 초기 수용 고객을 참여시켜 그 기술을 테스트해 결함을 최소화한 후 다수 고객에게 완벽한 제품을 제공하는 것이다.

또한 이런 사람들은 신기술이 갖고 있는 가치를 정확하게 꿰뚫어 보고 그러한 가치를 반영해 제품에 상대적으로 높은 가격을 매기는 데 있어서도 탁월한 능력을 갖고 있다. 그들은 틈새시장 전략에 입각해 특정 세분시장 고객들에게 고가의 제품을 제공하며, 경쟁 기업이 물량 공세를 내세워 진입할 경우에는 그 분야에서 즉각 철수해버린다. 3M의 한 임원은 다음과 같이 말했다.

우리 회사의 가장 중요한 목표는 신제품이 시장에 꾸준히 출시되도록 하는 일이다. 그런 다음 신제품을 성공적으로 생산해 틈새시장을 독점하기 위해 노력한다. 그 기간이 고작 3년에서 4년 정도에 불과해도 상관없다. 그동안의 가격은 그 제품이 고객에게 어느 정도의 가치를 제공하느냐에 따라 결정된다. 우리가 제공하는 신제품은 고객들에게 어떤 형태로든 차별적인 가치를 제공하기 때문에 이에 상응하는 가격을 지불하도록 하는 것이다. 우리는 또한 다른 틈새시장을 끊임없이 노리면서 적기에 진출하기 위해 노력한다. 그러나 다른 경쟁 기업이 유사 제품을 아주 저렴한 가격에 출시할 것으로 판단되면 출혈 경쟁을 지양하고 시장에서 즉시 철수한다. 그때는 이미 우리 회사가 그 시장을 대체하는 다른 틈새시장을 공략하기 위해 몇 단계 앞선 신제품을 개발하고 있기 때문이다.

데이비드 패커드는 언젠가 자사의 임원들에게 HP가 실패를 경험한 희귀한 사례를 들려주었다. "그때는 업종을 불문하고 시장점유율이 지상 최대의 과제였다."라고 그는 말했다. "지금은 그와 같은 실수를 되풀이하는 일은 없을 것이다. 시장점유율을 확대하는 것은 어느 기업이든 능력만 되면 할 수 있는 일이다. 예를 들어, 제품의 가격만 조금 낮춰도 시장점유율을 어느 정도 높일 수 있다. 그러나 그런 식으로 가격을 인하하는 전략을 취해봤자 기업에겐 아무런 이익도 되지 못한다."

은행 입장에서 보면, 재테크를 할 수 있는 여유 자금이 상대적으로 풍부한 개인이 더 바람직한 고객층이다. 그런데도 대부분의 은행은 재산이 많은 고객을 어떤 식으로 개척해 자사의 고객으로 유치해야 하는지 갈피를 잡지 못하고 있다. 그도 그럴 것이 이들 고객층을 설득하려면 어떤 방법이 효과적인지 아무도 모르기 때문이다. 다음에 소개하는 한 은행 간부의

경험담은 이런 은행들의 문제점을 극복하고 재산이 많은 고객을 유치한
성공 사례다.

우리는 여유 자금이 풍부한 개인 고객을 확보하는 데 총력을 기울이기
로 결정했다. 그런 고객들에게 다가가기 위해 먼저 그들이 이용하는 회
계 사무소를 공략하기로 했다. 그래서 대도시에 있는 큰 회계 사무소 8
곳을 방문해 사무소 공동 경영자들에게 우리의 고객 유치 계획을 들려
줬다. 그런데 8개 회사 중 7개 회사가, 은행이 그러한 내용의 프레젠테
이션을 하기 위해 직접 자신들을 찾아온 것은 처음 있는 일이라고 말했
다. 게다가 그러한 미팅에 은행 임원까지 대동한 모습을 본 것은 8개 회
사 모두가 처음이라고 했다. 그 결과 효과는 즉시 나타났다. 회계 사무
소를 방문한 바로 그날 8개 회사 모두와 신규 계약을 체결할 수 있었던
것이다. 몇 개 회사의 경우 바로 그 자리에서 계약이 체결되기도 했다.

많은 회사들이 고객의 문제 해결 차원에서 틈새시장 전략에 접근하는
경우가 많았다. IBM에서는 영업사원을 단순한 영업사원으로서가 아닌 고
객이 직면한 문제를 해결할 수 있는 능력을 가진 사람으로 교육하고 있다.
그것은 3M에서도 마찬가지다. 제너럴 인스트루먼트General Instruments의 판
매 책임자가 들려준 다음과 같은 일화는 고객을 잘 알고 고객의 입장이 되
어 문제를 해결한다는 것이 무엇을 의미하는지 아주 잘 말해준다.

내가 입사해서 처음으로 한 일은 많은 고객이 아니라 특정 소수 고객의
특성을 완전히 이해하기 위해 많은 시간을 할애하는 것이었습니다. 그

와 같은 노력은 충분한 보상을 받았습니다. 나는 195퍼센트 수준까지 목표를 초과 달성할 수 있었으며, 그것은 내가 속한 부서에서 최고의 실적이었습니다. 그런데 회사의 상사는 나를 불러 이렇게 말했습니다. "잘했어. 그러나 고객의 집을 방문한 횟수가 자네는 1일 평균 1.2집인데 비해 우리 회사 영업사원 전체의 평균은 4.6집이야. 그러니 회사 평균 수준까지 방문 횟수를 늘린다면 자네의 실적은 훨씬 더 좋아질 거네." 화가 가라앉은 다음 내가 뭐라고 대답했는지 말 안 해도 아시겠죠? 나는 이렇게 말했습니다. "모두가 방문 빈도를 1.2집까지 줄여나가면 오히려 개인의 실적이 올라가지 않겠습니까?"

틈새시장을 염두에 두는 기업은 다른 경쟁 기업의 제품과 자사의 제품을 차별화하기 위해 자발적으로 돈을 투자한다. 메이시Macy 백화점의 에드워드 핑켈스타인Edward Finkelstein은 이렇게 말했다. "고객을 끌어들이기 위해 매장의 분위기를 바꾸는 데 필요한 비용을 지불하는 것을 아까워하지 않는다면 매출은 늘게 되어 있다."[38] 핑켈스타인의 경우 이 말은 뉴욕의 블루밍데일 백화점에 뒤지지 않을 정도로 부티크를 위해 충분한 비용을 투자한다는 것을 의미한다. 결과적으로 그는 그렇게 해서 커다란 성공을 거둘 수 있었다. 핑거헛Fingerhut처럼 운영이 잘 되는 카탈로그를 이용한 상품 판매 회사에서는 고객 및 제품에 대한 데이터 수집에 과도할 정도의 돈을 투자했다. "고객에 대한 데이터를 제대로 활용할 수만 있다면 고객들에게 맞는 최적의 개별 서비스를 제공할 수 있는 카탈로그 점포를 개장할 수도 있다."[39]라고 한 임원은 말했다. 오레 아이다의 경우도 이와 마찬가지였다. 이 회사는 운용 경비를 절감하는 데는 매우 적극적이지만 동시에 시장조사에 소요되는 비용은 조금도 아끼지 않았다. 결과적으로 오레 아이다는 냉동 감자 제품 분야에서 지속적으로 경쟁우위를 유지할 수 있었다.

비용절감을 위한 노력

조사를 시작할 무렵 우리는 비용, 기술, 틈새시장 중 어떤 한 가지에만 중점을 두는 초우량 기업도 있을 것이라고 예상했다. 바꿔 말하면 어떤 기업은 어떤 한 가지 일에, 다른 기업은 다른 일에 전략의 초점이 맞춰져 있을 것이라고 생각한 것이다. 초우량 기업도 마찬가지로 저마다 잘 하고 있는 일이 다르기 때문에 하나의 공통분모를 도출하는 것은 불가능할 것이라 생각했다. 그러나 실제로는 그렇지 않았다. 업종에 따라 차이는 있었으나 확실히 하나의 공통점이 발견되었다. 결국 초우량 기업을 움직이고 있는 것은 비용이나 기술이 아니라 '고객에게 밀착한다'는 자세임을 알았다.

이 점을 설명하기 위해 우리는 상위 50개 기업을 선정해 그들이 '특히 어떤 측면을 중요시하는가'에 대해 업종을 기준으로 분류했다. 이러한 작업의 결과가 다음 표에 잘 정리되어 있다. 물론 이 표를 보고 이의를 제기하는 사람도 있을 것이다. 물론 비용이나 기술을 완전히 무시하는 기업이 현실적으로 존재하지 않는 것도 사실이다. 그렇지만 한 가지 요소에 집중하다보면 다른 요소들을 어느 정도는 등한시할 수밖에 없다. 표를 보면 알 수 있듯이 최고 수준의 실적을 올리고 있는 기업은 업종에 관계없이 이익률을 결정하는 요소를 비용보다 제품의 가치 쪽에 훨씬 더 무게를 두고 있다. 이 표는 첨단기술, 소비재, 서비스업, 기타 제조업, 프로젝트 관리 그리고 자원의 순으로 업종을 분류하고 있다. 각 범주에 대해 간략히 설명하는 것이 아래의 표를 이해하는 데 많은 도움이 될 것이다.

우선 첨단기술 분야인데 비용절감에 치중한 기업을 보면 전체 14개

산업별 기업의 전략 초점 비교

산업 분야 \ 전략초점	원가	서비스 / 품질 / 신뢰성	고부가가치 틈새시장
첨단기술 산업 (14개 사)	데이터 제너럴 에머슨 전기 내셔널 세미컨덕터 TI	알렌 브래들리 IBM 레이니어	DEC HP 레이켐 ROLM 슐럼버거 탠덤 왕 연구소
소비재 산업 (11개 사)	블루벨	프리토레이 마스 메이택 P&G	에이본 폰즈 핑거헛 존슨 앤드 존슨 리바이스 타파웨어
서비스 산업 (12개 사)	K마트	아메리칸 항공 월트 디즈니 메리어트 호텔 맥도날드 델타 항공 오길비 앤드 매더 월마트	블루밍데일 백화점 시티은행 모건 스탠리 니만 마커스
기타 제조업 (4개 사)	다나	캐터필러 디어	3M
프로젝트 엔지니어링 (3개 사)		벡텔 보잉 플루어	
자원 관련 산업 (6개 사)	아모코, 아르코 엑슨, 다우		듀폰 누코 철강

사 중 고작 4개 기업에 불과했다. 4개 기업은 데이터 제너럴, 에머슨 전기, 내셔널 세미컨덕터 그리고 TI이다. 그러나 그중에서 에머슨 전기를 제외한 3개 기업은 최근 수년 동안 자사가 직면한 문제로 말미암아 전략의 초점을 바꿀 가능성이 높다. 데이터 제너럴과 내셔널 세미컨덕터, 두 기업은 향후 전사적 차원의 전략으로 틈새시장 전략을 지향하게 될 것이라는 공통점을 보여주고 있다. 데이터 제너럴의 경우에는 특히 시사하는 바가 많았다. 이 회사는 컴퓨터 업계의 개척자로 불리는 DEC의 전통적 아성에 도전하는 승부수를 던졌다. 그리고 OEM 시장을 집중적으로 공략해 낮은 가격에 소품종을 생산한다는 전략을 펼쳤다. 이 과정에서 데이터 제너럴은 강인한 이미지를 만들어냈으며 그것을 확대 재생산하려고까지 했다.

1979년 〈포춘〉의 커버스토리는 제품 계열이 많아 비용 상승을 초래하고 있는 DEC에 대해 다루고 있다.[40] 그리고 수수료 없는 판매 기법에 의문을 제기하면서 오히려 데이터 제너럴의 공격적인 높은 수수료 판매 정책과 극명하게 대비시켰다. 그러나 지렁이도 밟으면 꿈틀한다는 속담이 있다. DEC는 직접적인 경쟁을 피하기 위해 OEM에 대한 의존도를 줄였다. 그리하여 왕 연구소, HP 그리고 프라임Prime 등과 함께 고객이 친근감을 느낄 수 있는, 사용하기 매우 편한 제품을 먼저 출시하기 시작한 것이다. 결국 제품 계열을 확장하고, 고객의 불만을 처리하는 서비스 조직을 탄생시킨 DEC의 정책은 성공을 거뒀다. 이에 비해 데이터 제너럴의 강인한 이미지는 상처를 입었으며, 최소 몇 년 동안은 괄목할 만한 수준의 실적 향상을 볼 수 없게 되었다.

과거 20년 내지 30년 동안 괄목할 만한 수준의 실적을 올린 TI는 최근 수년 동안 정체된 성과를 개선하는 데 필요한 실마리를 마케팅에서 찾기 시작했다. 최근 이 회사는 차세대 반도체 개발 경쟁에서 주도권을 잡지 못하더니 가정용 PC 분야에서도 뒤져 소비자 가전 호황에 편승하지 못했다. 이러한 결과에 대해 우리는 이 회사가 지금까지 규모의 경제, 경험곡선 등에 치중해 비용절감과 시장점유율 확대에만 지나치게 집착한 것이 큰 원인이었다고 보고 있다. 예를 들면, LSI 반도체 분야에서도 TI가 모든 수단을 동원해 8K-RAM의 비용을 절감해 업계의 주도권을 잡으려 전력투구하고 있는 동안, 차세대 제품이라 불리는 64K-RAM 등에 대한 선행 투자 시기를 놓쳐버렸던 것이다. 여기에 바로 문제의 본질이 있다. 비용절감에만 지나치게 주의를 기울이게 되면 내부의 관심이 어느새 차선적인 것에만 집중되는 것이다. 손목시계나 휴대용 전자계산기 같은 소비재 분야에서도 TI의 전략은 오직 한 가지, 비용절감뿐이었다. "제품을 개발하라. 그러나 우리 회사 제품이 가장 저렴한 제품이 되게 하라." 이것이 그들의 생각이었던 것 같다. 소비재 분야에서 TI의 이와 같은 신념은 일본 기업과의 경쟁에서 뼈아픈 타격을 입었다. 뿐만 아니라 그들의 가장 중요한 실수는 차세대 반도체 제품 개발에 필요한 핵심 인력들을 원가절감과 같은 부수적 업무를 위해 동원한 것이다.

이미 언급한 것처럼 첨단기술 분야에서 사업 활동을 하는 레이니어와 IBM 모두 서비스를 최우선 순위에 두고 있음을 눈여겨볼 필요가 있다. 예를 들어, IBM 연구소가 조지프슨 접합Josephson junction 등과 같은 첨단 분야에서 선구적인 연구를 수행하고 있는 것도 사실이다. 그러나 IBM이 날마다 시장에 출시하는 것은 최첨단 기술에 다소 못 미치는 단계의 기술로 만든 제품이다. 밀워키에 위치한 보수적인 알렌 브래들리는 개인 소유 기업으로 연간 매출액이 10억 달러에 불과한 제어기기 회사지만 이 회사 역시

'서비스, 품질 그리고 신뢰성'을 신봉하는 기업이라 할 수 있다. 기업 전체가 제품 품질과 신뢰성을 거의 종교처럼 생각하고 있다. 사실 제어기기 제품의 경우 품질과 신뢰성이 가장 중요한 요소이기 때문에 이는 당연한 것인지도 모르겠다.

HP, DEC 등을 포함해 '서비스와 품질을 중시하는' 기업 중에서 첨단 기술 분야에서 활동하는 초우량 기업들은 특히 틈새시장 전략에 강한 비중을 두는 것 같다. 이러한 기업에서는 사내 어디를 가더라도 기업가정신이 충만하다. 그 결과 항상 새로운 것을 찾는 학습 활동이 체질화되어 매주 하나 이상의 신제품을 발표하고 있다. 왕 연구소에서는 수요자와의 관계가 긴밀한 것으로 알려져 있는 한 연구개발팀의 신제품 개발 실적이 75퍼센트를 상회한다고 한다. 이는 정말 놀라운 수치다.

ROLM의 예도 이와 비슷하다. 이 회사는 기술적 역량이 탁월한 기업은 아니지만 매우 고객지향적이다. 고객의 입장에서 문제를 바라보니 오히려 해결이 수월했다고 한다. 고객지향적 활동만으로도 사설 전화 교환기 분야에서 AT&T의 자회사인 웨스턴 일렉트릭을 확실하게 제쳤다. 또한 탠덤의 '논스톱 컴퓨터'는 틈새시장을 성공적으로 공략한 대표적인 예다. "고객 한 사람 한 사람이 하나의 세분시장이다."라는 것이 탠덤의 신념인 것이다. 레이켐은 고성능의 정교한 전기 커넥터를 판매하고 있다. 이 회사는 훨씬 전부터 영업사원의 교육과 훈련에 지나치게 많은 비용을 투자해 왔다.

레이켐의 영업사원은 실제로 엔지니어 수준의 기술적 지식을 갖추고 고객과 만나고 있다. 그 이유는 간단하다. 고객과 직접 만나는 사람은 다른 누구도 아닌 영업사원이기 때문이다. 그들은 "고객에게 높은 경제적 가치가 있는 제품을 판매한다."라는 생각을 바탕으로 커넥터를 판매하고 있다. 커넥터를 설치하는 데는 많은 노동력이 필요하지만 고객의 눈높이에 맞춰 만든 제품이라면 인건비를 크게 절감할 수 있다. 예를 들어, 최종 제품으로서 대형 항공기에 비해 커넥터의 가격은 아주 낮지만 시스템 장비에 들어가는 핵심 부품으로서 수요자에게 제공하는 가치는 그 이상인 것이다. 슬럼버거의 경우도 마찬가지다. 이 회사에는 2천 명의 현장 기술자가 있으며, 그들을 유정 조사 등 채굴 회사에 대한 서비스에 투입시키고 있다. 레이켐과 똑같이 그들이 제공하는 서비스의 가격은 유정 탐사 과정에서의 전체 조업 비용과 비교하면 매우 적은 것이지만 제대로 된 서비스를 제공했을 경우 수요자가 느끼는 가치는 막대한 것이 된다.

첨단기술 분야에서 초우량 기업의 일화가 모두 유사한 특성을 공유하고 있다는 것은 매우 놀라운 일이다. 즉 소위 첨단기술 분야에서 초우량 기업들은 하나같이 기술적 역량에서는 초우량이 아닌 것이다. 이들 기업이 비록 첨단기술 분야에 속해 있긴 하지만 그들이 거두고 있는 성공의 핵심은 신뢰성이 보장되는 제품과 이에 따른 탁월한 서비스 제공이 고객에게 그 이상의 가치를 부여한다는 점에 있다.

소비재 분야에서는 11개 기업을 분석 대상으로 선정했다. 우리가 볼 때 저렴한 비용의 제품 생산을 중요하게 생각하는 기업은 하나도 없었다. 그 대신 서비스, 품질, 신뢰성을 중요하게 생각하고 있었다. P&G에 대해 잘 알지 못하는 사람들은 P&G를 단순히 광고 잘하고 다양한 제품을 보유한 회사 정도로만 알고 있을 것이다. 그러나 내부 사정에 정통한 사람들은 품질과 시장 테스트에 대한 맹목적 열정이 성공의 원인이라고 할 것이다.

예를 들면, 온 미국을 떠들썩하게 만든 렐리 탐폰 사건▲10과 같이 소비자 문제가 발생했을 경우 그들은 판매를 중단하고 제품을 회수하는 신속한 조치를 취했으며, 품질에 대한 신용을 회복하기 위해 상당한 자금을 투자하기도 했다. 마찬가지로 제조업체인 프리토레이도 탁월한 서비스의 제공으로 성공을 거둘 수 있었다. 메이택의 경우도 신뢰성이 성공 요인이었다. 메이택의 나이 지긋한 기술자가 수리할 일이 없어 슬픈 얼굴을 하고 있는 이 회사 광고는 모든 것을 시각적으로 표현해주고 있다. 분명히 마스도 이런 범주에 들어가는 기업이다.

집집마다 방문 판매를 하는 기업도 많다. 그러나 에이본이나 타파웨어와 같은 열정으로 이를 실행하는 기업은 없다. 이들 기업들을 부가가치가 높은 틈새시장의 범주에 포함시킨 것은 가정을 방문해 고객을 직접 개척하는 판매 방식을 고수하고 있기 때문이다.

의류 소매업의 선두주자라고 하면 누가 뭐래도 리바이스와 블루벨, 두 기업을 꼽을 수 있다. 재미있는 것은 두 기업의 전략이 전혀 다르다는 것이다. 리바이스는 품질 제일주의를 좌우명으로 해서 설립된 기업이며 지금도 그것을 신봉하고 있지만 최근 눈부신 성장을 이룩한 근본 원인은 그들의 뛰어난 마케팅 전략이다. 리바이스의 마케팅 전략은 틈새시장을 집중적으로 공략하는 방향으로 전환되었다. 한편 업계 2위인 블루벨은 품질에도 신경을 쓰지만 원가 절감에 대한 치열한 노력으로 높은 실적을 올리고 있다.

존슨 앤드 존슨은 틈새시장을 공략하는 매우 독특한 기업 중 하나다. 이 회사는 대략 150개의 독립 경영을 하는 조직으로 구성되어 있으며, 이

▲10 P&G에서 개발한 삽입식 생리대 제품으로 이를 사용한 많은 여성들이 일시적 쇼크 증상을 보여 판매가 중단된 사건.

들에게는 각각 신제품을 출시하는 책임이 주어져 있다. 이 회사는 '첫째는 고객, 둘째는 사원, 셋째는 지역 사회 그리고 마지막이 주주'라는 신념을 갖고 있다. 폰즈도 그와 똑같은 사고방식으로 성공을 거두고 있다.

카탈로그를 통해 소매업을 하는 대기업인 핑거헛은 조금 색다른 기업이긴 하지만 사실은 틈새시장 전략을 추구하는 가장 대표적인 기업이다. 재치 있는 고객관리 시스템으로 인해 이 회사에서는 개별 고객 한 사람 한 사람이 하나의 세분시장으로 간주되고 있다.

〈포춘〉에 게재된 다음과 같은 기사를 우리는 살펴볼 필요가 있다. "당신은 아들의 여덟번째 생일이 한 달 정도 남았을 때 다음과 같은 편지와 함께 카탈로그를 받게 된다.[41] 카탈로그에 수록된 제품 중 하나를 구입하면 자녀에게 생일 선물을 무료로 보내주겠다는 내용이다. 고객이 주문을 많이 하면 할수록 연휴 시즌이나 그들에게 특별한 의미가 있는 날이 곧 다가오려고 할 때 더 많은 카탈로그가 배달되어 온다. …… 핑거헛은 잠재 고객이 될 가능성이 높은 고객을 집중적으로 공략하고 있다. 예를 들면, J.C. 페니J.C. Penny라든지 시어스Sears가 불황 때문에 일괄적으로 축소하는 '무이자 신용 할부 판매'와 같은 서비스를 확대하는 것이다. 좀더 자세히 살펴보면 핑거헛이 특별한 마법을 사용하는 게 아니라는 사실을 알 수 있다. 오히려 그들이 하고 있는 일들은 기본에 충실하고 고객의 상식에 부합하는 것에 지나지 않는다. 다만 그들은 다른 카탈로그 소매 경쟁 기업들이 귀찮아서 하지 않는 판매 활동에 집중할 뿐이다."

다음은 서비스 분야의 12개 기업이다. 예를 들면, 거대 광고 회사인 오길비 앤드 매더의 데이비드 오길비는 '최우선 목표는 이윤이 아니라 고객에 대한 뛰어난 서비스'라는 자신의 신조를, 전 사원이 몸소 실천하도록 하고 있다. 메리어트 호텔 체인의 윌라드 메리어트 1세는 82세인 고령의 나이에도 불구하고 40년 전과 마찬가지로 '서비스 품질'에 대해서는 일절 타협을 허용하지 않는다. 현재 이 회사의 경영을 맡고 있는 그의 아들 빌 메리어트 2세Bill Marriott, Jr.도 같은 방침을 갖고 있다. 이 회사의 홍보 전단에서 볼 수 있듯이 사장인 그가 모든 호텔을 직접 둘러보며 서비스를 점검하고 있다.

항공 사업 분야의 상위 기업은 역시 델타 항공과 아메리칸 항공일 것이다. 두 회사는 서비스 측면에서 업계 최고의 자리를 차지하고 있다. 아메리칸 항공은 일반 대중을 대상으로 한 조사에서는 반드시 1위를 차지한다. 그러나 델타 항공이 역량을 쏟고 있는 틈새시장-특히 비즈니스맨 대상 항공 서비스-만을 대상으로 조사한다면 델타 항공이 단연 1위가 될 것이다.

금융업 분야에서는 모건 스탠리Morgan Stanley와 시티은행을 대표적인 기업으로 꼽았다. 오늘날 금융업계는 대규모 법인 고객의 욕구를 충족시켜주기 위한 금융 기법을 개발한다고 열심히 떠들고 있지만 모건 스탠리는 이미 10여 년 전에 이 주제에 관한 단행본을 출간했을 정도로 권위자다. 시티은행은 시장에 영향력을 미치는 고객의 욕구를 충족시키기 위해 대규모 조직 개편을 단행한 최초의 대형 은행이었다. 그들은 1970년에 이를 실시했지만 다른 은행은 지금에 와서야 착수를 서두르고 있다.

불특정 다수의 대규모 고객을 상대하는 업종에서는 맥도날드와 월트 디즈니가 양대 산맥을 이루고 있다. 이 두 기업에 대해서는 이미 충분히 검토한 바 있다. 언제나 다른 경쟁사와 차별화를 지향하며 대고객 서비스를 제공할 수 있는 능력, 어디서나 똑같은 서비스 품질을 유지할 수 있는 능력에 있어서도 이들 두 기업을 능가할 기업은 아마 없을 것이다.

소매 유통 분야의 대표적인 기업은 어디일까? 니만 마커스Neiman-Marcus와 블루밍데일 백화점이 다른 경쟁 기업들보다 훨씬 더 뛰어나다는 것은 틀림없는 사실이다. 1907년 창업 당시 니만 마커스의 최초의 광고는 '최상의 서비스로 최고의 가치를 제공하는 백화점'이었다.[42] 블루밍데일 백화점은 앞서 말한 것처럼 틈새시장 전략을 추구하는 대표적 기업이라 할 수 있다.

월마트는 1970년대 말에서 1980년대 초에 걸쳐 대량 판매 소매업에서 가장 성공한 사례로 꼽힌다. 월마트의 성공도 틈새시장을 지향한 서비스를 제공한 데서 비롯되었다. 1972년 이래로 월마트는 매장 수가 18개에서 330개로, 매출액은 4천5백만 달러에서 16억 달러로 비약적인 성장을 이룩했다. 수많은 소매 유통 경쟁 기업 중에서 이 회사는 지역 중심의 틈새시장을 공략한 전형적인 기업이다. 워드프로세서 분야에서 레이니어가 자사보다 훨씬 거대한 경쟁 기업을 따돌리는 과정에서 했던 일을, 월마트는 소매 업계에서 K마트를 대상으로 하고 있다. 중서부 및 남서부 지역을 중심으로 월마트 매장이 폭발적으로 늘어나고 있는 이유는 분명하다. 그렇게 함으로써 K마트의 역공 의지를 사전에 꺾고 있는 것이다. 전국적으로는 아직까지 열세에 있지만 이 지역에만 한정시킨다면 월마트가 선두를 달리고 있는 것이 확실하다.

그러나 소매 유통 분야에서의 K마트의 위상도 무실할 수는 없다. 에머슨 전기와 마찬가지로 이 기업도 약간 변칙적이며, 주로 비용절감에 초점을 맞추고 있다. 사실 K마트는 서비스 분야의 12개 기업 중에서 상대적으로 저렴한 원가를 경쟁 수단으로 삼는 유일한 기업이라 할 수 있을 것이다. 그렇다고 품질을 무시해온 것은 아니다. 오히려 K마트가, 시어스가 오랜 동안 차지해온 확고한 지위에 위협을 가하기 시작했다고 말하는 사람까지 있을 정도다. '적정 품질의 제품을 아주 저렴하게'라는 구호는 시어스가 오래전부터 기업 철학으로 삼아온 것인데, 그것이 지금은 K마트에의해 실현되고 있는 것이다.

기타 제조업 분야에서 틈새시장 전략을 추구하는 대표적인 기업은 3M이다. 소규모 시장을 찾아내 그곳에 진출해서 취할 것을 다 취한 다음, 다시 다른 소규모 시장으로 이동한다. 캐터필러와 디어도 기타 제조업에 속하지만 이 두 기업은 오로지 품질과 신뢰성에만 주안점을 두고 있다. 또한 두 회사는 판매상과 매우 긴밀한 유대관계를 유지하고 있다. 마지막으로 이 분야에 속한 기업들 중에서 다나를 언급하지 않을 수 없다. 에머슨 전기와 마찬가지로 이 기업은 주로 생산성을 제고시키는 방법으로 비용절감을 달성해 성공을 거두고 있다.

프로젝트 엔지니어링 분야의 최고 기업은 두말할 필요 없이 플루어, 벡텔 그리고 보잉이다. 플루어와 벡텔은 대규모 프로젝트 건설업(제네콘)의 양대 산맥으로 두 기업 모두 높은 수준의 서비스와 품질 그리고 신뢰성을 자랑하고 있다. 그리고 이 세 가지 역량을 바탕으로 경쟁 입찰에서 사용하기 어렵다는 고가격 정책을 관철시키고 있다. 보잉은 비용절감에도 관심을 기울이고 있지만 품질과 신뢰성도 중시한다. 사실 우리는 특정 기업이 무엇을 지향하고 있는지 정확하게 확인하기 위해서는 종업원이 자사에 대해 어떻게 이야기하고 있는지 경청하는 게 가장 좋은 방법임을 터득하게 되었다.

마지막으로 완벽을 기하기 위해 자원 관련 산업에서도 대표 기업을 몇 개 선정해봤다. 여기서는 우선 비용절감을 가장 중요시하고 있다. 자원 개발 분야는 제품을 판매하는 대상이 개인 고객이 아니고 기업 고객이기 때문에 원가가 사업의 성패를 결정하는 가장 중요한 요인이다. 예를 들면, GE의 자회사인 유타 인터내셔널Utah International Incorporated은 일본에 제철용 석탄을 팔아 막대한 이익을 챙겼다. 그것은 이 회사의 마케팅 능력이 우수하기 때문이 아니라 양질의 코크스와 석탄을 저렴한 비용으로 채굴해 일본의 철강 기업에게 제공하고 있기 때문이다. 아모코, 아르코 그리고 엑슨은 원유 탐사 및 채굴 분야의 대표적인 초우량 기업이다. 원유 생산에 소요되는 비용이 다른 경쟁 기업과 비교할 수 없을 정도로 싸다는 점은 널리 알려져 있는 사실이다.

그러나 이와 같은 자원 관련 기업들에서도 몇 가지 측면에서 재미있는 차이점을 발견할 수 있다. 다우케미컬과 듀폰은 다 같이 성공을 거두었으나 이들의 성공 공식은 아주 대조적이다. 상류 부문인 원유 공급에서 다우가 상대적 우위에 설 수 있었던 것은 OPEC의 서방 기업에 대한 협상력이 강해졌을 때 적절한 자원 전략—즉 비용을 절감하는 자원 조달 전략—을 취했기 때문이다. 그렇지만 가장 최근까지는 시장에 신제품을 출시하는 실적에 있어서는 듀폰이 우위를 차지했다. 듀폰은 세분시장 중에서도 하류 부문인 석유류 제품에서 계속 혁신을 이룩하고 있다. 이러한 듀폰의 신제품 출시 전략이 하류 부문에서의 성공을 뒷받침했던 것이다.

철강 산업의 이익증가율은 전반적으로 정체되고 있는 추세다. 그러나 철강 제품군에도 예외가 존재하는데 보다 고부가가치의 특수강이라는 틈새시장에 전력투구하고 있는 누코 철강Nucor Steel은 커다란 수익을 올리고 있다.

사실 지금까지의 분석은 통계적으로는 거의 실증할 수 없을지도 모른다. 또한 이들 분석을 바탕으로 원가는 중요하지 않다든지 초우량 기업 대다수가 똑같이 품질, 서비스 그리고 틈새시장을 지향한다는 결론을 도출할 수도 없을 것이다. 그러나 조사 대상의 전체적인 특성은 여전히 유효하며, 초우량 기업의 대부분이 비용 이외의 독특한 요소에 더 중점을 두고 있다는 것만은 확실히 말할 수 있다. 결론적으로 그 독특한 요인이란 각자의 방법으로 고객에게 밀착하기 위해 노력을 경주하는 것이다.

고객에게 귀 기울이기

초우량 기업은 고객의 소리라면 사소한 것조차 놓치지 않는다. 이들 기업은 전혀 예상하지 못한 방법으로 고객에게 밀착함으로써 이익을 만들어내고 있다. 하긴 전혀 '예상하지 못한' 방법이라고는 하지만 조금만 생각해보면 금방 고개가 끄덕여진다. 이처럼 초우량 기업들은 혁신적인 아이디어의 대부분을 시장으로부터 얻고 있다.

P&G는 모든 제품의 겉 포장지에 800번 무료 전화 서비스를 최초로 명시한 소비재 제조업체다. 1979년도 결산 보고서에 의하면, 이 번호로 20만 명이 넘는 고객들이 전화를 걸어 새로운 아이디어와 제품에 대한 불만을 말했다고 한다.[43] P&G는 800번 전화 서비스로 접수되는 고객들의 말에 일일이 답하고 처리 결과는 매월 위원회에 보고된다. 정통한 소식통에 따르면 800번 무료 전화 서비스를 통한 고객의 소리가 신제품 개발을 위한 주요 아이디어의 원천이었다고 한다.

P&G 등이 사용한 기법의 중요성을 이론적으로 뒷받침해주는 근거로

는 다음과 같은 것이 있다. MIT의 에릭 폰 히펠과 제임스 우터백은 장기간에 걸쳐 신기술이 탄생해 쇠퇴하기까지의 일련의 기술혁신 과정을 연구하고 있다. 최근 에릭 폰 히펠은 과학 장비 제조업체가 제시하는 혁신적 아이디어의 근원이 도대체 무엇인지를 면밀하게 연구했다.[44] 그 결과 지금까지 없었던 전혀 새로운 개념의 신제품 11종이 모두 고객의 아이디어에서 비롯되었음을 알게 되었다. 그리고 전반적인 개선을 단행한 66종의 제품 중 85퍼센트가 그리고 약간 개선된 83종의 제품 중 3분의 2가 고객의 아이디어에 바탕을 두고 있다는 것도 알게 되었다.

에릭 폰 히펠의 보고에 의하면 아이디어가 고객으로부터 나왔을 뿐만 아니라, 그가 조사한 발명품 – 소위 '여태까지 없었던 타입의 신제품' ▲11을 모두 포함해서 – 의 대다수가 제조업체가 아닌 고객에 의해서 처음으로 검증받았으며, 시제품을 만들어 품질을 인정받은 이후 사용된 것이라고 한다.[45] 더군다나 완전히 상업화된 제품을 출시하기 전까지 그 아이디어를 강력하게 밀고 나가는 것 역시 고객이었다고 한다. 달리 말하면 선구적인 사용자가 그것을 고안하고, 비로소 생산자가 행동에 들어가 '기본적인 설계와 조작의 원리를 그대로 살리면서 제조 공정을 확립하고 신뢰성을 높이는' 식이다.

보잉의 임원들 중 몇몇 사람들도 이 점을 어느 정도 인정한 바 있다. 그러나 그들의 경험에 따르면 에릭 폰 히펠의 발견은 극단적인 것으로, 기업이 보유한 탁월한 역량을 바탕으로 혁신적 아이디어를 구체화시킨 시제품을 탄생시킨 예는 얼마든지 들 수 있다고 했다. 그러나 만약 제품이 고객

▲11 가스크로마토그래프, 핵자기 공명분석계 그리고 트랜스미션형 전자 현미경 등 매우 정교한 기기들이 여기에 해당된다.

의 욕구를 즉시 만족시키지 못하고 고객과의 완벽한 파트너 관계를 발전시키지 못하면 제품 개발은 중단될 수밖에 없다는 말을 추가하는 것도 잊지 않았다. "신제품 개발 과정에서 고객이 적극적인 의견 개진을 통해 우리에게 협력해주지 않으면 그 아이디어는 실패하고 만다."라고 어떤 임원은 주장했다.

초우량 기업은 항상 고객에게 시달리면서도 그러한 고객의 요구를 귀찮게 생각하지 않는다. 처음으로 리바이스 청바지를 만들어낸 사람은 누구일까? 분명한 것은 청바지를 처음 만든 사람이 리바이스 임직원만은 아니라는 점이다. 1873년 리바이스는 강철 탭으로 연결한 청바지 판매 권리를 리바이스 청바지 고객이자 판매업자인 자코브 유피스Jacob Youphes에게서 사들였다.[46] 고작 특허 등록비 68달러를 지불하고 말이다. 또한 앞에서도 언급했지만 탈색 청바지를 처음으로 고안해낸 것은 리바이스가 아니라 블루밍데일 백화점이었다. IBM의 경우 초기 신제품 개발은 이 회사의 컴퓨터 제1호 제품을 구입한 대규모 구매업자인 인구 조사국의 협력에 의해서 이뤄졌다. 3M의 스카치테이프 사업이 황금알을 낳는 거위가 될 수 있었던 것은 언제부터일까? 그것은 엔지니어 출신이 아닌 평범한 영업사원이 간편한 커터가 부착된 소형 스카치테이프를 개발하면서부터였다. 그 이전까지 스카치테이프의 용도는 매우 제한되어 있어서 주로 공업용으로 많이 사용되었다.

이러한 일화는 얼마든지 있다. DEC의 강점은 무엇일까? 회사가 보유한 역량을 총동원해 집중 공략할 시장을 개척하는 위험을 부담하는 대신, 고객의 소리를 통해 미니컴퓨터의 용도를 찾아내는 것이다.[47] DEC는 엔지니어 출신 영업사원이 엔지니어인 고객에게 제품을 판매하기 때문에 고객과 강력한 유대관계를 맺을 수 있다. 한 분석가는 이렇게 증언했다. "고객의 소리에 귀 기울이면서 새로운 사업 기회를 포착하고 내부 역량을 활용해 이를 실현하는 과정이 매우 극적으로 느껴집니다. 오랫동안 그들은 자사의 고객들이 생각해낸 아이디어를 구체화시킨 제품을 출시해왔습니다."

왕 연구소의 경우도 마찬가지다. 왕 연구소는 고객이 진정으로 원하는 것이 무엇인지 매우 집요하게 파고든다.[48] 그들은 먼저 고객과 공동으로 연구개발 프로그램을 만들어 미니컴퓨터 시스템의 새로운 기능 및 용도를 골똘히 고민한다. 이 회사의 창립자인 왕 안은 이렇게 말한다. "고객과 협력해 작업을 진행함으로써 고객의 요구에 적극적으로 대응할 수 있는 힘이 생긴다."

알렌 브래들리의 한 임원은 "연구개발을 위한 다양한 실험에 참여하겠다는 고객이 없다면 우리는 시제품 제작을 하지 않습니다."라고 말했다. 또한 알렌 브래들리가 수치 제어 및 프로그램 제어 장치 부문에서 뒤지고 있다가 오늘과 같이 선두의 자리에 오를 수 있었던 것은 자사의 연구자나 기술자에 의한 것이 아니고 컴퓨터에 대한 해박한 지식을 갖고 있는 열성적인 초기 사용자들 덕분이었다고 그는 고백했다. 더불어 고객을 참여시키지 않는 다른 기업의 제품 생산에 대해 다음과 같이 문제제기를 했다. "보잉, 캐터필러 그리고 GM 등에서는 내부지향적인 관점에서 자사의 제품을 생산하고 있었습니다. 사실 그들은 이렇게 말하고 싶은 건지도 모르겠습니다. '구입하고 싶으면 하고 그렇지 않으면 구입하지 마세요.' 라고 말입니다."

우리가 조사한 바에 따르면 성공을 거두고 있는 한 첨단기술 기업에서는 연구개발 책임자가 12년 동안 매년 2개월의 '여름휴가'를 받았다고 한다. 매년 7월과 8월, 그는 주로 고객들이 자사 제품을 어떻게 사용하고 있는지 또는 미래의 요구 사항이 어떤 것인지를 조사하며 돌아다녔다. 최근 우리들은 팔로알토의 술집에서 우연히 다음과 같은 대화를 들을 수가 있었다. HP의 집적회로 부문을 담당하는 엔지니어가 친구들과 이야기를 나누고 있었는데 친구 중 한 사람이 그에게 어디서 근무하고 있느냐고 물었다. 그러자 그는 팔로알토의 본사가 있는 건물 이름을 얘기하면서 곧바로 이렇게 말했다. "그러나 거의 매일 고객을 만나기 위해 현장을 돌아다니기 때문에 평상시에는 사무실에 없어."

대부분의 기업에서는 고객을 이처럼 자주 접촉하지는 않으므로 이러한 일화는 흥미로웠다. 실제로 신제품을 개발하는 엔지니어들은 자사의 기술에 대해 확실한 믿음을 갖고 있긴 하지만, 자사 제품을 사용하는 고객을 직접 만나본 일이 없는 경우가 많다.

초우량 기업은 서비스, 품질 그리고 신뢰성을 중요시하며, 틈새시장을 능숙하게 찾아낼 뿐만 아니라 누구보다도 더 고객의 목소리에 귀를 기울이고 있다. 이처럼 고객의 목소리를 경청할 수 있는 예민한 귀를 가지고 있다는 것이 고객에게 밀착할 수 있는 첫번째 조건이 된다. 사실 초우량 기업이 품질, 서비스 그리고 다른 측면에서 탁월함을 보이는 것은 고객이 원하는 것에 주의를 기울이기 때문이다. 고객의 소리를 경청하고 고객을 회사로 자주 초대하는 기업일수록 우량 기업임에 틀림없다.

'혁신'에 대한 탁월한 연구를 수행한 유명한 경제학자 크리스토퍼 프리먼Christopher Freeman을 중심으로 SAPPHO▲12라는 분석이 광범위하게 행

▲12 SAPPHO(Scientific Activity Predictor from Patterns with Heuristic Origin, 발견에 의해 나타나는 패턴을 통한 과학적인 활동 예측)

해진 적이 있다.[49] 이 연구에서 그는 화학 산업에서 이룩된 39가지의 혁신과 과학 장비 산업에서 이룩된 33가지의 혁신을 분석했다. 2백 개 이상의 항목을 바탕으로 혁신을 파악하려 했으나, 그 가운데 통계적으로 의미 있는 요소로 남은 것은 고작 15개 항목뿐이었다.

두 가지 산업에서 공통적으로 나타난 핵심 요소는 "성공하는 기업은 고객의 요구 사항을 보다 잘 이해하고 있다."와 같은 것이었다(조사 대상 기업이 신중하게 생각하지 않고 별 생각 없이 응답했을 확률은 화학 산업에서 1백만 분의 61, 과학 장비 산업에서 10만 분의 195로, 양쪽 모두를 다 합쳐도 1억 분의 19다. 다시 말해 거의 무시해도 좋을 것으로 여겨졌다).

그리고 두 가지 산업에서 역시 공통으로 나타난 두번째 요소는 신뢰성이었다. 성공하고 있는 혁신에는 문제가 별로 없다. 이전에 실패한 사례도 또다시 실패하지 않기 위한 훌륭한 학습 자료가 된다. 대다수 응답자가 지적한 실패의 이유는 아래의 표에 자세히 정리되어 있다. 크리스토퍼 프리만은 이를 다음과 같이 정리하고 있다. "성공적인 기업은 실패한 기업보다 시장을 훨씬 더 신중하게 주시한다. 혁신에 성공하는 기업은 시장 및 고객의 요구 사항에 맞춰 작업을 진행시킨다. 이들은 미래의 잠재적 수요자를 기술 혁신 과정에 참여시킴으로써 고객의 요구 사항을 입체적으로 잘 이해할 수 있게 된다."

이 장을 끝내기에 앞서 우리 동료 사이에서 일어난 논쟁을 언급하지 않을 수 없다. "고객의 존재 자체가 아이디어를 탄생시키고 또한 그 아이디어를 테스트하는 가장 훌륭한 대상이다."라는 것이 초우량 기업을 조사하면서 우리가 내린 결론이었다. 이에 반해 우리 동료 중에는 기업 경영에 있어 가장 중요한 것은 기술과 경쟁 기업을 견제하는 일이라고 주장하는 사람도 있었다. 또한 〈하버드 비즈니스 리뷰〉에 실린 로버트 헤이즈와 윌리엄 애버나시의 논문은 곳곳에서 곧잘 인용되는데, 그 논문의 핵심은 미국 기업들이 '기술지향'보다 지나치게 '시장지향'에 기울어져 있다는 것이다. 달리 말하면 단기적 성과에 집착하는 경향이, 기업을 고객의 일시적인 관심만을 유도하는 마케팅의 포로로 만들었다는 것이다.

그러나 이러한 시각은 우리의 생각과 많이 다르다고 볼 수 있다. 우선 우리는 단순한 대답이라는 것은 일절 신용하지 않으며, 우리들 자신도 그러한 대답을 강요할 생각이 조금도 없다. 사실 고객, 경쟁 기업 그리고 기술이라는 세 가지 요소는 모두 다 필수적인 것들이다. 그리고 '경쟁 기업'이라는 요소는 매우 간단한 문제다. 왜냐하면 초우량 기업은 여타의 기업과 비교할 때 경쟁 기업에 대한 분석에 있어 매우 뛰어난 능력을 갖고 있기 때문이다. 다만 경쟁 기업을 분석하는 작업이 탁상공론에 그쳐 추상적인

혁신이 실패한 이유

	화학 분야의 혁신이 실패한 예(7가지)	과학 장비 분야의 혁신이 실패한 예(16가지)
수요자 조사를 전혀 하지 않았다	1	3
수요자 조사가 지나치게 적었다. 또한 조사 대상이 편파적이었다.	2	4
수요자의 대답을 무시 또는 오해했다	0	4
사용자의 기술을 조사하지 않았다.	0	3
당초의 설계에 지나치게 집착했다.	4	2

리포트를 읽거나 서류를 작성하는 작업이 되어서는 안 될 것이다.

HP의 서비스 요원, IBM의 영업사원, 3M의 영업사원 또는 신제품 개발팀의 팀장, 맥도날드 매장의 관리자 그리고 블루밍데일 백화점의 구매업자와 같은 수십만의 사람들이 하나같이 열정적인 '경쟁 기업의 감시자'인 것이다. 이들은 거의 예외 없이 제일선의 현장에서 경쟁 기업의 일거수일투족을 감시하고 있다. 이들이 경쟁 기업을 향해 세워진 안테나를 통해 정확한 정보를 수집, 처리, 분석하는 수준은 그야말로 감탄할 만하다.

우리에게 비판적 입장을 견지하는 사람들이 주장하는 근거의 대부분은 기술에 대한 것들이다. 예를 들면, "고객의 의견은 다 거기서 거기이기 때문에 혁신적 아이디어의 진정한 원천이 될 수 없다."라는 식이다. 대량 생산되는 화학제품의 경우에는 그러한 주장이 그대로 적용되기도 한다. 그러나 그 수는 결코 많지 않다. 첨단 제어기술 분야의 선도 기업인 알렌 브래들리가 로봇 공학으로 관심 분야를 전환한 원동력도 내부적 요구에서 비롯된 것이 아니라 고객의 요구에서 비롯된 것이었다. IBM의 기술적 초점이 분산 처리로 옮겨가게 된 것도 시티은행과 같은 대규모 수요자의 요구를 반영한 결과였다.

1960년대 말, NCR이 전자제품 시장을 잃게 된 궁극적인 이유는 협상력이 상대적으로 강했던 구매자 시어스, J.C. 페니 등을 무시했기 때문이다. NCR은 이후 그와 같은 오만함을 버림으로써 비로소 예전 지위를 회복할 수 있었다.

다시 말하면 '고객의 소리를 경청하는' 초우량 기업은 '선구적인 사용자'에게 특히 주의를 기울여야 한다. 이 점이 로버트 헤이즈와 윌리엄 애버나시의 이론과 위의 시각이 확실히 다른 점일 것이다. 일반적인 소비자

보다 훨씬 앞서가고 있는 사용자(일반적인 소비자라기보다 오히려 발명자에 가깝지만)는 대부분의 소비재 분야에서조차 기업이 생각하고 있는 소비자보다 몇 년을 앞서가고 있는 것이다. 첨단기술 분야에서는 10년 이상을 앞서가기도 한다. 그 한 예로 GM은 CAD/CAM을 활용해 제품을 설계한다는 점에서 다른 경쟁 기업보다 10년 이상 앞서는 선구적인 사용자였다. 또한 이것이 월드 카의 시제품을 설계하는 데 있어 포드 및 크라이슬러를 훨씬 앞서는 커다란 차이를 만드는 데 도움이 되었다. 마찬가지로 새로운 기술의 응용이라는 면에서 거대한 기업보다 훨씬 앞서가는 소규모의 발명가, 발명 기업이 여기저기에 존재한다. 이들 발명가, 발명 기업 또한 서로 협력해 일할 수 있는 상대를 찾고 있는 것이다. 따라서 이러한 공동 작업은 도처에서 흔히 발견될 것이다. 그리고 우리의 연구가 분명하게 시사하는 점은 성공하고 있는 대기업은 영업, 마케팅, 생산, 연구개발 등 각 부문 구성원들이 ‘선구적인 고객’과 밀접한 관계를 유지하고 있다는 것이다. 또한 이러한 관계가 단절되지 않도록 고객과 기업은 긴밀한 공동 작업을 통해 사소한 변화 하나라도 놓치지 않기 위해 노력하고 있다.

이렇듯 이 장에서 말한 고객 밀착 경영은 설문조사를 하거나 패널을 구성해 과거의 취향을 토론하는 것과는 전혀 다른 일이다. 또한 그것은 로버트 헤이즈와 윌리엄 애버나시가 언급한 것처럼 연구소 책상 위에서 탄생되는 기술 중심적 논의와도 거리가 멀다. 물론 기초적인 연구개발에 투자가 필요하다는 점은 새삼스럽게 말할 필요가 없다. 그러나 이 장에서 말하고자 하는 핵심은 고객의 소리를 경청하는 과정에서 혁신적 아이디어가 도출될 수 있다는 것이다. 그리고 그 아이디어를 기업가정신으로 충만한 사내의 제품 챔피언, 고객의 불만을 처리하는 영업사원, 선구적인 고객 그리고 고객지향적인 마케팅 실무자들이 지금 당장 실행하고 학습하려는 노력이 필요하다는 것이다.

‡ 현재 무시되고 있는 가장 중요한 경영의 기본 원칙은 항상 가까운 거리에서 고객의 욕구를 충족시켜 주고 고객이 원하는 바를 사전에 감지하는 일일 것이다. 사실 의외로 많은 기업들이 고객을 골치 아픈 존재로 생각해왔다. 예측하지 못한 고객의 행동은 기업이 심혈을 기울여 수립한 계획을 무용지물로 만들었으며, 컴퓨터 작동을 마비시켜 버렸다. 또한 고객은 구입한 제품이 조금이라도 마음에 들지 않으면 끈질기게 불만을 토로한다.[50]
—〈비즈니스 위크〉편집장 루 영

7 자율성과 기업가정신을 가져라

대기업에 있어 가장 실망스러운 점은 그들을 대기업으로 만든 원동력, 즉 혁신력을 이미 상실했다는 점이다. 만일 대기업이 혁신에 대한 노력을 계속해왔더라면 이러한 일은 훨씬 줄어들었을 것이다. 《Inc.》지에 의하면 미국 국립과학재단National Science Foundation의 조사 결과 소기업은 연구개발비당 기술혁신 건수가 중간 규모 기업의 4배 그리고 대기업의 24배라는 사실이 밝혀졌다.[1] 같은 주제를 연구하고 있는 경제학자 버튼 클라인은 대기업이 해당 산업 내에서 진보에 대한 책임을 갖고 있다 하더라도 실제로 그러한 역할을 해내는 일은 매우 드물다는 사실을 발견했다.[2] 베로니카 스톨테하이스카넨Veronica Stolte-Heiskanen[3]은 최근 50개의 공공 부문 및 민간 실험실을 대상으로 한 연구에서 "연구의 유효성과 물적 자원(자금, 인력) 간에는 상관관계가 없었으며, 오히려 부정적인 관계를 보인 경우도 있었다."라는 유사한 결론을 내렸다.

한편, 지금까지 보아왔듯이 초우량 기업은 이와는 다른 면모를 갖고 있다. 그들은 모두 큰 규모를 갖고 있고, 성장 및 이에 따른 수익의 크기에 있어서도 선망의 대상이 되고 있다. 분명 대기업으로서의 취약점을 갖고 있음에도 불구하고 그들은 훌륭하게 처음처럼 혁신을 이룩하고 있는 것이다. 아마도 이들 기업이 현재까지 이처럼 좋은 실적을 올리는 가장 큰 요인은 대기업으로서의 능력을 갖고 있음과 동시에 소규모의 기업처럼 행동한다는 데 있을 것이다. 또한 이에 못지않게 중요한 것은 이 기업들이 현장에 자율성을 부여하며 종업원들에게 기업가정신을 심어주고 있다는 점이다.

다나의 매장 관리자, 3M의 벤처 사업 부서, TI의 90개가 넘는 제품 고객 센터가 그 좋은 예다. 에머슨 전기나 존슨 앤드 존슨 같은 경우는 부문의 수가 너무나 많아서 오히려 한 부문당 직원 수가 다소 적어보이기도 한다. 이러한 기업의 대부분은 그들의 '비밀 실험실'에서 이뤄지는 일들을 자랑스러워한다. 그리고 8명에서 10명의 열정적인 엔지니어로 구성된 이들 팀은 종종 수백 명으로 이뤄진 그룹을 능가하는 제품 개발 성과를 올리기도 한다.

이들 기업 모두는 기업 내에서 의도적인 상충관계trade-off를 꾀하고 있는 게 틀림없다. 각 팀의 참여자가 중복되고, 팀 간의 경계가 모호하며, 조정력이 부족한가 하면 내부 경쟁이 발생하기도 한다. 그리고 다소 혼란이 있을지언정 이러한 기업들은 기업가정신을 심어주기 위해 대부분 근본적인 분권화를 확립하는 한편으로 직원들에게 자율권을 부여한다. 그들은 정기적인 혁신을 실천하기 위해 안정을 과감히 포기한 것이다.

하지만 생각하면 할수록 더욱 이해가 가지 않는 부분도 있다. IBM의 성과에 의한 승부, 최소한 한 가지의 탁월한 프로그램, IBM과 TI의 동료들과 개인의 공헌 프로그램, 유나이티드 항공의 스테이션 매니저, 3M과 존슨 앤드 존슨의 실패 지원, GE의 주요 프로젝트에 대한 자발적인 참여, 새로운 부문의 분리, 귀 기울이기, 밀조, 아모코의 보다 많은 (시험용) 우물 파기, 브리스톨 마이어의 전방에 대한 동시다발적인 공격, IBM의 (일에 대한) 집착과 이단자에 대한 격려가 그것이다. 초우량 기업의 관리 활동을 표현하기 위해 군사적인 은유를 사용하는 것이 부적절하다 해도 성공한 기술 혁신 계획을 분석하다보면 곧 고개를 끄덕거리게 될 것이다.

그러나 우리는 거기에는 급진적으로 분권화를 실시한 후 사람들을 몰아세우며, "제기랄, 어서 창의력을 발휘해보란 말이야."라고 하는 것 이상의 무엇인가가 있을 것이라고 생각했다. 그리고 마침내 그것이 무엇인지 알게 되었다.

성공의 원동력, 챔피언

우리가 관찰해온 모든 활동과 혼란의 중심에는 의욕에 찬 '챔피언'이 있었다. 또한 거기에는 잠재적 혁신자 내지 챔피언들이 나타나 성장하고, 약간의 광기조차 느껴지는 능력을 펼칠 수 있는 토대가 보장되어 있다. 3M의 벤처 사업 부서의 책임자 테이트 엘더는 당시에 "우리는 회사의 챔피언들이 상식 밖의 행동을 해줄 것을 기대하고 있습니다."라고 말했다.

하워드 헤드는 매우 뛰어난 챔피언이다. 제임스 브라이언 퀸은 하워드 헤드와 그가 발명한 혁명적인 금속 스키에 대해 "그는 자신의 아이디어에 사로잡힌 나머지 광적으로 일에 몰두했습니다."[4]라고 말했다. 챔피언이 진정 어떤 사람들인지 이해하기 위해, 《스포츠 일러스트레이티드*Sports Illustrated*》지에 실린 하워드 헤드의 금속 스키 발명에 관한 이야기를 살펴보도록 하자.

1946년, 헤드는 버몬트에 있는 스토Stowe 스키장에서 처음으로 스키를 탔다.[5] "어찌나 스키를 못 탔던지 나중에는 비참한 기분까지 들더군요." 라고 회상했다. "성격상 저는 모든 것을 길고 둔하게 생긴 목재 히코리 스키 탓으로 돌렸습니다. 돌아오는 길에 마침 곁에 앉아 있던 육군 장교에게 '비행기용 금속을 사용하면 저 꼴사나운 목재 스키보다 더 좋은 것을 만들 수 있다'라고 떠벌리고 말았습니다."

자신의 직장인 방위산업체 록히드 마틴Rockheed Martin으로 돌아온 뒤 얼마 동안 제도판 위에 무언지 모를 그림을 그리던 헤드는 마침내 공장 자재 더미에서 알루미늄 조각을 주워 모으기 시작했다. 그리고 일을 하지 않을 때는 그가 살고 있던 좁은 지하실 원룸 아파트 가까이 있는 지저분한 건물 2층에서 금속 스키를 만드는 일에 몰두했다. 그의 아이디어는 알루미늄 사이에 벌집 모양의 플라스틱을 끼워 넣고, 측면에 합판을 댄 '금속 샌드위치' 스키를 만드는 것이었다.

수많은 불필요한 단계와 과정을 거치긴 했지만 결국 목적을 달성했다. 그의 스키 발명 과정은, 가장 단순한 문제를 해결하기 위한 가장 복잡한 기계라는 아이디어를 만화로 그린 루브 골드버그Rube Goldberg라도 자랑스러워할 만한 것이었다. 그는 1제곱 인치당 15파운드의 압력을 소화할 수 있도록 하기 위해 스키 금형을 거대한 고무 자루에 넣고, 오래된 냉장고 컴프레서에 거꾸로 연결시킨 튜브를 통해 공기를 빼냈다. 또 철을 용접해서 만든 관 모양의 탱크에 자동차의 크랭크 케이스에서 빼낸 오일을 채운 뒤, 이것을 시어스의 캠프용 버너 두 대를 이용해 지독한 냄새가 나는 350도까지 가열했다. 그러고 나서 스키 금형이 든 고무 자루를 뜨거운 오일 탱크 속에 넣고는 마치 줄리아 차일드가 자신이 만든 감자 케이크가 익기를 기다리는 것처럼 의자에 깊숙이 앉아 그것이 완성되기를 기다렸다.

6주일 후 악취와 연기 속에서 최초의 스키 여섯 세트가 완성되자 헤드는 다시 스토우로 달려가 프로급 선수에게 새 스키를 타보도록 했다. 스키의 탄력을 측정하기 위해 한 스키 강사가 스키의 끝을 눈밭에 대고 구부려봤다. 스키는 대번에 부러져버렸다. 여섯 세트를 모두 시험해봤으나 결과는 마찬가지였다. 헤드는 당시의 일을 다음과 같이 회상한다. "스키가 하나씩 부러질 때마다 내 마음도 산산조각 나는 듯했습니다." 그러나 하워드 헤드는 고무 자루를 치워버리는 대신 1948년 새해 다음 날 록히드 마틴을 그만뒀다. 그러고는 포커에서 딴 6천 달러를 갖고 본격적으로 스키 연구에 몰두하기 시작했다. 매주 그는 개선된 스키의 테스트를 위해 버몬트Vermont에 있는 브롬리Bromley 스키장의 강사인 닐 로빈슨Neil Robinson에게 보냈고, 닐 로빈슨은 매주 부러진 스키를 하워드 헤드에게 되돌려 보내곤 했다. "좋은 스키를 얻기 위해서는 40번의 실패를 되풀이해야 한다는 것을 처음부터 알았다면 단념했을지도 모릅니다."라고 하워드 헤드는 말한다. "하지만 다행히도 다음번 디자인은 반드시 성공할 거라는 부푼 꿈에서 헤어나지 못했던 거지요."

하워드 헤드는 그렇게 세 번의 겨울을 강한 집념에 의지해 악전고투하며 보냈다. 스키는 점차 정교하게 다듬어져갔다. 눈을 잘 밀고 나갈 수 있도록 가장자리는 스틸로 만들고, 강도를 높이기 위해 중심부는 합판으로 교체했으며, 표면은 플라스틱으로 만들어 보다 매끄럽고 눈도 묻지 않게 했다. 맑게 갠 1950년 어느 겨울날, 헤드는 뉴햄프셔 주 터커맨 협곡의 입구에 서서 스키 강사인 클리프 테일러Clif Taylor의 실험을 지켜보고 있었다. 클리프 테일러는 능선의 정점에서부터 크고 완만하게 우아한 커브를 그리며 미끄러져 내려왔다. 눈보라를 일으키며 멈춰 선 스키 강사 앞에는 만면에 미소를 띤 발명가가 있었다. "훌륭합니다, 헤드 씨. 아주 좋아요." 클리프 테일러는 소리쳤다. 그 순간 하워드 헤드는 말했다. "언젠가는 반드시 성공할 것이라는 걸 알고 있었습니다."

얼마 전 TI에서는 아주 흥미로운 조사를 실시했는데 최근 출시한 50여 개의 신제품들 중 성공한 것과 실패한 것을 조사한 결과 모든 실패한 신제품에는 반드시 하나의 공통점이 있음을 발견했다. "예외 없이 모든 실패한 제품에는 자발적으로 행동하는 챔피언이 없었습니다. 다만 우리가 일을 하도록 부추긴 사람들만 있었던 것이지요." 우리에게 이 이야기를 해준 한 간부는 다음과 같이 말했다. "우리는 최근에 한 제품의 시장 출시 여부를 결정할 때 새로운 기준을 적용하기로 했습니다. 그 첫번째는 열정적이고 자발적인 챔피언이 있는가 하는 것입니다. 시장의 잠재력과 프로젝트의 경제성은 그 다음이지요."

같은 맥락에서 우리도 최근 지난 20년에 걸친 미국과 일본의 주요 기업이 거둔 10여 개의 성과에 관한 분석을 마쳤다. 그 일부로 GE가 컴퓨터 분야에 진출해서는 실패하고, 공업용 플라스틱과 항공기용 엔진 분야에서는 성공한 것과 같은 24건의 대규모 사업 개발 사례를 심도 있게 연구했다. 그 결과 여기에서도 챔피언의 역할이 매우 결정적이었다는 사실이 증명되었다. 총 24건 중 성공한 것은 15건이었는데 그중 14건의 경우에서 명백한 챔피언의 존재를 확인할 수 있었고, 실패한 9건의 사례 중 챔피언이 있는 경우는 3건에 불과했다. 나머지 6건은 챔피언이 없거나 또는 조기에 떠나버려 프로젝트가 공중 분해된 경우였다. 더욱 놀라운 것은 미국과 일본의 데이터가 완전히 일치한다는 사실이었다. 우리는 보다 집단주의적이라고 알려진 일본의 환경에서는 챔피언이 거의 없을 것이라고 예상했다. 하지만 일본의 성공 사례 중 100퍼센트 모두 챔피언이 관계되어 있었고, 실패한 4개의 사례 중 3개에서는 챔피언을 찾을 수 없었다.

심한 악취로 가득 찬 작업장에서 혼신의 힘을 다해 일한 하워드 헤드가 발명가의 전형적인 유형임은 누구나 인정할 것이다. 하지만 히타치Hitachi나 GE와 같은 기업 내에서는 어떨까? 물론 여기에도 발명가들이 존재한다. 발명가는 IBM에도 있다. IBM의 25년 역사를 연구하는 제임스 브라이언 퀸은 이렇게 말한다. "일에 몰두하는 챔피언들에게는 주요 개발 업무를 맡을 것을 장려합니다. IBM이 어느 때보다 창의적이었던 시절 빈센트 리어슨Vincent Learson 회장이 이러한 체제를 만들었지요. 빈센트 리어슨 회장은 개개의 그룹으로 하여금 설계안을 제출하도록 하고 서로 '성과 대결'을 하도록 유도했습니다. 실제로 IBM의 주요 기술 혁신 중에서 챔피언에 의한 것이 아닌, 공식적인 제품 개발 계획 프로세스에 의해 이룩된 것은 찾아보기 어렵지요."[6]

토머스 왓슨 1세가 회장이었던 시절 임원을 지낸 IBM 출신의 한 인사도 같은 말을 하고 있다. "650(IBM 초기의 대표적 컴퓨터)이 그 전형적인 예입니다. 중앙연구소인 포킵시Poughkeepsie에서 일하는 사람들은 매우 천천히 작업을 진행시키고 있었습니다. 제조 및 엔지니어링 본부인 엔디코트Endicott의 한 그룹은 단순한 소규모의 비밀 프로젝트를 추진하고 있었지요. 본사인 아몬크Armonk는 이러한 모든 낌새를 눈치 채고 있었습니다. 그런데 후자의 것이 중앙연구소의 제품보다 더 간단하고 가격도 저렴했으며 품질 또한 좋았던 것입니다. 이것이 바로 650이었습니다." 산호세에 있는 한 IBM 관리자와 나눈 이야기 또한 이러한 사실을 뒷받침해준다.

항상 여러 개의 프로젝트를 동시에 진행해야 합니다. 그 점은 의심의 여지가 없습니다. 우리가 최근 시장에 출시한 10여 개 신제품의 예를 살펴보면 전사적으로 자원을 투입해 진행한 대규모 개발 프로젝트의 반수 이상이 중도에서 실패한 것을 알 수 있습니다. 하지만 그 모든 프로젝트 진행에 있어 정말로 예외 없이 모든 경우에 두세 개의 다른 작은 프로젝트가 동시에 진행되고 있습니다. 4명에서 6명으로 이뤄진 소그룹들이 유사한 기술 개발 작업을 하고 있었던 것입니다. 이는 상당한 시간과 체력을 요하는 아주 전통적인 방식입니다. 하지만 우리는 이러한 방식을 선호합니다. 노력에 대한 대가가 반드시 돌아오기 때문이지요. 최초의 대규모 개발 프로젝트가 실패로 끝난 후에 오히려 나중에 진행된 프로젝트가 원래 계획보다 더 빨리 마무리된 경우도 세 번이나 있었습니다. 비록 적은 인원이라도 열정적으로 몰입하면 성공적인 결과를 얻을 수 있다는 것은 정말 놀라운 일입니다. 물론 그쪽에는 나름대로 유리한 점이 있었습니다. 활용할 수 있는 자원이 애초부터 한정되어 있었기 때문에 그들은 처음부터 제품을 보다 단순하게 설계했던 것입니다.

GE의 경우도 마찬가지다. 조금만 주위를 둘러보면 그러한 사례는 얼마든지 찾아볼 수 있다. 예를 들어, GE가 최근에 거둔 가장 큰 성공 중의 하나로 공업용 플라스틱을 꼽을 수 있을 것이다(1970년에는 매출이 거의 전무했으나 1980년에는 10억 달러로 급성장했다). 〈던스 리뷰〉는 공업용 플라스틱에 대한 아이디어가 정규 업무가 아닌 다른 곳에서 나온 것임을 다음과 같이 소개하고 있다.

대부분의 기업이 그러하듯이 GE의 연구원들이 내놓은 아이디어 중에는 현실성이 없어보여 GE의 중앙개발연구소인 스키넥터디Schenectady에서도 개발 예산을 지원하지 않는 것이 있다.[7] 하지만 GE에서는 이러한 열정을 가진 연구원이 다른 프로젝트를 위한 예산을 이용해 은밀하게 연구에 몰두할 수 있는 여지를 남겨두고 있다. GE에서 흔히 '밀조'라 불리는 이 비공식적인 연구가 때로 큰 이익을 가져왔던 것이다. 1950년대의 어느 날, 전선의 절연 물질을 연구하고 있던 다니엘 폭스Daniel W. Fox라는 한 연구원이 끝에 갈색 플라스틱 덩어리가 달려 있는 유리 막대를 들고 당시 기술본부장이었던 보체Beuche의 사무실로 들어왔다. 다니엘 폭스는 그것을 바닥에 놓고 망치로 내려쳤는데 그만 망치가 부러져버렸다. 그는 이어 칼로 그것을 잘라보려고 했으나 실패했다. 그 물질은 새로 만들어진 화학 개발부로 옮겨져 렉산 폴리카보네이트 플라스틱Lexan polycarbonated plastic이라는 물질로 정제되었고, 오늘날

GE에서 가장 높은 성장을 거두고 있는 사업의 기초가 되었다.

하지만 그 과정은 그다지 간단하지가 않았다. 기술 개발 챔피언인 다니엘 폭스 한 사람의 힘만으로는 턱없이 부족했다. 관료 조직을 뚫고 시장에 이르기까지는 다른 많은 도움이 필요했던 것이다. 그 당시 젊은 잭 웰치 Jack Welch는 전형적인 챔피언 중 한 사람이었다. 그는 끊임없이 '밀조'를 장려했고 고객이 실험에 참여하는 틈새시장을 찾기 위해 노력했다. 그리고 렉산을 더욱 깊이 연구하는 데 필요한 젊은 화학 엔지니어를 모집하기 위해 조직 외부로 눈을 돌렸다. 잭 웰치가 이와 같은 혁신적인 행동을 할 수 있었던 것은 기존의 관습을 거부하는 일부 강력한 '중역 챔피언'들의 지원이 있었기 때문이다.

혹자는 혁신을 수행해가는 과정에 있어 챔피언이 중심적 역할을 한다는 것을 많은 사람들이 인정한다면 기업 외부에서 보다 많은 챔피언을 영입하면 되지 않느냐고 반문할 수도 있을 것이다. 하지만 그렇게 하지 않는 이유는 챔피언들이 일하는 방식과 대부분 회사의 관리 방식이 서로 맞지 않기 때문이다. 이에 관해 제임스 브라이언 퀸의 말을 다시 한번 인용해보도록 하겠다.

대부분의 기업들은 기술 혁신의 큰 원동력이 되는 창조력 있는 정열가들을 감당하지 못합니다. 사업의 주류로부터 멀리 떨어진 곳에서 발생하는 혁신은 발전의 초기 단계에서는 그다지 전망이 좋아보이지 않죠. 더구나 챔피언들은 조직의 관점에서 보면 두드러지고 참을성이 없으며 자유분방한 데다가 다소 비합리적인 특성을 가진 사람들입니다. 그래서 그들은 조직에 채용되지 못합니다. 만에 하나 채용이 된다 하더라도 승진이나 보상을 기대하기 어렵습니다. 그들은 '진지하지 못한 사람', '창피스러운 사람' 또는 '회사를 망칠 사람'으로 간주되기 때문입니다. 책임 있는 지위나 보수도 얻지 못합니다.

또 다른 이유는 창조력과 혁신 사이에는 혼란이 있다는 점이다. 하버드의 시어도어 레비트의 설명은 그러한 예를 잘 보여주고 있다.

오늘날 기업이 더욱더 창조적으로 되어야 한다는 것과 관련된 수많은 조언이 갖고 있는 문제의 대부분은, 창조성과 혁신을 구별하지 못하는 데서 비롯됩니다.[8] 창조성이란 새로운 것을 생각해내는 것을 말하며 혁신이란 새로운 일을 행하는 것을 말합니다. 가능성이 있는 새로운 아이디어가 기업에서 몇 년 동안이나 실행에 옮겨지지 않은 채 방치되는 것은 그 가치를 인식하지 못해서가 아니라, 아무도 그것을 행동에 옮기지 않기 때문입니다. 아무리 좋은 아이디어라 해도 실현되지 않는다면 소용이 없습니다. 아이디어의 진정한 가치는 그것이 사용될 때만 증명되며, 그 전까지는 무의미한 것입니다.

회사의 직원들과 조금만 이야기해보면 창조성이나 창조적인 사고를 가진 사람들이 적지 않음을 알 수 있을 것입니다. 진짜 부족한 것은 바로 혁신을 실행에 옮기는 사람들입니다. 대부분의 사람들이 창조성이 있으면 저절로 혁신이 이뤄진다고 믿고 있으나, 절대 그렇지 않습니다. 창조적인 사람은, 자신의 아이디어를 실행하는 역할을 다른 사람들에게 떠넘기는 경향이 있습니다. 그들은 자신의 아이디어를 평가하고 실행해보려는 노력을 전혀 하지 않습니다.

10여 명의 아마추어를 한방에 모아놓고 브레인스토밍을 하면 새롭고 흥미로운 아이디어를 손쉽게 얻을 수 있습니다. 그리고 이는 아이디어 그 자체만으로는 그다지 의미가 없음을 증명하는 예입니다. 아이디어 맨은 사람들의 주의를 끌고 흥미를 유발할 수 있는 간략한 제안과 메모를 끊임없이 제시하지만 실행을 위한 책임감 있는 제안을 하지는 못합니다. 우리에게 필요한 것은 아이디어를 실행할 노하우, 에너지, 대범함 그리고 인내심을 지닌 사람들인 것입니다. 사업이란 업무를 수행하기 위한 제도이므로 실행이 따르지 않는 창의력은 무익하며, 어떤 의미에서는 무책임한 것이기도 합니다.

성공적인 한 소비재 기업의 중역은 매우 실제적인 예를 통해 시어도어 레비트의 지적을 뒷받침해주고 있다.

성공적인 제품에는 규칙 따위에는 전혀 구애받지 않는 챔피언형의 브랜드 매니저가 반드시 존재합니다. 이들은 연구개발에 집중적이고도 개인적인 열정을 쏟으며(실패하는 동료들의 대부분은 오직 공식적으로만 연구원들과 일할 뿐이다), 그 결과 연구개발 시간과 그에 대한 관심의 상당 부분을 부당하게 독차지하게 됩니다. 또한 거의 공식 권한을 넘어서서 시제품 제작pilot manufacturing에도 직접 관여하게 되지요. 그 상승 작용으로서 이러한 사람은 보다 많은 것을 시도하고 보다 빨리 배우며 여러 부문의 사람들로부터 보다 많은 시간과 관심을 얻은 결과 성공을 거두게 되는 것입니다. 이것은 결코 마술이 아닙니다. 나는 가끔 연구개

발 부서의 사람들과 오후에 자리를 함께하는데 그때 그들로부터 75가
지 내지 1백 가지의 신제품에 대한 아이디어를 얻습니다. 중요한 것은
계속해서 테스트해보고 앞으로 나아가는 것이지요. 비즈니스에는 천재
가 따로 없습니다. 오직 계속되는 도전만 있을 뿐입니다.

챔피언이란 몽상가도 아니고 천재도 아니다. 오히려 아이디어 도둑이
라 할 수 있다. 챔피언은 필요하다면 다른 사람의 이론적 아이디어를 훔치
는 일도 사양하지 않고, 성취를 위해 돌진하는 현실주의자인 것이다.

챔피언을 만드는 시스템

5장에서 우리는 샘 니만의 예를 자세하게 살펴보았다. 그는 맥크로리의 뛰
어난 챔피언이었으나 거기에는 다른 챔피언들도 존재했다. 니만을 위해
최초의 모의 매장을 만들어준 사람 역시 챔피언이다. GE가 공업용 플라스
틱을 개발한 사례에 있어서도 발명가, 사내의 기업가 그리고 관료주의로
부터 이들을 지켜준 중역들과 같은 영웅들을 찾아볼 수 있다.

《리서치 매니지먼트*Research Management*》의 저자는 자신의 책에서 "원
맨쇼가 효과를 나타내는 경우는 매우 드물다. 어쨌든 기업가에게는 후원
자가 필요한 것이다."[9] 라고 결론을 내리고 있다. 챔피언을 만들어내는 시
스템을 설명하고자 하는 수많은 시도들은 결국 주요 챔피언의 유형과 이
들을 지원해주는 보호자의 유형을 소개하며 똑같은 결론에 이르고 만다.
개인에서 조직으로 시선을 돌리며, 혁신을 추진해나가기 위해서는 많은
지원군이 필요하다는 사실을 발견하게 되는 것이다.

관찰 결과 챔피언의 세계에는 제품 챔피언, 중역 챔피언 그리고 대부 代父 ▲13 라는 세 가지 중요한 역할의 챔피언이 존재한다는 것을 알게 되었다. (우리는 기술 혁신자 및 발명가는 제외시켰다. 그것은 초기의 기술적 검토나 아이디어의 단계가 혁신의 프로세스에 있어 핵심 변수라고 생각하지 않았기 때문이다. 우리는 혁신에 제동이 걸리는 것은 대부분 제품 챔피언, 이들을 지지하는 중역 챔피언, 또는 대부가 존재하지 않기 때문이라고 생각한다. 특히 우리는 조직 상부의 중역 챔피언과 대부가 매우 중요한 의미를 갖는다는 확신을 갖고 있다.)

제품 챔피언이란 일반 사원 중 열성적으로 일하는 사람으로서 전형적인 관리적 유형과는 구별되는 사람들이다. 챔피언은 혼자인 경우가 많고 자기중심적이며 까다로운 성격을 갖고 있기도 하다. 그러나 자기가 머릿속에 그리고 있는 특정한 제품에 대해서는 절대적인 확신을 갖고 있다.

중역 챔피언으로 활동하는 사람들은 예외 없이 전에 제품 챔피언을 지낸 이들이다. 그들은 현장에서 제품을 만들어내기까지의 긴 과정에 대해 잘 알고 있다. 그리고 확실하지 않은 것을 불신하는 조직으로부터 잠재력 있는 새롭고 현실적인 아이디어를 지키기 위해서 무엇이 필요한지를 잘 알고 있다.

대부의 전형은 스스로 챔피언이 무엇인지 모범을 보여주는 원로급 지도자다. 3M, HP, IBM, DEC, TI, 맥도날드 그리고 GE의 신화에서 가장 중요한 점은 제품 혁신을 위한 실질적이고도 기나긴 과정이 있었다는 것이다. 3M의 루이스 레어와 레이먼드 헤어초크Raymond Herzog, GE의 토머스 에디

▲13 이러한 견해를 피력한 것은 우리가 처음이 아니다. MIT의 에드워드 로버츠Edward Roberts, 다트머스의 제임스 브라이언 퀸, 스탠퍼드의 모데스토 메딕Modesto Maidique 등이 모두 챔피언의 세계에는 어떤 형태의 계급이 존재한다고 말했다.

슨Thomas Edison과 잭 웰치, HP의 빌 휴렛, DEC의 케네스 올센, 왕 연구소의 설립자 왕 안 그리고 IBM의 빈센트 리어슨의 신화는 챔피언을 만들어내는 시스템을 활성화시키고 현실화시키는 데 있어 필수적이다.

일반적으로 젊은 엔지니어나 마케팅 담당자들은 좋은 예감이 든다고 해서 위험을 감수하고 일을 벌이지는 않는다. 그 기업의 역사나 체질이 그렇게 하지 않을 수 없게끔 만들거나 그렇게 하는 것이 옳다고 느끼게 했을 때 비로소 그들은 위험을 무릅쓰고 나아가게 되는 것이다. 심지어 실패를 되풀이할 것이 확실한 경우에도 말이다.

반복을 통한 성공　대부분의 챔피언들이 평소에 실패를 되풀이한다는 사실은 그다지 놀랄 만한 일이 아니다. 만일 초우량 기업이 혁신을 계속해 나가는 가장 큰 열쇠가 챔피언과 그를 지지하는 시스템에 있다고 한다면 실패를 거듭하는 것과 종국의 성공을 과연 어떻게 연결시킬 수 있을까? 이를 설명할 수 있는 유일한 방법은 혁신의 성공이 숫자 게임이라는 사실을 깨닫는 것이다.

새로운 개발 사업에 착수할 때 성공 가능성이 오직 10퍼센트뿐이라고 가정해보자. 이때 10건의 신규 사업에 착수하면 확률의 법칙에 따라 최소한 1건이 성공할 확률은 65퍼센트로 올라가고, 25건으로 늘리면 그중 하나가 성공할 확률은 90퍼센트가 된다. 2건이 성공할 확률도 75퍼센트에 가깝다. 이는 한 가지가 성공할 확률이 낮다 해도 시행하는 횟수를 늘리면 그 가운데서 어떤 것이 성공할 확률이 매우 높아진다는 사실을 보여준다. 제임스 브라이언 퀸은 "20분의 1이라는 성공 확률을 실현하기 위해서는 충분한 수의 프로젝트와 제품의 고안에서 완성까지 넉넉한 리드 타임이 필요합니다. 기업가정신을 갖고 있는 경영자는 관리에 대한 자신감을 갖기 위해 처음에는 비교적 위험이 적은 프로젝트를 수행할 필요가 있습니다."라고 말했다.

'안타'를 많이 치기 위해서는 '타석'에 오르는 수를 늘리는 것이 가장 확실한 방법일 것이다. DEC, HP, 3M, TI, 블루밍데일 백화점, IBM, 맥도날드, GE, 왕 연구소, 존슨 앤드 존슨 같은 기업들은 미래의 챔피언들에게 적극적으로 자신들이 좋아하는 일을 할 수 있는 기회를 다른 경쟁 회사보다 더 많이 제공하고 있다. DEC의 경우는 사실상 모든 고객을 신제품의 테스트 대상으로 활용하고 있다.

브리스톨 마이어에 관한 최근의 분석도 반복을 통한 성공의 좋은 예다. 리처드 겔브Richard Gelb는 브리스톨 마이어의 회장으로 현재까지도 발군의 기록을 보유하고 있다. 〈포브스〉는 리처드 겔브가 정기적으로 기꺼이 2등의 자리로 물러난다는 사실을 강조하며 그의 말을 다음과 같이 인용했다. "두 가지의 차선次善을 가질 수 있다면 어쨌거나 일을 보다 잘 풀어나갈 수 있습니다. 추격하는 입장에 있을 때 더 많은 돈을 벌게 되는 것이지요."[10] 또한 〈포브스〉는 "리처드 겔브는 동시에 여러 측면에서 공격을 가하기 때문에 어느 한 제품이 일정 기간까지 만들어지지 않을 경우에도 즉각 손실을 제거할 수 있다."라고 덧붙였다.

브리스톨 마이어의 매출 기록을 보면 겔브의 전략이 유효하다는 것을 알 수 있다. 최근 5년간 건강 및 미용제품 관련 시장에서 상업적 성공을 거둔 것으로 판명된 제품은 33개였다. 〈포브스〉에 의하면 그중 8종이 브리스톨 마이어의 제품이고 2위는 3종을 시장에 선보이는 데 그쳤다고 한다. 이에 대해 리처드 겔브는 다음과 같이 논평했다. "막대한 투자의 효과는 엄청납니다. 하지만 윤리적이어야 할 의약품 사업에는 다른 방법도 있지요. 우리는 갖고 있는 계란을 미래에 생산할 마법의 약 하나에 모두 쏟아 붓지는 않습니다. 만일 우리 회사 의약품 부문의 매출이 10억 달러라고 한다면 5억 달러짜리 제품을 두 개 갖고 있는 것보다는 1억 달러짜리 제품을 10개 갖고 있는 편이 더 바람직하죠." 〈포브스〉는 그의 말을 다음과 같이 요약했다. "이처럼 브리스톨 마이어는 여러 개의 발빠른 제품 개발을 통해 많은 제품을 만들어내고 그로부터 수익을 거두고 있다. 브리스톨 마이어의 가장 큰 강점은 연구 부문에 2억 5천 달러를 쏟아 붓고는 팔짱을 낀 채 언젠가는 누군가가 암을 치료하기 위한 특효약을 만들어줄 것을 기다리지 않는 데 있다."

숫자 게임의 효과가 가장 잘 나타나는 것은 석유와 같은 산업에서다. 예를 들어, 존 스웨어링겐John Swearingen 회장 체제하에 있는 아모코는 엑슨, 아르코, 셸Shell 등을 누르고 미국 내 석유 시추 성공률이 가장 높은 회사로 자리매김하고 있다. 〈포춘〉의 논설자는 다음과 같이 말했다. "아모코의 모기업인 스탠더드 오일은 가능한 한 많이 시추하는 것을 선호했습니다. 가능한 수단을 모두 동원해 탐사하고자 하는 열정, 그것이 큰 회사와 아모코의 차이점입니다. 가령 엑슨 같은 회사에서는 자기 회사가 100퍼센트의 권리를 갖고 있지 않으면 유전을 파려 하지 않습니다. 아모코의 생산 부문 책임자인 조지 갤러웨이는 '최근 휴스턴에서 열린 보고 회의에서 모빌이 한 지역에서 시추를 위해 임대하고 있는 땅의 면적이 겨우 50만 에이커에 지나지 않는다는 사실을 알고는 매우 놀랐다'고 말했습니다. 같은 지역에서 아모코는 그 20배의 땅을 빌려 작업하고 있었기 때문이지요."[11] 이에 조지 갤러웨이는 다음과 같이 덧붙여 말했다. "모빌은 석유가 있는 곳을 정확히 찾아낼 자신이 있는 모양이지만 우리는 그렇게 똑똑하지 못합니다."

숫자에 대한 이야기를 하는 것은 석유를 포함한 모든 업종에서 홈런만을 노리는 것은 잘못된 일임을 알려주기 위해서다. 홈런 지상주의는 불규칙한 혁신 프로세스에 대한 몰이해, 규모가 큰 것이 좋다는 잘못된 믿음, 기획에 대한 과신, 작은 성공과 조직적인 혼돈의 관리에 대한 이해 부족에서 비롯되는 것이다.

챔피언에 대한 지원 챔피언은 개척자이며, 개척자야말로 회사가 꼭 필요로 하는 사람이다. 그러므로 챔피언을 최대한 이용하는 회사는 충분한 지원 체제를 갖추고 있어 개척자의 수가 더욱 늘어나게 된다. 이 점은 아무리 강조해도 지나치지 않을 만큼 중요하다. 지원 체제가 없이는 챔피언이 탄생할 수 없다. 챔피언이 없으면 혁신 또한 없다.

초우량 기업을 살펴볼 때마다 매우 인상적인 점은 챔피언들을 지원하는 체제가 확고하게 갖춰져 있다는 점이다. 초우량 기업은 챔피언을 태어나게 하는 구조를 갖고 있다. 특히 그들의 시스템은 의식적으로 틈이 존재하도록 설계되어 있어 챔피언들이 무언가를 성취할 수 있도록 돕고 있다.

그러한 성취는 종종 '비밀 실험실'에서 이뤄진다. 한 가지 예를 들어보자. 연 매출이 50억 달러인 어느 회사에서 최근 발표한 신제품 5개 가운데 3개가 전형적인 게릴라팀에서 나왔다고 한다. 이 팀의 인원은 8명에서 10명으로 제한되어 있으며, 본사에서 6마일이나 떨어진 누추한 아파트 2층이 그들의 작업실이다. 기술 면에서 천재적인 재능을 발휘하고 있는 사람은 한국에서 군복무를 할 당시 고등학교 검정고시를 통과한 사람이다

(그 회사는 문자 그대로 박사학위를 소지한 과학자와 기술자를 수천 명이나 보유하고 있다). 또한 멤버의 한 사람은 출입 허가를 받지 않고 공장 시설에 숨어들어 실험에 필요한 물건을 훔치다가 경찰에 체포되기까지 했다.

현재 연간 3억 달러의 매출을 올리고 있는 이 팀의 첫번째 제품은 불과 28일 만에 개발되었다. 1년 전에 이 회사가 총력을 기울여 개발한 제품이 실패로 돌아가자 게릴라팀의 한 사람이 그 제품의 견본 2개를 집으로 가져갈 수 있게 해달라고 요구했다. 그는 견본들을 집으로 가져가 지하실에 두고 한 대는 원형 그대로 남겨두고 나머지 한 대를 갖고 3주 동안 씨름한 끝에, 저렴하고 구하기 쉬운 재료만으로 견본의 결함을 고쳐 원래의 설계보다 성능을 3배나 높일 수 있었다. 지하실을 방문한 사장은 즉석에서 그가 제안한 설계 변경을 승인했다. 최근 이 팀은 7백 명이나 되는 회사의 정규 기술진과의 숨은 경쟁에서 성공함으로써 또다시 그들에 의해 만들어진 설계가 정식으로 채용되는 성과를 거뒀다.

비밀 실험실은 방금 예로 든 팀에 대한 다음과 같은 또 다른 일화가 보여주듯이 현실적인 것으로 악명이 높다. 커다란 새 기계가 과열 현상을 일으키자 많은 사람들로 구성된 기술자팀은 이 문제를 해결하기 위해 몇 달간 연구를 거듭한 끝에 결국 1톤짜리 냉각기를 설치하기로 결정했다. 그때 우연히 그 자리에 있었던 비밀 실험실의 멤버 한 사람이 근처에 있는 잡화상으로 달려가 가정용 선풍기 한 대를 8달러 95센트에 사 왔다. 그러자 문제를 해결하기에 충분할 만큼 온도가 내려갔고, 1톤짜리 냉각기는 더 이상 필요 없게 되었다.

그런데 정작 비밀 실험실이 활성화되어 있는 곳에서는 챔피언들에게 용기를 붇돋워주고 후원해주는 뚜렷한 체제를 별로 찾아볼 수 없었다. 오히려 진정 높은 성과를 올리고 있는 기업에서는 동료인 데이비드 앤더슨의 표현대로 '제한된 자율권을 갖는 직위limited autonomy position'를 찾아볼 수 있었다. 이것은 표면적으로는 기업가적이고 챔피언과 같은 자질을 가진 사람들에게 주어지는 직위를 의미하는 것처럼 보이지만 실제적으로는 상당한 구속력을 갖고 있으며 사람들이 생각하는 것보다 훨씬 더 광범위한 영역에서 힘을 발휘한다.

우리는 에드 칼슨의 지휘하에 호조를 보이고 있던 유나이티드 항공을 분석하던 중에 이러한 생각을 갖게 되었다. 에드 칼슨은 '가상 기업가'에 대해 이야기하면서 비행기 정류장 매니저 1천9백 명에게 어느 정도의 자주적 결정권을 부여했다고 했다. 즉 업적 평가 항목을 스스로 관리 가능한 것과 그렇지 않은 것으로 나눠 관리 가능한 항목에 대해서는 대폭적으로 권한을 이양했다는 것이다. 그런 뒤 비로소 그 항목을 평가의 대상으로 삼았다. 에드 칼슨은 그에 대해 이렇게 말하고 있다. "우리는 비행기 정류장 매니저 한 사람 한 사람에게 현실적인 과제를 주어, 6개월 후에는 상사나 아내에게 '내가 이익을 올렸다.'라고 말할 수 있도록 했다."[12]

다음으로 우리가 같은 현상을 목격한 것은 앞에서도 설명했듯이 르네 맥퍼슨 회장이 '스토어 매니저'란 개념을 만들어냈을 때였다. 이것은 약 90명의 '공장장'에게 많은 권한을 위양하는 것을 말한다. 그는 그들로 하여금 고용과 해고의 대부분을 스스로 결정하고, 독자적인 재무 시스템을 바탕으로 스스로 자재를 조달하게 했다. 그러한 것들은 대개 중앙에서 관리하는 것이 일반적이었지만 르네 맥퍼슨은 달리 생각했다. 이러한 사람들이야말로 제일선에 있으므로, 긴 안목으로 볼 때 중앙에 있는 간부보다 훌륭한 결정을 내릴 수 있을 것이라고 생각했던 것이다.

같은 생각이 P&G와 프리토레이에서는 브랜드 매니저라는 이름으로 나타났다. 브랜드 매니저는 허세를 부리는 기업가와는 거리가 멀다. 반면에 P&G 같은 곳에서는 브랜드 매니저야말로 영웅이고 챔피언이라는 의식을 갖도록 하는 조직 체계를 갖고 있다. 그리고 많은 일화와 신화의 대부분은 상사에게 도전하고 모든 장애를 해결하며 또한 다른 브랜드 매니저와의 경쟁에서 이긴 챔피언들을 칭송하는 것을 주된 내용으로 하고 있다.

석유 장비업계의 슐럼버거는 2천 명의 젊은 유전 기술자를 '가상 기업가'라는 개념으로 고립된 지역에 보내고 있다. 그중의 한 사람인 시추 책임자 유안 베어드D. Euan Baird는 이렇게 말한다. "내가 생각하는 슐럼버거맨의 전형적인 이미지는 다소 염려스러운 표정으로 유전에 나가 고객의 어려운 문제를 즉시 해결하는 사람입니다. 그리고 자기가 힘센 킹콩이라도 되는 듯이 당당한 태도로 조용히 현장에서 사라지는 그런 사람입니다."[13]

이는 어려운 일인 만큼 이직률이 매우 높은 편이다. 그러나 그들이 바로 슐럼버거맨이다. 어떤 면에서 현장 책임자의 권한은 매우 한정되어 있다. 그러나 그들은 현지에 갔을 때 자기가 정말 큰 권한을 위양받았다고 믿게끔 훈련받는 것이다.

IBM, DEC, 레이켐에서는 제한된 자율권을 갖는 직위를 문제 해결사로서의 영업사원이라 부르고 있다. 토머스 왓슨은 1920년경에 그 개념을 IBM에 적용시켰다. 오늘날에 그것을 이어받은 DEC는 고객에게 가까이 다가가는 과정을 '체온 전달 마케팅warm armpit marketing' 이라 부르고 있다. 3M은 '영업사원의 회사'[14]로 세상에 널리 알려져 있다. 이렇게 된 것은 3M의 영업사원이 회사의 구매 에이전트가 아니라 공장의 현장 책임자와 직접 일하게 되면서부터다. 이러한 체제는 지금도 유지되고 있다. 레이켐에서는 영업사원의 대부분을 실질적으로 하버드 비즈니스 스쿨에서 채용하고 있다. 그들은 영업사원에서 시작해 고도의 고객 문제 해결 담당자가 되는 것이다.

우리는 이러한 것들을 가능하게 만드는 방법은 단 한가지뿐이라고 생각한다. 하지만 그 방법을 실행하는 것은 쉽지 않다. 왜냐하면 그것은 관리자를 스스로 미래의 챔피언이 될 수 있다고 믿게끔 사회화시키는 동시에 중요한 상황에서는 실질적인 통제력을 가질 수 있도록 해야 하기 때문이다.

대부분의 기업들은 "권한은 책임을 수반한다."라는 진부한 생각에서 벗어나지 못하기 때문에 이러한 두 가지 어려운 일을 동시에 수행하는 데 실패하는 것이다. 브랜드 매니지먼트, 제품 매니지먼트 등의 개념을 도입하고 있는 회사는 수없이 많다. P&G의 흉내를 내려고 했던 기업이 얼마나 많았는가. 그러나 그러한 기업들은 브랜드 매니저들에게 부담(헌신, 해고)을 지게 함으로써 신화와 역할 모델 그리고 영웅의 구조를 만드는 것을 배우는 데 실패했다. 또는 이와 같은 부담을 브랜드 매니저에게 지게 하는 시스템을 만들면서 (이 단계에 이르는 회사는 상당히 많다), 그 나머지 절반, 즉 브랜드 매니저를 조용히 후원해 일을 성취시키는 긴밀하고도 항구적인 백업 시스템을 만들 수 있는 회사는 거의 없다. P&G는 그야말로 모범적인 경우에 속한다.

반면에 브랜드 매니저가 된 사람은 시장에서 킹콩과 같은 활동을 하면 언젠가는 회장의 자리에 오를 수 있다는 사실을 배우게 된다. 그러나 동시에 브랜드 관리 구조에서 생기는 일정한 질서와 규율 그리고 수는 적으나 상당히 정형화된 관리 시스템 때문에 현실적으로는 브랜드 매니저의 자치권이 극히 제한되어 있다. 이것이야말로 눈속임에 가까운 것일 수도 있다.

부문이 최적화된 조직 몇 년 전 우리가 관찰했던 연 매출 60억 달러 규모의 한 기업은 기술 부문을 각각 물리, 화학, 전기 등 전공 분야에 따라 나눈 조직(이 회사에서는 그것을 '역량 센터'라 부르고 있었다)을 운영하고 있었다. 이러한 센터들은 조직의 1차적인 요소가 되었고, 그 밑에 프로젝트 담당이나 제품 담당을 두고 있었다. 하지만 이 조직은 지나치게 직능 중심적이었기 때문에 각 개인의 시간은 그야말로 조각조각 나뉠 수밖에 없었다. 한 기술자가 자신의 전문 분야와 관련된 대여섯 가지의 프로젝트를 진행하도록 되어 있었는데, 그 프로젝트는 다시 서너 개의 부분으로 나뉘었고, 이것이 또 두세 개의 그룹으로 세분되는 식이었다. 이러한 조직이 제대로 기능을 못하는 것은 당연했다. 한 가지 일에 전념하지 못할 뿐만 아니라 잘못된 일들에 초점이 맞춰져 제품, 프로젝트, 고객보다는 단지 기술적인 훈련에만 열중해 일이 제시간에 진행되는 경우가 거의 없었으니까 말이다. 하지만 5년간 혼란을 겪은 뒤 조직을 원래의 프로젝트 중심으로 환원시켰더니(기술 역량 센터를 그보다 훨씬 아래의 두번째 계층으로 만들었다) 순식간에 제품 개발이 활기를 되찾았다.

HP의 경우는 이와 대조적이다. 연 매출 35억 달러인 이 회사에는 50개의 작은 부문이 있으며 각각의 부문은 평균 7천만 달러의 수익을 올리고 있다. 각 부문의 인원은 약 1천2백 명으로 거의 비슷했다. 최근 우리는 직원 수가 2천 명 가까이로 늘어난 한 부문을 방문했는데, 거기서는 전체 부문을 3개의 단위로 나눠 각각의 단위에서 완전한 제품 개발 능력을 갖추도록 하고 있었다. 중요한 것은 부문을 확장하는 것이 아니라, 새로운 부문을 만들어 분리시키는 것이다. 한 논평가는 다음과 같이 말한다. "어떤 기본적인 사업을 할 때 HP의 각 부문은 마치 독립된 회사처럼 움직입니다. 따라서 각 부문이 고유의 재무, 인사, 품질관리, 시장에 선보인 제품에 대한 지원, 서비스에 대한 강한 책임감을 갖고 있는 것입니다."

3M의 경우와 마찬가지로 HP에서도 각 부문이 각자의 제품 개발 그룹을 갖고 있다. 그러나 여기서 그치는 것이 아니다. HP의 한 사업본부장은 다음과 같이 말한다. "우리는 기술 부문은 중앙에서 관리하도록 되어 있죠. 그러나 각각의 부문에서도 그들 고유의 역량을 축적하고 있습니다. 그들은 고유의 역량 없이는 마음을 놓지 못합니다. 사실 저는 각각의 사업부가 자신들만의 고유한 칩을 만들고 있다고 생각합니다." 모두가 각자 그러냐는 우리의 질문에 그는 다음과 같이 대답했다. "네, 그렇습니다. 가공하지 않은 실리콘 단계에서부터 시작하는 곳도 있습니다. 생산성이 떨어지는 것이 아닐까, 자동화의 진보가 다른 회사에 뒤지는 것이 아닐까 하고 걱정하기도 했습니다. 그러나 비록 일부의 중복이 있다 해도 신제품을 만들어내는 것이 더욱 중요한 일입니다. 우리가 하고 있는 일의 많은 부분을 다른 부문에서도 하는 것은 당연한 일입니다."

우리가 관찰해온 초우량 기업들에서 얻은 메시지는 모두 똑같았다. 3M의 (수백에 달하는) 독립된 작은 사업팀, 존슨 앤드 존슨의 작은 부문들, TI의 90개 PCC, 제품 챔피언들이 주도하고 있는 IBM의 팀, GE의 '밀조' 팀, DEC의 항상 변화하는 소집단, 블루밍데일 백화점의 부티크 등이 그것이다. 간단히 말하면 작은 것이 아름다운 것이다.

내부 경쟁   조직 내에서 질서를 만들어나가는 데는 두 가지 방법이 있다. 첫째는 '규칙에 의한 것', 즉 일정한 틀에 따르는 것으로 합리주의자들은 이 방법을 지지한다. 이는 규칙에 입각한 행동으로 정의될 수 있는 관료주의적 성격을 갖는다. 이에 따르면 하나의 신제품을 개발하기 위해 223개의 위원회가 만들어진다. 이와 가장 대조적인 방법은 사내에 '시장' 메커니즘을 도입하는 것이다.

다시 말해 조직이 내부 시장과 내부 경쟁의 의해 움직이게 되는 것이다. 시장 메커니즘은 3M, 플루어, TI, 벡텔 등에서와 마찬가지로 프로젝트 팀에 편입되고자 하는 사람들을 위해 존재한다. IBM의 '성능 대결'에서 볼 수 있듯이, 프로젝트 간의 직접적인 경쟁이 벌어지는 것이다. GE나 IBM의 밀조는 눈에 잘 띄지 않을 뿐만 아니라 은밀하게 많은 지원을 받는다. P&G 에서는 브랜드가 서로 경쟁을 벌인다. P&G, DEC, HP, 3M, 존슨 앤드 존슨, 왕 연구소에서는 부문 간 또는 제품 계열 간의 중복이 의식적으로 이뤄지고, 이것이 담당자 상호 간에 잠재적인 경쟁심을 불러일으킨다.

초우량 기업에서 발견할 수 있는 중요한 사실은 이들 기업에서는 형식적이고 합리주의적인 장치가 무시된다는 점이다. 3M의 경우 각 부문뿐만 아니라 동일 부문 안의 각 그룹끼리도 의도적으로 서로 경쟁을 벌이는데 어느 그룹을 보더라도 부문의 책임자로부터 부여된 임무에는 반드시 중복되는 부분이 있다. 각 부문의 책임자는 자신의 부문이나 그룹 외부 활동에서 신제품 개발에 성공했을 경우 특별한 평가와 보수를 받게 된다.

이러한 사고방식은 예전부터 있었다. GM의 알프레드 슬로언은 작은 자동차 회사를 끌어 모아 그를 바탕으로 GM의 사업부 구조를 만들었다. 그는 의도적으로 전면적인 중복 구조를 설계했다. 폰티악과 뷰익이 경합을 벌이도록 했고, 다른 한편에서는 폰티악과 시보레를 다시 중복 경합시켰다. GM은 해가 거듭될수록 슬로언의 방식에서 벗어나 보다 질서 정연한 조직 형태로 옮겨갔으나, 최근 회장에 임명된 로저 스미스Roger Smith는 우선 과제의 하나로 옛날과 같은 사내 경쟁의 부활을 주장하고 있다.[15] 부문마다 독특한 이미지를 만들어나가는 데 필요한 자유로운 권한을 부여해야 한다는 것이 그의 지론이다.

부문보다 아래 단계에 있는 관리자들끼리 경쟁하는 경우도 있다. 블루밍데일 백화점에서는 구매 담당 부사장과 바이어 그리고 패션 코디네이터가 제한된 점포 공간을 놓고 치열한 공방전을 벌인다. 회사는 승자와 패자가 분명해질 때마다 언제나 정기적으로 조직을 재편한다.

내부 경쟁의 가장 좋은 예로 P&G의 브랜드 매니저를 들 수 있다. 이 회사가 브랜드 매니저라는 정책을 만들어 '전체 브랜드 사이의 장벽을 완전히 철폐'하도록 한 건 1931년의 일이었다. 이때 경영진은 이미 완전한 사내 경쟁이 '경직화를 막는 유일한 방법'이라고 생각하고 있었다.[16] 오늘날에도 브랜드 매니저는 다른 P&G 브랜드의 상황이 어떻게 돌아가고 있는지에 대해 공개된 정보 외에는 알 수 없다. 그들은 항상 경쟁할 것을 장려받는 것이다. 내부 경쟁이 얼마나 강력한지 그들의 경쟁 상황을 설명하는 특수한 용어가 존재할 정도다. '상대주의counterpartism', '창조적 갈등creative conflict', '아이디어의 마찰the abrasion of ideas' 등이 그것이다. P&G는 합리적인 규칙을 위반하고 있다. 우리 중의 한 사람이 전직 P&G 사원에게 브랜드 매니저는 외부와 경쟁하기보다는 오히려 동료끼리 경쟁하고 있는 듯하다고 말한 적이 있다. 그는 이 말에 동의하면서 다음과 같이 말했다. "몇 년 전 제가 품질관리 매니저로 일할 때 P&G의 크레스트Crest가 미국 치과의사협회의 추천품으로 지정된 적이 있습니다. 1주일 뒤 회사 내에서 다른 치약 브랜드의 매니저와 마주쳤습니다. 그는 품질관리 매니저인 나에게 (반은 농담으로) '자네 크레스트에 벌레를 좀 집어넣어줄 수 없나?'라고 말하는 것이었습니다." P&G에서 신제품의 대다수는 승자가 되고 싶은 브랜드 매니저의 강렬한 욕구에서 탄생한다. 그해에 브랜드 매니저로 임명된다는 것은 '일류'가 되는 것을 의미하고, 이 일류들 사이의 경쟁은 그야말로 치열하다.

IBM은 장차 제품이 될 아이디어끼리 경쟁을 붙이는 데 있어서는 단연 으뜸이다. 이 회사에서는 밀조와 한 가지 문제 해결에 여러 가지 방식으로 접근하는 것을 장려한다. 그리고 어느 시점에서 경쟁 그룹이 서로 '단독 대결'을 벌이게 한다. 보통의 회사라면 기획서상의 계획으로 경쟁을 시키지만 IBM의 경우는 실물을 사용해 하드웨어와 소프트웨어의 실제적인 성능을 비교한다.

HP에서는 경쟁이 일상화되어 있다. 즉 사업 부문은 자신들이 개발한 제품이 고객보다 먼저 영업 부문에 어필할 수 있도록 해야 한다. 영업 부문은 사업 부문이 개발한 제품이 마땅치 않을 때는 그를 받아들이지 않는다. HP에서는 개발에 수백만 달러가 투입되었는데도 불구하고 영업 부문이 그 제품을 거절한 예를 얼마든지 찾아볼 수 있다. TI에도 이와 비슷한 제도가 있다. 이 회사의 영업 부문 역시 세분시장에 의해 분할되고, 시장지향적인 PCC와 분리되어 있다. TI는 마케팅 담당자와 제품 엔지니어에게 차와 판매 도구를 마련해주면서 그들 각자가 경쟁적으로 직접 고객에게 새로운 제품의 초기 모델을 처음으로 선보이도록 압력을 가한다. 이것은 그야말로 매우 가혹한 훈련인 것이다.

DEC에서 세분시장 고객 담당자와 영업부원 양쪽 모두에게 제품 개발안을 중복 제출하도록 하는 것 역시 HP의 방식과 유사하다고 할 수 있다. DEC는 철저히 사용자지향적이다. 따라서 지나치게 세심하다 싶을 정도로 수요자의 요구에 부합하는 데서 오류가 생기곤 한다. 그렇다고 중복되는 제품을 버리는 것도 아니다. 이에 대해 〈포춘〉의 한 분석가는 다음과 같이 말하고 있다. "DEC 특유의 성장 전략에는 약간의 벌칙이 부과될 수밖에 없습니다. 예컨대 가격 일람표상의 약 1만 개의 제품 중에는 많은 것이 중복되어 있습니다. 어떤 경우에 있어서는 2개의 디지털 시스템 중 어느 것을 사용해도 비슷한 결과를 얻게 되는 것이지요."[17] 즉 DEC는 P&G와 마찬가지로 측정 가능한 중복의 대가를 감수하는 것이다.

공식성과 규칙, 위원회를 중심으로 한 형식에 사로잡힌 행동에 대한 대안으로서의 내부 경쟁은 초우량 기업에서 흔히 찾아볼 수 있다. 그리고 제품의 중복, 부문의 중복, 개발 프로젝트의 중복, 판매 부문이 제품 사업부의 제안을 받아들이지 않는 경우에 발생하는 개발비의 낭비 등 중복의 대가를 지불하고 있다. 그런데도 여기서 얻는 이익은 그렇게 하지 않을 경우보다 몇 배나 더 많다. 특히 사원들의 헌신, 혁신 그리고 수익의 측면에서는 그 이득이 더욱 높아지는 것이다.

긴밀한 커뮤니케이션　HP의 한 간부는 다음과 같이 말했다. "우리는 사실 혁신이 어떻게 일어나는지 정확하게 알지 못합니다. 하지만 분명히 알고 있는 것이 하나 있지요. 그것은 손쉬운 커뮤니케이션, 서로 어떠한 장애도 없이 자유롭게 대화할 수 있는 환경이 필요하다는 사실입니다. 우리가 어떤 일을 하건, 어떠한 조직구조를 채택하건, 또 어떤 경영시스템을 시도하건, 그것이 무엇보다도 중요합니다. 자유로운 커뮤니케이션을 위협하는 일은 절대로 없을 것입니다."

혁신을 가능케 하는 초우량 기업의 커뮤니케이션 시스템

초우량 기업에서는 혁신을 가능하게 하는 커뮤니케이션 시스템이 존재하는데 그 특성으로 다음과 같은 다섯 가지를 들 수 있다.

1. 커뮤니케이션 시스템은 비공식적이어야 한다 3M에서는 항상 다양한 모임이 이뤄지는데 그중에서 미리 계획된 것은 많지 않다. 대부분은 여러 전문 분야의 사람들이 부담 없이 모여 문제를 이야기하는 식이다. 마치 대학의 캠퍼스처럼 꾸며진 세인트폴 본사는 양복 윗도리를 벗어던질 수 있을 만큼 자유스러운 분위기다. 그리고 중서부 특유의 현실주의적 기술자 집단, 계속해서 사람들이 서로를 알아가게 만드는 조직을 만들었다. 이리하여 사람들이 정기적으로 접촉하는 구조가 자연적으로 형성되었다.

맥도날드에서는 최고 경영진이 형식을 타파하고 일체가 되어 행동함으로써 기업 전체에 하나의 색채를 부여하고 있다. DEC의 대표이사 케네스 올센[18]은 회사 내의 다양한 계층에 속해 있는 기술자 20여 명으로 구성된 기술위원회와 정기적으로 만나고 있다. 케네스 올센이 과제를 정하며, 언제나 신선한 아이디어가 나올 수 있도록 멤버를 고정시키지 않고 위원회를 해산한 뒤 다시 편성하곤 한다. 그는 자신의 역할이 촉매제 내지는 반대를 업으로 삼는 데블스 애드버킷devil's advocate과 같다고 생각한다. 챔피언이 탄생하는 과정을 연구하는 에드워드 숀은 이런 종류의 비공식적 상호작용이 얼마나 중요한지를 다음과 같이 요약해서 말하고 있다. "성공적인 아이디어의 소유자는 공식적인 조직보다는 오히려 비공식적인 조직에서 일하기를 좋아한다."[19] 조직의 중심부에 챔피언을 탄생시키는 시스템이 있다는 것은 사실상 그 조직 자체에 비공식적인 문화가 존재한다는 것을 의미한다.

2. 커뮤니케이션은 매우 긴밀하게 이뤄져야 한다   일반적으로 커뮤니케이션이 잘 되지 않는다고 알려져 있는 업종에 속한 기업들 가운데서 개방적인 커뮤니케이션 체제를 보유하고 있는 회사는 엑슨과 시티은행이다. 우리는 이 두 회사의 간부들이 일하는 모습을 가까이서 볼 기회가 있었다. 이 두 회사가 일하는 방식과 다른 경쟁사의 방식에는 그야말로 놀라운 차이가 있었다. 두 회사의 간부들이 무슨 발표를 하면 여기저기서 큰소리가 났다. 전원이 적극적으로 참여해 아무 거리낌 없이 질문을 했으며 상대가 회장이든 사장이든 이사회 임원이든 주저함이 없었다.

그러나 이와 달리 우리가 보아온 대부분의 다른 회사는 전혀 그렇지 못했다. 간부들은 어떤 경우에는 20년이나 같이 일한 동료인데도 정식으로 의제가 설정되어 있지 않으면 미팅에도 나오려 하지 않았다. 그리고 상대의 발표에 형식적인 코멘트를 하는 것 외에는 아무 일도 하려 들지 않았다. 극단적인 경우에는 같은 층에서 일하면서도 서면으로만 대화하는 사람들도 있었다. 이러한 분위기는 캐터필러의 최고위층 10명이 매일 모이는 '의제와 의사록이 없는no agenda no minutes' 미팅, 플루어와 델타의 최고위층 10명 내지 15명이 매일 모이는 '커피 간담회', 맥도날드의 고위 그룹이 매일같이 형식에 구애받지 않고 모이는 미팅 등과는 극단적인 대조를 이룬다.

인텔의 임원들은 모든 사람이 주저 없이 문제를 제기할 수 있는 공개적이면서도 의견 대립에 구애받지 않는 경영 스타일을 '동료끼리의 의사결정'이라 부른다. 사람들이 감정이나 의견을 감출 필요가 없는 가장 큰 이유는 그들이 늘상 얼굴을 마주 대하기 때문이다. 그러므로 미팅할 기회가 드물지도 않으며 그러한 미팅이 형식적이거나 정치적인 행사가 되지도 않는 것이다.

3. 커뮤니케이션의 도구가 충분해야 한다　IBM에 다니던 어떤 직원이 최근에 전직을 하여 다른 첨단기술 기업에서 중요한 연구 활동을 하게 되었다. 전직하고 몇 주가 지난 어느 날, 그는 한 임원의 사무실로 찾아가 문을 닫은 후 말했다 "문제가 좀 있습니다." 임원은 안색이 변했다. 그가 이전에 자신의 계획에 대해 매우 비판적인 태도를 취했던 적이 있었기 때문이다. 전 IBM 직원이 말했다. "이 회사에서는 왜 칠판이 보이지 않죠? 칠판이 없으면 사원들이 서로 대화하거나 의견을 나눌 기회가 없지 않습니까?" 임원은 그의 주장을 받아들였다. IBM에서 이러한 제도를 시작한 사람은 토머스 왓슨 1세였다. 그는 도처에 늘 흰 종이들을 비치해두었다. 이와 같은 구체적인 장치를 통해 긴밀하면서도 형식에 얽매이지 않는 활발한 커뮤니케이션을 돕고, 또한 일상적인 혁신의 토대를 마련했던 것이다.

　우리 고객인 한 회사의 사장이 최근에 자신이 매우 중요한 일을 했다며 다음과 같은 이야기를 들려줬다. "사원 식당에 있는 4인용 둥근 테이블을 치우고 군대 식당에 있는 것과 같은 직사각형의 테이블을 설치했습니다. 그것은 매우 중요한 의미가 있는 일이었습니다. 작고 둥근 테이블에는 안면이 있는 사람들끼리만 모여 앉아 식사를 하게 됩니다. 그러나 긴 테이블이라면 낯선 사람들과의 접촉이 가능합니다. 기술자가 마침 곁에 앉게 된 다른 부문의 마케팅 담당자나 제조 담당자와 대화를 나누는 일이 매일

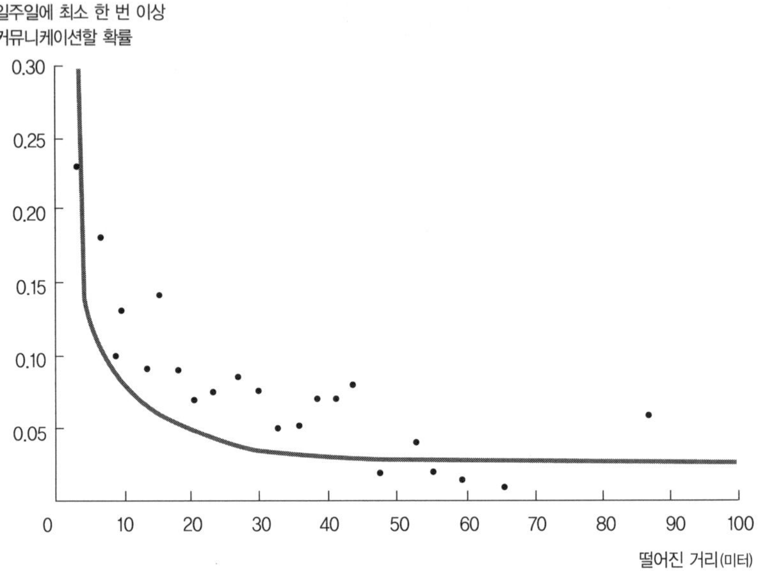

같이 일어납니다. 확률의 문제죠. 약간의 계기를 만들면 중요한 아이디어를 교환할 확률이 올라간다고 생각합니다.”

실리콘밸리에 있는 인텔의 새 빌딩에는 작은 회의실이 굉장히 많다. 경영진은 종업원들이 그곳에서 점심을 먹거나 소규모 그룹이 자유롭게 모여 문제를 해결하기 위한 방법들을 생각해보기를 원한다. 회의실에는 몇 개의 칠판이 설치되어 있다(이러한 일련의 발견을 ‘커뮤니케이션의 요소’라고 불러야 할 것 같다).

MIT의 토머스 알렌Thomas Allen은 물리적인 인원 배치와 커뮤니케이션과의 관계를 오랫동안 연구해왔다.[20] 각종 조사와 실험에서 그가 이끌어낸 결론은 매우 놀라운 것이었다. 연구 결과에 따르면 두 사람이 10미터 이상 떨어져 앉았을 때 그들이 적어도 1주일에 한번 직접 커뮤니케이션할 수 있는 확률은 불과 8퍼센트 내지 9퍼센트밖에 되지 않는다. 그리고 5미터인 경우에는 25퍼센트 정도가 된다. 아래의 그림은 이러한 드라마틱한 상관관계를 잘 보여준다.

어찌 보면 걸맞지 않다고 생각할 수도 있지만 초우량 기업은 '대학 캠퍼스'와 같은 시설을 갖고 있는 경우가 아주 많다. 우리는 최고의 실적을 거두고 있는 기업들이 뉴욕, 시카고, 로스앤젤레스 등 대도시에 위치해 있지 않은 것은 결코 우연이 아니라고 생각한다. 모린에 있는 디어의 복합단지, 캐터필러의 페오리어 설비, 3M의 세인트폴 캠퍼스, 신시내티에 있는 P&G 시설, 다나의 톨레도 센터, 미들랜드에 위치한 다우의 본사, 팔로알토에 있는 HP의 본부, TI의 대규모 댈러스 단지, 코닥은 로체스터의 '코닥 파크'에 각각 주요 시설이나 본사를 두고 있다. 이러한 회사들 중 대다수가 주요한 기능의 대부분을 중소도시의 한군데로 집중시키고 있음을 알 수 있다.

4. 강화 장치 혁신을 확산시키는 커뮤니케이션 시스템에는 또 다른 측면이 있는데 실질적으로 제도화되어 있는 혁신 프로그램이 바로 그것이다. 그중에서도 가장 전형적인 예가 IBM의 '펠로우Fellow' 제도다. IBM의 이러한 제도는 토머스 왓슨 1세의 '야생 오리'를 키우겠다(이 비유는 입센의 희곡에서 따온 것으로 '재야의 자유인'이란 뜻이다)는 열망에서 비롯된 것이다. 현재 약 45명으로 구성된 펠로우들은 〈뉴스위크〉에 낸 광고에서 스스로를 '몽상가, 이단자, 쇠파리, 독립적인 지식인, 천재들'[21]이라고 표현한 바 있다. 그중의 한 사람은 "부사장의 수보다 우리의 수가 적다."라고

말한다. 기술자로서는 최고의 영예라 할 수 있는 펠로우로 선발된 사람에게는 5년 동안 실질적으로 완전한 자유와 권한이 부여된다. 펠로우의 역할은 단순하다. 회사의 시스템을 뒤흔드는 것이다.

실제로 이들은 IBM을 뒤흔들고 있다. 우리는 산호세에서 뉴욕으로 가는 심야의 비행기 속에서 한 펠로우를 만난 적이 있다. 그는 실리콘밸리에 있는 몇몇 회사에서 수백만 달러어치의 마이크로프로세서를 카탈로그만을 보고 구입했다고 했다. "IBM도 6개 연구소에서 마이크로프로세서를 연구하고 있습니다. 그런데 대부분의 연구원들은 다른 회사의 기술이 어느 정도인지, 무엇을 구입해야 하고 무엇을 손수 만들 수 있는지 거의 확인하려 하지 않습니다. 그래서 우리가 그것들을 사다 뜯어도 보고 실험도 해보는 것입니다."

사실 큰 임무를 맡은 매우 광적인 한 명의 사람이 얼마나 많은 일을 하고 있는지를 알게 되면 놀라지 않을 수 없다. 우리는 이 펠로우가 관여하고 있는 몇 가지 프로젝트의 가치를 평가해봤다. (그리고 제3자로부터 우리의 평가를 확인받았다.) 그 결과 IBM이 최근에 이룩한 큰 혁신 가운데에서 이 사람이 매우 중요한 역할을 한 경우가 6건이나 된다는 것을 알 수 있었다.

이야기는 이것으로 끝나지 않는다. 이 펠로우는 서해안의 산호세 연구소와 동해안의 아몬크 본사에 이르기까지 1백 명 이상의 부하를 거느리고 있다. 1백 명은 그의 직속 부하는 아니지만 프로젝트 수행을 위해 필요할 경우 집합시켜 업무를 맡길 수 있는 이들이다. 그가 대학에서 전공한 과목은 컴퓨터가 아니라 소립자 물리학이었다. 또한 그의 취미는 고객과 대화를 나누는 것이라고 했다.

IBM의 경우 모든 직원이 흰 와이셔츠를 입어야만 하는 것은 아니지만 그래도 아직까지는 보수적인 회사다. 그러나 이 펠로우들은 가죽 상의를 입고 히피와 같이 목걸이를 하고 있으며 부업으로 2개의 양조장을 운영하고 있다. 회사에 대한 그의 공헌도와 능력을 크게 인정받지 못했다면 이 같은 자유가 허용되었을 리 없다.

TI의 개인적인 공헌 프로그램과 3M의 벤처 사업 부서 등도 이와 유사한 강화 장치들이라 할 수 있다. 우리는 그 밖의 곳에서도 비슷한 예를 찾아볼 수 있었다. 해리스와 유나이티드 테크놀로지는 부문 간에 훌륭한 기술 교환이 이뤄졌을 경우 특별한 상을 주고 있다. 벡텔에서는 모든 프로젝트 책임자들에게 새로운 기술을 실험해보는 데 업무 시간의 20퍼센트를 할애할 것을 요구하고 있다. GE는 내부 직원이라면 누구나 로봇을 구경하고 빌려 쓸 수 있는 시설인 '장난감 가게'를 만들어 '미래의 공장'을 겨냥한 설비 근대화를 장려하고 있다.[22] 데이터포인트Datapoint는 같은 목적으로 '테크놀로지 센터'를 만들었다. 이것은 전공 분야가 전혀 다른 사람들이 혁신을 목적으로 함께 모이는 장소를 의미한다. 이 모든 것은 조직 내에서 혁신을 이룩하기 위한 회사의 적극적인 노력의 예라 할 수 있다.

5. 형식에 구애받지 않는 활발한 커뮤니케이션 시스템은 탄탄한 통제 시스템의 역할을 한다 그리고 동시에 혁신을 억제하기보다는 오히려 확산시킨다. 가장 대표적인 예가 3M이다. "물론 우리도 관리를 받고 있습니다. 어느 팀이나 자신들을 주시하고 있는 주위 사람들에게 어느 정도의 부담을 주지 않고서는 2천 내지 3천 달러 이상 자금을 지원받을 수 없습니다. 그러나 기본적으로 주위 사람들은 진행되고 있는 프로그램에 흥미를 갖고 있

습니다." 우리는 초우량 기업도 이러한 문제에 있어서는 매우 엄격할 것이라고 생각한다. 이러한 회사에서는 당신이 어떤 것에 조금이라도 많은 시간을 할애하려 하면 많은 사람들이 비공식적으로 무슨 일인지 알아보려 할 것이다. 그러나 보다 '형식에 치우친' 많은 회사들의 경우에는 서류만 제 시간에 제대로 제출하면 아무 일을 하지 않아도 5백만 달러를 써버릴 수 있는 것이다.

실패에 대한 관대함

성공을 지향하는 적극적이면서도 창의적인 환경은 실패에 대해 무척 관대하다는 특징을 갖고 있다. 존슨 앤드 존슨의 CEO인 제임스 버크James Burke는 자사의 모토 중 하나가 "기꺼이 실패한다."라는 것이라고 말한 바 있다.[23] 그는 존슨 앤드 존슨의 창립자인 로버트 존슨이 "잘못을 저지르지 않는 리더는 적극적으로 결단을 내리는 리더라 할 수 없다."라고 말했음을 강조했다. 에머슨 전기의 찰스 나이트Charles Knight는 "실패하는 것도 능력이다. 실패를 두려워한다면 혁신을 꾀할 수 없다."[24]라고 주장한다. 실패에 대한 관용은 초우량 기업의 두드러진 특징이며, 더구나 이 가르침은 조직의 최상층으로부터 직접 전달된다. 이들은 챔피언들이 다양한 시도를 하는 과정에서 몇 가지 실패를 경험하지 않으면, 그 기업은 혁신을 이룰 수 없다고 생각한다.

실패에 관해서 꼭 알아둬야 할 것은 정기적인 대화가 이뤄질 경우 처벌이 훨씬 가볍다는 것이다. 큰 타격을 입히는 실패는 대개 진지한 방향 제시를 하지 않은 상태에서 수년간 그 일을 계속하도록 방치했기 때문이다. 이러한 결말은 초우량 기업과 같이 자유로운 커뮤니케이션이 보장되어 있는 환경에서는 좀처럼 찾아보기 힘들다. 그러한 환경에서는 솔직하고 정직한 의견 교환이 이뤄진다. 또한 정말 나쁜 소식은 숨길 수도 없을 뿐더러, 숨기려 하지도, 숨길 필요도 없다.

따라서 챔피언들을 지원하는 수단도 매우 다양하다. 우리가 찾은 구체적인 방법만도 몇백 가지나 된다. 여기서 제시할 예는 우리가 수집한 자료의 극히 일부에 지나지 않는다. 어느 하나도 결정적이라 할 수는 없다. 대개는 전체에서 일부분을 묘사한 것에 불과하다. 각 요소가 서로 맞물려 항상 변화를 거듭한다. 이 혼돈 상태가 바로 있는 모습을 그대로 나타내는 것이다.

더구나 챔피언은 자연적으로 생기는 것이 아니다. 역사와 수많은 지원이 있었고, 반복적인 시도를 통한 단련과 성공에 대한 아낌없는 찬사, 실패를 통한 성장이 있었기에 그들이 탄생할 수 있었다. 하지만 전사적인 지원만 있다면, 챔피언이 될 가능성을 가진 사람들은 소수의 창조적 천재에 제한되지 않고 훨씬 더 늘어나게 될 것이다.

우리가 이 장을 통해서 설명해온 챔피언과 챔피언을 배출하는 시스템, 수많은 실험, 상호 연관된 수많은 지원 수단들을 다시 한번 강조하기 위해 3M의 예를 들어볼까 한다. 물론 이 기업은 실적 면에서도 선망의 대상이 되고 있으나, 그보다 더 놀라운 것은 끊임없이 쏟아져 나오는 신제품들이다. 3M의 업적은 하루아침에 달성된 것이 아니다. 업계의 자연적 성장이나 외부의 기술에 의한 것도 아니다. 3M은 고성장 사업에 참여하는 만큼이나 저성장의 사업에도 참여하고 있다.

3M의 예

당초 우리의 연구 대상은 기업이 원천적으로 갖고 있어야 할 혁신적인 성향을 거의 찾아볼 수 없는 거대 기업이었다. 3M은 거대 기업이라는 명칭에 어울리는 회사다. 〈포춘〉 선정 5백대 기업 중 51위를 자치하고 있으며, 1980년도에는 61억 달러의 매출을 기록했다. 하지만 3M은 오늘날까지 혁신을 계속하고 있다. 총 5만 가지 이상의 제품을 갖고 있으며, 지금도 40여 개 부문에서 연간 1백 가지 이상의 획기적인 신제품을 배출하고 있고 새로운 사업 부문이 해마다 늘어나고 있다. 성과 면에 있어서도 성공을 거듭해 왔다. 60억 달러가 넘는 매출 중 세금을 제외한 순이익이 6억 7천8백만 달러에 달하며, 이는 영업 이익 면에 있어서 〈포춘〉이 선정한 1백대 기업 중 소하이오Sohio, 코닥, IBM, 아메리칸 홈 프로덕트American Home Product에 이어 다섯번째로 큰 규모다.

3M은 수많은 사업을 보유하고 있다. 그중 전체 매출의 17퍼센트를 차지하는 가장 큰 사업은 스카치테이프를 비롯한 각종 테이프 관련 제품이다. 이 밖에도 그래픽 시스템, 연마제, 접착제, 건축 재료, 화학제품, 보호재, 사진 관련 제품, 인쇄용 제품, 제어 시스템, 녹음 용품, 전기 제품, 건강 관련 제품 등이 있다. 그러나 이와 같은 다양함 속에서도 하나의 공통점을 찾아볼 수 있다. 그것은 바로 마법과 같은 도장 및 접착 기술을 갖고 있는 화학 엔지니어들이 회사를 점령하고 있다는 점이다. 그러나 핵심 기술을 고수한다는 것은 단지 기존 제품 계열을 그대로 유지한다는 것만을 의미하지는 않는다. 〈포춘〉에 따르면 지난 2년 동안 3M이 개발한 신제품 중에는 수영을 해도 씻겨나가지 않는 선탠 로션, 금속 스테이플로 절개 부위를

빨리 봉합할 수 있는 외과용 스테이플러, 값비싼 은을 사용하지 않은 오프셋 인쇄용 필름, 잡초나 잔디의 성장 속도를 억제하는 약품 등이 있다.[25]

피터 드러커는 "무언가가 성취될 때는 언제나 그 사명을 완수하는 데에만 전심전력을 기울이는 사람이 항상 뒤에 있다는 사실을 배웠다."[26]라고 말했다. 3M 역시 좋은 제품을 개발하기 위해서는 몰입이 필수불가결하다고 생각하고 있다. 〈포춘〉은 이 몰입의 한 단면에 대해 다음과 같이 언급하고 있다. "세인트폴에서 사람들에게 만족을 가져다주는 것은 신제품을 발명한 누군가의 지식, 다른 사람이 좌절할 때 그를 격려하는 것, 상부의 간섭이 최소화된 상태에서 경제적인 대량 생산 방법을 찾아내는 것입니다."[27]

앞에서 우리가 언급한 보호자의 역할은 챔피언을 지원하는 시스템들 중에서 중요한 역할을 하는 것 중 하나다. 3M에서는 이러한 보호자들 중 하나가 중역 챔피언이다. 3M이 이룩한 혁신의 역사로 미뤄볼 때 중역 챔피언은 예외 없이 과거에 제품 챔피언이었던 사람들이다. 이들은 얼핏 보기에는 비합리적으로 행동하고 무언가에 몰두하며, 자신만의 작은 프로젝트에 10년 이상 매달렸던 사람들이다. 하지만 오늘날 중역 챔피언이 된 그들의 주된 역할은 젊은 사원을 본사 관리 부문의 부당한 간섭으로부터 보호하고 그들이 창의성을 발휘할 수 있게 해주는 일이다.

3M에서는 중역 챔피언의 역할을 잘 표현한 다음과 같은 문구를 곧잘 인용한다. 바로 "선장은 피가 날 정도로 혀를 깨문다."라는 문구다. 이것은 처음으로 큰 배를 항구에 입항시키는 하급 장교의 서투른 조작을 본 선장이, 당장에라도 잔소리를 하고 싶지만 혀를 깨물고 억지로 참는다는 해군의 고사에서 나온 것이다. 3M에서는 이것이 젊은 사원에게 신제품을 탄생

시키는 매우 중요한 일을 위임하는 힘든 과정을 의미한다. 3M의 중역 챔피언은 이른바 '상사'가 아니다. 오히려 그들은 '지도자'이며 '조언자'이다. 그들의 임무는 새로운 챔피언을 육성하는 것이다. 그들은 제임스 마치가 말한 '눈보라를 막아주는 방설책을 세우는 사람'인 것이다.

3M에 있어 챔피언을 위한 기본적인 지원 단위는 벤처 사업 부서로 이것은 매우 특별한 테스크포스다. 그중에서도 가장 중요한 세 가지 특성은 각 전문 분야에서 무기한 참가할 수 있다는 것, 자발적으로 참가한다는 것 그리고 원하는 만큼 벤처 사업 부서에 머무를 수 있다는 것이다.

3M에서는 새로운 벤처 사업 부서가 구성되면 곧 기술, 제조, 마케팅, 판매 그리고 재무 분야에서 멤버가 모여들어 풀타임으로 일한다. 처음부터 그러한 기능이 모두 필요한지의 여부에 관계없이 모든 직원이 벤처 사업 부서에서 풀타임으로 일하는 것이다. 회사 측에서는 이러한 관례에 낭비가 있다는 것, 특히 초기에는 제조 부문 인력이 3분의 1정도밖에 필요하지 않다는 것을 잘 알고 있다. 그러나 그러한 중복의 대가를 치르고서라도 팀원의 몰입 정도를 높이려고 한다. 오직 풀타임의 업무 배정을 받은 상황에서만이 열성적으로 그 일에 몰입할 수 있음을 알기 때문이다.

몰입 수준을 높이기 위한 또 하나의 방법은 팀의 멤버 전원을 자발적으로 참가시키는 것이다. 이에 대해 3M의 한 중역은 다음과 같이 말한다. "팀의 멤버는 회사에서 임명하는 것이 아니라 사내 모집을 통해 지원한 사람들인데 그 차이는 매우 크다고 봅니다. 만일 마케팅 분야에서 일하는 사람인 내게 기술 분야에서 일하는 사람이 제출한 아이디어를 평가하라는 임무가 주어진다면, 극히 평범한 인센티브밖에 제공하지 않는 대부분의 회사에서는 모두들 그 아이디어가 갖고 있는 모든 결점을 지적할 겁니다.

그리고 그 아이디어를 가치 없는 것으로 폄하하고, 자신은 그에 대한 책임을 지지 않으려 할 것입니다. 그러나 자신이 자원해서 그 팀에서 일할 경우에는 결코 그러한 일이 벌어지지 않지요."[28]

또한 3M은 사업팀에 자율성과 일을 지속할 수 있는 권한을 부여한다. 업무의 초기 단계에서 제품 출시까지 팀이 항상 함께할 수 있도록 하기 위해서다. 20년간 3M을 연구해온 MIT의 에드워드 로버츠[29]는 다음과 같이 말한다. "3M에서는 그룹 단위에 모든 것을 맡겨버립니다. 성과에 대한 회사의 전통적 척도와 기준에 부합되기만 하면 스스로 제품을 시장에 출시하고 그것으로부터 이익을 얻는 일도 가능하죠. 그리고 만일 실패했을 경우에도 회사는 그 직원이 새 사업 프로젝트에 들어가기 전에 했던 일로 다시 돌아갈 수 있도록 해주고 있습니다." 이것은 전술한 지원 시스템의 또 다른 측면을 말해주고 있다. 비록 실패하더라도 가치 있는 시도에 대해서는 지원한다는 의미인 것이다.

보상 시스템은 팀과 개인 양쪽을 지원한다. 프로젝트가 장애물을 하나 뛰어넘을 때마다 모든 사람이 함께 승진하게 된다. 챔피언은 자신이 속한 그룹의 성공에 크게 기여하며 그 반대도 마찬가지다. 성공적인 벤처 사업 부서의 일원이 어떻게 승진해나가는지에 대해 다시 한번 에드워드 로버츠의 말을 인용하기로 한다.

벤처 사업 부서에 뛰어든 사람들은 자신의 제품이 점점 더 큰 소득을 올리게 됨에 따라 지위와 보수가 자동적으로 달라집니다.[30] 처음에는 현장 엔지니어로서 그 직책에 맞는 급여를 받는 사람이 있다고 합시다. 이후 그가 개발에 참여한 제품이 시장에 출시되면 그는 '제품 엔지니어'가 됩니다. 연간 매출이 1백만 달러를 초과하게 되면 그 제품은 자동적으로 '정식 상품'이 되고 그의 직위도 바뀌게 되지요. 1년에 1백만 달러를 벌어들이기 때문에 당연히 급여도 올라갑니다. 매출이 5백만 달러의 선을 넘으면 그 다음 단계로 올라갑니다. 그는 이제 '제품 라인 엔지니어'가 됩니다. 그리고 2천만 달러에 도달하면 그 자체가 하나의 사업부가 되고, 만일 그가 기술적으로 중요한 위치에 있는 경우에는 그 부문의 '연구개발 및 기술 책임자'가 되는 것입니다.

기업가적인 활동을 장려하는 3M의 문화를 이해하기 위해서는 먼저 3M의 가치체계, 특히 '11번째 계명'에 주목할 필요가 있다. 11번째 계명이란 "신제품 아이디어를 죽이지 말지어다."라는 것이다. 회사 측에서 아이디어의 구체화를 늦추거나 또는 사내 벤처 사업 부서를 구성하지 못하게 되는 경우도 있을 것이다. 하지만 개척자들의 아이디어를 사장시킬 수는 없다. 3M을 연구해온 한 전문가는 3M에서의 11번째 계명은 보통 대기업에서는 찾아볼 수 없는 것이라 논평하고 있다. 또한 "3M에 있어서는 신제품 개발 계획을 중지시킬 경우 구체적인 증거를 제출해야 할 사람은 중지시키려는 쪽이지 프로젝트를 추진하는 쪽이 아닙니다. 아이디어의 발안자는 그 아이디어가 좋다는 것을 증명할 필요가 없습니다. 오히려 아이디어를 반대하는 사람이 그 이유를 증명해야 합니다. 이와 같은 분위기를 만들기 위해서는 기업가정신이 있는 사람들을 지원하는 환경을 마련해야 하는 것입니다."[31]라고 말했다.

자율성, 혁신, 자주성, 기업가정신을 아우르는 공유된 가치를 강화하기 위해 기업은 과거와 현재의 영웅들을 높이 평가해야 할 것이다. 3M을 연구하고 있던 우리 연구진 중의 한 사람은 3M의 한 중역과 함께 전 회장들 및 전직 최고 간부들에 대해 토론했다. 그 결과 거의 예외 없이 모든 사람들이 3M 내에서 챔피언으로서 성공을 거둔 사람들이었음을 알 수 있었다. 즉 모든 최고 경영진과 많은 선임자들이 젊은 사원들에게 역할 모델로서 자리잡고 있었던 것이다. 챔피언이 되고자 하는 사람은 아이디어를 죽이지 마라, 아이디어를 찾아다녀라, 실패를 두려워하지 마라, 아이디어가 시장에서 성공을 거두기까지는 많은 시간이 걸린다 등 일련의 영웅담에서 용기를 얻는다.

예를 들어, 전설적인 리처드 드루Richard Drew와 그의 동료인 존 보덴 John Borden의 이야기는 젊은 사원에게는 하나의 지침이 되고 있다. 회장인 루이스 레어는 그에 대해 다음과 같이 이야기하고 있다. "자동차 공장을 찾아간 한 영업사원이, 거기서 일하는 사람들이 두 가지 색으로 자동차를 도장하는데 색이 서로 섞이지 않도록 하기 위해 애쓰는 모습을 보게 되었습니다. 3M 연구소의 젊은 기술자 리처드 드루가 이에 관한 해결책을 생각해냈는데, 이것이 바로 3M이 만들어낸 첫번째 테이프인 마스킹 테이프였습니다. 1930년 듀폰이 셀로판을 출시한 지 불과 6년 후에 리처드 드루가 그 위에 접착제를 바르는 방법을 고안해냈고, 바로 그렇게 해서 스카치테이프가 탄생하게 되었지요. 초기의 스카치테이프는 공업용 포장재로 사용되었습니다. 그것이 대대적으로 사용되기 시작한 것은 3M의 또다른 창의적 영웅인, 당시 판매 담당자였던 존 보덴이 톱날이 달린 디스펜서를 만들면서부터였습니다."[32]

이 이야기는 3M과 관련된 매우 전형적인 동시에 중요한 일화라 할 수 있다. 왜냐하면 첫째, 이 일화는 고객과 회사의 군건한 상호작용이 얼마나 중요한지를 말해주고 있다. 둘째, 발명가는 기술자에 한정되는 것이 아님을 말해주고 있다. 셋째, 3M은 잠재적 시장의 규모에 따라 프로젝트를 제한하지 않는다. 왜냐하면 최초의 용도(예컨대 스카치테이프의 원래 용도는 산업용 포장 재료에 국한되어 있었다)와 제품으로서의 최종적인 잠재력에는 차이가 있기 때문이다. 혁신에 대해 진지하게 연구하고 있는 사람들은 이러한 현상을 항상 주목한다. 또한 기술 혁신을 진지하게 연구하고 있는 사람들은 이러한 현상이 실질적으로 모든 종류의 신제품에 적용된다는 사실에 주목한다.

3M에서는 챔피언이 성공을 거뒀을 경우 크게 축하해준다. 루이스 레어는 그에 대해 이렇게 말한다. "1년에 15회 내지 20회 또는 그 이상, 새롭고 장래성 있는 프로젝트가 1백만 달러 이상의 매출을 올립니다. 당신은 그러한 일들이 그다지 주의를 끌지 못하리라고 생각할지도 모르겠습니다만 그렇지 않습니다. 조명을 켜고 종을 울리고, 비디오카메라가 돌아가는 가운데 팀의 공적을 정식으로 인정하고 칭찬해줍니다."[33] 이와 같이 회사에서는 빛나는 아이디어를 가진 28세의 엔지니어에게 위험을 감수하고 앞으로 나아갈 것을 장려하는 것이다.

3M의 가치체계는 실질적으로 어떤 아이디어도 좋다는 것을 전제로 하고 있다는 점에서도 매우 독특하다. "3M의 다양성 덕분에 어떠한 것이 만들어지더라도 쓸모가 있다는 신념이 회사 내부로 자연스럽게 확산되는 것입니다."[34]라고 한 논평가는 말했다. 그 좋은 예로 다음과 같은 내용이 있다. 이 회사에서 개발한 리본 재료가 성공을 거두지 못하자 브래지어의 컵을 만드는 재료로 사용했으나 그것 역시 실패했다. 하지만 안면 보호 마스크로 변신한 그것은 결국 직업안전보건위원회OSHA가 발족되면서 미국

에서 표준으로 인증되었고, 비로소 제 기능을 발휘하게 되었다. 3M이 도장 및 접착 기술을 주축으로 하는 것은 확실하나 제품의 종류를 제한하는 것은 결코 아님을 알 수 있다. 에드워드 로버츠는 "우리는 제품에 대한 아이디어가 경제적인 면에서 성장과 수익성의 조건만 충족시킨다면, 비록 그것이 우리 회사의 주도적인 분야의 제품이 아니라 해도 주저하지 않고 받아들입니다."[35]라고 말한다. 3M의 다른 한 간부는 이것을 다른 관점에서 설명한다. "우리는 매출을 극대화하기 위한 아이디어cash cow idea를 별로 좋아하지 않습니다. 지속적인 혁신의 잠재력을 가장 잘 현실화할 수 있는 사람은 성공의 전통을 갖고 있는 사람들입니다." 3M은 성공의 경험이 또 다른 성공을 낳는다는 사실을 잘 이해하고 있는 것이다.

그리고 실패에 대해서도 역시 지원을 하고 있다. 이 경우에도 전설이 다시 한번 길을 제시해준다. 회장인 루이스 레어는 이렇게 말한다.

우리 회사가 아스팔트 지붕용 입제粒濟 분야에 진출하는 데 계기가 된 것은 한 직원이 사포 제조에 부적당한 것으로 판명된 광물의 새로운 용도를 찾아내야 한다고 완강하게 주장한 때문이었습니다.[36] 이 사람은 그 일에 시간과 노력을 너무 허비했다는 이유로 해고되었으나(3M에서도 분명 챔피언이 쓰라린 고통을 겪는 경우가 있다), 그럼에도 불구하고 회사에 나와 일을 계속한 끝에 드디어 성공을 거뒀던 것입니다. 오늘날 우리 회사의 지붕용 아스팔트 입제 부문은 상당한 매출을 올리고 있으며, 그 사람은 지금으로부터 10년 전에 그 부문의 부사장으로서 명예롭게 퇴직했습니다. 또한 제2차 세계대전 직후에는 세균의 피부 침입을 방지하기 위한 외과 수술용 방어피막의 개발을 계획했던 적이 있었습니다. 이것도 역시 영업 담당 임원에 의해 두 번이나 묵살당했지만 ▲14 계속 연구를 거듭한 끝에 성공을 거둬 오늘날 보건 의료 부문이 4억 달러에 이르는 연 매출을 달성하는 데 견인차가 되어주고 있습니다. 우리가 이와 같은 일화를 되풀이해서 이야기하는 이유는 조직 속에서 용기를 잃고 좌절해 무력감을 느끼는 사원들에게, 큰 벽에 부딪친 것은 결코 자신이 처음이 아니라는 사실을 깨우쳐주기 위해서입니다. 계속할 자유가 있다는 것은 무언가를 잘못하거나 실패할 자유가 있다는 것을 의미합니다.

끝까지 견뎌낸 사람들은 명예를 얻게 된다. 또 다른 임원은 다음과 같이 말하고 있다. "우리는 아이디어를 버리지는 않습니다만 방향을 바꾸기는 합니다. 우리는 담당자에게 모든 걸 맡깁니다." 그리고 덧붙여 이렇게 말했다. "성공하기 전에 반드시 한 번은 프로그램이 버려져야 합니다. 그것이 바로 어떻게 해서든 성공으로 가는 길을 찾아내려고 애쓰는 열정가들을 일에 더욱 몰두하도록 만드는 방법인 것입니다."

그렇다면 이와 같은 이야기들이 의미하는 것은 무엇인가? 여러 가지가 있겠지만 3M이 매우 모순적인 회사라는 걸 보여주고 있다. 가능성이 있는 아이디어에 대해서는 인내심을 갖고 지원하지만 헛된 비용의 지출은 엄격히 제한한다. 결국 3M은 매우 실용주의적인 기업인 것이다.

3M은 보통 다음과 같은 방식으로 일한다. 우선 챔피언은 아이디어가 머릿속에 있는 단계에서 원형 만들기 단계로 옮겨갈 때 자신의 팀을 만든

▲14 리본에서 브래지어 그리고 보호 마스크로 제품을 바꿔나간 그 챔피언의 경우도 역시 도중에서 손을 떼라는 명령을 받고, 결국 자택에서 제품 개발을 하지 않으면 안 되었다.

다. 그 팀이 5명에서 6명으로 구성되었다고 하자. 그런 뒤에(통계적으로 볼때 그런 경우가 많다) 계획이 벽에 부딪쳤다고 하자. 회사에서는 곧 팀을 축소하고 일부를 팀에서 제외시킬 것이다. 그러나 앞에서 언급한 신화에서도 알 수 있듯이 챔피언에게 진정으로 그 일을 계속 하고 싶은 마음이 있다면 혼자서 또는 동료와 함께 계속 그 일을 해나갈 것이다.

대부분의 사례를 통해서 볼 때 3M에서는 제품 고안에서 시장에 내보낼 준비가 될 때까지 보통 10년 이상의 시간이 걸린다(10년이라면 너무 긴 시간처럼 생각될지도 모르나 하나의 아이디어가 상품으로 개발되기까지의 시간은 첨단기술 여부와 상관없이 어느 분야에서나 10년에서 20년이 걸린다는 사실이 많은 연구를 통해 밝혀지고 있다). 즉 챔피언들은 수많은 부침浮沈을 통해 살아남아 최종적으로는 시장에 의해 받아들여지고, 그 결과 그의 팀은 재건된다.

한 임원은 말한다. "우리는 스스로가 손님들의 구체적인 문제를 해결할 능력이 있다는 믿음을 갖고 있습니다." 이것이 바로 3M이다. 3M은 영업사원이건 기술자건 간에 현실적인 문제를 처리하는 데 있어서는 모두 챔피언인 사람들로 이뤄진 기업이다. 이것이 바로 3M이 처음부터 지향해 온 바다. 어느 분석가는 다음과 같이 말한다. "3M의 발명에 대한 집념은 설립 당시로까지 거슬러 올라갑니다. 어떤 부서의 사람들이 순도 높은 강옥鋼玉이 묻혀 있다고 생각되는 광산을 구입했습니다. 강옥은 고급 연마제를 만드는 데 사용되는 강도 높은 광물이지요. 그러나 나중에 이 광산에서 나온 강옥이 품질이 나쁜 것으로 판명되었습니다. 투자자들은 자신들이 살아남기 위한 유일한 방법은 이 강옥으로 부가가치가 높은 물건을 만들어 내는 것뿐이라는 결론에 도달했습니다."[37]

루이스 레어는 이에 대해 이렇게 말했다. "그들은 직접 이 공장 저 공장의 문을 두드렸습니다. 그러나 구매 담당자의 사무실은 찾아가지 않았습니다. 그들은 골목 안에 있는 작은 공장에까지 찾아가 일하고 있는 직공들과 이야기하며 작업 개선을 위해서 반드시 필요하지만 아무도 만들지 않는 것이 무엇인지를 물었습니다."[38] 그들은 이렇게 해서 기술자를 동반하고 다니는 문제 해결사이자 영업사원이 되었고, 이것이 오늘날 3M 전략의 핵심이 되고 있다.

3M은 기술 혁신이 숫자 게임이라는 것을 터득한 최초의 회사이기도 하다. 연구개발 부문의 부사장인 로버트 애덤스는 이렇게 말한다. "우리의 접근방식은 조금 만들고 조금 팔며, 또한 만드는 수를 조금씩 늘려나가는 것입니다." 그의 동료 중 한 사람도 같은 맥락의 말을 한다. "처음에는 작게 시작해서 나중에는 크게 발전시키고, 우리가 간과했던 점을 보충하는 데 필요한 만큼만 돈을 사용하며, 작은 실험을 자주 합니다. 발전이라는 것은 조금씩 정도에서 벗어나는 일의 연속입니다. 한 가지 아이디어가 단번에 상품과 연결될 확률은 제로에 가깝습니다. 반면에 짜낼 수 있는 아이디어에는 한계가 없지요." 챔피언들은 모든 분야에서 약간의 비용으로 많은 실험을 수행하고 있다. 그리고 대부분 실패한다. 하지만 일부는 계속해서 장애물을 뛰어넘고, 그중 극소수만이 마침내 골인을 하게 되는 것이다.

3M은 문자 그대로 바구니 짜는 기계에서 고체 물리학, 극소전자공학 microelectronics에 이르기까지 어떠한 것이든 팀을 구성하겠다는 사람들에게는 자금을 지원한다. 또한 세인트폴 본사의 캠퍼스 안에는 여러 가지 연구시설이 갖춰져 있으며 완전히 개방되어 있다. 3M은 아이디어를 구체화해 재빨리 제품 원형을 만들어내는 능력이 매우 뛰어나다. 그리고 제품 개발

의 처음부터 마지막까지 실제 사용자가 깊이 관여하고 대개의 경우는 사용자들과 공동으로 작업한다.

3M에서 인터뷰를 시작한 지 얼마 되지 않았을 무렵 우리는 신제품의 기획서가 평균 5페이지밖에 되지 않는다는 이야기를 듣고 매우 놀랐다. 우리들 중 한 사람이 어느 연설회에서 그 이야기를 했다. 막 연설을 마친 3M의 부사장도 그 자리에 있었다. 그는 일어나서 우리들의 3M에 대한 분석 내용에 대체적으로 동의한다고 말한 뒤 "그러나 한 가지는 완전히 틀렸습니다."라고 덧붙였다. 우리는 그의 다음 말이 궁금했다. 지금까지 우리가 관찰해온 대다수의 회사처럼 3M도 2백 페이지가 넘는 제안서를 작성하는 것이 옳다고 생각하는 것일까? 그는 이어서 말했다. "우리는 5페이지는커녕 신제품의 개념을 기술한 단 한 줄의 문장도 기획서로 인정합니다."

챔피언, 사내 벤처 사업 부서, 형식을 배제한 커뮤니케이션, 팀의 자주적 참가, 실패에 대한 지지 등 이 모든 것이 훌륭하게 기능을 발휘할 수 있는 것은 3M이 관료주의를 배제하고자 열심히 노력하고 있기 때문이다. 3M의 부사장은 다음과 같은 말을 덧붙였다. "우리는 아직 아무것도 모르는 초기 단계에서 계획으로 스스로를 구속하려 하지 않습니다. 물론 우리도 계획은 세웁니다. 자세한 판매 계획도 수립합니다. 하지만 그것은 우리가 무언가를 알고 난 후입니다. 이제 겨우 시작 단계에서 고객에 대한 테스트나 간단한 실험도 하지 않고 뭐하러 250페이지나 되는 계획서를 만들기 위해 시간을 낭비한단 말입니까?"

같은 맥락에서 3M은 제품에 대한 '최소한의 규모'라는 개념도 무시한다. 한 중역은 이렇게 말했다. "우리의 경험에 의하면 신제품을 시장에 내보내기 전에는 그것이 어느 정도 성공할 것인지 예상하는 것은 불가능합니다. 그러므로 제품이 시장에 출시된 다음에 시장을 예측합니다."[39] 벤처 사업 부서의 책임자도 다음과 같이 언급했다. "신제품의 수요 규모가 분석에 의해 정해지는 경우는 절대 없습니다. 그것은 반드시 확신에 의해 결정되어야 합니다."

어떤 의미에서는 3M과 같은 기업에게는 조직구조라는 것이 그다지 중요하지 않을 수도 있다. "형식상으로 볼 때는 3M의 구조가 그다지 독특한 것은 아닙니다."라고 에드워드 로버츠는 말한다. 그리고 보다 강한 어조로 3M의 한 간부는 "조직적 형태 따위에는 관심도 없다."라고 말한다.

하지만 몇 가지 구조적인 특성이 있기는 하다. 우선 다른 회사라면 기능별 조직이나 매트릭스 조직이 될 수 있는 일련의 일반적인 기술적 부문에 있어서도 3M은 철저하게 분권화된 사업부를 유지한다. 3M에는 현재 약 40개의 사업부가 있다. 그러나 이보다 더 중요한 것은 신규 사업부의 창설이다. 10년 전에는 사업부가 25개에 불과했다. 한 부문에서 매상을 올리기보다는 부문을 늘리는 편이 더 성공적이라는 것을 초우량 기업은 오랜 시간을 통해 증명하고 있는 것이다.

특히 새롭게 시작하는 경우 이와 같은 유연성은 여기서 그치지 않는다. 3M에서 어느 사업부의 제품 개발 팀에 속한 사람이 하나의 아이디어를 만들어냈다고 하자. 그는 우선 상사에게 가서 자금을 지원해달라고 말한다. 이때 상사가 거절했다고 가정해보자. 여기에서부터 3M의 마술이 시작된다. 그는 자기 그룹의 다른 부문으로 간다. 만일 거기서도 거절당하면 역시 자기 그룹의 또 다른 부문으로 간다. 이러한 상황 때문에 접착제 부문에 있던 사람이 사무용품 부문으로까지 가게 된 예는 수도 없이 많다. 그러나 만일 그곳에서도 자신의 아이디어에 시간을 할애해주지 않을 경우 마지막으로 찾아가는 곳이 있다. 그곳이 바로 상식을 뛰어넘는 아이디어가 모이는 벤처 사업 부서다.

실제로 3M에서는 이러한 제도를 어떻게 운영하고 있을까? 그것은 의외로 간단하다. 관리자들이 그렇게 할 수밖에 없도록 동기를 부여하는 것이다. 아이디어를 갖고 어떤 부문을 찾아간 사람은 자신이 속한 그룹 밖에서의 벤처 활동의 규모에 따라 보상을 받게 된다. 이것은 그 부문의 책임자에게도 적용된다. 이와 같은 직접적인 인센티브 덕분에 어느 곳에서나 아이디어를 제시할 수 있다는 생각을 하게 되고, 아이디어를 받아들이는 편에서도 좋은 아이디어를 찾게 되는 것이다. 따라서 3M의 조직은 사원의 이동에 있어서도 유연성이 크다. 예컨대 A그룹에 있던 사람이 B그룹의 부문 책임자에게 아이디어를 제공했을 경우 그는 B그룹으로 옮겨가게 된다.

그러나 여기엔 몇 가지 규칙이 있다. 예를 들면, 모든 사업부는 매출의 최저 25퍼센트를, 5년 전까지는 존재하지 않았던 제품으로부터 거둬들여야 한다는 것이 그것이다. 종래의 이론을 바탕으로 생각해본다면 40개 이상의 사업부 각각(그 업종이 고도 성장 사업인지 아닌지에 관계없이)에게 그와 같은 목표가 주어진다는 것은 있을 수 없는 일이다.▲15

다른 회사에서라면 이러한 목표는 회사 전체 또는 본부의 차원에서 적용될 것이다. 따라서 사업부 차원에서는 그것을 회사 전체의 문제로 생각하고 그 목표를 진지하게 추구하지 않는다. 어느 곳보다 실행이 필요한 곳에서 관심을 얻지 못하게 되는 것이다. 하지만 목표가 사업부 차원으로

▲15 이것은 P&G도 채택하고 있는 방법이다. 전직 브랜드 매니저의 한 사람은 다음과 같이 말한다. "P&G에 입사하면 처음에 이런 말을 듣게 됩니다. '제품의 수명이나 해당 상품이 달러 박스라는 생각 따위는 잊어라! 우리 비누 가운데는 80번이나 개량을 했지만 여전히 잘 팔리는 것이 있다.' 라고 말입니다."

부과되는 3M에서는 5명이나 10명이 아니라 40명의 총책임자가 각각 개별적으로 새로운 제품을 찾아 나서야 한다.

그러나 우리가 이미 몇 번이나 반복해서 말해왔듯이 가장 중요한 것은 전체를 움직이는 힘이 한두 가지가 아니라는 점이다. 물론 제품 개발 챔피언과 중역 챔피언 그리고 벤처 사업 부서가 프로세스의 핵심이 되는 것은 사실이다. 그러나 이들이 성공하기 위해서는 많은 영웅과 아이디어의 탐색을 중시하는 가치 시스템, 실패를 허용하는 문화, 다른 사람들이 관심을 갖지 않는 부분을 개척하는 정신nichemanship, 고객과의 긴밀한 접촉, 소규모의 관리 가능한 단계를 밟아가는 과정에 대한 이해, 긴밀하고도 비공식적인 커뮤니케이션, 실험을 위한 장소 등에 대한 풍부한 물리적인 지원, 3M 방식의 혁신을 지원할 수 있는 유연한 조직구조가 있어야 한다. 그리고 지나친 계획과 문서의 범람이라는 폐해가 완전히 제거된 상황에서 내부 경쟁이 이뤄져야 한다. 이것이 바로 12가지의 요소들에 속하는 것들이며 수십 년간 이 모든 것이 조화롭게 기능을 다할 때 3M의 혁신적 작업이 완수되는 것이다.

‡ 새로운 아이디어는 챔피언에 의해 발견되지 않으면 그대로 사멸되어버린다. …… 새로운 아이디어에 대한 특별한 태도는 커다란 기술 변화에 대한 무관심이나 저항을 극복할 수 있는 에너지를 제공해준다. …… 새로운 발명의 승리자는 영웅과 같은 인내심과 용기를 발휘한다.40

— 에드워드 숀Edward Schon, MIT

8 사람을 통해 생산성을 높여라

전 해군 참모총장인 엘모 줌월트Elmo Zumwalt는 "해군에서는 중령보다 계급이 낮은 자는 모두 아이나 다름없는 것으로 간주되고 있다."라고 말했다.[1] GM과 관련된 몇 개의 공장을 운영하고 있는 한 친구는 우리에게 현장 노동자들 사이에서 전해지고 있는 시 한 편을 건네주었는데 그 내용이 엘모 줌월트가 한 말의 내용과 매우 유사했다.

여기에 있는 사람들은

세계 제일의 노동자인가?

아니면 이곳은 야유와 불평을 일삼는 소년들과

장난이나 치는 지저분한 여자 아이들로

가득 찬 탁아소에 불과한가?

공장으로 통하는 저 문은 어떠한가?

그것은 당신이 누구인지 말해주거나 혹은 당신을 탐색하는 문지기인가?

당신을 꿰뚫어보고, 당신의 존재를 변화시킬

보이지 않는 눈이 있는 것인가?

알 수 없는 영감과 정기가 흘러

뇌와 영혼이 당신을 정화시키고는

"8시간 동안 달라질지어다."라고 명령한다.

순간적으로 아이를 어른으로 만들어버리는

그 힘은 과연 무엇인가?

아버지, 남편, 주인, 유권자, 연인, 어른이기 이전의 순간들.[2]

그가 말할 때 최소한 몇 명은 그의 이야기에 귀를 기울였다.

세일즈맨은 물건을 팔기 위해 아첨을 하고,

보험 외판원은 가족에 대한 책임감을 무기로 삼고

우연히 교회가 그의 도움을 구한다.

하지만 그것은 무거운 발을 질질 끌고 문지기 앞을 지나기 전의 일,

그는 계단을 올라,

외투를 벗어 걸고,

작업대 앞 자신의 자리에 앉네.

이 시를 보여준 친구는 사람들을 움직이는 유일한 힘은 신뢰라고 말했다. 물론 그러한 신뢰를 남용하는 사람도 있을 것이다. "하지만 그런 사

람은 전체의 3퍼센트 내지 8퍼센트 정도나 될까 말까 할 것입니다." 그는 자신이 제시한 명확한 숫자에 대한 자신감으로 웃으며 말했다. 이러한 생각에 찬성하지 않는 사람들은 노동자들을 신뢰할 수 없는 이유를 끝도 없이 늘어놓을 것이다. 대부분의 조직은 보통의 노동자들이 무능하고 무엇을 시켜도 실수투성이어서 아무런 도움이 되지 못한다고 생각한다.

그는 또 다른 상징적인 실례를 들었다. "공원에 가본 적 있으시죠? 대부분의 표지판에는 '잔디에 들어가지 마시오', '여기에 주차하지 마시오' 등 온통 안 되는 것투성이입니다. 하지만 몇몇 표지판에는 '캠핑하실 분 환영합니다', '피크닉용 테이블을 이용해주십시오'라고 적혀 있습니다. 하나는 당신에게 해서는 안 된다고 말하고, 다른 하나는 당신에게 할 수 있는 것을 알려주고 참여를 독려하며, 설비를 이용하라고 말합니다." 이러한 문구는 사람들에게 매우 큰 영향을 미친다.

엘모 줌월트는 자신이 참모총장으로 재직한 몇 년 사이에 해군의 관행에 일대 변혁을 일으켰다. 그것은 인간이란 성숙한 인격체로 대우해주면 그러한 기대에 부응한다는 그의 단순한 신념에서 비롯된 것이었다. 그는 처음 중령으로 임명되었을 당시의 자신의 신념에 대해 다음과 같이 회고했다.

내가 가장 많은 노력을 기울였던 것은 우리들이 무엇을 하고 있는지, 왜 이처럼 힘든 전술을 펴고 있는지에 대해서뿐만 아니라, 그러한 여러 가지 작업과 행동이 전체의 작전 활동을 놓고 볼 때 어떤 의미를 갖고 있는지를 장교, 사병 할 것 없이 군함 내의 모든 사람이 확신할 수 있도록 만드는 것이었습니다.[3] 그렇게 함으로써 보통의 경우에는 상층부에 있는 사람들만이 누릴 수 있는 기쁨과 도전을 그들도 경험할 수 있게 될 것이라고 생각했기 때문이었지요. 그것은 그다지 특별한 일은 아니었습니다. 단지 지금 무엇을 하고 있는지, 현재 상황이 어떻게 진행되고 있는지를 전함 내 방송을 통해 자주 전달했을 뿐이니까요. 하루 일과의 시작과 끝에 나는 언제나 장교들과 이런저런 일을 의논했고, 장교들도 앞으로 무엇을 할 것인지, 지금까지 어떤 일이 일어났는지, 상대가 무슨 일을 하려 하고 있는지, 또한 그에 대해 우리는 어떻게 대처해야 하는지에 대해 사병들과 의논하게 했습니다. 우리는 전체 승무원들에게 나눠주기 위해 여러 가지 인간적인 관심사들과 함께 하루의 계획 그리고 군함이 현재 어떤 일을 하고 있는지를 기록한 책자를 만들었습니다. 물론 무엇보다도 중요한 것은 우리가 하고 있는 모든 일들에 대한 유쾌하고 열정적인 대화를 나눌 수 있도록 분위기를 만드는 것이었지요.

그후 불과 18개월이라는 짧은 기간 동안, 효율성 면에 있어 함대의 최하위에 머물렀던 그의 군함이 최고의 군함으로 도약하게 되었다고 엘모 줌월트는 덧붙였다. "나는 경험을 통해서 수병들을 어른으로 대접해주는 것이 어떤 효과를 발휘하는지를 알게 되었습니다."[4] 탠덤의 제임스 트레빅 James Treybig 회장도 같은 말을 했다. "우리는 직원들을 인격체로 대우하고 있습니다." 우리의 동료인 오마에 겐이치도 역시 같은 말을 했다. "일본의 경영자는 언제나 직원들에게 제일선에서 일하는 사람이 일에 대해서 가장 잘 알고 있으며, 행동이 있는 곳에서부터 혁신과 개선이 이뤄진다고 강조하고 있습니다."[5] 최근 펜실베이니아대학 와튼스쿨에서 MBA를 따고, 제너럴 시그널General Signal의 공장 책임자가 된 피터 스미스Peter Smith도 이렇게 말하고 있다. "만일 당신이 기회만 준다면 현장에 있는 사람들은 얼마든지 아이디어를 제시할 것입니다."[6]

MBA 과정 학생들의 현장 경험담은 이러한 점과 관련이 있다.

나는 큰 트럭 운송회사의 샌프란시스코 영업소 매니저로 일하고 있었습니다.[7] 그 영업소는 적자를 내고 있었고 제대로 돌아가는 것이 아무것도 없었습니다. 그래서 나는 몇몇 트럭 운전기사에게 내가 걱정하는 바를 솔직하게 털어놓았습니다. 그러자 그들은 말했죠. "우리는 운전을 좋아하고, 우리 일에 자신감을 갖고 있습니다. 하지만 감독관들은 지금까지 누구 한 사람 배송 루트에 대한 우리들의 의견을 들으려고 하지 않았습니다. 그저 너희는 잠자코 시키는 대로만 하면 된다고 말할 뿐이었지요." 그 다음날 아침, 트럭에 연료를 가득 채우고 세차를 했습니다. 그리고 출발 준비를 끝내고 운전기사들이 출근하는 즉시 배송에 나설 수 있도록 조치를 취했습니다. 그러한 행동을 통해 배송 작업이 긴급을 요하는 중요한 일임을 인식시키고자 한 것이죠. 다음으로 나는 운전기사 한 사람 한 사람에게 회사 이름이 새겨진 모자와 브로슈어를 나눠주며, 필요한 손님들에게 주도록 했습니다. 이것은 영업사원들에게만 허용된 일로 그 외의 사람이 그렇게 하는 것은 내규에 의해 금지되어 있었습니다. 그래서 나는 어느 날 아침에는 영업사원의 차에서 회사 이름이 새겨진 모자를 몰래 빼내야 했습니다.

그러나 가장 큰 문제는 감독관들이 관례적으로 모든 화물 배송 루트를 결정해왔다는 점이었습니다. 그리고 그들은 대개 좋은 결정을 내리지 못했습니다. 나는 그들에게 전체 화물의 4분의 1에서 3분의 1정도는 루트를 정하지 말고 그대로 두라고 지시했습니다. 그렇게 하자 감독관들은 창고 직원으로부터 배송 루트를 어떻게 했으면 좋겠느냐는 질문을 받았고, 그때서야 비로소 다른 사람들의 조언에 귀를 기울이게 되었습니다. 이러한 내 행동들에 대한 이야기가 상사들이나 조합 고위층의 귀에 들어가지 않도록 주의했습니다. 하지만 놀랍게도 이 방법에 의해 수익이 발생하기 시작했습니다. 나는 조합의 게시판에 영업 실적의 숫자를 붙여놓았는데 이는 금지되어 있던 일임에도 불구하고, 그에 대해 직원들이 불평하는 소리를 단 한 번도 듣지 못했습니다. 심지어 운전기사들이 신규 고객을 많이 확보해오자 영업사원들이 트럭에 동승해 그 비결을 배우려고 할 정도였습니다.

내가 하고 있는 일이 상사에게 알려지기 전까지 실적은 계속 좋아졌습니다. 하지만 상사는 운전기사들에게 재량권을 준다는 것을 못마땅해했습니다. 마침 그 무렵 회사에서는 새 노무 규정을 도입해 모든 운전기사들은 일과 중에 15분마다 작업 내용을 기록하지 않으면 안 되게 되었습니다. 실적은 또다시 나빠졌고 고객의 불만 사항도 늘어났습니다. 결국 나는 회사를 그만두고 학교로 왔습니다.

사람들을 하나의 인격체로 대우하라. 그들을 파트너로 대접하고, 존경심을 갖고 대하라. 필요에 의해 소모되는 자본이 아닌 생산성 향상을 위한 주요한 자원으로 대우하라. 이것이 바로 초우량 기업에 대한 연구에서 얻을 수 있는 기본적인 교훈이다. 다시 말해, 만일 당신이 생산성을 높이고 수익을 얻기를 원한다면 당신의 근로자들을 가장 중요한 자산으로 대접해야 한다는 것이다.

《비즈니스와 그 신념*A Business and It's Beliefs*》이라는 책에서 토머스 왓슨 2세는 다음과 같이 말하고 있다. "IBM의 철학은 크게 세 가지 단순한 신념으로 이뤄져 있습니다. 우선 가장 중요한 것부터 말씀드리자면 '개인에 대한 존중'을 들 수 있습니다. 이것은 매우 단순한 개념이지만 IBM에서는 관리 시간의 많은 부분을 할애해 이를 위해 크게 노력하고 있습니다. 이것은 내 아버지의 뼛속 깊이 스며들어 있었던 신념입니다."[8]

개인에 대한 존중은 초우량 기업들의 공통된 특징이다. 이러한 기본적 신념과 가정이 언제 어디에서나 밑바탕이 되고 있다. 하지만 우리가 이야기해온 다른 많은 것들과 마찬가지로 그것 자체만으로—하나의 가정, 신념, 문구, 목표, 가치, 시스템 혹은 프로그램—거기에 생명이 부여되는 것은 아니다. 그 밖의 수많은 구조적 장치, 시스템, 방법 그리고 가치 등 모든 것이 서로를 강화시키는 작용을 할 때 비로소 기업은 평범한 사람들을 통해 뛰어난 성과를 얻을 수 있는 능력을 갖게 되는 것이다.

이 메시지는 이 책의 앞부분에서 언급한, 사람과 동기부여에 대한 내용과도 일맥상통한다. 이들 기업에서는 직원들 스스로 자신의 운명을 결정하도록 하고 있으며 목적의식을 갖도록 유도한다. 평범한 사람들을 승자로 만들어주는 것이다. 그들은 직원들에게 자신이 하고 싶은 말을 하도록 허락할 뿐만 아니라 자신의 주장을 보다 강하게 관철시킬 것을 요구한다. 그들은 적극적인 태도를 강조한다.

마지막으로 중요한 점을 강조하고 싶다. 우리는 직원들의 응석을 받아주라고 말하고 있는 게 아니다. 우리는 그들을 존중하고, 그들을 기꺼이 교육시키며, 타당하고 분명한 기대를 걸고, 업무에 직접적으로 기여할 수 있도록 그들에게 실질적인 자율성을 부여하라고 말하는 것이다.

진정한 인간 존중은 많은 회사에서 흔히 찾아볼 수 있는, 말로만 하는 존중이나 겉만 번드르르한 제도적인 속임수에 의해서는 이뤄질 수 없다.

특히 문제가 되는 것은 말로만 외치는 인간 존중이다. 우리 주위의 경영자들은 모두 하나같이 무엇보다도 사람이 중요하다고 말한다. 하지만 그들 대부분은 말만 그렇게 할 뿐, 정작 자기 회사의 직원들에게 거의 관심을 기울이지 않는다. 사실 그들은 자신들이 관심을 기울이고 있지 않다는 사실조차 깨닫지 못한다. 그들은 "내 시간의 대부분을 직원들에 대한 문제에 쏟고 있습니다."라고 말하지만 실제로는 "직원들 문제만 없다면 훨씬 수월할 텐데."라고 생각하고 있는 것이다.

그러나 초우량 기업은 이와 다르다. 이들 기업에서는 수십 년 전부터 사람에 대한 존중을 실천해왔다. 그들은 불황일 때에도 종업원을 해고시키지 않았고 직원 교육이 당연시되지 않았던 시대에도 교육을 중시하고 충분히 훈련시켰다. 그리고 오늘날과 달리 직급 의식이 더욱 강했던 때에도 직함이 아닌 이름을 사용했다. 그리고 관리자층에서도 그러한 의식 교육이 철저히 행해졌다. 종업원이 있어야 관리자가 존재한다는 사실을 그들은 충분히 이해하고 그를 실천하고 있었던 것이다.

이러한 인간 존중의 기풍은 이들 기업이 사용하는 언어에도 잘 나타나 있다. 델타 항공에서는 '가족의식'이라는 용어를 사용하고, HP에서는 'HP 방식', '현장 중심의 경영'이라는 말을 사용한다. 다나에서는 결산 보고서 작성이나 임원이 연설할 때 혹은 경영 방침을 발표할 때 등 일상적으로 '사람들'이라는 단어를 사용하고 있다. 전 회장인 르네 맥퍼슨은 이 점에 대해 특히 열성적이었다. 언젠가 대화중에 포드의 새로운 광고 캠페인을 보고 그는 이렇게 말했다. "빌어먹을. 어째서 그들을 '사람들'이 아니라 '노동자'라고 부르는 거지?" 맥도날드에서는 종업원을 '크루'라고 부르며, 월트 디즈니는 '호스트', J.C. 페니에서는 '어소시에이트'라 부르고 있다.

물론 이에 대해 속이 들여다보이는 속임수라고 말하는 사람도 있을 것이다. 우리도 이런 현상을 처음 목격했을 때 이러한 방식은 타파웨어와 같은 기업에서나 볼 수 있는 특이한 현상이라고 생각했다. 타파웨어는 1년 동안에 1만 5천 명이나 되는 실적이 우수한 판매원과 판매 매니저를 표창하는 대회를 각 지역에서 열고 있다. 그리고 사장과 임원들이 이 대회에 참여하기 위해 연간 30여 일을 할애하는 기업이다. 그런데 우리는 이러한 방법이 첨단기술을 자랑하는 기업에서도 사용되고 있다는 사실을 발견했다. 그 한 예로 HP는 3000시리즈 컴퓨터 출시를 축하하기 위해 '큰곰을 잡아라(여기서 큰곰은 경쟁사인 IBM을 의미함. – 옮긴이)'라는 노래를 만들었다. 캐터필러에서는 새로운 장비를 출시할 때마다 거대한 불도저에 옷을 입히는 이벤트를 벌인다고 한다.

예상 외로 인간 존중에는 엄격한 측면도 있다. 초우량 기업은 평가와 실적을 중시한다. 그러나 이 엄격함은 책상을 두드리며 소리치는 관리자와 복잡한 관리 제도에서 생겨나는 것이 아니라, 경영자와 종업원들 사이의 서로에 대한 기대와 동료들 간의 검토와 비평에서 비롯되는 것이다. 초우량 기업의 엄격함은, 실적이 좋지 않은 조직 및 명령 계통을 중시하는 기업의 엄격함을 능가하고도 남을 것이다. 왜냐하면 무언가가 자기를 필요로 한다는 것만큼 인간의 의욕을 강하게 자극하는 것은 없기 때문이며, 이것이야말로 높은 기대를 갖게 만드는 요소이기 때문이다. 또한 동료들이 자신에게 큰 기대를 갖고 있다는 사실을 알게 될 때 사람들은 더욱 열심히 일하고 좋은 실적을 올리기 위해 노력하게 되는 것이다. 3장에서 언급한 것과 마찬가지로 사람들은 스스로를 타인과 비교하길 좋아하며, 어떤 기준이 달성 가능하다면 그 기준을 뛰어넘는 성취를 이루고자 한다.

초우량 기업에서는 인간 존중이 철저하게 실행되고 있다. 말로만 그런 원칙을 떠들어대는 기업에서는 우리가 방금 언급한 것과 같은 구체적인 내용을 찾아볼 수 없다. 분명 그러한 회사에서도 많은 인력을 구조조정하는 것이 쉬운 일은 아니었을 것이다. 그러나 IBM, 델타, 리바이스, HP와 같은 기업에서는 고용 안정을 위해 특별한 노력을 기울이고 있다. 그리고 그들이 사용하는 언어는 매우 다르다.

성과가 좋지 못한 기업들의 전쟁담에서는 다나, DEC, IBM에서 찾아볼 수 있는 종업원에 대한 배려, 대우 그리고 보살핌에 대한 언급은 거의 없다. 말로만 떠드는 기업의 관리자들이란 팔을 걷어붙이고 근로자들과 함께 작업에 뛰어드는 일이 없고, 자기 대신 그러한 일을 할 보조자를 고용하는 사람들을 의미한다. 이런 회사에서는 동료끼리의 평가, 검토, 반성도 이뤄지지 않는다. 모든 것을 비밀로 해 종업원들에게 아무런 정보도 제공하지 않는 것이다. 이런 이야기가 담고 있는 메시지는 분명하다. 종업원을 그러한 정보들을 다룰 수 있을 만큼 충분히 성숙한 인격체로 대우하지 않는다는 점이다. 그게 그들의 문제다. 회사에서 주최하는 행사, 표창식, 상품, 기타 근로 의욕을 높이기 위한 장려책은 어떤가? 물론 그러한 것들도 찾아볼 수 없다. 목표관리나 품질관리 분임조 혹은 스캔런 플랜과 같은 새로운 프로그램이 유행할 때 가끔 채택하는 경우도 있으나 곧 거부되거나 그러한 운영 자체가 관료화되어버린다. 그리고 실패할 경우 '노조'나 '종업원의 협력 부족' 때문이라고 말한다. 경영자 측의 집념과 열의의 결여 때문이라고 말하는 경우는 거의 없다.

그러한 것은 곧장 속임수라는 두번째 문제로 이어진다. 최근에 유행하고 있는 속임수는 품질관리 분임조에 관련된 것이다. 일본의 성공 사례에서 볼 수 있듯이, 품질관리 분임조 자체에 문제가 있는 것은 물론 아니다. 경영의 수단이란 명목으로, 지금까지 수많은 기법들이 등장했는데, 품질관리 분임조는 그중 최근의 것에 지나지 않는다. 그러한 방법은 큰 도움이 될 수도 있고, 다른 한편으로 경영자가 참다운 인간 존중을 회피하려 할 때 가장 좋은 은폐 수단이 될 수도 있다.

10년 전 직무 확대가 꽤 유행한 적이 있다. 그 전에는 어디서나 조직 개발 운동이 전개되어 팀 구축, T그룹, 갈등 해소, 관리격자managerial grids 등이 만연했다. 이러한 과거 프로그램의 골격이 미국의 낮은 생산성이라는 황무지에 여기저기 흩어져 있다. 사정은 거의 변하지 않고 있다. 안일한 경영 컨설턴트는 교육 훈련 담당자와 같은 기업의 하부 관리층에게 각종 경영 수법을 팔아먹고, 상부 경영층은 귀찮은 일에 끼어드는 것이 싫어서 이를 하부 관리층에게 일임한다. 그러나 이런 기법들을 조직 하부에 적용한다고 해서 성공을 거둘 수 있는 것은 아니다. 성공을 위해서는 조직의 상부에 있는 경영층의 관심이 필수적인 것이다. 절대적으로 필요한 변화는 조직을 통째로 흔드는 종류의 것이 아니다. 그런 기법들이 뿌리를 내리기 위해서는 최고 경영층의 전면적인 지원이 필수적인 것이다.

몇 가지의 기법만으로 근본적인 변혁을 일으킬 수 없는 것과 마찬가지로, 어떠한 특정 기법이 1년 내지 2년 이상 계속 효과를 나타내리라 기대할 수도 없다. 대부분의 초우량 기업들은 목표관리를 채택하고 품질관리 분임조를 실시하며, 팀 구축을 시도해왔고, 아직도 그 모든 것들을 실시하고 있다. 하지만 그들은 그보다 더 많은 것을 시도하고 있다. 조사를 하며, 다양한 경영 기법을 사용하고 있고, 또한 그러한 것들을 아주 빈번하게 개선하고 쇄신하고 있다는 것은 매우 놀라운 일이다. 그 모든 프로그램들을 실시하는 데 있어 말로만 떠들거나 눈속임하는 데 급급하지도 않았다. 많은 초우량 기업들은 금전적인 보수를 제공하는 제도를 채택하고 있었는데, 이것은 우리들도 이미 예상했던 바였다. 그러나 그 위에 놀랄 만큼 다양한 실험적이고도 아주 새로운 기법들이 많이 시도되고 있음을 발견할 수 있었다.

초우량 기업에서라 할지라도 효과가 영원히 지속되는 장치란 있을 수 없다. 중요한 점은 신제품에 도전하는 자세로 문제를 다뤄야 한다는 것이다. 경영 기법의 파이프라인은 항상 새로운 다음 순서의 후보 프로그램으로 채워져 있어야 하며, 그들 대부분이 불발로 그치더라도 새로운 아이디어는 계속 솟구쳐야 하고 실행되어야 한다. 만일 직무 확대 기법이 밀워키 공장에 잘 맞지 않는다면 다른 공장들이나 다른 회사에서 성공을 거두고 있는 프로그램들을 찾아서 시도해봐야 하는 것이다.

사람을 통한 생산성 향상의 성공 사례

수많은 최고경영자들이 그들의 회사가 사람들을 중요시한다고 단언하고 있음에도 불구하고, 그 강도와 조직 내 침투성에 있어서는 초우량 기업과 엄연히 차이가 있다. 다음의 사례들을 통해서 그 차이를 구체적으로 살펴보자.

［ RMI

우선 RMI의 사례를 살펴보도록 하자.[9] U.S. 스틸U.S. Steel과 내셔널 디스틸러National Distillers의 자회사인 RMI는 종합 티타늄 제품 제조업체다. 오랫동안 이 회사의 성과는 일정 수준 이하였다. 그러나 지난 5년 동안 RMI의 성과는 두드러지게 향상되었다. 그것은 한마디로 철저하게 인간 존중을 바탕으로 하는 생산성 향상 프로그램을 채택했기 때문이다.

이 프로그램은 미국의 풋볼팀인 클리블랜드 브라운즈Cleveland Browns의 주장을 지낸 전 프로축구 선수 빅 짐 다니엘Daniell이 RMI의 사장으로 임명되면서부터 시작되었다. 〈월스트리트 저널〉은 그가 시작한 이 프로그램을 '매번 함부로 만든 슬로건, 커뮤니케이션 그리고 웃는 얼굴을 뒤섞는 진부한 것'이라고 평했다. 공장에는 다음과 같은 표어가 여기저기에 붙여졌다. '미소를 띠지 않은 얼굴을 보게 되면 그대의 웃는 얼굴로 미소를 띠게 하라', '사람들은 스스로 즐기지 못하는 일에서는 거의 성공을 거두지 못한다' 그리고 모든 표어의 끝에는 '빅 짐Big Jim' 이라는 서명이 있었다.

이 이야기에는 더 이상 복잡한 내용이 없다. 회사의 로고는 웃는 얼굴을 디자인한 것으로 그것은 업무용 서류에도, 공장 정문에도, 공장 내의 게시판에도 그리고 직원들의 헬멧에도 그려져 있었다. RMI의 본사는 오하이오의 나일즈에 위치해 있는데 지금은 누구나 그곳을 '오하이오 스마일즈'라 부른다. 빅 짐은 골프 카트를 타고 공장 안을 달리면서 근로자들에게 손을 흔들며 농담을 하고 그들의 말에 귀를 기울였으며, 2천 명이나 되는 근로자 한 사람 한 사람의 이름을 불렀다. 그뿐만이 아니다. 그는 노동조합 사람들에게도 많은 시간을 할애했다. 노동조합의 위원장은 그에게 다음과 같은 찬사를 보냈다.

"그는 회의 시간에 우리를 불러 회사에서 하고 있는 일들에 대해 설명해줬습니다. 이런 예는 어디서도 찾아볼 수 없는 일이었지요."

그렇다면 그 결과는 어땠을까? 3년 사이에 그는 별다른 자본을 투자하지 않고도 근로자들의 생산성을 80퍼센트 가까이 올려놓는 데 성공했다. 최근의 보고에 의하면 월평균 약 3백 건 정도였던 노동조합원의 불만 사항도 20건 미만으로 줄어들었다. 노드롭Northrop 등 우리가 면담한 RMI 제품의 고객들은 하나같이 고객들과 직원들을 세심하게 살피는 빅 짐에 대해 칭찬의 말을 아끼지 않았다.

[**HP**

한 조사에 따르면 자발적으로 인터뷰에 응한 HP의 중역 20명 중 18명이 HP의 성공이 인간 존중 철학이라는 경영 방침에서 비롯되었다고 대답했다고 한다. 'HP 방식'이라 불리는 경영 방침에 대해 회사의 창립자인 빌 휴렛은 다음과 같이 말하고 있다.

사람이란 남녀를 불문하고 누구나 좋은 일, 창조적인 일을 하고 싶어한다고 생각합니다.[10] 적합한 환경만 마련되면 누구나 실제로 그렇게 하게 된다는 것이 내 신념입니다. 진부하게 들릴지도 모르지만 모든 개인을 배려하고 존경하며 그들의 성과를 인정해주는 것이 공동 창립자인 데이비드와 나의 확고한 경영철학입니다. 개인에 대한 존엄성과 가치를 중시하는 것은 'HP 방식' 가운데서도 제일 중요한 것입니다. 이러한 생각에서 우리들은 오래전부터 출퇴근 시간 기록계를 치워버렸고, 최근에는 자유 업무 시간제를 도입했습니다. 이것은 직원들이 작업 일정을 자신의 생활 패턴에 맞출 수 있도록 하기 위한 배려인데, 그것은 우리가 직원들에게 갖고 있는 신뢰와 자신감의 표현이기도 합니다. 회사를 방문한 사람들은 물론 HP에 새로 입사한 사람들은 우리에게 회사 내의 모두가 직함이 아닌 이름을 부르는 비공식성이 또 한 가지의 'HP 방식'이 아니냐고 말하곤 합니다. 이 밖에도 여러 가지를 들 수가 있지만 그중 어느 하나만을 꼬집어 이것이 HP 방식이라고 말할 수는 없습니다. 더구나 그것은 숫자나 통계로도 표현될 수 없습니다. 요컨대 그것은 하나의 정신이자 관점인 것입니다. 누구나 팀의 일원이며, 그 팀이 바로 HP인 것입니다. 처음에도 말했습니다만 개개인에게 기반을 둔 사고방식이 우리 경영철학의 기본 바탕입니다. 그것은 그 방법이 성공적이라는 것을 많은 사람들이 보아왔고, 그것이 오늘날의 HP를 만들었다는 공통된 믿음을 갖고 있기 때문에 존재하는 것입니다.

HP가 인간 중심적인 경영 방침을 확립한 것은 이미 오래전의 일이다. 1940년대에 이미 빌 휴렛과 데이비드 패커드는, HP를 사람을 고용했다가 해고하는 회사로 만들지 않기로 결심했다. 전자 산업이 전적으로 정부의 지원을 받아 유지되었던 당시로서 이는 대단한 용기가 필요한 일이었다. 1970년의 불황으로 인해 회사의 성과가 현저하게 나빠졌을 때 고용 보장이라는 기본 방침은 크나큰 시련에 부딪치게 되었다. 하지만 인원을 감축하는 대신 빌 휴렛과 데이비드 패커드를 포함한 전원이 급여를 20퍼센트 삭감하는 데 합의했다. 동시에 전 직원의 근로 시간도 20퍼센트씩 줄였다.

이렇게 해서 HP는 전원 고용 정책의 기본 방침을 희생하는 일 없이 성공적으로 불황을 견뎌나갈 수 있었다.

HP의 인간 존중 철학은 역사가 오래되었을 뿐 아니라 언제나 시대에 맞게 변모를 거듭하고 있다. HP의 경영 목표와 철학은 최근 수정을 거쳐 모든 종업원에게 다시 배포되었다. 그 첫 문장은 다음과 같이 시작되고 있다. "한 조직의 성취는 그 조직을 구성하는 개개인의 노력이 집결된 결과 얻어지는 것이다." 그리고 이어지는 문장들에서는 HP가 지금까지 성공을 거둘 수 있게 만들어준 철학, 즉 혁신적인 사람들에 대한 공약을 강조하고 있다.

"첫째, 조직 내에는 아주 유능하고 혁신적인 연구를 하는 사람들이 있어야 한다. 둘째, 조직은 모든 계층의 열정을 불러일으킬 수 있는 목표와 리더십을 갖고 있어야 한다. 중요한 관리자의 자리에 있는 사람들은 그 자신이 의욕적이어야 할 뿐 아니라 함께 일하는 사람들의 의욕을 불러일으키는 능력도 있어야 한다." 이 새로운 HP 철학의 서문은 다음과 같이 끝을 맺고 있다. "HP는 획일적이고 엄격한 군대 같은 조직이 되어서는 안 된다. 오히려 사람들로 하여금 자신이 맡은 분야에 책임감을 갖고, 스스로 최선이라고 믿는 방식으로 목표를 향해 나갈 수 있는 자유를 줘야 한다. 그것이 결국 기업의 목표 달성으로 이어지는 것이다."

직원들에 대한 HP의 믿음은 산타로사에 위치한 HP의 지부에서 우리 학생들이 우연히 접하게 된 '연구 자재실 공개 제도'에 잘 나타나 있다. 연구 자재 창고에는 전기 기계 부품과 기기류가 보관되어 있는데 이 제도는 엔지니어들이 연구 자재 창고에 자유롭게 접근할 수 있도록 하기 위한 것일 뿐만 아니라 집으로 갖고 가서 개인적인 용도로도 사용할 수 있도록 하기 위한 것이다. 엔지니어들이 기계와 부품을 어떤 방법으로 어디서 사용하든지, 그것을 만지고 있는 동안에 많은 것을 배우게 되고 프로젝트는 계속 진행되는 것이다. 또한 그렇게 함으로써 회사는 계속해서 혁신을 향해 나아갈 수 있는 것이다.

연구 자재 창고에 대한 다음과 같은 일화도 있다. 빌▲16이 토요일에 HP의 어느 공장을 방문했는데 우연히 연구 자재 창고가 잠겨 있는 것이 눈에 띄었다. 그는 작업 공구실로 가서 대형 절단기를 들고 와 창고의 자물쇠를 부숴버렸다. 월요일에 출근한 한 직원은 창고 문에서 다음과 같은 메모를 발견했다. "앞으로는 두 번 다시 이 문에 자물쇠를 채우지 마시오."

입사한 지 1년도 채 안 되는 스물네 살의 젊은 엔지니어가 한 말에도 'HP 방식'이 깊이 스며들어 있음을 알 수 있다. 그는 새 인사 제도에 대해 이렇게 말했다. "빌과 데이브였다면 이렇게 했을 것 같지 않은데요." HP적인 가치관이 이처럼 빠르고 명확하게 각인되었다는 것은 정말 놀라운 일이다. 그는 이어서 "HP에서는 '해보는 것'이 중요하고, 앞으로 나아가기 위해서는 성공적인 신제품의 개발에 참여할 필요가 있다. 그리고 서류를 잘 꾸미는 것이 아니라 꾸준하게 실적을 올려나가는 것이 중요하고, 또한 그 사람이 어떤 사람이든 간에 어디서든 이야기를 나눌 수 있는 능력이 있어야 한다."라고 말했다. 그는 자신이 속한 부문의 상사인 부장이나 과장을 이야기할 때는 마치 친구처럼, 자신을 이야기할 때는 그들의 유일한 부하직원인 것처럼 말했다. 그는 MBWA에 대해서도 이야기했고 대화의 주제는 공개적으로 장려되고 있는 커뮤니케이션 방법인 '커피 간담회'에까

▲16 HP에서는 말하는 사람의 나이에 상관없이 휴렛과 패커드를 모두 빌이나 데이브라 칭하고 있다.

지 이르렀다. 이것은 HP가 매주 현장에서 실시하고 있는, 격식을 갖추지 않은 문제 해결의 장으로 전원이 참가한다.

요약하자면 HP의 가장 큰 특징은 접근 방식과 태도에 있어서의 일관성, 직무에 대한 비공식적인 몰입이라 할 수 있다. HP의 사람들은 모두 자기 부문의 실적을 자랑스럽게 여기며 제품의 우수성에 대해 열심히 설명한다. 또한 상급 간부, 기술자, 현장 근로자를 불문하고 누구나 활력에 차 있고 의욕적이어서 이따금 우리 동료들은 이렇게 묻곤 한다. "이것이 과연 진심에서 우러나오는 것일까?" 그러고 나서 동료들은 더 많은 HP의 사람들과 만났고, 의문은 점차 사라졌다. 우리도 처음에는 'HP 방식'에 현혹되지 않기 위해 노력했다. 하지만 결국 그것은 불가능한 일임이 증명되었다.

월마트

2만 6천 명이 넘는 사원을 거느리고 있는 월마트는 미국 전체 소매 업계에서 4위를 달리고 있는 거대 기업이다.[11] 1970년대에 이 회사의 매출은 4천 5백만 달러에서 16억 달러로, 점포의 수는 8개에서 330개로 급증했다. 회사 내에서 '미스터 샘Mr. Sam'이라 불리는 샘 월턴Sam Walton이 바로 이 회사를 성공으로 이끈 견인차 역할을 한 사람으로 그의 성공 비결은 종업원을 중요시한 데서 찾아볼 수 있다. 사실 거의 대부분의 매니저들은 그의 고집대로 "우리는 직원들을 소중히 여깁니다."라고 씌어 있는 배지를 달고 다닌다.

샘 월턴은 인간 존중의 경영 방식을 J.C. 페니에서 배웠다. J.C. 페니와 마찬가지로 그의 회사에서도 사람들을 종업원이 아닌 '어소시에이트'

라 부르고 있다. 그리고 그는 그들의 이야기에 귀를 기울인다. "매장에 나가서 어소시에이트들의 말을 듣는 것이야말로 가장 중요한 일입니다."라고 그는 말한다. "모든 사람들이 참여하는 것이 가장 중요하지요. 가장 뛰어난 아이디어는 점원과 창고 직원들로부터 나오기 때문입니다." 샘 월턴의 이야기는 이제 전설이 되었다. 이와 관련해 〈월스트리트 저널〉은 다음과 같은 이야기를 소개하고 있다. "어느 날 잠을 이룰 수 없었던 샘 월턴은, 잠자기를 포기하고 자리에서 일어나 심야 영업을 하고 있는 빵집에 가서 도넛을 50개 샀다. 이미 새벽 2시 30분이 지난 시간이었지만 그는 그것을 갖고 물류 센터로 갔다. 그리고 그곳에서 일하고 있는 직원들과 이야기를 나눴고, 배송 센터에 2개의 간이 샤워 시설이 더 필요하다는 사실을 알게 되었다."

놀라운 것은 이 이야기가 아니다. 작은 사업을 하는 사람도 이와 비슷한 이야기의 주인공이 될 수 있다. 우리들을 깜짝 놀라게 한 것은 월마트가 연 매출이 16억 달러에 달하는 대기업이 된 후에도 종업원들을 진심으로 배려하고 있다는 점이다.

조직 내 최하부의 사람들을 중시하는 이러한 태도는 회사의 모든 활동에 반영되고 있다. 중역들은 자신의 사무실에 가만히 앉아 있는 경우가 거의 없다. 본사는 거의 비어 있다. 샘 월턴의 관리자들은 전국 11개 주에 펼쳐져 있는 서비스 지역의 현장에서 대부분의 시간을 보내기 때문이다. 그렇다면 그들은 그곳에서 어떤 일을 할까? 새로운 매장 개점을 축하하기 위해 지방 응원단의 선두에 서서 퍼레이드를 한다거나 라이벌 기업인 K마트로부터 인재를 스카우트해오고, 종업원들과 함께 자아성찰의 시간을 갖는다. 샘 월턴도 1962년부터 매년 월마트의 전 점포를 계속해서 방문하고 있다.

월마트에서는 누구나 승리감을 맛볼 수 있다. 정기 영업 회의는 매주 토요일 오전 7시 반에 열린다. 그 달의 최우수 구매 담당자에게는 기념패가 주어지고, 매주 최우수 성적을 올린 점포는 표창을 받는다. 점포 개조를 위해 각 지방의 점포에 파견되는 '특수 기동대SWAT'는 임무 완수 보고를 한다. 그리고 최종적으로 샘 월턴이 일어나서 외친다. "1등은 누구인가?" 그러면 전원이 큰 소리로 대답한다. "월마트!"

그것은 모두가 힘차게 일하자는 합창과 같은 것이며, 분명 최면과 비슷한 것이기도 하다. 하지만 다른 많은 상황에서 우리가 보아왔듯이 그것은 무척 재미있는 것이기도 하다. 〈월스트리트 저널〉은 다음과 같이 쓰고 있다. "아마도 이는 샘 월턴이 가장 즐거워하고 있는 것이 아닐까? 얼마 전 샘 월턴은 자신의 비행기를 타고 텍사스 주의 마운트 플레전트로 가다가 조종사에게 1백 마일 더 간 지점에서 만나자고 하고는 비행기에서 내렸다. 그러고 나서 그는 지나가던 월마트의 트럭을 세워 조수석에 올라타고는 운전사와 이야기를 나누며 나머지 길을 갔다."

일 속에서 즐거움을 찾는 것은 거의 모든 초우량 기업에서 공통적으로 드러나는 특징이다. 경영자들이나 관리자들도 모두 자신이 하는 일이 좋아서 거기에 열중하고 있다. 하워드 헤드는 최근 한 연설을 통해 다음과 같이 말했다. "개인적으로 자신이 하고 있는 일을 좋아해야 한다고 생각합니다. 나는 디자인하는 것을 너무나 좋아합니다. 그 일이 재미없다면 결코 하지 않았을 겁니다. 무엇보다 중요한 것은 자신의 일을 진심으로 좋아하는 것입니다."

다나

사람을 통한 생산성 향상에서 성공을 거둔 좋은 예로는 르네 맥퍼슨이 회장으로 있는 다나를 들 수 있다. 매출이 30억 달러에 이르는 이 기업은 자동차용 트랜스미션과 냉각 팬의 날개와 같이 특별할 것 없는 흔한 보수용 부품을 만들어서 주로 자동차 업계와 트럭 운송 업계에 공급하고 있다. 만일 다나를 전략 경영의 이론에 따라 분석한다면 의심할 여지없이 별 볼일 없는 기업이라는 결론이 나올 것이다.

하지만 1970년대에 중서부에 위치한 이 구식 기업은 〈포춘〉이 선정한 전 미국 상위 5백대 기업 중 투자자본이익률 부문 2위에 올랐다. 1970년대 초에는 다나 종업원의 1인당 매출이 전 미국 산업 평균과 비슷한 수준이었다. 그러던 것이 1970년대 후반까지 10년 동안 전 미국 산업 평균이 과거의 2배도 채 되지 않았을 때(더구나 다나가 속한 사업 분야의 업계 평균 생산성이 거의 제자리걸음을 하고 있을 때), 다나는 거액의 설비 투자를 하지 않고도 종업원 1인당 매출이 무려 3배나 뛰어올랐던 것이다. 더구나 다나는 대부분의 공장들이 자동차 근로자 조합(UAW : United Auto Workers)에 가입되어 있는 상황이었다. 하지만 같은 시기에 다나 조합원이 UAW에 제소한 신고 건수는 대폭 감소했으며 UAW의 평균을 훨씬 밑도는 수준이었다.

사람을 통한 생산성 향상의 핵심은 매우 단순하다. 우리가 앞에서 언급했듯이 1973년 르네 맥퍼슨이 다나의 경영권을 맡았을 때 그가 최초로 한 일은, 두께가 57센티미터나 되는 경영 방침 매뉴얼을 폐기하고 1페이지의 간단한 경영철학을 발표한 것이었다. 그 요점은 다음과 같다.

- 사람들을 참여시키고 신뢰를 유지하며 열정을 불러일으키는 데 직접적인 커뮤니케이션보다 더 효과적인 것은 없다. 조직의 성과 지표를 모든 사람들에게 공개하고 그에 대해 토론하는 것은 매우 중요한 일이다.
- 스스로의 기량을 닦고 승진의 기회를 넓히며, 자기 연마에 힘쓰고 싶어하는 회사 내의 생산적인 사람들에게 교육 훈련과 자기계발의 기회를 주는 것은 우리의 의무다.
- 회사 내의 사람들에게 직업의 안정성을 제공하는 것은 필수적인 일이다.
- 열심히 일하는 것뿐만 아니라 아이디어와 제안에 대한 인센티브 프로그램을 만들어야 한다.

르네 맥퍼슨은 다음과 같이 말한 바 있다. "이러한 기본 철학이 무엇보다도 중요합니다. 대부분의 경영자들이 사람이 제일가는 재산이라고 말하고 있지만 실제로 그것을 실천하는 사람은 그다지 많지 않습니다."

르네 맥퍼슨은 즉시 4백 명에 달했던 본사의 직원을 150명으로 줄이고, 11개나 되던 관리 계층을 5개로 재정비했다. 그중 90명 정도 되는 공장의 관리자들은 모두 '매장 관리자'로 불리게 되었다. 델타 항공이나 월트 디즈니처럼 관리자가 공장 내에서 하는 모든 업무에 정통하도록 만들었다. 그와 동시에 그들에게는 공장 운영에 대한 완전한 자율권이 주어졌다. 이 시도가 성공을 거두자 르네 맥퍼슨은 미국 기업에서 했다면 대부분 쫓겨나게 되었을 다음과 같은 말을 했다. "생산성의 향상이 관리와 규칙의 감소, 종업원의 자본 참여나 개발 연구의 촉진 등에서 비롯된다는 주장에는 반대합니다. 내가 제안하고자 하는 것은 사람들이 스스로 일을 완수하도록 내버려두자는 것입니다."

다나에서는 분명 경영철학이 우선시되고 있다. 하지만 그것은 여러 가지 아이디어의 자발적인 확산을 그 바탕으로 하고 있다. 생산성을 향상시키는 일에 모든 사람들이 참여하고 그 책임 또한 함께 지고 있는 것이다. 르네 맥퍼슨은 그것의 적절한 출발점으로 "최고 경영진의 개인적 생산성이 가장 효과적인 상징이다."라고 지적하고 있다. 하지만 그 누구도 방법을 가르쳐줄 수는 없다. 만일 방법이라는 것이 있다면 그것은 조직의 최하부에 있는 사람이 갖고 있는 효율성에 대한 믿음일 것이다. 이 점에 관해 르네 맥퍼슨은 다음과 같이 말하고 있다.

조직이 어떤 특정 업무의 전문가에 대해 그 일을 가장 많이 하는 사람이라는 믿음을 갖고 있지 않으면 우리는 조직에 대한 공헌이나 개인적인 발전 모두에 있어서 그 사람의 잠재력을 영원히 제한하게 될 것입니다.[12] 공장의 경우를 생각해봅시다. 25평방 피트의 구역 내에서 기계를 작동하고 산출량을 극대화하며 품질을 개선하고 재료의 흐름을 최적화하고 효율적으로 기계를 작동시키는 일에 대해서는 기계 조작 담당자, 재료 취급자 그리고 그 업무를 책임지고 있는 사람들보다 더 잘 알고 있는 사람은 없습니다. 그들 외에는 말입니다.

르네 맥퍼슨은 계속해서 다음과 같이 말한다.

우리는 어리석은 일에 시간을 낭비하지 않았습니다.[13] 우리에게는 복잡한 절차들도 없거니와 많은 관리 인력도 없습니다. 우리는 그저 모든 사람들이 그들에게 필요한 것, 그들이 할 것이라고 말한 것 그리고 그들이 거둔 결과에 근거해 일을 하도록 내버려뒀습니다. 그리고 그들에게 일을 완수할 충분한 시간을 주었지요. 기업에서 가장 중요한 것은 실제로 서비스를 제공하고 물건을 만들며 제품에 가치를 부여하는 사람들이지 그러한 활동을 관리하는 스태프가 아니기 때문입니다. 이것이 바로 내가 현장에서 종업원들의 말에 귀를 기울여야 한다고 주장하는 이유입니다.

르네 맥퍼슨이 중점을 두는 것은 언제나 변함없이 한 가지다. 일상의 대화 속에서나 강연에서도 그는 항상 사람이 무엇보다도 중요하다고 강조한다. 다나에서 임원으로 일한 적이 있는 한 사람은 우리에게 이렇게 말했다. "나는 그가 사람에 대한 언급 없이 연설하는 것을 보지 못했습니다." 르네 맥퍼슨은 말한다. "연차 보고서에 붙어 있는 사진들을 보세요. 회장의 사진은 걱정할 필요가 없습니다. 회장쯤 되면 그 이름이 언제나 사진 아래 인쇄되어 있으니까요. 하지만 다른 사람들(현장 근로자들)의 사진을 찾아보십시오. 과연 몇 명의 이름이나 표시되어 있습니까?"

HP와 마찬가지로 다나에서도 출퇴근 시간 기록계를 없앴다. 르네 맥퍼슨은 말한다. "모두들 불평을 했습니다. 출퇴근 시간 기록계가 없어지면 어떻게 관리를 하느냐면서 말입니다. 나는 이렇게 대답했습니다. '자네는 10명의 부하직원들을 어떻게 관리하고 있나? 만약 그들이 언제나 지각을 하고 있다면 자네가 그들에게 그 사실을 말해주게. 부하직원이 지각하는 것쯤은 출퇴근 시간 기록계가 아니더라도 얼마든지 알 수 있을 텐데 그게 왜 필요한가?'라고요." 그는 또한 사람에 대한 긍정적인 시각이 중요함을 강조했다. "한 스태프는 이렇게 말하더군요. '출퇴근 시간 기록계를 치워서는 안 됩니다. 정부의 법률에 의해 종업원의 출·결근 상황과 근무 시간을 기록하도록 되어 있으니까요.' 그래서 나는 이렇게 말해줬습니다. '그래? 그렇다면 앞으로는 전원이 정시에 출근해서 정시에 퇴근하도록 하지. 서류에는 그렇게 기록하면 되지 않겠나. 그리고 특별히 언제나 지각하는 사람이 있으면 상황에 따라 개별적으로 처리하도록 하겠네.'"

르네 맥퍼슨은 대면 커뮤니케이션, 그리고 모든 사람들과 함께 그들이 거둔 결과에 대해 토론하는 것을 중시한다. 그는 각 부문의 관리자들과 모든 구성원들이 한 달에 한 번 얼굴을 맞대고, 그들 각자가 거둔 결과물에 대해 직접적이고도 구체적으로 토론할 것을 요구하고 있다. 사실 우리는 거의 모든 초우량 기업에서 이러한 일이 행해지고 있음을 발견했다. 그러한 기업은 모든 정보를 종업원에게 공개하며 비밀이 생기지 않도록 유의한다. 기업 간의 경쟁에 있어 다소 불리한 점이 생긴다 하더라도 널리 정보를 공개함으로써 종업원의 일체감을 높이는 것이 더 중요하다고 생각하는 것이다.

르네 맥퍼슨은 회사 소개를 목적으로 한 다나의 기업 광고에서도 대면 접촉의 중요성을 강조했다. "이 광고에 대해 중간 관리직에 있는 사람들은 처음에 아주 민감하게 반응했습니다."라고 그는 말했다. 광고에서 그는 "상사에게 반론을 제기하자."라든지 "엉뚱한 질문을 해보자."라고 제안했다. 그리고 관리직에 있는 사람이 부하의 의견을 들으려고 하지 않는 것을 안타까워하며 다음과 같이 말했다. "내게는 프레젠테이션에 사용할, 공장 근로자가 공장장에게 어떤 이야기를 하고 있는 사진이 필요했습니다.

파일 안에는 무려 1만 4천 장이나 되는 사진이 보관되어 있었지만 종업원의 이야기를 듣고 있는 감독자의 사진은 단 한 장도 없었습니다.”

르네 맥퍼슨은 그의 업무 시간의 절반 가까이를 연단에 서서 종업원들과 직접 대화하는 데 할애하고 있다. 그는 ‘타운 미팅’이라는 집회를 열고, 누구나 다 거기에 참가할 것을 요구한다. 그는 펜실베이니아 레딩에서의 경험을 되새기며 말한다. “나는 모든 사람들에게 이야기하고 싶었습니다. 하지만 그곳 책임자가 전원이 모일 만한 장소가 없다고 말했습니다. 그러한 상태가 3년이나 계속되었고, 결국 나는 ‘선적 부서가 있는 곳을 정리하시오.’라고 말했죠. 드디어 1천6백 명이나 되는 종업원 전원이 모습을 드러냈습니다. 오랫동안 각 지역을 돌면서 이런 식으로 종업원들과 대화를 나눴지만 단 한 번도 의미 없는 질문을 받은 적은 없었던 것으로 기억합니다. 하지만 공장장이나 부장들은 내가 아무리 함께 가자고 권유해도 이런 모임에 통 나가려고 하지 않았습니다. 이 사진을 좀 보세요.” 그는 우리에게 많은 사진을 보여주면서 이야기를 이어나갔다. “이것은 모두 그 모임에서 찍은 사진들입니다. 질문을 하는 사람들은 모두 직접 기계를 조작하고 있는 근로자들입니다. 관리자들은 결코 질문을 하지 않습니다. 왜 그런지 아십니까? 질문하는 게 두렵기 때문입니다.”

르네 맥퍼슨이 심혈을 기울이고 있는 또 한 가지 일은 훈련과 지속적인 자기계발이다. 다나대학은 그의 자랑이자 즐거움이다. 지난해 수천 명이나 되는 다나의 종업원이 다나대학을 졸업했다. 수업 내용은 매우 실용적이지만 동시에 다나의 인간 존중 철학을 강조하고 있다. 많은 수업이 그룹의 부사장들과 같은 회사의 선배들에 의해 진행된다(비슷한 현상을 디즈니대학이나 맥도날드의 햄버거대학에서도 볼 수 있었다). 르네 맥퍼슨은 임원진들에게 다나대학의 이사로 임명되는 것보다 더한 영예는 없다고 말한다. 학생감 위원회는 보통 9명의 사업부 책임자들로 구성된다.

다나에서는 어떤 일이든 강요하는 경우가 없다. 다나는 스캔런 수익 플랜을 도입한 것으로 유명한데 놀랍게도 정작 스캔런 수익 플랜을 도입한 곳은 40개에 이르는 다나의 사업부 가운데 불과 7개 사업부에 불과한 것으로 나타났다. "스캔런 수익 플랜이 유효하다고 생각하는 곳에서만 사용하면 되는 것이지요. 그게 전부입니다. 어느 부문 책임자에게도 이 기법을 도입하라는 압력을 넣지 않습니다."

다나에서 가장 강력한 힘을 발휘하는 것은 동료들 간의 심리적 압박이다. 이는 우리들이 조사한 다른 초우량 기업도 마찬가지였다. 다나에서는 이것을 '지옥의 1주일'이라고 부른다. 1년에 두 번, 약 1백 명의 관리자들이 모여 5일 동안 줄곧 회의를 열고 자기가 속한 부서의 업적과 생산성 향상에 대해 발표한 후 서로 의견을 교환하는 것이다. 르네 맥퍼슨은 동료들 간의 압박이 가장 효과적이라고 믿기 때문에 이러한 일을 장려하고 있다. "상사를 속이는 일은 간단합니다. 나도 해봤지요. 하지만 동료의 눈을 속일 수는 없습니다. 그들은 일이 어떻게 돌아가고 있는지를 정확하게 알고 있기 때문입니다." 물론 이 '지옥의 1주일' 동안에는 상하 간에 자유롭고 개방적인 대화가 이뤄진다. 그는 기업 광고 시리즈에서 이 회의 역시 언급하고 있다. "우리 회사에서는 관리자들로 하여금 지옥을 통과하도록 하고 있습니다."

직업 안정에 대한 르네 맥퍼슨의 철학은 최근 미국의 자동차 업계를 덮친 불황에 의해 큰 시험에 들게 되었다. 다나에서는 어떻게 해서든 그렇게 하지 않으려 했지만 역시 인원 감축을 단행하지 않을 수 없었다. 그러나

이 경우 역시 종업원과의 철저한 대화를 통해 실시해나갔다. 직원들 모두에게 회사가 어떤 상황에 처해 있고, 어떠한 일이 일어나고 있는지를 숨김없이 설명했다. 르네 맥퍼슨은 그 결과를 다음과 같이 말해주었다. "1979년에 종업원 지주 제도에 대한 참여율은 80퍼센트였습니다. 그후 우리 회사에서는 9천 명을 해고했습니다. 해고된 사람들을 포함해서 현재 참여율이 어떻게 달라졌는지 아십니까? 여전히 80퍼센트입니다." 그뿐 아니라 경제계가 전반적으로 아직 불황에서 헤어나지 못했던 1981년, 다나는 예전의 실적을 회복하는 눈부신 성과를 거뒀다.

르네 맥퍼슨의 철학은 단지 현장 사람들의 사기를 높이는 것뿐 아니라 모든 종업원들이 제시하는 아이디어의 가치를 높이 사는 것이라 할 수 있다. "언제나 신선한 감각을 유지하기 위해서는 현장 방문을 멈추지 말아야 하고, 그들의 이야기를 꾸준히 경청해야 합니다. 그리고 사람들이 무슨 생각을 하고 있는지를 끊임없이 물어봐야 합니다."[14]라고 르네 맥퍼슨은 강조한다. 르네 맥퍼슨의 이야기를 GM의 폰티악 부문에서 16년간 일하다 최근에 정리해고를 당한 한 종업원의 다음과 같은 이야기와 비교해보자. "내가 해고당한 것은 아마도 품질이 좋지 않은 자동차를 만들었기 때문일 거라고 생각합니다. 하지만 저는 지난 16년 동안 어떻게 하면 보다 좋은 차를 만들 수 있겠느냐는 질문을 받은 적이 단 한 번도 없었습니다. 단 한 번도 말입니다."[15]

델타 항공

델타 항공은 미국 항공 업계를 강타한 운임 자유화 정책의 폭풍 속에서도 최근까지 좋은 실적을 올리고 있는 몇 안 되는 기업 중 하나다.[16] 델타에서 마지막으로 파업이 일어난 것은 1942년으로 그 이후 단 한 건의 파업도 발생하지 않았다. 미국운송조합Transport Workers of America의 프랜시스 오코넬Francis O'Connell은 이렇게 말한다. "델타와 종업원들과의 관계는 여간해서 무너지지 않습니다."

델타 또한 사람들을 중시하는 기업이다. 델타는 '델타 가족 양성'을 강조하고 있고, 그러한 철학을 기반으로 한 경영 활동을 해나가고 있다. 인사는 내부 등용을 원칙으로 하고, 급여는 타 항공사보다 높으며, 경기의 부침이 심한 항공 사업에서 인원을 감축하는 일이 없도록 하기 위해 노력을 아끼지 않고 있다.

많은 초우량 기업에서와 마찬가지로 델타는 자사의 기업 문화에 적합한 사람을 선별해내기 위해 구인 단계에서부터 많은 노력을 기울인다. 〈월스트리트 저널〉은 그러한 노력에 대해 이렇게 말하고 있다. "스튜어디스를 채용할 때도 수천 명이나 되는 응모자들 중에서 적합한 사람을 선발하기 위해 두 번에 걸친 면접을 실시한 후 합격한 사람들을 델타의 전속 심리분석가 시드니 제이너스Sydney Janus 박사에게로 보낸다. 그는 '내가 중점을 두는 것은 그들이 팀의 일원으로서 모든 사람들과 협력해서 일할 수 있는 사람인가 하는 것입니다. 델타에 입사하는 사람은 항공 회사에 입사하는 것이 아니라 같은 목표를 이루기 위한 과정에 참여하는 것이라 할 수 있습니다'라고 말한다."[17]

델타의 성공은 아주 작고 사소한 것들에서부터 시작된다. 그 기초가 되는 것이 '개방 정책'이다. 델타의 사장으로 재직했던 톰 비브Tom Beebe는 자신의 경험을 이렇게 소개하고 있다. "정비사, 파일럿, 객실 승무원 등 모든 사람들이 문턱이 닳도록 내 사무실을 드나들어 카펫을 매달 빨지 않으면 안 되는 형편입니다. 내게 뭔가 할 말이 생기면 그들은 나를 찾아옵니다. 그들은 다른 사람을 거쳐 내게 오거나 하지 않습니다. 회장, 사장, 부사장 할 것 없이 우리는 결코 만나러 오는 사람을 선별하는 비서를 두지 않습니다."[18]

물론 이 제도는 열린 문 정책이 실제로 적용될 때만 실행이 가능하다. 이처럼 델타는 종업원들의 이야기를 점검하는 데 수많은 시간과 돈을 들이고 있다. 그러한 일을 하지 않는 회사에서는 상상할 수도 없을 만큼 말이다. 그리고 그 결과, 급여 문제나 회계 절차 등에 있어 실질적인 정책 변화가 생기고 있다. 이 모든 일들은 전통적으로 종업원들이 열린 문을 자유롭게 이용하고, 최고 관리자들이 계속해서 문을 열어두기에 가능한 것이었다.

여기 〈월스트리트 저널〉에 실린 현장으로부터의 정책 수립에 관한 전형적인 예가 있다.

1979년 2월, 델타 항공에서 정비사로 일하는 정비사 제임스 버넷James Burnett은 급여를 받아보고는 정해진 금액에서 38달러가 모자란다는 사실을 알았다.[19] L-1011 엔진의 수리를 위해 새벽 2시에 출근해 일한 것에 대한 초과 근무 수당이 지불되지 않았던 것이다. 상사에게 이야기했지만 해결되지 않았다. 그러자 이 41세의 근로자는 사장인 데이비드 가렛 주니어David C. Garrett, Jr.에게 편지를 보냈다. "지금까지 우리가 경험한 회사의 급여 처리 방식은 매우 엉망이었고, 그 일로 수많은 사람들이 회사에 염증을 느끼고 있습니다." 사흘 후에 제임스 버넷은 38달러짜리 수표와 함께 델타 간부의 사과를 받았다. 델타는 심지어 급여 정책을 바꿔 정규 근무 시간 외에 소집된 정비공들의 초과 근무 수당을 올려 줬다.

델타에서 찾아볼 수 있는 보다 흥미로운 점은 관리 부문이 서로 임무 교대를 한다는 것이다. 부사장들이 사내의 모든 직무에 통달할 수 있도록 한다는 게 회장의 생각인 것이다. 부사장들은, 필요에 따라 서로 자리를 바꾸더라도 업무에 지장이 없게끔 평소에 여러 업무에 두루 정통할 것을 요구받는다. 그리고 크리스마스 때와 같이 바쁜 시즌에는 간부들도 공항 카운터에서 체크인이나 수하물 취급 업무를 돕는 것이 델타의 오랜 전통이다.

다나와 마찬가지로 델타의 간부들도 종업원과 대화를 나누는 데 많은 시간을 할애하고 있다. 고위 관리자들은 최소한 1년에 한 번 '열린 포럼'이라 불리는 모임을 통해 모든 종업원들을 만나고 있으며, 이 모임은 조직의 최상층과 최하층 간의 직접적인 의사소통 도구가 되고 있다. 관리자들이 이러한 커뮤니케이션에 늘이는 시간은 엄청나서 그러한 기업에서 일한 경험이 없는 사람은 상상도 할 수 없을 정도다. 예를 들면, 한 고위 간부는 애틀랜타에 거점을 둔 객실 승무원 전원과 대화를 하기 위해 꼬박 4일을 할애하기도 한다. 부사장들은 보통 연간 1백 일 이상을 여러 지방을 돌아다니는 데 쓴다. 새벽 1시나 2시에 공항에서 근무 교대 상황을 시찰하지 않으면 안 되는 경우도 많기 때문에 이는 결코 쉬운 일이라 할 수 없다.

철저한 커뮤니케이션은 최고위층에서부터 시작된다. 매주 월요일 아침에는 이사회가 열려 경영 계획, 재무 상황 등 회사가 직면하고 있는 문제가 철저히 검토된다. 그날은 각 이사들이 자기가 담당하는 부문의 책임자들과 함께 점심 식사를 하는 것이 관례로 되어 있으며, 여기서 오전 중에 있었던 회의 결과를 충분히 설명한다. 이렇게 해서 필요한 정보와 지시는 사내에 정기적으로 신속하게 전달되는 것이다.

종업원의 의견도 매우 진지하게 반영된다. 예를 들어, 6천 명에 이르는 델타의 스튜어디스와 스튜어드의 제복을 결정하는 것은 객실 승무원의 대표들로 구성된 위원회다. "제복을 입고 일하는 사람은 우리들 자신이므로 이 일은 우리들에게 매우 중요한 일이지요."[20]라고 한 승무원은 말한다. 게다가 정비공들은 직속 상사를 자신이 직접 선택한다.

맥도날드

맥도날드의 회장인 프레드 터너Fred Turner가 구두 영업사원에서 시작해 오늘의 자리에 올랐다는 것은 그럴 법한 일이라고 생각된다. 인간 존중을 기본 경영 방침으로 하는 기업의 총수들은 대부분 이처럼 고객에게 서비스를 제공하고, 작은 일에도 긍지와 책임을 갖고 임하며, 아주 기본적인 일부터 몸에 익혔던 것이다. 프레드 터너는 맥도날드는 무엇보다도 특히 기본에 충실하다고 말한다. "경쟁자들의 관리 방식이 오래도록 효과를 발휘하지 못한다는 것은 역사가 증명해주고 있습니다. 그들은 세세한 점에까지 주의를 기울이지 못하기 때문이지요."[21]

맥도날드는 상급 관리자들도 매장에 나가서 종업원의 교육과 점포의 운영에 신경을 써야 한다고 생각한다. 맥도날드의 창립자인 레이 크록은 다음과 같이 말한다. "기업 경영에 있어서는 관리를 덜 하는 것이 결과적으로 많은 관리 효과를 가져온다고 믿고 있습니다. 규모에 있어서 오늘날의 맥도날드는 조직적인 체제를 갖추지 못하고 있는 것이 사실입니다. 그러나 이보다 더 행복하고, 안정적이며 보다 열심히 일하는 상급 관리자가 많은 기업은 아마 없을 겁니다."[22]

맥도날드에서는 끊임없이 종업원 개개인의 공헌도에 대해 이야기한다. 레이 크록은 이렇게 말한다. "운영이 잘 되고 있는 음식점은 승리하는 야구팀과 같습니다. 그곳에서는 일하고 있는 팀 구성원 모두가 능력을 십분 발휘할 수 있게 만들어 한순간의 기회도 놓치지 않고 서비스를 업그레이드시키니까요."[23] 레이 크록은 사소한 일들에 중점을 두고 있다. "나는 세부적인 업무의 중요성을 강조합니다. 만일 당신이 사업을 잘 해나가고자 한다면 기본적인 업무부터 완벽하게 처리해나가야 합니다." 세부적 업무를 올바로 수행해나가는 맥도날드의 방식은 엄청난 학습과 집중도를 요구한다.

한때 맥도날드에서 일했던 한 종업원은 다음과 같이 말한다. "처음 출근하자 '견습생'임을 뜻하는 작은 하얀 모자를 머리에 씌워주더군요. 제게 처음으로 주어진 일은 가장 쉬운 일인 프렌치프라이를 만드는 것이었습니다. 그 다음으로는 음식을 튀기는 일과 밀크셰이크 만들기를, 그리고 나서는 햄버거 빵을 조리하고 햄버거를 만드는 일 등 점점 숙련이 필요한 일을 맡게 되었습니다. 우리가 휴식을 취할 수 있는 작은 방이 하나 있었는데 거기에는 햄버거를 보다 잘 조리하는 방법이나 튀김을 바삭하게 만들 때 주의해야 하는 사항 같은 것을 되풀이해서 말해주는 TV와 카세트가 언제나 켜져 있었습니다."

맥도날드의 '지침서'에는 햄버거를 만드는 순서와 그와 관련된 세부 사항까지도 구체적으로 기술되어 있다.[24] '햄버거는 휙 뒤집지 말고 원을 그리듯 뒤집을 것', '만든 다음 10분 이상이 되어도 팔리지 않은 빅맥과, 7분 이상 팔리지 않은 프렌치프라이는 폐기할 것', '손님이 계산할 때 담당자는 반드시 고객의 눈을 보고 미소를 지을 것' 등 그 외에도 여러 가지가 있다.

이렇듯 품질이나 서비스에 관한 사항은 엄격하게 정해져 있지만, 매장의 관리자에게는 상당한 자율권이 주어진다. 그래서 점포가 언제나 활기로 가득 찰 수 있게 분위기를 유도한다. 〈포춘〉은 이에 대해 다음과 같이 말하고 있다. "8년 전 계산원으로 맥도날드에서 처음 일하기 시작한 데비 톰슨Debbie Thompson[25]은 24세인 지금 엘크 그로브 빌리지에 있는 맥도날드 직영점의 책임자로 있다. 그녀는 손님이 많은 낮 시간 동안 가장 높은 매상을 올린 계산원에게 5달러의 보너스를 주고 있다. 또한 그녀는 매달 성적이 좋은 크루에게 감사패를 수여하고 있다." ▲16 또 다른 종업원은 이렇게 말한다. "시간당 최고의 매상을 올렸을 때는 전원에게 1달러의 보너스가 나옵니다. 음료수를 제외하고 시간당 3백 달러의 매상을 올렸을 때에도 역시 전원에게 1달러가 지급됩니다. 기록적인 매상을 올린 날에는 전원이 2달러를 받습니다. 다른 곳에서는 보통 바쁠 때에는 직원들이 불평을 하게 마련이지만 맥도날드에서는 반대로 누구나 이 1달러 내지 2달러의 보너스를 받으려고 열심히 일합니다. 거기에 큰 의미를 두고 있는 것입니다."

맥도날드 시스템의 핵심을 이루고 있는 것은 이른바 '햄버거대학'이

▲16 이런 보상 방법이 그다지 의미가 없다고 말하는 사람도 있다. 그러나 스탠퍼드 MBA 과정에 있는 한 학생은 뚜껑을 열면 인형이 튀어나오는 잭 인 더 박스Jack In The Box를 상으로 받은 것에 대해 이렇게 말하고 있다. "바보 같다고 생각할지 모르지만 나는 오늘날까지 그것을 7년 동안이나 간직하고 있습니다." 우리가 알고 있는 한 영업사원은 영업사원 평가 대회에서 상품으로 바비큐 세트를 받았다. 그의 집에는 이미 바비큐 세트가 있었고 그것은 상품으로 받은 것보다 훨씬 좋은 제품이었지만, 그는 기꺼이 기존의 것을 버리고 상품으로 받은 새 것을 사용했다.

다. 그에 관해 〈뉴욕타임스〉는 이렇게 전한다.

시카고 교외에 있는 햄버거대학 뒤로 뻗은 고속도로에는 미국 국기와 맥도날드의 깃발이 펄럭인다.[26] 이 학교에서는 맥도날드의 가맹점주들과 맥도날드의 매니저들이 61만 4천 개 매장의 금색 아치가 상징하는 맥도날드만의 맛과 분위기를 보장하는 데 필요한 기술을 배우고 있다. 그것은 창립자인 레이 크록의 말을 빌리면 '품질, 서비스, 청결 그리고 가치에 대한 신조'라 할 수 있다. 고등학교 때 낙제생이었던 레이 크록은 지금까지 자선 단체에 수백만 달러를 기부했고, 종업원들에게도 맥도날드의 이미지를 향상시킬 수 있도록 지역의 자선 사업에 적극적으로 참여할 것을 독려하고 있는 데 반해, 대학에 대한 기부는 줄곧 거절해오고 있다. 그는 자신의 저서, 《맥도날드 이야기 *Grinding It Out*》에서 다음과 같이 쓰고 있다. "나는 대학에만은 기부금을 내지 않는다. 유수한 몇몇 대학에서 기부금을 내라는 권유를 받았지만 나는 그들에게 직업 훈련 학교를 만들지 않는 한 1센트도 내지 않겠다고 말했다." 약 2천 명이 작년에 햄버거대학을 졸업했다. 각 과정마다 토론에 가장 많은 공헌을 한 학생에게 금색의 요리사 모자를 수여하고, 성적이 우수한 학생에게는 사기로 만든 햄버거 모양의 기념패를 준다. 미국 교육부에서는 맥도날드대학의 졸업생이 전문대학 또는 4년제 대학에 진학할 때 최고 6학기까지 인정해줄 것을 대학 측에 권유하고 있다고 한다. 맥도날드대학의 과정에는 '시장 평가', '경영 기법', '지역 관리'에 대한 하루 내지 이틀간의 세미나부터 1주일 이상의 세션에 이르기까지 18개의 과정이 있다. 맥도날드의 성공은 음식을 재빠르게, 친절한 서비스를 통해 저렴한 가격으로 제공한 데서 비롯되었다. 수업 과정은 이러한 맥도날드식 경영 방법을 다루며, 동기부여를 강조하고 있다.

맥도날드에서도 대규모 집회나 요란한 행사들을 개최하곤 한다. 한 종업원은 이렇게 말한다.

제가 일했던 매장에는 '미국 최고의 햄버거 요리사'가 있었습니다. 그는 문자 그대로 미국에 있는 모든 맥도날드 체인의 요리사들 중 최고의 햄버거 요리사인 것이죠. 콘테스트는 보통 봄에 열립니다. 누가 최고의 햄버거를 만드는지, 즉 정해진 맥도날드의 방식에 따라서 누가 가장 빨리, 가장 완벽에 가깝게 그리고 가장 좋은 품질의 햄버거를 만들어내는지를 가려내는 대회인 것입니다. 온도계를 꺼내어 그릴 위에 대는 것이 첫번째 정식 순서입니다. 그릴은 먼지 하나 없이 깨끗해야 합니다. 그리고 나서 햄버거 고기 여섯 장을 완벽하게 일렬로 그릴 위에 올려놓고 주걱으로 누르면서 잘 굽습니다. 정해진 시간에 소금을 뿌리고 양파를 올려놓습니다. 다 구워지면 쇠주걱으로 살짝 들어서 빵 위에 올려놓습니다. 처음에는 우선 각 매장별로 누가 햄버거를 가장 잘 만드는지 겨룹니다. 거기서 선발된 사람이 지역 대회에 나가고 또 그보다 큰 규모의 대회에 나가고 최종적으로 전국 대회에 나가게 됩니다. 시카고에서 열린 전국 대회인 것으로 기억되는데 그때는 우승자에게 대형 트로피가 주어졌습니다. 상금도 있었던 것 같은데 얼마였는지 잘 생각이 나지 않는군요. 우승자에게 있어 가장 큰 영광은 '전국 제일'이라고 씌어진 셔츠를 입을 수 있게 되는 것입니다.

IBM

미국에서 인간 존중의 경영을 가장 먼저 실시한 가장 크고 오래된 기업 중의 하나인 IBM의 예를 살펴보자. IBM에 대해 이야기할 때 곤란한 점은 어떠한 것부터 이야기해야 할지 결정하기가 어렵다는 것이다. 70년 전통을 가진 개방 정책? 왓슨이 모든 종업원을 위해 1920년대에 만든 연회비 1달러의 컨트리클럽? '개인을 존중하라'로 시작되는 경영철학? 아니면 종신 고용? 내부 등용을 중시하는 태도? IBM 진료소와 IBM 호텔 그리고 IBM 운동장 및 테니스 코트? 인사부에서 매월 행하는 사원 의견 조사? 영업사원들을 간부로 많이 등용한다는 점? 철저한 교육과 훈련? 이 많은 사항 중 무엇부터 얘길 해야 할까?

IBM의 모든 역사는 그야말로 철저한 인간 중심의 철학에서 비롯된 것이라 할 수 있다. 그리고 맥도날드에서와 마찬가지로 세세한 것에까지 이 사고방식은 철저하게 반영되어 있다. IBM의 뉴욕 재정 본부에 가보라.[27] 처음으로 눈에 띄는 것은 바닥에서부터 천장에 이르는 거대한 게시판이다. 그곳에는 본부 전 사원의 사진이 붙어 있고, 그 아래에는 다음과 같은 내용의 현수막이 걸려 있다. "뉴욕 재정 본부 …… 사람이 차이를 만든다."

토머스 왓슨 1세는 일찍부터 개방식 정책을 시작했으며, 그것은 오늘날까지도 계속되고 있다. 관리직의 일부 사람들은 사장이 언제나 평사원들에게만 호의적이라고 불평하곤 했다. 과거 토머스 왓슨 1세의 동료였던 어떤 사람은 실제로 토머스 왓슨 1세가 관리직의 편을 들어준 적이 거의 없었다고 말한다. 이러한 그의 태도 때문에 IBM의 인간 존중 시책들이 잘 시행될 수 있었던 것이다. 리바이스, HP, 탠덤, 델타 항공에서와 같이 IBM

의 관리자들도 직접 문제를 해결하기 위해 여러 가지 사실들을 확인하는 등 많은 노력을 기울였다. 그리고 이러한 개방 정책으로 인해 많은 변화가 일어났다.

토머스 왓슨 2세는 그의 아버지인 초대 회장 왓슨이 오늘날에도 변함 없이 계속되고 있는 이러한 모든 정책들을 시작할 당시의 모습을 이렇게 묘사하고 있다. "아버지는 대대적인 조직 개편과 같은 방법은 취하지 않았습니다. 그 대신 사람들을 격려하고, 하고자 하는 의욕을 북돋워 성공으로 이끌었습니다. 내부 인재를 유효하게 활용하자는 결정이 1914년, 직업 안정에 대한 정책으로 이어졌습니다. 그것이 우리 회사의 사원에게는 대단히 중요한 사건이 되었습니다."[28] 토머스 왓슨 2세는 아버지가 대공황의 가장 힘든 시기에도 고용 보장 방침을 고수했다고 말한다. "IBM은 재고로 둘 생각으로 부품을 만들어 창고에 비축해뒀습니다. 여기서부터 우리의 내부 정책이 세워지기 시작했던 것입니다. 우리는 직무상의 요구 조건이 바뀔 때마다 그들을 재교육시키고, 새로운 일에 익숙하지 못해서 곤란을 당하는 사람에게는 다시 한번 기회를 주고 있습니다."[29] 토머스 왓슨 1세의 시대를 앞서가는 이러한 사고방식은 그가 NCR의 창립자인 존 패터슨 John Patterson 밑에서 일하면서 배운 것이다. 토머스 왓슨 2세는 말한다. "다른 경영자들이 노동조합과 대치하고 있을 때 존 패터슨은 사내에 샤워실을 만들어 근무 시간중에 사용하는 것을 허용하고, 따뜻한 식사를 원가로 제공하는 식당을 열었으며, 학교와 클럽 그리고 공원을 만들어 직원들에게 오락까지 제공했습니다. 다른 경영자들은 패터슨의 이러한 경영 방식에 충격을 받았지요. 하지만 그는 이런 방법이야말로 성공으로 되돌아올 투자라고 말했고, 그 말은 옳았습니다."[30]

토머스 왓슨 1세는 그 외에도 다른 많은 면에 있어서 존 패터슨의 뒤를 따랐다. 토머스 왓슨 2세는 이렇게 말한다. "직원들의 의욕을 불러일으킬 수 있는 것이라면 무엇이든지 했습니다. 인간관계를 중시하는 우리들의 사고방식은 이타주의에 의한 것이 아니라, 우리들이 일하는 사람을 중요시하고 그들이 스스로를 존중하도록 돕는다면 결국 가장 큰 득을 보는 것은 회사라는 단순한 믿음에 의한 것이었습니다."[31]

다른 많은 구체적 사례들에서도 IBM의 인간 존중 정신은 이어지고 있다. 1940년 〈포춘〉이 IBM(당시에는 매출이 3천 5백만 달러에 불과한 회사였다)에 대해 쓴 기사에도 역시 먼지 하나 없는 깨끗한 공장과 모든 종업원들을 위한 연회비 1달러의 컨트리클럽, 그리고 IBM 사가집社歌集("우리는 우리가 당신을 사랑한다는 것을 알고 있습니다. 그리고 당신이 마음속 깊은 곳에서부터 우리를 배려하고 있다는 것도 알고 있습니다. – 이 노래에서 나오는 당신은 물론 초대 회장인 토머스 왓슨 1세다)과 같은 내용이 있다.

〈포춘〉은 토머스 왓슨 1세에 대해 또 이렇게 쓰고 있다. "그는 자신의 삶과 경영 정책의 핵심이 된 다른 사람들을 배려한다는 원직을 만들어낸 타고난 설교자였다. 그는 하루에 16시간씩 일하고, 무수히 많은 사원 클럽에서 열리는 회의나 파티에 참석해 많은 시간을 보내며 언제나 출장을 다녔다. 그는 심각한 상사로서가 아닌, 오래된 친구로서 직원들과 이야기하는 것을 좋아했다."[32]

토머스 왓슨 1세에 대한 이야기를 하지 않고는 오늘날까지도 지속되고 있는 IBM의 주목할 만한 성과를 이야기할 수 없다. 그가 고안한 개방 정책, 클럽, 단순함, 설교, 대대적인 행사, 교육 훈련 등은 오늘날까지도 많은 기업들에게 영향을 미치고 있다. IBM의 한 간부는 이 점을 다음과 같이 명쾌하게 설명해줬다. "당신은 어떤 일에 있어서도 실수를 할 수 있고, 또 한 번의 기회를 얻을 수 있습니다. 하지만 아주 작은 것이라 할지라도 사람을 관리하는 일에 있어서 잘못을 저지르면 그것으로 끝장입니다. 최고의 성과를 올리는 사람과 그렇지 않은 사람의 차이는 바로 이것입니다."

IBM에서의 인간 존중 정책에 대한 이야기를 마무리하면서 우리가 강조하고 싶은 것은 조직 하부에 있는 사람들이 회사가 하고 있는 일을 자랑스럽게 생각하지 않으면 그 정책은 성공할 수 없다는 것이다. IBM의 마케팅 담당 이사인 벅 로저스는 이렇게 말한다. "그 무엇보다도 우리는 작은 일들을 잘 해내는 기업이라는 명성을 얻기 위해 노력하고 있습니다."[33] IBM이 상징하는 것, 휴렛패커드나 맥도날드가 제공하는 품질, 다나의 생산성 향상에 대한 아이디어, 그 어느 것을 보더라도 자기 회사가 하고 있는 일에 대한 긍지를 갖게 하는 것이야말로 인간 존중 경영의 근간이라는 것을 알 수 있다.

초우량 기업의 공통점

인간 존중과 생산성 향상에 대한 분석을 잠시 멈추고 한걸음 물러서서 이들 초우량 기업을 살펴보면 놀라울 정도로 비슷한 점을 발견할 수 있다. 첫 번째 공통점으로는 사용하는 언어를 들 수 있다. 인간을 존중하는 조직에서 사용하는 언어에는 공통점이 있다. 우선 무엇보다도 형식이 내용에 우선한다. 우리들이 컨설팅했던 기업들에서 이러한 예를 볼 수 있었다. 일단 그들은 철학에 대해 말하기 시작하고, 그것이 아무 의미 없는 단어일지라도 실천하기 시작한다. 예를 들어, 'HP 방식'을 보더라도 우리는 이 단어가 HP 내에서 처음 사용되었을 때에는 사람들에게 그다지 많은 의미를 주지는 못했을 거라고 생각한다. 하지만 시간이 지남에 따라서 이 문구는 사람들에게 그 누구도 생각지 못했던 방식으로—심지어 빌 휴렛이나 데이비드 패커드조차—보다 깊고 풍부한 의미로 받아들여졌음에 틀림없다.

사실 우리는 그 의미를 나타내는 특별한 언어가 있지 않는 한, 진정한 인간 존중이란 존재하기 힘들다고 생각한다. 가족 의식, 개방 정책, 회합, 축제, 현장 중심 경영, 출연 중 등 이 모든 특별한 용어들은 조직 구성원들의 마음속 깊은 곳에 회사의 경영철학이 스며들어 있음을 보여주고 있는 것이다. 에스키모의 말에는 영국 언어나 미국 언어와 달리, 눈雪의 종류를 표현하는 단어가 수없이 많다고 한다. 눈의 상태를 정확히 표현하는 것은 그들의 일상생활과 생존 그리고 문화에 있어 필수적이기 때문이다. 이와 마찬가지로 한 조직체가 진정한 인간 존중의 경영을 실현하기 위해서는 사람들이 서로를 대하는 방식을 표현하는 수많은 단어가 필요하다.

초우량 기업에서 사용되고 있는 언어 중에서 특히 인상적인 것은 개개의 종업원의 지위를 높여서 부르는 호칭이다. 다소 감상적으로 들릴 수도 있지만 어소시에이트(월마트), 크루(맥도날드), 캐스트(월트 디즈니) 등의 호칭을 사용함으로써 이들 초우량 기업은 개개의 구성원이 대단히 중요하다는 기업의 생각을 표현하고 있는 것이다.

초우량 기업의 대부분은 기업을 하나의 확대 가족으로 보고 있다. 우리는 월마트, 탠덤, HP, 디즈니, 다나, 타파웨어, 맥도날드, 델타, IBM, TI, 리바이스, 블루벨, 코닥, P&G 등에서 사원의 총칭으로 '가족family', '확대 가족extended family', '가족 의식family feeling' 등의 언어가 아주 빈번하게 사용되고 있음을 발견했다. 3M의 회장인 루이스 레어는 그러한 예를 매우 잘 설명해주고 있다.

미국 기업의 기업가정신은 매우 훌륭합니다. 일본 기업의 가족주의와 규율의 철저함 또한 훌륭하다고 할 수 있지요.[34] 그 양쪽의 장점을 혼합해 발전시켜나가는 몇 개의 회사들이 있는데 3M이 바로 그러한 회사 중의 하나라고 할 수 있습니다. 3M과 같은 회사는 종업원에게 단순한 노동의 장소를 넘어 일종의 커뮤니티 센터로 자리잡고 있습니다. 3M에는 사원 클럽, 사내 부문별 스포츠 클럽, 여행 클럽, 합창단이 있으며, 이러한 것들은 사람들의 이동성이 매우 커져서 그들이 생활하고 있는 지역사회가 개인에게 충족감을 주지 못하게 되었기 때문에 생겨났습니다. 학교는 이제 더 이상 가족들을 위한 사회적 센터로서의 구실을 하지 못하고 있습니다. 교회 또한 이미 사회적 가족 센터로서의 흡인력을 잃어버렸지요. 이러한 전통적 구조의 붕괴로 인해, 일부 기업들이 그러한 공백을 메우게 되었습니다. 이러한 시도에 성공한 기업은 기업가정신을 잃는 일 없이, 사회적 모체의 하나가 되었던 것이지요.

또한 루이스 레어가 제안하고 있는 것처럼 가족이란 단순히 3M 사원의 집합체만을 의미하는 것은 아니다. 거기에는 전 사원의 가족도 포함되어 있다. 우리 동료 중 한 사람은 여름 동안 임시로 3개월 정도 P&G의 브랜드 관리 프로그램 부서에서 일한 적이 있는데 그의 가족들은 5년이 지난 지금까지도 P&G로부터 추수감사절이 되면 언제나 칠면조를 받는다고 한다.

초우량 기업에서 공통적으로 발견할 수 있는 또 하나의 놀라운 특징은 엄격한 명령 계통이 없다는 점이다. 물론 중요한 의사결정을 할 때는 명령의 체계가 존재하지만 일상적인 커뮤니케이션을 위해서는 이것이 무시된다. 정보 교환은 비공식적이어야 한다는 것이 이들 기업의 생각인 것이다. 사람들은 이곳저곳을 돌아다니며 일하고, 최고 경영진들은 조직 최하부의 종업원들(그리고 고객들)과 항상 접촉하며, 모든 사람들이 직위가 아닌, 서로의 이름을 부르며 대화한다. 그 극단적인 예는 연 매출 5천만 달러로 매년 매출이 2배로 성장하고 있는 비디오 게임기 제조회사인 액티비전에서 찾아볼 수 있다. 이 회사의 사내 전화번호부에는 종업원들의 성이 아닌 이름이 알파벳 순서대로 실려 있다.

그러한 현상을 설명하기 위해 GM의 한 관리자는 2개의 큰 GM 공장을 예로 들었다. "다소 과장되게 들릴 수도 있겠지만 그것이 사실이니만큼 이야기하겠습니다. 실적이 낮은 공장에서는 공장장이 현장을 1주일에 한 번, 그것도 양복에 넥타이를 매고 돌아봅니다. 그가 종업원들에게 하는 이야기도 뻔한 것입니다. 하지만 실적이 좋은 사우스 게이트South Gate 공장에서는 공장장이 야구모자에 UAW 점퍼 차림으로 늘 현장을 뛰어다닙니다. 과연 누구의 공장이 더 잘 정돈되어 있을까요? 누구의 공장이 쓰레기장 같겠습니까?"

현장을 돌아다니는 것이 모든 사람이 할 수 있는 일은 아니라고 생각한다. 많은 관리자들이 그러한 행동을 부자연스럽게 생각한다. 만일 그들이 그러한 비공식적인 역할을 불편해한다면 그들의 현장 순시는 자칫 생색을 내는 행동이나 감시하는 것처럼 보일 수도 있을 것이다. 또한 현장을 돌아다니며 즉석에서 지나치게 많이 의사결정을 한다면 이는 자유로운 의사소통이라는 본래의 취지를 잃어버리고 오히려 명령 계통을 문란하게 만드는 결과를 초래하게 될 것이다. 그러한 관점에서 본다면 현장을 돌아다니는 것이나 형식에서 벗어난 행동은 아무나 할 수 있는 일이 아닌 것이다. 하지만 현장을 중시하는 경영 방식을 사용하지 않는다면 조직은 생명력을 갖기 어렵다.

형식에 치우치지 않는 그들의 특징은 다른 면에서도 많이 발견할 수 있다. 예를 들어, 초우량 기업의 사무실과 공장에서는 우선 가구의 물리적 배치가 다른 기업과 다르다. 형식의 배제는 간소한 가구와 비품, 열려진 문, 작은 칸막이 그리고 적은 수의 사무실에서도 찾아볼 수 있다. 궁정과 같이 호화로운 가구가 놓이고 딱딱한 분위기의 방에서 자유로운 정보의 교환이 이뤄지기는 어렵다.

흥겨운 축하연과 조직의 활기

다음의 대화를 살펴보자.

> **GM의 재무 담당자** : 제 얘기를 들어보세요. 저는 주물 공장에서 근무하고 있습니다만 이쪽 사람들이 일본인들이나 타파웨어의 여성 판매원처럼 사가社歌를 제창하는 것은 상상조차 하기 어려운 일입니다.
>
> **두번째 사나이(중서부 출신)** : 캐터필러는 최고 품질의 기계를 생산합니다. 그들은 UAW 산하의 노동자들이지요. 그들은 괜히 떠들썩한 행사를 벌이며 돌아다니는 일 같은 것은 하지 않습니다.
>
> **세번째 사나이(마찬가지로 중서부 출신)** : 나는 캐터필러의 본사가 있는 피오리아Peoria로 자리를 옮겨왔습니다. 캐터필러에서 일하는 것은 아니지만 매년 그들이 여는 '불도저의 날Machine Day' 축제를 볼 기회가

있었습니다. 그날에는 모든 캐터필러의 직원들과 그들의 가족들이 참석해 샌드위치와 맥주를 먹고 마시지요. 작년 축제의 테마는 '카우보이와 인디언'이었는데 모든 캐터필러의 중장비 기계들에 장식을 하고 이름을 붙여줬습니다. 그러고 나서 이 장비들은 언덕을 파헤치는 대회에 투입되었습니다. 모두들 즐거워했습니다.

GM의 또 다른 사람 : 당신은 사우스 게이트 공장에 가봐야 해요. 공장장은 떠들썩하게 흥을 돋우는 것을 좋아합니다. 공장 여기저기서 '일본을 이기자Beat the Japan'와 같은 표어들을 볼 수 있습니다. 최근의 집회에서는 폭주족 같은 사람들이 그 흥겨운 분위기에 휩싸여 미국 국가를 같이 부를 정도였다니까요.

위의 이야기를 보고도 미국인들이 떠들썩한 축제의 영향을 받지 않는다고 말할 수 있을까? 더 이상의 증거가 필요한가? 전 해군 참모 총장인 엘모 줌월트는 앞에서 말한 것처럼 함장으로 있을 무렵 인간 존중의 중요성을 깨닫게 되었는데 그때 그는 군함의 음성 호줄부호를 바꾸는 매우 사소해보이는 문제의 해결을 위해 엄청난 시간을 할애했다. 그는 상사에게 제출한 보고서에서 이렇게 말하고 있다.

이스벨ISBELL 호의 지휘를 명령받은 후 소관에게는 신경쓰이는 것이 하나 있었습니다.[35] 그것은 본 군함의 음성 호출부호에 관한 것입니다. '번개FIREBALL', '독사VIPER' 같은 용맹스러운 호출부호를 가진 몇몇 군함들 속에서 우리의 함정은 상대적으로 불명예스러운 '얼간이SAP-WORTH' 라는 호출부호로 불리고 있으므로 이는 함정에 소속된 병사들을 다소 부끄럽게 만들고 있습니다.

열심히 건의한 끝에 엘모 줌월트는 6개월 후에 호출부호의 변경을 승인받을 수 있었다. 그렇게 하자 군함의 사기에 굉장한 변화가 생겼다. 엘모 줌월트는 말한다. "'지옥의 고양이Hellcat'라는 음성 호출부호는 굉장한 인기를 얻었습니다. 군함의 장교와 병사들은 지옥의 불 속에서 검은 고양이가 꼬리를 번쩍 들고 튀어나와 날카로운 발톱으로 잠수함을 쳐부수려 하는 모습을 형상화한 도안을 자랑스럽게 소매와 모자에 달았습니다. 그들의 사기는 하늘을 찌를 듯이 높아졌지요."[36]

교세라Kyocera는 샌디에이고 부근에 위치한 2천 명의 종업원을 거느린 회사로 최근 '일본에서 가장 선도적인 기업'이라 불리고 있는 교토 세라믹Kyoto Ceramic의 자회사다.[37] 이 회사의 미국 내 6개 공장에서는 매일 아침 조회가 열리고, 2천 명의 종업원들은 회사의 현재 상황에 대한 경영자들의 이야기를 듣는다. 그후 전원이 함께 가벼운 체조를 한다. 회사의 생각은 이러하다. "매일 이런 일을 함께함으로써 모두에게 일체감이 생기는 것입니다. 또한 체조는 즐겁고 건강에도 좋지요." 최고 경영진들은 교대로 연설을 하고 있다. 그들의 연설은 대부분 "형식이 배제된, 격의 없는 것으로서 사전에 누구에게 승인을 받거나 체크를 받을 필요가 없는" 것이다.

HP와의 두번째 인터뷰를 위해 회사의 로비에서 담당자를 기다리고 있을 때 스피커를 통해 최고경영자인 영Young 사장이 회사의 분기 실적을 조직 내 모든 사람들에게 발표하는 목소리가 들려왔다. 영은 말을 부드럽게 하는 사람이다. 하지만 만약 이 세상에 조용한 치어리더가 있다면 영이야말로 바로 그런 사람이라 할 수 있다.

피터 베일Peter Vaill은 '고도의 실행 체계'—기업, 오케스트라, 풋볼팀 등의—를 연구하고 있는데 그에 의하면 그러한 조직은 무언가를 성취해내는 자기달성적인 예언을 바탕으로 움직인다고 한다.[38] 그렇게 되면 그곳에는 그 집단 사람들 사이에서만 통하는 '공통의 언어와 일련의 상징'이 필연적으로 발생하게 된다. 사람들은 무언가를 성취해냈을 때 스스로가 '고양'되는 것을 느끼고, 기회를 얻게 되면 새로운 방식으로 행동하기 시작한다. 또한 그들이 새로운 방식으로 행동함에 따라 보다 많은 좋은 일들이 발생한다. '최상을 경험하는 것peak experience'은 그 집단의 구성원들을 열광시키고 벅찬 감동을 주며, 기쁨과 흥분을 느끼게 만든다. 사람들은 그를 위해 먹고 잠자고 숨 쉬게 된다. '명예의 전당Hall of Fame' 현상이 나타나고, 조직 내 구성원들은 심미적인aesthetic 동기를 획득하게 되는 것이다.

우리는 체계적인 데이터를 갖고 있지는 않기 때문에 초우량 기업이 교육 훈련에 소비하는 시간이 보통 회사의 경우보다 훨씬 많다고 단언할 수는 없다. 하지만 초우량 기업이 구성원들의 훈련에 많은 시간과 비용을 투자한다는 증거는 많다. 가장 눈에 띄는 예는 사내 대학—디즈니대학, 다나대학, 햄버거대학 등—이다. 앞에서도 살펴보았듯이 IBM은 직원 훈련에 많은 투자를 하고 있다. 캐터필러도 사원 교육에 열심이다. 예를 들어, 세일즈 엔지니어는 장비가 작동하는 원리를 배우기 위해 현장에서 수개월을 보낸다. 초기의 집중적인 현장 교육은 HP, P&G, 슐럼버거 등에서도 찾아볼 수 있다.

벡텔의 현장 교육 방법은 그중에서도 가장 독특하다고 할 수 있을 것이다. 아라비아의 사막에 총공사비 50억 달러를 들여 도시를 건설하는 등 소규모의 경제성이 낮은 프로젝트를 일부러 수주하는 벡텔은 그 이유를 다음과 같이 설명하고 있다. "그러한 프로젝트를 맡는 이유는 젊고 장래에 관리자로 승진할 것으로 기대되는 유망한 사원에게 한 가지 프로젝트를 일임시킴으로써 실제 업무를 빠르게 익혀나갈 수 있는 기회를 주기 위해서입니다." 이것은 GM에서 알프레드 슬로언이 사용한 방법과 똑같다. 그는 언제나 신입 간부 후보생들을 처음에는 규모가 작은 부서에 배속시킨다. 그것은 작은 부서가 업무를 전체적으로 파악하는 데 더 적합하며, 초기에 회사 전반에 대한 그림을 그릴 수 있게 되면 시보레 사업부처럼 큰 사업 부서에 배속되어도 헤매지 않을 수 있기 때문이다.

초우량 기업들이 공통적으로 갖고 있는 또 다른 특징은 후임 관리자들을 조직에 적응시키는 방식에서도 찾아볼 수 있다. 첫째로 중요한 것은 물론 인재 모집이다. 선별 절차는 매우 까다롭다. 우리들이 인터뷰한 회사의 대부분은 후보자들을 7회 또는 8회에 걸쳐 면접하는 것으로 나타났다. 그들은 후보자가 틀림없는 사람인지 확신을 가질 수 있기를 바라며, 입사 희망자에게 "우리 회사에 대해 잘 알아보시기 바랍니다. 우리의 문화에 스스로가 잘 맞는 사람인지는 알아서 결정하세요."라고 말한다.

초우량 기업들이 신입사원에게 최초로 맡기는 업무도 매우 남다른데 이것이 아마 다른 기업들과의 가장 큰 차이점일 것이다. 이들 회사는 기대에 부푼 신입사원들에게 회사 내 주요 부문의 '손을 더럽히는hands-dirty' 직책부터 맡긴다. HP의 영 사장은 다음과 같이 말한다. "젊은 MBA나 공학석사MSEE들에게 신제품의 출시 업무를 맡기고 있습니다. 그것은 전형적인 개시 업무이지요. 그 일은 신제품을 시장에 내보내는 일에 관한 모든 지식을 강화시켜주며, 우리에게 매우 중요한 사업적 가치를 제공해주기도 합니다." 〈비즈니스 위크〉는 이렇게 쓰고 있다. "캐터필러에서 관리자 후보생은 조직의 말단부인 생산 현장에서부터 업무를 시작하도록 되어 있다. 그 조직에서는 하룻밤에 스타가 태어난다는 것은 있을 수 없는 일이다."[39]

관리자들이 우선적으로 현장 업무부터 시작하는 것은 일반 대기업에서는 매우 찾아보기 힘든 일이다. 보통의 회사에서는 MBA나 관리자 후보들의 연봉이 매우 높기 때문에 처음부터 스태프 업무를 하기 시작해서 수년의 시간을 보낸다. 따라서 그들은 사업이 실제로 어떻게 돌아가는지 알 수 없다.

그에 따라 이 두 부류에 속한 사람들의 현실 인식에는 큰 차이가 생겨난다. 회사의 주요 업무인 제조나 영업 부문에서 출발한 사람은 나중에 승진이 되어도 기획, 시장조사, 경영시스템 등의 추상적인 개념에 속는 법이 없다. 그뿐 아니라 사업에 대한 직관도 발전되어간다. 그들은 경영에 있어 숫자뿐만 아니라 사업에 대한 직관도 매우 중요한 것임을 배우게 된다. 현장에서 지내왔기 때문에 그들의 직관은 매우 뛰어나다. '실행 가능성에 대한 직감A fine feel for the doable' 이라는 벡텔의 모토는 그러한 현실을 잘 나타내고 있다.

조직 적응 과정의 다음 단계는 영웅과 신화와 같은 역할 모델을 통해 학습하는 것으로 이는 매우 중요한 과정이다. 신참자들은 업무를 둘러싼 전쟁담을 통해서 일하는 방법을 배워나가는 것이다. IBM에는 고객 서비스에 대한 전쟁담이, 3M에는 때때로 실패하지만 항상 혁신을 추구하는 이야기가 많다. P&G에는 품질에 관한 이야기가 전쟁담의 주를 이루고 있다. HP는 보다 직접적인 접근법을 사용하고 있는데 회사의 기본적인 원칙을 정리한 'HP 방식' 이라는 책에 가장 밑에서부터 출발해서 최고위층에 오른 사람들의 이야기를 많이 다루고 있다. 뿐만 아니라 새로운 성공 신화를 추가하기 위해 제안 상자를 통해서 정기적으로 'HP 방식의 사례'를 체계적으로 수집하고 있다.

정보에 대한 근접성

동료들 간의 업무 성과 비교를 위해서는 사내에서 필요한 정보를 쉽게 얻을 수 있어야 한다. 놀랍게도 이것이 초우량 기업의 기본적인 관리 메커니즘인 것이다. 이것은 상사가 누군가에게 무엇을 지시하기 전까지는 아무 일도 일어나지 않는 군대식 모델과는 전혀 다르다. 대략적인 목표와 가치 기준이 설정되어 있고 정보가 널리 공유되고 있어서 사람들은 어떠한 업무가 완료되었는지 그리고 누가 일을 잘 하고 있는지 혹은 잘 못하고 있는지를 즉시 알 수 있다.

정보를 공유하는 것의 가치를 잘 알고 있는 기업의 예로 크롬톤 코듀로이Crompton Corduroy를 들 수 있다. 〈포춘〉은 이 회사의 옛 공장 중 한 곳에서는 조작대의 버튼을 한두 개 누르는 것만으로도 기계를 조작하는 사람들이 자신의 생산고를 체크할 수 있고 또한 동료들의 생산고와 비교하는 것도 가능하다고 전하고 있다.[40] 그들은 외부의 압력이 없이도 서로의 성과를 확인하며, 때로는 점심시간을 아껴서 모니터상의 현황을 점검하기도 한다. 〈포춘〉은 최근 사내에서 정보를 공개하기로 결정한 GM의 이야기를 다음과 같이 다루고 있다.

재무적인 정보를 생산 현장의 종업원에게 널리 알리는 것은 경영자와 노동자 사이의 간격을 메우는 중요한 조치다.[41] 다른 어떤 행위보다도 이러한 조치는 목표를 명시적으로 만들고 협력의 본질을 구체화시켜준다. 낡은 시보레 공장 기어Gear에서는 관리자들이 종업원들에게 인건비, 부수적 비용, 이익(혹은 손실)이 얼마인지 그리고 이러한 비용들과 목표와의 거리는 어느 정도인지 직접적으로 설명해준다. 그것은 과거 GM에서는 그 직종의 책임자들조차도 얻기 힘들었던 정보인 것이다. 그러나 GM은 정보를 널리 공개함으로써 얻을 수 있는 이익과 효과가 정보가 유출되어 생기는 손해보다 훨씬 크다고 생각하는 것이다.

에드 칼슨은 유나이티드 항공의 사장이었을 때 다음과 같이 말했다. "조직의 하부에 경영 정보가 결여되어 있는 것만큼 사기에 나쁜 영향을 끼치는 것은 없습니다. 나는 그것을 NETMA – 누구도 나에게 아무것도 가르쳐주지 않는다Nobody Ever Tells Me Anything – 라고 부르며, 이것을 최소화하기 위해 노력해왔습니다."[42] 기업 분석가인 리처드 파스칼은 이에 대해 다음과 같이 논평했다. "에드 칼슨은 자칫 통제하기 힘든 상황이 될 수도 있는 극비의 영업 정보를 매일 현장의 스태프들과 공유한 것이다."

블루벨에서도 생산성을 비교하기 위한 정보를 종업원들과 공유하고 있다. 개인, 팀, 공장 단위의 성과가 누구에게나 공개된다(우리는 이미 다나와 같은 회사에서 정보의 풍부한 공개가 이뤄지고 있음을 관찰했다).

정보를 공유하는 과정에 있어서 가장 중요한 것은 – 대규모 심리 분석 조사에 의해서도 증명된 것처럼 – 절차의 본질 자체가 비평가적이라는 점이다. 물론 어느 정도 그런 구석이 있다는 점은 인정한다. 하지만 우리가 말하고자 하는 것은 한정적 의미에서 비평가적이라는 것이다. 관리자들이 정보 공개에 대한 분명한 기준을 바탕으로 사람들을 다그치는 것도 아니고, 상사가 부하에게 어떻게 하라고 명령하는 것도 아니다. 하지만 다른 한 편에서는 정보를 널리 공유한다는 것이 더욱 강한 영향력, 즉 동료들 간의 경쟁을 낳는다는 점에서 평가의 요인이 간접적으로 포함되어 있음을 부인할 수 없다. 앞에서 언급한 다나에서도 본사는 부문 관리자에게 무리하게 정보의 공개를 강요하거나 하지 않는다. 다만 그들을 1년에 두 번, 5일간 '지옥의 1주일' 프로그램에 참여시켜 생산성 향상에 대한 결과를 교환하도록 할 뿐이다. 인텔에서는 관리자들이 서로 목표관리 결과를 매주 교환하도록 하고 있다.

오래전 조직 이론가인 메이슨 헤어Mason Haire는 "측정할 수 있는 일은 해낼 수 있다."라고 말했다. 그는 무엇인가를 측정하려고 시도하는 단순한 행위가 일을 성취하는 것과 같은 의미를 갖는다고 역설했다. 그것은 그 분야에 관리적 주의를 집중시키는 역할도 한다. 정보가 널리 이용 가능하게 되면 사람들은 그에 대한 반응을 보이게 되는 것이다. 단순한 조직과 동료들 간의 경쟁 그리고 간편한 측정은 AT&T의 웨스턴 일렉트릭 공장 노동자들의 만성적인 장기 결근과 관련이 있다. 공장장들이 모든 노력을 기울였으나 이러한 현상은 사라지지 않았다. 그래서 그들은 사람들이 지나다니는 곳에 큰 게시판을 걸어놓고 그곳에 전원의 이름을 기입한 다음 출근한 사람의 이름 옆에는 금색 별을 붙였다. 그러자 하룻밤 사이에 결근이 극적으로 줄어들었다. 또 다른 작업반장은 직장에서 교대를 한 후에 생산 결과를 공장 바닥에 분필로 써서 남기도록 했다. 그러자 서로 교대하는 사람들이 경쟁의식을 느끼게 되었고 생산성은 대폭 향상되었다고 한다.

우리들 모두는 크롬톤 코듀로이의 기계 조작자와 별로 다를 바 없다. 우리는 스스로가 어느 정도의 성과를 거뒀는지 알아보기 위해 항상 성과

표시판을 훔쳐보며 자신이 생각하는 것보다 훨씬 더 성과에 관한 정보에 민감하다. 여기서 놀라운 점은 그러한 정보가 직접적으로 평가를 염두에 두고 전달되었을 때보다 암묵적으로 은근히 전달되었을 때 사람들이 보다 더 강하게 반응한다는 사실이다. 하지만 정보를 조용히 흘려보내는 것은 그 반대의 경우보다 더 힘든 일이다. 초우량 기업들의 정보를 널리 공개하는 이러한 정책은 전형적인 경영 관행과 현저한 대조를 보인다. 일반 기업에서는 이 정보를 악용해 경쟁자들만 득을 보게 되지 않을까 두려워한다. 그러나 이러한 태도는 사람들을 어른으로 혹은 승자로 대우하지 않는 것으로 나중에 보다 커다란 대가를 치르게 된다.

"사람은 결코 자신의 생명을 남에게 팔려고 하지 않는다. 하지만 사람이란 하나의 훈장을 위해서는 자신의 생명까지 기꺼이 버릴 수 있는 존재다."[43] 이는 제2차 세계대전에 보병으로 참가했던 작가 윌리엄 맨체스터가 인간의 마음속에 잠재해 있는 명예욕에 대해서 한 말이다. 그 증거를 원한다면 자기 방 다락이나 책상 서랍 안을 뒤져보길 바란다. 먼지투성이 보이스카우트 표창 배지나 트로피, 10여 년 전에 보잘것없는 테니스 대회에서 딴 메달 한두 개는 찾을 수 있을 것이다.

이 연구를 진행해나가는 동안 우리는 초우량 기업이 비금전적인 보상을 하는 다양한 방법을 갖고 있음을 알고 놀라지 않을 수 없었다. 사실 이보다 더 훌륭한 긍정적인 강화의 방법은 없다. 모든 기업들이 이러한 방법을 사용하고 있다. 하지만 초우량 기업들은 다른 기업과 달리 이러한 방법을 보다 확장해서 사용한다. 사람들에게 포상 핀, 버튼, 배지, 메달을 수여하기 위해 맥도날드, 타파웨어, IBM 등의 초우량 기업이 얼마나 많은 연구를 거듭하고 있는지 상상조차 할 수 없을 것이다. 이들 기업은 포상품을 주기 위한 이유와 기회를 언제나 적극적으로 찾고 있다.

소비재 상품 회사로서 성공을 거두고 있는 마스에서는 사장을 포함한 모든 종업원들 중 어느 누구라도 1주일 동안 계속 정시에 출근하면 매주 10퍼센트의 보너스를 받게 된다.[44] 이것은 누구나 정기적으로 포상을 받을 기회가 있고 그런 환경이 조성되어 있음을 알려주는 좋은 예다. 앞장에서 언급한 바와 같이 사람은 누구나 칭찬받고 싶어하며, 승자가 되고 싶어한다. IBM에서는 영업사원 중 상위 10퍼센트 안에 드는 사람에게 '황금 서클 Gold Circle' 의 일원이 되는 영예를 준다. 이론의 여지는 있지만 우리는 IBM 이 세일즈맨의 3분의 2가 그 일원이 될 수 있는 '100퍼센트 클럽' 같은 것을 만들어 그와 관련된 여러 가지 행사와 축제를 벌이는 게 더 좋을 것이라고 생각한다. 상의 수가 많으면 상을 받을 가능성도 커진다. 그렇게 되면 보통의 성과를 내는 사람들도 상을 타기 위해 더욱 노력하게 된다. 그러나 많은 기업들이 특별상의 효용을 믿기는 하면서도 실제로는 성적이 극히 우수한 몇 사람에게만 상을 주고 있다. 솔직히 그처럼 우수한 사람에게는 이미 강력한 동기가 부여되어 있으며, 그러한 상이 없어도 훌륭한 성적을 올리는 경우가 많다. 그러니 평범한 사람들이 표창을 받도록 하는 게 더 중요하다. 성공의 열쇠는 중간층에 있는 60퍼센트의 사람들이 발전해 몇 단계 위로 올라갈 수 있도록 도와주는 데 있다고 르네 맥퍼슨은 말한다.

우리의 동료인 오마에 겐이치는 〈최고경영자 Chief Executive〉와의 인터뷰에서 일본에서는 형식을 갖춘 조직을 그다지 찾아볼 수 없다며 다음과 같이 말하고 있다. "대부분의 일본 기업들은 조직도 비슷한 것조차 갖고 있지 않은 경우가 많습니다. 사업 운영에 있어 큰 영향력을 갖는 관리 책임자 managing director라는 직위는 정규 라인의 조직도에서 찾아볼 수 없습니다. 많은 부서의 부책임자들이 관리 업무를 맡고 있지만 그들 역시 조직도에서 찾아볼 수 없습니다. 혼다의 경우를 보더라도 프로젝트팀이 자주 구성된다는 것 말고는 조직이 어떻게 구성되어 있는지 분명히 알 수가 없습니다."[45] 그는 일본에서는 구조적인 의미나 기업 자체와 무언가 다른 의미로서의 '조직'이라는 말은 그다지 많이 사용되지 않는다고 지적하고 있다.

미국에서도 초우량 기업은 상대적으로 구조화가 덜 이뤄져 있고 계층이 덜 구분되어 있다는 사실을 발견했다. 델타 항공, 다나, 월트 디즈니의 예를 기억해보자. 이들 기업에서는 사람과 직무의 호환성(교체 가능성)이 하나의 공고한 원칙으로 작용한다. 르네 맥퍼슨은 스탠퍼드 비즈니스 스쿨 학생들에게 다음과 같은 질문을 던졌다. "여러분은 로마 가톨릭 교회의 조직을 유지하는 데 몇 개의 계층이 필요하다고 생각합니까?" 학생들이 머리를 짜낸 결과는 평신도, 사제, 주교, 추기경 그리고 교황의 5개 계층이었다. 요점은 가톨릭 교회와 같은 거대한 조직에서도 그것이 운영되는 데에는 5개의 계층밖에 필요하지 않은 것이다.

조직이 발 빠르게 움직이지 못하고 융통성이 없는 관료 기구가 되게 만드는 가장 큰 요인은 계층이 너무 많다는 데 있다. 때로는 조직 내 관리자들의 자리를 보다 많이 만들다보니 그렇게 되는 기업들도 있다. 하지만 초우량 기업에서의 실례를 통해 볼 때 그토록 많은 계층이 정말 필요한지 의문이다. 지나치게 많은 계층이 존재하게 되면 관리 조직에도 파킨슨의 법칙이 작용한다. 결국에는 쓸데없는 관리 조직이 그 존재를 정당화시키기 위해 여분의 일을 만들어내어 다른 사람들의 업무에도 지장을 초래하게 되는 것이다. 그러한 조직에서는 누구나 바쁜 것처럼 보이지만 실제로는 단순한 관리 업무가 중복되어 과잉 실행되고 있을 뿐이다.

조직이 단순하고 계층도 적다는 외관상의 특징 외에 모든 초우량 기업에서 찾아볼 수 있는 중요한 특성이 하나 더 있다. 앞에서도 간단하게 다뤘지만 우리는 이 특성이 사람과 생산성의 문제에 있어 대단히 중요한 의미를 갖고 있다고 생각하기 때문에 다시 한번 다루고자 한다. 그 특성은 '작은 것이 생산적이다'라는 것이다.

소규모지향

10년 전쯤 시카고대학에서 '창조적인 조직'을 주제로 한 회의가 열렸다. 회의중에 다음과 같은 토의가 벌어졌다.

> 피터 피터슨(당시 B&H의 사장)[46] : 업계에서 우리는 자사 제품에 아무런 애착도 갖고 있지 않고 자사 제품을 '사랑'하지도 않는, 다시 말해서 무감정한 전문 관리자를 양성하는 경향이 있습니다. 그러한 사람들은 무언가를 보다 인공적인 방식으로 관리할 뿐 전혀 창조성을 발휘하지 못합니다. 나는 테드 벤싱어Ted Bensinger가 볼링을 위해 어떤 일을 하는지를 듣고 매우 놀란 적이 있습니다. 그는 오길비 씨가 광고에 대해 이야기할 때처럼 그것을 큰 애정을 갖고 대했습니다. 이렇듯 위대한 요리, 위대한 광고, 위대한 무언가를 위해서는 감정적 몰입이 중요하다고 생각합니다.
>
> 데이비드 오길비(오길비 앤드 매더의 창립자) : 그것은 초연함과는 반대되는 것이지요.
>
> 게리 슈타이너Gary Steiner(시카고대학 교수이자 회의 의장) : 주방에서 가

장 뛰어난 요리사가 가장 효율적인 리더라는 생각은 창조적인 것처럼 들립니다만 그것은 한 가지 명확한 전문 기술을 필요로 하는 사업이나 조직에만 적용되는 것은 아닐까요? GM이나 시카고대학과 같이 여러 개의 전문 기술과 여러 개의 차원을 가진 조직에도 과연 그것이 적용될 수 있을까요?

데이비드 오길비 : 과도하게 다각화되어 있는 그런 조직은 좋지 않은 조직입니다.

게리 스타이너 : 그렇다면 '분할하는 것'을 제외하고 그런 조직을 창조적이게 만드는 다른 어떤 방법이 있을 수 있을까요?

데이비드 오길비 : 분할하는 것이 가장 좋은 방법입니다.

피터 피터슨 : 저도 그렇게 생각합니다.

금융업계는 규제 완화로 인해 일대 혁신을 겪고 있다. 그 결과 기업 자금 관리와 같은 맞춤형 서비스를 제공해야 할 필요성이 대두되었다. 이러한 업무는 종래에는 숙련이 필요없는 단순한 비영업 부서의 업부로 간주되어왔다. 퍼스트 시카고First Chicago의 회장인 배리 설리번Barry Sullivan은 얼마 전 미국 은행 협회에서 행한 연설에서 다음과 같은 해법을 제안했다. "내가 말하고 싶은 것은 단순 업무 부문들을 개별적인 사업으로 분할하자는 것입니다." [47]

최근 GE를 떠나 GTE의 회장으로 취임한 톰 밴더슬라이스Tom Vanderslice는 새 회사에서의 자신의 주요한 관리 목표를 다음과 같이 설명하고 있다. "나는 기업 분할의 신봉자입니다. 관리가 용이한 일련의 소규모의 기업으로 나누는 것이죠." [48] 한 평론가는 3M이 언제나 좋은 성과를 올리는 이유

중의 하나가 다음과 같은 점에 있다고 말한다. "3M에서는 한 가지 부문이 어느 규모에 이르면 아메바처럼 분할해 보다 관리하기 쉬운 몇몇의 작은 부문으로 재편됩니다."[49] 3M의 한 간부도 이렇게 말하고 있다. "요점은 한 가지입니다. 분할하십시오. 경쟁 역학이나 효율성 따위는 잊어버리세요. 조직이 작을 때만 유일하게 활기를 유지할 수 있습니다."

소규모의 핵심은 관리가 쉽다는 것과 무엇보다도 몰입이 가능하다는 점에 있다. 관리자는 조직이 작고 하나의 중심적 원칙이 잘 지켜질 때 진정으로 조직을 잘 파악할 수 있다. 보다 중요한 것은 비록 수십만 명의 종업원을 거느리고 있는 대규모의 조직이라 해도 그것을 구성하는 각 부문에 자율성을 촉진하는 서로 다른 방식이 존재하고, 개개인이 중시된다면 더 훌륭한 능력을 발휘할 수 있다는 점이다. 우리는 앞에서 개인을 존중하는 일이 매우 중요함을 강조한 바 있다. 사업부건, 공장이건, 팀이건 그 규모가 인간적이지 않으면 개인이 버틸 수 있는 방법은 없는 것이다. 작은 조직이 잘 돌아가는 법이다. 작은 것은 아름답다. 경제이론가들은 동의하지 않겠지만 초우량 기업들의 실례는 이를 확실하게 증명해주고 있다.

에머슨 전기와 다나는 비용절감을 중시하는 기업이며, 그들의 전략은 잘 들어맞고 있다. 그러나 이 두 회사는 모두 각 사업부를 1억 달러 이하의 규모로 제한하고 있다. 앞에서 언급한 대로 HP나 3M도 중복이 발생하는 한이 있더라도 사업부의 규모를 엄격하게 제한하고 있다. TI는 규모에 있어 평균 4천만 달러에서 5천만 달러 규모의 제품별 영업 센터를 90개나 갖고 있다.

대규모의 물량 공세가 필수적인 일반 소비재 상품을 제조하는 존슨 앤드 존슨에서도 같은 마법을 사용하고 있다. 총수익이 50억 달러에 달하는 존슨 앤드 존슨은 평균 3천만 달러에서 4천만 달러 규모의 사업부를 150개나 갖고 있다. DEC도 똑같은 전략을 취하고 있다. "기본적으로 우리들은 중소기업의 집단이라는 형태로 경영을 하고 있습니다."[50]라고 영업 담당 부사장 테드 존슨Ted Johnson은 말한다. DEC에서는 조직 개편, 생산 라인의 추가와 중복은 늘 있는 일이다. DEC를 포함한 그 밖의 수많은 초우량 기업에서 일하는 사람들은 항상 생산 기간의 단축, 재고의 혼란, 시장의 중복, 타깃의 중복 등을 불평한다. 그들은 불평을 하지만 실제로는 결국 그를 통해 수익을 거두는 것이다.

소규모 사업부를 선호하는 경향은 대기업에서만 찾아볼 수 있는 것은 아니다. 롬ROLM은 연 매출 2억 달러로 급성장을 계속하고 있는 중견 통신 기기 제조업체로, 통신의 거인 웨스턴 일렉트릭과 같은 회사를 따돌리고 PBX(옥내 교환기) 등의 분야에서 선전하고 있다. 롬이 급성장하게 된 주요 원인은 적당한 규모의 세분시장에 맞춰 문제를 해결해나가는 데 있다. 창립자의 한 사람은 자사의 성공 비결에 대해 이렇게 말하고 있다. "우리는 분할을 계속해나가고 있으며, 새로운 부문이 생길 때마다 작은 새 건물을 지어주고 있습니다." 이렇게 해서 롬의 성장은 계속되고 있는 것이다.

이제 우리는 이러한 예에서 하나의 원리를 찾을 수 있다. 대부분의 초우량 기업에서는 한 사업 부문의 규모를 5천만 달러에서 1억 달러의 매출, 1천 명 정도의 종업원으로 억제한다는 것이 그것이다. 하지만 그와 동시에 이러한 소규모 사업부에 철저하게 독립적인 권한을 부여하고 그를 행사하는 데 필요한 모든 기능과 자원을 지원하고 있다.

우리에게 공장의 규모에 대한 이러한 사실은 매우 놀라운 것이었다. 반복해서 말하지만 우리는 큰 공장보다 작은 공장 쪽이 훨씬 높은 성과를 올리는 경우를 많이 찾아볼 수 있었다. 에머슨 전기가 그 좋은 예다. 〈던스 리뷰〉는 경영이 잘 되고 있는 최고 기업의 하나로 에머슨 전기를 들면서 성공의 비결은 다음과 같다고 기술했다. "에머슨 전기는 GE와 같은 경쟁 기업과는 달리 대규모 공장을 지향하지 않는다. 에머슨 전기의 공장들 중 종업원이 6천 명 이상인 곳은 거의 없다. 공장의 인원이 그 이상이 되면 관리자가 종업원 한 사람 한 사람을 만나볼 수 없기 때문에 바람직하지 않다고, 찰스 나이트 회장은 말한다. '비용절감을 위해서도 직원이 5천 명 이상인 큰 공장은 바람직하지 않습니다. 그보다 소규모 공장이 여러 가지 면에서 유연하지요."[51] 에머슨 전기에서는 종업원과의 접촉 가능성으로 공장 규모의 크기를 결정할 만큼 종업원 한 사람 한 사람과의 대면을 중요시하고 있는 것이다."

블루벨은 의류 업계에서 리바이스에 이어 두번째로 성공적인 기업이다. 연 매출 15억 달러인 이 대기업이 언제나 경쟁력을 유지하고 이익을 올리는 비결은 주로 우수한 경영 방법과 저원가 생산 정책에 있다. 블루벨의 경영 전략은 각 부문을 소규모로 유지하는 것이다. 킴지 만 회장은 제조 공장의 규모를 3백 명 이하로 유지하고 있다. "그 덕분에 관리자들은 문제에 빠르게 대처할 수 있습니다. 관리자들은 한마디로 현장 근로자들을 지원하는 스태프들이라 할 수 있습니다." 그는 말한다. "이러한 방법을 통해 서로 간의 유대도 강화됩니다. 우리 회사의 감독관들은 부하 전원의 가족들 및 그들의 걱정거리에 대해서도 알고 있어야 합니다." 그는 작은 것에서부터 창조와 변화가 시작된다고 믿고 있다. "그 일을 가장 잘 아는 사람은 그 일에 가장 가까이 있는 사람입니다." 그는 계속해서 다음과 같이 말했다. "큰 공장에서는 무엇인가가 승인될 무렵이 되면 그 아이디어를 낸 사람은 이미 자신이 그것을 제안한 사실을 잊어버렸거나 그것이 자신의 아이디어인지 깨닫지 못하는 경우가 보통이지요." 킴지 만은 거기에 덧붙여 다음과 같이 말했다. "종업원들로 하여금 회사를 자신의 부인이나 딸이 일해도 좋은 곳이라는 생각을 할 수 있도록 만드는 것이 우리의 목표입니다. 우리는 모든 개인이 회사의 이미지를 책임지기를 원합니다." 이러한 일은 공장이 소규모일 때에만 가능하다고 킴지 만은 확신하고 있다.

모토롤라의 경우도 이와 비슷하다. 존 미첼 사장은 그에 관한 자신의 생각을 분명히 밝히고 있다. "한 공장의 종업원 수가 1천5백 명 정도가 되면 이상하게도 일이 잘못 돌아가기 시작한단 말입니다." 기록적으로 생산성이 높아지고 있는 다나도 공장의 규모를 5백 명 이하로 억제하려고 노력하고 있다. 웨스팅하우스는 현재 생산성 향상에 우선순위를 두고 있는데 그 프로그램의 핵심은 30명 내지 40명으로 구성된 소규모 공장을 신설하는 것이다. GM의 새로운 생산성 향상 운동에도 신설 공장을 1천 명 이하의 규모로 만든다는 계획이 포함되어 있다.

대규모 공장을 운영하다 실패한 사례들도 소규보 공상 제제가 왜 합리적인지를 잘 말해준다. 컨솔러데이티드 에디슨Consolidated Edison의 전 사장은 이렇게 말하고 있다. "지난 10년 동안 전력 사업 업계는 현재의 구조와 운영기술로는 도저히 안정적으로 다루기 힘든 대규모의 발전 장치를 사들이는 데 주력해왔습니다."[52] 조지아 전력Georgia Power의 사장도 모임에서 같은 취지의 발언을 하고 있다. "큰 공장은 매우 바람직합니다. 잘 돌아가고 있을 때는 말입니다." 이 말에 그 자리에 있던 사람들 모두가 웃음을 터뜨렸다. 그는 자기 회사의 대규모 발전소가 너무 자주 고장을 일으켜서 그때마다 운전을 중지해야 했으므로 계획대로 규모로 얻을 수 있는 이론상의 효율성을 얻는 데는 실패했다고 말했다.

〈포춘〉은 하버드에서 생산 공정을 연구하고 있는 학자인 윅 스키너 Wick Skinner와 관련된 다음과 같은 사례를 인용하고 있다.

윅 스키너는 자신이 하버드대학의 교수가 되기 전 10년간 일했던 허니 웰Honeywell에서 실제로 일어난 일을 인용하고 있다.[53] 허니웰의 한 공 장은 자이로스코프gyroscope와 항공기용 연료 잔량 표시계를 전문으로 만들고 있었는데 이 두 가지 생산 라인이 같은 공장에 있었다. 그런데 어느 날 문제가 발생했다. "자이로스코프의 제조는 기술적으로 10배나 어려운 작업이었습니다. 한편 연료 잔량 표시계 시장의 경쟁이 치열해 허니웰도 고전하고 있었지요." 윅 스키너는 회상한다. "그들은 비용절 감이 이뤄지지 않는 이유를 찾아내려고 모든 노력을 기울였습니다. 회 계 분석을 실시하기도 하고, 이사진에 MBA 출신을 투입하기도 했지요. 하지만 아무 효과도 없었습니다. 그래서 그들은 사업을 철수하기로 결 정했습니다. 그런데 그때 공장의 한 관리자가 공장장에게 어떤 제안을 해왔습니다. 공장장은 본사에 2만 달러의 경비를 지출해줄 것을 요구했 습니다. 그들은 합판과 각목을 사들여 공장 한쪽에 벽을 쌓아 두 제품 생산 라인의 근로자들을 분리시켰습니다. 그러자 6개월도 채 되지 않아 서 쌍방의 문제가 모두 해결되었던 것입니다."

수백 개에 이르는 규모의 경제에 관한 연구를 비교 검토한 영국의 학 자 존 차일드John Child는 다음과 같이 말하고 있다.[54] "대규모 산업의 경제 적 혜택이 전반적으로 지나치게 과장되어 왔습니다. 그것은 합병과 합리화의 열풍이 온 유럽에서 불었던 1960년대에 더욱 두드러졌지요. 산업재 생산 규모에 대한 연구에서 나온 일반적인 결론은 중간 규모를 추구하는 소규모 기업에게는 중요할지 모르지만 대규모 기업에는 그다지 신빙성이 없습니다." 그는 그 이유를 이렇게 설명하고 있다. "공장의 규모와 노사분 쟁의 발생률, 노동자의 이직률, 불만의 발생률 사이에는 아주 큰 상관관계 가 있기 때문입니다." 지금까지의 내용에서 이끌어낼 수 있는 결론은 하나 의 개략적인 지침이 될 수 있을 것이라고 생각한다. 즉 산업과는 관계없이 한 지붕 아래서 5백 명 이상의 사람들이 함께 일할 때에는 반드시 그에 따 르는 예상치 못한 문제가 발생한다는 것이다. 더욱 흥미로운 것은 비용절 감을 중시하는 기업의 경우에서조차 소규모가 혁신적일 뿐 아니라 보다 생산적이라는 결과가 나왔다는 점이다.

"작은 것이 아름답다."라는 주장에 대한 가장 확실한 증거는 팀, 부서, 품질관리 서클과 같은 조직의 하부에서도 찾아볼 수 있다. 우리의 리스트 에 포함되지 않은 대부분의 기업들에서는 전략적 사업단위나 어느 정도 많은 사람들로 구성된 집단을 조직의 기본 구성 단위로 생각하고 있다. 하 지만 초우량 기업에서는 서비스, 기술 혁신 혹은 생산성 등과 같은 이슈에 상관없이 팀이 핵심 구성 단위가 되고 있다. 뱅크 오브 아메리카의 한 중역 이 한 말은 그 좋은 예다.

언제나 마찬가지입니다. 우리는 언제나 모든 일을 정확하게 하려고 노 력합니다. 항상 최적화를 추구합니다. 우리는 완벽한 거대 시스템을 찾 고 있습니다. 런던에 주재할 때의 일입니다. 그곳은 본사로부터는 상당 히 떨어져 있어서 전부터 생각해왔던 일을 실험해볼 수가 있었습니다.

오래전부터 문제(업계 고유의)가 되어왔던 것은 운영, 시스템 그리고 대출 업무를 하는 사람들을 모두 함께 일하도록 한 것이었습니다. 그래서 우리는 작은 영업 지역을 선택했습니다. 나는 그것이 작은 단위가 갖는 힘을 실험해볼 수 있는 좋은 기회라고 생각했습니다. 우리는 작은 팀을 만들어서 이 문제를 해결해보도록 했지요. 그러자 아주 좋은 결과를 얻을 수 있었습니다. 문제를 해결할 수 있는 수많은 방법을 찾아냈던 것이지요. 일단 10명에서 12명 정도가 한 조를 이루도록 해서 함께 일하면 그들은 상대방이 어느 정도 열심히 일을 하는지 잘 알 수 있습니다. 다른 사람의 일이 얼마나 중요한 것인지 팀의 모든 사람들이 잘 알게 되는 것이지요. 그동안 사람들은 한 직원을 수줍음이 많고 다소 관료적인 타입의 사람이라고 생각했지만 곧 그의 동료들은 그가 자신이 하고 있는 일을 정말 잘 알고 있는 사람이라고 평가하게 되었습니다. 팀 내에서 그의 지위는 몇몇 동료보다 낮았지만 그는 실질적인 리더가 되었습니다. 그리고 3개월 내지 4개월이라는 짧은 시간 안에 그들은 놀랄 만큼 효과적인 이러한 시스템을 급속히 발전시켜나갔습니다. 그리고 이 시스템을 통해 각각 다른 부문의 고객들을 만족시켰을 뿐만 아니라 수익으로도 연결시켰습니다. 그러한 사업 단위에 속한 직원들의 사기는 하늘을 찌를 듯했습니다. 그리고 우리는 이 방법을 런던 사무소 전체에 적용시켰습니다. 당신은 조직을 작은 단위로 나누는 것이 얼마나 놀라운 일을 해내는지 그리고 그것이 얼마만큼 사람들에게 큰 동기부여를 하는지 실제로 해보지 않는 한 알 수 없을 것입니다.

우리는 사업에 대한 혁신을 성공시키는 데 있어 불합리한 점은 '비밀 작업실'이라 불리는 작은 그룹이 수백 명의 연구진을 능가하는 성과를 올리는 데 있다는 것을 이미 앞에서 살펴봤다. 이제 우리는 효과적인 비밀 작업실의 예를 많이 알고 있다. 블루밍데일 백화점, HP, DEC 등에서는 모든 조직이 10명 규모의 비밀 작업실 단위로 나뉘어 있는데 이것이 생산성 향상의 핵심이 되고 있다. TI에서는 종업원이 적어도 1년에 한 번은 사원 참여 프로그램에 참가해야 한다. 이 프로그램(혹은 생산성 향상팀)은 TI의 생활 그 자체라 할 수 있다.

그렇다면 전형적인 TI팀의 특징은 어떤 것일까? 한 팀은 8명 내지 10명 정도로 구성되는데 거기에는 한두 명의 엔지니어뿐만 아니라 현장 인력까지 포함되는 것이 일반적이다. 그리고 이들의 참여는 모두 자발적으로 이뤄진다. 팀은 일정한 범위 내에서 목표를 설정한다. 즉 가까운 장래에 성과가 기대되는 구체적인 개선책을 찾아내는 것이 그 목표가 되는 것이다. 팀의 활동 기간은 3개월 내지 6개월 정도다. 가장 중요한 것은 팀이 자체적으로 자신들의 달성 목표를 정한다는 것이다. TI의 마크 셰퍼드 회장은 이에 대해 다음과 같이 말한다. "팀은 자신들 고유의 개선 목표를 정하고, 이러한 목표를 향한 과정들을 자체적으로 측정합니다. 팀의 구성원들은 조금씩 목표를 변경하지만 스스로 현실적인 목표를 설정합니다. 그리고 일단 프로그램이 시작되면 그들은 목표를 달성할 뿐 아니라 목표를 초과하는 성과를 올리기도 합니다. 팀에서 자체적으로 목표를 설정하지 않고 다른 사람이 목표를 정하게 되면 이러한 성적을 기대할 수 없습니다. 우리가 '사람들의 효율성 개선'에 대해 이야기한다면 그것은 우리가 사람들에게 자신들의 창조적 자원을 활용할 수 있는 이러한 기회를 주겠다는 의미입니다."[55] 결국 계속 주어지는 기회는 곧바로 팀의 성취로 이어진다. 그리고 이러한 팀은 정기적으로 그들의 상황을 직접 이사회에 보고하는 것을 포함해서 모든 단계에서 수시로 검토를 받는다.

TI에서는 9천 개의 팀이 각각 독자적인 목표를 정한다. 3M의 신상품 개발팀은 전원이 자발적인 지원자와 전임 근무자로 편성되며, 챔피언이 팀을 주도해나간다. 다나의 '스토어 매니저'와 유나이티드 항공의 '스테이션 매니저'도 이와 비슷하다. 작은 규모야말로 사람들의 의욕과 참여 의식을 높여주는 중요한 원동력인 것이다. 이와 같은 사례들을 분석적인 모형으로 설명하는 것은 어려운 일이다. 하지만 실증적인 사례가 그 명백한 증거라 할 수 있다. 슈메이처E.F. Schumacher의 말을 빌리면 "사람들은 오직 작고 포용력 있는 그룹 안에 있을 때에 비로소 자기 자신이 될 수 있다."[56]

기본 철학

초우량 기업에서는 '개인을 존중하라', '직원들을 승자로 만들어라', '직원들에게 돋보일 수 있는 기회를 줘라', '직원들을 어른으로 대접하라'라는 기본 철학이 기업의 구석구석에 스며들어 있다.

앤터니 제이Anthony Jay가 지적한 바와 같이 그러한 교훈(사람들을 어른으로 대우하는 것)은 이미 오랜 옛날부터 우리의 눈앞에서 실행되어왔다.

로마 제국이 그토록 광대한 땅을 점령하고 오랜 기간 동안 지속될 수 있었던 것은 로마시대에는 철도, 자동차, 비행기도 없었거니와 라디오, 신문, 전화도 없었기 때문이다.[57] 무엇보다도 전화가 없었던 것이 중요한 이유다. 그러므로 멀리 떨어진 곳에 있는 장군이나 집정관들을 직접 통제한다는 것은 생각할 수도 없는 일이었고, 그에게 너무 많은 업무가 부과되었다고 해서 그에게 전화를 걸거나 그가 전화를 걸어올 수도 없었으며, 그들이 일을 제대로 하지 못하더라도 누군가가 즉시 달려가 문제를 해결해주는 것도 불가능한 일이었다. 일단 누군가를 어떤 자리에 임명하면 그리고 그가 탄 이륜전차와 화물 운반차의 대열이 흙먼지를 일으키며 언덕 저쪽으로 사라지게 되면 그 다음에는 모든 걸 하늘에 맡길 수밖에 없었던 것이다. 이것은 곧 충분히 훈련된, 그 임무에 적합한 인물을 엄선하지 않으면 안 된다는 뜻이다. 그가 출발한 후에 그 사람에게 맡겨진 임무가 너무 무겁다고 후회해도 소용없는 것이다. 따라서 어떤 인물을 선발할 것인지 충분한 주의를 기울여야 한다. 하지만 그보다도 더욱 중시되었던 것은 그 인물이 출발하기에 앞서 로마 제국과 로마 정부 그리고 로마군에 대해서 모든 것을 알고 있는지를 충분히 확인해두는 일이었다.

이러한 앤터니 제이의 원칙에 입각해 경영을 하는 것은 슐럼버거와 같은 기업이 제 기능을 다할 수 있는 유일한 방법이다. 이 기업이 잘 운영될 수 있는 유일한 방법은 2천 명의 잘 훈련되고, 완벽하게 사회화된 젊은 엔지니어들을 신뢰하고 그들에게 모든 걸 일임하는 것이다. 그들은 로마의 장군과 같이 먼 곳에 보내져서 슐럼버거의 철학과 강도 높은 훈련이 인도하는 대로 따라갈 것이다. 비자Visa의 디 호크Dee Hock는 그에 대해 다음과 같이 말했다. "개개인의 판단력 부족을 사규社規나 분장分掌과 같은 대체 규율을 만들어 보충하려고 하면 반드시 자기모순에 빠지게 된다. 왜냐하면 판단력이라는 것은 사용하지 않으면 발달되지 않는 것이기 때문이다."[58]

9 가치에 근거해 실천하라

기업 경영에 대한 단 하나의 황금률이자, 초우량 기업의 연구를 통해 얻어낸 단 하나의 진리가 무엇이냐는 질문을 받았다고 가정해보자. 우리는 아마 다음과 같이 대답할 것이다. "자사만의 가치체계를 확립하십시오. 당신의 회사가 지향하고자 하는 바를 결정하세요. 당신의 기업은 모든 이들에게 긍지를 심어주기 위해 지금 어떤 일을 하고 있습니까? 10년 혹은 20년 후 미래의 자신을 생각해보십시오. 성공한 당신은 어떤 것을 뒤돌아보고 있을까요?"

초우량 기업의 다섯번째 특징은 '가치에 근거한 실천'이다. 초우량 기업에 대해 연구하면서 그들이 가치에 확실하게 주의를 기울이고 경영자로부터 조직의 하부에 이르기까지 개인적 관심, 끈기 그리고 직접적 참여를 통해 활기찬 환경을 조성해나가고 있다는 것에서 신선한 충격을 받았다.

가치의 중요성

존 가드너는 자신의 저서 《사기》를 통해 다음과 같이 말하고 있다. "최근 대부분의 학자들은 '가치'에 대해 명시적으로 언급하는 것을 꺼리고 있다."[1] 우리는 경험을 통해 대부분의 비즈니스맨들이 가치체계에 대해 언급하거나 심지어 진지하게 여기는 것조차 좋아하지 않는다는 것을 알고 있다. 더 나아가 그들이 가치나 가치체계를 진지하게 고려하는 경우에도 그것이 모호한 추상적 개념에 지나지 않을 때가 많다. 우리의 동료인 줄리언 필립스Julian Phillips와 앨런 케네디Allan Kennedy는 "완고한 경영자들과 컨설턴트들은 조직의 가치체계에 거의 관심을 기울이지 않는다. 가치는 결코 조직구조, 정책, 절차, 전략 혹은 예산과 같은 조직의 '하드hard'한 부분이 아니다."[2]라고 말하고 있다. 줄리언 필립스와 앨런 케네디의 지적은 일반론으로서는 옳을 수도 있지만 그들이 언급했듯이 초우량 기업에는 해당되지 않는다.

토머스 왓슨 2세는 가치라는 주제를 갖고 책 한 권을 저술했다.《비즈니스와 그 신념》이라는 책에서 그는 자신이 IBM에서 경험한 것을 다음과 같이 서술하고 있다.

많은 사람들이 기업의 쇠퇴와 몰락의 원인에 대해 깊게 생각해본 적이 있을 것이다.[3] 기술, 기호의 변화, 유행의 변천 등 그 모두가 각각 한 가지 원인이 될 수 있을 것이다. …… 그러한 것들의 중요성에 대해서는 그 누구도 이의를 제기하지 않을 것이다. 하지만 나는 그중 가장 결정적인 요인이 무엇인지 궁금하다. 나는 한 기업의 성공과 실패를 결정짓는 진정한 차이는 조직을 구성하는 구성원들의 거대한 에너지와 능력을 조직이 얼마나 잘 유도해내는가에서 비롯된다고 믿고 있다. 사람들이 서로에게서 공통적인 목적을 찾아낼 수 있도록 하기 위해 기업은 어떤 일을 하고 있는가? 세대교체에서 비롯되는 많은 변화로부터 이러한 공통의 목적과 방향감각을 어떻게 지켜나갈 수 있을 것인가? 오랜 세월 유지되어온 훌륭한 조직들을 생각해보면 결국 그 조직의 보전은 조직의 형태나 관리 기술에 의해서가 아니라, 우리가 신념이라 부르는 것의 힘 그리고 이러한 신념이 사람들에게 미친 영향에 의해 가능하게 되었다는 것을 알 수 있다. 이것이 바로 내가 주장하고자 하는 바다. 나는 조직이 생존하고 번영해나가기 위해서는 어떤 조직이든 간에 모든 정책과 실행의 전제가 되는 일련의 건전한 신념을 갖춰야 한다고 굳게 믿고 있다. 그 다음으로 기업의 성공에 있어 단 하나의 가장 중요한 요인은 이러한 신념에 대한 변함없는 신뢰임을 믿는다. 마지막으로 변화하는 세상에서 거듭되는 도전에 대처하기 위해서 조직은 기업의 생명과 그 궤를 같이하는 이러한 신념을 제외한 모든 것을 변화시킬 준비가 되어 있어야 함을 믿고 있다. 다시 말해, 한 조직의 기본적 철학, 정신, 추진력은 기술이나 경제적 자원, 조직구조, 혁신, 타이밍보다 훨씬 큰 성과를 이끌어내는 것이다.

우리가 연구한 모든 초우량 기업은 스스로의 위치를 명확하게 인식하고 가치 형성의 과정을 중요하게 여기고 있었다. 사실 우리는 올바른 가치를 지니지 못하고, 가치에 대한 명확한 개념을 갖고 있지 않은 기업이 초우량 기업으로 발전하는 것이 가능한지 의문이다.

동료인 앨런 케네디의 주도로 우리는 3년 전 기업의 '궁극적인 목표'

를 분석해본 적이 있다(이런 이름을 붙인 것은 당시 맥킨지의 7-S 분석틀이 그러한 용어를 사용하고 있었기 때문이다. 그후 우리는 이 용어를 '공유가치'로 바꿨다. 그러나 용어가 바뀌었다 해도 그것은 항상 기본적 신념, 최우선의 가치를 의미했다). 이 연구는 초우량 기업에 대한 조사에 앞서 행해졌지만 결과는 차후에 우리가 내린 결론과 일치했다. 첫번째 연구에서 조사 대상으로 삼은 성과가 뛰어난 기업들은 모두 실제로 회사를 이끌어줄 수 있는 명확한 일련의 신념을 보유하고 있었다. 그에 반해 상대적으로 성과가 낮은 기업들은 공통적으로 눈에 띄는 한두 가지의 특징을 갖고 있었는데 그중 첫번째는 대부분 일관적인 신념을 갖지 못했다는 것이다. 두번째 특징은 충분히 논의를 거친 명확한 목표를 갖고 있다 하더라도 그것이 주당수익률이나 성장률과 같이 계량 가능한 재무적 목표에만 치우쳐 있다는 것이다. 오히려 임무의 양을 정확하게 정해놓고, 매우 명확한 재무상의 목표를 갖고 있는 회사의 재무적 성과가 기업의 목적을 광범위하게, 덜 명확히, 보다 질적으로 서술한 회사의 그것보다 낮았다. 명확한 가치를 갖지 못한 회사들 또한 성과가 나쁘기는 마찬가지였다.

그러므로 가치를 명확하게 규명하는 것뿐만 아니라 그러한 가치의 내용 그리고 그 표현 방법 또한 차이를 가져온다. 추측하건대 재무상의 목표를 최우선으로 하는 회사는 상위층의 15명(혹은 50명) 정도의 인원에게는 업무를 잘 수행하도록 만들 수 있다. 하지만 그러한 목표는 제품을 만들고 판매하고 서비스하는 수만(혹은 그 이상) 명의 나머지 사람들에게는 좀처럼 의욕을 북돋워주지 못할 것이다.

놀랍게도—존 가드너의 관찰과는 일치하지만—가치에 대해서 선뜻 집필하기로 결정한 용감한 비즈니스 관련 작가들은 극히 드물었다. 이들 중 가장 명쾌하게 접근한 사람은 4장에서 소개한 필립 셀즈닉이다.《리더십과 관리》라는 저서에서 그는 가치에 대해 이야기하고, 리더가 해야 할 역할을 다음과 같이 서술하고 있다.

> 제도는 가치에 대한 몰입commitment에 의해 형성되는데 이는 기업의 본질, 명확한 목적, 방법, 역할에 대한 정책 수립자들의 가정을 명확히 하는 선택인 것이다.[4] 이러한 특성들은 언어로 표현되지 않는 경우가 많으며, 심지어 의식적으로 이뤄지지 않는 경우도 있다. …… 제도적 리더는 주로 가치를 보호하고 증진하는 전문가다. …… 리더십은 기업이 생존 문제에만 급급해할 때 제 역할을 해내지 못하게 된다. 제도의 생존이란 결국 가치와 명확한 정체성을 유지해나가는 문제로 요약될 수 있다.

헨리 키신저도 같은 주제를 강조하고 있다. "리더의 임무는 사람들을 현재 있는 곳에서 아직 가본 적이 없는 곳으로 이끌고 가는 것이다. 대중은 자신들이 가고자 하는 세계를 충분히 이해하지 못하는 경우가 많다. 따라서 리더는 위대한 비전을 제시하는 연금술을 구사하지 않으면 안 된다. 그것을 하지 않는 리더는 일시적으로 인기를 모을 수는 있겠지만 결국은 실패자로 판명되고 만다."[5]

사실 이론적으로는 보다 깊이 파고들 수 있다. 필립 셀즈닉이 시사한 것처럼 가치란 보통 문서를 통해 공식적으로 전달되는 것이 아니다. 가치는 우리가 이미 봐왔던 이야기, 신화, 전설 그리고 은유 등과 같이 보다 비공식적인 방법으로 확산되기도 한다. 가치체계를 전달하는 수단으로서의 신화의 중요성을 필립 셀즈닉은 다음과 같이 다시 한번 지적하고 있다.

제도를 만들어내기 위해 당신은 장기적으로 가치가 있는 의미와 목적을 일상의 행동들에 주입시키기 위한 수많은 기법에 의존한다.[6] 이러한 기법들 중 가장 중요한 것은 사회적으로 잘 알려진 신화를 보다 정교하게 만드는 것이다. 이는 사람의 마음을 고양시키고 이상을 갖게 하는 하나의 노력으로 그 기업이 갖고 있는 목표와 수단에 있어 차이를 가져온다. 성공적인 신화는 결코 냉소적이거나 작위적이지 않다. …… 더 큰 효과를 거두기 위해서는 이러한 신화가 경축일에 하는 연설이나 국회에서 하는 증언으로 그쳐서는 안 된다. 약간의 해석을 가미한다든지 여러 가지 일상적인 결정이 요구된다. 신화는 미션의 통일에 기여하고 그에 의해서 전체의 조화를 이뤄내기도 한다. 결국 그 원천이 무엇이든 간에 신화는 제도를 만들어낸다고 할 수 있다. 창조적인 리더십의 기술은 새로운 제도를 만들어내는 기술이라 정의될 수 있다. 그것은 또한 사람들을 다시 일하도록 만들고, 기술적인 소재를 잘 배치해 새로운 보편적인 가치관이 체계화된 조직체를 만들어내는 일과 관련이 있다.

이와 같이 초우량 기업이란 일화, 신화, 전설 등을 적극적으로 수집하고 그것을 널리 보급해 회사의 기본적 신념의 토대를 만들어내는 기업이라는 것을 알 수 있다. 프리토레이의 신화는 서비스, 존슨 앤드 존슨의 신화는 품질 그리고 3M의 신화는 혁신이란 무엇인가를 말해준다. 우리의 또 다른 동료인 존 스튜어트John Stewart는 기업을 관찰하기를 좋아한다. 그는 이렇게 말한다. "우량 기업의 가치 공유에 대해서 알고 싶다면 즉시 그 기업의 연례보고서를 살펴보아라." 연례보고서를 비롯한 초우량 기업의 다른 간행물들을 보면 그 기업이 중요하게 생각하는 것이 무엇이고 어떤 것에 가치를 두는지를 분명히 알 수 있다.

델타 항공 : "델타와 종업원들 간의 특별한 유대는 다른 회사에서 결코 찾아볼 수 없는 것입니다. 이러한 유대로부터 모든 종업원들에게 다른 사람에 대한 협력적 태도, 인생에 대한 적극적인 자세 그리고 훌륭히 완수한 업무에 대한 확고한 긍지를 심어주는 팀 정신이 생겨나고 있습니다."[7]

다나 : "다나의 경영 스타일은 모든 사람들을 참여시키고 절차를 단순화해 작업을 능률적으로 수행해나가는 것입니다. 정책이나 절차, 비대한 관료층, 관리 보고서 더미, 정보와 커뮤니케이션 경로를 가로막는 컴퓨터 같은 것도 존재하지 않습니다. …… 다나의 스타일은 복잡하거나 화려한 것이 아닙니다. 다나는 일하는 사람에 대한 존중을 원동력으로 번영하고 있습니다. 그리고 모든 사람을 회사의 삶 속으로 끌어들입니다."[8]

캐터필러 : "딜러 및 캐터필러의 부품 판매 부문에서 손쉽게 부품을 구입할 수 있기 때문에 1981년에 캐터필러의 매출은 기록적인 수준에 이르렀습니다. 또한 고객들이 캐터필러의 제품을 구매하는 가장 큰 이유는 캐터필러의 딜러들 때문이라고 말합니다. 이들 딜러 중 상당수는 회사와 2대 내지는 3대째 관계를 지속해오고 있습니다."[9]

DEC : "우리는 모든 활동들 중에서도 특히 고객 서비스와 지원 부문에서 활발한 상호작용이 필요하다고 생각하고 있습니다."[10]

존슨 앤드 존슨 : "1890년 존슨 앤드 존슨은 미국 내 철로를 건설하는 인부들의 상처를 치료하기 위해 최초로 구급상자를 선보였습니다. 90년이 지난 지금도 존슨 앤드 존슨은 여전히 가정 상비 치료품의 대명사로 통하고 있습니다."[11]

위의 예를 보면 초우량 기업 관련 자료를 연구하는 사람들이 종종 다음과 같이 말하는 까닭을 이해할 수 있다. "글쎄요, 일반화하는 것도 좋지만 회사마다 조금씩 차이가 있지 않을까요?" 산업 환경의 차이 때문에 다나가 강조하는 주제와 존슨 앤드 존슨의 강조점과는 차이가 나게 마련이다. 더욱이 실질적으로 모든 기업들에는 특별한 개인에 의해 만들어진 일련의 신념이 존재한다. 따라서 그것은 기업마다 다를 수밖에 없다. 그것이 바로 대부분의 기업들이 우리에게 기꺼이 정보를 제공해주는 이유이기도 하다. 그 어느 기업도 다른 기업을 완벽하게 모방할 수는 없는 것이다.

반면에 우리는 초우량 기업이 추구하는 가치가 저마다 다름에도 불구하고 거기에는 두세 가지 공통적인 특성이 있음을 발견했다. 첫째, 초기 조사를 통해 드러난 바와 같이 그 가치는 대부분 양적인 면이 아니라 질적인 면을 중시한다. 재무적 목표에 대해 언급한다면 그것은 분명 야심에 찬 것이긴 하지만 결코 정확할 수는 없다. 더욱이 재무적 목표와 전략적 목표는 결코 개별적으로 존재할 수 없다. 그것은 회사가 중점을 두는 다른 배경적 상황이 고려된 것이기 때문이다. 이윤이라는 것은 무엇인가 잘해냈을 경우에 생기는 부산물이지 기업의 목적 자체는 아니라는 사고방식을 공통적으로 갖고 있는 것이다.

효과적인 가치체계의 두번째 특성은 조직의 가장 하부에서 일하는 사람들의 의욕을 고취시키기 위해 노력한다는 점이다. 재무적 목표가 1천 명 혹은 그보다 5배 많은 사람들에게 의미가 있다고 가정해보자. 그렇다 하더라도 오늘날과 같이 기업들의 규모가 거대한 상황에서는 그러한 목표가 조직의 하부에까지 속속들이 파고들 수 없다. IBM에는 34만 명 이상의, DEC에는 6만 명 이상의 종업원이 있다. 기업 철학의 목표로 가장 바람직한 것은 교토 세라믹의 회장 이나모리 가즈오Kazuo Inamori의 표현처럼 "50

퍼센트의 능력을 가진 사람에게서 최선의 것을 이끌어내는 것"[12]이라 할 수 있다.

최고의 서비스를 지향하는 기업들은 이러한 사실을 명확히 이해하고 있고, 이것이 바로 언제나 서비스에 완벽을 기하는 이유다. 그리고 비용을 중시하는 우량 제조회사 역시 이 점을 잘 이해하고 있는 듯하다. 블루벨의 경우 비용과 공장 운영을 특히 강조하지만 그렇다고 해서 품질을 희생시키는 것은 아니다. 주력 상품인 랭글러 진Wrangler jeans의 경우는 더욱 그러하다. 킴지 만 회장은 다음과 같이 단언했다. "우리 회사에서는 단지 10센트를 아끼려고 랭글러 진에 벨트 고리 하나를 덜 다는 사람을 결코 찾아볼 수 없습니다." 10센트의 비용을 절약한다는 목표는 각 부문의 관리자와 공장 책임자에게 매우 중요한 일이다. 하지만 품질 및 품질의 이미지는 노스캐롤라이나 주의 오지에 있는 공장에서 일하는 재봉공에서부터 킴지 만 회장에 이르기까지 모든 사람들에게 영향을 미친다 – 또 영향을 미치지 않으면 안 된다– 는 것이다.

블루벨의 사례를 통해 우리는 신념에 관한 세번째 핵심을 발견하게 된다. 제임스 맥그레거 번즈 James MacGregor Burns는 그에 관해 다음과 같이 말하고 있다. "지도자의 중요한 임무는 역사의 각 단계에서 나타나는 커다란 모순을 분별해내는 일이다."[13] 모든 비즈니스에는 비용 대 서비스, 운영 대 혁신, 공식성 대 비공식성, '통제' 지향 대 '인간' 지향 등 언제나 예사롭지 않은 모순이 뒤섞여 있는 것이다. 여기서 주목해야 할 것은 초우량 기업의 가치체계는 이렇게 모순적인 상황에서 보다 명확히 나타나게 된다는 점이다. 따라서 가치체계가 '장식품'에 지나지 않는다는 비난은 전혀 근거가 없다.

초우량 기업에서 흔히 발견할 수 있는 신념의 특징은 오직 몇 가지의 기본적 가치만을 포함하고 있을 정도로 범위가 좁다는 점이다. 그 예를 들어보면 다음과 같다.

- '최고'가 되겠다는 신념
- 자질구레한 작업 하나하나를 훌륭히 수행해내는, 구체적 실행의 중요성에 대한 신념
- 개인으로서의 사람들의 중요성에 대한 신념
- 우수한 품질과 서비스에 대한 신념
- 조직 대부분의 구성원이 혁신가가 되어야 하며, 선의의 실패를 허용한다는 신념
- 커뮤니케이션을 향상시키기 위한 비공식성의 중요성에 대한 신념
- 경제 성장과 이윤의 중요성에 대한 명확한 신념과 인식

제임스 브라이언 퀸은 회사의 상위 목표는 반드시 어느 한 부문에 국한되지 않는 것이어야 한다고 믿고 있다.[14] 그러나 어떤 것은 해야 하고 어떤 것은 하지 말아야 하는지를 구분해야 할 필요는 있다. 많은 예들이 보여주듯이 '최고가 되는 것'보다 좋은 것은 없기 때문이다. 데이비드 오길비는 이렇게 지적하고 있다. "나는 우리 회사의 모든 직원들이 세계 최고의 회사에서 일하고 있다고 생각하기를 바랍니다. 자긍심이 놀라운 결과를 가져오는 것입니다."[15] 에머슨 전기의 찰스 나이트도 이렇게 말했다. "높은 기준을 설정하고 그 기준에 도달할 것을 요구해야 합니다. 누구든지 평범한 것에 안주하는 사람은 학교에서, 직장에서, 삶에서 타협해버리는 사람

입니다. 리더가 타협하면 조직 전체가 타협해버리고 마는 것이지요."[16]
IBM에서 서비스 목표에 대해 논할 때 토머스 왓슨 2세는 야심에 차서 명쾌하게 말했다. "우리는 전 세계 어느 회사에도 뒤지지 않는 최고의 대고객 서비스를 하고자 노력합니다."[17]

많은 실행 가능한 신념들이 한 가지 방식 혹은 또 다른 방식으로 생겨나는 동안 오직 실행의 세부적인 사항들만을 중시하는 기업들도 많다. 예를 들어, IBM의 토머스 왓슨 2세는 "우리는 조직이 매우 우수한 방식으로 그 일을 달성할 수 있다는 생각을 갖고 모든 업무들을 추진해야 한다고 생각합니다."[18]라고 말한다. "IBM은 직원들이 어떤 일을 하든지 최고의 실력을 발휘해주기를 기대하며 또한 그렇게 요구하고 있습니다. 이런 종류의 신념은 완벽을 추구하도록 만듭니다. 완벽주의자가 원만한 인격의 소유자가 된다는 것은 좀처럼 드문 일이지요. 완벽성이 요구되는 환경에서는 마음을 놓을 수가 없기 때문입니다. 하지만 완벽의 추구는 언제나 진보를 촉진합니다."

펩시콜라의 사장 앤드럴 피어슨Andrall Pearson은 작업 능률 향상에 대해 이와 거의 비슷한 신념을 피력하고 있다. "우수한 신제품의 아이디어나 경쟁 전략은 효과적으로 실행하지 않는 한 쓸모가 없습니다. 우리는 그것을 경험을 통해 배웠습니다. 사실 우리가 하고 있는 것과 비슷한 종류의 비즈니스에서는 효율적인 운영이 신선한 아이디어를 생각해내는 것보다 훨씬 생산적이고 현실적입니다. 훌륭한 운영이야말로 많은 눈부신 성공의 핵심입니다. 스낵 사업에서의 프리토레이와 식료품 상점에서의 펩시콜라가 그 좋은 사례입니다."[19]

데이비드 패커드에 의하면 신념의 구조를 논할 때 매우 규칙적으로

등장하는 주제는 '조직 내 모든 계층에서 찾을 수 있는 혁신적인 사람들'
이었다. 초우량 기업들은 기회를 발견하는 것이 다소 무작위적이고 예측
할 수 없는 과정이며, 핵심적인 계획과 정확히 맞아떨어질 수 없다는 점을
잘 인식하고 있다. 만일 그들이 기술적 혁신에 의한 성장을 원한다면 그들
은 몇몇 연구개발이 아닌 수많은 사람들에게 의존할 것이다.

모든 사람을 혁신가로 간주한다면 필연적으로 실패가 파생되게 마련
이다. 에머슨 전기의 찰스 나이트, 존슨 앤드 존슨의 제임스 버크, 3M의 루
이스 레어도 실수를 저지를 필요가 있다는 점에 의견을 같이하고 있다.
1981년 연 매출이 7억 5천만 달러에 근접하는 엄청난 성공을 거둔 애플 컴
퓨터Apple Computer의 설립자 스티브 잡스Steve Jobs는 다음과 같이 말하고 있
다. "나는 여전히 실수를 많이 합니다. 약 2주 전 마케팅 담당자들과 아침
식사를 하던 중 나는 문제 해결에 아무런 도움도 되지 않는 쓸데없는 말들
을 잔뜩 늘어놓았습니다. 당시 15명 정도의 사람들이 내게 심한 핀잔을 주
었고 1주일 후 나는 그들에게 편지를 썼습니다. 편지의 끝부분에 이렇게
썼습니다. '나는 이제 막 워싱턴에 왔고 사람들로부터 어떻게 애플은 이렇
게 운영을 훌륭하게 해나가고 있느냐'는 질문을 받고 있습니다. 그럴 때마
다 나는 '우리 회사는 참으로 우수한 사람들을 고용했고, 사람들이 실수를
통해 성장할 수 있는 환경을 조성했습니다'라고 대답합니다."

마지막의 공통적 주제, 즉 원활한 커뮤니케이션을 위한 비공식성의
추구는 HP 방식의 핵심을 이루고 있다. 형식주의를 배척하고 의사소통을
꾀한다는 것이 HP 방식의 핵심인 것이다. 이 회사에서는 특히 성이 아닌
이름을 부르고, 현장을 직접 돌아다니는 관리를 하며, 가족적 분위기를 조
성하는 일을 중요시하고 있다. 이 모든 것은 조직의 최고 리더로부터의 명

백한 지시에 의한 것으로 원활한 커뮤니케이션을 유지하고 유동성 및 유연성을 극대화하기 위해 명령 위계를 배제한다.

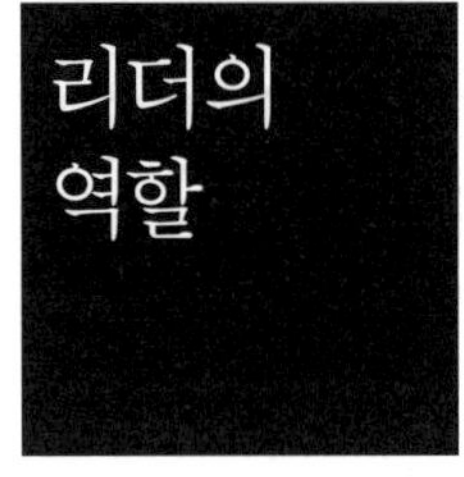

토머스 왓슨 1세와 같은 경영자에게 있어 가치가 가장 중요한 요소라는 것은 분명한 사실이다. 그러나 그것은 구체적으로 어떻게 규정되는 것일까? 여기에도 놀라운 상관관계가 있다. 일관적인 가치체계에 의해 운영되는 초우량 기업들은 모두 해당 기업에 그러한 가치체계를 마련한 리더의 개인적인 성격에 의해 큰 영향을 받는다. HP의 빌 휴렛과 데이비드 패커드, DEC의 케네스 올센, IBM의 토머스 왓슨, 맥도날드의 레이 크록, 월트 디즈니의 월트 디즈니, 텐덤의 짐 트레이빅, 월마트의 샘 월턴, 델타의 울만Woolman, 리바이스의 리바이 스트라우스Levi Strauss, J.C. 페니의 페니, 존슨 앤드 존슨의 로버트 존슨, 메리어트 호텔의 메리어트, 왕 연구소의 왕 안, 다나의 르네 맥퍼슨 등이 그러한 리더의 예다.

유능한 리더는 추상적인 부분에 대한 최고 수준의 아이디어 그리고 구체적이고 세부적인 부분에서의 행동 등 스펙트럼의 양 극단을 모두 자유자재로 다룰 수 있어야 한다. 가치를 만들어나가는 리더는 많은 사람들을 흥분과 열광의 도가니로 몰아넣는 고매하고도 원대한 비전에 관심을 기울인다. 그것이 바로 길을 터주는 역할로 가장 큰 의미를 갖는 부분이다. 또 다른 한편으로 사람들의 열의를 불러일으키는 유일한 방법은 가치를 만들어나가는 경영자가 스스로 수많은 일상의 사건들을 통해 탁월함을 실천하는 것이다. 이러한 역할을 통해 리더는 세부적인 것에 주목하고 그를 관찰하며 말이 아닌 행동으로 가치를 주입시킨다. 그들은 어떠한 기회도 가볍게 생각하지 않는다. 이렇게 해서 결국 그들은 아이디어와 세부적인 것 모두에 주의를 기울이는 것이다.

아이디어에 주의를 기울이는 것 – 길을 열어주는 것과 원대한 비전 – 은 뛰어난 인물이 다른 사람들로 하여금 석판 위에 무엇인가를 쓰도록 강요하는 모습과 비슷하게 생각될 수도 있다. 그러나 리더들이 어떻게 해서 가치를 형성했는지를 보아온 우리의 동료 줄리언 필립스와 앨런 케네디는 현실적으로는 그러한 광경은 찾아볼 수 없다고 말한다. "가치관을 주입시키는 데 성공하는 것은 카리스마가 있는 성품과는 거의 관계가 없는 듯합니다. 그보다는 지도자가 주입하고자 하는 가치에 대한 확실하고, 성실하며, 지속적인 개인적 몰입에 그것이 가능해지지요. 우리의 연구에서도 누군가의 개인적 매력에 의해 새로운 가치관을 갖게 된 사람은 단 한 명도 찾아볼 수 없었습니다. 결국 기업의 모든 성원들은 스스로를 유능한 지도자로 만들어나간다고 할 수 있습니다."[20]

가장 중요한 것은 그것을 지속시키는 일이다. 우리는 그것이야말로 토머스 왓슨 부자, 빌 휴렛과 데이비드 패커드, 케네스 올센 등의 설립자들이 오랜 기간에 걸쳐 지도적인 위치에 설 수 있었던 이유 중의 하나라고 생각한다.

리더는 부하들이 보는 곳에서 그 비전을 실천하고 인내심을 갖고 행동한다. 많은 초우량 기업의 지도자들은 작업 현장에서 일해본 경험을 갖고 있다. 그들은 제품의 설계와 제조 및 판매 현장에 있었기 때문에 비즈니스의 실무에 익숙하다. 이러한 리더들은 자신의 사무실에서 떨어진 현장에서 항상 전도사들처럼 '진리'를 설교한다. 그들은 자주 현장을 방문하고 현장에 있는 사원들과 많은 시간을 함께한다.

이러한 특성 역시 매우 뚜렷하게 나타난다. 〈비즈니스 위크〉는 유나이티드 테크놀로지의 해리 그레이가 자기 회사의 광고 카피를 직접 쓴다고 전하고 있다.[21] 해리 그레이는 영업사원들이 받는 교육을 받았다. 그에 의하면 GE 항공기 엔진 부문과의 경쟁에서 자사의 프랫 앤드 휘트니 항공기 부문Pratt & Whitney Aircraft division이 좋은 실적을 올리는 이유 중의 하나를 이렇게 설명한다. "내가 GE의 최고 경영진들이 결코 나타나지 않는 곳에 고객과 함께 나타나기 때문입니다."[22]

레이니어의 회장인 진 밀너Gene Milner와 사장인 웨슬리 캔트렐 또한 마찬가지다. 웨슬리 캔트렐은 이렇게 말한다. "작년에 있었던 워드프로세스에 관련된 주요 회의에 참석한 회장과 사장은 진과 나뿐이었습니다." 동료 임원들은 보잉의 최고경영자인 윌슨T. Wilson에 대해 "그는 아직도 공장에 있습니다."라거나 "그는 아직도 중요한 디자인 결정을 내리고 있다."라고 말한다.

현장을 방문해 둘러보는 것은 몇몇 정책의 실현을 위한 공식적인 수단이라 할 수 있다. HP의 실천 경영에 대해 같은 회사의 연구개발 담당 임원인 존 도일은 다음과 같이 설명하고 있다.

일단 한 부문이나 과課가 그들의 계획 – 일련의 작업 목표 – 을 추진하고 있을 경우 관리자와 감독자들은 그것을 실행할 수 있는 조건을 계속 유지시켜주는 것이 중요하다.[23] 여기에서 관찰, 계측, 피드백, 유도 등이 더욱 중요해진다. 이것이 바로 '현장에서 어슬렁거리는 현장 중심의 경영'이다. 이렇게 함으로써 올바른 궤도에 올랐는지 혹은 알맞은 속도로 올바른 방향을 향해 가고 있는지 상황을 판단할 수 있게 된다.

만일 사람들이 작업하는 상황을 지속적으로 감독하지 않으면 작업이 궤도를 벗어날 뿐 아니라 실무자들은 상부에서 자기들의 계획을 진지하게 생각하지 않는다고 믿게 된다. 때문에 현장에서 어슬렁거리는 경영이란 항상 현장과 접촉을 계속하는 비즈니스를 의미한다.

사무실에서 나와 자기가 책임지고 있는 영역을 돌아보는 것에는 특별한 이점이 있다. '어슬렁거린다wondering around' 라는 말을 나는 글자 그대로 돌아다니며 사람과 얘기를 나눈다는 뜻으로 쓰고 있다. 이 일은 극히 비공식적으로 자연스럽게 이뤄지는데 그러한 시간을 통해 모든 현장을 체크하는 것이 중요하다.

당신이 그곳에 가는 이유는 직원들이 당신과 자유롭게 접촉할 수 있도록 해주기 위함이지만 가장 중요한 것은 현장에 있는 사람들의 말에 귀를 기울이는 것이다. 그 다음으로 중요한 것은 회사에서 무슨 일이 일어나는지 항상 사람들에게 알려주는 것이다. 특히 그들에게 중요한 사항은 반드시 그렇게 해야 한다. 그리고 이 일을 하는 마지막 이유는 어쨌거나 그것이 재미있기 때문이다.

데이비드 오길비도 이와 같은 사항을 지적하고 있다. "부하를 자신의 사무실로 불러들이는 것은 좋지 않습니다. 그것은 부하를 위축되게 만드는 원인이 되기 때문이지요. 오히려 그들의 사무실로 찾아가는 것이 더 낫습니다. 그렇게 하면 직원들에게 자신의 모습을 보여줄 수가 있지요. 회사 안을 전혀 돌아다니지 않는 사장은 신선이나 마찬가지로 부하직원들과의

중요한 접촉 기회를 잃어버리게 됩니다." [24]

실천 경영의 대표적인 지지자는 유나이티드 항공의 에드 칼슨이다. 그는 호텔 사업에서 얻은 경험만으로 유나이티드 항공을 인수한 후 자신이 경영에 접근한 방식에 대해 다음과 같이 회고하고 있다. 당시 유나이티드 항공은 1년에 1천만 달러의 적자를 내고 있었다.

나는 1년에 약 20만 마일을 여행하며 '가시적 경영'이라고 부르는 방법을 실천하고자 노력했다.[25] 아내에게 종종 말했지만 주말에 집으로 돌아왔을 때에는 마치 선거운동을 끝내고 돌아온 느낌이었다. 비행기에서 내렸을 때 유나이티드 항공의 종업원이 눈에 띄면 나는 그가 누구인지 상관없이 악수를 나눴다. 그 사람들이 나를 알아보고 조금도 망설이지 않고 제안을 하거나 또는 그렇게 하고 싶다면 설령 내게 싸움을 걸어와도 괜찮다는 것을 그들로 하여금 느끼게 해주고 싶었다. 미국 기업이 갖고 있는 문제 중의 하나는 최고 경영진들이 현장에 직접 나가서 직원들의 비판에 귀를 기울이려 하지 않는다는 점이다. 그들은 고립된 채 자기에게 싫은 소리를 하지 않는 사람만을 주위에 모으려고 하는 경향이 있다. 회사 안에서 자기가 듣고 싶어하는 말만 귀담아 듣는 것이다. 그렇게 되면 내가 기업의 암이라고 부르는 것이 자라나기 시작한다. …… 구체적인 예를 들어보자. 로브 맨골드Robb Mangold는 유나이티드 항공 동부 지구의 부사장으로 근무하고 있다. 만일 내가 보스턴이나 라가디아LaGuardia, 뉴어크Newark를 방문하는 것을 그가 불편해한다면 '가시적 경영'은 효과를 거두지 못할 것이다. 그러나 그들은 이러한 내 행동이 개인적인 명예심 때문이 아니라는 것을 잘 알고 있다. 나는 그들의 흠을 들춰내려는 것이 아니다. 내가 하고자 하는 일은 그들에게 내가 누구나 편하게 접근하고 대화하기 쉬운 최고경영자라는 느낌을 주는 것이다. …… 당신이 현장에서 일하고 있는 사람들과 보다 효과적인 관계를 유지할 수 있다면 곤란한 문제는 결코 생기지 않을 것이다. 무언가 정보를 수집할 때마다 나는 관련 부문의 모든 책임자들에게 전화를 걸어 지금 막 오클랜드Oakland, 리노Reno 혹은 라스베이거스Las Vegas로부터 돌아와 이러한 정보를 얻었다고 이야기하곤 한다.

우리는 여기까지 실천적인 경영자와 역할 모델 그리고 영웅으로서의 리더에 대해 살펴봤다. 그러나 한 개인이 모든 역할을 다 감당할 수 없다는 것 또한 분명한 사실이다. 그러므로 고위 간부들이 기반을 다져놓는 것이 중요하다. 기업이 중시하는 기업 가치를 주입시키는 유일한 방법은 그들이 한목소리를 내는 것밖에 없다. 필립 셀즈닉은 이렇게 설명한다. "중요한 원칙은 모든 관리자들이 같은 생각을 갖도록 하는 것이다. 정책과 구체적 직용의 개발은 공유된 일반적인 관점들에 의해 지켜신다."[26] 에드 칼슨도 이 점을 중요시했다. 연간 20만 마일의 여행을 시작할 때 그는 15명의 임원들에게 자신과 똑같이 할 것을 요구했다.[27] 그리고 에드 칼슨이 최고경영자로 재직한 첫 18개월 동안 15명의 임원 모두가 업무 시간의 65퍼센트를 현장에서 보냈다.

고위층의 동질성을 강화하기 위한 실질적인 방법으로는 정기적인 모임을 갖는 것이 있다. 델타 항공과 플루어에서는 임원 전원이 하루에 한 번 다 함께 커피를 마시는 비공식적인 모임을 갖는다. 캐터필러에서는 임원들이 거의 매일 모임을 갖지만 특별한 의제를 내걸지 않고 각자의 계획을 확인하고 현재의 상황에 대한 점검을 하는 정도로 끝낸다. 이와 같은 비공식적인 미팅은 존슨 앤드 존슨과 맥도날드에서도 행해지고 있다.

분명 지나친 동질성의 추구는 '예스맨' 신드롬을 불러일으킬 우려도 있다. 그러나 딘 애치슨이 리처드 뉴스타트에게 한 충고를 기억하라. 사장에게 필요한 것은 신뢰이지 경고가 아닌 것이다. 중요한 사업 가치들 중 가장 핵심이 되는 것은 찬성과 격려인 것이다.

초우량 기업에 공통되는 마지막 특징은 리더가 열의를 북돋워주는 능력을 갖고 있다는 점이다. HP의 관리자들은 다른 이들이 열정을 갖도록 하는 데 있어 꽤 유능하다는 평가를 받고 있다. 이 점을 기억해주기 바란다. 펩시콜라의 앤드럴 피어슨 회장은 이렇게 말하고 있다. "아마도 1980년대에 우리가 직면하게 될 가장 미묘한 도전은 펩시콜라를 지금보다 더욱 즐거운 직장으로 만드는 일일 것입니다."[28] 같은 맥락에서 에머슨 전기의 찰스 나이트도 이렇게 말하고 있다. "무언가 재미가 없다면 그 어떠한 것도 달성할 수 없을 것입니다."[29]

데이비드 오길비도 자신의 조직에 다음과 같은 요구를 하고 있다. "오길비 앤드 매더에서 일하는 것에 재미를 느낄 수 있도록 노력하세요. 재미를 느끼지 못하면 좋은 광고를 만들어낼 수 없습니다. 웃음으로 불쾌한 기운을 날려버리십시오. 비공식적인 분위기를 유지하고, 어두운 분위기를 확산시키는 우울한 기운을 없애버리십시오."[30]

가치체계를 명확히 하고 거기에 생명을 불어넣는 것은 지도자가 할 수 있는 가장 큰 공헌이다. 이것이야말로 초우량 기업 내 최고의 위치에 있는 사람들이 가장 걱정하는 부분이다. 가치체계를 창조하고 주입시키는 것은 분명 쉬운 일이 아니다. 그 한 가지 이유는 모든 가능한 가치체계들 중 회사에 적합한 것은 일부에 지나지 않기 때문이다. 또 다른 이유는 그 체계를 받아들이는 일이 대단히 어렵고 많은 시간을 요하기 때문이다. 이를 위해서는 끈기와 부단한 현장 방문, 오랜 시간이 요구되며, 이러한 것들의 실천 없이는 효과를 기대할 수 없다.

10 핵심 사업에 집중하라

TI는 현재 소비자 가전 부문에서 10억 달러의 매출을 올리고 있지만 10년이 지나도 이익을 계산하지 않는다. 더욱이 TI는 소비자용 시계 사업부를 폐쇄시켜버렸다. 그 부문의 최대 경쟁자는 카시오Casio였다. 업계의 한 전문가는 그에 대해 다음과 같이 말했다. "이유는 아주 간단합니다. 텍사스 대학에서 교육을 받은 그 어느 전기 기사도 18달러 95센트짜리 전자 알람 계산기가 아침에 슈베르트의 음악으로 사람들을 깨울 수 있다는 생각을 하지 못하는 거지요. 원래 그런 발상은 산업용 전자 부문에서는 처음부터 무리한 것이었습니다."

〈포브스〉는 휴브레인Heublein이 KFC를 인수한 후에 겪은 여러 가지 초기 실패에 대한 글을 실었는데 휴브레인의 한 간부는 이렇게 말하고 있다. "주류를 판매하는 사업에서는 주류 판매점이 지저분해 보여도 별로 상관하지 않습니다. 가게가 지저분해도 스미노프 보드카Smirnoff Vodca가 피해를 입거나 하지는 않기 때문입니다. 게다가 제품의 품질은 공장에서 통제하면 됩니다. 우리는 전 세계에 있는 약 5천 개의 작은 공장 체인을 인수했지만 그러한 사업의 운영기술을 갖고 있지 못했습니다."[1]

이에 관한 이야기는 수없이 많지만 더 이상의 자세한 언급을 피하고 간략하게 살펴보기로 하자. 대부분의 회사가 인수를 한 후에 회사를 성공적으로 경영하지 못하는 것은 분명한 사실이다. 많은 경영자들이 한 번씩은 그 유혹에 빠지는 시너지 효과는 좀처럼 실현되기 어렵다. 오히려 종종 그 결과가 참담한 경우도 있다. 대개의 경우 인수된 회사의 간부는 회사를 떠나고 남는 것은 회사의 잔해와 별로 가치가 없는 설비뿐이다. 작은 기업이라 하더라도 기업 인수를 할 경우 조심해야 할 것은 그로 인해 최고 경영진들이 시간을 많이 빼앗겨 본래의 사업에 소홀해질 수 있다는 점이다. 듀폰과 코노코Conoco는 비교적 가까운 업종이었지만 듀폰의 간부는 그후 수년 동안 꽤 많은 시간을 들여 석유 산업에 대한 공부를 하고서도 새로 인수한 회사를 운영해나가는 데 많은 노력을 기울여야만 했다. 코노코와 듀폰이 "서로 별개로 운영될 것이다."라는 전형적인 주장을 되풀이하고 있었음에도 불구하고 말이다.

처음에는 질적인 지도 가치(주로 품질, 서비스, 인간지향적 경영, 혁신 등의 혼합체) 및 실천에 근거한 접근방식이 다각화 전략과 조화를 이루지 못했다. 전형적인 다각화 경영 전략은 질적인 지도 가치를 희석시킨다. 인수한 회사의 제도는 기존의 제도와 전혀 다른 공유가치를 갖고 있을 뿐 아니라 품질이라고 하는 구체적인 테마까지도 조직의 범위가 기존의 그것을 넘어서게 되면 의미가 없어지기 때문이다. 즉 경영자는 '감각'을 잃어버리게 되는 것이다.

소비자 가전 부문에서는 전자 부문 중역이 품질에 대해 이야기하는 것이 그다지 신뢰할 만한 것이 못될 수도 있다. 리더십의 실천 체제와 가치를 주입시키는 시스템은 그것이 현장에서 일하는 사람들이 전적으로 신뢰할 때에만 제 기능을 할 수 있기 때문이다. 지도자에 대한 신뢰는 거의 전적으로 '내가 그곳에 함께 있었기 때문에' 만들어지는 것이다. 감정적인 몰입과 제품에 대한 이해가 없이는 불신을 씻어버릴 수 없다.

우리의 조사 결과는 분명하고도 간단하다. 인수나 내부 다각화에 의해서 사업을 확장해나가되 핵심에서 결코 벗어나지 않는 회사들만이 다른 회사를 능가하는 성과를 올릴 수 있는 것이다. 가장 성공적인 기업은 하나의 기술 - 이를테면 3M에 있어서는 코팅과 접착의 기술 - 을 중심으로 다각화해가는 기업인 것이다.

두번째 그룹에는 관련 분야로 확장을 해나가는 기업들이 포함된다. 전력을 사용한 터빈에서 제트엔진 쪽으로 발전해나가는 GE를 그 예로 들 수 있다.

다각화에 관한 연구

일반적인 의미에서 가장 성공적이지 못한 회사는 여러 가지 분야로 다각화를 해나가는 회사다. 특히 이들 그룹 중 다른 기업의 인수를 통해 다각화를 꾀한 경우는 결실을 거두지 못하고 몰락하기 쉽다.

그러므로 다각화를 실시하기 위해서는 적용을 통한 안정성이라는 기반을 갖춰야 한다. 무작정인 다각화는 결코 좋은 성과를 얻지 못한다.

이러한 사실은 우리의 조사 대상인 초우량 기업과 그렇지 않은 일반 기업을 비교해봐도 분명하게 드러난다. 더욱이－그리고 놀랍게도 우리가 관찰한 무수한 합병이 실패로 끝난 것처럼－대부분의 학술적 연구 역시 무원칙한 다각화가 실패로 끝난다는 점을 지적하고 있다. 가령 미국 기업의 다각화에 관한 체계적인 연구 자료는 1962년에 전미 경제 조사국National Bureau of Economic Research에서 일하는 마이클 고트Michael Gort에 의해서 처음으로 발표되었다.[2] 마이클 고트의 데이터는 1939년에서 1954년까지 조사 대상으로 삼은 회사가 추가적으로 취급한 제품의 수와 같은 기간의 매출 사이에는 정의positive 상관관계가 있다는 것을 보여주고 있다. 그러나 다각화가 수익성과 모든 면에서 정의 관계에 있는 것은 결코 아니다.

다각화한 회사에 대한 가장 포괄적인 연구 사례는 UCLA의 리처드 러멜트Richard Rumelt가 1974년에 하버드 비즈니스 스쿨의 박사논문으로 출판한 〈전략, 조직, 경제적 성과Strategy, Structure, and Economic Performance〉에서 찾아볼 수 있다.[3] 수많은 미국 기업의 표본을 분류해 8개의 카테고리 중에서 2개, 즉 '기본 역량에 기반한dominant-constraint' 전략과 '관련 역량에 기반한related-constraint' 다각화 전략▲[18]을 가진 기업이 전반적으로 '의심할 여지없이 가장 우수한 성과'를 보이고 있음을 밝혀낸 것이다. 물론 이러한 전략은 통제된 다각화의 개념을 그 기초로 하고 있다. 리처드 러멜트는 다음과

▲18 '기본 역량에 기반한' 것과 '관련 역량에 기반한' 카테고리에 포함되는 회사는 '본래의 주류가 되는 활동과 관련된 특정한 능력, 기술, 자원을 구축해나가는 과정을 통해' 다각화한다. 이 두 가지 카테고리의 차이는 하나의 기술과 밀접한 연관을 갖고 있다는 점이며(예컨대 3M의 코팅과 접착), 그에 반해 관련 역량에 기반한 것은 사업 간의 연관성은 갖고 있으나 다른 기술(가령 트럭 운수 회사가 철도 사업에 뛰어드는 경우)을 포함한다는 점이다. 육상 수송이라고 하는 주제는 변하지 않지만 이 두 분야 간에는 분명 기술적 면에서 실질적인 차이가 존재하는 것이다.

같이 말하고 있다.

"이들 기업들은 자신들이 기반으로 하고 있는 사업이나 혹은 그로부터 힘을 이끌어낼 수 있는 사업 그리고 핵심 역량이나 경쟁력을 키우는 데 도움이 되는 사업에만 진입한다는 전략을 갖고 있습니다. 이 같은 기업들은 종종 새로운 제품을 개발해 새로운 사업에 뛰어들지만 경험이 없는 분야에는 투자를 꺼리는 것입니다."[4] 그는 보다 높은 성과를 올리고 있는 이러한 기업들이 "중심이 되는 기술 내지는 역량을 바탕으로 다각화를 추진한다."라고 덧붙여 말했다. 리처드 러멜트의 분석은 20년간 〈포춘〉이 선정한 5백대 기업들을 바탕으로 이뤄진 것이다.

리처드 러멜트는 그 표본을 이용해 '순 매출의 연간성장률', '주가수익률', '투자 자본에 대한 세후 수익' 등 10개 항목의 재무적 분석을 실시했다.

몇 가지 예를 들면, 1950년대에서 1960년대에 가장 좋은 실적을 거둔 두 카테고리에 속하는 기업들은 자기자본수익률이 평균 14.6퍼센트, 자본수익률return on capital이 12.4퍼센트라는 성과를 거뒀으며, 주가수익률은 17.5퍼센트였다.[5] 가장 나쁜 실적을 거둔 두 카테고리에 속하는 회사 - '수동적 비관련' 다각화가 포함되는 - 는 자기자본수익률이 10.2퍼센트(가장 좋은 실적을 거둔 기업에 비해 30퍼센트 낮음), 자본수익률이 8.6퍼센트(31퍼센트 낮음) 그리고 주가수익률이 14.7퍼센트(가장 좋은 실적을 거둔 기업에 비해 16퍼센트 낮음)를 나타냈다. 이것은 통계적으로 매우 큰 의미를 갖는다. 리처드 러멜트가 밝혀낸 사실을 기초로 데이비드 앤더슨을 주축으로 연구를 실시한 결과 1970년대에는 이 차이가 1960년대보다도 현저하게 커졌다는 사실이 드러났다.

리처드 러멜트의 연구 결과가 말해주는 것은 분명하다. 기본적 중심 기술과 관련된 확장을 꾀하는 조직이 다른 기업들보다 높은 성과를 거두는 것이다. 하지만 그의 분석이 '단순한 것이 더 좋다'라는 점을 시사하는 것은 아니다. 지나치게 단순한 사업을 도모하는 기업은 당연히 성과가 좋을 수가 없다. 그보다는 어느 정도 다각화를 실시하고 환경에 적응하며, 안정의 기반을 추구하면서도 기본으로부터 벗어나지 않는 회사가 대개의 경우 우수한 실적을 거둔다는 사실을 알 수 있는 것이다. 리처드 러멜트의 모델을 통해 기업들은 (수직적으로 통합된 단일 사업보다 높은 성과를 거두는 관련 사업의) 적용의 필요성과 핵심 기술과 관련된 적용의 가치를 관리할 수 있는 것이다.

이후의 연구들 또한 대부분 마이클 고트 및 리처드 러멜트의 연구 결과를 확인하고 보강해주는 데 그쳤다. 1975년 〈저널 오브 파이낸스*Journal of Finance*〉에 게재한 논문[6]에서 로버트 호겐Robert Haugen과 테런스 란게티그Terence Langetieg는 합병을 통해 회사가 별개로 소유되거나 운영될 경우 존재하지 않았던 운영상의 혹은 전략상의 시너지가 생기는지 살펴봤다. 그들의 판단 기준은 합병에 의해서 생긴 시너지 효과가 일반 주주에게 돌아가는가 하는 것이었다.

1951년에서 1968년에 걸쳐 행해진 컨글로머리트를 제외한 59개 합병 사례의 주가에 대한 영향을 조사한 후 로버트 호겐과 테런스 란게티그는 다음과 같은 결론을 내렸다. "우리의 연구 대상들에서는 합병에 의한 시너지 효과가 거의 증명되지 않았다. …… 어느 주주이든 스스로 합병된 두 회사의 주식을 적당한 비율로 조합해 자신의 포트폴리오를 만든다고 해도 마찬가지의 결과를 얻게 된다. 즉 합병에 의해서 탄생한 새 회사가 주주들에게 보다 매력적으로 되었다는 증거는 찾을 수 없는 것이다."

결국 로버트 호겐과 테런스 란게티그가 확신할 수 있었던 오직 하나의 분명한 효과는 합병한 기업의 주주 수익의 변화 폭variation이 커졌다는 사실이다. 다시 말해서, 단일 자본 소유 구조하에서 자산을 합병하기로 결정한 두 개의 기업에 투자한다는 것은 기존의 기본적인 사업을 계속하기로 결정한 두 개의 기업에 투자하는 것보다 훨씬 위험한 계획인 것이다. 다른 학자들에 의해서도 확인된 이러한 사실은 합병할 때 종종 그 이유로 거론되는 것의 하나인, 사업의 위험을 분산시키기 위함이라는 주장에 의문을 갖게 만든다.

이와 관련된 마지막 연구에 대한 기사가 1981년 말 런던에서 발행된 〈파이낸셜 타임스Financial Times〉에 실렸다.[7] '개척자—반합병 전문가Pioneer—Anti-merger Specialists'라는 제목의 이 연구는 같은 결론을 보여줬다. 저명한 경제학자인 크리스토퍼 로렌츠Christopher Lorenz에 의해 씌어진 이 기사는 "유럽의 선도적 기업들은 다각화보다는 전문화를 중시하고, 합병이나 인수보다는 내부적인 확장을 더 선호한다."라고 결론을 맺고 있다. 이 연구가 대상으로 삼은 기업들에는 에어버스 인더스트리Airbus Industries, 클럽 메드Club-Med, 다임러 벤츠Daimler-Benz, 닉스도르프Nixdorf와 같은 수많은 성공한 조직들이 포함되어 있다.

우리는 이렇듯 난해한 분석을 독자들에게 일방적으로 제시하는 것에 대해 미안함을 느낀다. 하지만 현재 합병에 대한 관심이 지대하다는 사실을 감안하면 다각화된 기업 연합이 바람직하다는 증거는 거의 찾아볼 수 없다는 사실을 자세히 예증해주는 것도 의의가 있을 것이다.

비관련 다각화의 어려움

이질적인 회사를 흡수하는 것이 얼마나 어려운 일인지는 거의 모든 인수 및 합병의 예가 잘 보여주고 있다. ITT가 바로 그 전형적인 사례다. ITT는 오랫동안 주식 시장에서 인기가 높았고, 성장 기록 또한 매우 놀라웠다. 해럴드 제닌Herold Geneen은 뛰어난 지식과 성실함으로 이 광대한 제국을 잘 운영해나갔다. 그러나 ITT가 여러 방면에서 어려움에 처하기 시작한 것은 그가 아직 재임중일 때의 일이었다. 해럴드 제닌이 설립자인 소스텐스 벤Sosthenes Behn 대령에게 ITT를 물려받았을 당시 ITT는 국제적인 전화 회사였다. 해럴드 제닌의 지휘하에 있는 ITT에 알게 모르게 남아 있었던 전화 회사로서의 정신적인 구조mentality는 새로 매입한 많은 사업 부문의 구조와는 융합되기 어려운 것이었다. 한 평론가는 이 점을 다음과 같이 지적했다. "칠레에서 전화 회사를 운영하는 방식은 콘티넨탈 베이킹Continental Baking이나 쉐라톤 호텔Sheraton Hotel을 경영하는 데에는 별로 소용이 없다." 결국 해럴드 제닌의 전화 회사는 위기에 봉착하게 되었고, 통신 시장은 미국과 유럽의 기술이 제3세계 국가들로 이전(초기의 ITT의 성공 비결)되는 변화를 겪었으며, 전자 교환 시스템과 위성통신이라는 새로운 기술을 급속하게 받아들이게 되었다. 다시 말해, 1970년대 초에 이미 원격 통신 산업에서 기술 혁신이 시작되었지만 ITT 시스템은 새로운 환경에 대처할 준비가 전혀 되어 있지 않았던 것이다.

다른 예도 있지만 ITT가 직면했던 것과 같은 어려움은 특히 비관련 기업 간의 합병에서 발생하는 전형적인 문제라 하겠다. 가령 성과가 매우 좋은 편이었던 트랜스 아메리카 컨글로머리트Transamerica Conglomerite는 그들의 유나이티드 아티스트United Artists라는 이름의 영화 사업 부문으로 인해 커다란 손실을 입었다. 보험 회사와 같은 금융기관의 경영을 그 기반으로 하고 있었던 이 회사는 기복이 심한 영화 산업 특유의 흐름을 받아들이기 어려웠던 것이다.

이러한 문제가 컨글로머리트에만 국한되는 것은 아니다. 우리는 최근 석유 회사가 여러 분야에 걸쳐 다각화를 실시하는 것을 지켜봤다. 모빌 Mobil은 다각화를 시도한 최초의 대기업으로서 마르코Marcor(전 몽고메리 워드Montgomery Ward에 군소 회사가 합쳐진 것)를 인수했다. 그러나 석유 사업에만 정통한 모빌은 소매업을 제대로 이해하지 못했고, 결과는 참담했다.

여러 정보통에 의하면 1970년대 말 엑슨 역시 새로운 벤처 비즈니스에 발을 내디뎠다고 한다. 엑슨 엔터프라이즈Exxon Enterprises가 그 좋은 예다. 〈비즈니스 위크〉는 통신 사업 분야에서 엑슨이 머지않은 미래에 AT&T나 IBM의 거대한 경쟁자가 될 것임을 전망하는 특집 기사까지 게재했다. 그러나 엑슨 엔터프라이즈 역시 힘겨운 시련을 겪어야 했다.

엑슨의 실험은 규모가 작았을 때에는 순조롭게 진행되었다. 엑슨이 산하로 인수한 기업군과 소규모 기업들은 대체로 독자적이고도 자유롭게 운영되었다. 그중에는 개별적으로 성공을 거둔 기업도 있었는데 불행히도 그러한 성공이 엑슨 그룹 경영진의 관심을 끌게 되었다. 그리하여 엑슨은 대기업으로서 새로운 벤처 비즈니스에 편승했다가 실패한 전형적인 예가 되었다. 엑슨은 조속히 경영을 합리화했고, 사업 부문을 '시장에서 시너지 효과'를 거두는 데 도움을 줄 수 있도록 '논리적으로' 통합했다. 또한 재정적인 원조도 실시했다. 기업 본사에서 재무 담당 임원이 파견되어 산하에 있는 작은 기업의 경리 작업을 지도하기도 했다. 그러나 이러한 합리화는 개인 사업의 색채가 짙은 벤처 회사에서는 시기상조였다. 처음부터 운영을 해온 사업가는 미련 없이 회사를 떠나버렸고, 남은 것은 급속히 변화하는 시장에서 둔하게 움직이는 인프라스트럭처뿐이었다.

그러나 원래 사업에서 약간 벗어난 진출을 한 경우에도 이질적인 것들을 흡수하는 데 어려움이 있기는 마찬가지다. 가령 GE는 항공기 엔진 사업에 진입해 커다란 성공을 거둔 반면, 전기 설비 제조업체로서 항공기 엔진 사업을 하려 했던 웨스팅하우스는 큰 실패를 겪고 말았다. 웨스팅하우스의 실패는 '터빈은 터빈일 뿐이다'라고 믿은 것에 그 원인이 있었다. 그들은 발전소 조직 내에서 항공기 엔진 사업을 운영하려 했다. 하지만 결국 항공기 터빈의 허용 한계는 발전기용 터빈의 그것과는 근본적으로 다르다는 것을 알게 되었다.

GE의 게르하르트 노이만Gerhard Neumann과 잭 파커Jack Parker는 이를 잘 인식하고 있었다. 그들은 GE의 항공기 엔진 부서를 기존에 발전기를 만들어온 조직 외부에 배치했고, 멀리 떨어진 매사추세츠 주의 린Lynn을 본거지로 정했다. 그리고 항공기 터빈의 설계와 생산에 수반되는 제약을 충분히 알고 있는 전문 엔지니어를 고용했다. 결국 그들은 GE의 야심을 훨씬 넘어서는 큰 성공을 거둔 반면 웨스팅하우스는 실패를 겪어야 했다.

GE와 웨스팅하우스의 사례와 아주 비슷한 일화를 오늘날 전기 기계 산업electromechanical이 전자 산업electronic으로 변화하는 과정에서도 쉽게 찾아볼 수 있다. 전기 기계 사업을 하는 데 필요한 사고 과정과 전자 사업을 하는 데 필요한 시간 과정의 유사점은 극히 미미하다. 그리고 우리는 1965년의 대표적인 진공관 제조업체(상위 10개 사) 중에서 불과 10년 후인 1975년까지 대표적인 반도체 제조업체로 살아남은 회사가 하나도 없다는 사실을 발견했다.

이러한 지식의 도약에 실패해 도태된 대기업 중에는 GE와 RCA, 실바니아Sylvania와 같이 초기에 경영의 모범이 되었던 회사도 포함되어 있다. 전기 기계 업계의 이 3대 회사 중 GE와 RCA 두 기업은 컴퓨터 사업에 진입하려 했다가 비슷한 실패를 겪어야 했다. 이론상으로 이러한 차이는 불과 몇 발자국 차이로 충분히 메울 수 있을 것처럼 보였다. 하지만 실제로는 그 몇 발자국의 간극을 메우기 위해서는 위대한 도약을 해야 하며 그것이 언제나 비즈니스를 성공으로 이끄는 견인차가 되는 것이다.

GE와 웨스팅하우스에 있어서 항공기 터빈과 발전기 터빈의 일화가 서로 매우 밀접하게 관련되어 있는 지적 기술 분야의 문제라고 한다면 내셔널National과 팬암Pan Am의 합병은 어떤가? 이 둘은 정확히 같은 산업에 속해 있었다. 다만 그 결과는 예상과 전혀 반대였다. 국제 여객 산업의 거물인 팬암은 내셔널의 국내 노선망과 역량이 팬암에 도움이 될 것이라는 오판을 한 것이 틀림없다. 팬암은 내셔널의 DC 10기들을 사들였지만 이 기종은 해외의 여행객을 국내의 내셔널 노선망에 연결시키는 데 적합한 규모가 아닌 것으로 드러났다. 팬암은 미국 역사상 매우 중요한 기업 중의 하나라는 스스로의 위치를 위협하는 문제에 봉착하게 된 것이다.

초우량 기업의 지혜

여기서 한 가지 짚고 넘어가야 할 중요한 문제가 있다. 초우량 기업은 어떻게 해서 이러한 함정을 피해 갈 수 있었을까? 해답은 간단하다. 초우량 기업은 새로운 분야에는 두 발을 모두 들여놓지 않는다. 더욱이 그 분야에 한쪽 발끝만 담갔다가 실패할 경우 실험을 재빨리 끝낸다. 우수한 성과를 거두는 기업들은 주로 내부적인 다각화를 시도하고, 한 번에 관리 가능한 한 단계씩 이동하는 것이 일반적이다.

초우량 기업의 이러한 행동은 그들이 예로부터 학자들이 다각화에 대해서 논해온 내용들을 지침으로 삼고 있다고 믿게 한다. 앞에서 이미 언급했듯이 존슨 앤드 존슨의 설립자 로버트 존슨은 후계자 선출에 앞서 "운영 방법을 알지 못한다면 그 어떤 사업도 인수해서는 안 됩니다."[8]라는 중요한 조언을 했다. P&G의 전 사장 에드 하네스도 "우리 회사는 기본에서 벗어난 적이 없습니다. 우리가 추구하는 것은 결코 컨글로머리트가 아닙니다."[9]라고 말했다.

그러나 초우량 기업은 단순한 것과는 거리가 멀다. 3M은 5만 종 이상의 제품을 생산하고 있으며 매년 1백 종 이상의 실질적인 신제품을 내놓고 있다. 이러한 제품들의 공통적인 요소는 기본적인 코팅 및 접착 기술뿐이다. 3M에서 일관되게 유지되고 있는 이러한 특성은 여러 면에서 다른 기업의 기본 역량을 훨씬 능가하지만 이는 동시에 매우 전형적이기도 하다. 최고 경영층은 주로 화학 기술자들로 구성되어 있으며, 그들 대부분이 영업 부문에서 일한 경험을 갖고 있고, 실질적인 응용 부문에서 일하고 있다. 회사의 핵심적인 기술—3M의 기술을 기반으로 틈새시장 고객의 문제를 해결하는 것—은 이렇게 해서 최고 경영층의 경영 구조의 일부로서 굳건히 자리를 잡고 있는 것이다.

3M의 화학 기술에 대한 집중적인 훈련에 관계된 일화는 다른 수많은 초우량 기업에서도 찾아볼 수 있다. HP에서 성공하려면 우선 전기 기술자가 되어야 하며 플루어 혹은 벡텔에서 성공하려면 기계 기술자가 되어야

한다. 보잉에서는 항공 기술자라야 하며, P&G에서는 제품 관리자로서의 경험 그리고 IBM에서는 영업 경험이 필요하다. 이러한 경험을 가진 사람만이 최고경영자의 후보가 된다. 따라서 특정 기술 분야에 대한 훈련 혹은 주요 업무에 대한 집중적인 훈련을 받은 사람들이 선도 기업들의 경영층을 휩쓸고 있는 것이다.

- 보잉 : 〈월스트리트 저널〉은 이렇게 지적하고 있다. "관찰자들에 의하면 보잉의 강점은 상업 항공 시장에 전력을 기울이는 것에 있으며, 그것이 수입의 90퍼센트를 차지한다고 한다. "다른 회사는 군軍의 예산을 따내느라 정신이 없다."라고 한 항공 회사의 간부는 말하고 있다. "보잉에서는 항공 회사가 제1의 고객이다."[10]

- 플루어 : 회장인 밥 플루어Bob Fluor는 다음과 같이 말했다. "모든 면에서 모든 사람들을 만족시킬 수는 없다."

- 월마트 : 월마트의 비범한 성장 기록은 틈새 전략에 전력을 기울이는 것에서 비롯된다. 이 회사는 12개의 주州에서만 영업을 하고 있다. 가장 잘 알고 있는 부문에만 집중하는 월마트는 스스로가 선택한 분야에서만큼은 자금이 더 풍부하고 경험과 조직력이 월등한 K마트에 앞선다.

- 디어 : 디어의 사장 로버트 핸슨Robert Hanson은 다음과 같이 말한 바 있다. "우리는 우리가 알고 있는 고객에게 최선을 다합니다." 〈포브스〉는 이렇게 덧붙였다. "오랜 세월에 걸쳐 디어는 최대의 라이벌인 인터내셔널 하베스터International Harvester를 능가해왔다. 인터내셔널 하베스터의 주력 분야는 트럭 사업과 농업 기계 두 부분으로

나뉘어 있었다. 그와는 대조적으로 디어는 자기 회사의 사업이 무엇이고, 고객이 누구이며 또 그들이 무엇을 원하는지를 정확히 알고 있었다."[11]

● 아모코 : 〈월스트리트 저널〉은 아모코의 성공적인 전략을 경쟁 업체의 그것과 비교하고 있다. "올해 단행된 대규모 석유 회사 인수에 담긴 지혜는 그것을 내부적으로 개발하는 것보다 다른 기업을 인수하는 것이 비용 면에서 경제적이라는 것이다. 하지만 스탠더드 오일만은 이러한 지혜를 받아들이지 않고 있다. 스탠더드 오일 회장인 존 스웨링겐John Swearingen은 그것이 자사에 적합하지 않다고 생각하고 있다."[12]

실질적으로 초우량 기업의 모든 성장은 스스로의 노력에 의해 달성되어 왔다. 몇몇 인수는 간단한 규칙에 따라 이뤄진다. 조직의 특성을 그대로 간직한 채 인수하는 회사에 손쉽게 동화되는 것은 규모가 작은 기업이다. 또한 소기업은 규모가 작기 때문에 인수가 실패로 끝나더라도 회사는 부수적인 재무 손실 없이 그 사업 분야를 청산할 수 있다.

인수를 통해 성장한 기업도 있지만 그것은 "작은 것이 아름답다."라는 전략에 따른 것으로서 에머슨 전기와 비어트리스 푸드Beatrice Foods가 그 대표적인 예다. 이들 기업은 각각 40억 달러와 1백 억 달러 규모의 대기업인데 주로 2천만 달러에서 5천만 달러 규모의 사업을 인수함으로써 성장을 이룩했다. 그들은 "5억 달러 규모의 기업을 매수하는 것은 5천만 달러 규모의 기업을 흡수 합병하는 것보다 어려운 일이 아니므로 한 번에 10회분의 거래를 마무리하는 편이 낫다."라는 식의 생각은 절대 하지 않는다. 에머슨 전기와 비어트리스 푸드는 항상 적당한 인수 대상이 있는지 살펴본다. 그리고 조금씩 인수를 해나간다. 인수 대상인 소규모 회사가 자사의 핵심 비즈니스에 부여할 새로운 힘(가령 특수한 기술)을 갖고 있는 경우 그들은 비공식적인 교류와 자연적 확산을 통해 그 힘이 자연스럽게 기업 전체에 서서히 스며들도록 놓아둔다.

이와 마찬가지로 HP와 3M과 같은 기업들도 지속적으로 소규모 인수 활동을 벌이고 있다. 인수 대상은 언제나 1백만 달러에서 1천만 달러 규모의 사업이다. 그들은 종종 새로운 기술을 얻어내기 위해 인수를 단행하지만 규모에 있어서 초기에 출혈 없이 통합이 가능할 정도의 인수를 하는 것이다. 때로는 몇 명의 고용 계약을 사들이는 정도에 그치기도 한다. 그렇기 때문에 소규모의 인수가 순조롭게 이뤄지는 것이고, 이러한 소규모의 수많은 인수가 기반이 되어 주요한 새 전략적 추진력이 형성되는 것이다.

이것이 바로 초우량 기업이 인수를 해나가는 방식이다. 초우량 기업은 실험적인 방법을 통해 인수와 다각화를 추진해나간다. 그들이 작은 기업을 사들이거나 새로운 사업을 시작할 때는 충분히 관리 가능한 수준에서 진행한다. 분명 위험 부담이 있기 때문이다. 그리고 그들은 일이 순조롭게 진행되지 않을 경우 흔쾌히 철수한다. 아무리 초우량 기업이라 하더라도 규모가 크지 않은 실패의 예는 얼마든지 찾아볼 수 있고, 또 우리는 실제로 그런 예를 많이 보아왔다. 아니 작다고 할 수 없는 실패를 범하는 경우도 있다. 이러한 실패의 예는 아무리 우수한 기업이라 할지라도 결국 적당한 범위를 넘어선 일탈을 하게 되면 곧 문제가 불거진다는 것을 보여준다.

사실, 초우량 기업조차도 전혀 다른 분야에 진입해 큰 어려움을 겪기도 한다. 이러한 기업에 우수한 성과를 가져다주는 문화는 합리적으로 분할된 좁은 사업 분야에 대한 역량을 키움으로써 제 기능을 다 할 수 있다. 3M과 같이 적당한 규모의 산업 틈새(1억 달러 규모 수준)로 침투해 들어간 회사는 찾아보기 힘들다. 그럼에도 그러한 3M조차 침투가 불가능한 영역이 존재한다.

다음은 초우량 기업들이 경솔하게 다른 분야에 진출했다가 실패를 거둔 사례들이다.

- 3M : 3M은 자사가 갖고 있는 중요한 기술을 소비재consumer goods에 적용하기가 쉽지 않았다. 애널리스트들의 말에 의하면 3M의 세분화 및 각각의 사업에 대한 개별적인 판매 훈련이 폭넓은 판매 촉진 활동을 가로막게 되었고, 소비재 시장을 위한 소수의 제품에만 집착하는 결과를 가져왔다는 것이다. 때문에 3M은 소비재 부문에서는 어느 정도 성공을 거뒀지만 다른 사업 부문에 비해 큰 수익을 거두지는 못했다. 또 한 가지, 최초의 3M은 '미래의 사무실' 분야에 뒤늦게 진출하면서 약간의 어려움을 겪어야 했다. 여기서의 문제점은 소비재의 경우와 거의 마찬가지였다. 미래의 사무실에서 사용될 보다 세련된 제품들은 모두가 '시스템 제품'이다. 다시 한번, 3M의 각 부문이 갖고 있는 독특한 자율성 때문에 복잡한 시스템 제품의 개발과 영업에 요구되는 각 부문 사이의 밀접한 유대 관계가 잘 형성되지 않고 있다.

- HP : HP는 초기의 소형 전자계산기의 마케팅에 어려움을 겪었다. HP의 문제도 3M과 유사했다. 기계와 전자 사업에서 HP는 전문 소비자에게 접근하는 방법을 알고 있었지만 그것은 별로 크지 않은

틈새시장의 경우였다. 9달러 95센트의 전자계산기를 사는 일반 고객은 HP가 갖고 있는 지식보다 더 많은 것을 알고 있었다. 마찬가지로 HP는 전자 손목시계 사업에서도 실패하고 말았다. 이러한 실패는 당연했다. HP는 전자 기술 부문이 매우 새로운 것이어서 일반 고객이 특별하게 받아들일 것이라고 생각했다. 그러나 그들의 예상은 빗나갔고, TI의 8달러 50센트짜리 손목시계에 참패를 당하고 말았다. (산업 내 수많은 기업이 대량 전자제품 분야로 전환하는 데 어려움을 겪었다. 반도체 칩의 대량 구매자인 내셔널 세미컨덕터 또한 소비자에게 가까이 다가가는 데는 실패했다. 페어차일드 세미컨덕터Fairchild Semiconductor 역시 마찬가지였다.)

- TI : 앞에서 언급했듯이 TI는 슈베르트 곡을 연주하는 자명종 시계가 부착된 전자계산기를 만들어내는 데는 실패했지만 소비자 지향적인 마인드를 지니고 있던 일본의 전기 기술자에게는 그러한 전자계산기를 만드는 게 별로 어려울 것 없는 일이었다. 그 결과 TI는 소비자 전자제품 사업에서 전반적으로 어려움을 겪게 되었다. 하지만 일부 소비자 전자 사업 중에는 수익을 올리는 것도 있었는데 스피크 앤드 스펠Speak & Spell과 같은 휴대용 사전이 바로 그것이다. 그러나 이것이 이익을 가져오게 된 것은 그 기술이 '단연 새로운 것'으로서 비교적 다른 것보다 앞섰기 때문이라고 여기는 사람도 있다. 반도체를 사용한 언어 회로가 시계나 소형 전자계산기를 움직이게 하는 칩처럼 널리 보급되면 TI는 다시 한번 일본 기업들의 도전에 직면하게 될 것이다

- P&G : 한 평론가의 지적에 의하면 P&G는 소비재 사업에서는 특기

를 잘 발휘하고 있지만 유행을 따라잡는 데는 약하다고 한다. P&G
는 무엇보다도 품질을 특히 중요시한다. 경쟁사 제품보다 뛰어나다
는 확고한 자신감이 생기기 전까지는 신제품을 출시하거나 기존 제
품을 개선하지 않는다. 때문에 치약에 최근 유행하고 있는 얇은 녹
색 줄을 첨가하는 일을 제대로 해내지 못하고 있다. 게다가 P&G는
거듭된 실패에도 불구하고 수천만 달러를 투자해 프링글스Pringles
감자칩을 출시하기 위해 노력하고 있다. 이 경우에도 장식이나 겉
모습보다는 품질에 집착하는 이 회사의 성격이 잘 나타난다. 프링
글스 칩은 P&G의 고전적 아이디어라고 한 경쟁자는 말한다. 모두
같은 크기의 칩이 깔끔하면서도 화사한 통에 담겨 있는 프링글스는
P&G의 품질 지상주의에 잘 부합되는 상품이지만 소비자의 기호를
따라잡는 데는 분명 실패한 상품인 것이다.

- 시어스 : 오랫동안 시어스는 '합리적인 가격의 좋은 상품'이라는
  기치를 내걸고 발전을 거듭해왔다. 시어스는 규모의 성장이 필요하
  다는 것을 깨닫고 이를 시도했지만 크게 실패했다. 비즈니스 전문
  기고가 고든 바일Gorden Weil의 결론은 이렇다. "맥도날드가 어느 날
  설로인sirloin 스테이크를 출시하고 빅맥의 값을 올리며 지금까지 판
  매해온 일반 햄버거를 취급하지 않는다고 상상해보세요. 그것이 바
  로 시어스의 성장 전략이었습니다. 즉 시어스는 두 가지 일을 한꺼
  번에 하려고 했던 것이지요."[13]

이러한 모든 예를 보면, 1960년대에 기업들을 사로잡았던 폭넓은 컨
글로머리트의 실용성을 의심하게 된다. 그리고 이제 우리는 역혁신

counterrevolution이 시작되는 지점에 와 있다. 예를 들어, 1981년 말 〈월스트리스 저널〉의 한 기사의 제목은 이런 것이었다. "콜게이트는 10년 전으로 되돌아가려고 노력한다. 인수한 많은 기업을 정리하고 전통적인 제품에 주력하기 위해 노력하고 있다."

콜게이트의 최고경영자인 키스 크레인Keith Crane의 전임자 데이비드 포스터David Foster는 콜게이트 산하에 스포츠용품, 식품, 의료품 회사를 추가함으로써 업계의 선도 기업인 P&G의 그늘에서 벗어나려 했지만 뜻대로 되지 않았다.[14] 그리고 다른 기업을 사들인 대가로 많은 문제를 짊어지게 되었다. 수익성에 있어 전성기가 끝나버린 다른 사업을 인수하는 데 전통적으로 해온 사업에서 거둔 이익을 모두 써버린 것이다. 이에 키스 크레인은 철저하게 경비 절감 정책을 추진했다. 그리고 데이비드 포스터가 9억 3천5백만 달러를 투입해 인수한 기업들을, 보도된 바에 의하면 최소 9천 650만 달러의 비용으로 팔아버렸다. 그는 또한 조직을 개편하고, 광고 예산을 새로이 편성해 다시 한번 생산성과 수익성에 중점을 두고 본업의 제품 계열을 강화하는 데 힘썼다.

데이비드 포스터는 다음과 같이 말했다. "우리 회사가 세운 새로운 방침은 생산적인 측면에서 매우 흥미롭습니다. 그것은 인구 성장에 의해 제약을 받는 그다지 장래성이 없는 (치약과 같은) 우리의 전통적인 제품의 시장과 구별되는 신제품 카테고리의 개발을 강조한다는 것이라 할 수 있습니다."

그러나 콜게이트의 한 광고 담당 임원은 이렇게 말했다. "속이 모두 텅 빈 인수였지요. 의료기구 회사인 켄덜Kendal과 쌀 생산 회사인 리비아나Riviana를 제외하곤 모두 쓰레기였습니다."

콜게이트가 새로운 제품을 출시하려고 시도한 것은 대개 데이비드 포스터가 사장직에 있을 때였다. 회사는 새로운 상품을 선보이기 위해 자주 지름길을 택했다. 자사의 고유한 제품을 개발하기보다는 단순한 유통업체의 역할을 선택했던 것이다. 콜게이트의 컨설턴트를 담당했던 사람은 "P&G라면 결코 이러한 실수를 저지르지 않았을 것입니다."라고 말한다. "이 시장에서는 단순하면서도 기능적인 제품을 만드는 것이 가장 중요하지요. 하지만 콜게이트는 부수적인 것들로 승부를 하려 했던 것입니다."

이러한 이야기는 본업으로 되돌아간 해피엔딩을 제외하고는 점점 더 친숙한 이야기가 되어가고 있다. 기업은 자신들이 하고 있는 사업이 부진을 면치 못한다고 생각할 때 다른 기업의 인수를 결정하게 된다. 하지만 정작 자신이 무엇을 사들인 것인지는 잘 알지 못한다. 이들이 사들이는 것은 이미 전성기가 지난 기업들이다. 그리고 가장 안타까운 일은 새로이 인수한 기업의 관리에 모든 노력과 주의를 집중시키는 것이 이미 흔들리고 있는 기존 핵심 사업을 더욱 악화시킨다는 점이다. 신제품(제품 라인의 확장이나 기존 제품의 정비)은 콜게이트의 경우와 마찬가지로 '지름길'을 택하는 경우가 되기 쉽다. 그 결과 내리막길을 가는 악순환이 시작되는 것이다.

성공적인 인수 철회de-acquisition라는 결말은 이제 얼마간 더욱 자주 찾아볼 수 있는 일이 되었다. 1980년 말 어느 날 〈뉴욕타임스〉는 리튼, 텍스트론Textron, GAF의 3개 회사가 다각화된 사업을 정리하기 시작했다는 기사를 게재했다. 요즘은 이러한 뉴스를 자주 접하게 된다. 가령 1981년 〈비즈니스 위크〉는 ITT가 1979년 이래 33개의 사업에서 철수했다는 기사를 실었다. 1981년 〈포춘〉은 컨솔러데이트 푸드Consolidates Foods가 과거 5년간 50개의 회사를 매각 처분한 것에 대한 논평을 실었다. 또한 〈뉴욕타임스〉

는 영국의 GEC가 현재 합병 해제에 힘쓰고 있다는 기사를 보도했으며 (거기에는 회장의 다음과 같은 담화가 인용되어 있다. "터빈은 차단기와 관련이 있으며, 차단기는 변압기와 관련이 있다고 할 수 있습니다. 그리고 변압기는 제어 장치와 관련이 있고, 제어 장치는 전등과 관련이 있다고 할 수 있지요. 하지만 전등은 터빈과 아무런 직접적인 관련이 없는 것입니다.")[15] 〈포브스〉 역시 1981년의 기사에서 1972년 이래 몬산토의 CEO를 역임하고 있는 존 한리John Hanley가 '기본으로 돌아가기 위해' 8억 달러 이상의 매출을 날려버렸다고 지적했다.[16] 또한 리튼이 자회사를 연이어 매각 처분한 것은 자사를 '기술의 본궤도로 되돌리기 위해'서라고 평했다.[17]

이러한 증거는 특히 어떠한 종류의 합병도 허가한다는 확고한 태도를 고수하고 있는 레이건 정권하의 연방통상위원회FTC 체제하에서는 그다지 큰 여파를 몰고 오지 않을 수도 있다. 그러나 어떠한 형태이건 '기본으로 돌아간다'는 움직임은 우리가 해온 초우량 기업의 연구에 의하면 참으로 좋은 소식이다.

---

† 컨글로머리트(conglomerate ; 복합기업. 업종이 서로 다른 기업 간의 결합에 의한 기업 형태 — 옮긴이)가 융성했던 1960년대에 지미 링Jimmy Ling은 워싱턴으로 가서 독점금지 위원회anti-trust committee에 출두해 컨글로머리트가 거래 제한에 해당되지 않는 이유를 설명했다. 그는 도표를 제시하며 말했다. 'LTV(당시의 링-템코-볼트) 내에서 얼마나 많은 사람들이 철강 산업에 대해 알고 있을까요?' 당시 그는 존스 앤드 러플린Jones and Laughlin을 막 사들인 상태였다. 그 대답은? 그가 제시한 도표에는 빨간 색으로 크게 0이 적혀 있었다. 현재 지미 링은 분명 당시 그 물음에 대한 답이 0이 아니었다면 얼마나 좋았을까 하고 생각할 것이다. 존스 앤드 러플린이 기울자, 링은 LTV에 대한 통제력을 상실하게 되었다.[18]
—〈비즈니스 위크〉 편집장 루 영

11 조직을 단순화하라

규모의 확장에는 복잡성이 뒤따른다. 그리고 대부분의 기업은 그러한 복잡성에 대응하기 위해 복잡한 시스템과 조직구조를 설계해낸다. 그 결과 인력을 충원해 나시 그 복잡성에 내처하려 하지만 바로 어기서 오류가 시작되는 것이다. 그 이유는 이러한 해결책이 조직 내의 사람들의 본성과는 잘 들어맞지 않으며, 조직 내의 각 단위 부서가 진정한 협력을 이루고자 한다면 모든 상황을 매우 단순하게 돌아가도록 만들어야 하기 때문이다. 이러한 역설이 성립되는 데는 분명한 이유가 있다. 규모의 크기에 따라 복잡성이 커지는 것은 당연한 이치고, 복잡한 시스템이나 구조를 통해 그러한 상황에 대응하는 것도 이치에 맞는 이야기다. 그 반면에 조직을 움직이게 하기 위해서는 현장의 수많은 사람들에게 해야 할 작업을 이해시켜야 한다. 그러기 위해서는 모든 것이 단순화되어 있지 않으면 안 된다.

복잡성에 대한 잘못된 대처 방법으로 우리가 자주 인용하는 전형적인 사례는 매트릭스 조직구조다. 매트릭스 조직구조는 완벽하게 보이는 매우 그럴듯한 아이디어다. 조직의 사업 구조가 다양해져 모든 형태 중에서 가장 단순한 형태를 선택해야 한다는 압력을 받을 때 기업의 구조는 재무, 판매, 제조와 같이 기능적인 구조로 옮겨가게 된다. 이때 회사는 제품 그룹을 중심으로 조직을 구성할 수도 있을 것이고, 세분시장의 단위 중심으로 조직할 수도 있다. 또한 공장이나 영업소가 있는 지역별로 조직을 구성하는 것도 가능하다. 이와 같이 해도 재무, 판매, 제조 기능은 절대 사라지지 않을 것이다. 하지만 이들 모든 것을 하나의 공식적인 조직구조로 정돈하려고 한다면 논리적으로 엉망인, 적어도 4차원의 매트릭스 구조가 필요할 것이다.

세상일이 참으로 복잡하다는 사실도 딜레마다. 이렇게 해서 모든 대규모의 조직이 매트릭스 조직으로 이행하고 싶은 충동을 느끼게 된다. 이러한 딜레마는 또 다른 합리적인 조직, 이를테면 프로젝트나 태스크포스와 같은 임시적인 기구를 조직에 추가하기 시작할 때 더욱 복잡해진다. 경영자는 이러한 경우 어떻게 해야 할까?

회사에 따라서는 다음과 같이 결정할 수도 있다. 즉 공식적으로 매트릭스를 이용해 모든 차원dimension을 고려할 수는 없다 하더라도 적어도 그중 몇 개의 차원은 반영할 수 있다. 가령 제품 사업부와 엔지니어링, 마케팅, 제조 등 기능 부문에 동등한 권한을 부여하는 조직을 정식으로 만드는 것을 생각해볼 수 있다. 하지만 그것은 더 큰 혼란을 가져오게 된다. 왜냐하면 사람들이 누구에게 무엇을 보고해야 하는지 알지 못하게 되기 때문이다. 가장 심각한 문제는 균형이라는 명분하에 모든 기능이 어떠한 형태로든 서로 얽히게 된다는 점이다. 이러한 구조에서는 우선순위가 명확하지 않게 될 뿐 아니라 '자동적으로 우선순위가 모호'해지기 때문에 조직이 마비되고 만다. 실제로 그것은 현장에 있는 사람들에게 "모든 것이 중요하다. 모든 것에 똑같은 주의를 기울여라."라고 말하는 것과 같다. 이러한 메시지는 모든 것을 마비시킨다.

보잉과 같은 프로젝트를 중심으로 운영되는 회사를 제외하고 실질적으로 초우량 기업의 대부분은 자신들이 공식적인 매트릭스 구조를 채택했다고 말하지 않는다. 하지만 매트릭스 조직에 관한 수많은 아이디어를 내온 보잉과 같은 회사에서는 매트릭스 경영이란 말이 다른 의미로 받아들여진다. 사람들을 이중적인 방식으로 다루는 것을 의미하는 것이다. 보잉에서 일하는 사람들은 한 프로젝트팀의 일원으로서 그 팀에 부과된 과제를 수행하는 책임을 지게 된다(거의 항상). 혹은 어느 기술 부문의 일원이 되어 자기가 속해 있는 기술 부문에서 최신의 기술을 따라잡는 일을 하게 된다. 어떤 프로젝트에 소속되어 있는 동안에는 자신에게 그 프로젝트에 대한 책임이 있는지 없는지에 관해 혼란스러워하지는 않는다. 말할 것도 없이 그 기간에는 전적으로 자신에게 책임이 있는 것이다.

분명히 밝히건대 우리는 보잉이나 NASA와 같이 '매트릭스' 경영 기법을 일찍 받아들인 몇몇의 조직 형태를 걱정하는 것은 아니다. 이 시스템이 원활히 운영되도록 만드는 핵심은 나머지 초우량 기업의 구조를 움직이게 만드는 그 무엇과 같다. 하나의 차원—즉 제품이나 지역 또는 기능—중에서 어느 하나가 분명히 우선되어야 한다. 우리가 관심을 갖고 있는 것은 이 개념이 어떤 식으로 퇴출되었는가 하는 것이며, 누가 무엇에 관해 책임을 지느냐—즉 문제를 어느 상사에게 보고해야 하는지, 모든 사람들에게 알려야 하는 것인지에 관한—그리고 어떤 상황에서 모든 것을 분명히 하는 것이 거의 불가능하게 되었는지를 밝히는 것이다. 모든 것을 복잡하고 불분명한 상황 속에 내버려둔다는 것은 실질적인 권한을 보유하고 있는 스태프들에게 더욱 힘을 실어준다(즉 제조 부문과 기능 부문이 충돌하는 매트릭스 '교점'에서 심판을 하는 사람은 스태프들이기 때문이다).

단순한 조직

초우량 기업은 어떤 식으로 이러한 상황을 피해갈까? 해답은 몇 가지 방식을 사용하든 모두가 공통적으로 그리고 기본적으로 단순한 모습을 하고 있다는 것이다. 대부분의 초우량 기업의 근저에서 찾아볼 수 있는 것은—대개는 제조 부문을 중심으로 한—꽤 오랜 시간이 지나도 변하지 않는 형태인데 이것은 전 사원에게 이해할 수 있는 필수적인 기준을 제공하고, 그로부터 일상의 복잡성에 접근하도록 한다. 가치에 관한 명확성도 안정성과 단순성이라는 기준을 뒷받침하는 중요한 일부분이 되고 있다.

조직 형태의 바탕에 놓여 있는 단순함 이상으로 우리 눈에 띈 것은 초우량 기업이 환경에 의해 급속히 변화해가는 상황에서 기능의 교차, 즉 '매트릭스적인 상황'이 발생함으로써 생기는 이슈들을 매우 유연하게 다룬다는 점이다. 단일화된 의식과 규범을 갖고 있기 때문에, 이러한 회사는 작은 부문과 작은 단위를 보다 잘 활용할 수 있다. 그들은 보다 유연하고 빠르게 유동적으로 조직을 개편할 수 있다. 그리고 태스크포스라든지 프로젝트 센터와 같은 임시적인 조직 형태의 사용에도 더 능하다. 그들은 조직의 외형은 재편하지만 내부의 본질에는 좀처럼 손을 대지 않는다(사람들의 신분을 보장하면서 소속되어 있는 특정 조직에 그다지 의존하지 않도록 만드는 인사 정책과 같이 다른 수단들도 조직의 유동성을 유지시키는 데 있어 중요한 구실을 한다).

우리가 발견한 가장 보편적인 단순한 형태는 제품별 사업부제다. 그러나 몇몇 회사는 단지 낡은 기능적 형태를 유지함으로써 매트릭스 조직구조를 도입하는 것을 피했다. 프리토레이와 코닥 같은 회사가 그 예다. 그리고 맥도날드 같은 회사에서는 레스토랑, 점포, 부티크 혹은 공장 등을 기본으로 해 이들을 중심으로 하나의 조직을 구성했다.

큰 규모에도 불구하고 단순한 형태를 취하고 있는 기업의 예로는 존슨 앤드 존슨을 들 수 있다.[1] 존슨 앤드 존슨은 조직구조를 단순화하고 세분화해 각 부문을 자율적으로 운영하는 방법을 적극적으로 활용하고 있다. 우리가 이미 살펴본 바와 같이 존슨 앤드 존슨은 50억 달러 규모의 기업으로 평균적으로 규모가 3천만 달러 이상인 150개의 독립된 부문으로 이뤄져 있다. 각 부문은 '회사companies'라 불리며, 각각은 '이사회의 의장'에 의해 관리되고 있다. 이들 회사는 모두 20개 사 정도로 이뤄지는 8개의 그룹으로 구성되며, 각 그룹에 속하는 회사들은 모두 지역 내지는 제품에 있어 공통적 특성을 가진다. 이들 '회사'는 자체적으로 주식을 발행하는 일이 결코 없으므로 진정으로 독립적이라고는 할 수 없으나 '이사회'는 적극적인 태도로 각 부문이 본사로부터 원치 않는(그리고 대개는 필요 없는) 간섭을 받지 않도록 하는 완충 역할을 하고 있다.

〈와튼 매거진Wharton Magazine〉의 논설위원은 다음과 같이 말한 바 있다. "존슨 앤드 존슨의 본사 스태프는 소수이며, GE의 경우처럼 전문가가 끊임없이 자회사를 돌아보는 것 같은 일은 하지 않습니다."[2]

소비자 사업 부문은 존슨 앤드 존슨의 전체 매출과 이익의 약 40퍼센트를 창출하는 중요한 사업인데 그 조직은 매우 단순하다. 55개 이상의 소비자 제품 사업 부문이 있으며, 모두가 각각의 책임하에서 마케팅, 유통, 연구개발을 해나간다. 이는 일반 소비자 시장을 지배하려면 대규모의 활동이 필요하다는 기존의 전통적 사고방식과 정면으로 배치된다. 수를 줄이고 각 부문의 규모를 크게 할 수도 있지만 그렇게 해야 할 특별한 근거가 없다고 회장인 제임스 버크는 말한다. 그의 논점은 조직의 분할을 지지하는 기타 수많은 초우량 기업들의 주장과 놀라울 정도로 비슷하다.

우리는 정기적으로 기업 통합의 경제성에 대해 연구해왔다.[3] 예를 들어, 소비자 사업과 유통망의 통합에 대해 이야기해보자. 문서상으로는 어느 정도 경비가 절약되기도 한다. 하지만 우리는 그것을 통해 막대한 효율을 거둘 수 있게 되기 전까지는 섣불리 기업 통합을 추진해서는 안 된다고 생각한다. 왜냐하면 한 사업부의 경영자가 모든 측면을 관리할 수 있다면 보다 운영이 잘될 것이라 생각하기 때문이다. 또한 우리는 당신이 규모의 경제로부터 얻게 될 것으로 기대하는 효율성이 실제로는 전혀 존재하지 않는다고 믿고 있다. 일단 회사가 큰 규모로 운영되면 당신이 알 수조차 없었던 비효율이 생겨나는 것이다. 관리 측면에서 그러한 점을 발견하게 되어도, 그것을 뿌리 뽑는 일은 쉽지 않을 것이다. 그것은 이미 그들의 통제권을 벗어난 일이기 때문이다.

이러한 철학에서 비롯되는 형태의 단순성은 우리가 연구를 통해 발견한 다른 예들과는 일맥상통하는 점이 있다. 제품별 사업부제를 기본으로 하고자 할 경우 바람직한 조직구조의 모습은 다음과 같다.

1. 각 부문을 완전히 독립적 형태로 분권화할 것. 제품의 개발과 재무, 인사를 포함한 모든 주요 기능을 각 부분으로 이양한다.
2. 새로운 부문을 즉각적으로 분사시키며 분사된 조직이 거둔 성과에 따라 보상해줄 것. 존슨 앤드 존슨의 150개 부문은 10년 전에 80개 부문이었던 것이 분리된 결과다(수많은 기업들이 이와는 반대로 대규모의 위계적인 조직으로 이뤄진 제국을 건설한 사람에게 보상을 해줬다는 사실은 매우 흥미롭다).
3. 2천만 달러 규모 이상은 분사시킨다는 3M의 기준과 같이 새로운 제품이나 제품 라인이 자동적으로 독립적인 부문으로 분리될 수 있도록 일련의 지침을 만들 것.
4. 부문 간에 인력과 제품 그리고 제품 라인까지도 정기적으로 이동시킬 것. 이 경우 많은 회사에서 발생하는 반발을 최소화시켜야 한다.

재미있는 사실은 이러한 단순한 형태를, 중간 규모의 틈새시장에 침투하거나 스스로 독특한 시장을 창조하는 데 있어 훌륭한 능력을 갖고 있는 존슨 앤드 존슨, HP, 에머슨 전기, DEC, 다나, 3M 등에서만 찾아볼 수 있는 것은 아니라는 점이다. 산업이나 일정한 규모에 대한 필요성과는 상관없이, 우리가 연구 대상으로 하고 있는 대부분의 초우량 기업들은 라인의 하부에까지 권한을 위양하는 것에 큰 가치를 두고 있으며, 많은 사람들의 실질적인 자율성을 극대화하고 그를 보존하는 것을 중요시하고 있다. 이러한 일들은 기업의 기본이 되는 형태가 매우 단순한 경우에만 찾아볼 수 있다. 이는 분명 형식적인 매트릭스 구조 내에서는 실행될 수 없는 일인 것이다.

흥미로운 것은 기본 구조 배열의 단순함은 실제로 조직을 유연하게 만들어준다는 것이다. 기본적인 형태가 명확하기 때문에 기본 구조로부터 손쉽게 유연성이 생겨나는 것이다. 이미 살펴본 바와 같이 초우량 기업은 태스크포스나 프로젝트팀을 비롯한 임시적인 장치를 최대한 활용하면서 작업을 진행시킨다. 또한 항상 조직을 재편한다. 하지만 조직 재편의 대부분은 조직 가장자리edge에서 행해지며 기본적인 형태는 좀처럼 변하지 않는다. 보잉은 그에 대한 매우 흥미로운 사례라 할 수 있다. 보잉은 프로젝트를 바탕으로 짜여진 구조를 종종 공식적인 매트릭스의 선조 혹은 그 중요한 예로 간주하고 있다. 하지만 현실적으로 보잉의 각각의 프로젝트 관리자들은 매우 큰 자율권을 갖고 있다. 또한 보잉은 조직의 하부에 있는 인재를 중요한 프로젝트의 책임자로 등용시킴으로써 보다 급여가 많고 직책이 높은 사람들로 하여금 그들에게 보고하도록 하고 있다는 사실을 자랑스럽게 생각하고 있다.

초우량 기업의 단순한 구조적 형태에는 스태프의 수가 적다는 점, 특히 본사의 스태프가 소수라는 하나의 중요한 공통점이 존재하는 듯하다. 이미 살펴본 바와 같이 이 두 가지 특성에는 뚜렷한 상관관계 및 상승작용이 있다. 단순한 조직 형태를 갖추면 소수의 스태프로도 전체 기업을 훌륭하게 운영해나갈 수 있는 것이다.

실제로 대부분의 초우량 기업은 본사에 비교적 소수의 인원밖에 두지 않으며 스태프의 역할도 사무실에 앉아 서류를 체크하기보다는 현장에 나가서 문제를 해결하는 것인 경우가 더 많았다. 적은 수의 관리자administrator와 많은 실무자operator가 존재하는 것이다. 이러한 사실을 토대로 우리는 '1백 명의 법칙'이라는 것을 만들었다. 매우 드문 예외가 있기는 하지만 기업의 본사 관리 부문에서 1백 명 이상의 사람이 필요한 경우는 거의 없다.

- 에머슨 전기에는 5만 4천 명의 직원이 있지만 본사에서 일하는 인원은 1백 명을 넘지 않는다.
- 다나는 3만 5천 명의 직원을 고용하고 있지만 1970년에 5백 명 정도였던 본사 직원의 수를 지금은 1백 명 안팎으로 줄였다.
- 연 매출 60억 달러의 다각화된 석유 회사인 슐럼버거는 자사의 세계적인 사업을 90명의 본사 직원만으로 운영해나가고 있다.

맥도날드의 본사에서 일하는 직원들의 수 또한 매우 적다. 이는 앞에서 설명한 레이 크록의 "기업 관리는 적을수록 좋다고 생각합니다."라는 오랜 신념에 의한 것이다. 10억 달러 규모의 인텔에는 실질적으로 스태프가 거의 없다. 스태프가 해야 할 모든 일들은 라인의 책임자들이 일시적으로 겸임하는 형식으로 위임되어 있다. 20억 달러 규모의 월마트를 설립한 샘 월턴은 "텅 빈 본사의 법칙을 믿고 있으며 중요한 것은 매장에 나가서 귀를 기울이는 것입니다."[4]라고 말한다.

그리고 하인즈의 자회사이며 10억 달러 매출이라는 성공을 거두고 있는 오레 아이다의 전략 계획 중 하나는 우리가 살펴본 것들 중 가장 현명한 것으로 그 회사의 사장에 의해 수립되었다. 그 일에는 사장 비서와 부서 및 부문의 관리자들이 잠깐씩 참여했을 뿐이다. 그는 기획 스태프는 물론 다른 스태프도 전혀 보유하고 있지 않았다.

이러한 법칙은 규모에 비해 높은 성과를 올린 몇몇 기업에도 적용되고 있다. 가령 ROLM은 2억 달러 규모의 사업을 본사 직원 15명이 담당하고 있다. 4억 달러 규모의 애크미 클리블랜드Acme Cleveland의 사장으로 취임하게 된 찰스 에임즈Charles Ames는 스태프의 수가 많은 것을 보고 놀라움을 금치 못했다. 이후 몇 달의 간격을 두고 그는 본사의 인원을 120명에서 50명으로 감원했다.

이러한 예가 보여주는 본사의 소수 정예화된 인원의 수는 매우 인상적이다. 그러나 역시 그만큼 중요한 사실은 어떤 사람들이 그러한 스태프의 일을 해야 하는가이다. 첫째, 본사 차원에서는 어떤 역할을 해야 하는가? 수많은 초우량 기업에 있어서 이에 대한 대답은 실질적으로 해야 할 역할이 없다는 것이다. 보통 본사 혹은 그룹의 역할인 제품 개발조차도 존슨 앤드 존슨, 3M, HP와 같은 회사에서는 부문별로 완전히 분리되어 있다. 다나는 구매, 재무, 인사와 같은 기능의 권한이 공장의 레벨까지 위양되어 있다는 사실을 자랑스러워한다. 전략 기획은 확실히 본사가 담당해야 할 부분이다. 그러나 플루어는 60억 달러 규모의 사업을 겨우 3명으로 구성된 기획 부문이 담당하고 있다. 3M, HP, 존슨 앤드 존슨의 본사에서는 기획 담당자를 고용하고 있지 않다. 초우량 기업에서는 실질적으로 모든 기능이 최소한 부문 수준 이하로 철저하게 분권화되어 있다.

벡텔은 활발한 연구개발 능력을 갖고 있지만 특수한 연구 영역에서조차도 실질적으로 거의 모든 사람이 라인의 운영에 참여하게 되어 있다. 연구개발 스태프의 많은 수가 라인의 작업에 종사하고 있는 사람들 중에서 발탁되었다가 끝나면 다시 원위치로 복귀한다. IBM에서는 기획 스태프를 3년 단위로 교체한다는 원칙을 고수하고 있다. '기획 전문 스태프'는 거의 찾아볼 수 없고 그들은 라인 책임자에 의해 이 임무를 부여받는다. 더욱이 교체 원칙 때문에 본사의 스태프로 근무하는 자는 3년 이내에 다시 라인의 일을 맡도록 되어 있다. 이러한 원칙은 복잡한 관리 시스템이 생겨나는 것을 막는 작용을 한다. 만일 36개월 후에 다시 라인의 일로 돌아가야 한다면 당신은 복잡한 관료 기구를 만들려고 하지 않을 것이다. DEC와 3M도 실질적으로 같은 원칙을 따르고 있다. DEC와 3M의 스태프는 소수의 법률 및 재무 전문가를 제외하고는 대체로 라인에서 차출한다.

스태프들로 채워져 있는 계층의 수는 회사의 성과와 일정한 상관관계를 갖는다. 수십 년 전 미국인은 통제의 최적 범위라는 개념에 사로잡혀 있었다. 그리고 우리는 관습적으로 어떤 사람도 5명 내지 7명 이상의 인원은 관리할 수 없다는 사실을 당연하게 받아들였다. 하지만 일본인들은 이것을 말도 안 되는 이야기라고 생각했다. 가령 은행은 수백 명의 지점장이 본사의 한 사람에게 보고하는 체제를 갖고 있었던 것이다. 수병석 소식은 충분히 가능하다. 사실 미국과 일본 기업의 가장 큰 차이점은 중간 관리계층의 수에 있다. 우리가 관찰한 것처럼 도요타는 사장과 현장 작업장 사이에 5개의 계층이 있었지만 포드에는 무려 15개나 있었다.

지금부터 유나이티드 항공의 사장이었던 에드 칼슨의 모래시계 이론을 살펴보도록 하자. 대부분의 중간 관리자들은 상부에서 내려오는 아이디어를 차단하고, 하부에서 올라오는 아이디어 역시 차단하는 것과 같은 '업무' 외에는 사실 거의 하는 일이 없다. 에드 칼슨의 표현에 따르면 중간 관리자는 스펀지sponge 같은 존재다. 실제적인 관리에 있어서는 중간 관리자들의 수가 적을수록 보다 많은 업무상의 효과를 얻을 수 있는 것이다.

무수한 기업들이 지나치게 많은 중간 관리자와 계층을 갖고 있다. 지난 24개월 동안 포드는 일본 기업들에 대한 경쟁력을 높이기 위해 중간 관리자의 26퍼센트 이상을 해고했으며, 도널드 피터슨Donald Peterson 사장은 이것이 시작에 불과하다고 믿고 있다.[5] 사업가들이 업무를 수행하는 데 있어 그다지 쓸모가 없는 인원에 대해 정직한 토론을 벌인다면 계층과 조직의 인원을 50퍼센트 내지 75퍼센트 삭감하는 일은 그리 무리한 목표가 아닐 것이다.

미래를 위한 기업의 형태

가장 잘 운영되는 조직의 성격은 정확히 어떤 것일까? 여러 가지 조직의 형태에는 모두 장단점이 있기 마련이다. 여기서는 그러한 점을 다시 한번 검토해보도록 하겠다.

- 전통적인 소비재를 만드는 기업에서 흔히 볼 수 있는 기능별 조직은 효율적이며 기본적인 기능을 제대로 수행한다. 그러나 특별히 창조적이라거나 혁신적이지 않으며, 빠르게 적응하지도 못해 특히 큰 변화에 대응하는 데 실패하기 쉽다.
- 알프레드 슬로언이 이끈 GM이 그 원형인 사업부제 조직은 기본적인 일들을 적절하게 처리할 수 있고 대개는 기능별 조직보다 적응력이 뛰어나다. 그러나 각 부문이 예외 없이 지나치게 비대해지기

쉽고, 그렇게 되면 비대화한 기능별 조직 특유의 문제점들이 모두 나타나게 된다. 또한 사업부제 조직은 중앙 집권도 아니고 완전한 분권도 아닌, 모호한 상황에 놓이게 되는 경우가 많다.

- 다양한 방면에서의 다중적 압력―사업부 구조의 과도한 복잡성―에 대응하기 위한 매트릭스 조직은 오늘날의 현실과 잘 부합된다. 그 반면에 혁신에서는 항상 실패하는데 그것도 극히 단기간에 그렇게 되는 경우가 많다. 특히 기본적인 사항을 실행하기가 어렵게 되며 (권한 구조가 유난히 견고하지 못하다), 정기적으로 혼돈 상태에 빠지고 동시에 빠른 속도로 관료화되고 창조력이 저하된다. 매트릭스 조직이 지향하는 장기적인 방향은 대개 그다지 명확하지 않다.

- 임시조직은 새로운 영구적 관료 조직을 만들지 않고도 여러 가지 요구에 부합한다. 그러나 모두가 일시적인 문제를 추구하느라 기본을 무시하면(즉 사람들이 모두 다른 프로젝트팀을 앞지르는 데 급급해 본래 갖추고 있어야 할 기능의 힘이 약해지면) 이 또한 무질서한 것이 되기 쉽다.

- 헨리 민츠버그가 명명한 '선교적인 형태missionary form'는 맥도날드 의 조직 형태와 같이 비구조적인 수단을 통해 안정성을 제공한다. 이론적으로 반드시 그래야 하는 것처럼 그것이 일련의 가치들 속에 서(만약 그 가치가 적절한 것이라면) 수많은 실험에 잘 부합한다면 모든 일이 잘 되어갈 것이다. 그러나 모든 도그마에 기반한 '구조'가 그렇듯 그것은 심지어 기능적 형태보다도 훨씬 편협하고 경직된 것 이 될 수도 있다.

'미래 조직'을 구성하는 3대 원칙

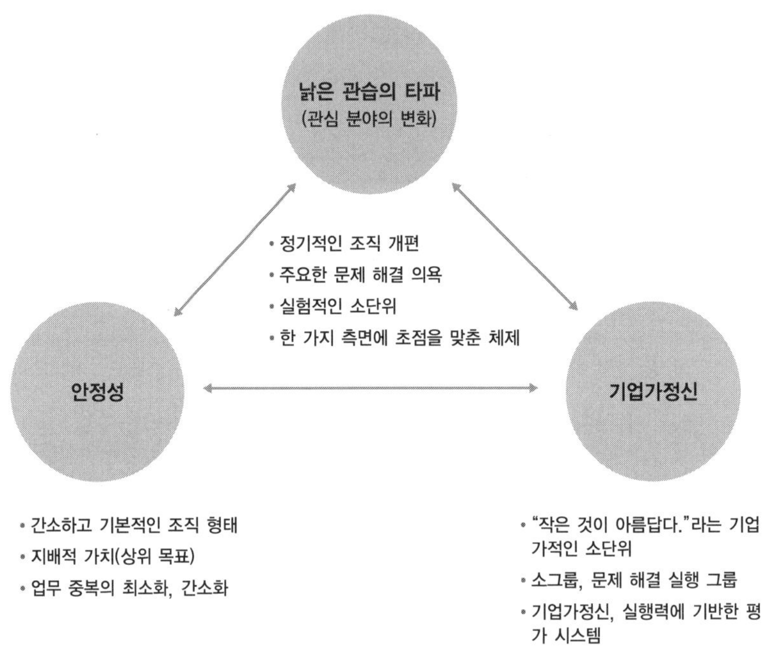

지금까지 살펴본 것을 고려해 우리는 앞서 언급한 모든 조직 형태를 대체하는 여러 가지 요소가 혼합된 대안을 제시함으로써 이상적인 '1980년대의 조직'이 되기 위한 원칙을 기술하고자 한다. 그것은 위에서 밝혀진 세 가지 필수적인 요소에 부응할 것이라고 생각한다. 즉 기본적인 일 처리의 효율성, 정기적인 혁신 그리고 적어도 위기에 적절하게 대응함으로써 기업의 경직화를 피하는 것이 바로 그것이다. 따라서 우리가 제안하는 조직의 형태는 '세 가지 원칙three pillars'을 기반으로 지탱되며, 개개의 원칙은 앞에서 말한 세 가지 기본적인 요소 모두에 대한 답이 될 것이다. 기본적인 일 처리의 효율성을 확보하기 위해서는 안정성의 원칙이 요구되며, 정기적인 혁신의 필요성을 충족시키는 데는 기업가정신이 요구된다. 그리고 기업의 경직화를 피하기 위해서는 '낡은 관습을 타파'하면 된다.

앞의 그림을 보면 안정성의 원칙이란 일관되게 단순하고 기본적인 조직의 형태를 유지하고, 보편적이고 유연한 가치를 개발하고 유지시키는 것을 그 바탕으로 한다는 것을 알 수 있다. 일반적으로 제품별 사업부제가 가장 단순하고 기본적인 조직의 형태가 되어야 하며, 이러한 전통적이고 단순하며 부문화된 조직구조는 현재뿐 아니라 미래에도 가장 훌륭한 형태가 될 것이다. 이것은 제품이라는 측면과 매트릭스 조직에 대한 우리의 분명한 편견을 보여준다. 제품과 서비스를 둘러싼 기업가정신, 제품과 품질에 대한 애착, 사람을 통한 운영과 생산성의 중시 등 우리가 지금까지 논해온 모든 것은 전형적으로 우리가 제품 혹은 시장에 대한 편견을 갖도록 유도한다. 그것은 단순하고 명료하며 보다 직접적이고 보다 구체적이며 보다 성식하다.

안정성의 원칙이 갖고 있는 두번째 특징은 그 바탕에 가치체계가 존재한다는 것이며 거기에는 '선교적인 형태'가 포함된다. 조직구조라는 주제를 다루면서 가치관에 대해 언급하는 것이 다소 낯설게 여겨질 수도 있지만 구조라는 것은 넓은 의미에서 보면 결국 커뮤니케이션의 패턴이라는 것을 기억하기 바란다. 예컨대 IBM이라든지 HP 혹은 다나의 안정된 조직 형태에 대해 생각할 때 우리는 즉시 그것을 위해서는 안정적이며 바람직한 가치체계가 필요하다는 것을 깨닫게 된다.

기업가정신 원칙의 핵심은 "작은 것이 아름답다."라는 것에 있다. 작은 상태를 유지하기 위해서는 끊임없이 새로운 활동 또는 확장된 활동을 분리해 새로운 부문으로 만들어야만 한다. 이에 따르면 작다는 것은 지속적인 적응을 위한 필요조건인 것처럼 보인다. 때로는 비용이 일종의 효율성을 가져다 줄 수도 있다. 하지만 우리가 오랜 시간 동안 관찰한 결과에 의하면 이러한 효율성의 우위는 대개의 경우 과대평가되고 있다.

기업가정신의 또 다른 특징은 평가 시스템과 본사 스태프의 활용이다. 조직 형태가 단순하고, 광범위한 통합 시스템에 의존하고 있지 않다면 보다 단순한 시스템과 적은 스태프로도 조직을 운영해나갈 수 있다(중앙 집권화된 많은 스태프는 주로 대규모의 조정을 실시할 때 매우 유용하다). 각 부문은 각각의 영역 안에서 구매, 운송, 인사, 재무 등 그들이 실질적으로 필요로 하는 스태프의 지원을 받게 된다.

셋째, '낡은 관습의 타파' 원칙은 특정 목표를 달성하기 위한 '임시성'을 근거로 정기적으로 기꺼이 조직을 재편함으로써 실천된다(다운사이징을 위한 GM의 프로젝트 센터가 그 예다). 정기적으로 조직을 재편한다는 것은 다음과 같은 것을 의미한다.

- 정기적으로 새로운 부문을 만들어 기존 부문의 거대화와 관료화를 개선하고자 하는 의지다.
- 특별한 관리 능력을 지닌 인재의 활용이나 시장 재편에 대한 필요 때문에 부문 간에 제품 내지 제품 라인을 이동하고자 하는 의지다(3M은 특히 이 방면에 뛰어난 능력을 갖고 있으며 한 제품이 어느 부문에서 다른 부문으로 옮겨지더라도 영역 간의 분쟁은 거의 발생하지 않는다).
- 우수한 인재를 모아 프로젝트팀을 만들고, 항상 그와 같은 조정이

일시적이라는 점을 언급한 뒤 조직상의 중요한 문제 해결에 임하게 하거나 조직의 주요 목표에 도전시키고자 하는 의지다. 넷째 필요할 때마다 각 부문을 재편성하고 개조하고자 하는(단, 기본적이고 중심적인 형태는 일관되게 유지한다) 포괄적인 의지다.

이러한 '관습 타파'를 위한 구조적인 기술들은 매트릭스 조직을 만들어내는 문제점에 대한 해독제라 할 수 있다. 정기적인 조직 개편은 대규모의 상설통합위원회라는 기구를 설치하지 않고도 변화의 압력에 대처할 수 있는 한 방법인데 이러한 통합 기구는 이론상으로는 다양한 방면에서 발생 가능한 모든 문제를 다루기 위해 마련된다. 분리와 신설, 제품과 제품계열 교체 등의 수단도 기본적인 형태의 일관성을 유지하면서 변화의 압력에 대응하기 위한 이와 유사한 방법이다.

이러한 세 가지 원칙은 무엇보다도 매트릭스 조직으로 이끄는 이슈 그리고 그러한 상황에 대응해나가기 위한, 매트릭스 구조의 병리에 대한 '이론적' 대응 방법을 제시하고 있다. 또한 이러한 것들은 많은 초우량 기업의 관리 시스템에 매우 잘 부합된다.

12 엄격함과 온건함을 지녀라

초우량 기업이 갖고 있는 '여덟 가지 기본' 중 마지막 특성은 엄격함과 온건함을 동시에 추구한다는 것으로 이는 가장 총괄적인 특성이라 할 수 있다. 여기에는 지금까지 언급해온 내용의 많은 부문이 포함되어 있으며, 또한 모든 사항을 합성하는 과정에서 발견하게 되는 사항이기도 하다. 이것은 본질적으로 기업의 원칙적인 방향과 개인적인 자율성의 최대화가 공존하는 것을 의미한다. 엄격함과 온건함을 동시에 지니고 있는 조직은 한편으로는 엄격하게 관리하면서 일반 사원에게 자주성, 기업가정신, 혁신을 허용한다(실제로 그것을 장려한다). 그들은 문자 그대로 '신념'을 통해-우리의 동료인 줄리언 필립스와 앨런 케네디가 설명한, 대부분의 경영자가 전염병이나 되는 것처럼 피해 다니는 가치체계를 통해-이를 실천한다. 그들은 또한 앨라배마Alabama의 전무후무한 풋볼 코치인 베어 브라이언트Bear Bryant가 강조하는 '극히 사소한 일'에 대한 적절한 대처와 세부사항에 보다 주의를 기울이며 이를 실현시켜 나가는 것이다.

엄격함과 온건함? 대부분 사업가들이 가치체계, 문화 등과 같은 것들에 대해 이야기를 할 때면 눈에 생기가 없어지곤 한다. 하지만 우리의 눈은 빛난다. 우리는 "전 세계 어느 곳에라도 48시간 이내에 부품을 납품한다."라는 캐터필러의 전 회장 윌리엄 블래키의 이야기를 떠올린다. 우리는 3M의 테이트 엘더가 우리에게 3M의 '무지막지한 챔피언들'에 대한 이야기를 들려줬던 기온이 최소 영하 60도는 될 것 같은 미니애폴리스Moneapolis 세인트폴에 있는 아주 추운 공장을 회상한다. 또한 스탠퍼드대학에서의 르네 맥퍼슨의 강의를 떠올린다. 그가 강의하는 모습이 생생하게 와 닿는다. 학생들은 그에게 다나에서 생산성 문제를 해결한 마법 같은 처방전에 대해 질문한다. 그는 손바닥을 펴고 두 손을 앞으로 내밀며 이렇게 대답한다. "어쨌든 밀고 나가는 겁니다. 밀어붙이세요. 나는 내가 겪을 수 있는 모든 실패를 다 경험했습니다. 하지만 계속 밀고 나갔지요." 당신은 그가 과연 진지하게 말하고 있는지 의심스러울 섯이다. 당신은 농부들에게 피아노를 판매하는 힘든 하루를 마치고 보고를 하기 위해 뉴욕의 페인티드 포스트Painted Post에 있는 본사로 돌아오는 토머스 왓슨 1세를 생각한다. 그러고는 그가 어떠한 과정을 거쳐 어떤 위치에 오르게 되었는지를 생각해본다. 또한 윌라드 메리어트 1세가 워싱턴 D.C.에 최초로 개점한 노점 식당을 둘러보는 모습을 떠올린다. 그러면 82세가 된 지금도, 그가 이제 20억 달러 규모의 기업이 된, 자신이 소유하고 있는 모든 호텔 로비의 청결에 왜 그렇게 신경을 쓰는지 알게 될 것이다. 당신은 에드 칼슨이 1929년 당시에는 벤저민 프랭클린Benjamin Franklin 호텔이었던 웨스턴 인터내셔널Western

International 호텔에서 급사로 일하고 있는 모습을 떠올리고, 그랬던 그가 이제 전설적인 존재가 되었다는 사실에 놀라움을 금치 못할 것이다.

에드 칼슨은 가치관에 대해 말할 때 조금도 부끄러워하지 않는다. 토머스 왓슨 1세 또한 그러했다. 그는 가치관이야말로 진정 중요한 것이라고 말했다. 윌라드 메리어트, 레이 크록, 빌 휴렛, 데이비드 패커드, 레비 스트라우스, 제임스 캐시 페니James Cash Penney, 로버트 우드 존슨 등 그들 모두는 자신만의 가치를 갖고 있었으며 그를 바탕으로 행동했다.

그들은 고객을 믿었다. 그들은 자율성을 인정하고 실행의 여지를 남겨줘야 함을 믿었다. 그들은 열린 마음을 믿었고, 품질을 믿었다. 하지만 그들 모두는 엄격한 규율의 실천자이기도 했다. 그들은 부하들에게 많은 양의 밧줄을 건네주고는 부하들 중에서 그것에 목을 매는 자가 있더라도 그것을 받아들였다. 엄격함과 부드러움이라고 하는 것은 바로 이러한 로프에 관한 것이다.

하지만 최종 분석에서는 엄격함과 부드러움은 결국 문화에 관한 것이라는 사실이 밝혀진다. 현재 문화라는 것은 가장 소프트한 사항으로 받아들여지고 있다. 도대체 누가 선구적 애널리스트—문화 인류학자와 사회학자들—를 신뢰한단 말인가? 사업가들은 결코 그러한 것들을 믿지 않는다. 그럼에도 문화는 또한 '가장 하드한' 사항이기도 하다. 만일 당신이 'IBM은 서비스를 의미합니다'라는 격조 높은 문구에 위배되는 행동을 한다면 회사의 신분 보장 계약이 어떤 것이건 간에 당신은 곧 회사에서 쫓겨나게 될 것이다.

DEC은 열정적이다(소프트). DEC는 무질서하다(소프트). "DEC에서 일하는 사람들은 자기가 누구를 위해 일하고 있는지 알지 못합니다."라고 한 동료는 말한다. 하지만 그들은 품질에 대해서큼은 잘 알고 있다. 그들이 만들어낸 제품은 작동한다(하드). 그러므로 "소프트는 곧 하드인 것이다."

패트릭 해거티는 TI에서 OST(하드)가 잘 돌아가고 있는 단 하나의 이유는 TI의 '혁신적 문화(소프트)' 덕분이라고 말한다. 3M의 회장 루이스 레어가 자주 예로 드는 것은 수많은 어처구니없는 실패를 거듭했지만 수십 년간의 노력 끝에 결국 회사의 부사장 위치까지 오르게 된 사람들의 이야기다. 그는 이러한 이야기를 통해 엄격함과 부드러움, 즉 소프트와 하드라고 하는 3M 문화의 특성을 설명하는 것이다.

우리들은 수많은 소프트한 특질, 즉 수많은 부드러운 특질에 대해 이야기해왔다. 또한 대학 캠퍼스 같은 사교적인 환경, 유연한 조직구조(신규 부문의 분리, 낡은 습관을 쇄신하기 위한 제도적 장치, 정기적인 조직 재편성), 자원 제도, 챔피언 제도, 최대한의 개인 자유 보장, 팀제와 사업부제, 광범위한 실험, 능동성을 강조하는 피드백, 강한 사회적 네트워크 등에 대해서도 언급해왔다. 이러한 모든 특질들은 능동적인 태도와 기존의 틀에서 벗어나고자 하는 시도에서 생기는 '흥분'에 그 초짐이 맞춰져 있다.

그러나 그와 동시에 두드러지게 엄격한-문화적으로 추진되고 관리되는-특성이 초우량 기업을 다른 기업과 더욱더 차별화한다. 대부분의 초우량 기업은 공유된 가치를 갖고 있다. 자체적인 실험을 포함해 모든 행위의 초점은 극히 정규적인 커뮤니케이션과 신속한 피드백에 맞춰져 있다. 그 어떠한 일도 기본에서 크게 벗어나지 않는다. 간소화된 서류 업무와 현실성의 중시는 지극히 엄격한 통제를 위한 자극적이지 않은 또 하나의 방법이다. 당신이 만약 세 가지 이하의 숫자에만 의지한다면 틀림없이 모든 사항을 충분히 검토할 수 있을 것이다. 한두 가지의 탁월한 전문 분야는 그 자체로 엄격함의 중요한 척도가 된다. 3M의 관리자 그룹의 대다수는 화학 엔지니어로 구성되어 있으며, 플루어의 관리자 그룹은 모두 기계 엔지니어 출신이다. 이러한 사실은 엄격한 통제의 한 형태로서의 실례를 잘 보여주고 있다.

재미있는 것은 외부에 초점을 맞추는 것, 외부적 관점, 고객에 대한 관심이 초우량 기업이 가장 엄격하게 고수하려고 하는 특성 중의 하나라는 점이다. 초우량 기업에서는 그것이 아마도 가장 설득력 있는 자기 훈련의 수단일 것이다. 고객이 하는 말에 진정으로 귀를 기울이고, 고객의 요구에 따라 행동한다면 물이 새지 않는 견고한 배를 탄 것과 같을 것이다. 또한 동료로부터의 압력도 매우 엄격한 통제 수단이다.

타파웨어에서 매주 행해지는 미팅, 다나에서 매년 2회씩 돌아오는 '지옥의 1주일'이 그것이다. 이것은 비록 집단적인 형태의 통제도 아니고 무수한 사정 항목을 통한 관리도 아니지만 모든 통제 중에서 가장 엄격하다. 르네 맥퍼슨이 말했듯이 상사를 속이기는 쉬워도 동료를 속일 수는 없는 것이다. 이러한 것들은 표면적으로는 모순적인 것처럼 보이지만 실제로는 전혀 그렇지 않다.

예를 들어, 비용과 품질 혹은 작은 기업 대 큰 기업(즉 유효성 대 효율성) 간의 대립에 대해 생각해보자. 초우량 기업에서는 그러한 대립을 전혀 찾아볼 수 없다. GE의 경제적인 성과를 눈부시게 향상시킨 한 공장 관리자에 대한 다음과 같은 일화를 살펴보자.

그는 공장의 음침한 내벽을 하얗게 칠하고는 품질(공장 내부 관리와 안전)에 주의를 기울이면 생산 비용 또한 내려갈 것이라고 주장했다. 그는 다음과 같이 지적했다. "만일 당신이 좋은 품질을 만드는 데 성공했다면 모든 일을 두 번 할 필요가 없습니다." 품질보다 더 중요한 것은 없다. 품질이야말로 초우량 기업에서 사용되는 언어들 중 가장 중요한 언어이며 핵심이다. 품질은 고객들을 위한 모든 제품에 최선을 다하도록 함으로써 사람들로 하여금 혁신에 초점을 맞추도록 만든다. 그러므로 결국 품질은 생산성, 내부로부터의 정신 고양, 외부에 대한 관심 등에 대한 자극제가 된다. '최고'를 만들어낸다는 목표가 실질적으로 조직의 모든 기능에 영향을 미치는 것이다.

이와 똑같은 방식으로 유효성과 효율성의 모순도 해결된다. 품질이 좋은 제품은 장인에 의해서 만들어지는데 이것은 보통 소규모 사업체의 경우에 해당된다. 이에 반해 비용 효율이 높은 생산 활동에는 규모의 경제를 활용할 수 있는 대규모 시설이 보다 적합하다. 하지만 초우량 기업에는 이것이 그대로 적용되지 않는다. 초우량 기업에서는 거의 모든 경우에 있어 작은 것이 바람직하다. 작은 시설의 전반적인 분위기, 사기, 노동자의 생산성, 동료들과의 커뮤니케이션 그리고 경쟁 등은 큰 시설의 그것을 능가하며 가장 효율적이기 때문이다.

이것은 공장, 프로젝트팀, 사업부 그리고 회사 전체를 놓고 봐도 옳은 말이다. 이렇게 해서 우리는 이 가장 핵심적인 영역에 전혀 모순이 없다는 것을 알게 된다. 소규모, 품질, 활기, 자율성 그리고 효율등은 모두 동전의 같은 면에 속해 있는 것들이기 때문이다. 비용과 효율의 문제는 장기적으로는 품질, 서비스, 혁신, 이익 분배, 참여, 활기 그리고 고객의 요구에 부응하기 위한 외부 문제 해결에 대한 강조에 의해 자연히 해결된다. 물론 수익이 가장 우선시될 것이다. 하지만 이러한 톱니바퀴가 회전하기 시작하면 원가 관리와 혁신 유효성을 동시에 추구할 수 있게 된다.

더욱 놀라운 것은 이렇게 되면 실행 대 자율성의 모순도 역설이 된다는 사실이다. 실제로 이 역설은 거의 모든 곳에서 확인할 수 있다. 예컨대 교실에서 수업을 받을 경우 수업이 효과적으로 이뤄지기 위해서는 규율이 엄격하게 지켜져야 한다. 학생들은 시간에 맞춰 출석하고, 정기적으로 과제물을 제출하고 점수를 받는다. 반면 같은 수업에서 교사에 의한 긍정적인 피드백과 우수한 리포트의 공표, 칭찬이 강조된다. 마찬가지로 맥도날드를 포함한 초우량 기업을 통틀어 보더라도 우리는 자율성이 규율에서부터 생겨난 것을 알 수 있다. 규율(공유된 가치)은 하나의 틀을 제공한다. 이는 사람들에게 무엇이 진정 중요한지 분명히 알고 있는 데서 비롯되는 자신감(예를 들면, 실험에 도전하는)을 부여한다.

이렇게 해서 규율, 세부 사항, 명령의 실행 등과 관련된 일련의 공유 가치와 규칙으로 인해 실질적인 자유를 경험하게 하는 장치가 마련된다. 3M에서 큰 규모의 실험이 정기적으로 행해지는 것은 이러한 엄격함이 모든 것을 둘러싸고 있기 때문이다. 즉 최고 경영층으로부터 실무를 담당하는 최전방의 영업사원에 이르기까지 실질적으로 거의 모든 성원들 간의 빈번한 커뮤니케이션(기본에서 벗어나지 않는), 기술 수준의 공통분모로부터 생겨난 공유가치, 고객 문제의 해결에 대한 합의가 자연스럽게 도출되는 것이다.

실제로 3M은 우리들이 관찰 대상으로 삼은 기업들 중 가장 엄격한 조직이었으며, 우리의 의견으로는 해럴드 제닌이 지휘하는 ITT보다도 훨씬 엄격했다. ITT에는 수많은 규칙과 평가 및 기록해야 하는 수많은 항목이 있었다. 그러나 3M을 지배하고 있는 이슈는 시스템을 뒤흔들고, 장애물을 피해 성공을 이끌어내며, 회사 내의 악명 높은 '특별 기동대flying-squad'를 피해 다른 라인의 사람들과 협력하는 게임스맨십gamesmanship이었다. 지나치게 엄격한 규율은 자율성을 해친다. 그러나 3M, HP, 존슨 앤드 존슨, 맥도날드에서 찾아볼 수 있는 것처럼 적은 수의 공유된 가치를 바탕으로 한 규율은 적절한 자극이 되어 조직 전체를 통틀어 실질적인 자율성과 실험 의욕을 불러일으키고 있었다.

여기에서는 규칙의 본질이 매우 중요하다. 초우량 기업의 '규칙'은 긍정적인 특징을 지닌다. 그것은 품질, 서비스, 혁신 그리고 실험 등에 관한 것이다. 그리고 그 초점은 제약과 반대되는 건설과 확장에 있다. 반면에 대부분의 기업들은 통제, 제한, 제약에 집중하는 경향이 있다. 이들 기업들은 아직도 규칙이 긍정적인 특성을 강화시킬 뿐 아니라 부정적인 특성을 약화시킬 수도 있다는 점을 간파하지 못하고 있으며, 전자 쪽이 훨씬 효율적이라는 사실을 깨닫지 못하고 있다.

초우량 기업에서는 외부와 내부 간의 모순조차도 순조롭게 해결되고 있다. 이러한 기업들은 자연스럽게 동시에 내부와 외부에 초점을 맞춘다. 외부적으로는 고객을 지원하기 위한 서비스, 품질 그리고 혁신의 문제를 해결하고자 하는 의지에 초점을 맞춘다. 동시에 내부적으로는 예컨대 품질을 현장에서 일하는 개개인이 자발적으로 책임지도록 해 그것을 품질관리 부서만의 문제로 국한시키지 않는 것에 초점을 맞춘다. 마찬가지로 이와 같은 서비스의 기준은 사실상 직원들이 스스로 통제한다. 조직은 내부 경쟁과 긴밀한 커뮤니케이션, 가족적인 분위기, 개방적인 정책, 비공식성, 유동성과 유연성, 자원의 비정치적 이동 등에 의해서 발전해나간다. 결국 기업 내부에서 가장 중요한 것으로 간주하는 초점의 대상은 어디까지나 인간인 것이다.

초우량 기업이 사원의 능력을 개발하는 데 사용하는 방법은 제3장에서 처음 언급한 냉혹한 갈등을 상기시킨다. 이것은 자신의 안전에 대한 기본적인 욕구와 자신의 생각을 표현하고 싶은 욕구 사이의 갈등이며, 정신분석학자 어니스트 베커가 묘사한 것처럼 '본질적인 긴장'인 것이다.

그러나 초우량 기업을 살펴보면 이러한 모순도 무리 없이 해결된다는 사실을 알 수 있다. 금전적인 부분과는 별도로 또 다른 의미를 부여해줌으로써 회사는 종업원들에게 업무에서 얻을 수 있는 것 외에도 커다란 만족감을 주는 것이다. 모든 사람이 개척자가 되고 실험자가 되며 지도자가 되는 건 신나는 일이다. 즉 이들 기업은 구성원들로 하여금 나아갈 길을 알려주는 신념을 제공하고, 흥분과 최고 기업의 일원이라는 소속감 그리고 일반적으로 큰 가치가 있는 좋은 품질의 제품을 만들고 있다는 자부심을 갖도록 하는 것이다.

이렇게 해서 회사는 - 오마에 겐이치가 말하는 '최전선의 노동자'라든지 교토 세라믹의 회장인 이나모리 가즈오의 '50퍼센트 인간'으로부터 - 가장 우수한 부분을 찾아낸다. 이러한 기업들의 평균적인 노동자는 회사에 공헌하고, 아이디어를 창출하며, 고객에게 제공하는 서비스를 혁신하고, 품질이 우수한 제품을 생산해낸다. 즉 한 사람 한 사람이 모두 - TI에 있어서 PIP팀의 9천 명에 이르는 지도자처럼 - 회사에 크게 공헌하고 특징을 살릴 수 있기를 기대하는 것이다. 동시에 각 노동자는 캐터필러, IBM, 3M, 월트 디즈니 등 자랑스러운 조직의 일부이기도 한 것이다.

우리들이 꼽는 마지막 역설은 장기와 단기의 '상충관계'에 관한 것이다. 이 경우에도 전혀 모순을 찾아볼 수 없었다. 초우량 기업은 실제로는 '장기적으로 생각하고' 있지 않다. 그들은 이렇다 할 5개년 계획도 갖고 있지 않다. 초우량 기업들은 종종 자사의 공식 계획의 세부 사항에 거의 손대지 않고 있거나 계획 자체가 전혀 존재하지 않는 경우도 있다(초우량 기업의 상당수에 전사적 차원의 기획 담당자가 전무하다는 사실을 상기하기 바란다).

그러나 일련의 가치는 엄연히 존재하며 그것은 시대를 초월한 것이다(품질, 혁신, 비공식성, 고객 서비스, 인간성 존중이라고 하는 보편적 내용을 기억하라). 그러나 그것은 흔히 있는 평소의 사소한 일에 주목하는 것을 통해 실현된다. 매분, 매시간, 매일이 중요한 목표를 뒷받침하는 행동의 기회가 되는 것이다.

이것은 결국 초우량 기업에서 실제로 적용되는 하나의 이상한 모순이라 할 수 있다. 우리는 그것을 '비범함과 평범함smart-dumb의 규칙'이라 부르고 있다. MBA와 같은 훈련을 받은 오늘날의 수많은 관리자들은 자신의 업무를 수행하기에는 지나치게 똑똑한 경우가 많다. 이러한 똑똑한 사람들은 항상 가치 등식을 바탕으로 자신들이 예측한 가장 최근의 성과에 근거해 기업이 나아가야 할 방향을 바꾼다. 그들은 수백 가지의 변수를 갖고 있는 모델들을 자유자재로 다루고, 복잡한 보상 제도를 설계하며, 매트릭스 조직을 구성한다. 그들이 만드는 2백 페이지짜리 전략 계획서라든지 5백 페이지짜리 시장 분석에 관한 문서는 제품 개발에 착수하기 위한 첫걸음에 지나지 않는 것이다.

이에 반해 우리가 '평범한 친구dumber'라고 부르는 사람들은 그들과 전혀 다르다. 그들은 왜 모든 제품이 최고의 품질을 가질 수 없는지 이해하지 못한다. 감자칩 사업만 하더라도 왜 모든 고객이 극진한 서비스를 받아서는 안 되는지 알지 못한다. 그들은 단 하나의 맥주병에서라도 문제가 발생하면 개인적으로 수치심을 느낀다(하이네켄의 사례를 상기하기 바란다). 어째서 정기적으로 신제품이 출시되는 것이 불가능한지를 이해하지 못하며, 노동자들이 격주로 새로운 제안을 할 수 없는 이유를 알지 못한다. 단순한 생각을 가진 친구들은 정말로 단순하다.

그렇다, 단순하다는 것은 부정적인 뉘앙스를 풍긴다. 하지만 실제로 초우량 기업을 이끄는 사람들에게는 다소간 단순한 구석이 있다. 그들은 자신들이 노동자가 정말로 위대한 일을 해낼 수 있다고 믿는 것을 정당화하려 한다. 미졸라Missoula나 몬타나Montana 혹은 맨해튼Manhattan을 불문하고 실제 거의 모든 곳에서 고객들을 위해 똑같이 높은 품질의 서비스를 유지할 수 있다고 믿는 것을 정당화하려 한다. 거의 모든 노동자가 정기적으로 회사에 새로운 제안을 할 수 있을 것이라고 믿는 것을 정당화하려 한다. 참으로 단순하다. 그러나 이러한 믿음이 수많은 사람들로부터 놀라운 성과를 이끌어내는 진정한 열쇠가 될 수도 있는 것이다.

물론 결정적으로 중요한 것은 어떤 면에서 단순한가 하는 것이다. 그 초점은 외부에, 서비스에, 품질에, 형식에 치우치지 않음에, 우리들이 지적한 가치를 표현하는 언어에 맞춰져 있다. 그리고 이러한 것이야말로 단순하게 다룰 가치가 있는 유일한 것들인지도 모른다. 제임스 브라이언 퀸의 인터뷰를 기억하라. 그는 자기의 부하가 어떠한 일에 대해서 '최고'가 되기를 바라는 것이 중요하다고 말했다. 그에게 있어서 그것이 실제로 무엇인가 하는 것은 그다지 큰 문제가 되지 않았다.

그러나 수많은 사람들이 이 점을 깨닫지 못하고 있다. 현실에는 이러한 경영상의 변수와 타협해야 하는 현실적이고 피할 수 없는 이유가 존재한다. 하지만 토머스 왓슨, 빌 휴렛, 데이비드 패커드, 레이 크록, 마스, 케네스 올센, 르네 맥퍼슨, 윌라드 메리어트, 윌리엄 프록터, 제임스 갬블, 로버트 존슨과 같은 단순한 사람들은 그러한 상황에 흔들리지 않고 단순함을 그대로 간직했다. 그리고 그 결과 그들의 기업은 항상 눈에 띄는 성공을 거둘 수 있는 것이다.

참고문헌

저자의 글

1 Ernest Becker, *Escape from Evil* (New York: Free Press, 1975), pp. 3-6, 51; and *The Denial of Death* (New York: Free Press, 1973), pp. 3-4.

2 Herbert M. Lefcourt, Locus of Control: *Current Trends in Theory and Research* (Hillsdale, N.J.: Lawrence Erlbaum Associates, 1976), pp. 3-6.

1장 승승장구하는 미국 기업들

1 Alfred D. Chandler, Jr., *Strategy and Structure: Chapters in the History of the American Industrial Enterprise* (Cambridge, Mass.: MIT Press, 1962).

2 F. J. Roethlisberger and William J. Dickson, *Management and the Worker* (Cambridge, Mass.: Harvard University Press, 1939).

3 Chester I. Barnard, *The Functions of the Executive* (Cambridge, Mass.: Harvard University Press, 1968), chap. 5.

4 James G. March and Johan P. Olsen, *Ambiguity and Choice in Organizations* (Bergen, Norway: Universitetsforlaget, 1976), p. 26.

5 Richard E. Neustadt, *Presidential Power: The Politics of Leadership* (New York: Wiley, 1960), p. 9.

6 Henry Mintzberg, *The Nature of Managerial Work* (New York: Harper & Row, 1973), pp. 31-35.

7 Andrew M. Pettigrew, *The Politics of Organizational Decision Making* (London: Tavistock, 1973).

8 William F. Dowling and Fletcher Byrom, "Conversation with Fletcher Byrom," *Organizational Dynamics*, summer 1978, p. 44.

9 Richard Tanner Pascale and Anthony G. Athos, *The Art of Japanese Management* (New York: Simon & Schuster, 1981).

10 Harold J. Leavitt, *Managerial Psychology*, 4th ed. (Chicago: University of Chicago Press, 1978), pp. 282ff.

11 Robert L. Shook, Ten Greatest Salespersons: *What They Say About Selling* (New York: Harper & Row, 1980), p. 68.

12 Lee Smith, "The Lures and Limits of Innovation: 3M," *Fortune*, Oct. 20, 1980, p. 84.

13 Dowling and Byrom, p. 43.

14 Thomas J. Watson, Jr., *A Business and Its Beliefs: The Ideas That Helped Build IBM* (New York: McGrawHill, 1963), p. 13.

15 Mark Shepherd, Jr. and J. Fred Bucy, "Innovation at Texas Instruments," *Computer,* September 1979, p. 84.

16 Watson, p. 5.

17 "The Ten Best-Managed Companies," *Dun's Review,* December 1970, p. 30.

18 "P&G' s New New-Product Onslaught," *Business Week,* Oct. 1, 1979, p. 79.

19 C. Barron, "British 3M' s Multiple Management," *Management Today,* March 1977, p. 56.

2장 합리주의가 만병통치약은 아니다

1 Mariann Jelinek, *Institutionalizing Innovation: A Study of Organizational Learning Systems* (New York: Praeger), p. 124.

2 John Child, *Organization: A Guide to Problems and Practices* (New York: Harper & Row, 1977), pp. 222-23.

3 Stuart S. Blume, "A Managerial View of Research" (review of *Scientific Productivity,* ed. Frank M. Andrews), *Science,* Jan. 4, 1980, pp. 48-49.

4 George Gilder, *Wealth and Poverty* (New York: Basic Books, 1981), p. 264.

5 Steve Lohr, "Overhauling America's Business Management," *New York Times Magazine,* Jan. 4, 1981, p. 15.

6 Lester C. Thurow, *The Zero-Sum Society: Distribution and the Possibilities for Economic Change* (New York: Basic Books, 1980), pp. 7-8.

7 Lohr, p. 15.

8 Louis Kraar, "Japan's Automakers Shift Strategies," *Fortune,* Aug. 11, 1980, p. 109.

9 Robert Ball, "Europe Outgrows Management American Style," *Fortune,* Oct. 20, 1980, pp. 147-148.

10 "Don' t Blame the System, Blame the Managers," *Dun' s Review,* September 1980, p. 88.

11 Lohr, p. 58.

12 Michael M. Thomas, "Businessmen' s Shortcomings," *New York Times,* Aug. 21, 1980, p. D2.

13 Bro Uttal, "The Animals of Silicon Valley," *Fortune,* Jan. 12, 1981, p. 94.

14 *Dun' s Review,* September 1980, p 82.

15 "Revitalizing the U.S. Economy," *Business Week*, June 30, 1980, p. 78.

16 Robert H. Hayes and William J. Abernathy, "Managing Our Way to Economic Decline," *Harvard Business Review*, July-August 1980, p. 74.

17 Lohr, p. 43.

18 Charles R. Day, Jr. and Perry Pascarella, "Righting the Productivity Balance," *Industry Week*, Sept. 29, 1980, p. 55.

19 Charles G. Burck, "A Comeback Decade for the American Car," *Fortune*, June 2, 1980, p. 63.

20 Robert M. Pirsig, *Zen and the Art of Motorcycle Maintenance: An Inquiry into Values* (New York: Morrow, 1974), pp. 34-35.

21 Norman Gall, "It's Later Than We Think" (interview with William J. Abernathy), *Forbes*, Feb. 2, 1981, p. 65.

22 Lohr, p. 23.

23 Kenichi Ohmae, "Myths and Realities of Japanese Corporations" (draft), p. 11. Published as "The Myth and Reality of the Japanese Corporation," *Chief Executive*, summer, 1981.

24 *Dun's Review*, September 1980, p. 84.

25 Dowling and Byrom, p. 40.

26 *Business Week*, June 30, 1980, p. 93.

27 David Ogilvy, "The Creative Chef," in *The Creative Organization*, ed. Gary A. Steiner (Chicago: University of Chicago Press, 1965), p. 206.

28 Theodore Levitt, "A Heretical View of Management Science," *Fortune*, Dec. 18, 1978, p. 50.

29 "When a New Product Strategy Wasn't Enough," *Business Week*, Feb. 18, 1980, p. 143.

30 Thomas Kuhn, *The Structure of Scientific Revolutions*, 2d ed. (Chicago: University of Chicago Press, 1970).

31 John D. Steinbruner, *The Cybernetic Theory of Decision*: New Dimensions of Political Analysis (Princeton, N.J.: Princeton University Press, 1974), p. 328.

32 Thomas O'Hanlon, "A Rejuvenated Litton Is Once Again Off to the Races," Fortune, Oct. 8, 1979, p. 160.

33 Lewis H. Lapham, "Gifts of the Magi," *Harper's* February 1981, p. 11.

34 John Steinbeck, *The Log from the Sea of Cortez* (New York: Viking, 1941). Quoted in Karl Weick, Social Psychology of Organizing, 2d ed. (Reading, Mass., Addison-Wesley, 1979), p. 29.

35 Peter F. Drucker, *The Age of Discontinuity: Guidelines to Our Changing Society* (New York: Harper & Row, 1969), pp. 56-57.

36 Steinbruner, p. 333.

37 앞의 문헌 참조., p. 332.

38 "Mobil's Successful Exploration," *Business Week*, Oct. 13, 1980, p. 114.

39 Hayes and Abernathy, pp. 70-71.

40 Gilder, p. 262.

41 앞의 문헌 참조, p. 252.

42 Robert K. Merton, *Social Theory and Social Structure*, enlarged ed. (New York: Free Press, 1968), p. 4.

43 Horace F. Judson, *Search for Solutions* (New York: Holt, Rinehart and Winston, 1980), p. 3.

44 Alexander Cockburn, James Ridgeway and Andrew Cockburn, "The Pentagon Spends Its Way to Impotence," *Village Voice*, Feb. 18, 1981, p. 11.

45 Chris Argyris, "Today's Problems with Tomorrow's Organizations," *Journal of Management Studies*, February 1967, pp. 34-40.

46 Fletcher Byrom, speech delivered to Carnegie-Mellon GSIA, 1976.

47 "Lessons of Leadership: David Packard," *Nation's Business*, January 1974, p. 42.

48 Ohmae, pp. 5, 20.

49 Jelinek, p. 54.

3장 동기부여가 성공의 핵심이다

1 David G. Myers, *The Inflated Self*. Mentioned in "How Do I Love Me? Let Me Count the Ways," *Psychology Today*, May 1980, p. 16.

2 Lee Ross, "The Intuitive Psychologist and His Shortcomings," in *Advances in Experimental Social Psychology*, vol. 10, ed. Leonard Berkowitz (New York: Academic Press, 1977), pp. 173-220.

3 Russell A. Jones, *Self-Fulfilling Prophecies: Social, Psychological and Physiological Effects of Expectancies* (Hillsdale, N.J.: Lawrence Erlbaum Associates, 1977), p. 167.

4 Warren Bennis, *The Unconscious Conspiracy: Why Leaders Can't Lead* (New York: AMACOM, 1976), p. 174.

5 arthur Koestler, *The Ghost in the Machine* (New York: Macmillan, 1967), p. 274.

6 Ernest Becker, *The Denial of Death* (New York: Free Press, 1973), p. 94.

7 Henry Mintzberg, "Planning on the Left Side and Managing on the Right," *Harvard Business Review*, July-August 1976, p. 53.

8 "How to Get a Bright Idea," *The Economist*, Dec. 27, 1980, p. 61.

9 Horace F. Judson, *Search for Solutions* (New York: Holt, Rinehart and Winston, 1980), p. 22.

10 Amos Tversky and Daniel Kahneman, "Judgment Under Uncertainty: Heuristics and Biases," *Science*, Sept. 27, 1974, p. 1124.

11 "There's a story": Gregory Bateson, *Mind and Nature: A Necessary Unity* (New York: Bantam Books, 1980), p. 14.

12 H. A. Simon, "Information Processing Models of Cognition," *Annual Review of Psychology*, Vol. 30 (Palo Alto, Calif. : Annual Reviews, 1979), p. 363.

13 B. F.Skinner, *Beyond Freedom and Dignity* (New York: Knopf, 1971), p. 5.

14 앞의 문헌 참조, p. 81.

15 앞의 문헌 참조, pp. 34ff.

16 Allan A. Kennedy, personal communication.

17 Leon Festinger, "A Theory of Social Comparison Processes," *Human Relations* 7 (1954): 117-140.

18 Edward L. Deci, "The Effects of Contingent and Non-Contingent Rewards and Controls on Intrinsic Motivations," *Organizational Behavior and Human Performance* 8 (1972): 217-229.

19 Jerome S. Bruner, *On Knowing: Essays for the Left Hand* (New York: Atheneum, 1973), p. 24.

20 Jonathan L. Freedman, David O. Sears and J. Merrill Carlsmith, *Social Psychology*, 3d ed. (Englewood Cliffs, N.J.: Prentice-Hall, 1978), p. 299.

21 Jonathan L. Freedman and Scott C. Fraser, "Compliance Without Pressure: The Foot-in-the-Door Technique," *Journal of Personality and Social Psychology* 4 (1966): 195-202.

22 James Brian Quinn, "Formulating Strategy One Step at a Time," *Journal of Business Strategy*, winter 1981, pp. 57-59.

23 Robert L. Forward, "Spinning New Realities," *Science* 80, December 1980, p.40.

24 Bruno Bettelheim, *On the Uses of Enchantment: The Meaning and Importance of Fairy Tales* (New York: Knopf, 1976), p. 3.

25 Oscar Shisgall, *Eyes on Tomorrow: The Evolution of Procter & Gamble* (Chicago: J. G. Ferguson, 1981), p. xi.

26 Viktor E. Frankl, *Man's Search for Meaning* (New York: Pocket Books, 1963), p. 164.

27 John W. Gardner, *Morale* (New York: Norton, 1978), p. 15.

28 Stanley Milgram, *Obedience to Authority: An Experimental View* (New York: Harper & Row, 1974).

29 Philip Zimbardo and Greg White, "The Stanford Prison Experiment: A Simulation of the Study of the Psychology of Imprisonment Conducted August 1971 at Stanford University" (script for slide show), n.d.

30 Becker, *Denial of Death*, pp. 153-154.

31 Jones, p. 133.

32 Gerald R. Salancik, "Commitment and the Control of Organizational Behavior and Belief," in *New Directions in Organizational Behavior*, ed. Barry M. Staw and Gerald R. Salancik (Chicago: St. Clair Press, 1977), pp. 20ff.

33 James MacGregor Burns, *Leadership* (New York: Harper & Row, 1978).

34 앞의 문헌 참조, pp. 13, 18-19.

35 앞의 문헌 참조, p. 20.

36 앞의 문헌 참조, p. 40.

37 앞의 문헌 참조, p. 254.

38 Abraham Zaleznick, "Managers and Leaders: Are They Different?" *Harvard Business Review*, May-June 1977, p. 72.

39 David C. McClelland, *Power: The Inner Experience* (New York: Irvington, 1975), pp. 259-260.

40 Ray Kennedy, "Howard Head Says, 'I'm Giving Up the Thing World,'" *Sports Illustrated*, Sept. 29, 1980, p. 72.

41 James B. Quinn, "Strategic Goals: Process and Politics," *Sloan Management Review*, fall 1977, p. 26.

42 Bennis, p. 165.

43 Philip Selznick, Leadership in Administration: *A Sociological Interpretation* (New York: Harper & Row, 1957), pp. 17, 28, 149-150, 152-153.

44 Jill Gerston, "Tiffany's Unabashed Guardian of Good Taste Relinquishes Helm," *San Francisco Examiner*, Jan. 5, 1981, p. C2.

45 Ray Kroc, *Grinding It Out: The Making of McDonald's* (New York: Berkley, 1977), p. 98.

4장 모순을 관리하라

1 William Manchester, *Good-bye, Darkness: A Memoir of the Pacific War* (Boston: Little, Brown, 1980), pp. 233-237.

2 W. Richard Scott, "Theoretical Perspectives," in *Environments and Organizations*, by Marshall W. Meyer and Associates (San Francisco: Jossey-Bass, 1978).

3 Douglas McGregor, *The Human Side of Enterprise* (New York: McGraw-Hill, 1960), pp. vi, vii.

4 앞의 문헌 참조, p. 18.

5 앞의 문헌 참조, p. 34.

6 앞의 문헌 참조, pp. 49-50.

7 앞의 문헌 참조, p. 35.

8 앞의 문헌 참조, pp. 47-48.

9 앞의 문헌 참조, p. 56.

10 Kenneth R. Andrews, "Introduction to the Anniversary Edition," in *The Functions of the Executive*, by Chester I. Barnard (Cambridge, Mass.: Harvard University Press, 1968), p. vii.

11 Chester I. Barnard, *The Functions of the Executive* (Cambridge, Mass.: Harvard University Press, 1968), p. 217.

12 앞의 문헌 참조, p. 231.

13 앞의 문헌 참조, pp. 238-239.

14 Selznick, pp. 5ff., 40, 135-136.

15 Paul R. Lawrence and Jay W. Lorsch, *Organization and Environment: Managing Differentiation and Integration* (Homewood, Ill.: Richard D. Irwin, 1967).

16 Karl E. Weick, *The Social Psychology of Organizing*, 2d ed. (Reading, Mass.: Addison-Wesley, 1979), p. 49.

17 앞의 문헌 참조, p. 50.

18 앞의 문헌 참조, p. 47.

19 앞의 문헌 참조.

20 James G. March and Herbert A. Simon, Organizations (New York: Wiley, 1958).

21 March and Olsen, *Ambiguity and Choice in Organizations.*

22 Weick, p. 1.

23 "The Five Best-Managed Companies," *Dun's Review*, December 1977, p. 60.

24 Mark Shepherd, Jr. and J. Fred Bucy, "Innovation at Texas Instruments," *Computer*, September 1979, p. 89.

25 Edmund Faltermayer, "The Man Who Keeps Those Maytag Repairmen Lonely," *Fortune*, November 1977, p. 192.

26 Stanley M. Davis, "Establishing a New Context for Strategy, Organization and Executive Pay," in *Executive Compensation in the 1980s*, ed. David J. McLaughlin (San Francisco: Pentacle Press, 1980), p. 29.

27 Richard Normann, *Management and Statesmanship* (Stockholm: Scandinavian Institutes for Administrative Research, 1976), p. 275.

28 Henry Mintzberg, *The Structuring of Organizations: A Synthesis of the Research* (Englewood Cliffs, N.J.: Prentice-Hall, 1979), p. 480.

29 Andrew M. Pettigrew, "The Creation of Organizational Cultures" (paper presented to the Joint EIASM-Dansk Management Center Research Seminar, Copenhagen, May 18, 1976), p. 11.

30 Joanne Martin, "Stories and Scripts in Organizational Sellings," Research Report no. 543 (rev.) (Graduate School of Business, Stanford University, July 1980), p. 3.

31 Bennis, p. 93.

32 "Corporate Culture: The Hard-to-Change Values That Spell Success or Failure," *Business Week*, Oct. 27, 1980, pp. 148-160.

33 William H. Whyte, Jr., *The Organization Man* (New York: Simon & Schuster, 1956).

34 Steven Rothman, "More than Money," *D & B Reports*, March-April, p. 12.

35 James G. March, "The Technology of Foolishness," in *Reading in Managerial Psychology*, 3d ed., ed. Harold J. Leavitt, Louis R. Pondy, and David M. Boje (Chicago: University of Chicago Press, 1980), p. 576.

36 James G. March, "Footnotes to Organizational Change" (unpublished manuscript, n.d.), p. 20.

37 앞의 문헌 참조, p. 35.

38 앞의 문헌 참조, p. 22.

39 Karl E. Weick, "Educational Organizations as Loosely Coupled Systems," *Administrative Science Quarterly* 21 (1976): 1-19.

40 Weick, p. 120.

41 앞의 문헌 참조, p. 193.

42 앞의 문헌 참조, p. 202.

43 앞의 문헌 참조, p. 193.

44 앞의 문헌 참조

45 Karl E. Weick, "The Management of Organizational Change Among Loosely Coupled Elements" (unpublished manuscript, December 1981), pp. 3-4.

46 앞의 문헌 참조, p. 4.

47 Theodore Levitt, "Marketing Myopia," *Harvard Business Review*, July-August 1960.

48 Burton H. Klein, *Dynamic Economics* (Cambridge, Mass.: Harvard University Press, 1977), p. 17.

49 Gilder, p. 79.

50 Robert Sobel, IBM: *Colossus in Transition* (New York: Times Books, 1981), p. 346.

51 Drucker, p. 54.

52 Norman Macrae, "The Coming Entrepreneurial Revolution: A Survey," *The Economist*, Dec. 25, 1976, pp. 41, 43.

53 H. Igor Ansoff, "Corporate Structure Present and Future," Vanderbilt University Working Paper 74-4, February 1974, p. 17.

54 "It Seemed Like a Good Idea at the Time," *Science 82, January/*February 1982, p. 86.

55 Oliver E. Williamson, *Markets and Hierarchies: Analysis and Antitrust Implications* (New York: Free Press, 1975).

56 Stephen Jay Gould, *The Panda's Thumb: More Reflections* in Natural History (New York: Norton, 1980), p. 51.

57 James Brian Quinn, "Technological Innovation, Entrepreneurship, and Strategy," *Sloan Management Review*, spring 1979, p. 25.

58 James M. Utterback, "Patterns of Industrial Innovation," in Technology, *Innovation, and Corporate Strategy: A Special Executive Seminar Presented by the Massachusetts Institute of Technology, November 17, 1978* (Cambridge, Mass.: Industrial Liaison Program, MIT, 1978).

59 Jeffrey Pfeffer and Gerald R. Salancik, *The External Control of Organizations: A Resource Dependence Perspective* (New York: Harper & Row, 1978).

60 앞의 문헌 참조, p. xi.

61 Utterback, pp. 37-38.

62 F. Scott Fitzgerald, "The Crack-up," in *American Literary Masters*, vol. 2, ed. Charles R.

Anderson (New York: Holt, Rinehart and Winston, 1965), p 1007.

5장 철저하게 실행하라

1 Warren Bennis, "The Temporary Society," in *The Temporary Society* by Warren G. Bennis and Philip E. Slater (New York: Harper & Row, 1968).

2 Alvin Toffler, *The Third Wave* (New York: Morrow, 1980).

3 Richard T. Pascale, "The Role of the Chief Executive in the Implementation of Corporate Policy: A Conceptual Framework," Research Paper no. 357 (Graduate School of Business, Stanford University, February 1977), pp. 37, 39.

4 William R. Hewlett and David Packard, *The HP Way* (Palo Alto, Calif.: Hewlett-Packard, 1980), p. 10.

5 Edward Meadows, "How Three Companies Increased Their Productivity," *Fortune*, Mar. 10, 1980, p. 95.

6 Alena Wels, "How Citicorp Restructured for the Eighties," *Euromoney*, April 1980, p. 13.

7 Susan Benner, "He Gave Key People a Reason to Stay with the Company," *Inc.*, September 1980, p. 46.

8 Robert J. Flaherty, "Harris Corp.'s Remarkable Metamorphosis," *Forbes*, May 26, 1980, p. 46.

9 Ezra F. Bogel, *Japan as Number One: Lessons for America* (Cambridge, Mass.: Harvard University Press, 1979), pp. 143-145.

10 Shepherd and Bucy, "Innovation at Texas Instruments" p. 88.

11 Frederick P. Brooks, Jr., *The Mythical Man-Month: Essays on Software Engineering* (Reading, Mass.: Addison-Wesley, 1978).

12 앞의 문헌 참조, p. 67.

13 Charles G. Burck, "How GM Turned Itself Around," *Fortune*, Jan. 16, 1978.

14 R. Jeffrey Smith, "Shuttle Problems Compromise Space Program," *Science*, November 1979, pp. 910-911.

15 Mariann Jelinek, *Institutionalizing Innovation: A Study of Organizational Learning Systems* (New York: Praeger, 1979), p. 78.

16 Smith, "3M," p. 94.

17 *Business Week*, Oct. 1, 1979, p. 80.

18 Mark Stevens, *"Like No Other Store in the World": The Inside Story of Bloomingdale's* (New York: Crowell, 1979), p. 138.

19 William Shockley, "A Case: Observations on the Development of the Transistor," in *The Creative Organization*, ed. Gary A. Steiner (Chicago: University of Chicago Press, 1965), pp. 139-140.

20 David Ogilvy, *Confessions of an Advertising Man* (New York: Atheneum, 1980), p 86.

21 Peter G. Peterson, "Some Approaches to Innovation in Industry-Discussion," in *The Creative Organization*, pp. 191-192.

22 S. I. Hayakawa, *Language in Thought and Action* (London: Allen & Unwin, 1974).

23 Donald D. Holt, "How Amoco Finds All That Oil," *Fortune*, Sept. 8, 1980, p. 51.

24 Harold Guetzkow, "The Creative Person in Organizations," in *The Creative Organization*, p. 49.

25 Bro Uttal, "Storage Technology Goes for the Gold," *Fortune*, Apr. 6, 1981, p. 58.

26 Isadore Barmash, *For the Good of the Company: Work and Interplay in a Major American Corporation* (New York: Grosset & Dunlap, 1976), pp. 43-44, 52-54.

27 Robert H. Schaffer, "Make Success the Building Block," *Management Review*, August 1981, pp. 47, 49-51.

28 앞의 문헌 참조, p. 51.

29 Oscar Schisgall, *Eyes on Tomorrow: The Evolution of Procter & Gamble* (Chicago: J. G. Ferguson, 1981), p. 120.

30 Thomas J. Peters, "The 1-Page Memo (and Other Draconian Measures)" (unpublished manuscript, April 1980), p. 1.

31 "P&G's New New-Product Onslaught," *Business Week*, Oct. 1, 1979, p. 80.

32 Lee Smith, "A Superpower Enters the Soft-Drink Wars," *Fortune*, June 30, 1980, p. 77.

33 Jorge Diaz Serrano: Alan Riding, "Mexico's Oil Man Proved His Point," *New York Times*, July 16, 1978, p. F5.

34 "Paper Work Is Avoidable (If You Call the Shots)," *Wall Street Journal*, June 17, 1977, p. 24.

35 Thomas J. Peters, "Management System: The Language of Organizational Character and Competence," *Organizational Dynamics*, summer 1980, p. 15.

36 Geoffrey Foster, "Dana's Strange Disciplines," *Management Today*, September 1976, p. 61.

37 John W. Hanley, "Monsanto: The Management Style" (internal communication, September 1974), p. 10.

6장 고객에게 밀착하라

1 Pages 157-158 rely heavily upon "Joe Girard," in Shook, *Ten Greatest Salespersons*, pp. 7-24.

2 앞의 문헌 참조, p. 24.

3 Watson, *A Business and Its Beliefs*, pp. 29, 32.

4 Shock, pp. 55-73.

5 "No. 1's Awesome Strategy," *Business Week*, June 8, 1981, p. 86.

6 앞의 문헌 참조, p. 88.

7 Pages 165-167 rely heavily upon Dinah Nemeroff, *Service Delivery Practices and Issues in Leading Consumer Service Businesses: A Report to Participating Companies* (New York: Citibank, April 1980).

8 Pages 167-168 rely heavily upon N.W. Pope, *American Banker*, July 25, 1979, and Pope, *American Banker*, Sept. 12, 1979.

9 Pope, "Mickey Mouse Marketing," p. 14.

10 Victor F. Zonana, "Boeing's Sale to Delta Gives It Big Advantage Over U.S. Competitors," *Wall Street Journal*, Nov. 13, 1980, pp. 1, 20.

11 Harold Mansfield, *Vision: The Story of Boeing* (New York: Duell, Sloan & Pearce, 1966), pp. 361-362.

12 "Caterpillar: Sticking to Basics to Stay Competitive," *Business Week*, May 4, 1981, p. 74.

13 Gilbert Cross, "The Gentle Bulldozers of Peoria," *Fortune*, July 1963, p. 167.

14 "Caterpillar," *Business Week*, May 4, 1981, p. 74.

15 앞의 문헌 참조, p. 77.

16 William L. Naumann, "The Story of Caterpillar Tractor Co." (speech to Newcomen Society of North America, Chicago, Mar. 17, 1977), p. 16.

17 앞의 문헌 참조.

18 앞의 문헌 참조.

19 Kroc, *Grinding It Out*, p. 91.

20 *McDonald's Corporation 1980 Annual Report* (Oak Brook, Ill., 1980), p. 4.

21 "Burger King Looks for Consistency," *Sun*, July 1980.

22 Digital Equipment *Corporation 1979 Annual Report* (Maynard, Mass.: Digital Equipment Corporation, 1979), p. 3.

23 Edmund Faltermayer, "The Man Who Keeps Those Maytag Repairmen Lonely," *Fortune*, November 1977, p. 193.

24 Lawrence Ingrassia, "Staid Maytag Puts Its Money on Stoves but May Need to Invest Expertise, Too," *Wall Street Journal*, Jan. 8, 1981, p. 21.

25 Pages 175-177 rely heavily upon Bill Hooper, Susan Konn, Robin Rakusin, Mike Sanders, and Tom Shannon, "The Management of Quality in the Computer Services Division of Hewlett-Packard Company" (unpublished manuscript, Graduate School of Business, Stanford University, Feb. 25, 1982).

26 Kathleen K. Wiegner, "The One to Watch," *Forbes*, Mar. 2, 1981, p. 60.

27 *Dun's Review*, December 1978, p. 40.

28 Catherine Harris, "What ails IBM?" *Financial World*, May 15, 1981, p. 17.

29 *Business Week*, May 4, 1981, p. 77.

30 Harlan S. Byrne, "Deere & Co. Farm-Machinery Leadership Helps Firm Weather the Industry's Slump," *Wall Street Journal*, Feb. 20, 1981, p. 48.

31 David B. Tinnin, "The Heady Success of Holland's Heineken," *Fortune*, Dec. 16, 1981,

p. 169.

32 Treadwell Davison, personal communication (Graduate School of Business, Stanford University, February 1982).

33 Alistair Mant, *The Rise and Fall of the British Manager*, rev. ed. (Londen: Pan Books Ltd.), pp, 108-109.

34 Walter Mcquade, "Making a Drama Out of Shopping," *Fortune*, Mar. 24, 1980, p. 107.

35 Howard Rudnitsky and Jay Gissen, "Winning Big by Thinking Small," *Forbes*, Sept. 28, 1981, p. 106.

36 Lewis W. Lehr, "How 3M Develops Entrepreneurial Spirit Throughout the Organization," *Management Review*, October 1980, p. 31.

37 James M. Utterback, "Patterns of Industrial Innovations," *in Technology Innovation and Corporate Strategy: A Special Executive Seminar Presented by the Massachusetts Institute of Technology, November 17, 1978* (Cambridge, Mass.: Industrial Liaison Program, MIT, 1978), p. 3.

38 Howard Rudnitsky, "Will It Play in Toledo?" *Forbes*, Nov. 10, 1980, p. 198.

39 Herbert Meyer, "How Fingerhut Beat the Recession," *Fortune*, Nov. 17, 1980, p. 103.

40 Bro Uttal, "The Gentlemen and the Upstarts Meet in a Great Mini Battle," *Fortune*, Apr. 23, 1979, pp. 98-108.

41 Meyer, pp. 103-104.

42 Stanley Marcus, *Minding the Store* (New York: New American Library, 1975), p. 3.

43 *The Procter & Gamble Company Annual Report* (Cincinnati: Procter & Gamble, 1979), p. 13.

44 Eric A. Von Hippel, "Users as Innovators," *Technology Review*, January 1978, pp. 31-39.

45 앞의 문헌 참조, pp. 32-33.

46 Ed Cray, Levi's (Boston: Houghton Mifflin, 1978), pp. 21-22.

47 Uttal, p. 100.

48 "Wang Labs Challenges the Goliaths," *Business Week*, June 4, 1979, p. 100.

49 Pages 196-197 rely heavily upon *Success and Failure in Industrial Innovation: Report on Project SAPPHO* (Science Policy Research Unit, University of Sussex, London: Centre for the Study of Industrial Innovation, February 1972) and Roy Rothwell, "SAPPHO Updated-Project SAPPHO, phase II," unpublished manuscript (Science Policy Research Unit, University of Sussex, July 1973).

50 Lewis H. Young, "Views on Management" (speech to Ward Howell International, Links Club, New York, Dec. 2, 1980), p. 5.

7장 자율성과 기업가정신을 가져라

1 Lucien Rhodes and Cathryn Jakobson, "Small Companies: America's Hope for the 80s,"

Inc., April 1981, p. 44.

2 Burton H. Klein, *Dynamic Economics* (Cambridge, Mass.: Harvard University Press, 1977).

3 Blume, "A Managerial View of Research," *Science*, Jan. 4, 1980, p. 48.

4 Quinn, "Technological Innovation," p. 20.

5 Kennedy, "Howard Head Says, 'I'm Giving Up the Thing World,'" pp. 68-70.

6 Quinn, p. 25.

7 Niles Howard and Susan Antilla, "Putting Innovation to Work," Dun's Review, p. 78.

8 Theodore Levitt, "Ideas Are Useless Unless Used," *Inc.*, February 1981, p. 96.

9 William E. Souder, "Encouraging Entrepreneurship in the Large Corporations," *Research Management*, May 1981, p. 19.

10 Thomas Jaffe, "When Opportunity Knocks," Forbes, Oct. 13, 1980, pp. 96-100.

11 Donald D. Holt, "How Amoco Finds All that Oil," *Fortune*, Sept. 8, 1980, p. 51.

12 William Dowling and Edward Carlson, "Conversation with Edward Carlson," *Organizational Dynamics*, spring 1979, p. 58.

13 "Schlumberger: The Star of the Oil Fields Tackles Semiconductors," *Business Week*, Feb. 16, 1981, p. 60.

14 C. Barron, "British 3M's Multiple Management," *Management Today*, March 1977, p. 57.

15 Amanda Bennett, "GM's Smith Wants Leaner Firm, More Rivalry Among Its Divisions," *Wall Street Journal*, May 21, 1981, p. 43.

16 Oscar Schisgall, *Eyes on Tomorrow: The Evolution of Procter & Gamble* (Chicago: J. G. Ferguson, 1981), p. 162.

17 Bro Uttal, "The Gentlemen and the Upstarts," p. 101.

18 Maidique, p. 67.

19 앞의 문헌 참조, p. 60.

20 Thomas J. Allen, "Communications in the Research and Development Laboratory," *Technology Review*, October-November 1967.

21 Advertisement in Newsweek, Aug 11, 1980, p. 6.

22 Gene Bylinsky, "Those Smart Young Robots on the Production Line," *Fortune*, Dec. 17, 1979, p. 93.

23 Lee Smith, "J&J Comes a Long Way from Baby," *Fortune*, June 1, 1981, p. 66.

24 Marshall Loeb, "A Guide to Taking Charge," *Time*, Feb. 25, 1980, p. 82.

25 Lee Smith, "The Lures and Limits of Innovation: 3M," *Fortune*, Oct. 20, 1980, p. 84.

26 Peter F. Drucker, *Adventures of a Bystander* (New York: Harper & Row, 1979), p. 255.

27 Smith, *Fortune*, Oct. 20, 1980, p. 86.

28 Edward B. Roberts, "Managing New Technical Ventures," in *Technology, Innovation, and Corporate Strategy: A Special Executive Seminar* (Cambridge, Mass.: Industrial Liaison Program, MIT, 1978), pp. 121-122.

29 앞의 문헌 참조, p. 122.

30 앞의 문헌 참조, pp. 125-126.

31 앞의 문헌 참조, p. 120.

32 Smith, *Fortune*, Oct. 20, 1980, p. 90.

33 Lehr, p. 38.

34 Roberts, p. 123.

35 앞의 문헌 참조

36 Lehr, p. 31.

37 Smith, *Fortune*, Oct. 20, 1980, p. 90.

38 앞의 문헌 참조

39 Roberts, p. 123.

40 Modesto A. Maidique, "Entrepreneurs, Champions, and Technological Innovation," *Sloan Management Review*, winter 1980, p. 60.

8장 사람을 통해 생산성을 높여라

1 Elmo R. Zumwalt, Jr., *On Watch: A Memoir* (New York: Times Books, 1976), p. 183.

2 Given to authors by Gary D. Bello, Stanford Sloan Program, March 1982.

3 Zumwalt, p. 186.

4 앞의 문헌 참조, p. 185.

5 Kenichi Ohmae, "The Myth and Reality of the Japanese Corporation," p. 29.

6 Robert Lubar, "Rediscovering the Factory," *Fortune*, July 13, 1981, p. 60.

7 Sam T. Harper, personal communication (Graduate School of Business, Stanford University, January 1982).

8 Watson, *A Business and Its Beliefs*, p. 13.

9 Pages 242-243 are based, in part, upon Cindy Ris, "Big Jim Is Watching at RMI Co. and Its Workers Like It Just Fine," *Wall Street Journal*, Aug. 4, 1980, p. 15.

10 Hewlett and Packard, *The HP Way*, p. 3.

11 Pages 246-248 rely heavily upon Lynda Schuster, "Wal-Mart Chief's Enthusiastic Approach Infects Employees, Keeps Retailer Growing," *Wall Street Journal*, Apr. 20, 1982, p. 21.

12 Rene C. McPherson, "The People Principle," *Leaders*, January-March 1980, p. 52.

13 "Rene McPherson: GSB Deanship Is His Way to Reinvest in the System," *Stanford GSB*, fall 1980-1981, p. 15.

14 앞의 문헌 참조.

15 George H. Labovitz, Speech to the Opening Assembly, Western Hospital Association, Anaheim, Calif., Apr. 27, 1981.

16 Pages 253-255 are based, in part, upon Margaret R. Keefe Umanzio, "Delta Is Ready,"

unpublished manuscript (San Francisco: McKinsey & Co., July 1981).

17 Janet Guyon, " 'Family Feeling' at Delta Creates Loyal Workers, Enmity of Unions," *Wall Street Journal*, July 7, 1980, p. 13.

18 "W. T. Beebe: The Gold Winner," *Financial World*, Mar. 15, 1978, p. 21.

19 Guyon, p. 13.

20 앞의 문헌 참조

21 "The Five Best-Managed Companies," *Dun's Review*, December 1977, p. 50.

22 Kroc, Grinding It Out, p. 143.

23 앞의 문헌 참조, p. 101.

24 Jeremy Main, "Toward Service Without a Snarl," Fortune, Mar. 23, 1981, p. 66.

25 앞의 문헌 참조

26 Susan Saiter Anderson, "Hamburger U. Offers a Break," *Survey of Continuing Education* (New York Times), Aug. 30, 1981, pp. 27-28.

27 Allan J. Mayer and Michael Ruby, "One Firm's Family," *Newsweek*, Nov. 21, 1977, p. 84.

28 Watson, *A Business and Its Beliefs*, p. 15.

29 앞의 문헌 참조, pp. 15-16.

30 앞의 문헌 참조, p. 17.

31 앞의 문헌 참조, p. 18.

32 Gil Burck, "International Business Machines," *Fortune*, January 1940, p. 41.

33 Shook, Ten Greatest Salespersons, p. 73.

34 Thomas L. Friedman, "Talking Business," *New York Times*, June 9, 1981, p. D2.

35 Zumwalt, p. 187.

36 앞의 문헌 참조, p. 189.

37 Lad Kuzela, "Putting Japanese-Style Management to Work," *Industry Week*, Sept. 1, 1980, p. 61.

38 Peter B. Vaill, "Toward a Behavioral Description of High-Performing Systems," in *Leadership: Where Else Can We Go?*, ed. Morgan W. McCall, Jr. and Michael M. Lombardo (Durham, N.C.: Duke University Press, 1978), pp.109-111.

39 "Caterpillar: Sticking to Basics to Stay Competitive," *Business Week*, May 4, 1981, p. 76.

40 Edward Meadows, "How Three Companies Increased Their Productivity," *Fortune*, Mar. 10, 1980, p. 97.

41 Charles G. Burck, "What Happens When Workers Manage Themselves," *Fortune*, July 27, 1981, p. 68.

42 Richard T. Pascale, "The Role of the Chief Executive in the Implementation of Corporate Policy: A Conceptual Framework," Research Paper no. 357 (Graduate School of Business, Stanford University, February 1977), p. 39.

43 Manchester, *Good-bye, Darkness*, p. 200.

44 Robert Levy, "Legends of Business," *Dun's Review*, June 1980, p. 92.

45 Ohmae, p. 27.

46 Ogilvy, "The Creative Chef," p. 209.

47 Barry F. Sullivan, "International Service Products: The Opportunity of the 80s" (speech to the American Bankers Association, International Banking Symposium, Washington, D.C., Mar. 29, 1981), p. 13.

48 John S. McClenahen, "Moving GTE Off Hold," *Industry Week*, Jan. 12, 1981, p. 67.

49 Barron, "British 3M's Multiple Management," p. 54.

50 Bro Uttal, "The Gentlemen and the Upstarts," p. 100.

51 *Dun's Review*, December 1977, pp. 54-55.

52 Roger L. Cason, "The Right Size: An Organizational Dilemma," *Management Review*, April 1978, p. 27.

53 Lubar, p. 55.

54 John Child, *Organization: A Guide to Problems and Practice* (New York: Harper & Row, 1977), pp. 222-223.

55 Shepherd, "Innovation at Texas Instruments," p. 84.

56 E. F.Schumacher, *Small Is Beautiful: Economics as if People Mattered* (New York: Harper & Row, 1973), p. 75.

57 Anthony Jay, *Management and Machiavelli: An Inquiry into the Politics of Corporate Life* (New York: Holt, Rinehart and Winston, 1967), pp. 63-64.

58 "The Iconoclast Who Made Visa No. 1." *Business Week*, Dec. 22, 1980, p. 44.

9장 가치에 근거해 실천하라

1 John W. Gardner, *Morale* (New York: Norton, 1978), p. 28.

2 Julien R. Phillips and Allan A. Kennedy, "Shaping and Managing Shared Values," *McKinsey Staff Paper*, December 1980, p. 1.

3 Watson, *A Business and Its Beliefs*, pp. 4-6.

4 *Selznick, Leadership in Administration*, p. 28.

5 Hugh Sidey, "Majesty, Poetry and Power," *Time*, Oct. 20, 1980, p. 39.

6 Selznick, pp. 151-153.

7 *This Is Delta* (Atlanta: Delta Air Lines, 1981), p. 8.

8 *Breaking with Tradition: Dana 1981 Annual Report* (Toledo, Ohio: Dana Corporation, 1981), p. 6.

9 *Caterpillar Annual Report 1981* (Peoria, Ill.: Caterpillar Tractor Co., 1981), p. 14.

10 *Digital Equipment Corporation Annual Report 1981* (Maynard, Mass.: Digital Equipment Corporation, 1981), p. 12.

11 *Serving Customers Worldwide: Johnson & Johnson 1980 Annual Report* (New Brunswick, N.J.: Johnson & Johnson, 1980), p. 20.

12 Kathleen K. Wiegner, "Corporate Samurai," *Forbes*, Oct. 13, 1980, p. 172.

13 James MacGregor Burns, *Leadership* (New York: Harper & Row, 1978), p. 237.

14 James Brian Quinn, "Strategic Goals: Process and Politics," *Sloan Management Review*, fall 1977, p. 26.

15 David Ogilvy, *Principles of Management* (New York: Ogilvy & Mather, 1968), p. 2.

16 Marshall Loebs, "A Guide to Taking Charge," *Time*, Feb. 25, 1980, p. 82.

17 Watson, p. 29.

18 앞의 문헌 참조, p. 34.

19 A.E. Pearson, *A Look at PepsiCo's Future* (Purchase, N.Y.: PepsiCo, December 1980), p. 10.

20 Phillips and Kennedy, p. 8.

21 "What Makes Harry Gray Run?" *Business Week*, Dec. 10, 1979, p. 77.

22 앞의 문헌 참조, p. 80.

23 Hewlett and Packard, *The HP Way*, p. 10.

24 Ogilvy, *Principles of Management*, p. 2.

25 Dowling "Conversation with Edward Carlson," pp. 52-54.

26 Selznick, p. 110.

27 Pascale, "The Role of the Chief Executive," pp. 37ff.

28 Pearson, p. 3.

29 Loeb, p. 82.

30 "Ogilvy, *Principles*, p. 2.

10장 핵심 사업에 집중하라

1 Thomas J. Peters, "Structure as a Reorganizing Device: Shifting Attention and Altering the Flow of Biases," unpublished manuscript (September 1979), p. 34.

2 Michael Gort, *Diversification and Integration in American Industry: A Study by the National Bureau of Economic Research* (Princeton, N.J.: Princeton University Press, 1962).

3 Richard P. Rumelt, *Strategy, Structure and Economic Performance* (Graduate School of Business Administration, Harvard University, 1974).

4 앞의 문헌 참조, p. 123.

5 앞의 문헌 참조, pp. 88-122.

6 Robert Haugen and Terence Langetieg, "An Empirical Test for Synergism in Merger," *Journal of Finance*, September 1975, pp. 1003-1014.

7 Christopher Lorenz, "Pioneers: The Anti-Merger Specialists," *Financial Times*, Oct. 30, 1981, p. 16.

8 "The Best-Managed Companies," p. 30.

9 "P&G's New New-Product Onslaught," *Business Week*, Oct. 1, 1979, p. 79.

10 Victor F. Zonana, "Boeing's Sale to Delta Gives It Big Advantage over U.S. Competitors," *Wall Street Journal*, Nov. 13, 1980, p. 1.

11 Bob Tamarkin, "The Country Slicker," *Forbes*, Jan. 21, 1980, p. 40.

12 Thomas Petzinger, Jr., "Indiana Standard Continues Its Strategy for Growth, Bucking the Takeover Trend," *Wall Street Journal*, Dec. 14, 1981, p. 12.

13 Gordon Weil, *Sears, Roebuck, U.S.A.: The Great American Store and How It Grew* (New York: Stein and Day, 1977), p. 255.

14 Gail Bronson, "Colgate Works Hard to Become the Firm It Was a Decade Ago," *Wall Street Journal*, Nov. 23, 1981, pp. 1, 8.

15 Sandra Salmans, "Demerging Britain's G.E.," *New York Times*, July 6, 1980, p. F7.

16 Thomas Jaffe, "Is This It?" *Forbes*, Feb. 2, 1981, p. 48.

17 Nick Galluccio, "The Housecleaning Is Over," *Forbes*, Nov. 24, 1980, p. 74.

18 Young, "Views on Management," p. 3.

11장 조직을 단순화하라

1 Nancy Kaible, "Johnson & Johnson," unpublished manuscript (San Francisco, Calif.: McKinsey & Co., November 1981).

2 Ross A. Webber, "Staying Organized," *Wharton Magazine*, spring 1979, p. 22.

3 "The 88 Ventures of Johnson & Johnson," *Forbes*, June 1, 1972, p. 24

4 Lynda Schuster, "Wal-Mart Chief's Enthusiastic Approach Infects Employees, Keeps Retailer Growing," Wall Street Journal, Apr. 20, 1981, p. 21.

5 "A New Target: Reducing Staff and Levels," *Business Week*, Dec. 21, 1981, p. 69.

인명

기업명